本书的出版得到
国家文物保护资金补助项目资助

本书是国家社会科学基金一般项目
"甘肃泾河流域新发现佛教遗存的考古学研究"
（项目批准号：21BKG007）成果之一

泾州古城龙兴寺遗址发掘报告
（上册）

甘肃省文物考古研究所◎编著

文物出版社

图书在版编目（CIP）数据

泾州古城龙兴寺遗址发掘报告 / 甘肃省文物考古研

究所编著 . -- 北京 ：文物出版社，2025．7． -- ISBN

978-7-5010-8645-0

Ⅰ．K878.65

中国国家版本馆 CIP 数据核字第 20242LD233 号

泾 州 古 城 龙 兴 寺 遗 址 发 掘 报 告

JINGZHOU GUCHENG LONGXINGSI YIZHI FAJUE BAOGAO

编　　著：甘肃省文物考古研究所

封面设计：秦　彧
责任编辑：秦　彧
责任印制：王　芳

出版发行：文物出版社
社　　址：北京市东城区东直门内北小街 2 号楼
邮政编码：100007
网　　址：http://www.wenwu.com
邮　　箱：wenwu1957@126.com
经　　销：新华书店
印　　刷：宝蕾元仁浩（天津）印刷有限公司
开　　本：889mm×1194mm　1/16
印　　张：46.5　　插页：2
版　　次：2025 年 7 月第 1 版
印　　次：2025 年 7 月第 1 次印刷
书　　号：ISBN 978-7-5010-8645-0
定　　价：780.00 元（全二册）

Report on the Excavation of the Longxing Temple Site in Old Jingzhou

（Ⅰ）

Gansu Provincial Institute of Cultural Relics and Archaeology

Cultural Relics Press

编 委 会

主 编：吴 苊 马洪连

编 委：张俊民 王永安 蒋超年

周 静 孙 征 赵亚君

内容简介

　　龙兴寺遗址位于甘肃省泾川县城关镇共池村，2013～2018年，甘肃省文物考古研究所对泾州古城内宋代龙兴寺遗址进行了勘探、发掘，勘探面积约54703平方米，发掘面积约6054平方米，取得了丰富的成果。本报告就是对该遗址发掘资料的整理汇集。

　　该遗址内清理出宋代龙兴寺中部分建筑基址及其相关附属建筑、舍利砖函地宫、佛教造像坑等重要遗迹。发掘区内共清理出建筑基址及房址21个，其中西区南北向轴线上，自北向南清理出2座建筑基址及晚期房址1座。中部区域南北向轴线上，自北向南清理12座房址。东部区域自北向南清理出6座房址。根据发掘的房屋等遗迹及其中出土遗物判定了各区域的性质及功能。其中西区1号基址即铭文砖中所记龙兴寺曼殊院文殊菩萨殿。2号建筑基址（编号F20）是整个遗址中最大的建筑基址，基址现残存地上夯土台基、附属设施（门道、周围包边结构、散水）、所属庭院、地下夯土基础等。中部区域亦清理出大量的房址。东部区域所清理出的房址中出土大量的生活用具，如大型罐、箸、勺等，周围分布着水井等。这三条轴线构成了龙兴寺的主体，西区为寺院的中心区域，排列有较为大型的建筑基址及明确的曼殊院文殊菩萨殿，中部次之，有大小不等的房址及院落，东部为寺院的生活区。通过这些遗迹，使我们对龙兴寺遗址的结构布局有了一定的认识。

　　泾川历史上舍利瘗埋次数较多，有文献和碑刻明确记载的舍利瘗埋共三次，分别是隋代大兴国寺、唐代大云寺、宋代龙兴寺舍利，而有实物出土的为北周宝宁寺佛座改制的石函及舍利、唐代大云寺舍利及五重套函、宋代龙兴寺舍利及砖函陶棺等。从北周到宋，泾川舍利瘗埋制度经历了一个变化过程。北周时期，曾将宝宁寺造像座改为舍利石函，隋代采用统一形制的舍利容器，唐代大云寺发现了墓葬形制的地宫及棺椁形舍利容器，宋代龙兴寺地宫则从常见的塔下转移到佛殿下方。这些考古发现反映了中国舍利供养瘗埋制度发展变化的脉络，意义重大。

　　龙兴寺遗址出土的佛教造像有石、陶、泥等不同质地。形式上分单体圆雕造像、背屏式造像、造像碑、造像塔（龛）等，以单体圆雕造像为大宗，有佛、菩萨、弟子等。该批造像内容丰富，特点鲜明，从北魏到宋，历时较长。

　　遗址出土大量建筑材料，分为陶、琉璃、石、铜、铁质，其中以陶质建筑材料为主，包括各类瓦当190余件，主要为莲花纹和兽面纹瓦当。这些瓦当数量大，类型丰富，具有浓厚的佛教色彩和地方特色，与其所附属的建筑性质一致。这批瓦当时代跨度大，在一定程度上体现了遗址时代的延续性。

　　此次新发现为认识宋代寺院布局结构提供了新材料。地宫舍利出土，反映了舍利瘗埋的发展变化。出土的佛教造像弥补了宋代甘肃地区佛教造像瘗埋的空白。本报告对于研究陇东地区佛教发展的历史、佛教造像特色及渊源等有重要的学术意义。同时，对于探索泾川佛教与佛教中心长安、南朝益州等地的联系，佛教及其艺术的传播路径等问题具有重要价值。

Abstract

The Longxing Temple site is located in Gongchi Village, Chengguan Town, Jingchuan County, Gansu Province. From 2013 to 2018, the Gansu Provincial Institute of Cultural Relics and Archaeology conducted a survey and excavation of the Song Dynasty Longxing Temple site within the old city of Jingzhou, covering an exploration area of approximately 54,703 square meters and an excavation area of about 6,054 square meters. The findings from this excavation have been substantial, and this report compiles and organizes the data from this work.

Excavation at this site uncovered portions of the Longxing Temple's foundations, affiliated buildings, a subterranean palace with a brick reliquary of Buddhist relics, and a pit containing Buddhist statues and other important remains. A total of 21 architectural foundations and building sites were identified along a north-south axis in the excavated area. In the western section, two main foundations and a later-period structure were unearthed. In the central section, twelve buildings were cleared. In the eastern section six buildings were uncovered. The function of these sections is determined by analyzing the architectural remains and artifacts. As for the western section, the primary structure, referred to as Site 1, was identified as the Manjusri Hall of the Manshu monastery of Longxing Temple, as confirmed by inscriptions on bricks. Site 2 (labeled F20) is the largest foundation in the excavation, preserving remains of an earthen terrace, entryways, perimeter structures, a drainage system, courtyards, and an underground foundation. Numerous building sites were also uncovered in the central section. Artifacts found in the eastern section, including large jars, chopsticks, and spoons, suggest it was a residential zone, with wells scattered around. These three axes form the main layout of Longxing Temple: the western section served as the main body of Longxing Temple, featuring larger structures and the explicitly identified Manjusri Hall; the central section contained various buildings and courtyards of mixed sizes; and the eastern section functioned as a residential area.

In the history of Jingchuan, interment practices of sarira (Buddhist relics) had been recorded for many times. Among them, three examples were documented both in the literature and by inscriptions, which are Xingguo Temple in the Sui Dynasty, Dayun Temple in the Tang Dynasty and Longxing Temple in the Song Dynasty. The records supported by the unearthed objects include the stone sarira container reconstructed from the statue seat at Northern Zhou Baoning Temple, the five-fold sarira container of the Tang Dayun Temple, the brick sarira reliquary of the Song Longxing Temple. From the Northern Zhou Dynasty to the Song Dynasty, the sarira interment practice in Jingchuan experienced a process of evolution. In the Northern Zhou Dynasty, the stone statue seat of Baoning Temple was changed into a sarira container. In the Sui Dynasty, a standardized form of sarira container was adopted. In the Tang Dynasty, the tomb-shaped underground palace and coffin-shaped sarira container were found in Dayun Temple. In the Song Dynasty, the location of sarira interment was sited from the underground palace to to the bottom of the Buddhist palace. Jingchuan 's archaeological findings reflect the development and changes of China 's sarira intermentpractices, marking significant progress in understanding the history and development of these religious practices.

The Buddhist statue pit yielded stone, ceramic, and clay statues, classified by form into freestanding sculptures, statue with mandorlas, statue tablet, and pagodas with carved Buddhist images and so forth. Freestanding sculptures, representing Buddhas, bodhisattvas, and disciples, were the most numerous. This rich and distinctive collection spans a long time period from the Northern Wei to the Song Dynasty.

Numerous architectural materials were also unearthed, spanning a wide range of types and materials, including ceramic, glazed, stone, copper, and iron elements, with ceramic being the most prevalent. More than 190 eave-end tiles, mostly decorated with lotus and animal motifs, were found. These tiles, in significant quantities and varying styles, reflect the Buddhist nature of the site and its local characteristics. The wide temporal range of these tiles also attests to the site's long period of use.

This newly discovered material provides valuable insights into the architectural layout of Song Dynasty temples. The unearthed Buddhist statues fill an important gap in the record of buried Buddhist statuary from this period in the present Gansu. The findings contribute to the understanding of the historical development of Buddhism as well as the regional characteristics and origins of Buddhist statuary in eastern Gansu. Additionally, they hold significance for exploring the connections between Buddhism in Jingchuan and that in the Buddhist centers such as Chang'an and Yizhou of the Southern Dynasties, as well as for studying the spread of Buddhism and Buddhist art.

目　录

（上册）

第六章　泾川龙兴寺相关问题研究 ……………………… 308

（下册）

彩　版

插图目录

第一章 概 论

第一节 自然环境与历史沿革

一 自然环境

泾川位于陇东黄土高原上，属甘肃省平凉市。其地质结构为中条运动所形成，古生代、中生代为沉降环境，为河、湖、沼泽相冲积的互层砂质岩。新生代地层发育良好，黄土厚度在100米以上，黄土软绵纯净，直立性好，矿物质丰富，适于农作物生长，是人类赖以生存的基础。土壤母质分为原生黄土、次生黄土、残积黄土母质。原生黄土母质又分为马兰黄土、离石黄土、午城黄土、红土母质等，主要分布于山塬区域。次生黄土广泛分布在河流一、二级台地，缓坡，沟口处，岩性复杂，上层的各种冲积搬运基岩均存在。泾川是典型的黄土丘陵沟壑地区，境内丘陵起伏、沟壑纵横、河川交汇，地貌较为复杂。大体可分为丘陵沟壑区、破碎塬区、河谷川区三种类型。丘陵沟壑区为塬面到河谷的过渡地带，梁峁起伏、沟壑纵横、谷深山陡。土地贫瘠，水土流失严重，不利于耕种。破碎塬区主要指南北两塬，塬上地势较为平坦，土质良好，利于农业生产。兼山、笔锋山、嵩山、回中山、弁山等山峰盘踞于南北两塬。河谷川区是境内河流所流经区域，泾川境内河流密集，水系发达。主要河流有泾河、汭河、红河、黑河、蒲河等。发源于陇山东南麓宁夏泾源老龙潭的泾河，为黄河的二级支流，自西北向东南横贯泾川，境内长58千米，灌溉了大量良田，在陕西高陵县汇入渭河。泾河支流汭河同样发源于陇山东南麓，自华亭县马峡乡向东流入汭丰，于回中山脚下汇入泾河。南边黑河发源于华亭县上关乡，是泾川与灵台的天然界线。东北塬上红河、蒲河源自宁夏固原，红河向东于罗汉洞附近入泾河，蒲河流经荔堡镇，与茹河合流于庆阳北石窟前，终汇入泾河。河谷川区宽阔平坦，土壤肥沃，灌溉便利。泾川属于陇东半湿润地区，大陆气候显著。四季分明，气候温润，雨量充沛，林木繁茂，宜于人类生存[1]（图一）。

---

[1] 泾川县县志编纂委员会：《泾川县志》，甘肃人民出版社，1996年。〔清〕张延福著，姜子英校注：《泾州志》，甘肃文化出版社，2007年。

泾川的地质运动、土壤成分、地貌结构、河流分布等对其地的地层堆积、文化层的形成、遗迹的分布等均起到关键作用。

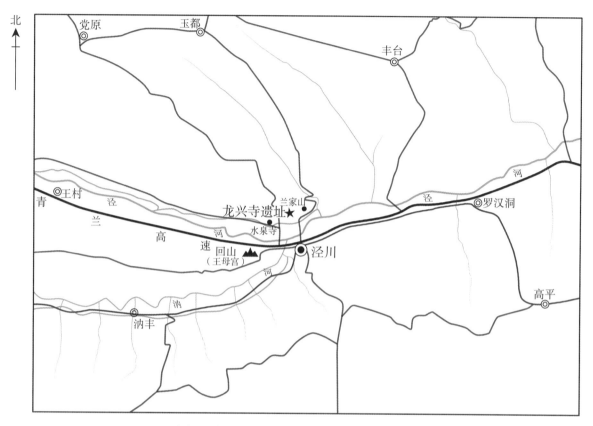

图一　泾川及龙兴寺遗址地理位置示意图

二　历史沿革

泾川历史悠久，境内发现的旧石器时代遗址及泾川智人头盖骨化石证明自旧石器时代早期起，人类就在此生活。

旧石器时代遗址有牛角沟、合志沟、南峪沟、桃山嘴、大岭上等。其中太平乡大岭上旧石器时代遗址发现砍砸器、刮削器、尖状器等，与北京猿人、蓝田猿人遗址石器组合相近，属旧石器时代早期遗存。泾明乡牛角沟旧石器遗址出土石器有砍砸器、尖状器、刮削器、石球等。该遗址更为重要的是采集到1具青年人头盖骨化石，属更新世晚期，被称为泾川人化石，它为研究中国及东亚地区现代人的起源提供了新的证据[1]。

[1]　刘玉林：《甘肃泾川大岭上发现的旧石器》，《史前研究》1987年第1期。刘玉林、黄慰文、林一璞：《甘肃泾川发现的人类化石和旧石器》，《人类学学报》1984年第1期。张映文、谢骏义：《甘肃泾川南峪沟与桃山嘴旧石器时代遗址的发现》，《考古与文物》1981年第2期。李海军、吴秀杰、李盛华等：《甘肃泾川更新世晚期人类头骨研究》，《科学通报》2009年第54卷第21期。张宏彦：《泾水上游旧石器时代遗存的年代与分期研究》，《西北大学学报》（哲学社会科学版）2005年第35卷第1期。

大量仰韶文化庙底沟类型及齐家文化遗址分布于境内，显示出泾川先民创造出较为灿烂的文明。《史记·五帝纪》载黄帝"……披山通道，未尝宁居。东至于海，登丸山，及岱宗；西至于空桐，登鸡头……"[1]

蒜李遗址出土青铜袋足鬲，窑店西门村出土夔龙纹铜鼎、折肩陶罐及"□父丁"兽面纹铜瓠等典型商代遗物，说明商人曾在此地活动。《竹书纪年校正》载，商纣三十二年"密人侵阮，西伯帅师伐密"[2]。

《诗经·大雅·皇矣》亦记"密人不恭，敢距大邦，侵阮徂共。王赫斯怒，爰整其旅，以按徂旅，以笃于周祜，以对于天下"。密、阮均为陇山东侧的商周方国，阮国在今泾川城关镇，而共地望在今泾川城关镇共池村[3]。

春秋战国时泾川属义渠戎之地。"至王赧四十三年，宣太后诱杀义渠王于甘泉宫，因起兵灭之，始置陇西、北地、上郡焉。"[4]境属北地郡。

公元前221年，秦灭六国一统天下，全国分36郡，此地仍属北地郡。

西汉初承秦制，武帝元鼎三年（公元前114年）分北地郡置安定郡，郡治高平，辖21县[5]，境属安定郡安定县，为置县之始，其地也由边陲变为腹地。

东汉初仍为安定郡，建武六年（30年）废安定县、爰得县，地并入临泾县[6]。永出五年（111年）因羌势力日盛，陇西郡、安定郡、北地郡、上郡东迁陕西，安定郡寄治美阳。永建四年（129年）迁回。

三国时属曹魏凉州安定郡。魏明帝太和二年（228年）南安、天水、安定三郡叛魏归蜀，后被魏国收复[7]。

西晋统一后，安定郡改属雍州。"晋初于长安置雍州，统郡国七，县三十九，户九万九千五百。京兆郡、冯翊郡、扶风郡、安定郡、北地郡、始平郡、新平郡。"[8]

十六国时曾先后归属前赵、后赵、前秦、后秦、大夏等政权。"建兴之后，雍州没于刘聪。及刘曜徙都长安，改号曰赵，以秦、凉二州牧镇上邽，朔州牧镇高平，幽州刺史镇北地，并州牧镇蒲坂。石勒克长安，复置雍州。石氏既败，苻健僭据关中，又都长安，是为前秦。"[9]姚苌以安定为基础，建

[1]〔汉〕司马迁：《史记》卷一《五帝本纪》，中华书局，1982年，第3～6页。

[2]〔清〕郝懿行：《竹书纪年校正》卷八《商纪》四《帝辛》，光绪五年刻本，第5页a。

[3]梁云：《陇山东侧商周方国考略》，《泾川文博》2015/2016年。顾祖禹：《读史方舆纪要》，中华书局，2005年。

[4]〔南朝宋〕范晔：《后汉书》卷八十七《西羌传》第七十七，中华书局，1965年，第2874页。

[5]〔东汉〕班固：《汉书》卷二十八下，《地理志》第八下，中华书局，1962年，第1615页。

[6]〔南朝宋〕范晔：《后汉书》志第二十三，中华书局，1965年，第3519页。

[7]〔西晋〕陈寿：《三国志》卷三十五，《蜀书·诸葛亮传第五》，中华书局，1959年，第922页。

[8]〔唐〕房玄龄：《晋书》卷十四，《地理志》上，中华书局，1982年，第430、431页。

[9]〔唐〕房玄龄：《晋书》卷十四，《地理志》上，中华书局，1982年，第431页。

立后秦。姚兴攻克洛阳后，置雍州刺史镇安定[1]。"建初元年，僭即皇帝位于长安，大赦改年，国号大秦，改长安为常安……二年，徙秦州三万户于安定。"[2]大夏赫连昌、赫连定均驻安定与魏军交战[3]。

北魏始光元年，安定降魏，神䴥三年（430年）置泾州，因水为名，领安定等6郡。"泾州治临泾城。领郡六，县十七。安定郡领县五。安定、临泾、朝那、乌氏、石堂。"[4]

西魏置州较多，仍为泾州安定郡。

北周沿袭西魏建制。

隋文帝开皇三年（583年）废郡为州，炀帝大业三年（607年）罢州置郡，泾州改安定郡，治安定县[5]。"大业末，金城贼帅薛举侵扰豳、泾，武德元年（618年）太宗西讨，会举死，因平举子仁杲，遂改安定郡为泾州。"[6]

唐贞观元年（627年）全国分10道，泾州属关内道，领五县，治安定。天宝元年（742年）全国改10道为14道，改州为郡，泾州为安定郡。至德元年（756年）因"安史之乱"，安定郡更名保定郡，安定县改为保定县。乾元元年（758年）改保定郡为泾州。广德元年（763年）泾州被吐蕃占领，大历三年（768年）收复。分邠宁节度置泾原节度使，属关内道。"泾原节度使。治泾州，管泾、原、渭、武四州。"[7]唐与吐蕃相持20余年，泾州为前线重镇。"以犬戎浸骄，岁犯郊境，泾州最邻戎虏。"[8]仅以大历十二、十三两年为例，吐蕃"又寇长武……万骑下青石岭，逼泾州。"[9]以马璘为泾原节度使，率北庭四镇兴兵进驻泾州，以御吐蕃。马璘复筑泾州城，防卫长安[10]。唐昭宗大顺二年（891年）改为彰义军节度使。光启三年（887年）李茂贞充凤翔陇右节度使，开始对长安以西地区的统治。天复元年（901年）李茂贞进爵歧王，陇山以东皆属歧。

后梁开平三年（909年）李茂贞命刘知俊为彰义军节度使，后唐同光二年（924年）李茂贞死，泾州归后唐。

宋初，泾州仍为彰义军节度。太平兴国元年（976年）因避太宗讳改彰义军为彰化军。太平兴国二年（977年），命罢道制，"诸州皆直隶朝廷"。至道三年（997年）全国分为十五路，泾州属陕西秦凤路。庆历元年（1041年）为防西夏南侵，分陕西沿边为鄜延、环庆、泾原、秦凤四路安抚司使。泾州属泾原路。

[1]〔唐〕房玄龄：《晋书》卷十四，《地理志》上，中华书局，1982年，第432页。

[2]〔北魏〕崔鸿：《十六国春秋·后秦录》，上海商务印书馆，1937年，第34、35页。

[3]〔北魏〕崔鸿：《十六国春秋·夏录》，上海商务印书馆，1937年，第92、93页。

[4]〔北齐〕魏收：《魏书》卷一百六下《地形志下》，中华书局，1974年，第2618页。

[5]〔唐〕魏征：《隋书》卷二十九，《地理》上，中华书局，1982年，第810页。

[6]〔唐〕李吉甫：《元和郡县图志》卷第三，中华书局，1983年，第55、56页。

[7]〔后晋〕刘昫：《旧唐书》卷三十八，志第十八，中华书局，1974年，第1390页。

[8]〔后晋〕刘昫：《旧唐书》卷一百五十二，列传第一百二《马璘传》，中华书局，1974年，第4066页。

[9]〔宋〕司马光：《资治通鉴》卷二百二十五，《唐纪四十一》，中华书局，1976年，第7248、7252页。

[10]〔后晋〕刘昫：《旧唐书》卷一百五十二，列传第一百二《马璘传》，中华书局，1974年，第4066页。

靖康二年（1127年），金人南下，占领开封，宋朝南迁。金设庆原路，辖泾州。金大定七年（1167年）改保定县为泾川县，依水而来。

元统一后，设立行省制度。陇东地区属陕西行省，巩昌总督府平凉府，泾州泾川县。

明洪武二年（1369年），置陕西等处行中书省，洪武三年（1370年）撤县置，泾川称泾州。洪武九年（1376年）改行中书省为承宣布政使司，平凉府属陕西承宣布政使司，领泾州等三州。

清初承明制。顺治元年（1644年）设甘肃巡抚。康熙三年（1664年）分陕西为左右布政使司，右布政使司驻巩昌，泾川属平凉府，领灵台县。六年（1667年）改为巩昌布政使司，七年（1668年）改为甘肃布政使司，陕、甘分省。平凉府属甘肃省，辖泾州。

1913年，泾州改泾县，属泾原道，1914年复名泾川县。

1949年成立泾川县人民政府。1958年将灵台、崇信并入泾川，1961年泾川与灵台、崇信分县，延续至今[1]。

第二节　泾州古城

一　文献记载中的泾州古城

据《史记正义》卷四《周本纪》第四注载"明年，伐犬。明年，伐密须"，引《括地志》云"阴密故城在泾州鹑觚县西，其东接县城，即古密国"，所以泾川地区在商周时期曾有密须、阮、共等小国。现存共国故址——盘顶子，夯土筑成。到西汉时期张骞凿空西域，开通了中原与西域的丝绸之路，出汉长安城沿泾河谷地一路往西，经泾州直达河西走廊，进而远抵西域各国。《汉书》卷二八下志第八下载："安定郡，武帝元鼎三年置。户四万二千七百二十五，口十四万三千二百九十四。县二十一。"[2]泾州古城大概修建于此时期。

《读史方舆纪要》"泾州"条记：古城历经安定郡、安定县、保定县、泾州治所，此后变成中原王朝与北方少数民族争夺的重点区域。关于泾州古城的修建，《周书》《北史》有相同记载：天和四年（569年）"六月，筑原州及泾州东城"[3]。

[1]　泾川县县志编纂委员会：《泾川县志》，甘肃人民出版社，1996年。〔清〕张延福著，姜子英校注：《泾州志》，甘肃文化出版社，2007年。

[2]　〔东汉〕班固：《汉书》卷二十八下，《地理志》第八下，中华书局，1962年，第1615页。

[3]　〔唐〕令狐德棻：《周书》卷五，帝纪第五《周武帝本纪》，中华书局，1974年，第76页。〔唐〕李延寿：《北史》卷十《周武帝本纪下》，中华书局，1974年，第355页。

安史之乱后，吐蕃入侵，尽取陇右之地。"吐蕃寇泾州，及西门之外，先寇泾州界，进及泾州西门之外。驱掠人畜而去。"[1]代宗广德元年（763年）吐蕃入大震关，"九月壬戌朔，仆固怀恩拒命于汾州，遣宰臣裴遵庆往宣抚之。己丑，吐蕃寇泾州，刺史高晖以城降，因为吐蕃乡导"[2]。代宗大历三年（768年）"十二月壬寅，道州刺史崔涣卒。己酉，以邠宁节度使马璘为泾原节度，移镇泾州，其邠宁割隶朔方军"[3]。马璘为泾原节度使，率北庭四镇兴兵进驻泾州，以御吐蕃，马璘复筑泾州城。"璘词气慷慨，以破虏为己任。既至泾州，分建营堡，缮完战守之具，频破吐蕃，以其生口俘馘来献，前后破吐蕃约三万余众。在泾州令宽而肃，人皆乐为之用。"[4]《泾州志》城池条载："制城原在泾河之阳，元张尔严兄弟据其城，明将徐达、常遇春屠之。嗣因水害无常，遂迁于泾阴，即古安定驿也。"[5]因水患频发，明洪武三年（1370年）将州治由泾河北岸迁于南岸的皇甫店，即现县址。

二　泾州古城以往考古工作

1. 20世纪对泾州古城及其内遗址的调查工作

泾州古城遗址位于现泾川县城北600米，泾河北岸的一级台地上。1976年平凉地区文物普查队做过初步调查，1983年刘玉林先生又进行了重新考察[6]，对古城范围、墙基结构、出土遗物等做了较为详细的记录，为研究泾州古城提供了基础资料。古城分内外两层，内城北依兼山（亦称五龙山、虎山），南邻泾河，东近兰家山沟口，西部接堡子沟。唐后期，在城北面1千米处增筑彩门城，形成外城，以加强防御（图二）。

城平面略呈方形，南北长3600、东西宽3500米，城墙为黄土夯筑，基宽9、顶宽3、残高3～7米，夯层厚0.08～0.13米。东、西、南、北四面开门。南城墙已毁。北城墙为西汉时所筑，残长1500米，削山坡成陡壁以为墙基，见圆形夯窝，夯土中夹绳纹、雨点纹陶片及绳纹板瓦、筒瓦和残砖。墙基上加筑城墙，形成外高内低的地形。现存高者达3米。西墙每隔30～100米筑一东西走向的墙墩，墩长20米，有修补痕迹。东城墙残存约900米，有高9、顶宽5、底宽9米的墙墩与城墙相连。城内发现众多遗迹，较著名的如唐大云寺舍利地宫等，出土遗物有西周铜簋、车马饰等[7]。

[1]　〔宋〕司马光：《资治通鉴》卷二百三十九，《唐纪五十五》，中华书局，1976年，第7698页。
[2]　〔后晋〕刘昫：《旧唐书》卷十一，本纪第十一，中华书局，1974年，第273页。
[3]　〔后晋〕刘昫：《旧唐书》卷十一，本纪第十一，中华书局，1974年，第291页。
[4]　〔后晋〕刘昫：《旧唐书》卷一百五十二，列传第一百二，中华书局，1974年，第4066页。
[5]　〔清〕张延福著，姜子英校注：《泾州志》，甘肃文化出版社，2007年。
[6]　平凉地区博物馆：《平凉文物》，内部资料，1982年，第104页。刘玉林：《泾州故城调查记》，《平凉文博》1984年第1期。
[7]　国家文物局：《中国文物地图集·甘肃分册（下）》，测绘出版社，2005年，第528页。

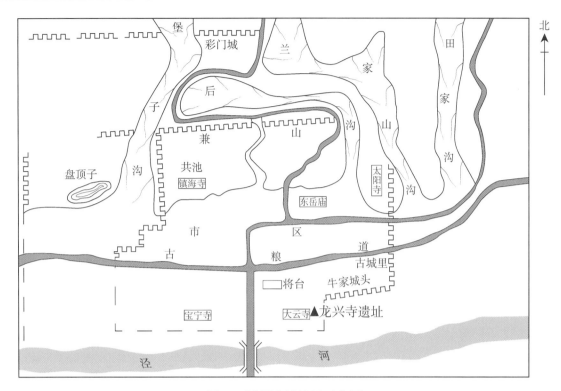

图二 泾州古城遗址示意图

商周时期，泾川属阮共之地，重要的遗址有水泉古村共池，位于城关镇水泉寺村东北1.2千米。共池传为古共国遗迹。池为石砌，东西长70、南北宽60、深2.5米。共国故城遗址，又名盘顶子遗址，在泾河北岸城关镇水泉寺村西北面。据调查，遗址现呈东北—西南倾斜的椭圆形，夯土筑成，现存高7米，底部长90、宽70米，顶部长约52、宽约27米，断面夯土清晰可见，推测为一建筑基址。基址四周西周文化堆积层厚约1米，内含大量陶片、兽骨、灰烬、磨制石器等。并曾出土周代绳纹罐1件。该遗址是认识泾川商周时期文化及其建筑形制的重要资料[1]。

2. 大云寺地宫的发现

武则天登基后于延载元年（694年）下诏在全国各州建造大云寺以珍藏《大云经》。1964年泾川大云寺地宫出土石函、铜匣、银椁、金棺、舍利瓶等五重舍利套函，内装14枚佛祖舍利。甘肃省文物工作队曾派人进行清理，并对其进行了报道研究[2]。此次泾川大云寺地宫及五重舍利套函的发现，为认识唐代大云寺地宫形制提供了新材料。五重套函开创了用棺椁形容器瘗埋舍利的先河，反映了唐代在舍利瘗葬制度上的划时代变革，在佛教考古学上有着十分重要的意义[3]。2005年泾川县在修建大云寺博物馆时甘肃省文物考古研究所在所征40000平方米范围内进行了调查勘探，发现建筑基址一处、院落一

---

[1] 国家文物局：《中国文物地图集·甘肃分册（下）》，测绘出版社，2005年，第526页。

[2] 甘肃省文物工作队：《甘肃省泾川县出土的唐代舍利石函》，《文物》1966年第3期。

[3] 徐苹芳：《中国舍利塔基考述》，《传统文化与现代化》1994年第4期。

处。此次勘探为研究大云寺遗址提供了新信息。

3. 宝宁寺比丘慧明造像座

1969年在修建泾河大桥护坡时发现了北周天和二年（567年）宝宁寺比丘慧明造像座。当时的泾川县文化馆对其进行了清理。据清理原始记录，共出的遗物还有椁（铜函）、鎏金铜函、琉璃瓶各1件。另外，还发现部分玉器、金器、银器及开元通宝15枚等遗物。遗物现藏于平凉市博物馆。2005年，在泾河大桥北面县苗圃内发现了北周单体佛造像等遗物，现藏于泾川县博物馆。

4. 西平铁路相关遗迹

2012～2013年修筑西平铁路时，甘肃省文物考古研究所对铁路建设沿线涉及的区域进行过两次发掘，清理出大量汉、唐、宋、明等时期的遗迹与遗物。资料目前在整理中。

第三节　古城周边文化遗存

一　早期遗存

泾川历史悠久，境内古代遗迹众多。旧石器时代遗址有著名的大岭上遗址，位于太平乡岭背后村，面积约5000平方米。遗存位于黄土梁上部灰褐色粉砂质亚黏土夹古土壤条带中，遗存分上下两层，上层出土石器10件，下层19件，有砍砸器、刮削器、大尖状器，均可与蓝田猿人遗址石器相比。属旧石器时代早期遗存。合志沟遗址在城关镇土窝子村，面积约4万平方米。遗物埋藏于台地红土层上的砂石堆积层中，采集有石制砍砸器、刮削器、尖状器、石球等石器。著名的牛角沟遗址位于泾明乡郝家村东1千米，为省级文物保护单位。面积约7000平方米，遗址中采集1具人头盖骨化石，被称为"泾川人"；石器有砍砸器、尖状器、刮削器、石球等。属旧石器时代晚期遗存[1]。

二　佛教遗存

西汉之后，佛教沿丝绸之路东传，泾州作为西出长安的重要驿站，沿泾河两岸留下了众多的佛教

---

[1]　刘玉林：《甘肃泾川大岭上发现的旧石器》，《史前研究》1987年第1期。刘玉林、黄慰文、林一璞：《甘肃泾川发现的人类化石和旧石器》，《人类学学报》1984年第1期。

遗迹，保存到现在的有泾川王母宫石窟、南石窟寺、罗汉洞、丈八寺、千佛崖、蒋家坪、凤凰沟石窟、郝家石窟、太山寺石窟、韩家沟、南石崖石窟群等。其中王母宫石窟、南石窟寺为北魏时期开凿，年代较早，在中国佛教石窟寺发展史上占有重要地位。

泾河两岸的众多石窟寺虽然目前多已残破或荡然无存，但密如蜂巢般分布状态，反映出石窟开窟的巨大规模，说明其地佛教的兴盛程度。

现存的大量碑刻及出土遗物，显示出泾川境内存有数量众多的地面佛寺。如北魏《敕赐嵩显禅寺碑记》记载，寺院由北魏宣武帝元恪敕赐。其位于泾川南塬，为泾川北魏重要的佛教寺院。

北周宝宁寺石像座、隋大兴国寺舍利瘞埋、水泉寺出土隋开皇年间造像碑、唐大云寺舍利套函等也透露出泾川佛寺众多。2020年罗汉洞附近发现了1件唐代经幢，这些信息都提示我们泾川佛寺建造的广泛性。

泾川玉都镇出土的十六国金铜造像已为学界熟知。泾川出土，现藏于平凉市博物馆及泾川县博物馆的部分散件佛教造像均反映出泾川佛教寺院的兴旺程度。2020年在泾川南塬太平镇新发现了3件北朝时期的造像碑[1]，其中景明三年（502年）碑是目前泾川地区发现最早的造像碑，其内容与以往发现造像碑不同，对于认识泾川北魏造像碑及其与云冈石窟等地关系、丝绸之路交通及佛教传播线路等有重要意义。

---

[1]　郑海龙：《甘肃省泾川县2020年新发现的北朝佛教造像碑研究》，《故宫博物院院刊》2023年第3期。

第二章　发掘及整理

2012年12月至2013年1月，甘肃省泾川县城关镇共池村村民修整道路时，在现大云寺博物馆东侧发现佛教造像窖藏坑及舍利砖函等。期间，甘肃省文物局、平凉市、泾川县等各级领导及各方面专家赴泾川实地考察，并对之后工作做出了指示（彩版一，1、2；彩版二，1）。随后，甘肃省文物考古研究所对该窖藏坑所处的佛教遗址进行了勘探发掘。

因舍利砖函内出土了一块铭文砖，上明确记载舍利砖函埋藏地点为泾州宋代龙兴寺曼殊院文殊菩萨殿内，故据此制定了勘探及发掘计划，目的是搞清宋代龙兴寺的范围、规模及布局结构等，并对出土的佛教造像进行修复、研究。由于泾川在隋代建有大兴国寺、唐代有大云寺，且唐大云寺出土过五重舍利套函等重要佛教遗物，而唐大云寺舍利套函出土地与新发现的宋代龙兴寺在相近的地域内，故希望在发掘中能够厘清宋代龙兴寺与唐代大云寺、隋代大兴国寺之间是否具有传承沿革关系等问题。依此我们制定了多年度的发掘计划，并在2013～2017年进行了勘探及发掘。

2013年度主要对铭文砖中所提到的宋代龙兴寺曼殊院文殊菩萨殿及已暴露的佛教造像窖藏坑、砖函等遗迹及遗物进行了清理。这些遗迹分布于整个遗址的西北区，发掘面积500余平方米，清理台基1座、佛教造像窖藏坑2个、砖匣1座、灰坑20个、井8处、沟1条、墓葬1座。出土陶棺1具、铭文砖1块、佛教造像及部分陶器、铜器、瓷器、建筑构件等260余件（组），并存放于泾川县博物馆（彩版二，2）。

2014年6～12月在2013年工作的基础上，继续对泾州古城佛教遗址进行勘探及清理发掘。其中勘探面积54703平方米，发掘面积1000平方米。清理出墙基6条，排水沟2条。出土遗物有瓦当、琉璃屋脊构件、灰陶片、瓷片、钱币等。

2015年在2013、2014年发掘区域的东侧、南侧布10米×10米探方21个，发掘面积约2100平方米，对寺院的总体布局有了一定的认识（彩版三，1、2）。

2016年主要在2015年发掘区域的基础上向东、西进行扩方发掘，发掘面积约1300平方米。在2014年发掘区域北侧布10米×10米规格探方2个，发掘面积200平方米，基本搞清了寺院东侧边界。

2017年在2016年遗址发掘区域以南布探方10个，其中10米×10米规格探方8个，5米×10米规格探方4个；2016年发掘区域以西扩方4个，南北长5米，东西宽2.7米，发掘面积为1054平方米。清理出2号建筑基址及其附属建筑。

2018年仅对部分剖面进行了清理，未进行大规模发掘。

总之，甘肃省文物考古研究所对泾州古城佛教遗址已进行了连续5年的勘探、发掘，勘探面积54703平方米，发掘面积6054平方米，取得了一定的成果。

为了更好地将我们历年所做工作及成果汇报于学界，考古队从发掘之初就逐渐着手对遗迹及遗物的整理，先后发表了2013年度发掘报道、简报等相关成果。与此同时，对出土的佛教造像进行修复。2018年发掘工作结束后，开始全面进行考古报告整理撰写工作。2019年出版了《泾水神韵——泾川出土佛教造像精粹》图录等。2020、2021、2022年继续整理撰写考古报告。主要由吴荭、马洪连、赵亚君参与整理工作。

甘肃省文物考古研究所在2013年至2018年的工作中，均将该遗址称为泾州古城佛教遗址。2019年甘肃省泾川县人民政府将该遗址列为县级文物保护单位，并公布为"泾川宋代龙兴寺遗址"，为避免混乱，在此做一说明。

第三章　地层堆积

遗址共分4区，按象限分布。Ⅰ区位于整个发掘区的西北角，为修路时破坏较为严重的区域。在其东侧为Ⅱ区，Ⅲ区位于Ⅱ区南部，Ⅳ区位于Ⅲ区西侧、Ⅰ区南侧（图三；彩版四）。整个遗址地势西高东低，北高南低。

1. Ⅰ区地层

Ⅰ区为修路时破坏较为严重的区域，故将其清理至生土层，其东壁剖面较为清晰，为我们了解认识该遗址地层堆积提供了较为翔实的数据（图四）。

第①层：扰土层。黄褐色土，腐殖土，土质较为疏松，包含物较为繁杂，有植物根系、现代生活垃圾等。各处厚度不同，厚0.37～0.75米。

第②层：黄色土。土质较为纯净、致密。此层应是冲积形成的淤土层。包含物较少，有个别小石子及细砂。厚约0.40～1.20米，距地表深0.80～2.00米。

第③层：灰褐色土层。土质较为疏松，有一定的黏性，包含物有砖瓦、石块等。其中出土有部分兽面纹瓦当、崇宁重宝、耀州窑青釉瓷片、兽骨等。厚0.30～0.70米，距地表深1.10～2.70米。

第④层：黄褐色土层。土质较为坚硬，含有大量石子、砖瓦等。出土物为耀州窑瓷片、莲花纹瓦当、玉璧形底白瓷片等。厚0.30～0.80米，距地表深1.20～3.50米。

第⑤层：灰褐色土层。较为疏松，其中杂有碎石、砖瓦等。厚0.28～0.90米，距地表深1.50～4.30米。

第⑥层：黄土层。土质致密坚硬，较为纯净。基本无包含物。厚约0.40～1.00米，距地表深1.90～5.20米。

第⑥层下为黑褐色生土层。

2. Ⅱ～Ⅳ区地层

Ⅱ～Ⅳ区意在揭露宋代龙兴寺的全貌，Ⅱ～Ⅳ区目前只清理了4层。

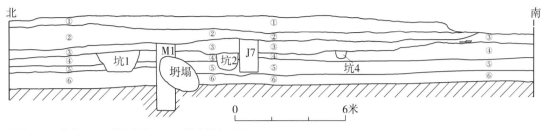

①扰土层　②黄土层　③灰褐色土层　④黄褐色土层
⑤灰褐色土层　⑥黄土层

图四　龙兴寺遗址 I 区东壁剖面图

第①层：扰土层。黄褐色土，土质较为疏松，包含物有植物根系、现代生活垃圾等。厚0.30~0.50米。

第②层：黄土层。北部、西部较厚，东南部较薄或不连续。土层较为纯净，含有小石子、细沙等。包含物较少。厚0.30~1.50米，距地表深0.70~2.00米。

第③层：灰土层。略疏松，内含大量的砖瓦。为被扰动的倒塌堆积层及二次堆积。厚0.25~0.35米，距地表深0.98~2.50米。为建筑废弃后或遭破坏的面。

第④层：黄褐色土层。较为坚硬，含有一定的砖瓦、烧土等。可见踩踏面、砖瓦建筑堆积等，应为建筑的使用面和修建面。

第四章　遗　迹

第一节　建筑基址

　　整个遗址区自西向东存在三条南北向轴线。其中，西区的西部被现大云寺博物馆所压，无法清理。四个发掘区内共清理出建筑基址及房址21个，其中西区南北向轴线上，自北向南清理出2座建筑基址及晚期房址1座。其中1号基址编号F1，即龙兴寺曼殊院文殊菩萨殿。2号建筑基址编号F20。中部区域南北向轴线上，自北向南清理12座房址。东部区域自北向南清理出6座房址。

一　龙兴寺曼殊院文殊菩萨殿址

　　位于Ⅰ区南部，北纬35°20′50″，东经107°21′8″，海拔1021米。开口于③层下，分布于T3、T7、T8、T9中。基址夯土台基破坏严重，无法确知其原范围及形状。现存部分大致呈曲尺长方形，东西长8.28、南北宽约4.80、残高1.32～1.70米。基址东中部平面上见一圆形柱坑，已露出底部，铺有碎砖石，直径0.30米。基址东南角平面残存一方形遗迹，内含有大量的砖瓦碎块，且土质较坚硬，东西长约1.2、南北宽1.05米。基址南部中间被舍利砖函打破（图五）。

　　残存基址夯筑而成，目前从南侧剖面看，基址主体部分存在二次构筑的现象（彩版五，1）。内部（北）现存5层夯层，第一层夯层灰褐色，较为疏松，内含砖瓦残块，厚0.29～0.50米；第二层夯层为较为纯净的黄土，土质致密坚硬，含一定的小砂子，厚0.15～0.24米；第三层夯层亦为纯净的黄土，土质致密坚硬，含一定的小石子等，厚0.13～0.39米。第四层黄褐土层，土质致密坚硬，含有大量石块、残瓦等，厚0.42米。第五层红胶泥层，较为纯净，厚0.30米。外部（南）为平面中东南角砖瓦构成的方形遗迹，从剖面看其打破北侧殿址主体部分①、②夯层及③层的上部，其厚约0.58米，疑似磉墩，或为二次重修的结构。其下存4层夯层。第一层夯土，

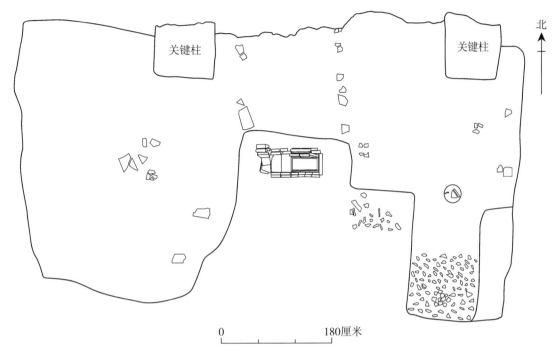

图五 龙兴寺曼殊院文殊菩萨殿址平面图

灰黑色，土质较硬，含有小石子，厚0.22米。再下3层分别为红胶泥层、灰土层、黄土层。

二 大型基址（2013JCGLF20）

（一）地层堆积

2013JCGLF20，开口于③层下。内填灰褐色土，土质略疏松，包含较多植物根茎和砖瓦残块。

（二）基址形制

位于Ⅳ区，整个遗址的西部，南北中轴线中部，文殊菩萨殿南，是一座较为大型的建筑（图六；彩版五，2）。坐北朝南，方向0°。北纬35°20′47″，东经107°21′8″，海拔1021米。整个建筑基址北高南低。

基址现残存地上夯土台基、附属设施（门道、周围包边结构、散水）、所属庭院、地下夯土基础等。

1. 地上夯土台基

主体部分破坏严重，但台基周围包边的砖石还残存，加之南侧、东侧散水也保存较完整。清理出该基址的南侧、东侧、北侧，西侧压在现大云寺博物馆下，未清理。从清理出部分可知其平面长方形，现存东西残长15.2、南北残宽15.1米。夯土台基表面未发现础石坑等遗迹。南边局部解剖，夯土分层，现见上层为黑褐色土，其中夹杂有黄土块、砖石块等，厚约0.14米；其下黄土层，略为纯净，含料姜石等，厚约0.40米；再下灰褐色土，未清理（彩版六，1）。

2. 附属设施

包括台基南北东三面残存的砖石包边结构、散水及踏步等。

（1）台基周围包边结构

夯土台基四周围用砖石进行包砌，南北东三面均留有残迹（彩版六，2）。包边砖石均为废弃的残破砖瓦及石块。夯土台基南侧包边砖石保存较差，经局部解剖知，夯土台基砌筑完后，在其四周开挖包边沟槽，沟槽打破夯土台基至黄土层，之上铺垫红烧土块、少量残砖石，并夯打，最上层铺残砖。现存南侧包边沟槽残长9.04、宽0.72、残深0.30米。在南侧夯土台基与包边砖石间残存填缝碎砖石块，现存残长10.4、宽0.20、高0.30米。夯土台基东侧、北侧仅残存包边砖石，不见填缝碎砖石。东侧包边砖石由内外两层残砖、残瓦铺成，砖顺砌，瓦立砌，现存二至四层不等。残长10.4、宽0.60、高0.30~0.40米。北边包边砖石以残砖为主铺砌，内外两层，残存二、三层。残长4.60、宽0.50、高0.20米。

（2）散水

在台基包边砖石外围南侧、东侧保存有较为完好的散水。北侧不见，西侧压于现大云寺博物馆内，情况不明。散水略呈北高南低的走势。南侧散水现存残长9.6、宽0.70米，散水由残瓦块侧立铺就。其内侧抵住包边砖石，外侧砌立砖。侧立砖长0.20、厚0.05米。南侧散水在东南转角处残毁，被上层的F19及水渠打破。东侧散水主要位于东侧靠北部分，东北角残毁。现残长9.28、宽0.55~0.65米不等，北边较宽，南边略窄。散水结构及用材与南侧相同。

（3）踏步

在台基北侧中部发现疑似踏步（或慢道）的结构。中间长方形，东西斜向转角成三角形，目前存西侧斜角，东侧部分不见，推测应有与西侧对应的斜角。疑似三瓣蝉翅结构。中间长方形部分仅存北侧边缘部分，中间方砖铺就，原应铺7块砖，现存西侧5块，东侧砖被撬走，仅见痕迹。总残长2.64、宽0.50米。方砖边长35、厚5厘米。西边斜角线上立砖铺设，残存3块，边缘残长1.10、宽0.20米。砖长30、厚6厘米（彩版七，1）。

南侧散水东端往东边0.80米处有一残存遗迹，坡状，较为坚硬，有踩踏面，宽0.96、进深0.80米，疑似踏步。

（4）渗水井

南侧散水东南部有一渗水井，直径0.72米，未做清理，深度不明。

（5）庭院结构

散水以南部分地面经过夯打，有明显的大面积踩踏面，不见铺砖痕迹。

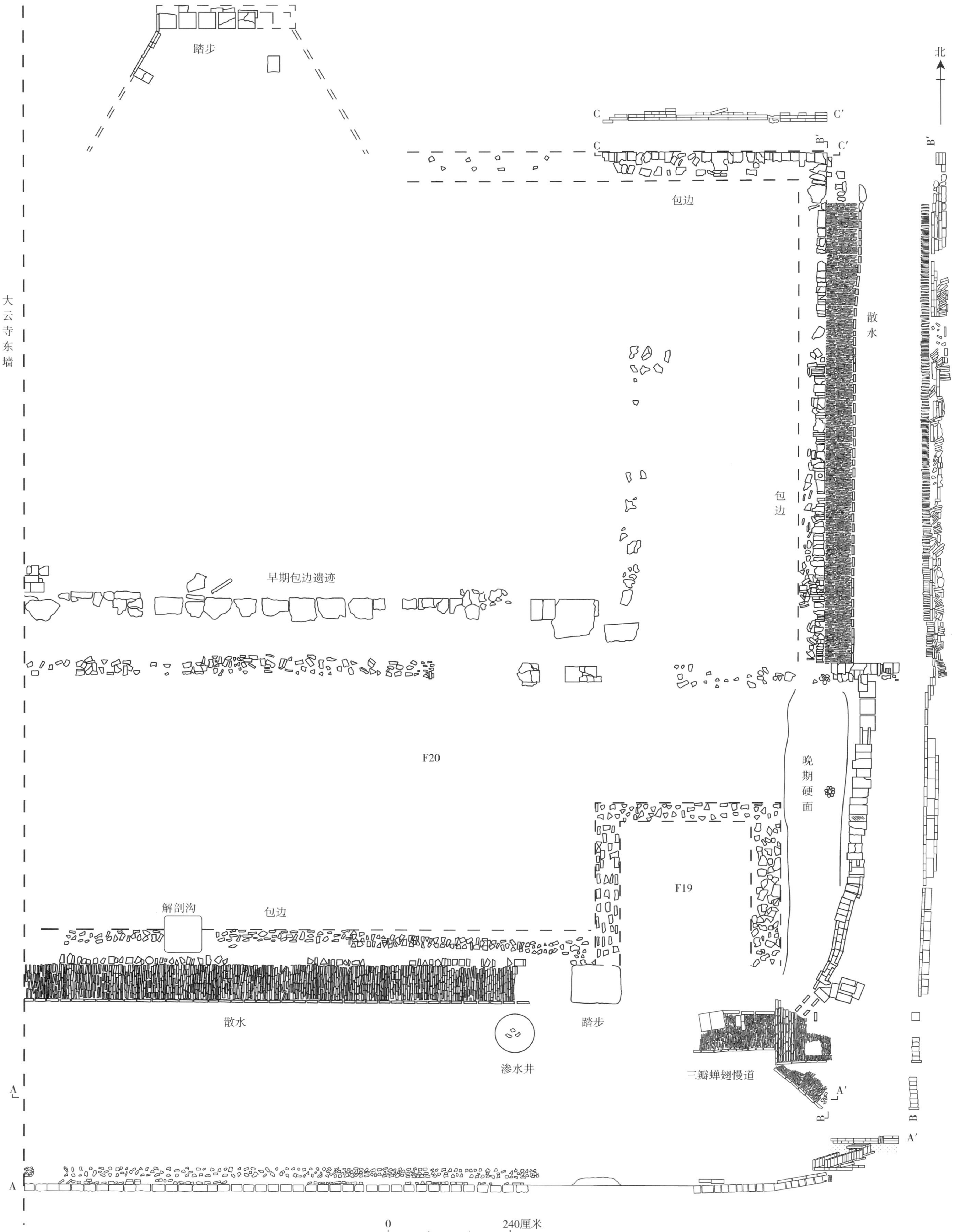

图六 大型基址 2013JCGLF20 平、剖面图

北

B′

散水

包边

晚期硬面

三瓣蝉翅慢道

F19

包边

踏步

渗水井

C′

包边

踏步

早期包边遗迹

F20

包边

散水

踏步

解剖沟

大云寺东墙

A′

A

A′

B

B′

C′

240厘米

0

3. 与之相关建筑遗迹

（1）"三瓣蝉翅"慢道

基址南侧散水以南为大面积的踩踏面，应为该基址的院落部分，在此部分东部清理出向东的三瓣蝉翅慢道及长方形甬道结构（图七；彩版七，2）。三瓣蝉翅慢道中间为长方形坡道，两侧有折角护坡，整体呈三边形。用砖砌成三面坡，现存中间及南面部分，北面被晚期的水渠叠压。经解剖知北面结构均被水渠破坏。中间坡道长方形，呈东西向，东高西低，坡度10°左右。东西残长1.12、南北残宽1.32米。坡道表面中部由南北向侧立的残砖瓦砌成，每层错峰铺就，呈"露龈"状。东西材质不同，西部用残砖，东部为残瓦。南边缘用一排立砖砌成。折角护坡原应对称分布于中间长方形坡道南北两侧。现南侧保存略为完整，北侧被上层水道破坏。南侧三角形坡道底边斜长1.30米，内部铺砖方向不同，似可分两部分，中间西部砖呈东北—西南向砌成，东部残瓦西北—东南向铺就，亦错缝呈"露龈"状。南侧蝉翅所铺砖、瓦走向虽不同，但不见中间共享的砖石，且其边缘为同一方向，不见转折。应为同一结构。

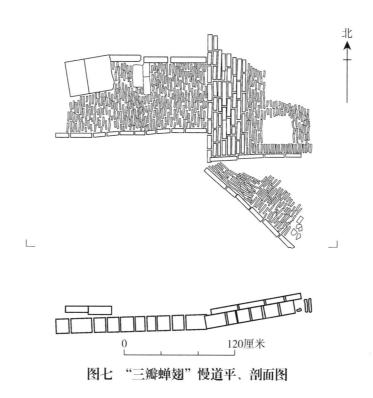

0　　　　　120厘米

图七 "三瓣蝉翅"慢道平、剖面图

在三瓣蝉翅西边连接长方形甬道，略成斜坡状，东高西低。坡度2°，残长1.5、宽0.80米。中间由残瓦南北向铺陈，两边缘侧立残砖，长25~40厘米不等，厚约5厘米。

三瓣蝉翅慢道东向，其东侧见较宽的南北向硬面，推测为院墙基础，均被晚期遗迹打破。东侧院内地面低于三瓣蝉翅慢道结构，现残存个别铺地方砖，院落范围不清。三瓣蝉翅慢道及其西侧的甬道将该基址与东侧院落连接。

（2）早期砖砌包边基址

在基址中部存有一条东西向的白条石，其南侧为夯土，白条石似为早期的一建筑夯土台基的外侧包边石。其废弃后在该基址修建时将其包在夯土台内。现存包边单层砖砌，中部塌落，最深处位于东侧，共存6层，低处2层。现存残长12.5、宽0.50~0.80、深0.15~0.40米。包边砖长28、宽16、厚5厘米。

（3）晚期遗迹

在基址东侧散水南部存一晚期路面及排水渠。路面现存长6.00、宽1.20米，路北面中部有由碎石子拼砌而成的圆形装饰，南面中间出现排水渠，长7.00、宽0.40、深0.30米。水渠砖铺而成，为暗渠，底面、两侧面均铺砖，上盖砖。砖长35、宽20、厚6厘米。

4. 房址

2013JCGLF19

东南角有晚期房址1座，编号2013JCGLF19（图八）。开口于②层下。填土为灰褐色，较为疏松。厚0.25~0.30米，包含瓦砾等。

房屋平面近正方形，建筑较为简陋。墙基由残破的石块、砖块等构成。现存东、西、北面墙基。其中东墙基长3.40、宽0.60、高0.24米。西墙基长3.35、残宽0.50、残高0.13米。北墙基长3.72、宽0.40、高0.1米。室内地面较为平整，见部分踩踏面。

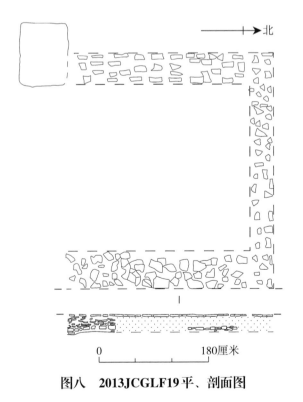

图八　2013JCGLF19平、剖面图

三 其他房址及院落

除了西部区域的2座殿址外，在中部区域、东部区域也清理出大量房址及院落，现对清理部分分述如下。

（一）东部区域

附属建筑区，自北向南分布着6个房址，分别编号2013JCGLF1~F6。现分别介绍。

1. 2013JCGLF1

主体位于Ⅱ T0302西南部，西墙位于Ⅱ T0202东隔梁处，跨越两个探方（图九）。开口于③层下。填土为灰褐色，较为疏松。厚0.25~0.4米。包含大量瓦砾、瓷片、陶片等。

平面近正方形。未见门道等结构，建筑较为简陋，墙基由残破的瓦片、石块、砖块等构成。现存东墙基长4.56、宽0.50、高0.1米。南墙基长4.44、宽0.54、高0.11米。西墙基长4.60、残宽0.68、残高0.13米。北墙基长4.38、宽0.72、高0.1米。室内地面较为平整，见部分残毁的踩踏面。西北部发现一残陶罐。

2. 2013JCGLF2

主体位于Ⅱ T0301、Ⅱ T0201，跨越两个探方（图一〇）。开口于③层下。填土为灰褐色，较为疏松。厚0.25~0.4米。包含大量瓦砾、瓷片、陶片等。

平面近长方形。门道位于西北角，残宽1.12、进深1.95米。门道东侧残留一南北向短墙，由白色大石块等垒砌而成，残长1.92、宽0.75米。整个房屋建筑较为简陋，墙基由残破的瓦片、石块、砖块等构成。现存东墙基残长7.25、宽0.5、高0.1米。南墙基长5.50、宽0.75、高0.13米。西墙基长8.55、残宽0.5、残高0.22米。北墙基长4.16、宽0.5、高0.1米。在房中部偏南处有一隔墙，长4.50、宽0.40米。房屋西部发现一残陶罐，内藏有铜箸39支、铜勺20把、铜印章等。推测其为储库或斋堂。

3. 2013JCGLF3

主体位于Ⅲ T0301西北角，西侧延伸至Ⅲ T0201，北通向Ⅱ T0301（图一一）。开口于③层下，被H45打破。

平面近长方形。房屋建筑较为简陋，墙基由残破的瓦片、石块等垒砌而成。东墙基及南墙基的部分保存较完整，西部被H45打破，只残留南北两端的少许，北墙基与F2南墙基共享。房屋内废弃堆积为灰褐色土，较疏松，内含砖瓦、陶片等。现存东墙基，由残砖及碎石等砌筑，残长3.92、宽0.44、高0.13米。南墙基残存东部一小段，由残砖砌成，西部被H45打破，残长2.16、宽0.40、高0.11米。

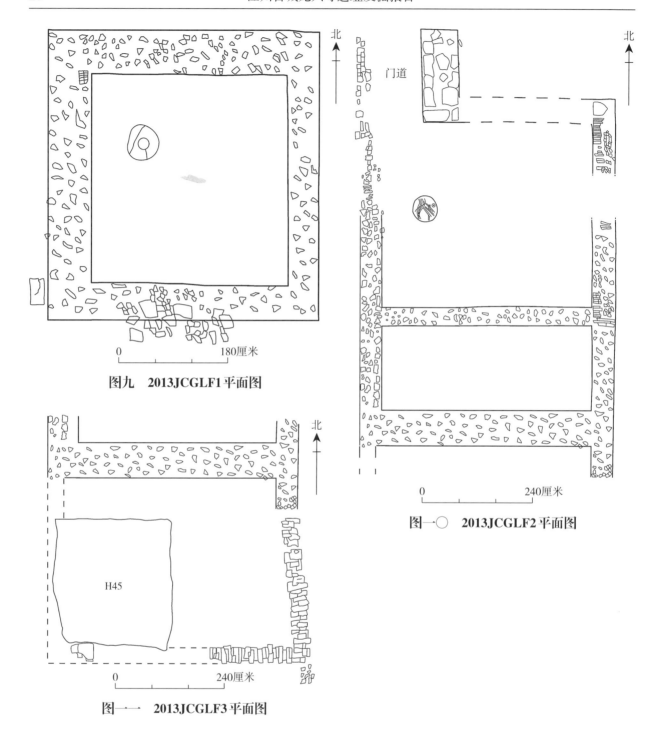

图九　2013JCGLF1平面图

图一〇　2013JCGLF2平面图

图一一　2013JCGLF3平面图

西墙基被H45打破。

4. 2013JCGLF4

主体位于ⅢT0301、ⅢT0302内。开口于③层下，被H43打破（图一二；彩版八，1）。

平面长方形。房屋坐西面东，门道位于东墙上，房屋建筑较其他房屋略好，墙基由废弃的砖、石块等垒砌而成。东墙基残破较为严重，南北两端保留部分砖瓦，可以复原其长度，长约10.48、残宽约

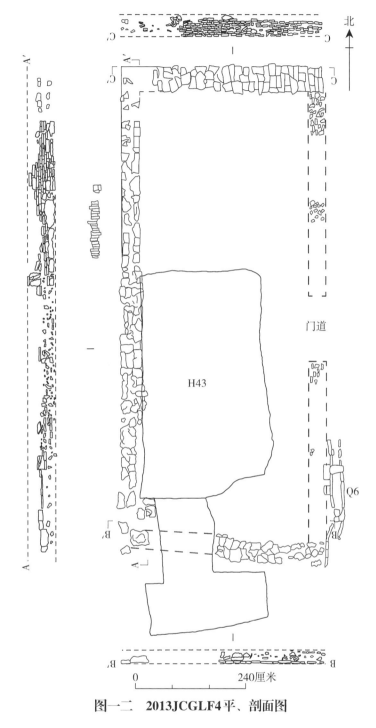

图一二　2013JCGLF4平、剖面图

0.3、残高约0.35～0.6米。在东墙基中部有踩踏面，疑似门道，宽1.36、进深0.40米。南墙基东部保存较完整，西侧被H43打破，保存较差，残长约4.48、宽约0.41、残高约0.34米。西墙基保存最为完好，结构较为清晰，基础夯筑，之上分两层砌筑，底层由大量的石块垒砌而成，上层铺砌废砖，现存最高处有数层砖平铺，残长约10.5、残宽约0.38、残高约0.35～0.6米。北墙基保存较为完好，由废弃砖块铺成，残长约4.32、残宽约0.56、残高约0.45米。居住面西南部被H43打破。西墙外下部留有散水残迹，残石块铺就，零星存在残长1.44、宽0.20米。砖石均为残石块、残砖组成，其中存有部分纹饰砖。

房屋东墙外中间至北面部分，残留由残瓦组成的结构，疑似散水，残长4.80、宽0.30米。

5. 2013JCGLF5

主体位于Ⅲ T0302、Ⅲ T0303内，F4南面。开口于③层下，北部被H43打破（图一三）。

平面长方形。房址保存较差，目前仅见西墙、南墙、北墙的一小部分。东墙基残破较为严重，基本不见遗迹。据南北两侧墙基复原其长度，长约7.1、残宽约0.20米，南墙基保存较差，东部残存部分砖石，平铺一层，残长约4.5、宽约0.5、残高约0.18米。西墙基保存最为完好，结构略为清晰，现存2层，由废弃砖石块平铺而成，残长约7.10、残宽约0.20、残高约0.2米。西墙中部偏南处被一东西向水渠Q11打破，水渠延伸至房址内约0.35米。北墙基被H43打破，仅存东部一段，由废弃砖块铺成，残长约1.04、残宽约0.3、残高约0.2米。居住面西北部被H43打破。

6. 2013JCGLF6

位于Ⅲ T0303中部及南部。开口于③层下（图一四）。

平面近长方形。房屋坐南朝北。南墙基保存一段，由残瓦片铺砌，残长约2.00、残宽约0.48、残高约0.05～0.12米。东西两侧墙基由石块及残砖组成，东墙基残存北部一段，残长约1.28、残宽约0.48、残高约0.12米。西墙基残毁严重，见零星石块。北墙基破坏严重，可看出痕迹，长约4.56、宽约0.60、残高约0.1米。北墙外侧为Q7。

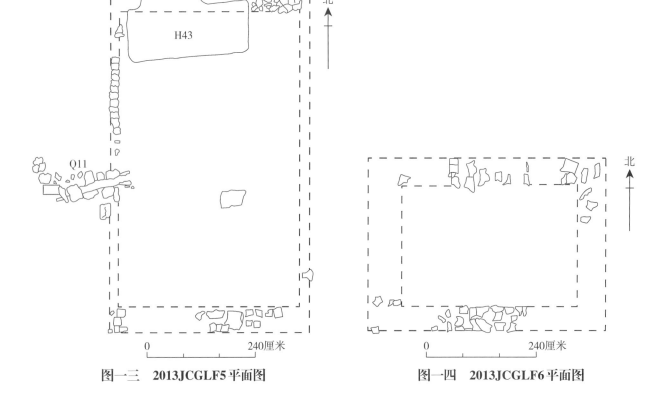

图一三　2013JCGLF5平面图　　　　　　　图一四　2013JCGLF6平面图

（二）中部区域

整个遗址中部区域，自北向南亦分布若干房址，现存12座。北部存有2组房址，东西并列，从东往西编号F7、F9。F7、F9中间为一庭院（图一五），这样推测北部区域为一院落，由中间庭院与东西房址组成。

1. 2013JCGLF7

位于Ⅱ T0204东南部。开口于③层下，被H46打破（图一六）。

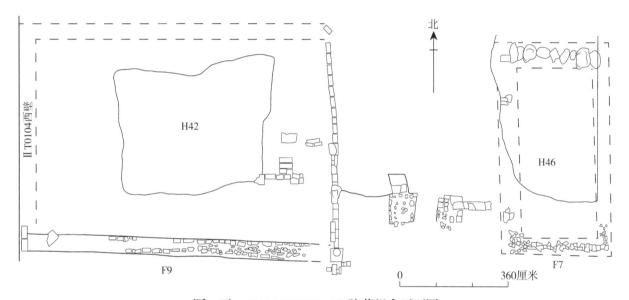

图一五 2013JCGLF7、F9院落组合平面图

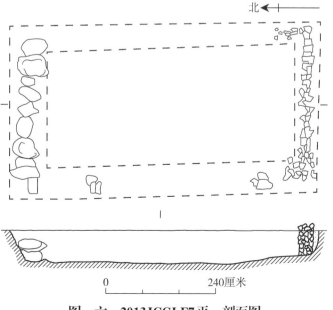

图一六 2013JCGLF7平、剖面图

平面长方形。北侧墙基下部保存较为完整，由大石块砌成，北墙基残长约3.24、宽约0.67、残高约0.48米。南侧墙基由残砖组成，残长约3.28、宽约0.47、深0.64米。南侧墙基东西两端分别往北拐，残存部分墙体。西侧墙基见零星砖石，西墙基长约0.7、宽约0.4米。东墙基仅存南部与南墙相连的一小段，长约0.80、宽约0.26米。

2. 2013JCGLF9

位于ⅡT0104中、南部，ⅡT0103北隔梁下。开口于③层下（图一七）。

平面长方形。现存东墙与南墙。东墙基较为完整，分上下两层结构，两种建筑材质构成，上层为石块，下层为条砖平铺，现存残长7.92、上部残宽0.3、下部残宽0.16、残高0.07～0.35米。南墙保存较完整，东侧与东墙相连，西侧被破坏，现残长10.48、残宽0.54、残高0.35米。由上下两种材质构成，上层残砖、瓦，下层砖砌，较为平整。西墙被破坏，情况不明。F9中部被H42打破。

3. 2013JCGLF7、F9中间部分

位于ⅡT0204东南部。开口于③层下，被H46打破（图一五）。

平面长方形，东西墙分别与F7西墙、F9东墙共享。南侧存墙基，较F7、F9南墙基略北，在中部开门，门道朝南，方向195°，门道呈斜坡状，地面较为坚硬。宽0.60、进深0.96米。门道东侧南墙保

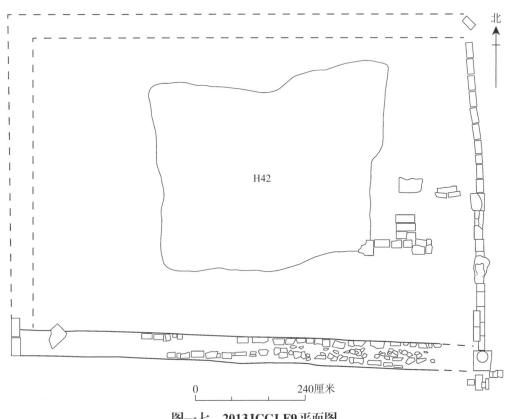

图一七　2013JCGLF9平面图

存较为完整，长1.50、宽0.24米，西侧残毁严重。北墙无存。此结构推测为庭院。

4. 2013JCGLF8

位于Ⅱ T0103，面积较大，向东、南分别延伸至Ⅱ T0203、Ⅱ T0102中，但残毁严重（图一八）。

北墙基与F9南墙共享。东墙仅见零星砖石，残长2.08、宽0.66米。南墙也只见一小段基石，残长3.76、宽0.93米，西侧被破坏，同时被H41打破。在靠近北墙处，清理出2个灶，房址中间发现3个础坑。

2个灶分别编号为Z1、Z2。

Z1 位于F8北部，形制为大小两个圆形相套，大者为灶口，小者似烟道。灶口直径1.06米，烟道直径0.30米，未清理，深度不明。表面为烧结的红土。

Z2 位于F8北部，Z1东侧，灶口形状近椭圆形，长径0.96米，未清理，深度不明。塘壁边烧结呈红色。

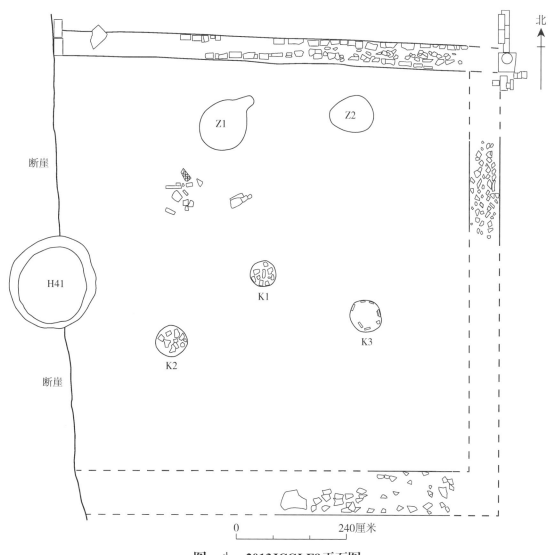

图一八 2013JCGLF8平面图

础坑1号　位于房址中部，圆形，底部为破碎的砖瓦铺砌。直径0.48米。

础坑2号　位于1号西南侧，圆形，底部见破碎的砖瓦。直径0.72米。

础坑3号　位于1号东南侧，圆形，底部为破碎的砖瓦铺砌，现存边缘部分。直径0.71米。

5. 2013JCGLF10~F12

中部区域中间偏西部，为一个较大面积房址，位于ⅡT0102、ⅡT0202、ⅡT0101、ⅡT0201内。房址开口于③层下，被H39、H40、Q2打破。由F10、F11、F12组成（图一九），平面长方形。填土灰褐色，较为疏松，厚度0.1～0.25米，包含物有瓷片等。F10、F11位于北侧（图二〇、二一），F12在南侧（图二二），F10、F11间有南北向隔墙。房址东南西三面残存部分墙基，由石块、残砖、残瓦

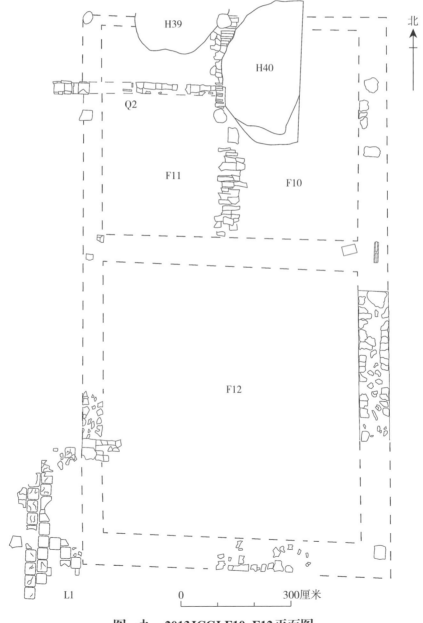

图一九　2013JCGLF10~F12平面图

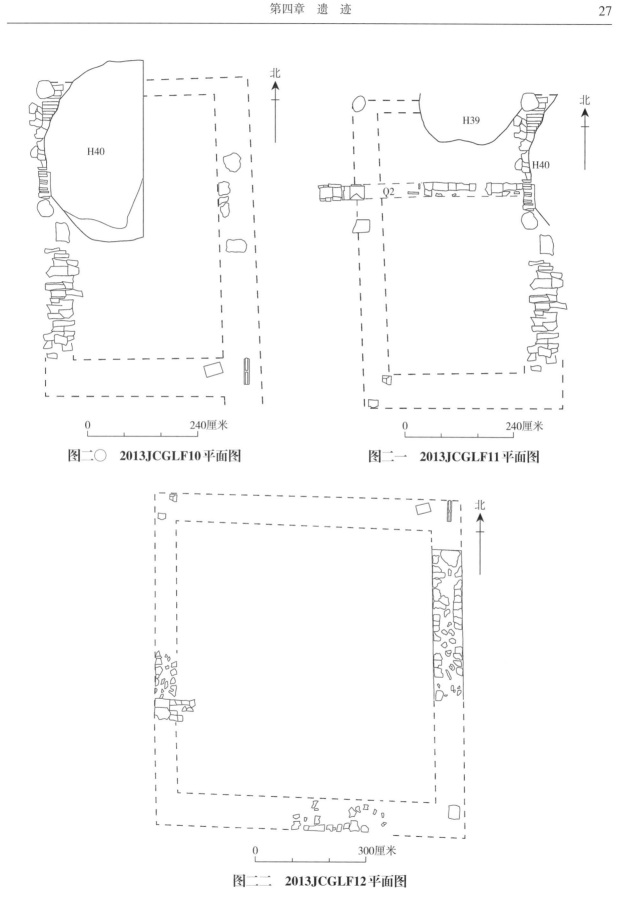

图二○ 2013JCGLF10平面图

图二一 2013JCGLF11平面图

图二二 2013JCGLF12平面图

等砌筑。现存东墙残长9.50、宽0.80米。南墙残长2.48、宽0.80米。西墙残长1.80、宽0.53米。F10、F11间隔墙南北向，由残瓦堆砌而成，残长5.76、宽0.56米。

　　中部区域中南部分布有7座房址，编号2013JCGLF13、F14、F15、F16、F17、F18、F21。其中F13～F15为一组建筑。由F13、F14、F15三座房址及其中的庭院组成。F13、F14位于此组建筑北部，其南为庭院，庭院长方形，东北角被晚期F17打破。西南角为F15（图二三）。

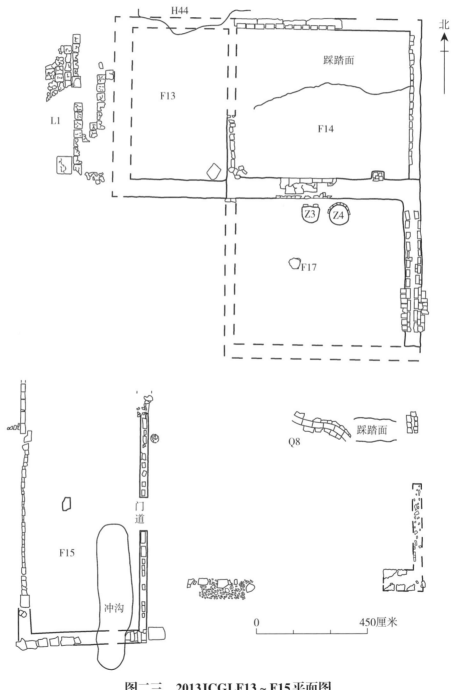

图二三　2013JCGLF13～F15平面图

6. 2013JCGLF13、F14

东西并列，中间有隔墙（图二四、二五；彩版八，2）。

北部中间有由石板及砖两层砌成的踏步。底部由4块长方形白石板铺成，石板大小不一，从东往西分别长1.45、0.93、1.05、0.93、宽约0.45～0.34、厚约0.16米，总长4.38米；上层铺砖11块，其中西侧5块较大，总长1.92米，砖长36、宽19、厚6厘米。东侧6块较小，总长2.00米，砖长32、宽15、厚5厘米。F14东墙保存较完整，由残砖叠砌，残长5.25、宽0.44米，房内地面多留有踩踏痕迹。F13、F14南墙现存土墙基，土墙基上东侧残存部分砖瓦块，长2.4、宽0.8米。隔墙砖瓦砌筑，现存长2.5、宽0.30米。F13、F14填土灰褐色，较为疏松，厚度0.2～0.4米，包含物有瓷片、熙宁元宝、天圣元宝、货泉、玻璃珠1、铁钱1、铜锁构件1、莲花纹瓦当1（残）等。

7. 2013JCGLF13、F14南侧庭院

长方形，东院墙与F14东墙平齐，保存较好。

南院墙存东段。西南角为F15。西北角情况不明。庭院内有大量踩踏面，中间有水渠。东院墙由残砖砌成，两排砖中间填土。东院墙中部开门，门道方向95°，宽1.70、进深1.10米。东西两面均有明显的踏步结构。东院墙残长15.2、残宽0.64、残高0.1～0.15米。南院墙仅存东侧一小段，较宽，残长1.65、宽0.80米。南墙中部疑似门，残长2.77、宽0.76米。

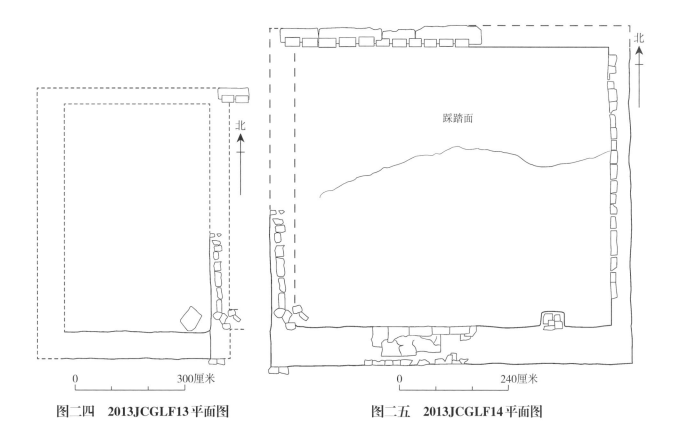

踩踏面

0　　　　　　300厘米　　　　　　　　　　　　0　　　　　　240厘米

图二四　2013JCGLF13平面图　　　　　　　图二五　2013JCGLF14平面图

8. 2013JCGLF15

位于ⅢT0102、ⅢT0103内。开口于③层下（图二六；彩版八，2）。

平面近长方形，坐西面东。在东墙中部开有门，门道宽1.28、进深0.34米。现残存东、西、南墙部分墙基，北墙无存。东墙基残长9.76、残宽0.34、残高0.20米。南墙基残长5.36、残宽0.50、残高0.1米。西墙基残长10.6、残宽0.36、残高0.1米。房址东南部被一冲沟打破。

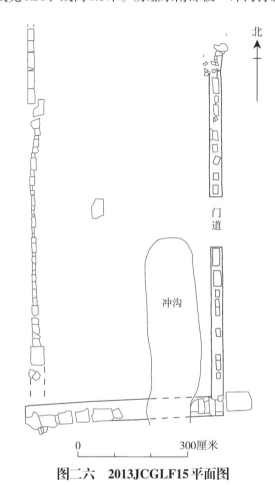

图二六　2013JCGLF15平面图

9. 2013JCGLF17

位于ⅢT0201、ⅢT0202内。打破F13、F14的庭院。开口于②层下，打破③层（图二七；彩版八，2）。

平面近长方形。其东墙利用2013JCGLF13、F14的庭院东墙，北墙利用F13、F14南墙东段。西墙仅残留零星砖块，南墙情况不明。北墙下设2灶。Z3直径0.80、Z4直径0.80米。

10. 2013JCGLF16

位于ⅢT0103、ⅢT0104内。开口于③层下（图二八）。

平面近长方形。现残存东、西、北墙部分墙基，南墙无存。东墙基残长1.04、残宽0.22、残高

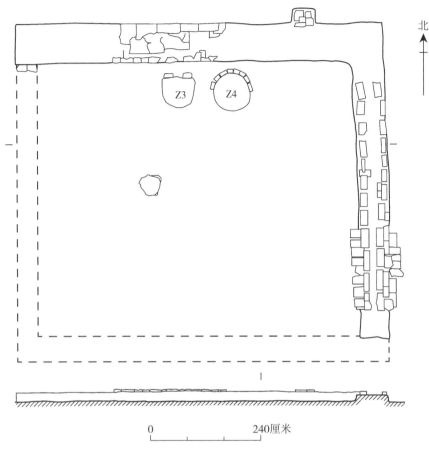

图二七　2013JCGLF17平、剖面图

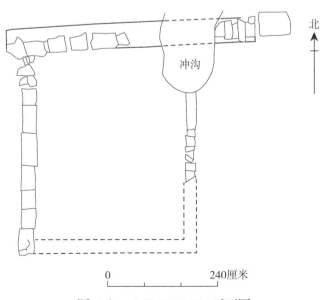

图二八　2013JCGLF16平面图

0.20米。西墙基残长4.60、残宽0.34、残高0.1米。北墙基与F15南墙基西段共享，残长5.36、残宽0.35米。房址东北部被一冲沟打破。

11. 2013JCGLF18

位于ⅢT0104西部。开口于③层下（图二九）。

平面近长方形，东西南侧各残存部分墙基。东墙基仅残留中部一小段，残砖铺砌而成。残长约1.04、残宽约0.35、残高约0.3米。南墙基由残瓦片铺成，残长约2.16、残宽约0.14、残高0.15～0.2米。西墙基保存较好，南北两端均残存砖石。残长约7.84、残宽约0.38、残高约0.5米。北墙基基本无存。

12. 2013JCGLF21

位于ⅢT0105内。开口于③层下（图三〇）。

2013JCGLF21为一坐东朝西的院落，其西墙上设置"三瓣蝉翅"慢道，与大型基址（2013JCGLF20）相通。现仅见西墙基础，夯土硬面，残长约2.50、宽0.70米。均被晚期遗迹叠压打破。东侧院内地面低于三瓣蝉翅慢道结构，院落范围不清，现北部及西南部分见砖铺地面，由长方形青砖铺就，现存西南部砖铺范围，南北长2.70、东西宽2.00米。北部砖铺地东西残长2.60、南北残宽1.20米。砖长33、宽21、高6厘米。

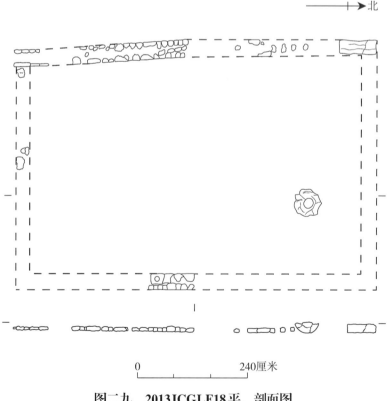

图二九　2013JCGLF18平、剖面图

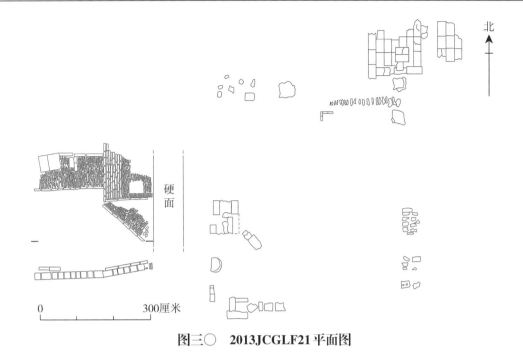

北

硬面

0　　　　　　300厘米

图三〇　2013JCGLF21平面图

第二节　舍利砖函址

舍利砖函位于Ⅰ发掘区T8中，编号2013JCGLH2（图三一；彩版九，1）。开口距地表深约1.46米，打破文殊菩萨殿址。函砖砌而成，长方形，顶部被毁，结构不明，东西长1.10、南北宽0.46、残高0.50米。底部5块长砖纵向平铺，南北两壁砖竖立，里外两层砌成。西壁为四层砖平铺砌成。东壁立方形铭文砖1块。砖函内放置陶棺1具（彩版九，2）。陶棺前挡前置香碟、托各1个。

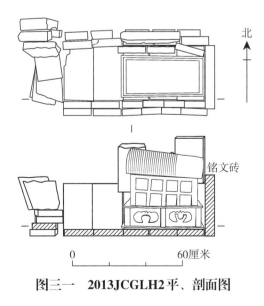

北

铭文砖

0　　　　60厘米

图三一　2013JCGLH2平、剖面图

第三节　佛教造像窖藏坑

共清理出2个佛教造像窖藏坑，均位于Ⅰ区，文殊菩萨殿东西两侧。分别编号2013JCGLH1、H3。

1. 2013JCGLH1

位于文殊菩萨殿西侧2米处，ⅠT1内。

平面近长方形（图三二）。开口于③层下，开口距地表深1.50米，坑南北长2.40、东西宽1.90、深1.20米。坑壁破坏严重，坑底略加修整，坑内填有少量泥土，呈黄褐色。坑内造像埋藏较为整齐，共由三层组成。第一层经扰动，佛像堆积状况不明；第二、三层分层排列，体量较大的造像，大多面西背东侧立。体量较小的造像和残件多填塞在大像间或沿坑四周放置（彩版一〇、一一，2）。每层造像间有一层泥土隔开（彩版一一，1）。各层分别出土石、陶、泥塑造像、造像碑及经幢等。此外，坑内还埋藏个别砖、瓦当、瓷器、残陶器等。出土遗物共计编号210余件。部分造像在原址保存，未提取，这一部分造像目前所见共8件（彩版一二）。

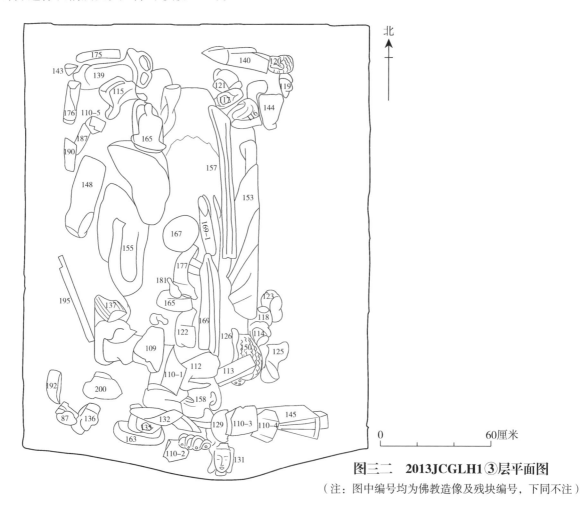

图三二　2013JCGLH1③层平面图

（注：图中编号均为佛教造像及残块编号，下同不注）

2. 2013JCGLH3

位于文殊菩萨殿东南侧3.4米，ⅠT2内。

平面近似长方形。开口于③层下，打破J3、H4。距地表深1.30米，南北长3.25、东西宽1.80、深1.60米。坑壁不甚规整，底略平。坑内填土黄褐色，较为纯净。造像共分四层埋藏，第一层仅见一身佛像（图三三），之下埋叠20厘米厚的黄土，其下才出现下面三层，下面三层造像埋藏较为凌乱，无甚规律（图三四~三六）。泥质造像多放置于北侧，且上下叠压（彩版一三，1）。各层分别出土石、陶、泥质造像及造像碑等，另发现部分耀州窑瓷片、动物骨骼等。出土遗物共编号46件。

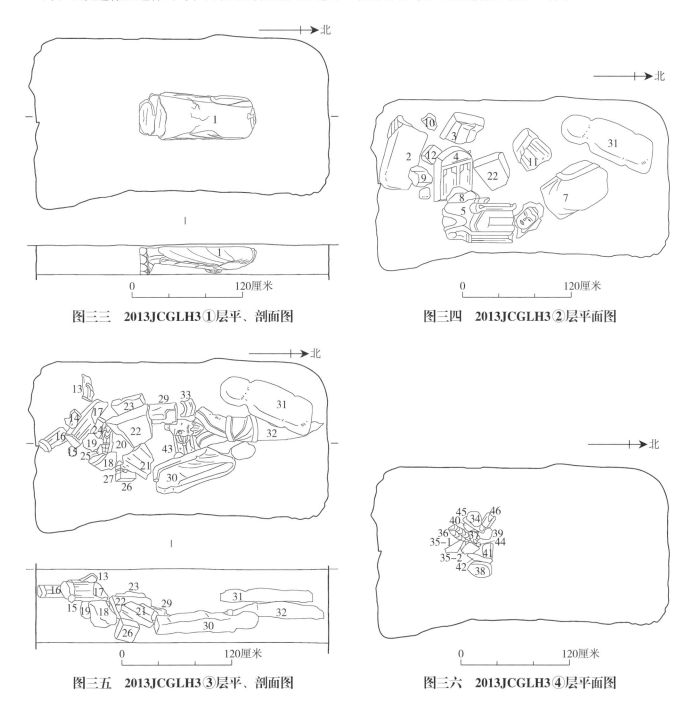

图三三　2013JCGLH3①层平、剖面图

图三四　2013JCGLH3②层平面图

图三五　2013JCGLH3③层平、剖面图

图三六　2013JCGLH3④层平面图

第四节　灰坑

整个遗址内共清理灰坑49个。其中除2个佛教造像坑、1个砖函外，其余为废弃遗物堆积坑等。灰坑圆形、方形或不规则形。其内填土多五花土、黑褐色土等，出土部分建筑构件残件、陶器、瓷片、钱币、动物骨骼等。

1. 2013JCGLH4

位于 I T2东部（图三七，1）。开口于③层下，开口距地表约1.10米。被H3打破。平面近圆形，口径0.72、深0.8米。填土灰褐色，较为疏松。包含物有瓦当、碎石块等。

2. 2013JCGLH5

位于 I T4东北角（图三七，2）。开口于②层下，打破H12。平面长方形，剖面方形。坑长0.6、宽0.36、深2.0米。坑内堆积为深灰色土，土质较为疏松，杂有一定的砖瓦、炭渣等。

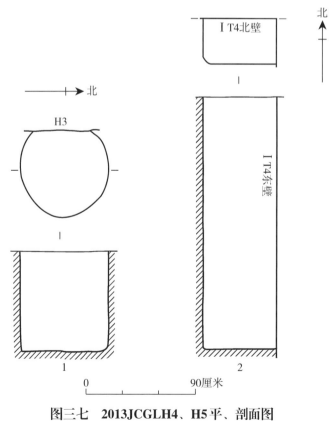

图三七　2013JCGLH4、H5平、剖面图

1、2. 2013JCGLH4、2013JCGLH5

3. 2013JCGLH6

位于ⅠT4西部（图三八，1）。开口于②层下。平面椭圆形，剖面长方形。坑长3.2、宽0.88、深2.2米。坑壁竖直，坑底平齐。坑内堆积水平。坑内堆积为深灰色土，土质较为疏松，坑壁上呈墨绿色，疑为微生物残迹。包含物杂有一定的砖瓦、石块等。

4. 2013JCGLH7

位于ⅠT3中部（图三八，2）。开口于②层下，打破H8。平面不规则形，似灯泡，剖面方形圜底。坑长2.67、宽1.73、深0.38米。坑内堆积水平。坑内堆积为灰褐色土，土质较为疏松。包含物杂有一定的砖瓦、石块、大量灰陶片等。陶片可辨器形有罐。

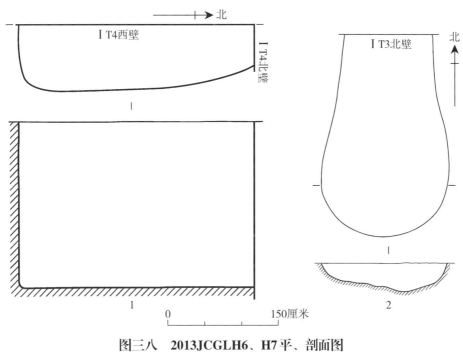

图三八　2013JCGLH6、H7平、剖面图
1、2. 2013JCGLH6、2013JCGLH7

5. 2013JCGLH8

位于ⅠT3南部，贯穿东西（图三九；彩版一三，2）。开口于②层下，打破③层、J6。被H7打破。因坑南部压于保护房下，未清理。已知部分平面长方形，剖面不规则梯形，底部东高西低，坑长4.0、宽2.20、深1.60~2.21米。坑内堆积为黑褐色土，较为松软，杂有一定的砖瓦、骨角、灰陶片等。陶器可辨器形有罐、瓮、甑等。砖瓦有筒瓦、板瓦、莲花纹瓦当等。

6. 2013JCGLH9

位于ⅠT5中东部（图四〇，1）。开口于②层下，打破③层、H14。被J2打破。平面不规则形，剖

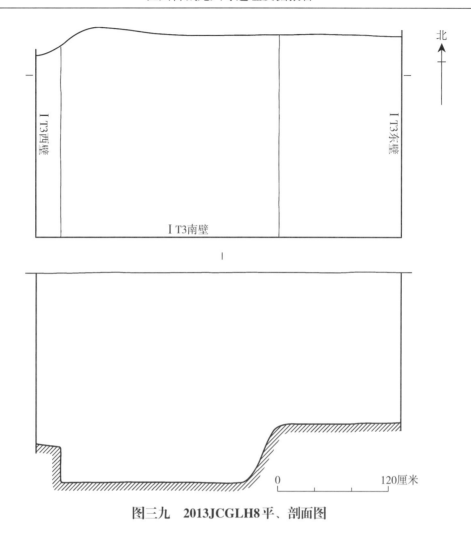

图三九　2013JCGLH8平、剖面图

面不规则形，底部北高南低，呈圜形。坑长2.4、宽1.72、深0.18～0.72米。坑内堆积为灰褐色土，泛绿色，较为松软，杂有一定的砖石、灰陶片等。陶器可辨器形有罐等。

7. 2013JCGLH10

位于ⅠT4北隔梁下、ⅠT5南部（图四〇，2）。开口于②层下，打破③层、H14。平面近圆形，剖面矩形筒状，底部西高东低。坑直径1.28、深0.68～0.80米。坑内堆积为黄褐色土，较硬，杂有一定的砖石、灰陶片、角骨、造像残片等。陶器可辨器形有罐等。

8. 2013JCGLH11

位于ⅠT4南部（图四〇，3）。开口于②层下，打破③层。平面圆形，剖面矩形筒状，底部东高西低，略呈斜坡状。坑直径约1.17、深0.68米。坑内堆积为黄褐色土，松软，杂有一定的砖瓦、灰陶片等。

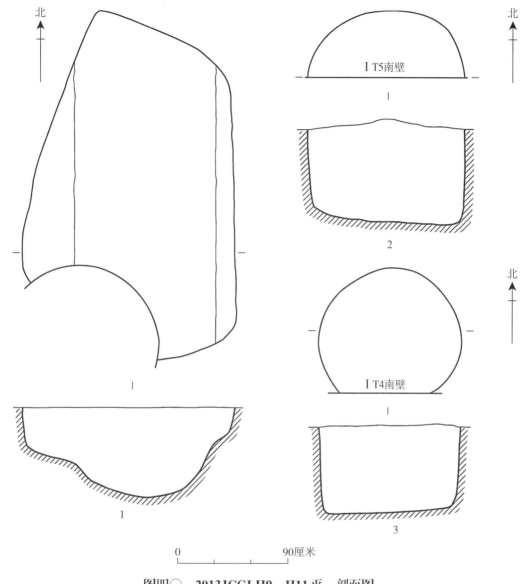

图四〇 2013JCGLH9~H11平、剖面图

1~3. 2013JCGLH9、2013JCGLH10、2013JCGLH11

9. 2013JCGLH12

位于ⅠT4北部、ⅠT5南部（图四一，1）。开口于②层下，打破③层。被J1打破。平面近椭圆形，剖面矩形筒状，圜底。坑长径2.7、短径2.12、深1.24米。坑内堆积为深灰色土，松软，杂有一定的砖瓦、灰陶片、骨角等。

10. 2013JCGLH13

位于ⅠT5西北部（图四一，2）。开口于②层下，打破③层、H14、H15。平面近三角形，剖面矩形筒状，底东部较平，西部坑洼不平。坑长1.57、宽1.23、深0.85~0.90米。坑内堆积为灰色土，杂有绿色，松软，包含有一定的灰陶片等。

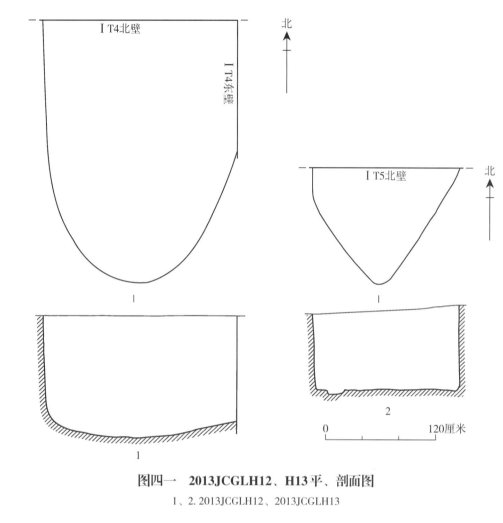

图四一　2013JCGLH12、H13平、剖面图

1、2. 2013JCGLH12、2013JCGLH13

11. 2013JCGLH14

位于ⅠT5西部（图四二，1）。开口于②层下，打破③层、H15、H16。被J2、H9、H10、H13打破。平面不规则形，剖面矩形筒状，弧壁，底较平。坑长3.4、宽2.0、深0.58米。坑内堆积为深灰色土，杂有木炭等，较为松软，包含有一定的筒瓦、板瓦残件、灰陶片、烧土、牛骨等。

12. 2013JCGLH15

位于ⅠT5中部西侧（图四二，2）。打破H16，被H13打破、H14叠压。平面近圆形，剖面矩形，平底。坑直径1.28、深0.40米。坑内堆积为灰褐色土，较为松软，颗粒较大，包含有一定的灰陶片等。

13. 2013JCGLH16

位于ⅠT5西南部（图四三，1）。被H14叠压、H15打破。平面近椭圆形，剖面口大底小，近圜

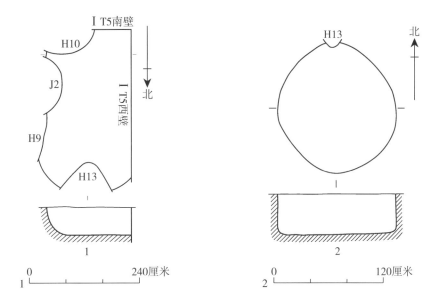

图四二　2013JCGLH14、H15 平、剖面图

1、2. 2013JCGLH14、2013JCGLH15

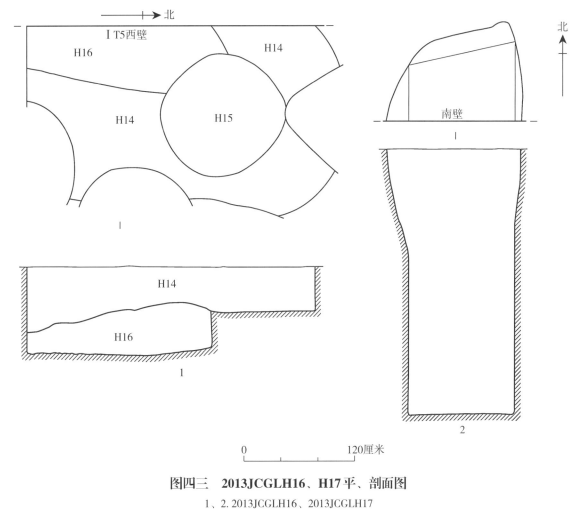

图四三　2013JCGLH16、H17 平、剖面图

1、2. 2013JCGLH16、2013JCGLH17

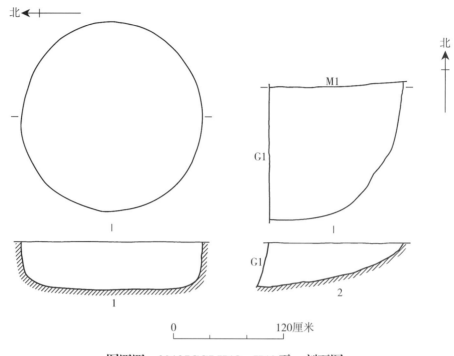

图四四 2013JCGLH18、H19 平、剖面图

1、2. 2013JCGLH18、2013JCGLH19

底。坑长 2.12、宽 0.7、深 0.24～0.52 米。坑内堆积为灰黄色土，较为松软，颗粒较大，包含有一定的砖瓦、灰陶片、钱币等。

14. 2013JCGLH17

位于ⅠT4 东南角及东隔梁下（图四三，2）。口大底小，口部平面不规则形，底部平面近梯形，平底。坑长 1.48、宽 1.05、深 2.8 米。坑内堆积为灰色土，较为松软，颗粒较大，包含有一定的砖瓦、灰陶片等。

15. 2013JCGLH18

位于ⅠT11 东部及东隔梁下（图四四，1）。开口于①下，打破 G1。平面圆形，剖面矩形，近平底。坑直径 2.0、深 0.51 米。坑内堆积为深灰色土，较为松软，颗粒较大，包含有一定的砖瓦等。

16. 2013JCGLH19

位于ⅠT15 北部及北隔梁下（图四四，2）。开口于③层下，被 G1、M1 打破。平面不规则形，近圜底。坑长 1.44、宽 1.40、深 0.45 米。坑内堆积为灰褐色土，较为松软，颗粒较大，包含有一定的灰陶片等。

17. 2013JCGLH20

位于ⅠT18东部（图四五，1）。开口于③层下，被M1打破。平面不规则形，剖面梯形，壁斜直，近圜底。坑长1.50、宽1.36、深1.14米。坑内堆积为黄褐色土，较为松软，颗粒较大，包含有一定的灰陶片、兽骨等。

18. 2013JCGLH21

位于ⅠT6西南角（图四五，2）。开口于③层下，打破H22、H25、H27。平面圆角长方形，剖面长方形，弧壁，近平底。坑长1.60、宽1.02、深0.32米。坑内堆积为黄色土，较为松软，颗粒较大，包含有一定的瓷片、砖块等。

19. 2013JCGLH22

位于ⅠT6南部（图四六，1）。开口于③层下，打破H25，被H21、H30打破。平面近椭圆形，剖面近长方形，阶梯状底。坑长径1.60、短径0.60、深0.50~0.72米。坑内堆积为灰色土，较为松软，颗粒较大，包含有一定的陶片、兽骨等。

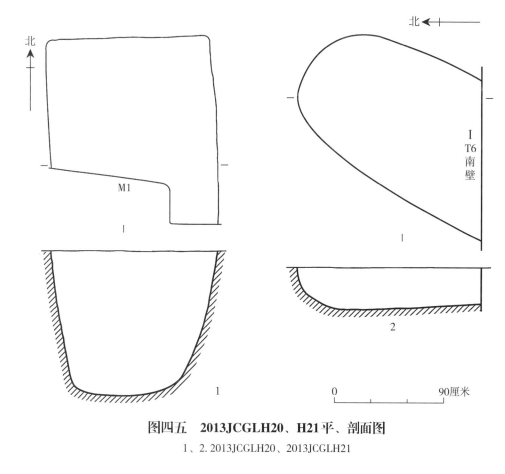

图四五 2013JCGLH20、H21平、剖面图

1、2. 2013JCGLH20、2013JCGLH21

20. 2013JCGLH23

位于 I T21中部（图四六，2）。开口于③层下，打破H24、H28。平面不规则形，剖面长方形，壁直，近平底。坑长3.30、宽0.96、深0.30米。坑内堆积为灰色土，较为松软，颗粒较大，包含有一定的灰陶片、兽骨、烧土、石块等。陶片可辨器形有罐。

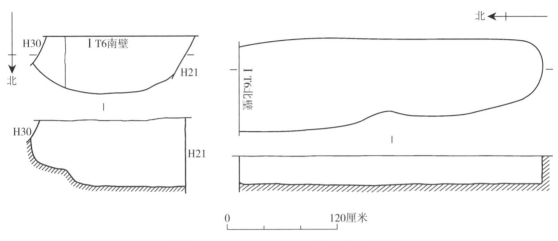

图四六　2013JCGLH22、H23平、剖面图

1、2. 2013JCGLH22、2013JCGLH23

21. 2013JCGLH24

位于 I T21中东部（图四七，1）。开口于③层下，打破H35，被H23、H33打破。开口平面近半圆形，剖面袋状，底不平整。坑口径2.20、底径2.76、深1.08~1.44米。坑内堆积为灰色土，较为松软，颗粒较大，包含有一定的灰陶片、兽骨、烧土、纺轮、铜钱等。

22. 2013JCGLH25

位于 I T6中部偏南（图四七，2）。开口于③层下，打破H27、H29、H34、H36，被H21、H22打破。平面近椭圆形，剖面长方形，壁斜直，底略弧。坑长径1.84、短径1.38、深0.80米。坑内堆积为灰色土，较为松软，颗粒较大，包含有一定的陶片、兽骨、瓦砾等。

23. 2013JCGLH26

位于 I T6西北角（图四八，1）。开口于③层下，打破H27、H37。平面近圆形，只清理了1/4，剖面长方形，壁斜弧，底略弧。坑长径1.36、短径0.50、深0.72米。坑内堆积为黄褐色土，较为松软，包含有一定的瓦砾、瓷片等。

24. 2013JCGLH27

位于 I T6西侧（图四八，2）。开口于③层下，打破H34、H37，被H21、H25、H26打破。平面近

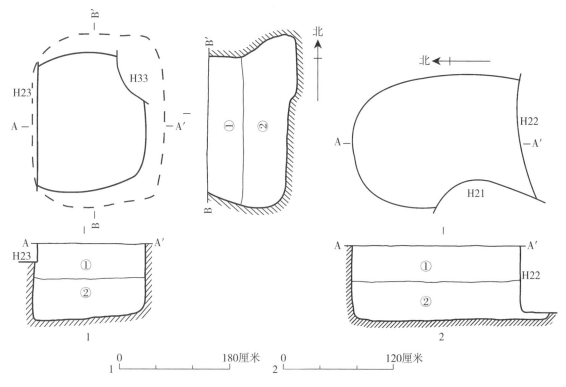

图四七　2013JCGLH24、H25平、剖面图

1、2. 2013JCGLH24、2013JCGLH25

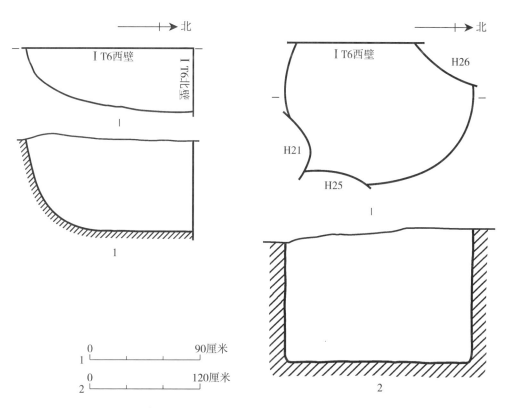

图四八　2013JCGLH26、H27平、剖面图

1、2. 2013JCGLH26、2013JCGLH27

圆形，剖面长方形，壁斜直，平底。坑直径2.06、深1.40米。坑内堆积为深灰色土，较为松软，包含有一定的陶片、兽骨等。

25. 2013JCGLH28

位于ⅠT21北部（图四九，1）。开口于③层下，被H23打破。平面近扇形，剖面靴形，壁略直，底略弧。坑长0.80、宽0.68、深0.72米。坑内堆积为深灰色土，较为松软，包含有一定的陶片、兽骨、瓦当等。

26. 2013JCGLH29

位于ⅠT6东南部（图四九，2）。开口于③层下，打破H32、H36，被H22、H25、H30打破。平面不规则形，剖面梯形，壁斜直，底略弧。坑长1.20、宽0.32~0.83、深1.54米。坑内堆积为灰绿色土，较为松软，包含有一定的陶片、兽骨、铜钱等。

27. 2013JCGLH30

位于ⅠT6东南部（图五〇，1）。开口于③层下，打破H22、H29。平面近扇形，内有二层台，下部不规则形。剖面漏斗形，壁斜弧，底略平。坑长1.24、宽0.54~1.14、深1.10米。坑内堆积为黄褐色

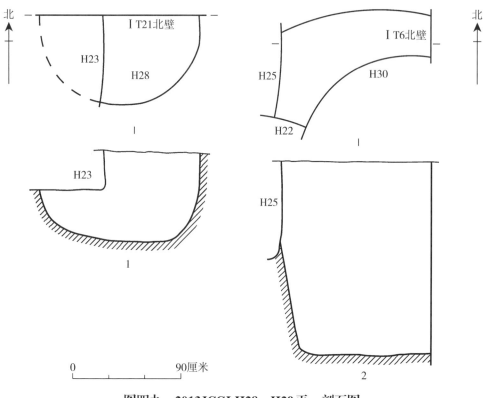

图四九　2013JCGLH28、H29平、剖面图

1、2. 2013JCGLH28、2013JCGLH29

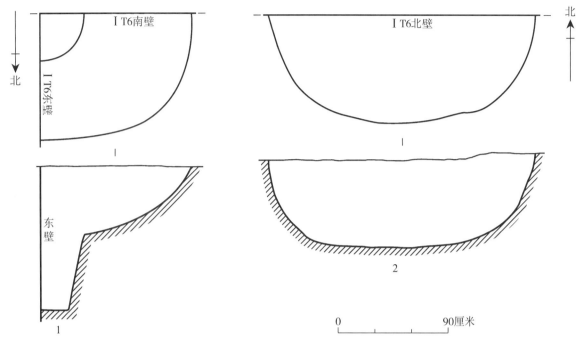

图五〇 2013JCGLH30、H31平、剖面图
1、2. 2013JCGLH30、2013JCGLH31

土，较为松软，包含有一定的陶片、兽骨、瓦片等。

28. 2013JCGLH31

位于ⅠT6东北部（图五〇，2）。开口于③层下，打破H34、H37。平面近半圆形，剖面呈"U"形，壁斜弧，圜底。坑直径2.20、深0.68米。坑内堆积为黄褐色土，较为松软，包含有一定的陶片、兽骨、瓦片等。

29. 2013JCGLH32

位于ⅠT6东部（图五一，1）。开口于③层下，打破H36，被H29打破。平面圆角长方形，剖面矩形，壁直，平底。坑长1.60、宽0.38、深0.64米。坑内堆积为黄褐色土，较为松软，包含有一定的陶片、瓦片等。

30. 2013JCGLH33

跨ⅠT21东北角、ⅠT22西北角（图五一，2）。开口于③层下，打破H24、H35。平面不规则形，剖面长方形，壁直，平底。坑长2.10、宽1.68、深1.02米。坑内堆积为灰色土，较为松软，包含有一定的陶片、兽骨等。

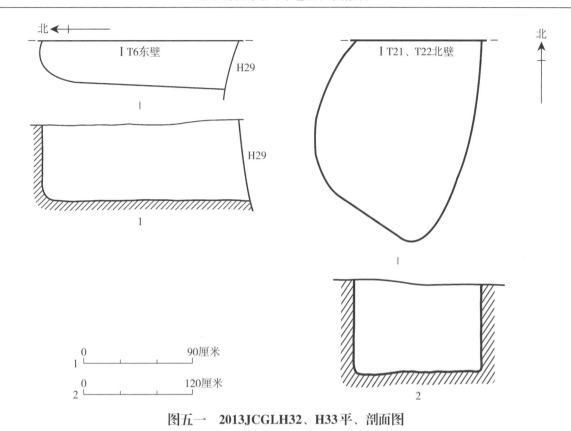

图五一　2013JCGLH32、H33平、剖面图

1、2. 2013JCGLH32、2013JCGLH33

31. 2013JCGLH34

位于ⅠT6（图五二，1）。开口于④层下，打破H36、H37，被H25、H27、H31打破。平面不规则形，剖面长方形，壁直，平底。坑长2.46、宽1.28、深0.52米。坑内堆积分为上下两层，上层填土灰绿色，较为松软，发现一枚铜钱，层厚0.18～0.24米。下层堆积褐色土，较为致密，包含有一定的陶片、兽骨等，层厚0.28～0.36米。

32. 2013JCGLH35

位于ⅠT21东隔梁下（图五二，2）。开口于③层下。开口距地表约2.45米。被H24、H33打破。平面弧线三角形，剖面长方形，直壁，平底。坑长0.96、宽0.43、深0.76米。坑内堆积为灰绿色土，较为松软，包含有一定的陶片、兽骨、铜钱等。

33. 2013JCGLH36

位于ⅠT6（图五三，1）。开口于④层下，开口距地表约2.80米。被H25、H29、H32、H34打破。平面不规则形，剖面袋形，直壁，平底。坑长1.28、宽0.80、深1.12～1.76米。坑内堆积分为上下两层，上层填土黄褐色，较为坚硬，清理出陶片、瓦当等，层厚0.54～1.06米。下层堆积灰褐色土，较为致密，包含有一定的陶片、铜器残件等，层厚约0.70米。

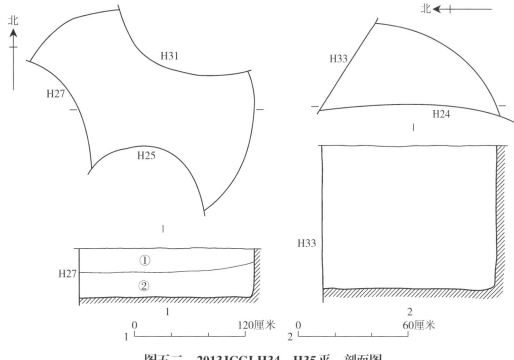

图五二　2013JCGLH34、H35平、剖面图

1、2. 2013JCGLH34、2013JCGLH35

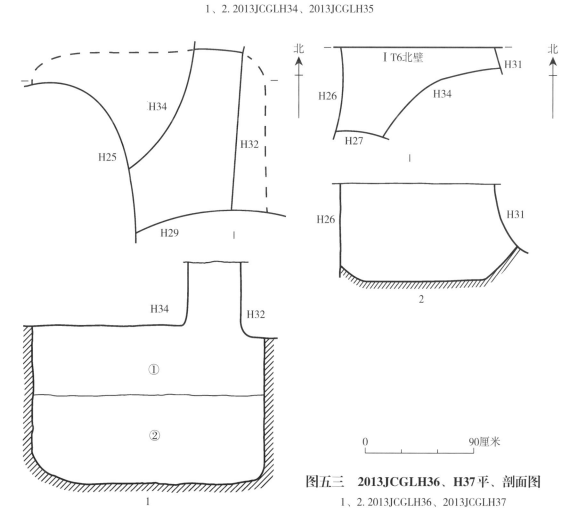

图五三　2013JCGLH36、H37平、剖面图

1、2. 2013JCGLH36、2013JCGLH37

34. 2013JCGLH37

位于 I T6（图五三，2）。开口于④层下，开口距地表约2.80米。被H26、H27、H31、H34打破。平面不规则形，剖面梯形，壁斜直，底平。坑长径1.28、宽0.72、深0.78米。坑内堆积灰色填土，较为疏松，清理出兽角等。

35. 2013JCGLH38

位于 II T0102（图五四，1）。开口于②层下，开口距地表约0.54米。打破③层。平面椭圆形，剖面弧形圜底。坑长径3.00、短径1.30、深0.68米。坑内堆积灰色填土，较为疏松，夹杂有红烧土块、石块等，包含物为瓦当、骨器等。

36. 2013JCGLH39

位于 II T0102（图五四，2）。开口于②层下，开口距地表约0.60米。打破③层、F11。平面不规则形，剖面弧形圜底，壁弧形，较粗糙，底圜形。坑长2.52、宽2.20、深0.32～0.40米。坑内堆积灰色填土，较为疏松，夹杂有砖、瓦、石块等，包含物有陶片、瓷片等。

37. 2013JCGLH40

位于 II T0102（图五五，1）。开口于②层下，开口距地表约0.62米。打破③层、F10。平面半圆形，剖面近桶形，壁斜直，底斜坡状。南侧形成二层台。坑直径约3.80、深0.16～1.20米。坑内堆积灰褐色填土，较为疏松，夹杂有红烧土、砖、石块等，包含物有瓦当、瓷片、铜钱等。

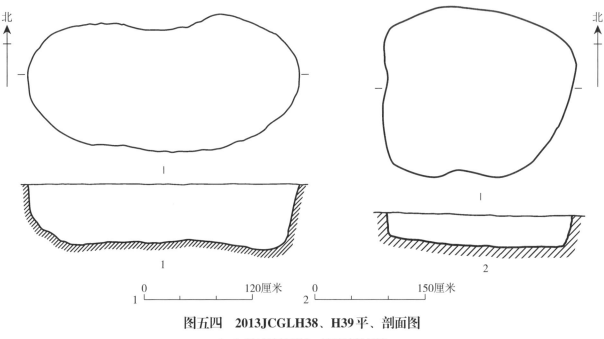

图五四　2013JCGLH38、H39平、剖面图

1、2. 2013JCGLH38、2013JCGLH39

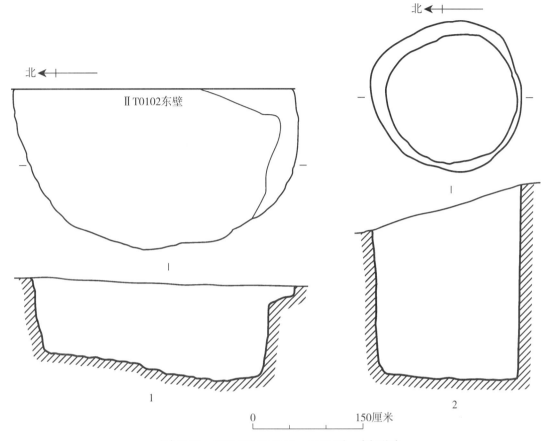

图五五 2013JCGLH40、H41 平、剖面图
1、2. 2013JCGLH40、2013JCGLH41

38. 2013JCGLH41

位于Ⅱ T0103 西部（图五五，2）。开口于②层下，开口距地表约 0.50 米。打破③层。平面圆形，剖面桶形，壁竖直，底部略平。坑直径约 2.10、深 2.60 米。坑内堆积灰褐色土，较为疏松，夹杂有红烧土、砖、瓦块等，包含物有陶片等。

39. 2013JCGLH42

位于Ⅱ T0104（图五六，1）。开口于②层下，开口距地表约 0.68 米。打破③层。平面近方形，剖面桶形，壁斜直，底部较平。坑长约 4.20、宽 3.40、深 0.58 米。坑内堆积褐色填土，较为疏松，夹杂有红烧土块等，出土陶片、瓦当等。

40. 2013JCGLH43

位于Ⅲ T0302（图五六，2）。开口于②层下，打破③层，开口距地表约 1 米。平面不规则形，剖面不规则形，壁斜直，底部呈台阶状。坑长约 7.63、宽 2.80、深 0.44~0.86 米。坑内堆积灰褐色填土，较为疏松，夹杂有大量砖瓦块等，出土造像残件、陶片、瓦当、滴水、铜钱等。

图五六　2013JCGLH42、H43平、剖面图
1、2. 2013JCGLH42、2013JCGLH43

41. 2013JCGLH44

位于ⅡT0101、ⅡT0201、ⅢT0101、ⅢT0201（图五七，1）。平面不规则形，略近长方形，剖面长方形，壁竖直，底部平齐。坑长约5.47、宽2.6、深1.08米。内出土造像残件等。

42. 2013JCGLH45

位于ⅢT0301（图五七，2）。开口于②层下，开口距地表约0.55米。打破③层。平面近方形，剖面长方形，一侧壁直，一侧壁呈阶梯状，坡状底。坑长约2.90、宽2.88、深0.48~1.08米。坑内堆积灰褐色填土，较为疏松，夹杂有少量炭渣，出土灰陶片、石块等。

43. 2013JCGLH46

位于ⅡT0204（图五八）。开口于②层下，开口距地表约1.4米。打破③层。平面近椭圆形，剖面阶梯状，壁斜弧，底部不平整。坑长约8.32、宽3.40、深0.24~1.44米。坑内堆积灰褐色填土，略疏松，夹杂有少量白灰，出土灰陶片等。

44. 2013JCGLH47

位于ⅢT0106（图五九，1）。开口于②层下，开口距地表约0.7米。打破③、④层。平面近椭圆形，剖面袋状，一侧壁斜弧，一侧壁较直。底部较平整。坑长径约1.98、短径1.15、深约1.22米。坑

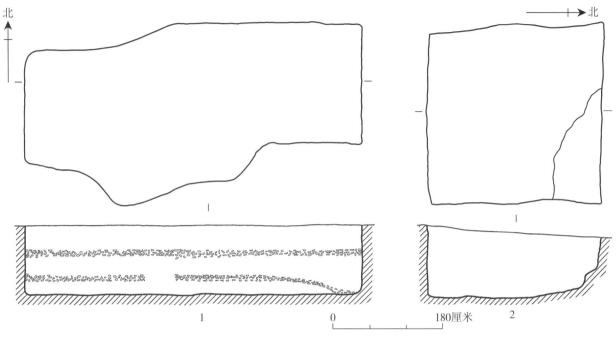

图五七　2013JCGLH44、H45平、剖面图

1、2. 2013JCGLH44、2013JCGLH45

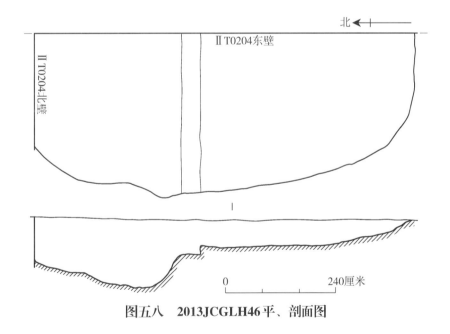

图五八　2013JCGLH46平、剖面图

内堆积褐色填土，略疏松，夹杂有大量砖瓦块，出土瓦当、铜钱、石磨盘等。

45. 2013JCGLH48

位于ⅡT0304（图五九，2）。开口于②层下，开口距地表约1.30米。打破③、④层。平面近方形，剖面矩形，壁斜直。圜底。坑长约2.52、宽2.24、深约0.56米。坑内堆积灰褐色填土，较疏松，夹杂有部分砖瓦块等。

46. 2013JCGLH49

位于ⅡT0304（图五九，3）。开口于②层下，开口距地表约1.35米。打破③、④层。平面不规则形，剖面矩形，壁斜弧。底部较平整。坑长约2.20、宽1.88、深约0.68米。坑内堆积灰色填土，略疏松，夹杂有砖瓦块、陶片等。

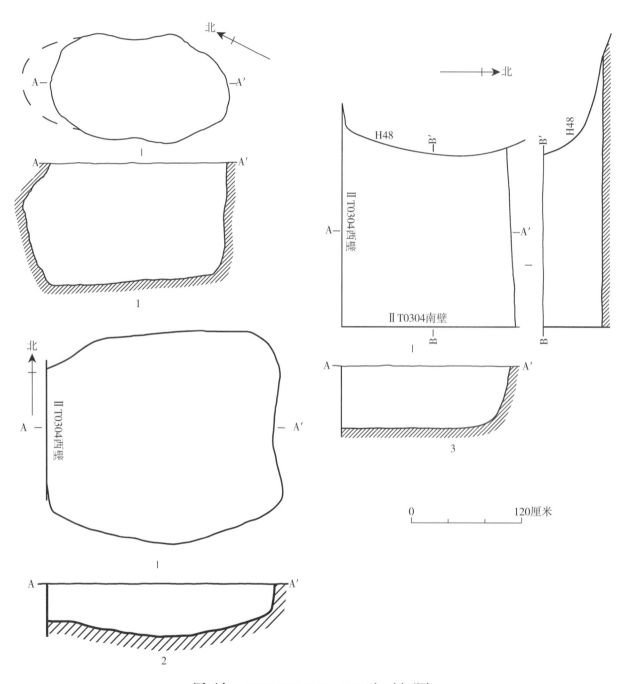

图五九　2013JCGLH47～H49平、剖面图

1～3. 2013JCGLH47、2013JCGLH48、2013JCGLH49

第五节 排水渠

排水渠分布于整个遗址内，主要位于建筑基址旁侧。共清理水渠11个。

1. 2013JCGLQ1

位于ⅡT0101西侧中部。开口于③层下，开口距地表深约0.7~0.95米。打破④层。南北走向，现存残长0.85、宽0.3米。青砖铺砌而成，底部顺砌平铺，两侧顺砌立铺，其上顺砌平铺，为一暗渠。

2. 2013JCGLQ2

位于ⅡT0102中部（图六〇，1），Q2西部被破坏。开口于③层下，开口距地表约0.45~0.75米。打破④层，被H40打破。东西走向，现存残长4.5、宽0.35米。东部被H40打破，西侧被破坏。残存部分由青砖和石块铺砌而成，底部顺砌平铺一层砖，两侧顺砌立砖一块，其上顺砌平铺砖石一层，为一暗渠。

3. 2013JCGLQ3

跨ⅢT0203东部、ⅢT0303西部。开口于③层下，开口距地表约1~1.25米。打破④层。东西走向。现存残长4.25、宽0.4~0.55米。由残砖块铺就而成，破坏严重。从形制判断应为明渠。

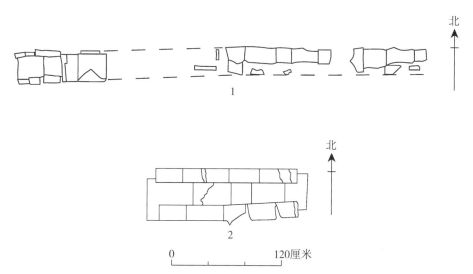

图六〇 排水渠2013JCGLQ2、Q4平面图

1、2. 2013JCGLQ2、2013JCGLQ4

4. 2013JCGLQ4

位于Ⅲ T0304西南角（图六〇，2）。开口于③层下，开口距地表约0.7～0.8米。打破④层。东西走向。现存残长1.75、宽0.6、深0.15米。由残砖块、石块铺就而成。

5. 2013JCGLQ5

位于Ⅲ T0203东北部，延伸至T0303北隔梁内。开口于③层下，开口距地表约0.7～0.75米。打破④层。东西走向。现存残长2.00、宽0.35～0.55、深0.15米。由残页岩石块铺就而成。

6. 2013JCGLQ6

位于Ⅲ T0302中部。开口于③层下，开口距地表约1.0～1.25米。打破④层。南北走向。现存残长2.75、宽0.25～0.30、深0.10米。由残页岩石块、砖块铺成。

7. 2013JCGLQ7

位于Ⅲ T0303中部（图六一，1）。开口于③层下，开口距地表约1.0～1.25米。打破④层。东西走向。现存残长4.00、宽0.5、深0.11米。由青砖铺砌而成，底部残存有青砖，两侧由青砖铺砌三层，最东部上端顺铺四块青砖，应为一暗渠。

8. 2013JCGLQ8

位于Ⅲ T0202西南角（图六一，2）。开口于②层下，打破③层。平面近"S"形，略呈西北东南走向，长2.3、宽0.25、深0.14米。由残砖铺成。

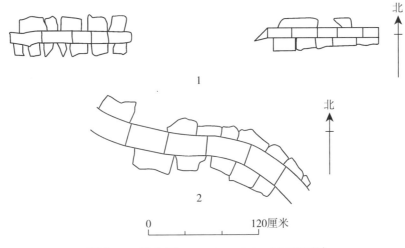

北

北

0   120厘米

图六一　排水渠2013JCGLQ7、Q8平面图

1、2. 2013JCGLQ7、2013JCGLQ8

9. 2013JCGLQ9

位于Ⅱ T0201、Ⅱ T0202，西北—东南向，平面长方形，侧面及底部由残砖、石块铺成。上部覆盖长砖，为暗渠。通向F2。长4.68、宽0.47、深0.18米。

10. 2013JCGLQ10

位于Ⅲ T0106西北角。开口于②层下，打破③层，北部被H47打破。开口距地表约0.75～0.8米。近南北走向。长2.5、宽0.4～1.20、深0.46米。由残砖、石块铺成。

11. 2013JCGLQ11

位于Ⅲ T0203东北角。开口于②层下，打破F5。近东北—西南走向。长1.67、宽0.55、深0.26米。由残砖铺就，上盖砖，暗渠。

第六节 水 井

共计10个。

1. 2013JCGLJ1

位于Ⅰ T4中部（图六二，1）。开口于①层下，打破②、③层及H12。平面形状为圆形，剖面矩形桶状，直径0.90、深5.2米。其中填土灰褐色，土质较软，堆积颗粒较大。包含物有烧土、炭渣、大量灰陶片，以泥质素面为主，可辨器形有罐等。另发现大量砖、瓦。

2. 2013JCGLJ2

位于Ⅰ T5中（图六二，2）。开口于②层下，打破③层、H9及H14。平面形状为圆形，剖面矩形筒状，井壁发现脚窝，直径1.32、深3.2米。填土灰褐色，土质黏腻。包含物有大量灰陶片，以泥质素面为主，可辨器形有罐等。另有少量砖、筒瓦、牛骨等。

3. 2013JCGLJ3

位于Ⅰ T2中（图六二，3）。开口于③层下，被H3打破。平面形状为半圆形，剖面矩形，底部较平，井壁发现脚窝，直径1.04、残存深度2.4米。填土灰褐色，土质疏松，颗粒较大。包含物有砖瓦、陶、瓷残片、钱币、纺轮、铁器等。其中完整灰陶罐1件，素面。开元通宝3枚，纺轮1件，铁矛1件。

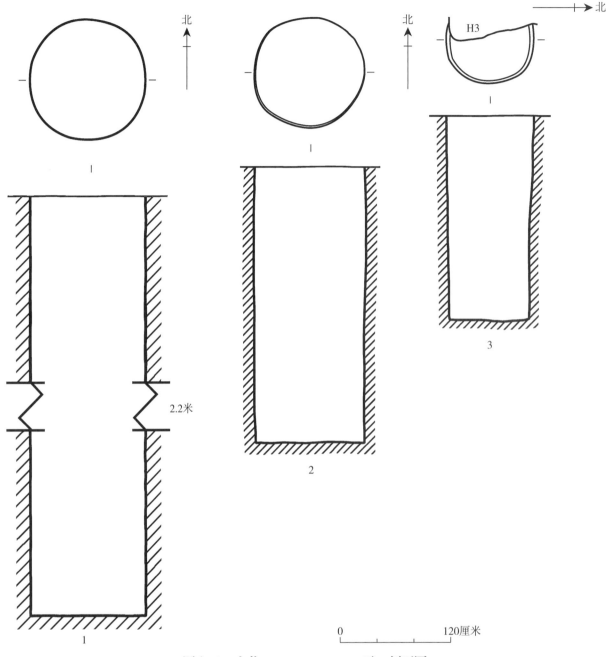

图六二　水井 2013JCGLJ1～J3 平、剖面图

1～3. 2013JCGLJ1、2013JCGLJ2、2013JCGLJ3

白瓷器底，宽大的玉璧底。

4. 2013JCGLJ4

位于 I T2 西部（图六三，1）。开口于②层下，打破③层，打破 G1。平面形状为圆形，剖面矩形，底部中端略低，两端稍高，井壁发现脚窝，直径 0.76、深 2.6 米。填土黑褐色，土质疏松。包含物有砖瓦、陶片、铜钱 1 枚。其中可复原陶罐 6 件。

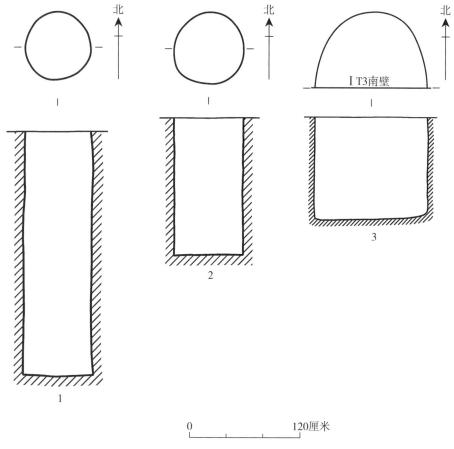

图六三　水井2013JCGLJ4～J6平、剖面图
1～3. 2013JCGLJ4、2013JCGLJ5、2013JCGLJ6

5. 2013JCGLJ5

位于ⅠT2北隔梁下及ⅠT9东南角（图六三，2）。开口于③层下。平面形状为圆形，剖面矩形，底部中端略低，两端稍高，井壁发现脚窝，直径0.76、深1.44米。填土灰褐，夹杂黄土块，土质疏松，堆积颗粒较大，密度小。包含少量灰陶片。

6. 2013JCGLJ6

位于ⅠT3西南部（图六三，3）。开口于②层下，打破③层，被H8打破，南部压于H1新修保护房中。平面形状为圆形，剖面矩形，底部东高西低，井壁发现脚窝，直径1.25、残深1.08米。填土灰褐色，土质疏松，堆积颗粒较大。包含物有少量灰陶片、粗绳纹筒瓦等。

7. 2013JCGLJ7

位于ⅠT15东南角，东部压于ⅠT15东隔梁下（图六四，1）。开口于②层下，打破③～⑤层。平面形状为圆形，剖面筒形，平底。直径1.20、深1.48米。填土灰褐色，较疏松。包含物有少量灰陶片等。

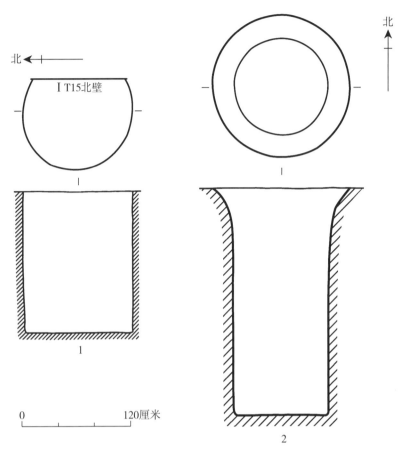

图六四　水井2013JCGLJ7、J8平、剖面图
1、2. 2013JCGLJ7、2013JCGLJ8

8. 2013JCGLJ8

位于ⅠT14中部偏南处（图六四，2）。开口于③层下。平面形状为圆形，口大底小，剖面桶状，水平堆积，井壁较直。井口径1.48、底径1.0、深2.40。填土灰褐色，较硬，含有大量砂石、陶片、兽骨、钱币等。

9. 2013JCGLJ9

位于ⅠT22中（图六五，1）。开口于③层下，打破G1。平面呈圆形，直径0.88米，截面呈筒型，深1.70米，井壁略弧形，平底。井内堆积为黄褐色土，较为疏松，包含瓷片、砖瓦及兽骨等。

10. 2013JCGLJ10

位于ⅢT0201东部（图六五，2）。开口于③层下。平面呈圆形，口小底大，截面呈梯形，口径1.4、底径3.00、深5.4米。井壁斜直，平底。井内堆积为灰褐色土，较为疏松，包含灰陶片、砖瓦及兽骨等。

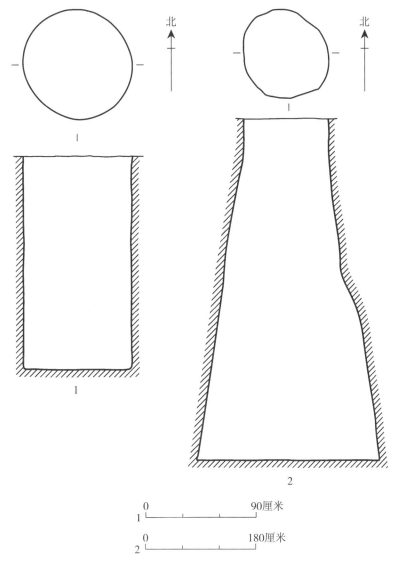

图六五 水井 2013JCGLJ9、J10 平、剖面图
1、2. 2013JCGLJ9、2013JCGLJ10

第七节 沟

2013JCGLG1

位于 I 区东部，南北贯通整个 I 区，跨 T2、T8、T9、T11、T12、T14、T15、T17、T18、T20、T22、T23 等，被 M1、H18、J4、J9 打破，打破 H19。长方形，贯通南北，口大底小。开口距地表深 3.55 米，长 29、上口宽 2.56 米，下口宽 1.76、深 1.20 米。沟壁斜坡状，底面较平。沟内填土深灰色，较疏松。包含物有砖瓦残块、动物骨骼等。

第八节　晚期墓葬

遗址中发现4座晚期墓葬。

1. 2013JCGLM1

位于 I T18东南角（图六六）。开口于②层下，开口距地表约1.10米。M1打破G1、H19、H20等。

M1由墓道、墓室组成。方向88°。竖穴墓道洞室墓，墓室位于墓道西侧。墓室填土深灰色，呈胶泥状，土质较硬。因M1位于T18东南角，墓道伸入探方东壁内未清理。从东壁剖面观察，墓道平面长方形，长度不详，宽1.16～1.30、深3.20米。填土呈灰褐色，土质较松软；内包含较多瓦砾、石块，墓道下部堆积呈胶泥状。

墓室位于墓道西端，墓室与墓道相接处有一宽1.10、进深0.20米的甬道，墓室平面呈圆角长方形，拱形顶，长2.60、宽1.62～1.80、复原高度约1.30米。头端略宽于脚端，头脚端壁垂直，左右两侧壁底部垂直，至上部开始向顶部弯曲，呈拱形顶，顶部已塌陷残破。

墓室中部放置2具人骨，Ⅰ号人骨位于墓室左侧，无棺，二次扰乱，头向西，仰面，躯干骨、盆骨扰乱严重，骨骼聚拢成堆，下肢骨部分扰乱，脚趾骨缺失，人骨未鉴定，性别、年龄不详。Ⅱ号人骨位于右侧，有木棺，腐烂严重，仅底板保存较好，仰身直肢，头向西，头骨移位，面向无法判断，下颌骨保留原位，双臂伸直，双手放置于盆骨两侧，盆骨完整，双腿伸直，左脚趾骨及右腓骨缺失。其盆骨下部放置崇宁重宝1枚。

根据两具人骨的埋葬方式来看，Ⅰ号人骨先期埋葬，待Ⅱ号人骨入葬时，Ⅰ号已白骨化，因此将其聚拢成堆，腾出空间给Ⅱ号人骨。

仅Ⅱ号人骨葬于木棺内，清理过程中发现木棺仅剩下底板部分，并清理出较多固定木棺的铁钉，侧板、两端板及盖板均因腐烂而缺失，填土中发现部分棺板痕迹，可能为墓室积水抬升棺板所致。

随葬品，墓室左侧壁中部高约1.00米处有一侧龛，龛内放置瓷碗1件，墓室头端壁中部偏右侧镶嵌一块镇墓券，上书朱砂文字，墓室填土内清理瓷罐、陶灶（残）各1件。

2. 2013JCGLM2

位于 Ⅲ T0204中部偏北处（图六七）。开口于②层下，竖穴土坑墓。方向（头向）275°。

平面形状近似椭圆形，剖面呈矩形。墓坑壁较平整，底部呈东高西低斜坡状。

墓口距地表深约0.10～0.20米，墓室长1.90、宽约0.70、残深约0.40米。

墓室底部距地表深约0.50～0.60米。墓室内填土灰褐色黏土，较疏松，颗粒较细。仰身直肢葬。

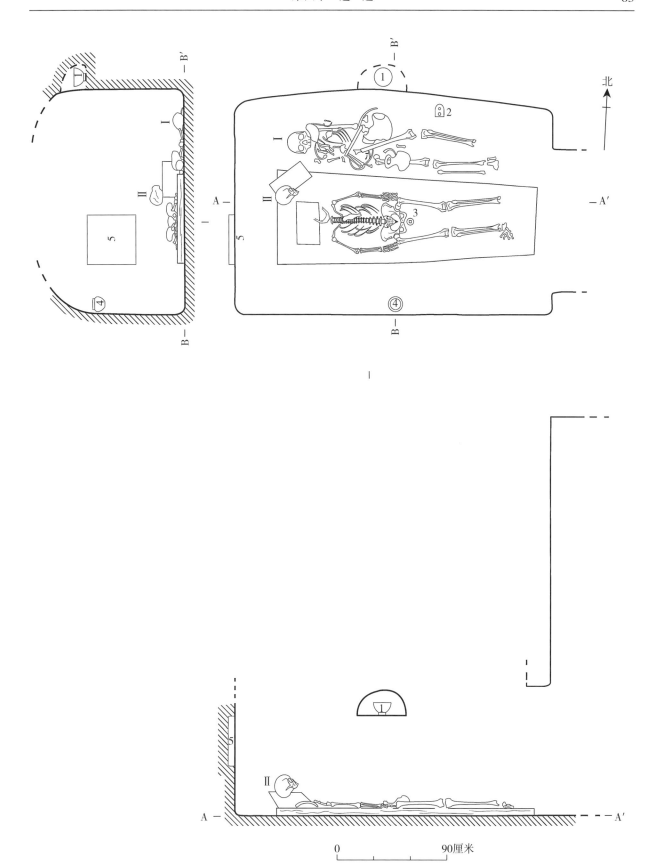

北

图六六 2013JCGLM1平、剖面图

1.瓷碗 2.陶灶 3.铜钱（崇宁重宝） 4.瓷罐 5.镇墓券

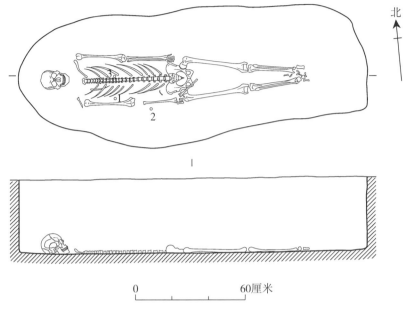

0　　　　　　　　60厘米

图六七　2013JCGLM2平、剖面图

1~3.铜纽扣

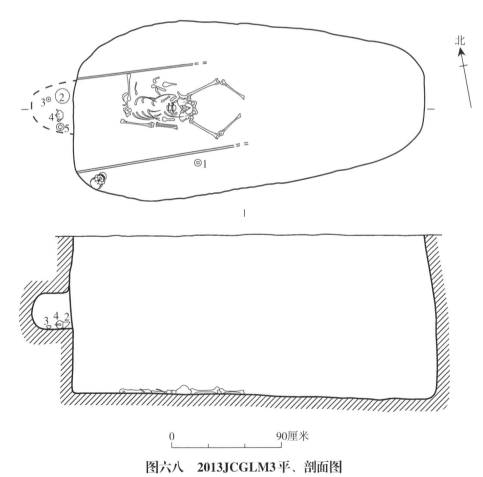

0　　　　　　　　90厘米

图六八　2013JCGLM3平、剖面图

1.铜钱　2.瓷碗　3.酱釉小油灯　4.彩绘白瓷执壶　5.酱釉小壶

随葬品为3件铜纽扣。

3. 2013JCGLM3

位于Ⅲ T0204东南角（图六八）。开口于②层下，竖穴土坑墓。方向280°。

平面形状近似椭圆形，剖面呈袋状。墓坑壁较平整，底部呈东南高西北低坡状。

墓口距地表深约0.80米，墓室长2.90、宽约0.90~1.40、残深约1.25米。

墓室底部距地表深约2.05米。墓室有一头龛，呈拱形，长0.40、高0.30、进深0.32米。仰身直肢葬。

头龛内放置随葬品，有酱釉小油灯、酱釉小壶、瓷碗、彩绘白瓷执壶等。另在人骨下发现铜钱若干。

4. 2013JCGLM4

位于Ⅳ T0201中西部（图六九）。M4开口于②层下。

墓口距地表深约0.80米。土洞墓，方向174°。

由墓道，墓室构成。墓道，位于墓室正南部，为竖井式，北部宽，南部窄，壁面较直，底面南部略高，平面为梯形，长2.38、宽0.60~1.00、深1.70~1.80米。

墓道填土为黄褐花土，夹杂灰土块。包含物有兽骨、草木灰、陶片、瓦片、石块等，内出土铜泡2件、铜镞1件、铜钱2枚。

墓室，在墓道北部掏土洞而成。平面为长方形，拱形顶，顶部部分塌落。墓室长2.36、宽1、高1.05米。

墓室中部置一木棺，大部分木板已腐朽。只留有印痕，棺由盖板、侧板、挡板、底板构成，棺长2.19、宽0.48~0.64、残高0.30米。盖板已塌落腐朽，具体尺寸不详，侧板长2.19、厚约0.05、残高约0.30米，由于腐朽严重，只残留东侧北部一部分侧板，挡板分前后挡板，均已腐朽，只留有印痕。前挡板长0.54、厚0.04米，高度不详；后挡板长0.40、厚0.04米，高度不详；底板长约2.10、宽约0.48~0.63米，厚度不详。从腐朽印痕可看出，底板由三块木板组合而成。

棺内置人骨一具，骨架保存基本完好，为仰身直肢葬，墓主头部放一陶枕，头骨已从陶枕上滑落。

墓主东侧发现铜钱3枚，西侧发现铜铃3个。在墓室北部有一壁龛，平面为半圆形，东西长约0.88、深约0.26、高约0.24米，龛高出墓底约0.4米，龛内放置瓷碟1件、瓷碗1件。

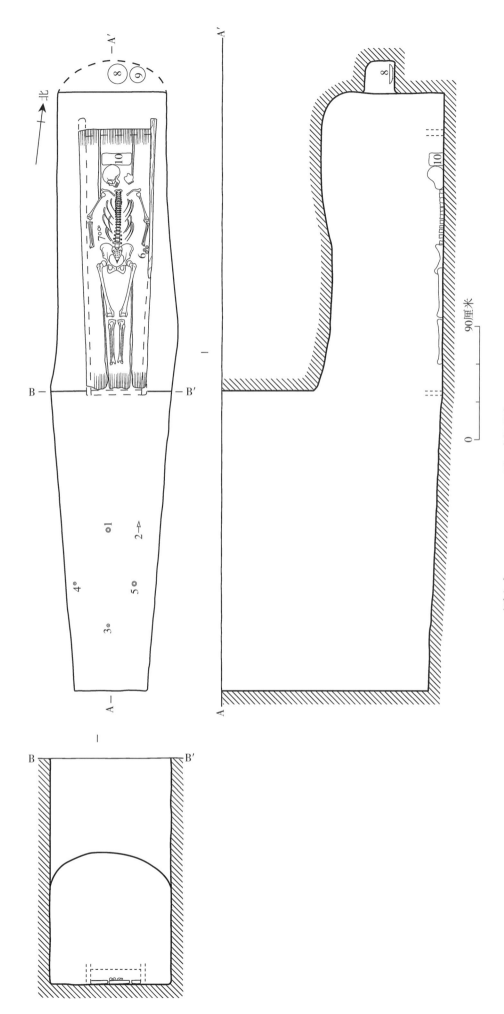

图六九 2013JCGLM4 平、剖面图

1、5.铜泡 2.铜镲 3、4、6.铜钱 7.铜铃 8.瓷碟 9.瓷碗 10.陶枕

第五章　遗　物

第一节　佛教造像

此次泾川佛教遗址中共发现2个佛教造像埋藏坑，其中出土大量佛教造像，坑内经编号的造像及其他遗物共计260余件（块）。造像分为石、陶、泥等不同质地，其中石质造像数量最多，以砂岩为主，少量青石质。陶质像均为灰陶。泥质造像数量较少。造像形式上分单体圆雕造像、泥塑造像、背屏式造像、造像碑、造像塔（龛）等。经修复整理知单体圆雕造像为大宗，较为完整造像及造像头共计135件，背屏式13件，造像碑19件，造像塔2件，造像龛4件。以下做具体介绍。

一　圆雕佛僧像

（一）立佛像

均残，经修复，共25件。

1. 2013JCGLH1：3

砂石质。无头。造像整体如柱状。佛内着僧祇支，外着圆领通肩袈裟，袈裟右角绕颈后搭于左肩后及左肘上。袈裟衣褶自胸前直线下垂。袈裟下摆较短，露出下层裙摆，边缘略平直。下层裙摆略长，覆足面，边缘呈波浪形。佛腹部微凸，躯体与双臂的分离程度较明显，腰际线凸显。双手残。跣足立于圆形覆莲台上，覆莲双瓣，较为肥厚。莲台下为圆台，再下方形台座。袈裟通体施白彩，上绘红色田相格，个别地方见绿彩。袈裟两侧衣褶呈平行阶梯状。残高42厘米，像高31、宽14、厚10厘米，莲台高2.5厘米，圆台高2.5厘米，方座长17、宽15、高6厘米（图七〇，1；彩版一四、一五）。

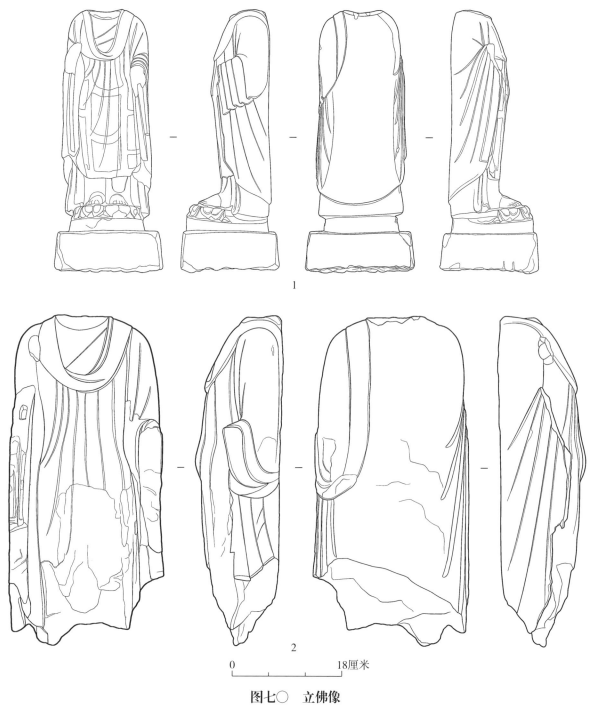

图七〇 立佛像
1、2. 2013JCGLH1：3、2013JCGLH1：13

2. 2013JCGLH1：13

　　砂石质。无头、双手及足。佛内着僧祇支，外着圆领通肩袈裟，袈裟右角绕颈后搭于左肩及左肘上。袈裟衣褶自胸部向下垂直散射。佛腹部凸出。躯体与双臂的分离程度略明显，腰际线显著。腿部风化严重。佛像右肩部雕刻出莲花状物。袈裟略显厚重，衣纹凸棱状，阶梯形排列。右手残，残断处见方形榫眼。左手残毁。颈部可见榫眼。残高53、宽26、厚14厘米（图七〇，2；彩版一六、一七）。

3. 2013JCGLH1：44+60

　　头身分离，现拼接。砂石质。佛肉髻低平，上饰波纹。面相方圆，广额方颐，细弯眉，杏眼较长，双目微闭，鼻宽扁，人中明显，嘴宽大，双唇略薄，嘴角下陷，下颌转折明显，大耳贴面。面部原白粉打底，贴金，现脱落严重。颈短粗。佛内着僧祇支，外着袈裟。袈裟表现为两种样式，上部圆领通肩式，袈裟上缘于胸前呈"U"形下垂，开口较低，露出僧祇支。下部表现为搭肘式。疑为制作过程中产生错误。裙摆两层，上层较短，下层裙摆分左右两部分。佛腹部微凸，身体直立如柱状，躯体与双臂的分离程度不明显。右手上举，施无畏印，左手残，施与愿印。跣足而立。颈部断面见榫眼。通高162、宽50、厚28厘米（图七一；彩版一八、一九）。

0　　　　　　30厘米

图七一　立佛像2013JCGLH1：44+60

4. 2013JCGLH1：47+178

头身分离，现拼接。砂石质。佛肉髻低平，上饰波纹。面相长圆，大耳贴面。佛像细弯眉，杏核眼，微睁，视线向下。鼻直挺，略残。嘴大小适中，上唇略薄，呈弓形，下唇较厚，向上弯曲，嘴角下陷。下颌丰颐，两腮圆鼓。面部白粉打底。头后有方形孔。颈部细长。佛着圆领通肩袈裟，右角绕颈后搭于左肩后及左臂上，胸前衣纹竖直下垂。右手残，从残迹判定似上举，右肩部残留有莲花形物。左手抓握袈裟一角。袈裟裙摆较短，露出下层裙裾，下层裙角微外扬。佛跣足立于圆台上，台下方榫。右肘处及背部各有一方孔，边长2.5厘米。佛整体造型修长，腹部凸出，身体与四肢的分离程度较明显，腰际线显露。原施彩绘。头颈部、右肘断裂处有榫眼。通高102厘米，像高89、宽24.8、厚17.6厘米，台高5.5厘米，榫高7厘米（图七二；彩版二〇）。

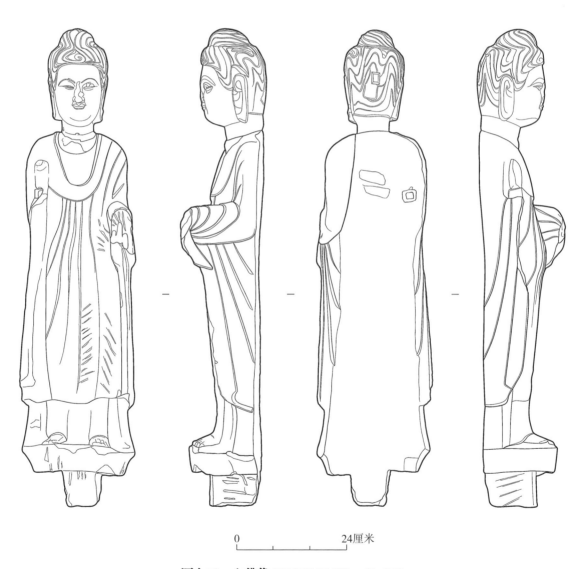

0　　　　　　　24厘米

图七二　立佛像2013JCGLH1：47+178

5. 2013JCGLH1：48+106

　　头身分离，现拼接。砂石质。佛肉髻低平，面相方圆，弯眉杏眼，鼻直挺，鼻翼较宽，人中线分明，嘴略大，上唇呈弓形，下唇圆弧，嘴角下陷，下颌丰颐，大耳贴面。五官较为集中。颈短粗。佛着圆领通肩袈裟，袈裟右角绕颈后搭于左肩后，袈裟边上绘白色忍冬纹。袈裟衣褶自胸前下垂。右手上举，略残。左手握摩尼宝珠。通肩袈裟下摆较短，露出下层裙摆，边缘略平直。下层裙摆略长，覆足面，呈波浪形边。跣足立于圆台上，圆台下方榫。佛腹部凸出，袈裟略显厚重，四肢与躯体的分离程度不明显，腿部轮廓略显。袈裟通体施红彩。造像整体粗壮，头大，身短。通高72厘米，像高62、宽23、厚13厘米，台高4厘米，榫高6厘米（图七三；彩版二一、二二）。

0　　　　　　　　　　18厘米

图七三　立佛像2013JCGLH1：48+106

6. 2013JCGLH1：49+73

　　头身分离，现拼接。砂石质。腿足风化，残。佛螺髻略低，面相丰圆，细弯眉，杏眼较长，双目微闭，做冥想状。鼻直挺，嘴大小适中，唇线分明，上唇弓形，较厚，下唇上翘略薄，嘴角下陷，下颌丰颐，大耳。五官集中，眉弓与鼻翼相连。神态慈祥端正，安然自若。面部原白粉打底，施红彩，现脱落严重。颈部短粗。佛内着僧祇支,外着圆领通肩袈裟,袈裟右角绕颈搭于左肩上,衣纹自左胸放射状下垂,在右侧呈半"U"形。佛腹部微凸,腰身略显,腿部袈裟贴体程度明显。右手残。左手提握袈裟角。头后方形孔,头颈、右手断裂处有榫眼。残高155厘米,像高146、宽54、厚35厘米,榫高9厘米(图七四;彩版二三、二四)。

0   30厘米

图七四 立佛像2013JCGLH1:49+73

7. 2013JCGLH1:53

砂石质。圆雕佛像残件。无头、足,风化严重。佛着圆领通肩袈裟,袈裟右衣角绕颈后搭向左肩外。衣纹自左肩垂直向下散开。右肩部残留有莲花状支撑物。右手断裂处见长方形榫眼。残高83、

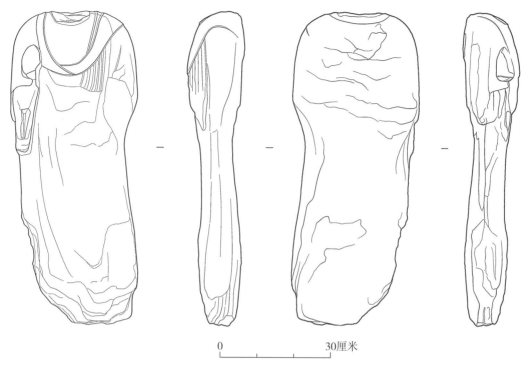

0　　　　　　　30厘米

图七五　立佛像 2013JCGLH1：53

宽35、厚16厘米（图七五；彩版二五）。

8. 2013JCGLH1：75

青石质。无头。佛着圆领通肩袈裟，腹部凸出，袈裟右角绕颈后搭于左肩及左肘上，袈裟上绘红色田相纹，胸至腹部"U"形衣褶偏向右侧，两腿上形成对称"U"形衣褶。袈裟下摆较短，露出下层裙摆，边缘波浪形。下层裙摆略长，覆足面，呈波浪形边。跣足立于覆莲台上，台下方座。方座前两角各一蹲狮，残毁。佛右手上举，施无畏印，略残。左手握宝珠。袈裟施红彩，脱落。造像整体粗壮。残高36厘米，像高30、宽14、厚11厘米，台高6、长18、宽13.5厘米（图七六；彩版二六、二七）。方座两侧面及后面刻发愿文：

右侧　天和六年／岁次辛卯／四月戊寅／朔十七日／甲午佛弟／子毕僧庆／

背面　自忖昏□／难居翘思／惠日故割／衣食之资／敬造释迦／牟尼像一／区伏愿寿／命延苌□（残一行）

左侧　……儿／（残三行）……法界／众生成无／上道

9. 2013JCGLH1：80

砂石质。无头。佛内着僧祇支，外着圆领通肩袈裟，袈裟右角绕颈后搭于左肩及左臂上。袈裟衣纹自左肩放射状下垂，于腹前右侧成半"U"形。佛腹部微凸，腰身略显，腿部袈裟贴体程度明显。双腿上衣纹呈对称的大"U"形。袈裟下摆较短，略外侈，露出下层裙裾。下层裙裾下摆微侈。双手

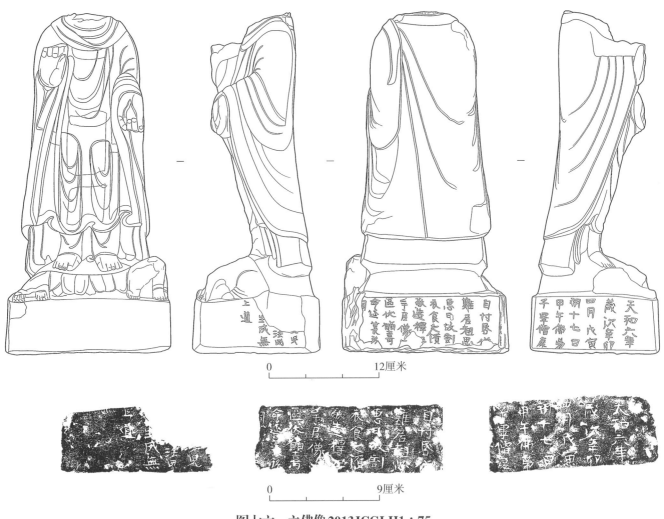

图七六　立佛像 2013JCGLH1：75

残。立于圆台上，台下方形榫。双腿下部风化严重。背面左肩上见下垂的袈裟角，红色袈裟上墨绘田相格。袈裟原施红彩。双手断裂处有榫眼。残高135厘米，像高114、宽48、厚20厘米，榫高12厘米（图七七；彩版二八）。

10. 2013JCGLH1：84

砂石质。无头，胸部略残。佛内着僧祇支，略残，外着圆领通肩袈裟，袈裟领口较低，露出僧祇支，僧祇支上刻划出竖向的条带，上施彩绘。衣纹自腹部下垂。衣纹凸棱形，阶梯状排列。袈裟下摆略短，边缘略平齐，露出下层裙裾，下层裙摆较长，边缘呈波浪形，覆于脚面上。佛腹部凸出，腰际线略显。右手残，上举，手中似持物。右肩部与手间有支撑物。左手提握袈裟角。跣足立于圆台上，台下方榫。袈裟施红彩。此像背面上部为通覆双肩的宽大帔帛，下部长裙，裙上绘制白色方格线，为菩萨造型。造像颈部断裂处见榫眼。通高56厘米，像高48、宽19、厚8.4厘米，台高4.2厘米，榫高3.0厘米（图七八，1；彩版二九）。

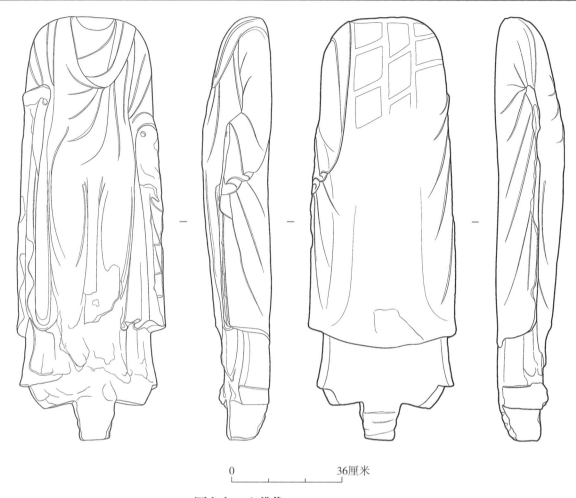

0   36厘米

图七七　立佛像2013JCGLH1∶80

11. 2013JCGLH1∶86+183

　　头身分离，现拼接。砂石质。佛磨光肉髻，略低平。面相方圆，大耳垂肩。细弯眉，长眼，眼角略上挑，鼻宽短，略残，嘴较大，上唇薄，下唇略厚，嘴角下陷。下颌方颐，颈短粗。面部白粉打底，眉眼墨线描绘，唇上及下颌绘胡须，嘴施红彩，贴金，脱落。佛内着僧祇支，结带。外着圆领通肩袈裟，袈裟领口较低，露出僧祇支，右角搭于左肩及左肘，袈裟下摆微外侈。袈裟略显厚重，施红彩，上绘田相格，部分脱落。右手残，从残迹看，上举。左手掌心向外，无名指及小拇指弯屈，大拇指、食指及中指下垂。佛像身体略粗壮，腹部凸出，头前倾，肩略缩，跣足立于方台上。衣纹呈阶梯状。右胸部残留莲状支撑物。头部与颈部断裂处留有榫眼。通高53厘米，像高46.5、宽18、厚12厘米，台高6.5、长11.5、宽10厘米（图七八，2；彩版三〇、三一）。

12. 2013JCGLH1∶148

　　砂石质。无头、无足。佛内着僧祇支，外穿圆领通肩袈裟，袈裟右角绕颈后搭于左肩及后背上。衣纹自左胸向下呈放射状散开，于身体前呈半"U"形。袈裟下摆残，可见内层裙裾下摆。袈裟略显

0   18厘米

图七八　立佛像

1、2. 2013JCGLH1：84、2013JCGLH1：86+183

厚重，贴体程度较弱，腰及腿部轮廓略显。右手残毁，无存，左手略残，施与愿印。腹部略凸出。颈部断面有榫眼。袈裟施红彩。残高40、宽17、厚9.5厘米（图七九；彩版三二）。

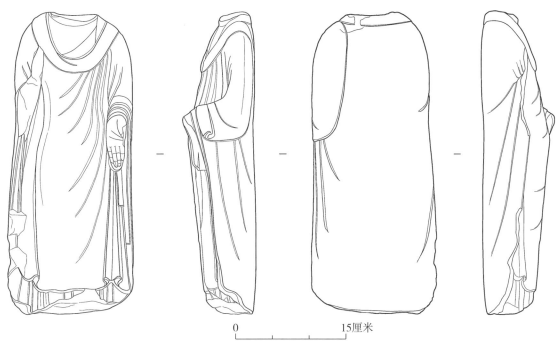

0　　　　　　　　15厘米

图七九　立佛像2013JCGLH1：148

13. 2013JCGLH1：153

砂石质。无头。佛着圆领通肩袈裟，袈裟右角搭于左肩及左肘上，边缘衣褶波浪下垂。袈裟体前衣褶自左胸放射状下垂。佛腹部微凸，腰际线明显。双手残，左手施与愿印。袈裟下摆较短，下缘弧形。内层裙裾略长，覆脚面，微外侈，两侧边衣褶呈阶梯状。跣足立于圆台上，台下方形榫。袈裟施红彩，较薄，贴体，腹部、腿部轮廓线明显。右手、颈部断裂处见榫眼。残高115厘米，像高101、宽44、厚27厘米，台高6厘米，榫高8厘米（图八〇；彩版三三）。

14. 2013JCGLH1：180

砂石质。无头、足。颈上刻蚕节纹。内着交领衣，中衣双领下垂，外层袈裟袒右式。袈裟披覆左肩，右角绕背后，从右腋下绕至腹前，上搭于左肩，在左肩钩连。袈裟衣纹于腹部呈"U"形。右手于胸前持钵，左手下垂提握袈裟角。腹部略凸出。衣纹阴线刻。残高15、宽8、厚6.9厘米（图八一，1；彩版三四）。

15. 2013JCGLH1：187

青石质。无头、足。佛内着僧祇支，外着圆领通肩袈裟，袈裟右角搭于左肩外及左臂上。下摆略

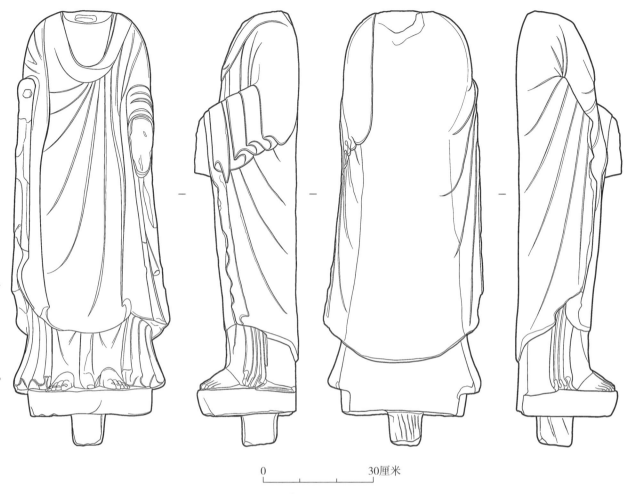

0　　　　　　　30厘米

图八〇　立佛像2013JCGLH1：153

外侈，右下摆可见内层裙摆一角。袈裟衣纹自左肩呈放射状下垂，在身体右侧呈半"U"形。右手残，左手握宝珠。佛腹部凸出，袈裟略显厚重，衣纹呈阶梯状，刻画细致。通体施彩，脱落。残高22、宽12、厚8.5厘米（图八一，2；彩版三五）。

16. 2013JCGLH1：210

泥像。原地保存。头部螺髻，上施蓝彩。内着僧祇支，施绿彩，袈裟红彩，绿边。残高150厘米。

17. 2013JCGLH1：211

砂石质。原地保存。位于H1：210泥像身后。无头，背面施红彩。通高122厘米，榫高5厘米，台高11.5厘米。

18. 2013JCGLH1：212

砂石质。原地保存。位于H1：210泥像下部。无头、足，双手残。佛外着圆领通肩袈裟，袈裟右

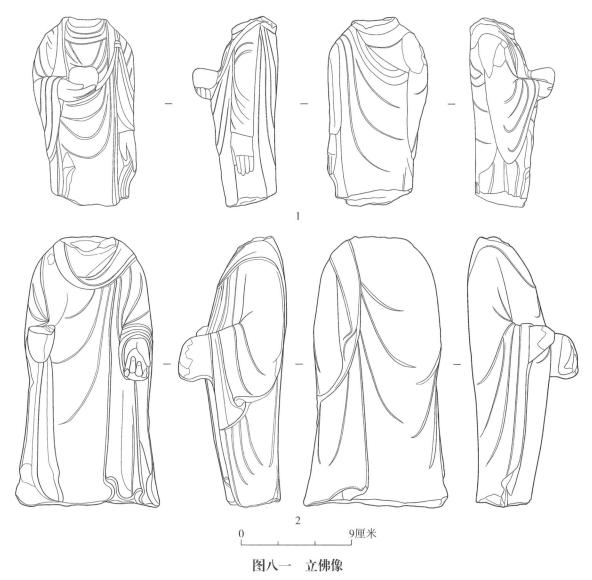

1

2

0 ————— 9厘米

图八一　立佛像

1、2. 2013JCGLH1：180、2013JCGLH1：187

角搭于左肩后。袈裟衣纹于胸前及双腿呈"U"形，袈裟下摆较短，微外侈，露出下层裙摆，边缘略
平直。右手于胸前捧物。造像原彩绘，现脱落。颈部断裂处见方形榫眼。残高17、宽8.5、厚4厘米。

19. 2013JCGLH3：1

砂石质。无头、右手，左手残。佛内着僧祇支，外着圆领通肩袈裟，袈裟领口略低，袈裟右角搭
于左肩后。衣纹自左胸散射状下垂，并呈阶梯形。袈裟下摆较短，微外侈，露出下层裙摆，边缘略平
直，下层裙摆略长，覆足面，呈波浪形边。跣足立于圆形仰莲台上。佛右肩下附一莲瓣。佛右手残，
左手抓握袈裟一角。佛像身材较修长，腰际线明显。袈裟略显厚重，腿部略贴体，依稀显露腿部轮廓。
背面左肩上刻画出搭向身后的袈裟衣角。袈裟原施红彩，现部分脱落。颈部及右手断裂处存方形榫眼。
残高126厘米，像高112、宽50、厚27厘米，台高7厘米（图八二，1；彩版三六）。

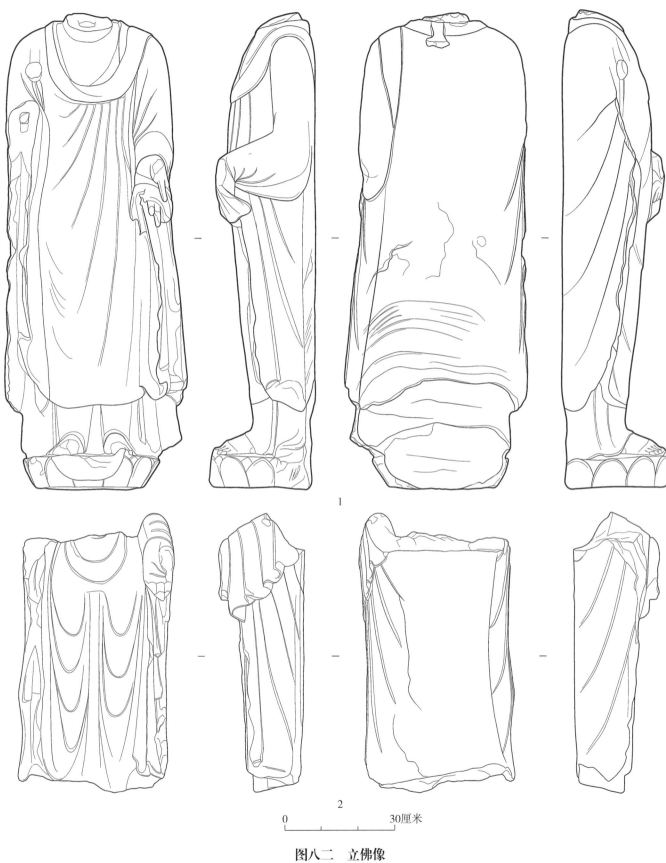

1

2

0　　　　　　　　30厘米

图八二　立佛像

1、2. 2013JCGLH3：1、2013JCGLH3：2

20. 2013JCGLH3：2

砂石质。残存腰、腿部，右手无存、左手残。从残迹看，袈裟略贴体，腹部凸出，腿部轮廓较为明显。腹部及两腿上衣纹呈"U"形。左手抓握袈裟角。残高74、宽43、厚24厘米（图八二，2；彩版三七）。

21. 2013JCGLH3：5

砂石质。残件，无头、足。佛内着僧祇支，外着圆领通肩袈裟，领边折叠，领口较低，垂于上腹，袈裟右角搭于左肩及左肘上。佛像腹部凸出。右手、臂无。左手略残，下垂提握袈裟角。佛右肩存有莲花形物。袈裟衣纹于腹前呈散射状，并于两腿部形成半"U"形。袈裟较贴体，腹部、腿部轮廓较明显，腰际线略凸显。袈裟上施红彩，脱落。残高83、宽47、厚23厘米（图八三，1；彩版三八）。

22. 2013JCGLH3：7+21+29

拼接。砂石质。无头、手、足，下部风化严重。佛颈部细长，上饰蚕节纹三道。佛内着僧祇支，中衣仅见胸前圆领衣边，外着圆领通肩袈裟，袈裟领口较低，垂于上腹部。袈裟衣褶于腹部竖直下垂，且较为贴体。下身风化严重。佛像右肩部饰一凸起莲瓣状物。佛像身材修长，收腰明显，腹部略凸，四肢与躯体的分离程度较高。袈裟衣纹呈凸棱状，阶梯式排列。颈部断面及双臂残断处见榫眼。残高123、宽41、厚21厘米（图八三，2；彩版三九、四〇，1、2）。

23. 2013JCGLH3：9

砂石质。仅存胸部。佛内着僧祇支，束带，带端结小花，外披袈裟。残高19、宽15.6、厚10厘米（图八四，1；彩版四〇，3、4）。

24. 2013JCGLH3：20

砂石质。无头、足。佛着圆领通肩袈裟，袈裟于胸腹及两腿上分别形成"U"形衣褶。佛腹部凸出。右手残，左手提握袈裟一角。右肩部有莲花状物。颈部断裂处存榫眼。残高28、宽12、厚7.2厘米（图八四，2；彩版四一）。

25. 2013JCGLH3：46+H1：122

拼接。砂石质。无头。佛着圆领通肩袈裟，右端衣角搭于左肩上。胸腹前衣纹呈"U"形，腹部凸出。双腿上衣纹椭圆形，略贴体。腹部凸出。双手残，从残迹看，右手上举，左手下垂，握宝珠。

0　　　　　　　　30厘米

图八三　立佛像

1、2. 2013JCGLH3：5、2013JCGLH3：7+21+29

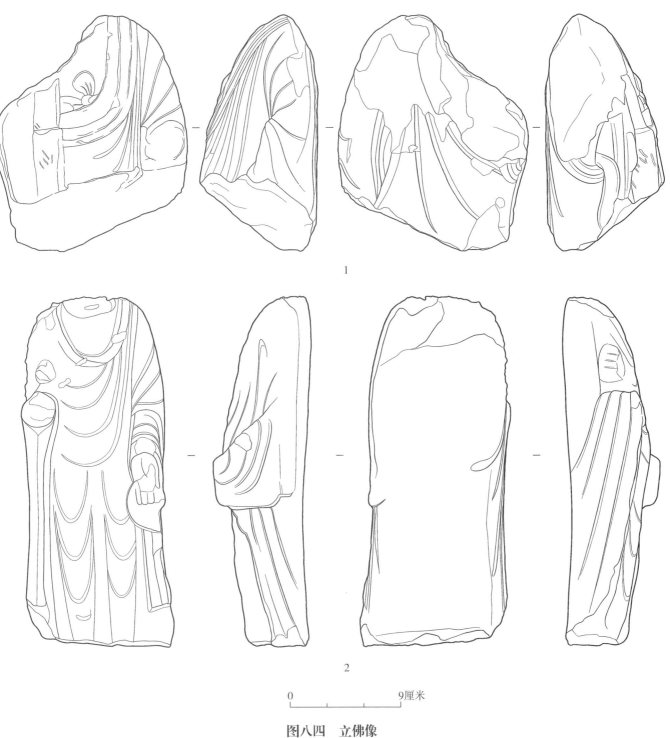

图八四　立佛像

1、2. 2013JCGLH3：9、2013JCGLH3：20

　　外层袈裟略短，下摆呈波浪形，内层袈裟长，覆足面，跣足立于圆台上，下方榫。残高53、像高44、宽19、厚10.5厘米，台高4、宽16厘米，榫高5、宽7、厚5.5厘米（图八五；彩版四二、四三）。

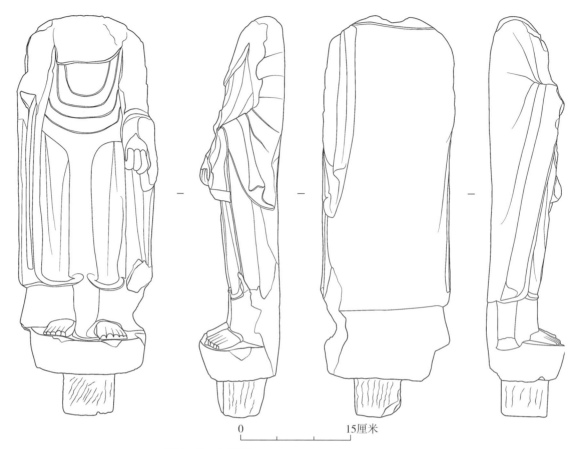

0　　　　　15厘米

图八五　立佛像2013JCGLH3：46+H1：122

（二）坐佛像

3件。

1. 2013JCGLH1：66

砂石质。无头。佛内着交领衫，束带。中衣双领下垂式。外层袈裟披覆左肩，绕背自右腋下穿过横于腹前，之后上折搭于左肩下垂。中衣右侧垂于外层袈裟上。袈裟下摆较短，仅裹覆双腿。佛手拇指、中指、食指相捻，两手相背置于腿上，施弥陀定印。跏趺坐于仰覆莲台上。莲台中间镶宝珠，莲台下为方座。仰莲双层，覆莲单层，莲瓣肥厚，尖上翘。残高27厘米，像高14、宽14、厚10厘米，莲台高9厘米，方台高4、长16、宽14厘米（图八六；彩版四四）。

2. 2013JCGLH1：92

砂石质。无头。颈部蚕节纹。佛内着圆领衣，中衣双领下垂，外着袒右式袈裟，袈裟右角搭于左肩，之后覆背，从右侧腋下绕于腹前横过，再绕搭于左臂及左肩后。胸腹前刻画出上下平行的袈裟衣褶。袈裟下摆较短，仅覆腿。右手掌心向上，置于右腿上，左手抚左膝。结跏趺坐于长方形台座上。

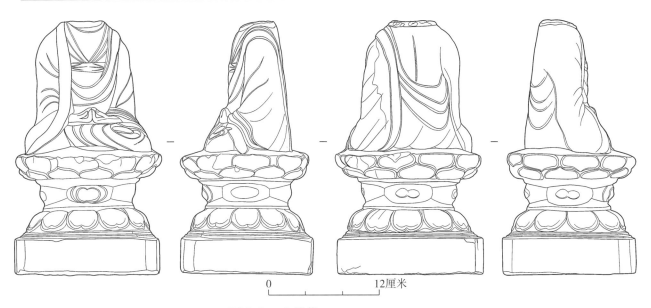

图八六　坐佛像 2013JCGLH1：66

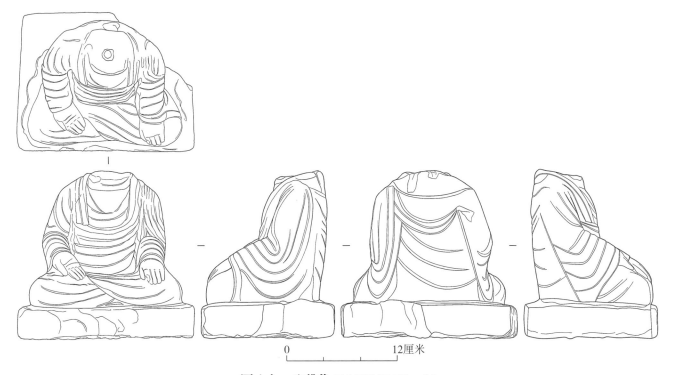

图八七　坐佛像 2013JCGLH1：92

造像原白粉打底，施红彩，现脱落。造像整体粗壮，敦厚。头部断裂处有榫眼。残高18厘米，像高14.2、宽17、厚12厘米，座高3.8厘米（图八七；彩版四五）。

3. 2013JCGLH1：144

砂石质。无头，左侧残，台座残。佛内着交领衣，中衣双领下垂，外着袈裟，袈裟披覆左肩后，

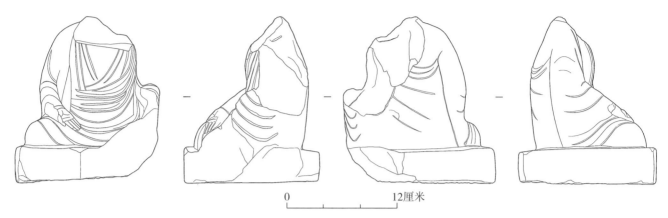

图八八　坐佛像2013JCGLH1：144

自身后绕向右腋，再横过腹前，搭于左肩上。袈裟衣褶平行堆于腹前。右手抚膝，左手残。结跏趺坐于方台上。残高17.8厘米，像高13.6、宽14.4、厚12厘米，座高3.2厘米（图八八；彩版四六）。

（三）僧像

7件。

1. 2013JCGLH1：12

灰陶质。无头，内衣交领、中衣为交领直裰衫，外着袒右式袈裟，袈裟披覆左肩背后，从右腋下绕于腹前，上搭于左肩，垂于背后。双手施禅定印，结跏趺坐于台座上。袈裟下摆圆弧形，覆盖双腿。椭圆形佛座较高。佛像通体施白粉底，袈裟涂红彩。颈部见榫眼。残高28厘米，像高17、宽16、厚12厘米，座高12厘米（图八九；彩版四七）。

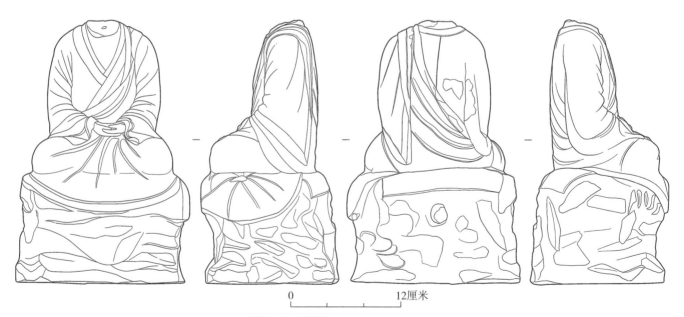

图八九　僧像2013JCGLH1：12

2. 2013JCGLH1：74

灰陶质。无头。僧像肩部圆润，内衣交领、中衣为交领直裰衫，外着袒右式袈裟，外层袈裟搭左肩后，右端绕背，穿过右腋横于腹前，再搭于左肘上，衣角呈舌状下垂。袈裟下摆较长，呈圆弧形，覆座。结跏趺坐于台座上，双手施禅定印。袈裟上原施红彩，脱落。残高28.5厘米，像高17、宽14.6、厚11厘米，座高12厘米（图九〇，1；彩版四八、四九）。

3. 2013JCGLH1：79+89

拼接。灰陶质。制作技术为两瓣合模而成。内着衣残，不明。从背面看，外着袒右式袈裟，袈

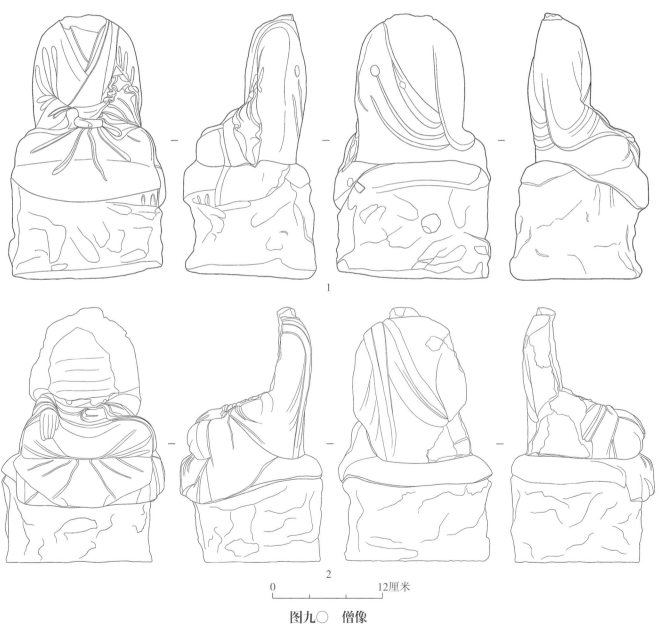

1

2

0   12厘米

图九〇 僧像

1、2. 2013JCGLH1：74、2013JCGLH1：79+89

裟覆左肩后从右侧腋下绕于体前，横过腹前，再上搭于左肩上，衣角于左肩及背后下垂。结跏趺坐于台座上。右手抚于右腿上，左手置于腹前，握拳。袈裟下摆弧形，略长，覆于台座上。像原施红彩，部分脱落。像座中空。残高27.3、像高16、宽15.2、厚12.4厘米，座高10.8厘米（图九〇，2；彩版五〇）。

4. 2013JCGLH1：87

灰陶质。无头。内着交领衣，中衣为交领直裰衫，外着袒右式袈裟，外层袈裟披覆左肩之后，右端从背后绕过右腋，横于腹前，再搭于左肘。袈裟下摆较长，弧形垂于台座前。施禅定印，结跏趺坐于台座上。袈裟上施红彩，脱落。造像中空。残高27厘米，像高19、宽15、厚11.6厘米，座高12.4厘米（图九一；彩版五一、五二）。

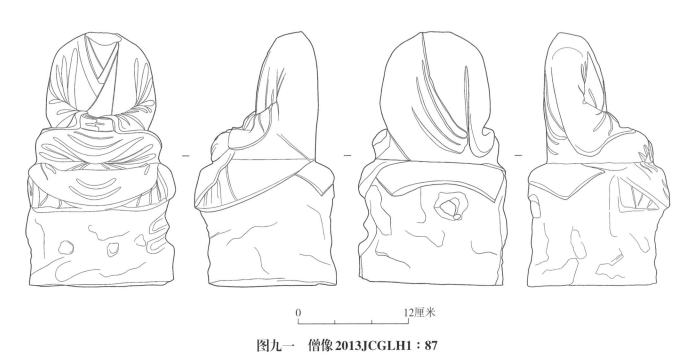

0   12厘米

图九一　僧像 2013JCGLH1：87

5. 2013JCGLH1：116

灰陶质。无头。内衣交领、中衣为交领直裰衫，外着袒右式袈裟，袈裟披覆左肩，自背后绕到右侧，从右腋绕于腹前，再搭于左肩上下垂于背后。右手于胸前持念珠，左手横置于腹前，结跏趺坐于台座上。袈裟下摆宽大，覆座。造像通体白粉打底，袈裟施红彩，现部分脱落。残高28厘米，像高17、宽17、厚13.6厘米，座高11厘米（图九二；彩版五三、五四）。

6. 2013JCGLH1：201

灰陶质。无头，上身残。结跏趺坐，袈裟角于左肩部下垂。像上原通体施白粉，现脱落。残高

12、宽12.5厘米。

7. 2013JCGLH3：33

灰陶质。无头。内衣交领、中衣为交领直裰衫，外着袒右式袈裟，外层袈裟披覆左肩，右端从背后绕过右腋，横于腹前，再搭向左肩下垂。袈裟下摆较长，弧形垂于座前。结跏趺坐于台座上，双手施禅定印。残高27厘米，像高14、宽15、厚11厘米，座高9.6厘米（图九三；彩版五五）。

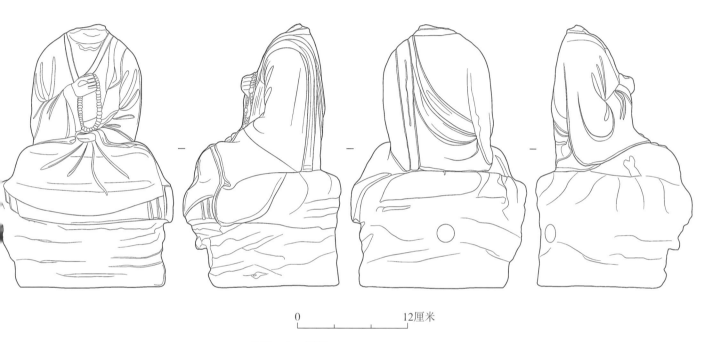

0   12厘米

图九二　僧像2013JCGLH1：116

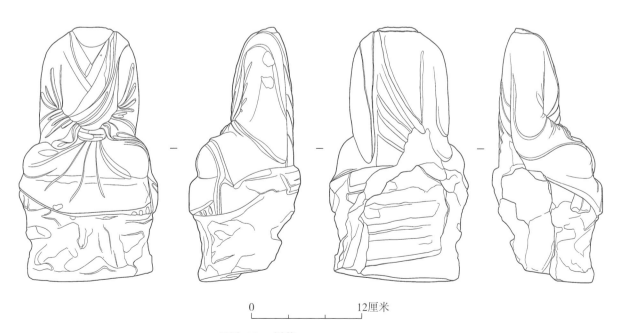

0   12厘米

图九三　僧像2013JCGLH3：33

二　弟子、天王像

4件。

1. 2013JCGLH1：112+127

身座拼接。砂石质。弟子像。无头，胸部刻画出一排排骨头，表现出瘦骨嶙峋样。戴项圈，内着交领半袖衣，外层袈裟披覆右肩，一端自背后绕过左侧腋下，横于腹前后搭于右肘上。戴宽大的手镯，右手上举，持物。左手提握袈裟角。衣纹呈凸棱泥条状。袈裟上施红彩。双足立于仰莲台上，莲瓣肥硕。颈部断裂处见榫眼。残高27、像高23.7厘米，宽11、厚6.2厘米，台高2.7厘米（图九四；彩版五六）。

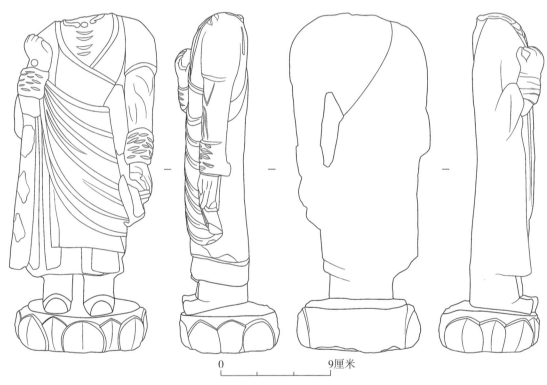

0　　　　　　　9厘米

图九四　弟子像2013JCGLH1：112+127

2. 2013JCGLH1：135+179+198

身座拼接。砂石质。弟子造像残件。无头，溜肩，着袒右式袈裟，袈裟右角搭于左肩及肘上。双手置于胸前，残。身体柱状，上层袈裟较短，下层裙略长，衣纹阴线刻。跣足立于仰覆莲座。仰莲单瓣双层，覆莲双瓣肥硕。残高39厘米，像高30、宽11、厚7厘米，座高8厘米（图九五，1；彩版五七）。

图九五　弟子像

1、2. 2013JCGLH1：135+179+198、2013JCGLH1：139

3. 2013JCGLH1：139

砂石质。弟子像。无头。内着2层交领衣。第三层衣右衣角绕左肩及背后搭于右肩上，之后绕右肘下垂于身体右侧。最外层袈裟袒右式，袈裟披覆左肩，绕背后从右腋下穿过，横于腹前，再缠绕于左臂上，衣角下垂于腹前。外层袈裟下摆略短，露出内层裙裾下摆。双手残，残迹看双手捧于腹前。立于圆形仰覆莲座上。莲瓣宽厚，尖部上翘。整体造型修长。台座上原施红彩，现脱落。残高38厘米，像高30、宽11、厚6.6厘米，座高8厘米（图九五，2；彩版五八）。

4. 2013JCGLH1：168+189

拼接。砂石质。天王像。天王头戴兜鍪，兜鍪上饰纹饰。两侧护耳下披至肩部。天王面型丰圆，怒目圆睁，高鼻宽翼，小嘴，两腮鼓起，下颌丰颐。颈短。圆鼓腹。双腿直立于台座上。天王上身披铠甲，肩部搭系披膊，臂上套臂护。腹部有圆形护腹，腰间扎带，腰带下有两片膝裙护住大腿，小腿上多裹缚吊腿。双手戴手镯，于腿前杵法器，法器残毁，立于方座上。造像打白色粉底。背面兜鍪尾拖于肩部，披巾绕肩背，裙上装饰旋纹。通高33厘米，像高30、宽13、厚8厘米，座高4、长13.6、宽10.8厘米（图九六；彩版五九）。

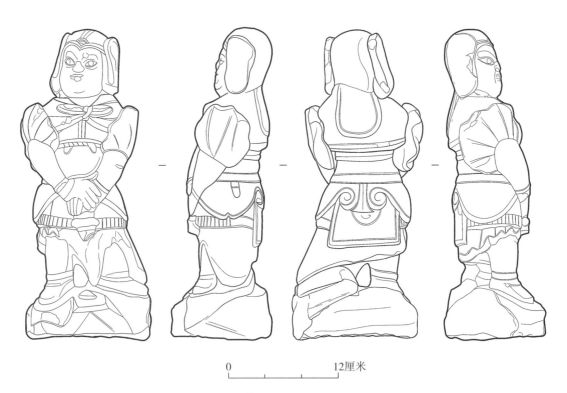

0　　　　　　　　12厘米

图九六　天王像2013JCGLH1：168+189

三　菩萨像

（一）立菩萨像

40件。

1. 2013JCGLH1：2+196

拼接。砂石质。菩萨梳高髻，略残。高髻上装饰仰覆莲瓣。戴三叶形宝冠，冠下缘为一箍形带，用以固定宝冠，其上装饰联珠纹。宝冠中央花叶上开一小龛，内雕化佛一身，周围饰忍冬纹。两侧花叶残。宝冠两侧扎宝缯，残，下垂于两耳旁及肩部。菩萨面相丰圆，略短。额前头发中分。细弯眉，长杏眼，微闭，眼角上挑。高鼻直挺，鼻翼宽窄适中。小嘴，上唇略厚，呈弓形，下唇薄，嘴角略下陷。下颌较短，内收。大耳，戴耳珰。五官集中，神情凝重。面部白粉打底，面部及宝冠上贴金。颈部细短，戴圆形宽项圈，内饰两排联珠纹及麦穗纹，项圈中间饰圆形莲花，下垂长流苏。菩萨肩部及项圈上各饰两小圆饼。双重联珠纹璎珞自项圈上圆饼形饰物上下垂。一重璎珞于腹前"X"形相交于圆璧上，之后下垂并绕向身后。另一重璎珞自肩部圆饼形物上下垂于胸前，分别搭于两肘外，再上折搭于肘内，"U"形垂于小腿前，"U"形底部装饰圆莲，下坠流苏。帔帛覆肩背，左端自左肩下垂于上腹，再上折搭于右肘后下垂于体侧及座。帔帛右端自体前下垂于小腿前横过，拧绕后呈"U"形上折搭于左肘外侧下垂及座。菩萨上袒，下着裙，裙边外翻。跣足立于圆台上，圆台下仰莲台。莲瓣肥硕，尖角上翘。双手残，从残迹看右手上举，戴手镯，持杨柳枝，肩部下垂宽大的柳枝。左臂戴臂钏，左手下垂提净瓶，现存净瓶口部。背面高髻束带戴发箍，头发上装饰莲花，宽大的帔帛通覆双肩，裙边外翻，裙带下垂，裙带两侧下垂璎珞，与体前绕向身后的一重"X"形璎珞相连。璎珞装饰简略，呈带状，上饰圆珠。菩萨腹部凸出，身躯扭曲，具有一定的动感。身施红彩，部分脱落。通高82厘米，像高76.2、宽23、厚13厘米，台高4.2厘米（图九七；彩版六〇、六一）。

2. 2013JCGLH1：9+30

拼接。砂石质。无头。菩萨肩部垂带，左侧垂于左臂上。戴圆形项圈，内饰麦穗纹，中间饰莲花，下垂花饰。双肩饰圆饼形装饰物，从其上下垂单层"U"形联珠纹长璎珞，"U"形底部饰莲花，下坠饰物。帔帛覆肩背，左端自左肩下垂，于腹前横过后搭于右肘外，下垂于体侧及莲台上。帔帛右端沿身体右侧下垂，于膝前横过一道，上折搭于左肘。菩萨上着僧祇支，下着裙，裙边外翻。右侧垂两条细长裙带，下坠流苏。跣足立于圆台上。双手残，从残迹看右手戴手镯，上举，持杨柳，杨柳垂肩。左臂戴臂钏，左手下垂提握净瓶。飘带垂搭于小臂上，手指环握瓶口。手指修长，指甲盖刻画清

0 ├──────────┤ 18厘米

图九七　立菩萨像2013JCGLH1：2+196

晰。净瓶细长颈，圆鼓腹，小平底。背面帔帛通覆双肩，帔帛施红彩，白边。腰间裙边外翻。整体造型敦厚，四肢与躯体的分离程度较低，左腿略弯曲，右腿直立，做游足状。颈部断裂处有圆形榫眼。残高37厘米，像高33、宽15、厚8.4厘米，台高4厘米（图九八；彩版六二、六三）。

3. 2013JCGLH1：10+50

拼接。砂石质。无头、左手。菩萨肩垂飘带。戴宽大的圆形项圈，内饰忍冬纹及联珠纹。上着僧祇支，下着裙，裙边外翻，裙中间垂带。帔帛覆肩背后，左端自左肩下垂至腹部，折上搭于右肘。右端下垂于膝前横过，上折。身前垂挂"U"形联珠纹长璎珞，"U"形底部饰莲花。双手残，从残迹看右手上举，戴手镯，持杨柳枝，柳枝垂于肩上。左臂弯曲前伸，残。菩萨裙摆内收，立于台座上，台下方榫。僧祇支红色，帔帛绿色，脱落。背面肩披宽大帔帛，裙边外翻。菩萨身材修长，腹部突出，一腿直立，一腿弯曲。残高59厘米，像高49、宽21、厚10厘米，台高5厘米，榫高5厘米（图九九；

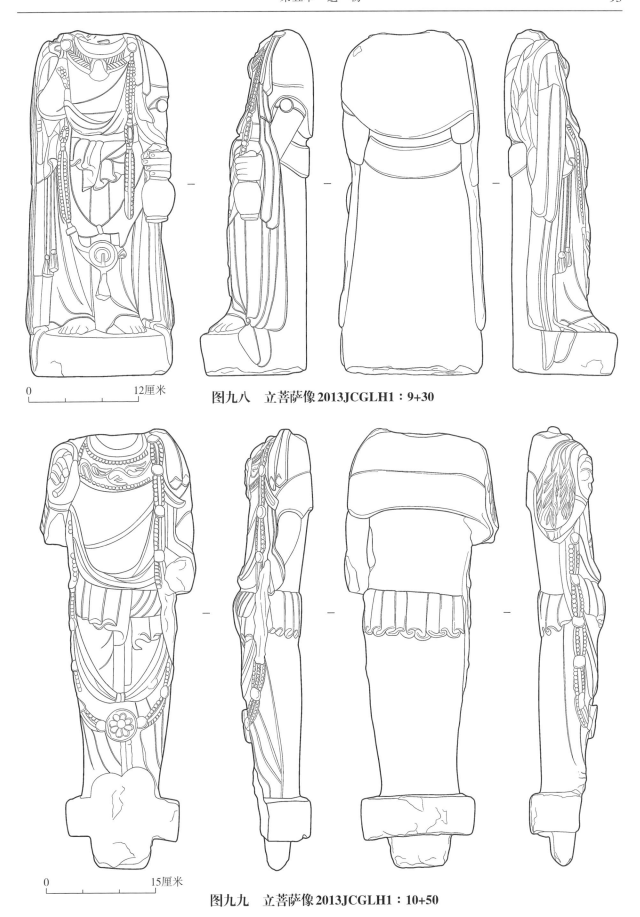

0   12厘米

图九八　立菩萨像 2013JCGLH1：9+30

0   15厘米

图九九　立菩萨像 2013JCGLH1：10+50

彩版六四、六五）。

4. 2013JCGLH1：11+72

拼接。砂石质。无头。飘带、长发披肩。佩戴项圈及项链。项圈圆形，上饰联珠纹及麦穗纹，中间垂花饰。项链细长，下端坠垂铃。双重联珠纹长璎珞自肩部圆饼形饰物上下垂。一重璎珞"X"形于腹前交叉于方形饰物上，之后下垂，并绕向身后。一重璎珞呈"U"形垂于小腿前，"U"形底部装饰圆形饰物。帔帛覆双肩后左端自左肩下垂，横于腹前后折上搭于右肘，沿体外下垂。右端自右侧下垂，于膝前横过一道，上折。菩萨上着僧祇支，上饰条纹，下着裙，裙边外翻，腰间左侧系腰带。裙中央下垂宽裙带。右手略残，戴手镯，上举，持莲枝，顶上刻含苞待放的莲蕾及盛开的莲叶，莲蕾、莲叶垂于右肩臂上。左臂残毁。腿部风化。背面，菩萨长发披肩，宽大帔帛通覆双肩，腰间裙边外翻，裙带下垂，裙带两侧璎珞呈"八"字形与体前璎珞相连。背后璎珞较为简略，不饰联珠等装饰。菩萨整体造型修长，腰纤细。右腿直立，左腿微弯，跣足立于圆形仰莲台上，略有动感。原施彩，现脱落。颈部断面处有榫眼。台下方形榫眼。残高68厘米，像高60.5、宽21、厚11厘米，台高6厘米（图一〇〇；彩版六六、六七）。

5. 2013JCGLH1：14+32+134+209

拼接。砂石质。菩萨发髻宝冠残。戴三叶花冠。中间花叶内刻化佛一身，周围饰以忍冬纹，冠下缘饰联珠纹一排。两侧花叶上饰忍冬。连接三花叶的箍带上饰联珠纹。花叶上部原雕饰莲花，现残，花蕊中心下垂两股花绳，"W"形相连。冠两侧扎宝缯，残，下垂于肩。菩萨面相丰圆，额前发髻中分，上饰阴线。弯眉细长如月，杏核眼，微闭，眼角上挑，做冥想状。高鼻直挺。小嘴，上唇较薄，嘴角略上扬，下唇略厚，呈弓形。下颌圆短，丰颐。大耳下垂，戴耳珰。颈短粗，上饰三道蚕节纹。菩萨戴项圈、项链。项圈圆形，上饰麦穗纹、联珠纹，中间饰莲花，下坠花蕊。项链细长，绕结于胸前，下垂铃。肩部圆饼形饰物上下垂双重联珠纹璎珞，一重璎珞"X"形于腹前连于方形饰物上，之后下垂于膝前并绕向身后。另一重璎珞呈"U"形垂于小腿前，"U"形底部装饰莲花，上垂饰花蕊，残。帔帛覆肩背，左端自左肩下垂于腹前，后上折搭于右肘上，沿体外下垂及座。帔帛右端自右肩下垂于膝前横过，上折搭于左肘后顺体侧下垂。菩萨上着僧祇支，下着裙，裙边外翻，裙右侧下垂两条麦穗纹裙带，残，腰间左侧系腰带。双手残，从残迹看右手上举，戴手镯，持杨柳枝，肩部垂柳枝。左肩上垂长发，左臂戴臂钏，左手下垂提净瓶，净瓶残，仅留瓶口部分。跣足立于圆形仰莲台上，台下方榫。背面头后见发箍，长发中分，垂于肩部。宽大的帔帛通覆肩背，裙边外翻，裙带下垂，腰两侧"八"字形下垂璎珞，与身前后绕的璎珞相连。造像整体修长，腹部凸出，腰际线略显，右腿直立，左腿微弯，作游足状。通高129厘米，像高110、宽33、厚18.4厘米，座高10厘米，榫高7厘米（图一〇一；彩版六八～七〇）。

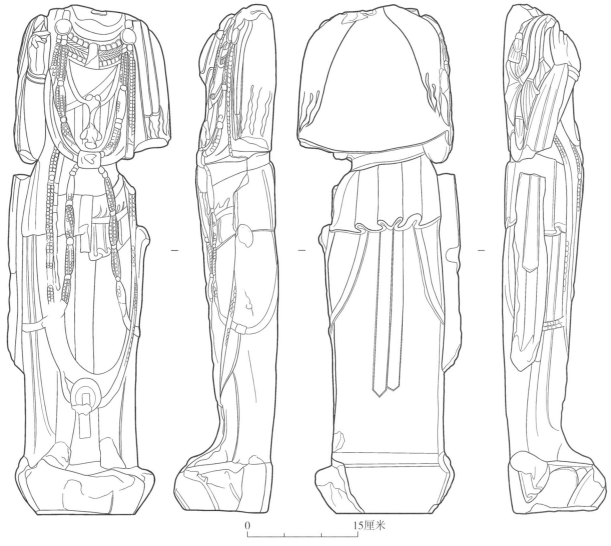

0　　　　　　　15厘米

图一〇〇　立菩萨像 2013JCGLH1：11+72

6. 2013JCGLH1：15+24+采集1

　　拼接。砂石质。无头。菩萨细颈，上饰蚕节纹。长发、飘带垂于两肩。戴圆形项圈，上饰联珠及麦穗纹，中央饰圆莲，下垂花蕊。双重璎珞自双肩圆饼形饰物上下垂，一重由联珠形成玉米棒形，"X"形于腹前相连于方形饰物上，再下垂绕向身后。方形饰物上刻莲花及联珠纹。另一重联珠纹璎珞自双肩"U"形下垂于体前，"U"形底部饰圆莲，上垂花饰。帔帛覆肩背后，左端自左肩下垂横于腹前，后上折搭于右肘，沿体外下垂。帔帛右端自体前下垂横于膝前一道，再折上。帔帛璎珞相互叠压。菩萨上着僧祇支，下着裙，裙边外翻。长条形裙带垂于两腿间。裙右侧下垂细长裙带两条，下坠流苏。右手上举，戴手镯，持莲叶。左臂残毁。背面帔帛宽大，通覆双肩，裙边外翻，中央两条裙带下垂，腰间两侧呈"八"字形下垂璎珞，与体前绕向身后璎珞相连。菩萨腰部略扭曲，腹部凸出，左腿弯曲，右腿直立。跣足立于仰莲台上。帔帛上原施红彩，现部分脱落。颈部断面处见榫眼。残高104厘米，像高96、宽33、厚17厘米，台高8厘米（图一〇二；彩版七一、七二）。

0　　　　　　24厘米

图一〇一　立菩萨像2013JCGLH1：14+32+134+209

7. 2013JCGLH1：18+81

拼接。砂石质。菩萨束髻，戴三叶高冠，花叶上饰联珠纹及忍冬纹，连接花叶的箍带上装饰联珠纹。冠两侧扎宝缯，垂肩。菩萨面相丰圆，额前头发中分，额部刻白毫，周饰火焰纹。细眉弯如月，杏眼略长，双目下视。鼻高挺，鼻翼较宽。小嘴，唇线分明，上唇略厚，呈弓形，下唇较薄。下颌丰颐。大耳戴珰。短颈，上饰蚕节纹。戴圆形宽项圈，上饰联珠纹、麦穗纹等，中间垂花饰。双排联珠纹长璎珞自肩部圆饼形饰物上下垂，"U"形斜挂于身体左侧，联珠纹间饰圆璧，璎珞"U"形底部装饰圆形物。飘带自圆饼形物上下垂于双肘外侧。菩萨上着僧祇支，结花带下垂。僧祇支上刻条纹。下

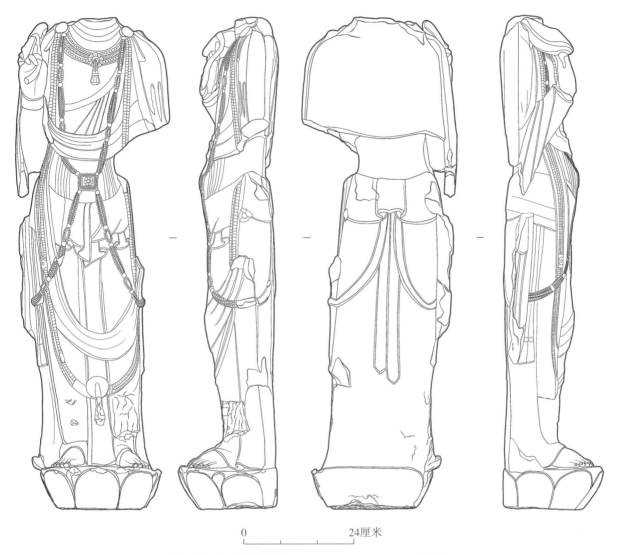

0 24厘米

图一〇二 立菩萨像2013JCGLH1：15+24+采集1

着裙，裙边外翻。腰部左侧下垂两条"U"形裙带，上装饰麦穗纹。帔帛覆肩背后，左端自左肩下垂于上腹部，折上搭于右肘，沿体侧下垂于足部。帔帛右端自右肩部下垂，横于膝前一道，后上折。双手残，右手上举，戴手镯。左手残毁，左臂上附莲叶，左手原应提握净瓶，瓶中插有莲枝，枝头刻莲叶。菩萨跣足立于双层仰覆莲台上，莲瓣肥厚，台下圆台，再下附方座。方座前两侧各一蹲狮，残，左侧蹲狮仅存尾部。右侧蹲狮略完整，前爪直立，后爪蹲卧，长尾后甩，贴于圆台上。菩萨背面脑后戴发箍，长发中分，披于肩背上。帔帛宽大，通覆肩背。腰间裙边外翻，衣褶下垂。整体造型修长，腹部略凸出，右腿直立，左腿弯曲，呈游戏状，身躯扭曲，略成"S"形。原施彩，现脱落。造像底不封闭。通高54.8厘米，像高43、宽14、厚8厘米，莲台高5厘米，圆台高2.5厘米，方台座长17、宽13、高5厘米（图一〇三；彩版七三、七四）。

0 ————————— 12厘米

图一○三　立菩萨像2013JCGLH1：18+81

8. 2013JCGLH1：25+42+59+125+152+200

残件拼接。砂石质。菩萨束冲天高发髻，上饰莲瓣，戴三叶宝冠，中间花叶上饰化佛。两侧花叶上饰忍冬纹，扎宝缯，宝冠边缘饰联珠纹等。菩萨面相长圆，额前发髻波纹，细眉长眼，鼻高挺，小嘴略凹，大耳垂肩。下颌丰颐。脑后头发中分。颈部细长，上饰蚕节纹。面部原施白粉，宝冠上施红彩。现彩绘脱落。长发垂于双肩。菩萨上着僧祇支，上施红彩涂绿边。戴圆形项圈，上饰联珠纹及麦穗纹，中央垂花饰。上施绿彩。项圈下垂细长项链，上垂挂铃形物。飘带自双肩下垂于胸前及左臂上。联珠纹长璎珞自肩部圆形饰物上下垂于体前，"U"形底部残破。帔帛覆肩背后左端自左肩下垂横于腹前，再上折搭于右臂上垂于体侧。右端帔帛自右肩下垂横于膝前，再上折搭于左臂上垂于体侧。帔帛涂红彩。下着裙，裙边外翻。裙右侧垂两条细带。右手残，从残迹看上举，持杨柳枝，柳枝垂于右肩外。左手提握净瓶。菩萨跣足立于圆台上，两侧残存部分帔帛。圆台下为覆莲台，双瓣莲花肥大，尖角上翘。莲台下方座。背面长发披肩，帔帛披覆双肩，裙边外翻。菩萨帔帛及裙原饰红彩，上绘绿色花纹，现残存部分彩绘及花纹。颈部及右手残断处见榫眼，通高83厘米，像高67.8、宽20、厚13.8厘米，台高13.8厘米（图一〇四；彩版七五、七六）。

0　　　　　　　　18厘米

图一〇四　立菩萨像2013JCGLH1：25+42+59+125+152+200

9. 2013JCGLH1：41+85

拼接。砂石质。菩萨戴五叶冠，花叶上饰半圆形宝珠、忍冬纹等。冠两侧扎宝缯，垂肩。菩萨面相方圆，细弯眉，杏眼细长，双目微闭，鼻直挺，小嘴，人中明显，上唇略厚，呈弓形，下唇较薄，嘴角下陷，下颌丰颐。大耳下垂。细颈。戴心形宽项圈。上着僧祇支，下着裙，裙边外翻。帔帛通覆双肩，左端覆左臂后于上腹横过，绕搭于右肘外下垂于体侧。帔帛右端沿身体右侧下垂，并于膝前横过一道，中间打结，折上搭于左肘后沿体外下垂。双手残，从残迹看，右手上举，左手下垂。右肩有一突出物，残。造像下部风化。背后帔帛宽大，披覆双肩，裙边外翻。像下有方榫，头后有方孔。整体造像敦厚，粗壮，腹部微凸出。通高47厘米，像高42、宽17.5、厚10厘米，榫高5厘米（图一〇五，1；彩版七七）。

1

2

0　　　　　　　　　15厘米

图一〇五　立菩萨像

1、2. 2013JCGLH1：41+85、2013JCGLH1：45

10. 2013JCGLH1：45

砂石质。无头。菩萨佩戴宽大的联珠纹项圈。肩部圆饼形物上垂饰飘带及双重联珠纹璎珞。飘带垂搭于肩部及左肘外。一重璎珞"X"形于腹前交叉于莲花上，之后下垂于腿前，转向身侧。另一重璎珞呈"U"形垂于膝前，"U"形底端为方形饰物。菩萨上着僧祇支，结带，下着裙，裙边外翻，裙带下垂。帔帛覆肩背后左端自左肩下垂于腹前，后上折搭于右肘，沿体外下垂及莲台上。帔帛右端自右肩下垂于膝前横过，上折搭于左肘后顺体侧下垂。帔帛与璎珞相互叠压。右手残，从残迹看右手上举，戴手镯，持物。左手提净瓶。跣足立于圆台上，台下覆莲台，再下方座。菩萨两侧下部各立一孩童，面相长圆，头顶留发，细眉长眼，高鼻小嘴，双目微闭。右侧1身着圆领衣，左侧1身着对襟衣，皆双手于胸前合十，呈礼拜样立于圆台上。孩童前各卧一蹲狮。狮子面向前，右侧狮子趴卧，圆眼、大嘴。左侧狮子前腿直立，后腿蹲卧。背面宽大的帔帛覆肩背，上刻画两道衣褶，裙边外翻，裙带下垂。菩萨整体造型略粗壮，右腿直立，左腿略弯曲。原施红、绿彩，脱落。颈部残断处见榫眼。残高42厘米，像高31、宽17.5、厚8厘米，莲台高3.5厘米，方座高7.5厘米（图一〇五，2；彩版七八）。

11. 2013JCGLH1：63+69

拼接。砂石质。菩萨高髻束带后绾，上刻阴线。戴五叶花蔓高冠。中间花叶上化佛一身，周围饰忍冬、联珠纹等。其他花叶上饰忍冬纹等。冠两侧扎宝缯，宝缯垂肩，残。宝冠彩绘，贴金。肩部垂长发，飘带。面相长圆，弯眉杏眼，眼角上挑，眼微闭，做冥想状。高鼻直挺，小嘴，上唇较薄，下唇略厚，嘴角上翘，下颌丰颐，圆短。大耳，戴耳珰。面部白粉打底。颈细长，上饰蚕节纹。菩萨戴项圈、项链。项圈圆形，上饰联珠纹、麦穗纹，中央饰莲花，下坠花蕊。项链细长，下坠垂铃。肩部圆饼形物，下垂双重联珠纹璎珞。一重璎珞"X"形于胸前交于方形装饰物，之后下垂再绕向身后。一重璎珞呈"U"形垂于小腿前，璎珞底部坠饰花蕊，风化不清。帔帛左端从左肩下垂于腹前，上折搭过右肘下垂。右端自右肩下垂于膝前横过，上折。菩萨上着僧祇支，其上饰条纹，下着裙，裙边外翻，腰右侧垂2条细带，风化。跣足立于圆台上，双腿及足部风化严重，圆台残，台下长方形榫。双手残，从残迹看，右手上举，持杨柳。背面头戴头箍，发髻上饰莲瓣。肩部披覆宽大的帔帛，裙边外翻，下垂裙带，阴刻衣褶。菩萨整体造型头大，身体修长。腹部凸出，一腿直立，一腿弯曲，动感明显。通高138厘米，像高125、宽31、厚16厘米，台高10厘米，榫高4厘米（图一〇六；彩版七九、八〇）。

12. 2013JCGLH1：64

砂石质。无头。菩萨戴圆形项圈及长项链。项圈上饰联珠纹及麦穗纹，中间饰莲花，下坠花蕊。项链细长，下坠垂铃。肩部圆饼形物上下垂飘带，垂搭于双肘上。双重联珠纹长璎珞自肩部圆饼形物上下垂。短重璎珞于腹前交叉于圆形莲花上，再下垂绕向身后。长璎珞呈"U"形垂于小腿前，"U"

图一○六　立菩萨像2013JCGLH1：63+69

形底部装饰圆形莲花，下垂流苏。菩萨上着僧祇支，下着裙，裙边外翻，裙带下垂。裙上施彩绘，裙
带上饰菱形格。帔帛通覆双肩后，左端从左肩下垂横于腹前，上折搭于右肘，沿体外下垂及座。帔帛
右端沿体前下垂，于膝前横过，绕拧一圈，上折搭于左肘，沿体外下垂。左臂戴臂钏，手提净瓶，瓶
中插莲枝、莲花、莲叶等。右手残，从残迹看，上举。跣足立于圆台上，台下长方形榫。背面肩部垂
长发，双肩通覆帔帛。裙边外翻，裙带下垂。"八"字形璎珞与体前绕向身后的璎珞相连，璎珞素无装

饰。菩萨整体造型修长，腰部略扭向右侧，动感十足。像原施红彩，现大部脱落，仅飘带、僧祇支边缘处存红彩。残高112厘米，像高91.2、宽33、厚19.2厘米，台高12厘米，榫高10厘米（图一〇七；彩版八一、八二）。

13. 2013JCGLH1：65

砂石质。无头、足。长发垂于两肩及背部。菩萨戴圆形项圈，上饰联珠纹、麦穗纹，中央雕莲花，垂饰花蕊。细长项链于胸前绕结，下坠垂铃。肩部圆饼形物上下垂"U"形长璎珞。璎珞联珠纹玉米棒形，其间连缀莲花、珊瑚等。菩萨上着僧祇支，束带，下着裙，裙边外翻，左侧腰间系金属链状腰带两圈。帔帛覆肩背，左端从左肩下垂于上腹横过，上折搭于右肘外侧，并下垂于体侧。帔帛右端从右肩下垂于膝前横过一道，再上折搭于左肘垂于体外。右手残，上举，持杨柳枝，柳枝垂于右肩

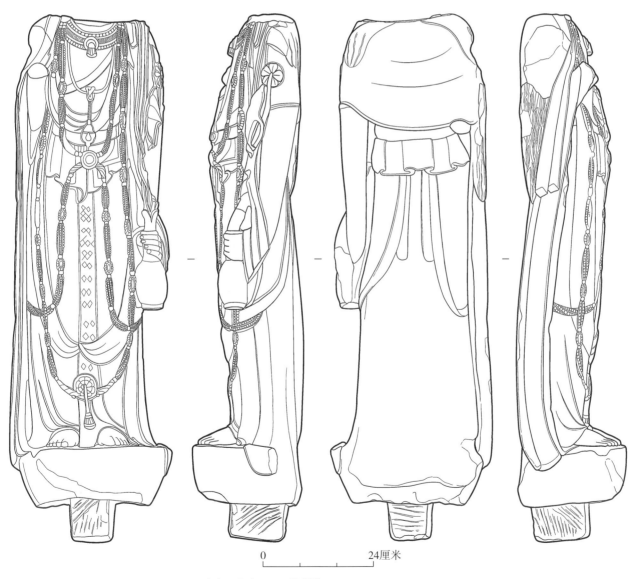

0　　　　　　　　　　24厘米

图一〇七　立菩萨像2013JCGLH1：64

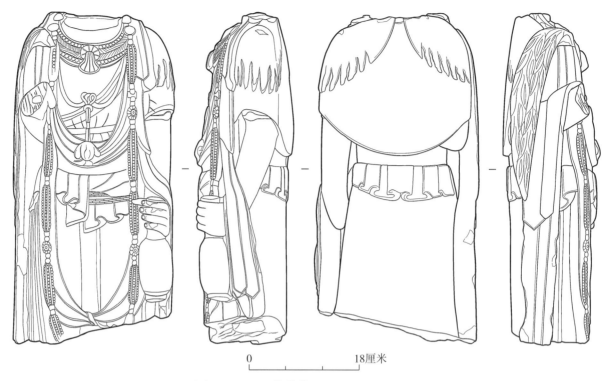

0 18厘米

图一〇八 立菩萨像2013JCGLH1：65

上。左臂戴臂钏，左手下垂提净瓶。背面宽大帔帛通覆双肩，上垂长发，裙边外翻。右臂残断处及身下有方榫眼。帔帛施红彩，现部分脱落。整体造型敦实。残高53、宽28、厚15厘米（图一〇八；彩版八三、八四）。

14. 2013JCGLH1：68

砂石质。无头。上身风化严重。长发披肩。戴项圈，斜披僧祇支，帔帛绕臂，下着裙，裙边外翻，衣纹于双腿上呈"U"形。中央裙带下垂。跣足立于仰莲台上。右臂残，左手戴手镯，上举，握宝珠。菩萨右腿弯曲，左腿直立，腰部扭向左侧，身躯呈"S"形。残高27厘米，像高24.5、宽13.6、厚7厘米，座高2.5厘米（图一〇九；彩版八五）。

15. 2013JCGLH1：71

砂石质。无头。飘带、长发垂肩。菩萨肩部饰圆饼形物，戴项圈、项链。项圈圆形，上饰联珠纹、麦穗纹，中央饰莲花，下垂花蕊。项链细长，下坠垂铃。双重璎珞自肩部圆饼形物上下垂。一重璎珞"X"形连接于腹前椭圆形装饰物上，并绕向身后。椭圆形装饰物上饰联珠纹。另一重联珠纹长璎珞呈"U"形挂于体前，"U"形底部装饰圆形饰物，下垂花坠。菩萨上着僧祇支，边缘施红彩，上墨绘条纹，条纹内绘菱格纹。下着裙，裙边外翻，裙中央垂带。帔帛覆双肩，左端从左肩下垂于腹前，上折搭于右肘外下垂。帔帛右端下垂于膝前横过，上折搭于左肘，沿体外下垂。菩萨右手残，戴手镯，

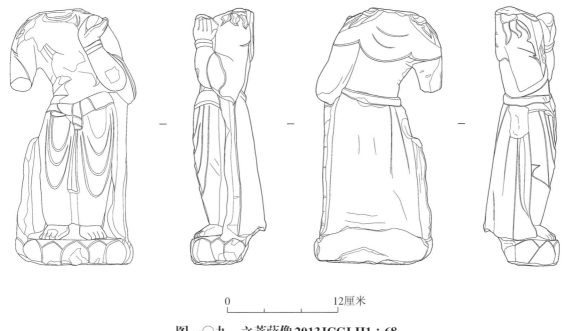

0　　　　　　　　12厘米

图一〇九　立菩萨像 2013JCGLH1：68

上举，原持杨柳，右肩垂柳枝。左手提净瓶，瓶中插莲枝。跣足立于圆台上，台下方形榫。背面双肩披覆宽大的帔帛，长发垂肩，裙边外翻。菩萨身材修长，腹部略凸，右腿直立，左腿微曲，呈游足状。造像原施红彩，现部分脱落。残高50厘米，像残高42、宽14、厚9厘米，台高4厘米，榫高4厘米（图一一〇，1；彩版八六、八七）。

16. 2013JCGLH1：76+129

　　拼接。砂石质。菩萨梳髻，残。戴三叶花冠，中间花叶上雕化佛一身，周围饰忍冬纹，下缘饰联珠纹。两侧花叶上饰半圆形宝珠，周饰忍冬纹。宝冠彩绘，冠两侧扎宝缯，并下垂于肩。菩萨面相方圆，额前发髻呈心形，细弯眉，杏核眼，较平，高鼻直挺，小嘴，人中线明显，上唇较薄，下唇略厚，呈弓形，嘴角下陷，下颌圆短，丰颐，大耳下垂。面部白粉打底。颈短粗，戴圆形宽项圈，中间饰圆壁，下坠花蕊。联珠纹长璎珞自肩部圆饼形饰物上"U"形下垂于身前，并于小腿前横过，"U"形底部装饰圆壁，上饰联珠纹。帔帛覆双肩后，左端从左肩下垂于腹前，上折搭于右肘沿体侧下垂及座。帔帛右端沿体前下垂于膝前横过一道，后上折搭于左肘，沿体外下垂及座。飘带自双肩下垂与帔帛重合于肘上。菩萨上着僧祇支，下着裙，裙边外翻。右侧腰间垂裙带，下坠流苏。跣足立于圆台上，台下方形榫。右手残，上举，持杨柳枝，现肩部存杨柳枝。左臂戴臂钏，左手下垂提净瓶。背面帔帛通覆双肩，裙边外翻。菩萨整体造型敦实，身体仍保持柱状感。右腿直立，左腿略弯曲，做游足状，躯体与双臂的分离程度不明显。造像原施红彩，现部分脱落。右臂断裂处见榫眼。通高55厘米，像高48、宽16、厚9.5厘米，台座高2.5厘米，榫高4厘米（图一一〇，2；彩版八八、八九）。

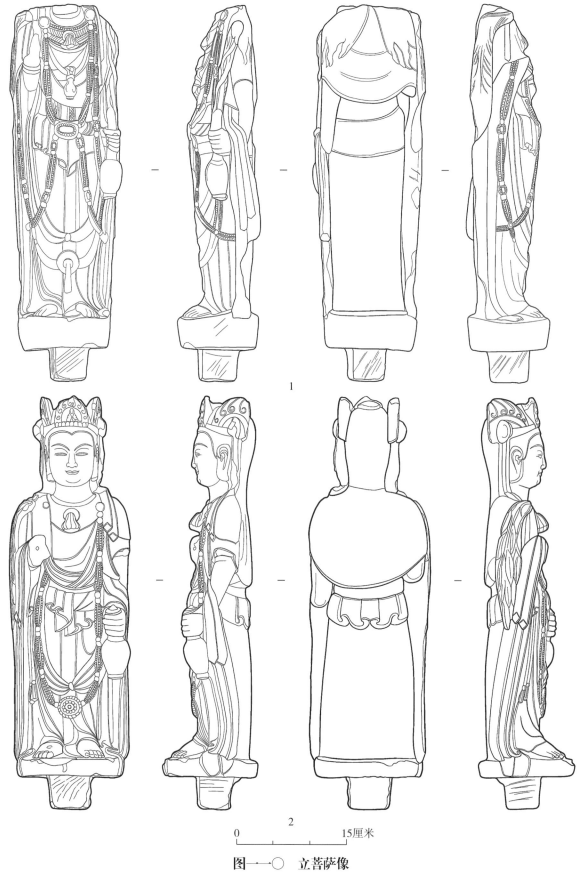

1

2

0 ————————— 15厘米

图一一〇　立菩萨像

1、2. 2013JCGLH1：71、2013JCGLH1：76+129

17. 2013JCGLH1：82

砂石质。无头，上下身断裂，复原。颈残断，细长，上饰蚕节纹三道。飘带、长发垂肩。戴圆形项圈，上饰麦穗纹，中间饰花蕊。双重联珠纹长璎珞自肩部圆饼形饰物上下垂，一重呈"X"形，腹前连接于莲花上，之后绕向身后。一重璎珞"U"形垂于小腿前，"U"形底部饰莲花。帔帛覆肩背，左端自左肩下垂于上腹部，折上搭于右肘下垂于体侧。右端自右肩部下垂膝前横过一道，上折。菩萨上着僧祇支，上饰条纹。下着裙，裙边外翻，右侧腰间下垂裙带，下坠流苏。双手残，右手上举，戴手镯。右肩饰莲花物。左臂残毁。菩萨跣足立于圆台上，下附方榫。背面宽大帔帛覆肩，裙边外翻。菩萨腹部略凸，右腿直立，左腿弯曲，身躯扭曲，呈游足状。整体造型修长，裙略轻薄，贴体。颈部断裂处有榫眼。残高65厘米，像高53、宽20、厚9厘米，台高5厘米，榫高4厘米（图一一一；彩版九〇、九一）。

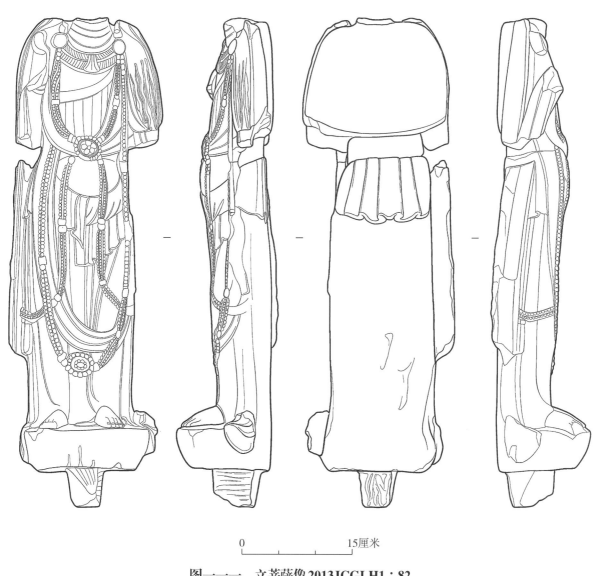

0 _____ 15厘米

图一一一 立菩萨像2013JCGLH1：82

18. 2013JCGLH1：97+140

拼接。砂石质。无头。戴圆形宽项圈，上饰麦穗纹，中央饰莲花，下垂花蕊。菩萨上着僧祇支，结带下垂，下着裙，裙边外翻，右侧下垂两条细裙带。联珠纹长璎珞于肩部圆饼形饰物上"U"形下垂，挂于身前。"U"形底部饰莲花。帔帛披覆肩背后，左端从左肩下垂，横于腹前，再上搭于右臂外侧，并下垂于体侧及莲台上。右端自右肩下垂于体前，于小腿处横过一道，中间打结，再上折搭于左肘上，下垂于体外。肩部圆饼形饰物上下垂的飘带也垂于左臂外侧。右手残，从残迹看，戴手镯，上举，持杨柳枝，柳枝垂肩。左臂戴臂钏，左手提净瓶。菩萨左腿弯曲，右腿直立，做游足状。跣足立于圆台上，圆台下为莲台，莲瓣肥厚。再下为方形底座。造像背面见覆肩的帔帛及下垂的长发。其上墨书"王午生"3字。腰间裙边外翻，衣纹散射。整体造型修长。残高42厘米，像高32、宽12.5、厚7厘米，圆台高1厘米，莲台高4厘米，方台座高5、长16、宽14厘米（图一一二，1；彩版九二、九三）。

19. 2013JCGLH1：107+162

拼接。砂石质。菩萨梳髻，残。戴三叶宝冠，中间花叶略残，内雕化佛一身。两侧花叶残。冠下缘箍带上饰联珠纹。冠两侧扎宝缯，垂肩。菩萨面相圆短，额前发髻上饰阴刻线。细眉长眼，眼部略凸，高鼻略短，人中明显，小嘴，双唇微厚，上唇呈弓形，嘴角略上翘，下颌丰颐而短，大耳下垂，戴耳珰。短颈，上饰蚕节纹，戴圆形项圈，其上装饰两圈联珠纹，中间垂花蕊，残。双肩饰圆饼形物，其上下垂"U"形璎珞，挂于体前。璎珞上饰联珠纹，联珠间连缀圆珠，"U"形底部装饰莲花。帔帛绕肩背后左端从左肩下垂，于腹前横过，后搭于右肘上，沿体侧下垂。帔帛右端下垂于膝部，再上折搭于左臂后顺体外下垂。菩萨上着僧祇支，下着裙，裙边外翻，左侧腰间见腰带。菩萨右手戴手镯，上举，残，持杨柳枝，宽大的柳枝垂于肩部。左臂戴臂钏，左手下垂，手握一钵。菩萨右腿直立，左腿弯曲，呈游足状。跣足立于圆形台座上，圆台下为方形榫。造像背面长发中分，垂于帔帛上，帔帛宽厚。裙边外翻，中央两条裙带下垂，两侧裙带呈"八"字形下垂。原施红彩，现部分脱落。造像头小，身材修长，具有较为典型的面短而艳的特点。通高60厘米，像高51、宽14、厚9厘米，台高4厘米，榫高5厘米（图一一二，2；彩版九四、九五）。

20. 2013JCGLH1：113+126

拼接。砂石质。无头。菩萨戴圆形项圈，上饰三圈联珠纹，项圈中央坠垂铃。肩部圆饼形物，残，上垂饰飘带，并下垂双重联珠纹璎珞。一重璎珞"U"形下垂于腹前，相连于圆璧上，圆璧下再接珩，珩中间下垂联珠纹璎珞及流苏，两侧璎珞分支，内侧两支连接呈"U"形下垂于膝前，"U"形底部为椭圆形装饰物。外侧一支下垂分别绕向身侧。另一重璎珞自肩部圆饼形饰物上下搭于双臂外，垂于身体两侧，并于腿前与绕向身侧的璎珞相连，底部呈"U"形，下垂流苏。联珠纹璎珞间以莲花相连。帔帛覆肩背，左端自左肩下垂于腹前，后上折搭于右肘，沿体外下垂及座。帔帛右端自右肩下

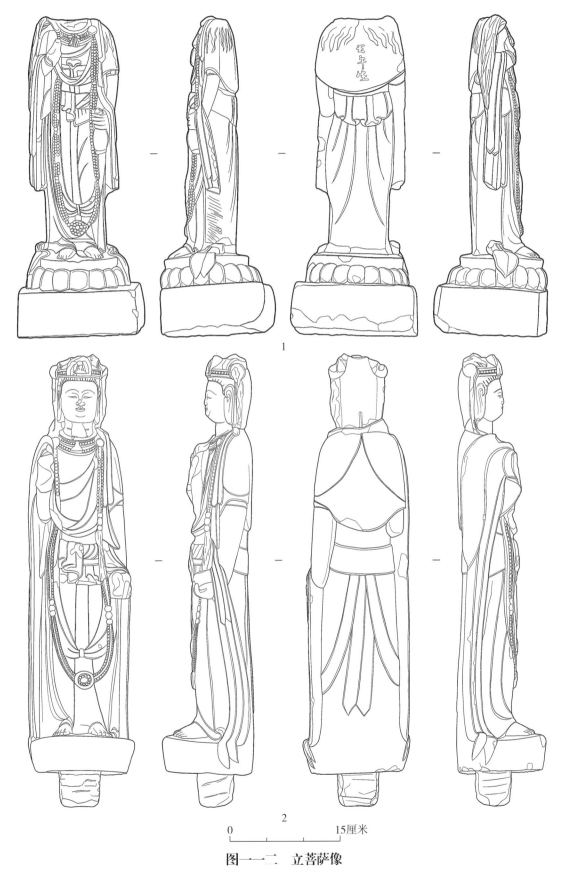

图一一二 立菩萨像

1、2. 2013JCGLH1：97+140、2013JCGLH1：107+162

垂于膝前横过，上折。菩萨上着僧祇支，下着裙，裙边外翻。右侧腰间下垂两条金属质链状裙带。双手残，从残迹看右手戴手镯，上举，持杨柳枝，右肩残留柳枝。左臂、手残毁，现存净瓶。菩萨跣足立于圆形仰覆莲台上，双瓣覆莲肥硕，尖部上翘。莲台下圆形及六角形台座，再下方座。方座前两侧，刻二蹲狮，残毁，仅见狮爪。右侧狮存上翘的尾巴，左侧狮尾下垂于方座上。方座右侧饰云纹。菩萨背面刻画出项圈于颈后打结下垂。帔帛宽厚，通覆肩背。腰间裙边外翻，两条裙带下垂结蝴蝶结，裙下摆呈波浪形。裙褶刻画细致。整体造像修长，身躯略扭曲，腹部凸出。帔帛施红彩。造像制作精致。残高45厘米，像高29、宽12、厚8厘米，方座高7.5厘米（图一一三，1；彩版九六、九七）。

21. 2013JCGLH1：117

砂石质。无头。双肩上饰飘带。戴心形项圈，上阴刻波浪纹。上袒，刻画出乳房线，下着裙，系带下垂。帔帛通覆肩背及双臂后，于腹前交叉绕搭后下垂，两头分别再上折搭于两肘后下垂于体侧。腿、足部风化严重。菩萨右手上举施无畏印，左手掌心向外下垂，无名指、小拇指弯曲与大拇指相捻，食指、中指下垂。双手与身体由短石柱相连。背面宽大帔帛覆肩，裙边外翻。帔帛原施彩绘，现脱落。颈部断面见方形榫眼。残高38、宽14、厚8厘米（图一一三，2；；彩版九八）。

22. 2013JCGLH1：128

砂石质。仅存腰及腿部。菩萨着裙，腰间束带，裙边呈三瓣下垂。两侧裙边呈圆弧形下垂，中间裙边外翻，呈倒三角形下垂，上饰花纹，略遮住两侧圆弧形下垂的裙边。背后裙边宽大，圆弧形下垂，系腰带，裙上衣褶刻画简略。裙贴体程度较明显，腿部轮廓凸出，双腿上呈现出"U"形衣褶。原施红彩，脱落。残高15、宽7、厚5.6厘米（图一一四，1；彩版九九）。

23. 2013JCGLH1：137

砂石质。无头，仅见胸、腹部。细颈，上饰蚕节纹。肩部圆饼形饰物上垂飘带。菩萨戴圆形宽项圈，上下缘饰联珠纹，中间饰两排麦穗纹，项圈中间下垂花蕊。双重璎珞自肩部圆饼形物上下垂，一重联珠纹璎珞"X"形于腹前连接于莲花上，莲花外缘饰联珠纹一圈。一重联珠纹长璎珞挂于体前。帔帛左端自左肩下垂横过腹部，上折搭于右肘上，沿体外下垂。菩萨上着僧祇支，僧祇支上刻画竖向的条带，下着裙。双手残，从残迹看右手上举，持莲蕾。左臂残毁。背面帔帛宽厚，绕肩背，上见下垂的长发。造像腹部略凸，腰线明显。左臂见零星贴金。颈部断裂处见榫眼。残高18、宽15、厚9厘米（图一一四，2；彩版一〇〇）。

24. 2013JCGLH1：154

砂石质。无头。菩萨上袒，戴圆形项圈。双肩圆饼形物上饰飘带，垂搭于胸前及双肘外。双重联

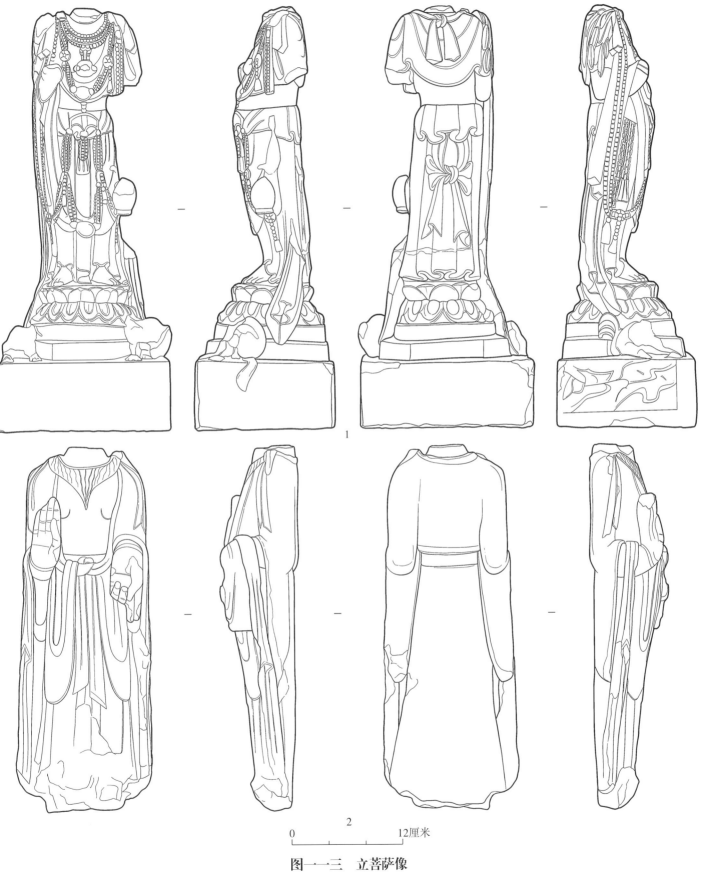

图一一三　立菩萨像

1、2. 2013JCGLH1：113+126、2013JCGLH1：117

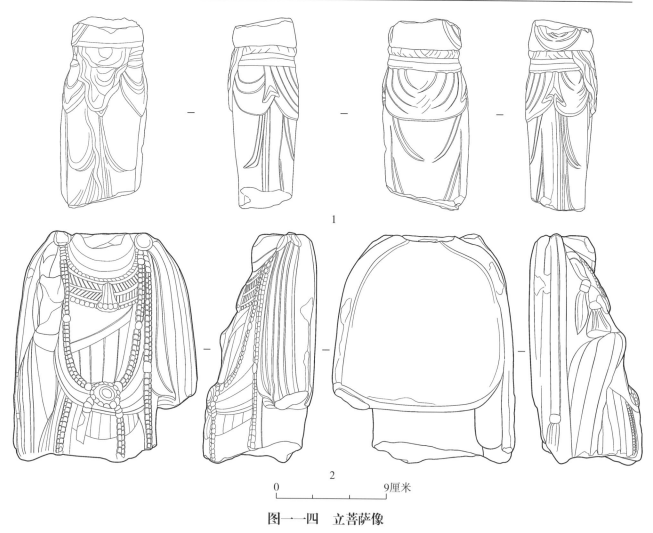

图一一四　立菩萨像
1、2. 2013JCGLH1：128、2013JCGLH1：137

珠纹璎珞自肩部圆饼形装饰物上下垂。一重璎珞"X"形于胸前交叉相连于圆壁上，之后下垂，于膝前绕向身后。另一重璎珞自肩部圆形饰物上下垂，呈"U"形横于小腿前，"U"形底部装饰圆形莲花，周围饰联珠纹。帔帛覆肩背，左端从左肩下垂于上腹，上折搭于右肘外侧，并下垂于身体右侧。帔帛右端下垂于膝前横过一道，上折。菩萨下着裙，裙边外翻。双手残，从残迹看右手上举，戴手镯。左臂戴臂钏，左手下垂提净瓶。腹部微凸。双足残，立于长方形底座上，底座两侧各一蹲狮，略残。两蹲狮面向前，前爪直立，后爪半蹲状。造像背面帔帛宽大，上存墨书文字"复禄佛"。裙上衣纹散射而下。菩萨通体施红彩，现部分脱落。帔帛绿色。整体造型修长。颈部断面有榫眼。残高37厘米，像高32、宽11.5、厚5.5厘米，座高4、长16.8、宽4厘米（图一一五；彩版一〇一、一〇二）。

25. 2013JCGLH1：157+161

拼接。砂石质。菩萨束髻，戴三叶宝珠高冠，装饰华丽。冠中央花叶上饰摩尼宝珠，宝珠周围饰忍冬纹，下缘饰联珠纹。两侧花叶上亦饰宝珠及忍冬纹。连接三花叶的箍带上装饰有莲花。冠上部饰7朵

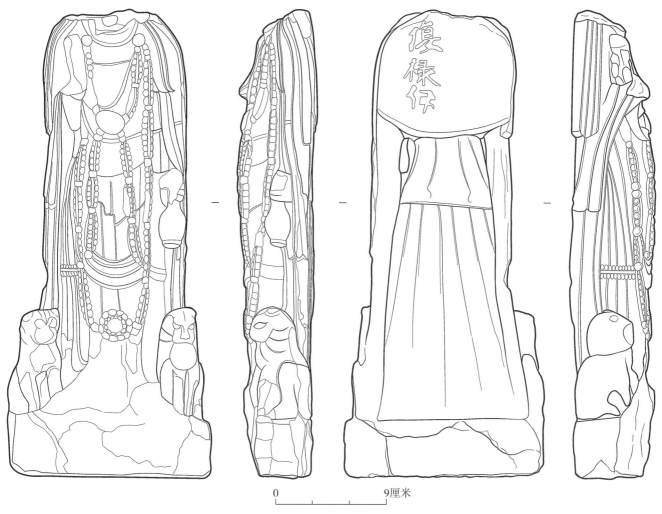

0　　　　　　　　9厘米

图一一五　立菩萨像 2013JCGLH1：154

莲花，每个莲花中心下垂两股由联珠组成的花绳，花绳相互连接成"W"形。冠两侧扎宝缯，下垂。长发垂于两肩及背部。菩萨面相丰圆，前额发髻中分，上饰阴刻线。细弯眉，杏眼，眼角略上挑，双目微闭，做冥想状。鼻直挺，鼻翼适中。人中线明显。嘴小巧，唇线分明，上唇呈弓形，下唇圆弧，嘴角下陷。下颌丰颐，两腮圆鼓。大耳下垂，戴耳珰。颈略粗，上刻划出蚕节纹。戴项圈，上饰联珠纹、麦穗纹。肩部饰圆饼形物，长飘带自圆饼形物上下垂，搭于双肩及肘上。双重璎珞也从圆饼形物上下垂。一重联珠纹璎珞"X"形于腹前交叉于圆形莲花壁上，之后下垂于膝前，并折向身侧。圆壁外围饰联珠纹。另一重联珠纹长璎珞自肩部圆饼物上下垂，"U"形挂于身前，"U"形底部饰方形装饰物，其上饰联珠，下垂流苏。帔帛覆肩背，右端沿右肩下垂于上腹，上折搭于左肘，并沿体侧下垂。帔帛左端下垂，于膝前横过一道，后上折搭于右肘外下垂。菩萨上着僧祇支，束带，下着裙，裙边外翻。裙左侧垂两条细长麦穗纹裙带，下坠流苏。左手戴手镯，上举持杨柳枝，杨柳枝下垂于肩头及体侧。右手下垂提净瓶，净瓶中插莲梗、莲叶。莲梗上部有盛开的莲蓬、莲花等，莲蓬上部两层莲瓣，上坐双手合十童子一身，残。菩萨跣足立于圆形台座上，台下长方形榫。背面头发中分，垂于两肩。帔帛宽厚，披覆双肩，裙边外翻。菩萨整体造型修长，腹部微凸，右腿弯曲，左腿直立，做游足状。帔帛施红彩，璎珞绿色。现部分脱落。通高91厘米，像高78、宽21.5、厚13厘米，台高6.5厘米，榫高6.5厘米（图一一六；彩版一〇三、一〇四）。

0　　　　　　　　18厘米

图一一六　立菩萨像2013JCGLH1：157+161

26. 2013JCGLH1：158+169+197

拼接。砂石质。发髻高绾，戴三叶高宝冠。中间花叶上饰半圆形宝珠，周围装饰忍冬纹，下缘饰联珠纹。两侧花叶中间雕莲花，外围饰忍冬。连接三叶的带状箍环上装饰联珠纹。花冠上部雕饰9朵莲花，每个花蕊中下垂两股联珠纹组成的花绳，并交互呈"W"形。冠两侧扎宝缯。冠上施红彩并贴金。菩萨面相丰圆，额前头发中分，额部雕白毫，原内镶嵌饰物，现脱落。弯眉如月，杏核眼，微睁，眼角略上挑，鼻梁高挺，小嘴，上唇较厚，呈弓形，下唇略薄，弧形上翘，下颌圆短丰颐。上唇及下颌上墨绘胡须。大耳，戴耳珰。细颈，上阴刻蚕节纹。左肩上垂发。肩部圆饼形物上垂饰飘带。佩戴圆形宽项圈，内装饰"W"形花绳，中央装饰莲花一朵，两层莲瓣，下坠垂铃，略残。双重璎珞于肩部圆饼形物上下垂，一重玉米棒形联珠纹璎珞"X"形交叉于腹前方形饰物上，下垂绕向身后，方形饰物上饰联珠。一重"U"形联珠纹璎珞垂挂于体前，"U"形底部饰莲花，下垂流苏。帔帛左端自左肩下垂，横于胸前，再搭向右肘，沿体侧下垂及座。帔帛右端自右肩下垂体前，横于膝前一道，上折搭于左肘上。菩萨上着僧祇支，彩绘田相纹。下着裙，裙边外翻。左侧腰间系金属质链状腰带，右侧腰间下垂麦穗纹裙带，下坠流苏。手臂残，从残迹看，右手戴手镯，上举，持杨柳枝，杨柳枝垂于右肩及臂上。左臂戴臂钏，手提净瓶，净瓶上饰垂铃。跣足立于仰莲圆台上，台下榫。造像下部风化。背面脑后头发中分，下披于肩背上。帔帛宽厚，裙边外翻，裙带下垂，璎珞"八"字形下垂。造像整体修长，腹部凸出，一腿直立，一腿弯曲，显示出一定的动感。通体施红彩并贴金。右手残断处有圆形榫眼。通高198厘米，像高171、宽47、厚22.5厘米，台高10厘米，榫高12厘米（图一一七；彩版一〇五、一〇六、一〇七，1、2）。

27. 2013JCGLH1：203

砂石质。仅见胸部。长发披肩，宝缯垂肩。戴联珠纹项链、臂钏。上着僧祇支。背面项圈系带。残高5.7、宽11、厚4.2厘米（图一一八，1；彩版一〇七，3、4）。

28. 2013JCGLH1：207

砂石质。头后附圆形头光，残，仅余一角。菩萨头发梳成一缕一缕，并束起高绾于头顶，侧面形成螺髻样，长长地垂于肩部。菩萨面相圆短，弯眉杏眼，宽鼻小嘴，嘴角下陷，五官集中，下颌圆短，两腮略鼓，面部显臃肿。颈部短粗，上饰三道蚕节纹。菩萨上袒，戴圆形项圈，下着裙，裙边外翻，裙带下垂。腿部轮廓较为明显。右腿上刻画有半"U"形衣褶。肩披帔帛，绕臂后沿体侧下垂。双手残，从残迹看，右手上举。背面头后附圆形头光，残。帔帛宽大，裙边外翻。身体丰圆，双肩及双臂粗壮圆润，腰部略微扭曲，身体呈"S"形。裙上原施红彩，脱落。残高17.5、宽7.5、厚6厘米（图一一八，2；彩版一〇八）。

29. 2013JCGLH1：213

砂石质。仅见菩萨腿足部及榫。泥像头枕于此残件上。现存菩萨像下部，跣足而立。断裂处见榫眼。通高31厘米，像宽28、厚22厘米，台高6厘米，榫高9厘米。

30. 2013JCGLH3：8+13+14+18

拼接。砂石质。无头、足，下身残。菩萨肩部见下垂的长发及飘带。戴圆形宽项圈，上刻三排装

0 　　　　　　30厘米　　　　图一一七　立菩萨像2013JCGLH1：158+169+197

饰纹样，中间为细密的麦穗纹，上下缘饰联珠纹，项圈中央饰莲花，下坠垂铃。双重联珠纹璎珞于肩部圆饼形物上下垂，一重璎珞自肩部"X"形下垂后于腹前相连于兽头口中，之后下垂，下部残毁，从残迹看，绕向身后。兽面额部有髻，犄角上扬，双眉上挑，圆眼，宽鼻，大嘴。兽面周边饰一圈卷

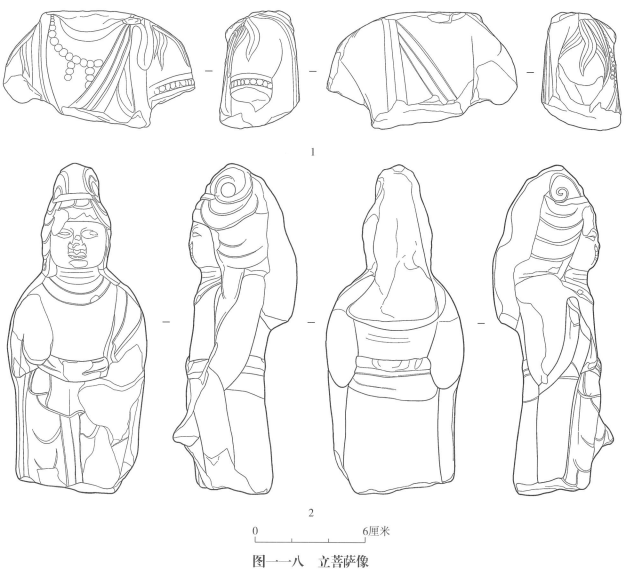

1

2

0   6厘米

图一一八 立菩萨像

1、2. 2013JCGLH1：203、2013JCGLH1：207

草纹，再外联珠纹一圈。另一重璎珞自肩部下垂，左侧垂于身体前，右侧从右臂外侧下垂。帔帛覆肩臂下垂，左端自左侧下垂，拧于腹前，上折搭于右肘后垂于体侧。右端从右肩下垂后横于膝前，上折搭于左肘外。菩萨上着僧祇支，束带下垂。下着裙，裙边外翻，裙中央下垂裙带。右手残，从残迹看戴手镯，上举，持杨柳，杨柳垂于肩头。左臂戴臂钏，左手下垂提握净瓶，瓶中插莲枝，莲叶、莲蕾缠绕手臂。背面，帔帛通覆双肩，长发垂肩，裙边外翻，中垂裙带。身躯略扭曲，左腿微曲，右腿直立，整个身体略呈"S"形。腹部凸出，肌肉呈一定的隆起感。残高106、宽46、厚22厘米（图一一九；彩版一〇九、一一〇）。

31. 2013JCGLH3：11

砂石质。现存下半身，无足，风化严重。下身着裙，裙边外翻，左侧腰间系金属质链状腰带三

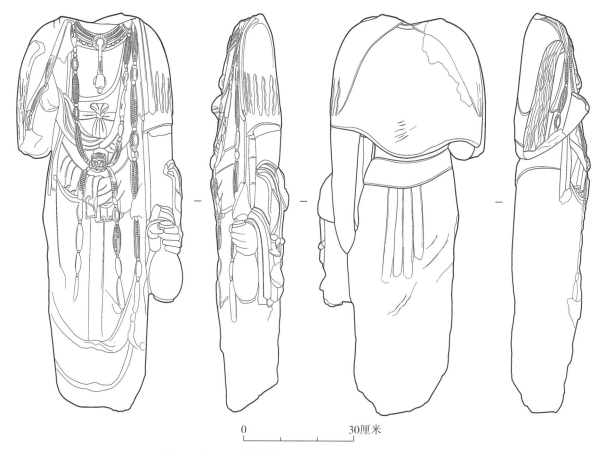

0　　　　　　　　30厘米

图一一九　立菩萨像 2013JCGLH3∶8+13+14+18

圈。双重璎珞，一重相连于腹部莲花上，现存腹部圆形莲花装饰物及垂挂的部分璎珞。一重沿身体两侧下垂。菩萨右侧存下垂的璎珞及裙带。背面腰间裙边外翻，裙带下垂。残高55、宽29.5、厚22厘米（图一二〇，1；彩版一一一，1、2）。

32. 2013JCGLH3∶16-1～3

拼接。砂石质。无头、手臂，身体残断呈两段，风化严重。菩萨下着裙，裙边外翻，跣足立于圆台上，足边残留帔帛角。残高44、宽18.5、厚8厘米（图一二一；彩版一一一，3）。

33. 2013JCGLH3∶17

砂石质。现存下半身，无足，风化严重。下身着裙，裙边外翻，裙中央大佩下垂。细长裙带"U"形下垂。帔帛"U"形下垂，"U"形底部绕折，横于小腿前。从腰间残迹看，有多重璎珞。腰间左右两侧璎珞上垂挂珩，珩下端分三支，两侧的两支下挂流苏，中间一支联珠纹长璎珞垂至膝前，其下再连接于另一珩上，珩又分三支，两侧的两支仍下垂流苏，中间长璎珞绕向身侧，与身体右侧垂挂长璎珞相连。左腿微曲。背面裙边外翻，裙带下垂打结。残高57、宽27、厚20厘米（图一二〇，2；彩版一一一，4）。

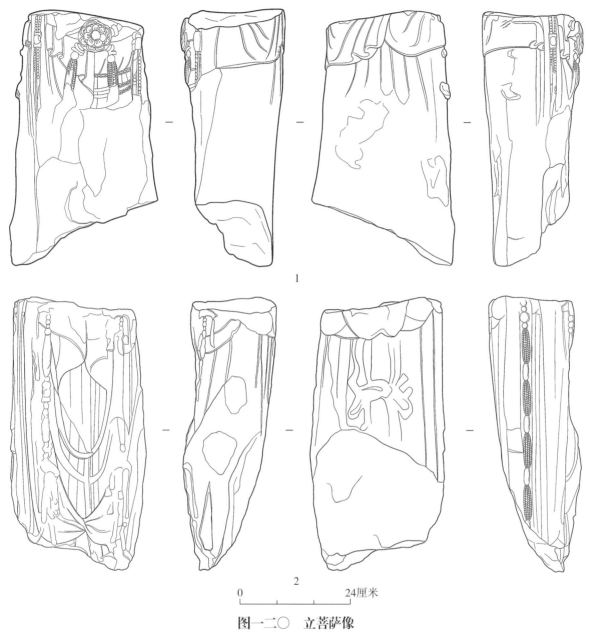

0   24厘米

图一二〇 立菩萨像

1、2. 2013JCGLH3：11、2013JCGLH3：17

34. 2013JCGLH3：25

砂石质。仅存胸部，风化严重。菩萨上袒，戴项圈，璎珞挂于胸前。背面帔帛绕肩背，头发垂于肩上。肢体与两臂分离较明显。残高10、宽13.2、厚6厘米（图一二二，1；彩版一一二，1、2）。

35. 2013JCGLH3：27

砂石质。仅存胸部，风化严重。菩萨内着僧祇支，佩戴圆形项圈，上饰联珠纹，项圈中间饰圆形饰物，其下垂挂饰物不清。自肩部圆形饰物下垂飘带。帔帛自左肩下垂于上腹部后，上折搭于右肘。一重联珠纹璎珞自肩部圆形饰物下垂，并交叉于腹前。一重璎珞体前下垂。右手带手镯，上举持杨柳，

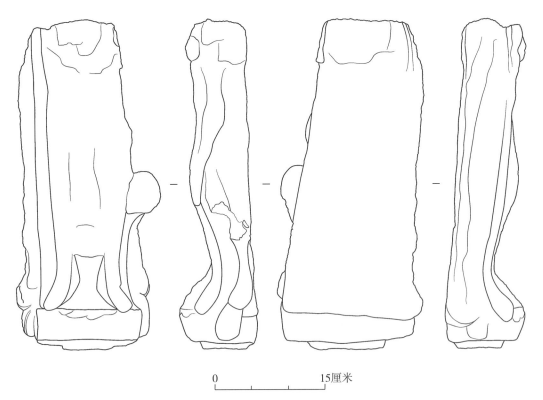

0　　　　　　15厘米

图一二一　立菩萨像 2013JCGLH3：16-1~3

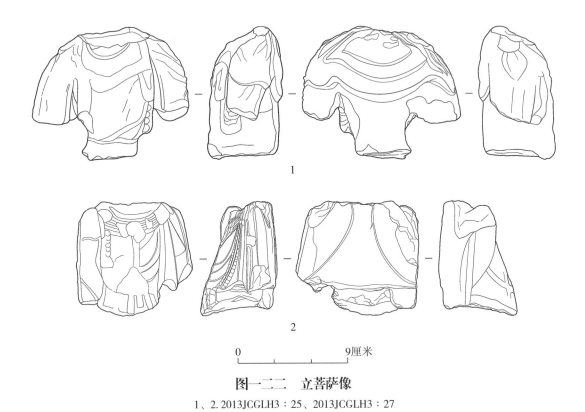

1

2

0　　　　　　9厘米

图一二二　立菩萨像

1、2. 2013JCGLH3：25、2013JCGLH3：27

柳枝垂于右肩后，残。菩萨像腹部凸起。背部帔帛宽大。残高9.5、宽10.5、厚6.5厘米（图一二二，2；彩版一一二，3、4）。

36. 2013JCGLH3：34

砂石质。无头及下身。菩萨长发披肩，飘带垂于胸前。戴项圈和项链，项圈圆形，上饰麦穗纹及联珠纹，中央圆形花饰。项链细长，下饰垂铃。双重璎珞，一重自肩部圆饼形饰物上下垂后，交叉于腹部方形物上。另一重璎珞沿体前下垂，下部风化无存。菩萨上着僧祇支。帔帛覆肩背后左端自左肩下垂，并于腹部横过，再上折搭于右肘上，沿体外下垂。双手残，从残迹可判断右手上举，持柳枝，柳枝垂于肩头。左臂戴臂钏，下垂。背面宽大帔帛披覆双肩，头发披于肩上。残高23.5、宽14.8、厚9厘米（图一二三；彩版一一三，1、2）。

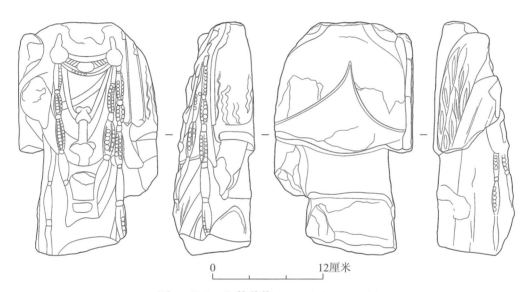

0　　　　　　　12厘米

图一二三　立菩萨像 2013JCGLH3：34

37. 2013JCGLH3：36

青石质。无上身。菩萨下着裙，腰间系带，裙边外翻，裙边繁复，呈多瓣式下垂。裙紧贴于双腿上，双腿上衣纹呈"U"形下垂。衣纹呈凸棱形。帔帛体外下垂。背面腰间系带。跣足立于覆莲台上，台下方座，残。菩萨整体修长，左腿微曲，右腿直立。残高37厘米，像高30.5、宽11、厚11厘米，台高6.5、长23、宽20厘米（图一二四，1、2；彩版一一四）。方座正面刻发愿文："……/敬造救囗/观音像一/躯愿亡息/魂灵往/生法界众/生同等"。

38. 2013JCGLH3：38

砂石质。仅存胸部。菩萨内着僧祇支，结带下垂。戴圆形项圈。璎珞于腹前交于方形物上。双手残，从残迹看，右手上举，戴手镯，持莲蓬。左臂残，戴臂钏。背面帔帛宽大，通覆双肩。长发披肩。

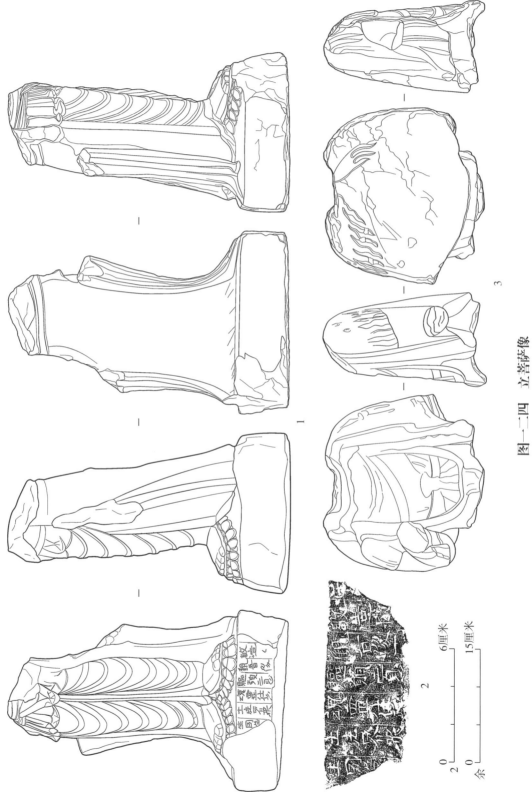

图一二四　立菩萨像

1、2. 2013JCGLH3：36，拓片　3. 2013JCGLH3：38

颈部断面见圆榫眼，胸下部方形榫眼。残高22、宽23、厚14厘米（图一二四，3；彩版一一三，3、4）。

39. 2013JCGLH3∶42

砂石质。风化严重，仅见大体轮廓及璎珞。帔帛横于体前一道，璎珞呈"U"形，"U"形底部饰流苏。右腿弯曲。残高70、宽34厘米。

40. 2013JCGLH3∶45

砂石质。无头、足，小腿以下风化严重，双手残。菩萨上着僧祇支，系带下垂。僧祇支上饰阴刻线。戴心形项圈。肩部两侧下垂饰带。帔帛覆肩背后沿身前下垂，并于腹前绕折，下垂于膝前，两端分别再上折搭于左右肘上，沿体外下垂。双手残，从残迹看，左手下垂。背部帔帛宽大，通覆两肩。裙上原施红彩，脱落。颈部断面有榫眼。残高33、宽14、厚7厘米（图一二五；彩版一一五）。

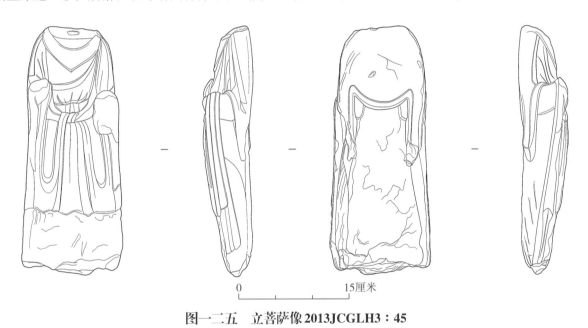

0   15厘米

图一二五 立菩萨像 2013JCGLH3∶45

（二）倚坐菩萨像

3件。

1. 2013JCGLH1∶39+61+143

拼合。砂石质。菩萨束高髻，髻上阴线刻。戴三叶冠，中间花叶上饰涡纹，下缘联珠纹。两侧花叶上扎宝缯，宝缯垂肩。面相圆短，弯眉长眼，眼微鼓，鼻略残，短鼻小嘴，五官集中，大耳。戴圆形项圈，中间垂花饰。帔帛左端于肩部下垂，于胸前横过一道，搭于右臂外。帔帛右端自肩部下垂于小腿前横过一道，上折搭左臂外垂。帔帛施红彩。双重璎珞，一重"X"形交叉于腹前，一重"U"形

0   12厘米

图一二六　倚坐菩萨像2013JCGLH1：39+61+143

垂挂体前，底部饰小珠。残存右臂，右手上举。左手残。菩萨跌足倚坐于长方形须弥座上，座下方台，台上两蹲狮。左侧残，右侧较为完整。狮子前腿直立，后退弯曲，做半蹲状。怒目圆睁，大嘴龇牙。造像背面平直。通高44、像高37.6、宽14、厚10.8厘米，台长20、宽18、高4.4厘米（图一二六；彩版一一六、一一七）。

2. 2013JCGLH1：208

青石质。上身残毁，仅存下身。菩萨下着裙，裙边外翻，裙中央饰带。帔帛横于膝前一道，"U"形联珠纹长璎珞下垂于两腿间，"U"形底部装饰圆莲，下垂花蕊。菩萨跌足倚坐于束帛座上，足下圆形覆莲台，再下长方形座，略残。方座前面两侧各雕一蹲狮，残毁。方座后侧残存两胁侍菩萨双足及圆形莲台。残高16.5厘米，像高10、宽6、厚7厘米，莲台高2厘米，座高4.5、长15、宽10厘米（图一二七；彩版一一八）。方座四周刻发愿文：

正面　开皇四/年岁次/甲辰十/月庚寅/朔八日/□酉佛

右侧　鹤延/仰为七/世父母/所生□

背面　亡父真王/亡母皇/贵

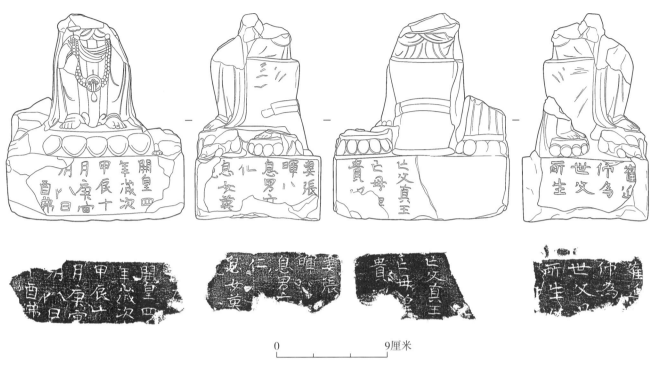

图一二七　倚坐菩萨像 2013JCGLH1：208

左侧　妻张/晖/息男□/仁/息女英/□

3. 2013JCGLH3：26

砂石质。仅存菩萨腿部。菩萨下着裙，裙边外翻，中央大佩。帔帛横于膝前一道。"U"形长璎珞垂于两腿间，"U"形底端饰圆形物，下垂流苏。菩萨跣足倚坐于方形须弥台座上，双腿轮廓明显，两足置于圆形莲台上。再下为方台。菩萨两侧下方蹲卧两狮子，昂首挺胸，四足趴卧，现残。残高31厘米，像高20、宽15、厚12厘米，座高11、长18.5、宽15.5厘米（图一二八；彩版一一九）。

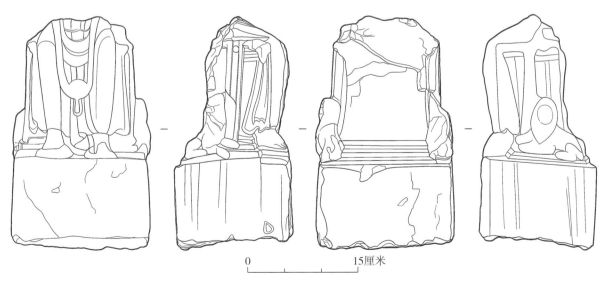

图一二八　倚坐菩萨像 2013JCGLH3：26

四　造像碑

共19件。

1. 2013JCGLH1：4+21+55+57

拼接而成。砂石质。长方形像碑，碑中央开一龛。龛上装饰垂帐纹。龛内雕交脚菩萨一身。菩萨戴三叶形高冠。面相长圆。细颈，戴心形项圈，上施红彩。帔帛于腹前交叉穿环。右手上举，左手残，下垂。交脚坐于座上。龛外两身胁侍，现存左侧弟子。弟子，无头、足。着双领下垂袈裟，袈裟于腹前搭绕。袈裟施红彩及绿彩。交脚菩萨下两蹲狮，相背蹲卧，回首对视，尾部上翘。高42、宽26、厚7厘米（图一二九；彩版一二〇）。碑左侧面残存发愿文，现存两行："弘……申……杨元兴敬…… / 石像一区为男女眷属历……普同斯愿……"

图一二九　造像碑2013JCGLH1：4+21+55+57

2. 2013JCGLH1：5

砂石质。长方形碑身圆拱顶像碑。碑现存上下两层，上层略宽于下层。上层中央雕释迦多宝二佛并坐像，二佛顶饰垂帐，上雕覆钵，周围饰宝珠、山花、蕉叶等，二佛左右各雕一菩萨一弟子像。二佛附舟形身光。右侧佛肉髻略低，面相方圆，细眉长眼，高鼻小嘴，大耳。短颈。内着露胸圆领衣，外着覆肩袒右式袈裟，袈裟左端下垂于胸前，右端覆背及右肩，遮住上臂后，自右肘下绕过，横于腹前搭于左肘上，半跏趺坐于佛座上。袈裟下摆较长繁复，呈两瓣式覆于座前。双手施无畏与愿印。左侧佛面相同右侧佛，内着圆领衣，外着双领下垂式袈裟，半跏趺坐于佛座上。袈裟下摆较长繁复，呈两瓣式覆于座前。右手前伸做邀请状，左手下垂施与愿印。胁侍菩萨、弟子面佛而立，身材修长。菩萨高髻，戴三叶冠，面相圆短，细眉长眼，小嘴高鼻，大耳，短颈。内着僧祇支，外着双领下垂式袈裟，袈裟于腹部绕搭，跣足站立。袈裟略短，露出下层裙裾。弟子面相方圆，衣着同菩萨。下层中央开一圆拱尖楣龛，残，现存上部。龛楣饰火焰纹，龛中雕一佛二弟子。龛外一弟子一菩萨上下叠站。主尊佛肉髻略高，面相方圆，大耳垂肩。右侧弟子保存较完整，面相方圆，长眉大眼，宽鼻大嘴。颈短。内着僧祇支，外着双领下垂式袈裟，袈裟于腹前绕搭，面佛而立。左侧弟子，头部残，见僧祇支及部分袈裟。龛外弟子同龛内。右侧菩萨存上半身，左侧菩萨仅见头部。菩萨面相及衣着同上层胁侍菩萨。像碑原施红彩，现大部脱落（彩版一二一）。

像碑背面阴线刻一菩萨二弟子。菩萨顶上刻垂帐形华盖，装饰覆钵、摩尼宝珠、山花等。菩萨高髻，戴高花蔓冠，冠中央饰宝珠，宝缯外折后垂肩。菩萨面相略长，细眉长眼，宽鼻大嘴，嘴角上翘。细长颈。戴心形项圈，肩部饰圆形物，飘带垂肩。上着僧祇支，下着裙。帔帛于腹前绕搭下垂，后分别上折搭于左右肘上，垂于体侧。右手戴手镯。双手施无畏与愿印。两侧弟子面向菩萨而立。右侧弟子迦叶，面相长圆，细眉长眼，高鼻小嘴，大耳细颈，额部刻皱纹。内着僧祇支，外着双领下垂式袈裟，袈裟于腹前绕搭。左侧弟子阿难，面相年轻，高鼻长眼，小嘴，大耳细颈。袈裟同迦叶。残高34、宽26、厚7.5厘米（图一三〇，1；彩版一二二）。

3. 2013JCGLH1∶34

砂石质。长方形圆拱顶像碑，现存碑上半部。碑一面刻垂帐，其上雕宝珠、山花、蕉叶。垂帐两侧上部各雕一身飞天，右侧残，左侧较完整，头部略残。飞天身体呈"U"形，双足弯于头后，双手捧物。垂帐下雕刻二佛并坐像。二佛附舟形大背光，上饰火焰纹。二佛相对而坐。右侧佛下部残，磨光高肉髻，面相长圆，细眉长眼，高鼻小嘴，细颈，大耳，溜肩，身体略扁平。内着露胸圆领衣，外着双领下垂式袈裟，袈裟右衣角搭于左肘上。结半跏趺坐。双手施无畏与愿印。衣纹呈阶梯状。左侧佛磨光高肉髻，面部残，五官不清，大耳，细颈。衣着同右侧佛，结半跏趺坐坐于佛座上。袈裟下摆较长，分瓣覆座。右手前伸，左手置于膝前下垂，施与愿印。二佛两背光间雕两身弟子像。弟子面相同佛。左侧一身内着圆领衣，外着双领下垂式袈裟。右侧一身仅雕刻出头颈部。二佛两侧树下思惟菩萨像各一身。右侧仅存树及思惟菩萨上半身。树枝叶繁茂。菩萨附舟形背光，上饰火焰纹。面部残，束高发髻，左手支颐，做思惟状。菩萨上袒，戴心形项圈。左侧思惟菩萨身光同右侧。束高髻，面相长圆，细眉长眼，高鼻小嘴。上袒，戴项圈，下着裙，宽大裙边外翻。半跏坐于方座上。右手支颐，侧头做思惟状。左手置于右腿上。一面碑额上刻龙首，两龙身相互缠绕，龙头相交于碑

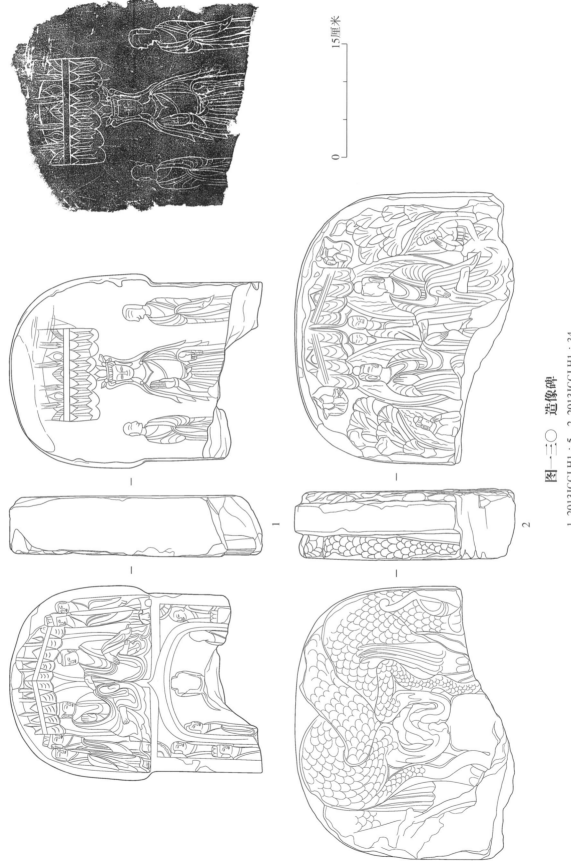

图一三〇　造像碑

1. 2013JCGLH1 : 5、2. 2013JCGLH1 : 34

额中间，其下题额。残高29、宽35.5、厚9厘米（图一三〇，2；彩版一二三）。

4. 2013JCGLH1∶38

砂石质。像碑残件，残断成两块，修复。长方形圆拱顶碑，正面开一圆拱龛。龛楣上两身飞天相向而飞。飞天头大，面相长圆，裸体，身长，双腿折向身体，双脚交叉，帔帛围绕身体飘于头后。圆拱龛中一佛二胁侍，主尊仅存头部，圆形高肉髻，面相方圆，额前白毫，细眉长眼，高鼻小嘴，大耳。右侧胁侍残，仅存左胁侍头像。左侧胁侍，面相长圆，弯眉细眼，高鼻小嘴。佛肉髻等涂墨色。残高14、宽19、厚3.5厘米（图一三一；彩版一二四）。

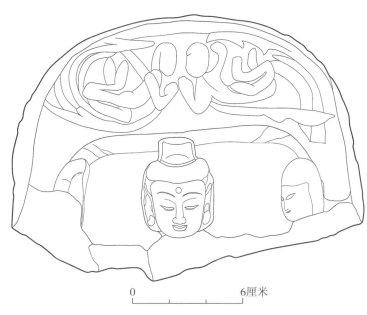

0　　　　　　　6厘米

图一三一　造像碑 2013JCGLH1∶38

5. 2013JCGLH1∶51+采集6

砂石质。长方形圆拱顶像碑。像碑一面中央开圆拱尖楣龛，龛楣上饰火焰纹，龛内雕一坐佛二身胁侍弟子。坐佛附圆形头光、舟形身光。佛低平肉髻，面相圆短，弯眉细眼，双眼微闭，高鼻小嘴，嘴角下陷，大耳。短颈。肩部圆润。内着僧祇支，系带，外着双领下垂式袈裟，结半跏趺坐坐于方座上。袈裟下摆分瓣，略长覆座。佛双手残，从残迹看原施无畏与愿印。右侧弟子略残，仅见头部及小腿。面相方圆，大耳，面佛而立。左侧弟子面部及身体部分略风化。面相丰圆，弯眉长眼，高鼻小嘴，短颈。着双领下垂式袈裟，双手扶于胸前，身材修长（彩版一二五，1）。像碑另一面上部饰垂帐，上饰宝珠、山花、蕉叶。帐下坐佛各一身，旁立听法弟子八身。右侧佛附圆形头光，肉髻低平，面略残，从残迹看面相丰圆而短，细眉长眼，大耳。颈短。内着僧祇支，外着双领下垂式袈裟，半跏趺坐于须弥方座上，袈裟下摆略长，垂于佛座上。双手施无畏与愿印。左侧佛像附圆形头光，肉髻低平，面相圆短，细眉鼓眼，高鼻小嘴，大耳，颈短。内着僧祇支，束带，外双领下垂式袈裟，右衣角搭于左肘上。半跏趺坐于须弥方座上，袈裟下摆略长，垂于佛座上。右手前伸，左手施与愿印。二佛中间立听法弟子六身，其中三身半身像，三身立像。二佛两侧各一身弟子。弟子均面相方圆，弯眉长眼，高鼻小嘴，短颈。内着僧祇支，外着双领下垂式袈裟，双手拢于腹前，跣足面佛而立。众弟子神情凝重，聚精会神聆听佛讲法。佛袈裟施红彩。下部原开圆拱尖楣龛，现残。残高25.5、宽28、厚8厘米（图一三二，1；彩版一二五，2）。像碑右侧面刻发愿文，现仅见三行："天和……/佛弟……/

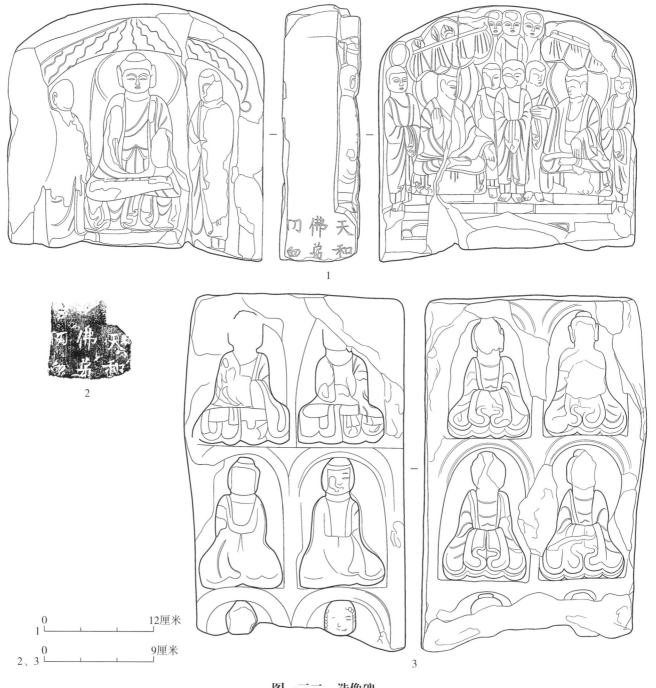

图一三二　造像碑

1、2. 2013JCGLH1：51+采集6、拓片　3. 2013JCGLH1：83

仞众……"（图一三二，2）

6. 2013JCGLH1：83

砂石质。长方形造像碑。残，风化较严重。正背两面均雕像，每面两行圆拱形龛，现残存二排。龛内各雕一坐佛。佛肉髻低平，面相圆短，五官风化不清，大耳，短颈。内着圆领衣，或僧祇支，外着双领下垂式袈裟或通肩袈裟，施禅定印，上排两身半跏趺坐于台座上，袈裟下摆较长，呈四瓣覆于座前。袈裟略厚重。两侧面无龛象。残高27、宽18、厚6.5厘米（图一三二，3；彩版一二六）。

7. 2013JCGLH1：95

砂石质。长方形造像碑。残，风化严重。现存像碑中部。正面雕像，背面无像。正面中间开一圆拱形龛，内雕一坐佛二菩萨。龛外右侧上部飞天一身。龛外两侧雕树下思惟菩萨及胁侍弟子各一身，右侧略完整，左侧残毁。龛内佛像风化严重，面部不明。佛结跏趺坐于方台上，袈裟下摆较长，覆座。右侧胁侍菩萨可辨其形，戴项圈，下着裙，帔帛腹前交叉，右手下垂，左手上举，持物。腹部凸出，跣足面佛立于方台上。龛外飞天头朝外做飞翔状，身体略长，帔帛绕身，双足外露。右侧思惟菩萨梳高髻，戴冠，上袒，戴项圈，下着裙，裙边外翻，帔帛腹前绕搭。左手托腮，右手抚于膝上。半跏坐于台座上。弟子面长圆，着双领下垂式袈裟，面对菩萨而立。下层中间开圆拱尖楣形龛，龛内现仅存三像头部，风化严重，不辨尊格。龛外右侧见舟形背光及头像等。左侧存弟子像一身，风化。像碑左右两侧面分层开龛造像。右侧现存两层龛，上层龛残，原雕坐佛一身。下层圆拱尖楣龛内雕坐佛像一身。龛楣上饰火焰纹。佛面部风化，面圆短，颈短粗，双肩圆润。着双领下垂式袈裟，袈裟下摆较长，分瓣垂于方座前。佛结禅定印。碑左侧现存下部龛，内雕坐佛一身，风化不清。佛像整体造型略长。残高34、宽42、厚11厘米（图一三三；彩版一二七）。

8. 2013JCGLH1：96

砂石质。长方形造像碑。现存像碑中下部两层雕刻。中层残，并列开三方形龛。中间龛内雕一交脚菩萨及二胁侍，右侧龛内雕一倚坐佛像二胁侍，左侧龛内雕骑象菩萨一身。三龛内造像均无头。中间龛内主尊菩萨宝缯垂肩，上袒，戴心形项圈，下着裙，帔帛于腹前交叉绕搭后垂于两腿前，之后上折分别搭过左右肘上，顺体外下垂。菩萨右手上举，施无畏印，左手略残，下垂，交脚坐于台座上。两侧胁侍身材修长，着双领下垂式袈裟，面向菩萨站立于莲台上。右侧龛主尊倚坐佛，着双领下垂式袈裟，袈裟下摆较长，垂于腿前。内层裙边外露，跣足坐于台座上。双手施无畏与愿印。两侧胁侍同中龛。左侧龛内菩萨戴心形项圈，着裙，帔帛于腹前绕搭交叉，再上折分别搭过左右肘上，顺体外下垂。右手持如意，左手下垂，半跏坐于大象背上。裙摆略长，两瓣式垂于象背上。大象长鼻，背上刻网格形毯。下层开两龛。右侧垂帐形龛，龛上雕宝珠等。龛内雕维摩诘及四身胁侍弟子像。维摩诘凭几而坐，梳高

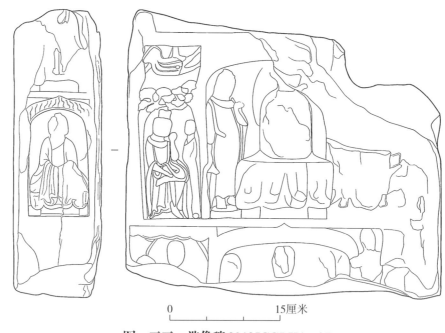

图一三三　造像碑2013JCGLH1：95

髻，面相方圆，细眉长眼，高鼻小嘴，五官较为集中。着双领下垂褒衣博带式袈裟，半结跏趺坐于长方形台座上，台座下卧狗一只。维摩诘左手前伸持尘尾，右手抚于几上。两侧胁侍弟子身材修长，面相长圆，细眉，高鼻，小嘴，着双领下垂式袈裟，面向维摩诘站立于莲台上。维摩诘左前侧两身听法的弟子头像，两弟子相向做交谈状。龛外右侧菩萨一身，梳双髻，细眉长眼，高鼻小嘴，短颈。着交领衣，腰间系带，双手拢于腹前，立于莲台上。左侧龛中雕文殊菩萨及二弟子。文殊头顶垂帐纹华盖，附圆形头光。梳高髻，袒上身，戴项圈。下着裙，帔帛于腹前交叉，倚坐于台座上。弟子身材修长，面相长圆，细眉长眼，高鼻小嘴，大耳，短颈。着双领下垂式袈裟，立于莲台上。前一身面向文殊菩萨，后一身侧身转头。文殊菩萨前一倒立的飞天，上袒，下着裙，双手捧钵。像碑中造像较清瘦，保留有秀骨清像的特点。背面刻发愿文，现存9行6排文字："……次庚辰□月辛□ / ……戊寅比丘法起 / ……区为七世父母 / ……善知识愿生生 / ……法若悟洛非处 / ……萨来助振出世 / ……安养法界所愿 / ……形之众同登正 / ……女供养佛时" 残高36、宽33.5、厚8.5厘米（图一三四；彩版一二八）。

9. 2013JCGLH1：104

砂石质。圆拱顶造像碑。残，仅见上部。一面龛中雕释迦牟尼与多宝佛并坐像及胁侍弟子。左侧佛圆形肉髻，较低，面相方圆，细眉长眼，短鼻大嘴，颈粗短。内着僧祇支，外着双领下垂式袈裟，衣角右端搭于左肘上，半跏趺坐于方座上。袈裟下摆较长，呈三瓣式覆于座前。右手略残，前伸做邀请状，左手抚于腹前。右侧佛面部残，内着僧祇支，外着覆肩袒右式袈裟，半跏趺坐于佛座上。右手上举，左手抚于膝前施与愿印。左侧佛外立一胁侍弟子像。弟子面相方圆，细眉长眼，高鼻小嘴，短颈。着双领下垂式袈裟。二佛中间雕两弟子头像，面相同胁侍弟子，着交领衣，分别面向二佛。佛袈裟施红彩、绿

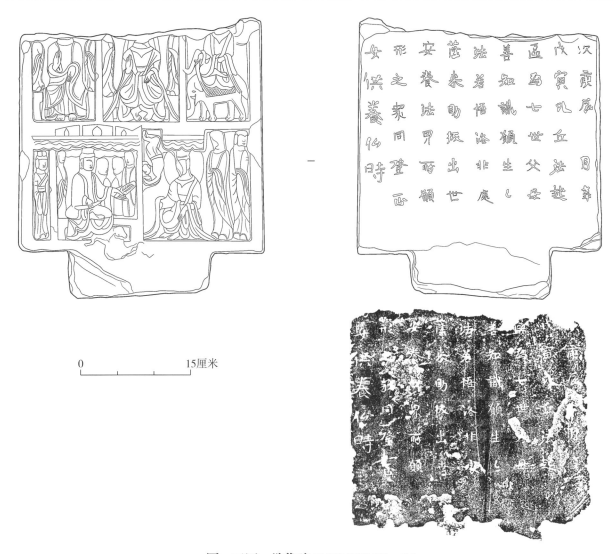

0   15厘米

图一三四 造像碑2013JCGLH1：96

彩。脱落。一面垂帐形龛，龛上饰山花蕉叶。龛内仅存一菩萨像头部，发髻高平，冠饰三角形，宝缯外折下垂，面相长圆，细眉长眼，高鼻小嘴。残高24、宽21、厚6.6厘米（图一三五，1；彩版一二九，1、2）。

10. 2013JCGLH1：105

砂石质。造像碑残件。圆拱顶，垂帐形龛，垂帐间饰流苏。龛楣上雕摩尼宝珠、山花、蕉叶。龛内现存一佛二弟子。佛附圆形头光，佛圆形肉髻，略低，面相圆短，五官略风化，细眼小嘴，大耳垂肩，颈短。佛内着僧祇支，外着双领下垂式袈裟。右手上举施无畏印，左手残毁。弟子面相同佛，左侧弟子着双领下垂式袈裟。残高20、宽13、厚5厘米（图一三五，2；彩版一二九，3）。

11. 2013JCGLH1：149

砂石质。长方形圆拱顶像碑，现存上部。开二垂帐形龛，龛上饰摩尼宝珠。龛内雕刻二佛并坐

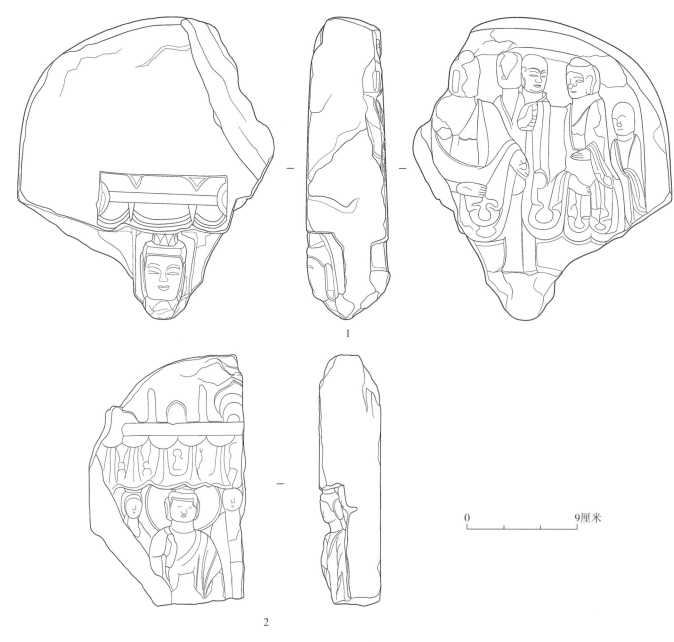

图一三五　造像碑

1、2. 2013JCGLH1：104、2013JCGLH1：105

像。二佛像附舟形背光。右侧佛肉髻低平，面相圆润，细眉长眼，宽鼻小嘴，大耳垂肩，颈粗短。佛像肩部略削。外着双领下垂式袈裟，右衣角搭于左肘上，半跏坐于方座上。左手前伸，残，右手抚于腿上。袈裟下摆略长，呈两瓣式覆座。左侧佛像面相袈裟同右侧。右手前伸，左手垂于腿上，半跏趺坐于方座上。袈裟较长，呈两瓣覆于座上。背光原施绿彩，袈裟施红彩，现部分脱落。残高21、宽21.5、厚5厘米（图一三六，1；彩版一三〇，1）。

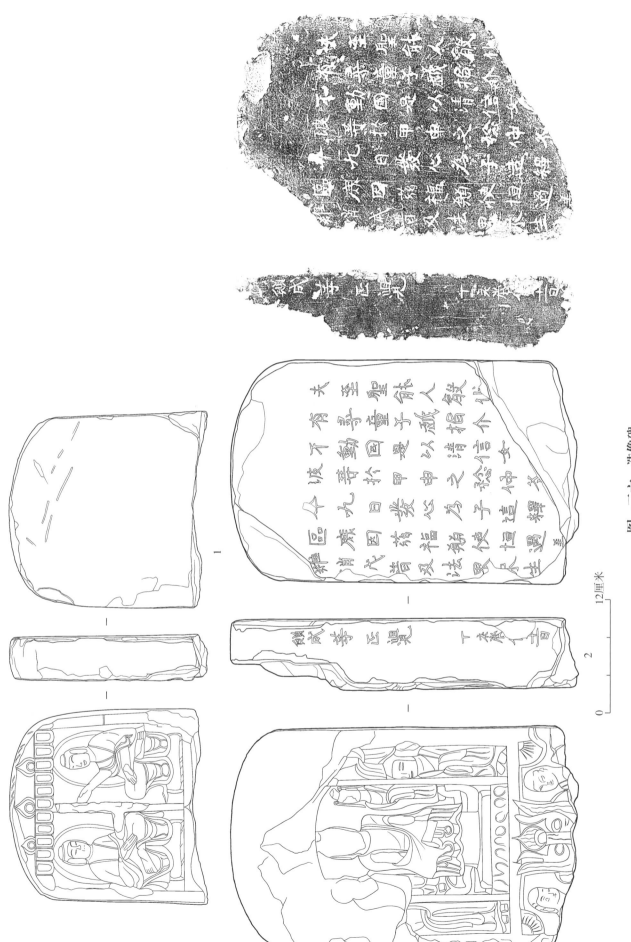

图一三六 造像碑

1、2. 2013JCGLH1∶149、2013JCGLH1∶175

12. 2013JCGLH1：175

砂石质。长方形圆拱顶像碑，存上半部。碑额部分残，现存两层龛。上层圆拱形龛，龛楣残。龛内雕一坐佛二胁侍像，两侧胁侍尊格不同。佛头残，从残迹看，肉髻低平，面相方圆。内着圆领衣，外着双领下垂式袈裟，半跏趺坐于佛座上。袈裟下摆略长，呈双层四瓣式，覆于座上。佛双手施无畏与愿印。方座两旁各伸展出一莲梗，上站立二胁侍。右侧弟子像，上身绘制而成，下身雕刻出（像原应雕刻而成，残毁后绘制出上半身）。弟子面相长圆，墨绘出眼鼻，红唇小嘴。弟子着红色双领下垂式袈裟，跣足立于莲梗上。左侧胁侍菩萨像，雕刻而成，高髻，戴冠，宝缯下垂，颈短粗。内着僧祇支，外披双领下垂式袈裟，袈裟于腹前搭结，立于莲梗上。龛外两侧立弟子像。右侧现存一身弟子，头部残毁，存胸以下，着双领下垂式袈裟，跣足面佛而立。左侧存两身弟子像，上下排列，上面一身弟子现仅存部分袈裟。下身弟子较为完整，弟子面相方圆，细眉长眼，宽鼻大嘴，颈短粗。内着僧祇支，外着双领下垂式袈裟，跣足而立。下层龛仅残存上部，中央雕摩尼宝珠及花叶，两侧各一身弟子头像及莲花瓣。弟子面相方圆，细眉长眼，宽鼻大嘴。造像袈裟厚重，原绘红彩，现部分脱落。造像碑背面及左侧面刻发愿文。残高38、宽23.5、厚7.6厘米（图一三六，2；彩版一三一、一三二）。

背面发愿文七行：

夫至圣能人敢化……/ 有寻童子戏指介……/ 不动国是以清信女……/ 波等于甲申之念仲父……/ 十九日发心为子造释……/ 区庶因兹福愿使恒过……/ 难消灭普及法界众生

左侧面：

愿成等 正觉 丁亥岁八月十一日

13. 2013JCGLH1：176

砂石质。长方形像碑。现存两层。上层残，下层较完整。上层仅存佛袈裟下摆、莲台及胁侍小腿、足部。下层中央开一圆拱尖楣龛，龛楣刻火焰纹。龛内一倚坐佛二弟子。龛外右侧现存一菩萨二弟子。左侧仅存二身弟子像。龛中主尊佛，面部残，肉髻低平，面相方圆，颈短粗。内着圆领衣，中间衣腹部束带，外着双领下垂式袈裟，倚坐于台座上。袈裟下摆略长，三瓣式垂于腿前。双手残，右手上举，左手置于膝上。弟子面残，着双领下垂式袈裟，面佛而立。龛外右侧菩萨附舟形身光，高髻，戴三叶花冠，宝缯垂肩。面相方圆，细眉长眼，宽鼻大嘴，大耳短颈。上袒，戴心形项圈，下着裙。帔帛于腹前交叉，之后分别上折搭于左右肘上，沿体外下垂。左手上举捧宝珠，右手提桃形物。背光外两身弟子上下叠压。上层弟子仅露出头部，面向佛龛，面相长圆，细眉长眼，宽鼻大嘴。下身弟子回首而立，面相长圆，细眉长眼，宽鼻大嘴，着双领下垂式袈裟，身材修长。龛外左侧菩萨仅存右手，捧宝珠。二弟子面残，袈裟同右侧弟子。残高39、宽30、厚8厘米（图一三七；彩版一三〇，2）。

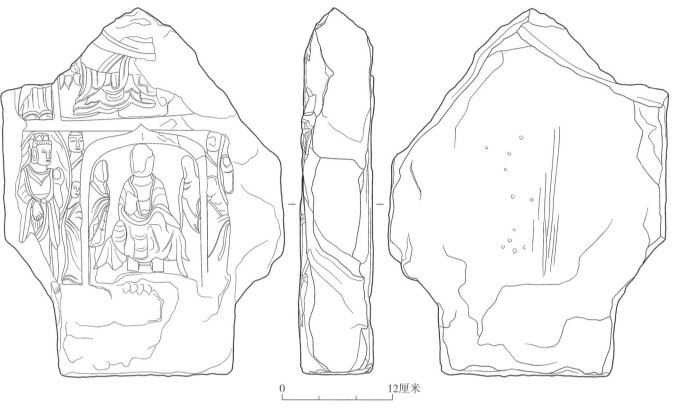

图一三七 造像碑2013JCGLH1∶176

14. 2013JCGLH1∶195

砂石质。扁长方体圆拱顶像碑，碑正面原分三层雕刻，现存上、中两层，拱顶及碑下部残毁。

上层龛为圆拱形垂帐龛，现右侧造像完整，左侧像残。从残迹看原为释迦多宝二佛并坐像，两像均附舟形背光。左侧佛无头，内着圆领衣，外着双领下垂式袈裟，半跏趺坐于方形佛座上，袈裟下摆较长，呈两瓣式垂于座前。佛双手施无畏与愿印。右侧佛像面部略残，高肉髻，面相方圆，大耳，颈粗。内着圆领衣，外穿双领下垂式袈裟，半跏趺坐于方形佛座上，袈裟下摆较长，呈两瓣式垂于座前。佛双手施无畏与愿印。二佛龛外右侧两身弟子像，上下相叠站立。弟子面相与佛相同，着双领下垂式袈裟，袈裟于腹前搭绕，足穿云头鞋。

中层开圆拱尖楣龛，龛楣饰火焰纹。龛内雕一坐佛二弟子像，三像均画出圆形头光。佛磨光高肉髻，面相方圆，额前白毫。五官刻画粗糙，细眉鼓眼，宽鼻大嘴，嘴角下陷，颈短粗，肩宽。内着圆领衣，外着双领下垂式袈裟，半跏趺坐于方形佛座上，袈裟下摆较长，呈三瓣式垂于座前。佛右手施无畏印，左手施与愿印。右侧弟子头毁，左侧弟子较完整，面相长圆，细颈。二身弟子均着双领下垂式袈裟，袈裟于腹前绕搭，面佛而立。足穿云头鞋。龛外两侧下部各立一胁侍菩萨，其上各三身供养弟子。菩萨梳高髻，戴花冠，面相圆短，衣着同龛中弟子。供养弟子上下相叠面佛而跪。右侧三身残，上二身仅存头部，最下一身略完整，着双领下垂式袈裟，面佛而跪。左侧供养弟子较完整。面相圆短，高鼻，大眼，大嘴，着双领下垂式袈裟，面佛而跪。下层仅存垂帐及其上的山花、蕉叶等。造像白粉打底，肉髻发髻均涂黑彩，袈裟红彩，背光绿色，衣纹阴刻（彩版一三三，1、一三四，1）。

　　像碑背面上部开一浅龛，龛内饰垂帐，原雕一立菩萨八胁侍弟子像，现主尊菩萨及左侧四身弟子像保存完好，右侧仅存一身弟子残像。菩萨戴冠，宝缯外折后垂肩，面相方圆，五官雕刻粗糙，细眉鼓眼，宽鼻大嘴。细颈。上袒，戴心形项圈，下着裙，肩披帔帛，帔帛腹前交叉，后下垂于膝前，再上折绕两肘后垂于体外。裙裾下摆略外侈。右手施无畏印，左手与愿印。左侧四身弟子由高到低依次站立，均面向佛，头前倾。面相圆短，细眉长眼，宽鼻大嘴。短粗颈。内着僧祇支，外

0　　　　　　　　　12厘米

图一三八　造像碑2013JCGLH1：195

着双领下垂式袈裟。足穿云头鞋。菩萨、弟子均头小身长，比例失调。衣纹阴线刻。残高65.2、宽30.8、厚7厘米（图一三八；彩版一三三，2、一三四，2）。

15. 2013JCGLH3：4+22

拼接。砂石质。造像碑残。像碑长方形圆拱形顶。一面残存两层龛。碑额部分雕饰山花、蕉叶。上层开三方形垂幛龛，中间龛内雕交脚菩萨一身及胁侍弟子两身，两侧龛内雕菩萨及胁侍。中间龛内主尊菩萨戴高冠，宝缯垂肩。面相长圆、细眼小嘴、细颈。交脚坐于台座上，台座残。两侧弟子面向菩萨而立。右侧弟子风化严重，面相长圆。左侧弟子面相长圆，细眉长眼，细颈。着双领下垂式袈裟，双手合十于胸前。右侧龛中主尊菩萨风化不清，其上存三身供养弟子头像，风化不清。左侧龛中主尊菩萨头后附圆形头光，头光后三身供养弟子头像。菩萨面相长圆，戴冠，宝缯垂肩，大耳，短颈。右手上举，手中持物，骑于大象上。下层中间开圆拱形龛，内雕倚坐佛一身及胁侍两身。主尊倚坐于方形台座上，胁侍面佛而立。龛内造像均风化不清，可辨主尊面相长圆，细颈。龛外造像不清（彩版一三五，1、一三六，1）。

一面上部雕刻摩尼宝珠，下饰垂帐纹。其下并列三圆拱尖楣龛，龛楣上雕刻火焰纹。中间龛内雕一坐佛二弟子。佛肉髻略低，面相长圆，细颈，大耳垂肩。着通肩袈裟，坐于方台上。双手施无畏与愿印。弟子面佛而立，内着僧祇支，外着双领下垂式袈裟。右侧龛内雕一坐佛二弟子。佛肉髻略低平，面相方圆，细眉鼓眼，高鼻小嘴，大耳垂肩，颈细长。着圆领通肩袈裟，坐于方台上。佛双手拱于腹前。袈裟略厚重，衣纹于胸前呈“U”形，下摆较长，两瓣式垂于台座前。弟子面佛而立，面相长圆，细眉长眼，高鼻小嘴，颈细长，着双领下垂式袈裟。左侧龛内雕一坐佛二弟子。佛肉髻略低，面相方圆，大耳垂肩。内着僧祇支，外着双领下垂式袈裟，坐于方台上。弟子面佛而立，风化严重，五官不清，着双领下垂式袈裟。残高100、宽43.2、厚11厘米（图一三九；彩版一三五，2、一三六，2）。

16. 2013JCGLH3：23

砂石质。造像碑残件，风化严重。碑长方形圆拱顶。一面中间开一方形浅龛，内雕三身像，龛外两身像。风化严重，不辨身份。另一面中间开龛，内雕一主尊八身胁侍弟子。主尊立菩萨像，身后雕圆形背光。发髻略高大，宝缯垂肩。面相长圆，颈细长，肩略削。右手上举，左手下垂，帔帛于腹前交叉，后上折搭于肘部后于体侧下垂。八身弟子分别于两侧上下两排面向菩萨而立，上排两身仅雕出半身。造像均风化严重，面相长圆，五官不清，着双领下垂袈裟，双手置于胸前。像碑左侧残存两行文字，漫漶不清，仅可辨识出“孙、伏”。残高50、宽35、厚8厘米（图一四〇，1；彩版一三七）。

17. 2013JCGLH3：24

砂石质。造像碑残件。风化严重。现存像碑下部。像碑一面残存两身力士像及左侧一立狮。两身

0 ———— 18厘米

图一三九　造像碑2013JCGLH3：4+22

力士相背而立，立狮侧身面向力士。力士面相长圆，肩宽体阔。狮子近乎直立，前爪直立，后爪微蹲。头前倾，身体呈"S"形。另一面残存一身弟子及三身供养人，均侧身而立。弟子着双领下垂式袈裟，身后第一身供养人身材矮小，提握弟子袈裟一角。第二身为男供养人，面长圆，着圆领窄袖上衣，下着裤。双手拢于腹前。第三身女供养人，高髻，穿对襟衣。弟子及男供养人头侧有榜题，内容风化不清。残高42、宽30、厚8厘米（图一四〇，2；彩版一三八）。

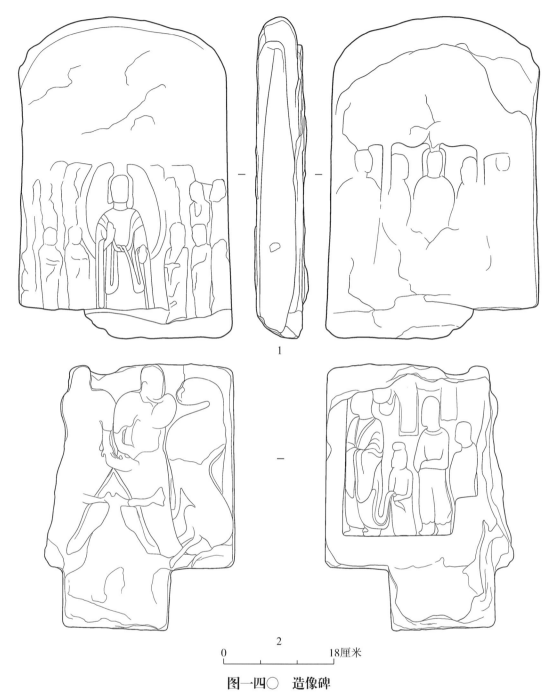

图一四〇 造像碑

1、2. 2013JCGLH3：23、2013JCGLH3：24

18. 2013JCGLH3：35-1、2

拼接。砂石质。一面开圆拱尖楣形龛，像残毁严重，龛内雕坐佛一身，龛外左侧胁侍一身。残高35、宽27、厚5厘米（图一四一；彩版一三九，1）。

19. 2013JCGLH3：40

砂石质。像碑残件。一面残毁不清。一面残存供养人三身。头戴风帽，上穿交领衣。双手拱于胸前。造像肩宽体壮。供养人上残存三字，"万男匠"。残高12、宽14、厚11厘米（图一四二；彩版一三九，2）。

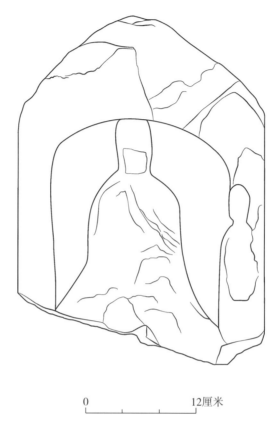

0　　　　　　　　　12厘米

图一四一　造像碑2013JCGLH3：35-1、2

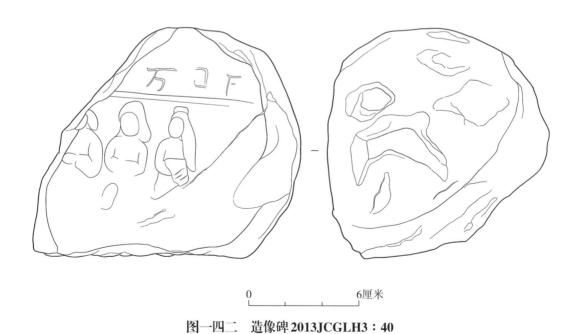

0　　　　　　　6厘米

图一四二　造像碑2013JCGLH3：40

五 背屏式造像

共13件。

1. 2013JCGLH1：1

砂石质。弧状舟形背屏，残。佛磨光肉髻，呈半圆形，略高，面相丰圆。眼、鼻略残，鼻翼略宽，嘴小而厚，嘴角下陷，下颌丰颐，腮部丰圆。大耳。颈部短粗，上饰三道蚕节纹。肩部丰圆。佛内着僧祇支，中衣双领下垂，外着袒右袈裟，袈裟覆左肩，右角自身后绕背，从右侧腋下穿过，横于腹前，上折搭于左肩上，于腹部形成"U"形。中衣右侧露出，腹部被外层袈裟遮住。佛结跏趺坐于方台上，台下榫。佛右手残，从残迹看上举，左手抚于左膝上。袈裟下摆较长，于佛座前呈弧形下垂。衣纹呈泥条状。佛肌肤部分施白粉，袈裟通体施红彩，现部分彩绘脱落。通高60厘米，像高37、背屏宽33厘米，座高16厘米，榫高4厘米（图一四三；彩版一四〇、一四一）。

0   18厘米

图一四三 背屏式造像2013JCGLH1：1

2. 2013JCGLH1：7

砂石质。圭形背屏，正面雕一坐佛二胁侍菩萨。背屏上部刻化佛三身。化佛浅浮雕，面相丰圆，细眉长眼，大嘴。着双领下垂式袈裟，结跏趺坐，施禅定印。中间化佛袈裟施红彩。主尊佛头大，面部残，肉髻略高，施墨色。面相长圆，细颈，溜肩，外着双领下垂褒衣博带式袈裟，半跏趺坐。右手抚于右膝上，左手施与愿印。袈裟略显厚重，下摆较长，呈三瓣式覆座。袈裟施红彩。右侧菩萨较完整，梳高髻，面相方圆，上着对襟衣，下着裙。左侧菩萨头后绘绿色头光，头及胸部残。衣着同右侧菩萨。高28.5、宽18、厚4.5厘米（图一四四；彩版一四二）。

0　　　　　　　　　9厘米

图一四四　背屏式造像2013JCGLH1：7

3. 2013JCGLH1：8

砂石质。风化严重，舟形大背屏，正面雕一坐佛。佛肉髻高圆，面相方圆，宽肩，大耳垂肩，短颈，着圆领通肩袈裟，袈裟右角搭于左臂及左肩上。袈裟厚重，下摆较长，覆座。双手施无畏与愿印，坐于方台上。高23、宽14、厚6厘米（图一四五，1；彩版一四三）。

4. 2013JCGLH1：19+58+160

拼接。砂石质。制作略粗糙。佛头后附圆形头光，上饰火焰纹。佛磨光高肉髻，面相长圆，五官略风化，细眉鼓眼，宽鼻大嘴，大耳垂肩。颈短粗。佛着通肩袈裟，施禅定印，坐于方台上。袈裟厚重，衣纹为细密的阴线刻，衣纹在胸腹部呈"V"形下垂，下摆呈三瓣式。通体施红彩。整个造像挺阔、宽厚。残高30、宽19、厚5.2厘米（图一四五，2；彩版一四四，1）。

0 ⎯⎯⎯⎯⎯⎯ 9厘米
1

0 ⎯⎯⎯⎯⎯⎯ 12厘米
2

图一四五　背屏式造像

1、2. 2013JCGLH1：8、2013JCGLH1：19+58+160

5. 2013JCGLH1：56

砂石质。背屏残，主尊坐佛，无头，溜肩，着双领下垂褒衣博带式袈裟，袈裟右角搭于左肘上，袈裟略显厚重，下摆较长，呈四瓣式两重覆座。佛半跏趺坐于长方形台座上。从残迹看，双手施无畏与愿印。主尊左侧残存胁侍像小腿及双足。佛座上缘饰一排联珠纹，正面四浅龛内阴刻四僧像，袈裟裹头，于胸前交叉，阴刻细密纹饰。主尊袈裟彩绘，部分脱落。残高17、宽17、厚7厘米（图一四六；彩版一四四，2）。

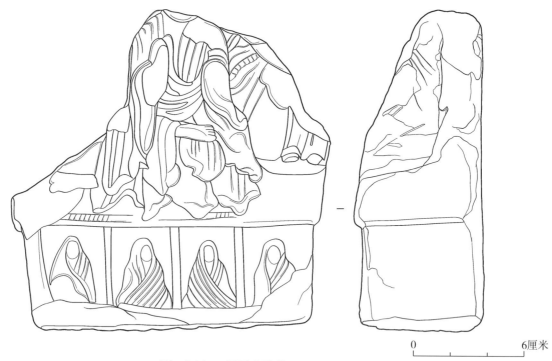

图一四六　背屏式造像 2013JCGLH1：56

6. 2013JCGLH1：109

砂石质。残存造像上半部。舟形背屏，背屏边缘饰火焰纹。主尊菩萨附双重头光，外层头光中雕七佛，七佛舟形背光，高肉髻，肩宽厚，着通肩袈裟，禅定印，结跏趺坐。内层头光中饰火焰纹。主尊菩萨风化严重，束高髻，戴冠，宝缯垂肩。右肩披帔帛，左肩风化不清。衣纹细密阴线刻。双手置于胸前，疑施转法轮印。两侧胁侍菩萨，附圆形头光。右侧菩萨高髻，面长圆，短颈。主尊与右侧胁侍菩萨间侧身蹲跪一身供养菩萨。左侧菩萨仅存头部，面长圆。主尊与左侧菩萨间存一身像头部，高髻，面长圆。残高20、宽21、厚8厘米（图一四七；彩版一四五，1）。

图一四七　背屏式造像 2013JCGLH1：109

7. 2013JCGLH1：133

陶质。背屏残，佛无头，身风化严重。佛双手施禅定印，结跏趺坐于仰莲台座上，仰莲肥厚，其下圆台，上阴刻忍冬纹。像背面施红彩。佛座内空。残高13、宽9.6、厚6厘米，座高5.6厘米（图一四八，1；彩版一四五，2）。

8. 2013JCGLH1：141+142

拼接。砂石质。背屏残。制作较粗糙。雕一交脚菩萨二胁侍弟子。菩萨附圆形头光，上饰莲花。菩萨梳高髻，宝缯垂肩。面相长圆，细眉鼓眼，宽鼻大嘴，两腮鼓起，下颌丰颐，大耳，颈短粗，肩宽

1

2

0   6厘米 0   12厘米
1   2

图一四八　背屏式造像
1、2. 2013JCGLH1：133、2013JCGLH1：141+142

体壮，胸部隆起。戴项圈，下着裙，帔帛绕肩臂下垂，交脚坐于方座上。右手上举，残，左手抚于左膝。菩萨两侧各一身胁侍像，体量较小，无头，着通肩袈裟，衣纹细密阴线刻。方座两侧各一身蹲狮，面向菩萨而卧，风化。方座上饰水波纹一排。高31、宽27、厚8.5厘米（图一四八，2；彩版一四六）。

9. 2013JCGLH1：155

砂岩。风化严重。舟形背屏，一铺三身像，因风化严重，只见中间佛像，两侧胁侍仅见轮廓，不辨尊格。佛圆形低平肉髻，面相圆短，大耳垂肩，肩部圆润，颈部细长，坐于佛座上。高23、宽12.6、厚5厘米（图一四九；彩版一四七，1）。

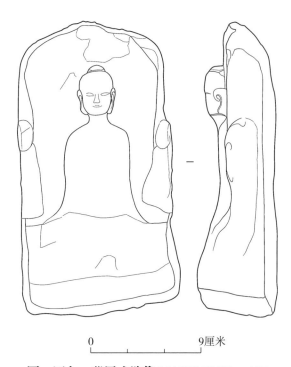

0　　　　　　　　　9厘米

图一四九　背屏式造像2013JCGLH1：155

10. 2013JCGLH1：163

砂石质。制作粗糙。舟形背屏，一佛二菩萨。佛圆形高肉髻，面相丰圆，细颈、圆肩。着双领下垂式袈裟，袈裟右角搭于左肘上，半跏趺坐于方座上，双手施无畏与愿印。胁侍菩萨高髻，面相长圆，细颈。左侧菩萨着对襟衣，腰束带。右手抚于胸前，左手提净瓶。右侧菩萨，左手抚胸，右手下垂。裙带施红彩，背屏上亦施红彩，现脱落。高40、宽23、厚11厘米（图一五〇；彩版一四七，2）。

11. 2013JCGLH1：165

砂石质。造像风化严重，背屏残。游戏坐菩萨一身，像无头，右臂无。戴圆形项圈，中间饰物。上袒，肌肉隆起，刻画出乳房线，下着裙。左臂戴手镯、臂钏。左手抚于腿上，右腿下垂，左腿半跏

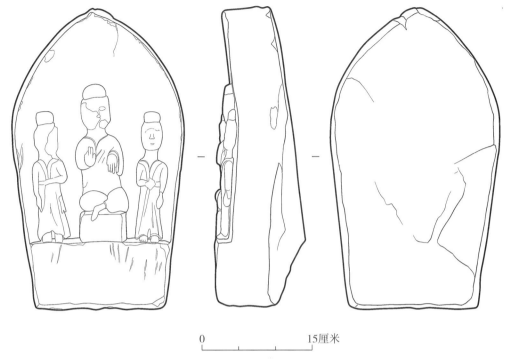

0   15厘米

图一五〇　背屏式造像2013JCGLH1∶163

坐于台座上。袈裟下摆较长，垂于方形台座上。菩萨腰身纤细，腹部略凸起。裙贴体程度明显。造像原贴金，现大部脱落。残高19.5、宽14.1、厚9厘米（图一五一，1；彩版一四八）。

12. 2013JCGLH1∶202

砂石质。背屏残，主尊坐佛及二胁侍菩萨，现存左侧胁侍菩萨。背屏上残存化佛二身。化佛高肉髻，着袈裟。主尊面相丰圆，大耳垂肩，短颈。着双领下垂褒衣博带式袈裟，半跏趺坐于方台上，双手施无畏与愿印。胁侍菩萨立于佛侧，身材修长，梳高髻，戴冠。宝缯垂肩。外披宽大衣袍，双手合十于胸前，跣足立于台上。主尊衣纹阴线刻，呈阶梯状。台座上中间刻宝瓶，内插花枝。两侧各卧一天鹅，面向宝瓶。制作较为粗糙。残高23.5、宽17、厚6厘米，座高7、长14.4、宽4.5厘米（图一五一，2；彩版一四九）。

13. 2013JCGLH3∶44

砂石质。背屏残，佛无头，结跏趺坐于台座上。内着僧祇支，僧祇支结带下垂，外着双领下垂褒衣博带式袈裟，袈裟下摆较长，垂于台座上。双手残。残高15.6、宽12.5、厚10.5厘米（图一五一，3；彩版一五〇、一五一）。

1

2

3

0　　　　　　　　9厘米

图一五一　背屏式造像

1~3. 2013JCGLH1：165、2013JCGLH1：202、2013JCGLH3：44

六　塔龛造像

共6件。

1. 2013JCGLH1：6

砂石质。龛像。风化严重，正面开一圆拱形浅龛，内雕一坐佛。龛外上部雕化佛，现存两身，风化。化佛面相方圆，着通肩袈裟，施禅定印。龛内主尊佛肉髻高大，面相丰圆，弯眉长眼，高鼻小嘴，大耳垂肩，颈短粗，肩宽体壮，着通肩袈裟，胸腹前衣褶呈"U"形，施禅定印，结跏趺坐。袈裟下摆较短，呈三瓣式覆双腿。主尊肉髻施黑彩，袈裟红色。龛外两侧胁侍各一身，风化严重，不辨尊格。高29.5、宽24.5、厚10厘米（图一五二，1；彩版一五二，1）。

0　　　　　　9厘米

图一五二　塔龛造像

1、2. 2013JCGLH1：6、2013JCGLH1：52

2. 2013JCGLH1：52

砂石质。龛像残件。龛楣上原刻五身化佛，现存四身，均施禅定印。中间一身化佛着通肩袈裟，右侧袈裟角搭于左肩。其余三身内着圆领衣，外着双领下垂式袈裟。衣纹细密阴线刻。化佛均施禅定印。中央开圆拱尖楣形龛。龛楣上饰忍冬纹。龛外左侧残存一身飞天，仅见头部及帔帛。龛内主尊佛残，仅存头部，高肉髻，上饰波纹。面相方圆，五官残，弯眉细眼，大耳。残高16、宽22厘米（图一五二，2；彩版一五二，2）。

3. 2013JCGLH1：170

砂石质。四面塔龛，风化严重。四面开龛，三面龛内雕一佛二胁侍，另一面龛中雕二佛并坐。主尊佛肉髻高大，面相长圆，双肩或圆润，或略削，或着通肩袈裟，或着双领下垂式袈裟。胁侍风化严重，一面龛中胁侍为菩萨，束高髻，体瘦长。残高29、宽20厘米（图一五三；彩版一五三、一五四）。

0　　　　　　　　15厘米

图一五三　塔龛造像2013JCGLH1：170

4. 2013JCGLH1：190

砂石质。龛像。中间一浅龛，内雕一坐佛。肉髻略高，面相圆短，五官类童子像，细眉长眼，宽鼻大嘴，笑意盈盈，短颈。肩宽挺。内着僧祇支，外着覆肩袒右式袈裟，结跏趺坐。高24、宽21、厚6.5厘米（图一五四，1；彩版一五五，1）。

5. 2013JCGLH1：192

砂石质。龛像。中间开一圆拱顶浅龛，内雕一坐佛。风化严重，可见肉髻高大，面相方圆，颈短粗，肩宽体壮。双手施禅定印，结跏趺坐于佛座上。龛外侍立二胁侍，风化严重。高36.5、宽23、厚9厘米（图一五四，2；彩版一五五，2）。

6. 2013JCGLH3：19

砂石质。四面塔龛残件。四面开龛，每龛内各雕像一身。一面龛内雕倚坐佛一身，附圆形头光及

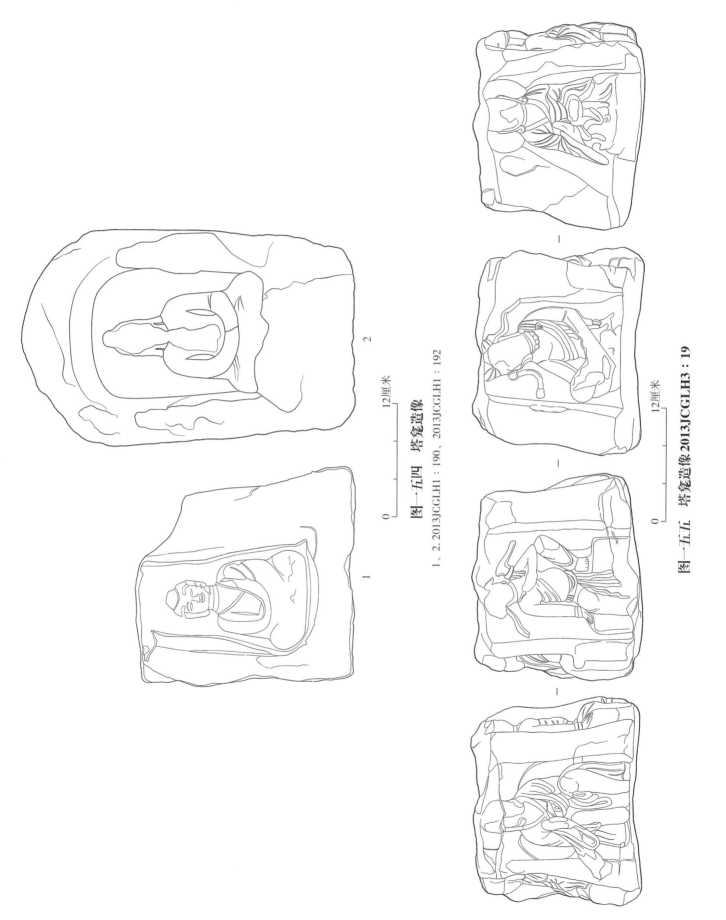

图一五四　塔龛造像

1、2. 2013JCGLH1：190、2013JCGLH1：192

图一五五　塔龛造像2013JCGLH3：19

身光，面部残毁。内着交领衣，系带，外披袈裟，倚坐于方台上。右手上举，左手抚于腿上。一面龛内雕游戏坐菩萨一身，发辫飘飞，上身斜披珞腋，下着裙，裙边外翻，裙带下垂，戴项圈，手镯。腹部凸出，右腿垂坐于座下，左腿翘起，游戏坐于方台上。右手支于台座上，左手抚于胸前，似持物。一面龛内雕菩萨一身，梳高髻，头歪向一侧，宝缯、发辫飘飞，上身斜披珞腋，下着裙，裙边外翻，戴项圈，耳珰。双手于身体右侧捧物。一面龛内雕结跏坐佛一身，附圆形头光及身光，面相略圆，风化严重，五官不清。戴耳珰，颈短，内着交领衣，外披袈裟，右手举于腹前，左手置于腹前。塔顶部及底部均有一榫眼。造像制作粗糙。残高19、宽20厘米（图一五五；彩版一五六、一五七）。

七　佛头像

共17件。

1. 2013JCGLH1：27

砂石质。螺髻略高，螺髻右旋，螺纹粗大。面相方圆，额部刻白毫，细眉长鼓眼，眼角略上挑，高鼻小嘴，人中明显，上唇呈弓形，两腮略鼓，下颌丰圆，耳略小。面部原白粉打底，现脱落严重。残高13、宽8、厚9厘米（图一五六；彩版一五八）。

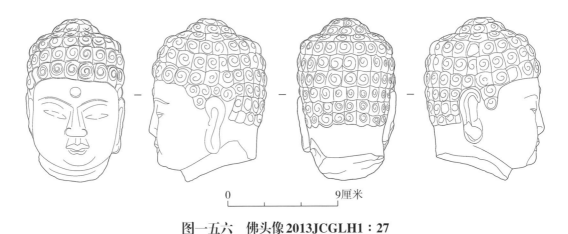

0　　　　　　9厘米

图一五六　佛头像2013JCGLH1：27

2. 2013JCGLH1：31

黄砂岩。面部风化。磨光高肉髻，面相长圆，细眉鼓眼，宽鼻，小嘴，嘴角上翘。大耳垂肩。残高14、宽7.5、厚9厘米（图一五七，1；彩版一五九，1、2）。

3. 2013JCGLH1：67

红砂岩质。磨光高肉髻，呈馒头状。面相丰圆，细眉长眼，鼻宽扁，略残，鼻翼明显。人中下

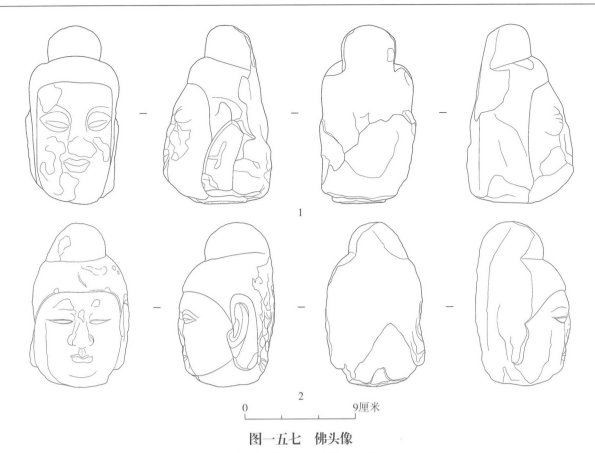

1

2

0　　　　　　　　　　9厘米

图一五七　佛头像

1、2. 2013JCGLH1：31、2013JCGLH1：67

陷，小嘴，唇型明显。下颌丰颐。两腮微鼓，面相略臃肿。大耳。原施红彩，脱落。颈部断面见榫眼。
残高12.6、宽8、厚7.5厘米（图一五七，2；彩版一五九，3、4）。

4. 2013JCGLH1：77

砂石质。螺髻略高，面相丰圆，细弯眉，双眼微鼓，鼻梁高挺，人中明显，嘴小巧，上唇呈弓
形，下唇圆弧，唇线分明，嘴角内凹，腮部略鼓，下颌丰颐，大耳垂肩。颈部细长，饰蚕节纹。头后
长方形榫眼。原施红彩，脱落。残高31.5、宽17.6、厚21厘米（图一五八；彩版一六〇）。

5. 2013JCGLH1：88

砂石质。低平波纹发髻，面相方圆，细弯眉，细长眼，微闭，高鼻直挺，人中明显，大嘴，双唇
略厚，嘴角下陷，大耳。面部原白粉打底，施红彩，现脱落。头后削制平直。残高28、宽20、厚14
厘米（图一五九，1；彩版一六一）。

6. 2013JCGLH1：93

砂石质。肉髻较低平，上饰波纹。面相丰圆，略短。眉细弯，眼略鼓。鼻宽短，嘴小巧，嘴角下

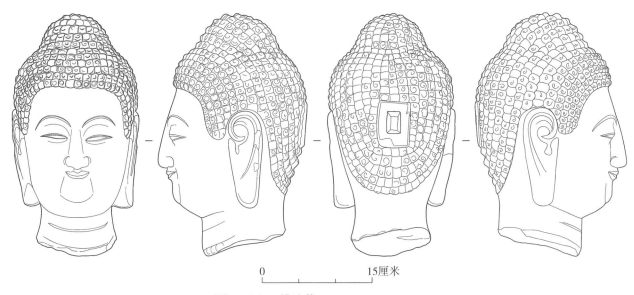

图一五八　佛头像2013JCGLH1：77

图一五九　佛头像

1、2. 2013JCGLH1：88、2013JCGLH1：93

陷，下颌丰颐。大耳。颈部细长。面部原白粉打底，施红彩，脱落。头后方形榫眼。颈部断面有榫眼。残高30、宽16、厚18.5厘米（图一五九，2；彩版一六二）。

7. 2013JCGLH1：120

砂石质。螺髻略高大，螺纹呈乳丁状，面相长圆，弯眉长眼，眼略鼓，鼻梁高挺，略残，嘴大小适中。下颌丰颐。腮部略鼓。大耳。面部原施红彩，脱落。颈部断面有榫眼。残高14、宽7.5、厚10厘米（图一六〇，1；彩版一六三）。

8. 2013JCGLH1：123

砂石质。波纹肉髻，略低平。面相丰圆，细眉长眼，眼微鼓，直鼻小嘴，嘴角下陷，下颌丰颐，大耳垂肩。五官较为集中。颈细。原白粉打底，脱落。颈部断面处见榫眼。残高15.5、宽9、厚10.5厘米（图一六〇，2；彩版一六四）。

9. 2013JCGLH1：145

砂石质。肉髻低平，上饰波纹。面相方圆。前额头发阴线刻。细弯眉，长眼，鼻梁高挺，鼻翼宽

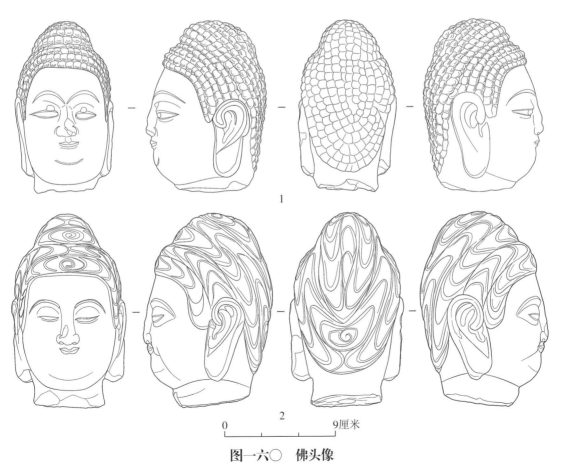

0　　　　　2　　　　9厘米

图一六〇　佛头像

1、2. 2013JCGLH1：120、2013JCGLH1：123

大，人中明显，嘴略大，嘴角上翘，略带笑意。大耳。面部施白色粉底，嘴施红彩，白毫红彩绘制。脱落严重。头后见方形榫眼。颈部断面有榫眼。残高28、宽17.5、厚20.5厘米（图一六一；彩版一六五）。

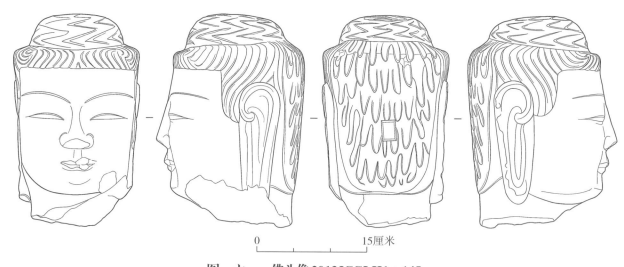

0　　　　　　　　　　　　15厘米

图一六一　佛头像2013JCGLH1：145

10. 2013JCGLH1：147

砂石质。磨光肉髻，略低平。面相长圆，细眉长眼，眼微鼓，眼角凹陷，鼻高挺，略残，小嘴，嘴角下陷。颧骨微凸。大耳。五官集中。细颈。颈部断面见榫眼。残高15、宽8.4、厚10厘米（图一六二，1；彩版一六六）。

11. 2013JCGLH1：150

砂石质。螺髻略高，螺纹右旋。面相丰圆，前额宽广，弯眉细长，杏核眼，微睁，高鼻直挺，略残，嘴小巧，嘴角下陷。施红彩。下颌丰颐。大耳下垂，颈部细长，上施两道蚕节纹。面部白粉打底，上绘白毫，涂红彩。通高33、宽19、厚20厘米（图一六三；彩版一六七）。

12. 2013JCGLH1：159

砂石质。磨光低肉髻。面相方圆，细弯眉，鼓眼，高鼻略短，鼻翼宽大，人中明显，嘴大小适中，上唇弓形，嘴微抿，下颌略凸。大耳。细颈。头后方形榫眼。颈部断面见榫眼。残高9.6、宽6、厚7厘米（图一六二，2；彩版一六八）。

13. 2013JCGLH1：174

砂石质。肉髻低平，上饰波纹。面相丰圆，细弯眉，鼓眼细长，高鼻直挺，鼻翼稍宽，双唇微闭，嘴角下陷。下颌丰圆。大耳。面带笑意。残高12、宽8、厚8厘米（图一六四；彩版一六九）。

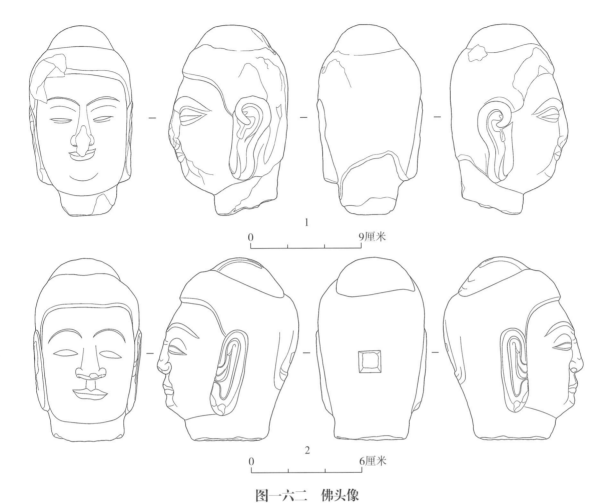

1

0　　　　　　9厘米

2

0　　　　　6厘米

图一六二　佛头像

1、2. 2013JCGLH1：147、2013JCGLH1：159

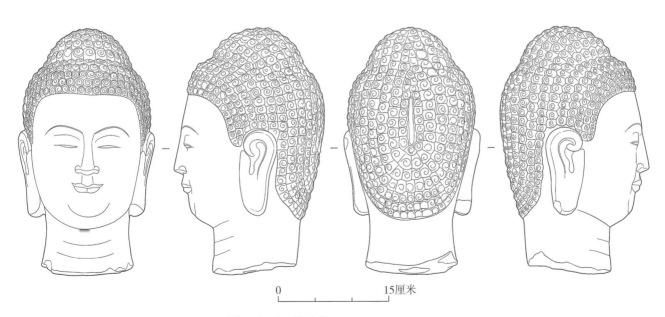

0　　　　　　15厘米

图一六三　佛头像 2013JCGLH1：150

14. 2013JCGLH1：182

　　砂石质。螺髻略高，螺纹右旋，排列整齐。面相丰圆，额部宽广，细弯眉，眼微鼓，高鼻直挺，人中明显，双唇微闭，嘴角下陷。略带笑意。下颌丰圆。大耳下垂。颈细长，上饰两道蚕节纹。面部施白

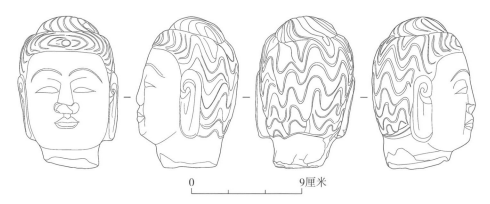

0　　　　　　　　9厘米

图一六四　佛头像2013JCGLH1：174

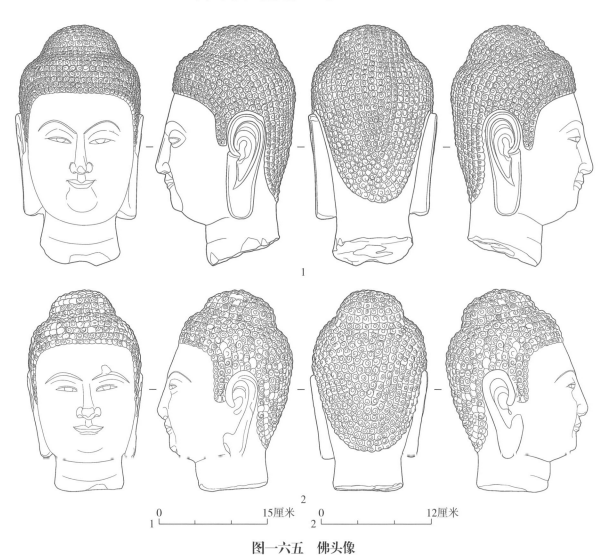

1

2

0　　　　　　15厘米　　　　0　　　　　12厘米
1　　　　　　　　　　　　　2

图一六五　佛头像

1、2.2013JCGLH1：182、2013JCGLH1：188

色粉底，嘴施红彩。神态庄严慈祥。高31.5、宽17.5、厚17.6厘米（图一六五，1；彩版一七〇，1、2）。

15. 2013JCGLH1：188

砂石质。螺髻，右旋，略低平。面相方圆，前额宽平。细弯眉，长鼓眼，高鼻，鼻翼略宽。嘴大小适中，双唇微抿，唇线分明，嘴角下陷。下颌丰颐，大耳，颈细长，上饰两道蚕节纹。螺髻上施蓝彩。颈部断面有榫眼。佛头高21.2、宽12、厚14厘米（图一六五，2；彩版一七〇，3、4）。

16. 2013JCGLH1：214

砂石质。压于2013JCGLH1：213像下。头长15厘米。

17. 2013JCGLH1：216

泥像。2013JCGLH1：211与210间残像。似残存头部，螺髻。

八 菩萨头像

共32件。

1. 2013JCGLH1：16

砂石质。菩萨梳高髻（残），戴三叶宝冠。中间花叶上饰宝珠，周围饰忍冬纹，两侧花叶上饰忍冬纹，扎宝缯，下垂。面相丰圆，细弯眉，眼微鼓，鼻宽短，小嘴，嘴角下陷，下颌丰颐，戴耳珰。五官集中。原白粉打底，上施红绿彩，现脱落。背面见冠箍带。颈部断面有榫眼，较浅。残高14、宽11、厚8.2厘米（图一六六，1；彩版一七一）。

2. 2013JCGLH1：17

砂石质。菩萨发髻高绾，发带中央饰宝珠，发上饰波浪纹。戴三叶冠，中央花叶内饰化佛，周围饰联珠。化佛袈裟披于头顶，衣角于腹前绕搭。两侧花叶上残存宝珠及忍冬纹，宝缯垂肩。冠箍下缘饰联珠纹。菩萨面相圆润，额前发中分，细眉长眼，高鼻，小嘴，薄唇，大耳垂肩，戴耳珰。颈部断面有榫眼。残高14.5、宽12、厚9.5厘米（图一六六，2；彩版一七二）。

3. 2013JCGLH1：20

砂石质。菩萨发髻上饰卷云纹，戴发箍。箍中央装饰卷云纹。菩萨面相丰圆，细弯眉，鼓眼，两腮微凸，下颌丰颐，大耳。面相显臃肿，风化。残高6.5、宽4.5、厚5厘米（图一六七；彩版一七三，1、2）。

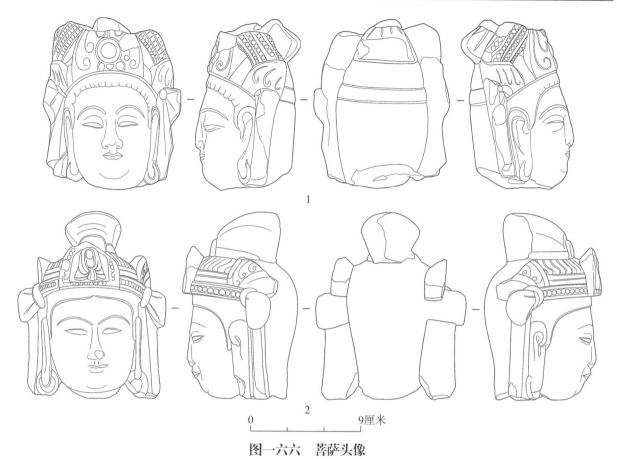

1

2

0   9厘米

图一六六　菩萨头像
1、2. 2013JCGLH1：16、2013JCGLH1：17

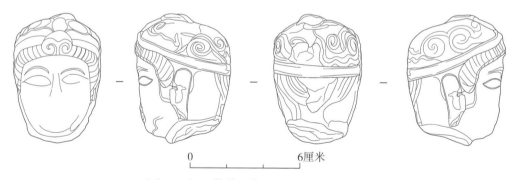

0   6厘米

图一六七　菩萨头像 2013JCGLH1：20

4. 2013JCGLH1：26

　　砂石质。菩萨梳冲天高髻，残，中间束发带，发髻上饰莲瓣，略残。戴五叶冠，中间及左侧花叶较完整，右侧残缺。中间花叶上内饰圆形宝珠，外饰忍冬。左侧二花叶上饰半圆形宝珠及忍冬，扎宝缯，垂肩。右侧冠残，见残存的宝缯。菩萨面相长圆，弯眉如月，大眼略鼓，鼻残，小嘴，嘴角下陷，下颌丰颐，大耳戴珰。细长颈，上饰三道蚕节纹。背面头发在颈部中分。残高17、宽11、厚8.7厘米（图一六八；彩版一七三，3、4）。

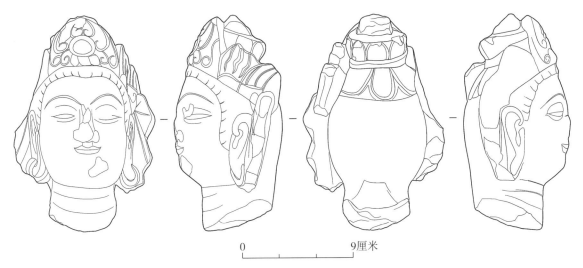

0　　　　　　　9厘米

图一六八　菩萨头像2013JCGLH1：26

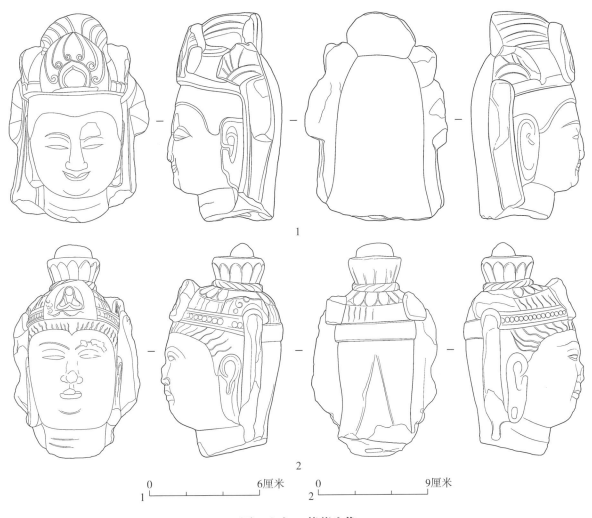

1

2

0　　　　　6厘米

1

0　　　　　9厘米

2

图一六九　菩萨头像

1、2.2013JCGLH1：28、2013JCGLH1：70

5. 2013JCGLH1：28

砂石质。菩萨梳高髻，束带后绾。戴三叶宝冠，中间花叶上饰宝珠及忍冬纹。两侧花叶上扎宝缯垂肩。面相圆短，细眉长眼，鼻宽短，小嘴，嘴角上翘，下颌丰颐，大耳，细颈。面带微笑。颈部断面有榫眼。残高11、宽7.8、厚6.5厘米（图一六九，1；彩版一七四）。

6. 2013JCGLH1：70

砂石质。略残。菩萨梳冲天高髻，上饰莲瓣纹，前额头发饰波纹。戴三叶冠，中间花叶上饰化佛。冠边缘联珠纹一圈。两侧花叶上扎宝缯，垂肩。化佛着双领下垂袈裟。菩萨面相长圆，细眉长眼，宽鼻小嘴，唇略厚，嘴角下陷，下颌丰颐。大耳，细颈，饰蚕节纹。头后发髻中分。发顶部饰波纹。颈部断裂，有榫眼。残高17、宽10.2、厚9.6厘米（图一六九，2；彩版一七五）。

7. 2013JCGLH1：100

砂石质。梳高髻，后绾，髻上阴线刻。戴三叶宝冠，中间花叶上饰摩尼宝珠。冠边缘饰联珠纹。两侧花叶上扎宝缯，垂肩。菩萨面相圆短，前额头发中分。五官略残，细眉鼓眼，高鼻小嘴，腮鼓，下颌丰颐。颈细长。头后发髻中分。头后方形榫眼。残高11、宽9.4、厚7.0厘米（图一七○；彩版一七六）。

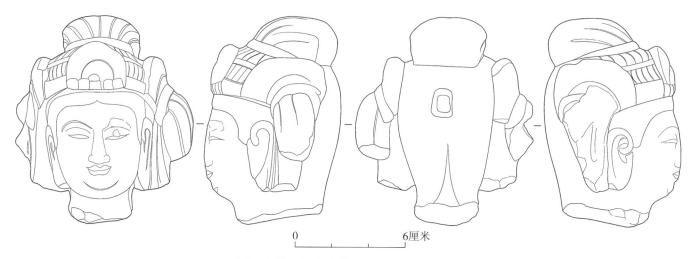

0　　　　　　6厘米

图一七○　菩萨头像 2013JCGLH1：100

8. 2013JCGLH1：101

砂石质。风化严重。发髻后绾，戴三叶冠，中间及右侧残，冠上饰忍冬纹，两侧扎宝缯，宝缯垂肩。面相长圆，五官风化，弯眉鼓眼，高鼻，大耳。白粉打底。脱落。残高11、宽8、厚7厘米（图一七一，1；彩版一七七，1、2）。

9. 2013JCGLH1：102

砂石质。梳高髻，戴三叶高冠，宝缯垂肩。面相长圆，弯眉鼓眼，高鼻小嘴，下颌丰颐，大耳，

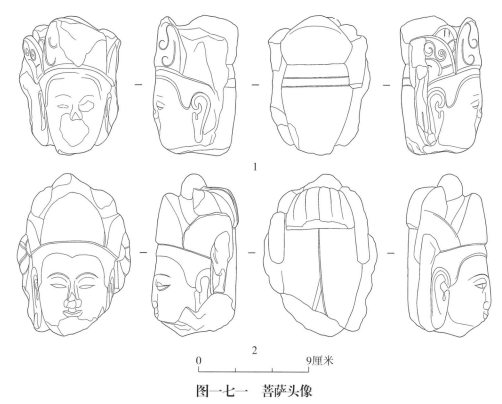

图一七一 菩萨头像

1、2. 2013JCGLH1：101、2013JCGLH1：102

戴耳珰。面部圆鼓。白粉打底。脱落。背面头发中分。残高13、宽9.3、厚7厘米（图一七一，2；彩版一七七，3、4）。

10. 2013JCGLH1：108

砂石质。菩萨梳冲天高髻，上饰莲瓣。戴三叶宝冠，略残，两侧宝缯下垂，残。菩萨面相丰圆，细眉凤眼，眼角略上挑，眼部略凸，高鼻，小嘴，下颌丰颐，两腮丰鼓，大耳，戴耳珰。脑后见冠箍，

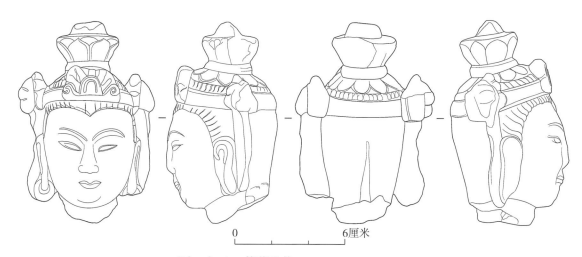

图一七二 菩萨头像2013JCGLH1：108

发髻中分。面部原白粉打底，施红彩，脱落。颈部断面有榫眼。残高10.8、宽7.5、厚5.6厘米（图一七二；彩版一七八）。

11. 2013JCGLH1：111

砂石质。菩萨头发梳成条状，高绾于头顶，侧面成螺形。髻前一化佛。化佛高肉髻，面相方圆，着双领下垂袈裟。菩萨面相方圆，细眉长眼，眼部略凸，鼻宽嘴小，略残。腮部略鼓，下颌丰颐，大耳。菩萨面部原白粉打底，现脱落。发髻原施红彩，脱落。头后方形榫眼。残高12、宽7、厚6厘米（图一七三；彩版一七九）。

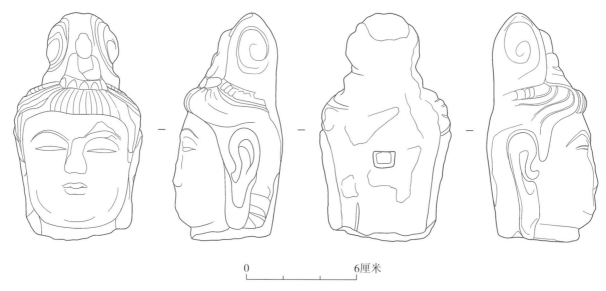

0　　　　　　　　6厘米

图一七三　菩萨头像2013JCGLH1：111

12. 2013JCGLH1：114

砂石质。梳髻，戴三叶高冠，冠上装饰繁杂。中间花叶上饰宝珠及忍冬纹等。两侧花叶上扎宝缯，下垂。冠上缘饰7朵小莲花，花蕊中间下垂花绳，相互联结成垂悬的"W"形。菩萨面相丰圆，细眉长眼，眼部略凸，高鼻，嘴大小适中，唇线分明，嘴角下陷，下颌丰颐。大耳，戴耳珰。冠上原贴金，现脱落。颈部断面处有榫眼。头高11、宽13、厚7.5厘米（图一七四，1；彩版一八〇）。

13. 2013JCGLH1：118

砂石质。菩萨高髻束带，后绾，戴三叶宝冠，宝冠下缘联珠装饰。花叶均残，残留忍冬纹。两侧花叶扎宝缯（残），施红彩。面相圆短，细眉长眼，上眼睑下垂，高鼻深目，大嘴，嘴角下陷。五官较为集中，似略皱眉头。下颌丰颐，大耳。头后见冠箍带。颈部断面有榫眼。残高13、宽9、厚9.2厘米（图一七四，2；彩版一八一）。

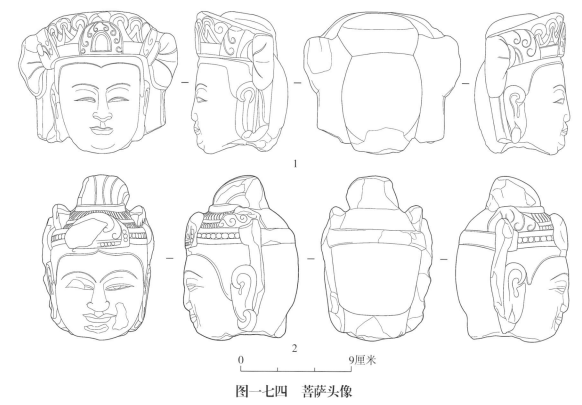

0   9厘米

图一七四　菩萨头像
1、2. 2013JCGLH1∶114、2013JCGLH1∶118

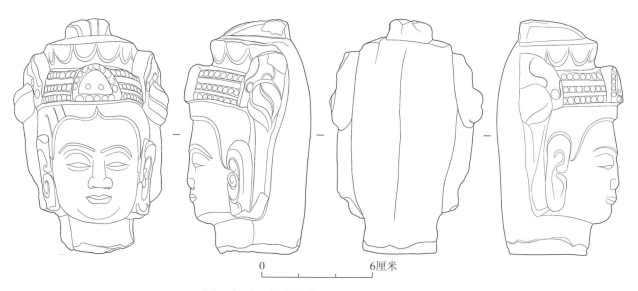

0   6厘米

图一七五　菩萨头像2013JCGLH1∶119

14. 2013JCGLH1∶119

砂石质。菩萨梳高髻，上饰莲瓣。戴三叶宝冠。三花叶间以三排联珠纹相连，中间花叶上饰宝珠，边缘联珠纹装饰，上施红彩。两侧花叶上饰忍冬纹，宝缯下垂，略残。右侧头发上刻细阴线，左侧无。面相圆短，前额头发中分，细眉长眼，眼部略凸，高鼻，小嘴，嘴角下陷。大耳戴耳珰。细颈。脑后发髻中分。头顶及额前发髻施墨。残高12.4、宽8.6、厚7厘米（图一七五；彩版一八二）。

15. 2013JCGLH1：121

　　砂石质。菩萨梳高髻，束带后绾。戴三叶宝冠。花叶上饰半圆形宝珠及忍冬纹，两侧花叶上扎宝缯，垂肩。冠及宝缯上原施红彩。菩萨面相长圆，弯眉长眼，眼部略凸，高鼻。嘴部残毁。细颈。脑后发髻中分。头后见冠箍带。残高12.6、宽9.6、厚6.6厘米（图一七六，1；彩版一八三，1、2）。

16. 2013JCGLH1：124

　　砂石质。发髻后绾，略残，上饰莲瓣。戴三叶宝冠，中央花叶上饰化佛一身，周围忍冬纹，下边缘饰联珠纹。两侧花叶上饰忍冬纹，扎宝缯，下垂。化佛高肉髻，面圆润，细颈，双领下垂，禅定印。菩萨面相丰圆，细眉长眼，眼微鼓，高鼻小嘴，唇线明显，下颌丰颐，大耳垂肩，戴耳珰。头后发髻中分。残高13.6、宽11.7、厚9厘米（图一七六，2；彩版一八四）。

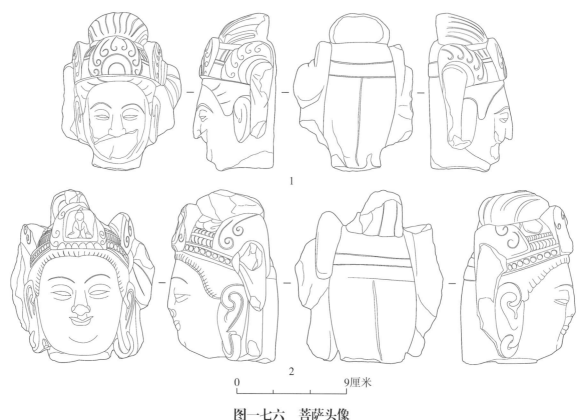

1

2

0　　　　　　　　　　9厘米

图一七六　菩萨头像

1、2. 2013JCGLH1：121、2013JCGLH1：124

17. 2013JCGLH1：130

　　砂石质。头顶及面部略残。原梳高髻，发髻上饰莲瓣，戴冠，现残。冠右侧下缘饰联珠纹，冠左侧宝缯垂肩。菩萨面相丰圆，弯眉鼓眼，鼻略残，小嘴，嘴角下陷，下颌丰圆，大耳。背后右侧榫眼。残高12、宽8.1、厚8.4厘米（图一七七，1；彩版一八三，3、4）。

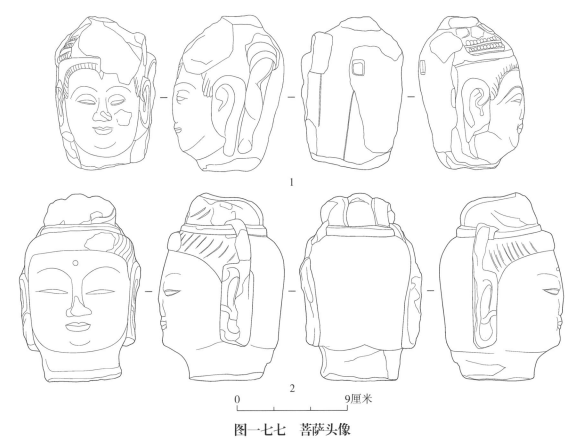

1

0   9厘米

图一七七 菩萨头像

1、2. 2013JCGLH1：130、2013JCGLH1：136

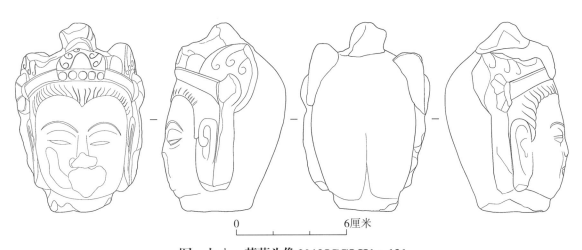

0   6厘米

图一七八 菩萨头像 2013JCGLH1：131

18. 2013JCGLH1：131

砂石质。头顶残。原梳高髻，现残。戴三叶冠，中间花叶上饰宝珠、忍冬纹及联珠纹，两侧花叶中间饰宝珠，边饰忍冬，扎宝缯，垂肩。面相丰圆，前额发髻成心形，上阴线刻。弯眉鼓眼，鼻略残，小嘴，大耳。头后长发中分。颈部断面有榫眼。残高10、宽6.5、厚6厘米（图一七八；彩版一八五）。

19. 2013JCGLH1：136

砂石质。束髻，发带沿两侧下垂，略残。菩萨面相方圆，额部阴刻白毫，细眉鼓眼，鼻宽，略残，小嘴，下颌线明显，大耳贴面。细颈。残高14.7、宽9.6、厚10厘米（图一七七，2；彩版一八六）。

20. 2013JCGLH1：138

砂石质。梳高髻，上装饰宝珠、莲花，略残。面相长圆，额前头发阴线刻，额部白毫，细眉长眼，微鼓，眼角上挑，鼻宽大，嘴略扁，大耳贴面。细颈。脑后较平齐。残高17、宽9.3、厚8.4厘米（图一七九，1；彩版一八七，1、2）。

21. 2013JCGLH1：146

砂石质。梳冲天高髻，上饰莲花瓣。戴三叶冠，中间花叶残，两侧花叶上饰宝珠与忍冬纹，扎宝缯，下垂。冠下缘左侧饰条纹，右侧条纹间饰联珠纹。菩萨面相丰圆，细眉长眼，眼微鼓，鼻略残，嘴大小适中，唇线分明，嘴角下陷，下颌丰颐，大耳，戴耳珰。冠及宝缯上施红彩，脱落。脑后头发呈波浪状。残高13.5、宽10、厚8.5厘米（图一七九，2；彩版一八八）。

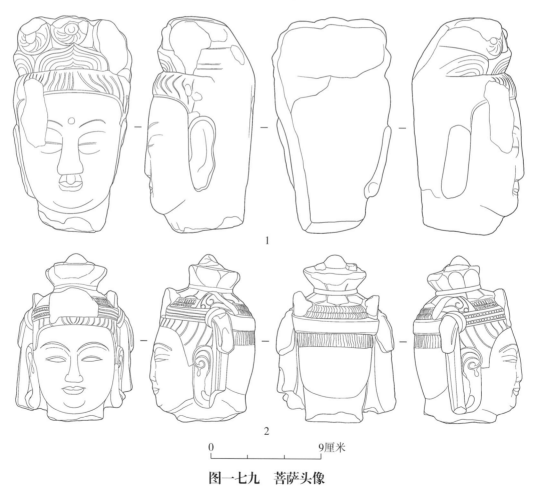

图一七九　菩萨头像

1、2. 2013JCGLH1：138、2013JCGLH1：146

22. 2013JCGLH1：151

砂石质。菩萨发髻后绾，戴三叶宝珠冠。中间花叶上饰宝珠，周围饰火焰纹。两侧花叶残，扎宝缯，下垂。菩萨面相丰圆，细弯眉，眼细长微鼓，鼻高挺，小嘴，嘴角略凹，下颌丰颐，大耳垂肩。颈部断面处见榫眼。头后平直。残高10、宽7、厚6厘米（图一八〇；彩版一八七，3、4）。

23. 2013JCGLH1：156

砂石质。菩萨束高髻，戴三叶宝冠（箍），宝冠中央花叶上饰莲花，周围饰忍冬纹、联珠纹等。宝冠下缘饰联珠纹。三叶间以箍相连，其上饰斜向数排联珠纹。两侧花叶上饰莲花、忍冬，并扎宝缯，下垂。菩萨面相长圆，额部中间原白毫内镶嵌宝物，现仅见凹槽。额前头发中分。细眉小眼，眼部略凸，高鼻大嘴，唇线分明，唇略厚，嘴角下陷，唇上墨绘胡须，下颌丰颐。大耳垂肩，戴耳珰。细颈。面部原施白粉，贴金，宝冠上施红彩。脑后及颈部有圆形或方形榫眼。残高24、宽14、厚12厘米（图一八一；彩版一八九）。

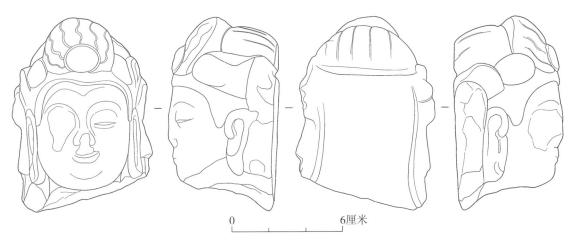

0　　　　　　　　　　6厘米

图一八〇　菩萨头像 2013JCGLH1：151

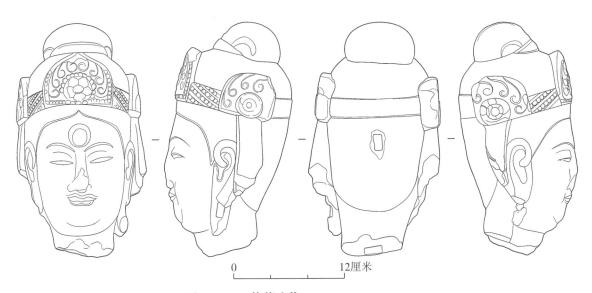

0　　　　　　　　　　12厘米

图一八一　菩萨头像 2013JCGLH1：156

24. 2013JCGLH1：166

砂石质。梳冲天高髻，髻上饰莲瓣纹。头顶发上饰波纹。戴三叶宝冠，中央花叶上饰化佛，边缘火焰纹。化佛着双领下垂袈裟，禅定印。两侧花叶上扎宝缯，垂肩。菩萨面相长圆，额前发上阴刻细线，细弯眉，小眼，高鼻，嘴大小适中，唇线明显，嘴角下陷，双唇紧闭，下颌丰颐。大耳戴珰。细颈。冠上原施红彩。残高15.6、宽9、厚7.5厘米（图一八二，1；彩版一九○）。

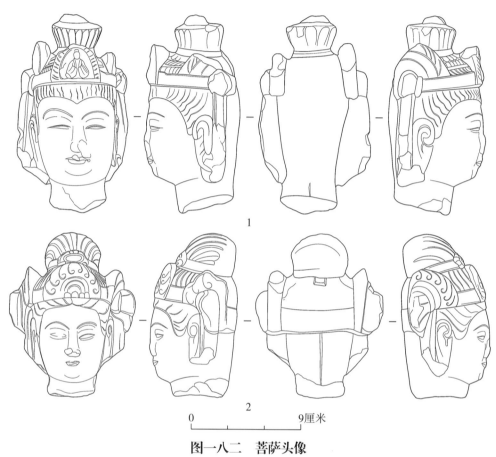

0　　　2　　　　9厘米

图一八二　菩萨头像

1、2. 2013JCGLH1：166、2013JCGLH1：171

25. 2013JCGLH1：171

砂石质。发髻束带高绾，发带上饰宝珠。戴三叶宝冠，中间花叶上饰半圆形宝珠及忍冬纹。两侧花叶饰忍冬纹，扎宝缯（残）。面相丰圆，略短，额前发髻中分。细弯眉，杏眼略鼓，高鼻，小嘴，唇线分明，嘴角下陷，下颌丰颐，大耳，细颈。头后发髻中分，见宽大的冠箍。背面见方形榫眼。残高13、宽10.2、厚7厘米（图一八二，2；彩版一九一）。

26. 2013JCGLH1：172

砂石质。梳高髻，残。面相圆短，细弯眉，长眼略鼓，高鼻，嘴大小适中，残，下颌丰颐，两腮略鼓。脑后见高绾的发髻。残高8.4、宽7.4、厚8.5厘米（图一八三；彩版一九二）。

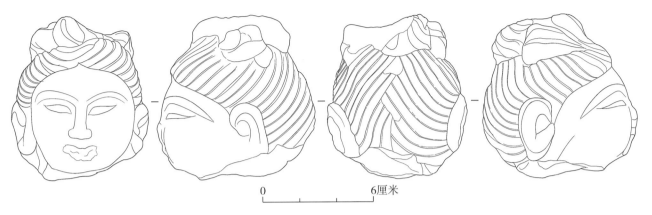

0　　　　　　6厘米

图一八三　菩萨头像2013JCGLH1：172

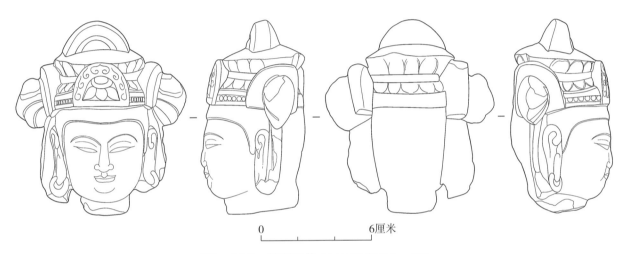

0　　　　　　6厘米

图一八四　菩萨头像2013JCGLH1：173

27. 2013JCGLH1：173

砂石质。梳高髻，系带，发髻上饰仰覆莲瓣。顶部桥形。戴三叶宝冠，中央花叶上饰莲花及忍冬纹。两侧花叶上宝缯下垂。冠下缘联珠纹装饰。面相丰圆，下颌略窄，细弯眉，长眼略鼓，眼角上挑，双目微闭，鼻残，小嘴，腮部丰满，下颌丰颐。大耳，戴耳珰。细颈。颈部断面见榫眼。残高10、宽9.2、厚5.4厘米（图一八四；彩版一九三）。

28. 2013JCGLH1：184

砂石质。发髻高绾，系发箍。发箍上饰联珠纹及穗状装饰。戴三叶化佛宝冠，冠中央及两侧花叶上均饰化佛，现左侧残。右侧发髻与右侧花叶相连。两侧花叶上下垂宝缯，现残。花叶间各饰2朵宝珠花瓣。中间花叶上化佛附圆形头光和身光，周饰卷云纹，下缘饰莲瓣。化佛着双领下垂式袈裟，结跏趺坐，施禅定印。右侧花叶上化佛，圆形头光、身光，着通肩袈裟，结跏趺坐，施禅定印。菩萨面相长圆，额前头发中分，上刻画阴线刻。细弯眉，长眼略鼓，嘴鼻残。大耳。细颈。头后见冠箍，颈部断面见榫眼。残高15、宽10、厚9厘米（图一八五，1；彩版一九四，1、2）。

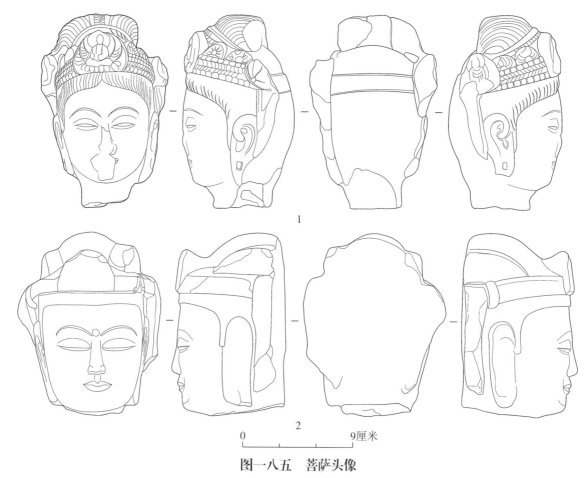

图一八五　菩萨头像
1、2. 2013JCGLH1：184、2013JCGLH1：185

29. 2013JCGLH1：185

　　砂石质。发髻高绾。戴宝冠，两侧扎宝缯（残）。面相长圆，细弯眉，鼓眼微闭，鼻挺，嘴小，唇线分明。大耳垂肩。额部红彩绘出白毫，嘴施红彩。脱落。颈部断面见方形榫眼。背面平直。残高14、宽12、厚9.1厘米（图一八五，2；彩版一九四，3、4）。

30. 2013JCGLH1：186

　　砂石质。发髻高绾后垂，其上装饰仰覆莲瓣纹。戴三叶宝冠，冠中间花叶上开圆拱尖楣小龛，内饰化佛，化佛肉髻略高，着双领下垂式袈裟，结跏趺坐，禅定印。龛外饰忍冬纹，下缘饰联珠纹。三花叶间以宝珠相连，左右花叶上原扎宝缯，现残存左侧下垂的宝缯。菩萨面相丰圆，细弯眉，杏眼略鼓，鼻高挺，略残，嘴大小适中，上唇略厚，下唇略薄，嘴角上翘，下颌丰颐，大耳。细颈，上饰三道蚕节纹。头后长发中分。残高18.5、宽9、厚10.5厘米（图一八六，1；彩版一九五）。

31. 2013JCGLH1：193

　　砂石质。梳冲天高发髻，系发带，发髻上饰仰覆莲瓣。顶部桥形。头发上刻波纹。戴三叶冠，中

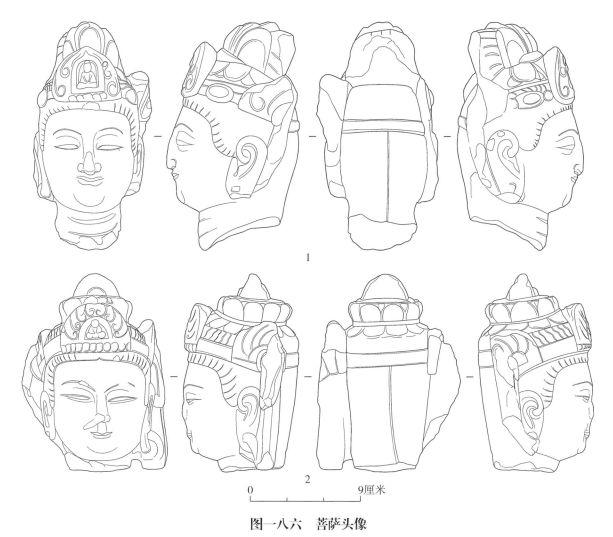

0　　　　　　　　9厘米

图一八六　菩萨头像
1、2. 2013JCGLH1：186、2013JCGLH1：193

间花叶上饰化佛，周围忍冬纹，冠下缘饰联珠。化佛着双领下垂式袈裟，结跏趺坐，禅定印。两侧花叶上饰宝珠，宝缯下垂，略残。菩萨面相丰圆，额前头发中分，弯眉如月，长眼略鼓，眼角上挑，鼻高挺，微残，小嘴，嘴角下陷，下颌丰颐。大耳，戴耳珰。脑后发髻中分。细颈。颈部断而见榫眼。冠施红彩。残高15.6、宽12、厚9厘米（图一八六，2；彩版一九六，1、2）。

32. 2013JCGLH3：6

砂石质。后附背屏，残。发髻高束后绾，戴三叶冠。冠中间花叶残毁，右侧花叶装饰较完整，左侧花叶残存下部。左右两侧花叶上装饰圆形莲花，上扎宝缯，下垂于肩，宝缯上施红彩。中间花叶上残，下部见莲座。菩萨面相长圆，细眉弯曲如月，长眼微鼓，鼻高挺，嘴小，唇线明显，嘴角下陷，下颌圆润，大耳，戴耳珰。面部白粉打底，现部分脱落。残高39.6、宽28、厚25厘米（图一八七；彩版一九六，3、4）。

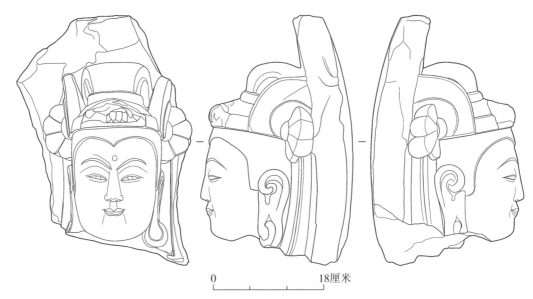

0　　　　　　　　　　18厘米

图一八七　菩萨头像2013JCGLH3：6

九　弟子、力士、天王头像

共4件。

1. 2013JCGLH1：35

砂石质。弟子头像。面相丰圆，额宽大，细眉鼓眼，鼻短宽，嘴小，嘴角下凹，下颌丰颐。大耳。面若童子。面原施白粉，脱落。高9、宽7、厚7.2厘米（图一八八，1；彩版一九七，1、2）。

2. 2013JCGLH1：194

砂石质。弟子头像。面相丰圆，细弯眉，眼略鼓，鼻头宽，大嘴，唇厚，腮部鼓出，大耳。面部略显臃肿。残高6.8、宽5.5、厚6.6厘米（图一八八，2；彩版一九七，3、4）。

3. 2013JCGLH1：78

砂石质。力士头像。束高髻，头发呈条缕状。面相方圆，额前饰月牙，眉上挑，眼圆睁。大鼻残，抿嘴，上唇八字长胡。下颌丰颐。大耳。残高16.8、宽13.5、厚16厘米（图一八九；彩版一九八）。

4. 2013JCGLH1：99

砂石质。天王头像。天王戴兜鍪，兜鍪顶装饰莲花瓣，前部饰花纹，后面结带下垂。天王面相丰圆，前额宽大，弯眉鼓眼，高鼻小嘴，鼻翼略宽，颧骨高凸，两腮较鼓，下颌丰颐。残高8.5、宽6.6、厚6.5厘米（图一九○；彩版一九九）。

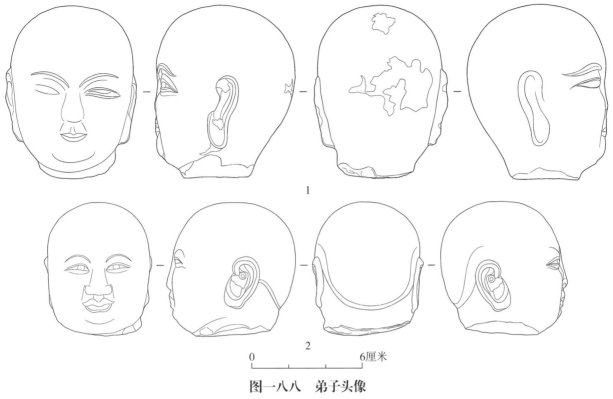

1

2

0　　　　　　　　　6厘米

图一八八　弟子头像
1、2. 2013JCGLH1：35、2013JCGLH1：194

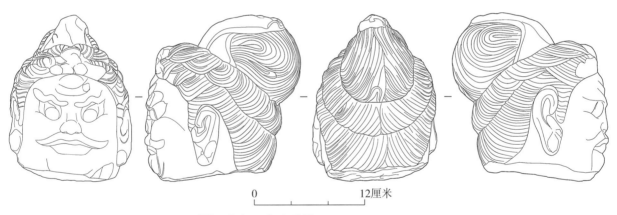

0　　　　　　　　　12厘米

图一八九　力士头像2013JCGLH1：78

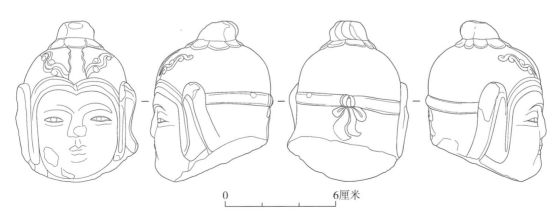

0　　　　　　　　　6厘米

图一九〇　天王头像2013JCGLH1：99

一〇　经幢

1件。

2013JCGLH1：110

陶质。残经幢，八棱形，残断为8块，残块高30厘米。可部分拼接。复原高度51厘米（图一九一、一九二；彩版二〇〇）。经幢上刻经文：

……毗失瑟咤长耶二勃陁长／……娑摩三漫多嗜缚佉／……诃那娑婆长缚输弟从皆下阿鼻说／……利多苾晒鸡□阿诃啰长声下同阿诃啰／……耶输驮耶十二揭揭耶鞞输提十三焉／瑟……啰失泯珊珠地帝十五萨

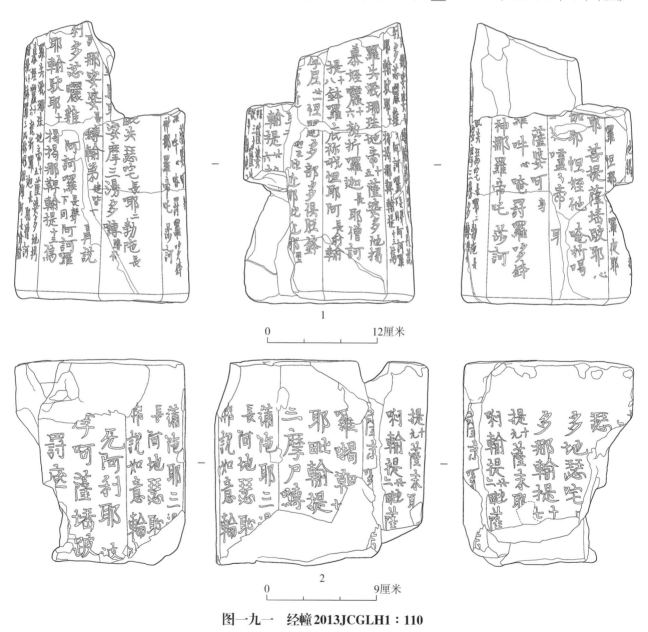

1

0　　　　　　　　12厘米

2

0　　　　　9厘米

图一九一　经幢 2013JCGLH1：110

婆多他揭 / 多地瑟咤……慕姪囆十六 援 折啰迦 长 耶僧诃 / 多那输提十七……输提十八钵 啰底称伐恒耶阿 长 瑜输 / 提十九萨末耶……摩尼廿一恒闻多部多俱胝钵 / 唎输提廿二毗萨……耶二十四迦及毗 迎 耶毗 迎 同上 / 萨末啰萨末……输提廿六 / 啰揭鞞□廿七拔……甲某萨婆 / 耶毗输提……提三十萨 婆 …… / 三摩尼嚩……耶勃地 / 蒲陁耶三……多□揭…… / 长阿地瑟耻……佛说如意轮陀……啰 恒那恒啰夜耶 / 南无阿利耶 波 ……耶菩提萨埵跛耶 / 摩诃萨埵跛……伽耶 恒姪他 唵折喝 / 啰罚底……頭迷瞴帝咤耶……萨婆呵 身 / …… 维 吽心唵罚啰哆钵 / ……神耶羅帝咤莎诃

0   6厘米

图一九二 经幢2013JCGLH1：110拓片

一一 造像板

1件。

2013JCGLH1：164

陶质。上部残毁。一佛二胁侍菩萨。佛内着僧祇支，中衣双领下垂，外披袒右式袈裟，袈裟披覆左肩，从背后绕过右腋，横于腹前，上搭于左肩臂上，右侧露出中衣。半跏趺坐于仰莲座上，仰莲双层单瓣，莲瓣丰厚。佛双手施弥陀定印。胁侍立于佛两侧，上身残毁，下着裙，双手于胸前合十。残高10.5、宽12.6、厚2.4厘米（图一九三，1；彩版二〇一，1）。

一二　铭文砖

1块。

2013JCGLH1：54

在第一层造像中还夹杂有一块长砖，长28、宽14.5、厚6厘米。砖上现存墨书四行，部分文字漫漫不清，可辨识的有"大宋淳化三年 / 壬辰六月 / □百里甲申□ / □□□□"（彩版二〇一，2）。

一三　造像底座

共12件。

1. 2013JCGLH1：29

砂石质。菩萨像残件及莲花座。造像仅见腿部，菩萨半跏趺坐于莲座上，下着裙，裙厚重，帔帛绕身后，垂于体侧。左手抚于左膝上。座为三层仰莲，莲瓣宽厚。莲座底部有一孔，用以插装台座。残高8厘米，座完整，高4.5、宽12厘米（图一九三，2；彩版二〇二）。

2. 2013JCGLH1：36

灰陶。残件，底座。

3. 2013JCGLH1：115

陶质。莲座及台座。残存仰莲座，亚腰处开光，再下圆形台座，上阴刻卷云纹。亚腰处刻兽面，兽面两犄角上翘，双眉上扬，小耳下垂，圆眼，大鼻，龇牙咧嘴，嘴角两獠牙外龇。残高15、宽25厘米（图一九三，3；彩版二〇三）。

4. 2013JCGLH1：132

砂石质。残底座。底座上饰鱼鳞纹。残高12、宽31厘米（图一九四；彩版二〇四，1）。

5. 2013JCGLH1：167

砂石质。造像残件，仅存像足及座。供养菩萨右腿半跪，左腿半蹲，帔帛垂于体侧，裙带中央大

0　　　　　　　　9厘米

图一九三　造像板及造像底座

1.造像板2013JCGLH1：164　2、3.造像底座2013JCGLH1：29、2013JCGLH1：115

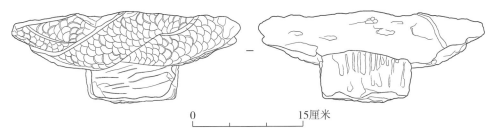

0　　　　　　　　15厘米

图一九四　造像底座2013JCGLH1：132

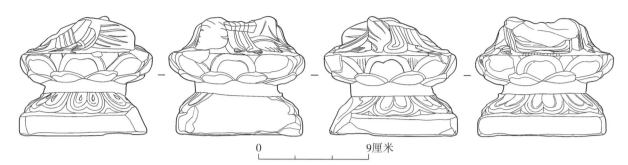

图一九五　造像底座 2013JCGLH1：167

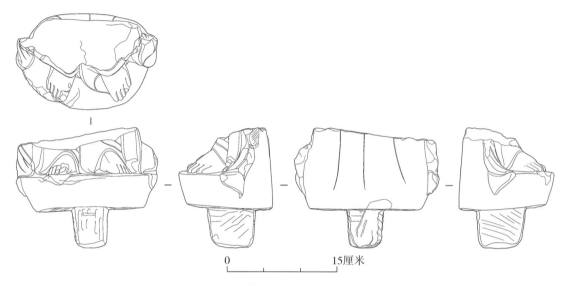

图一九六　造像底座 2013JCGLH1：177

佩垂于两腿间。莲座为束腰仰覆莲装饰，再下方台座。双层仰莲，莲瓣肥厚。覆莲单层双瓣，莲尖内收。通高 9.3 厘米，莲座高 3.6 厘米，方座高 1.5、长 10、宽 9.5 厘米，足残高 3.5 厘米（图一九五；彩版二〇五）。

6. 2013JCGLH1：177

砂石质。像足及座。造像跣足立于圆台上，圆台下为方形榫。残高 15.5、宽 19 厘米（图一九六；彩版二〇四，2）。

7. 2013JCGLH1：204

砂石质。残存双足及台座。造像跣足立于圆台上，圆台两侧残存帔帛。圆台下方榫。残高 13、宽 14 厘米（图一九七；彩版二〇四，3）。

8. 2013JCGLH1：205

砂石质。残存一足及台座。造像跣足立于圆台上，足略残。足后部存方形榫眼。残高 13 厘米，台

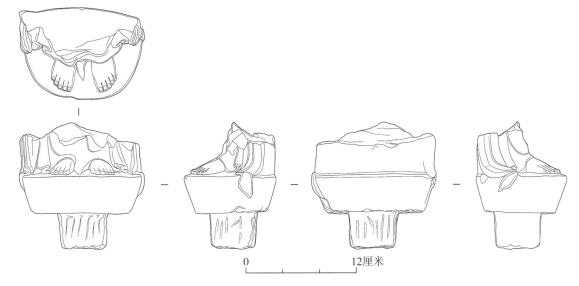

图一九七 造像底座 2013JCGLH1：204

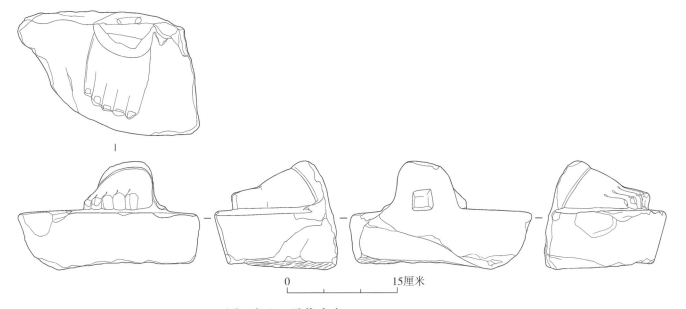

图一九八 造像底座 2013JCGLH1：205

高 6.5、长 25、宽 16 厘米（图一九八；彩版二〇四，4）。

9. 2013JCGLH3：3

砂石质。造像残件，仅存袈裟下摆、双足及圆台。双足肥硕，袈裟下摆覆足面，下缘波浪形。足上部断面留有榫眼。残高 29、宽 53、厚 26 厘米，台高 10 厘米（图一九九；彩版二〇六，1）。

10. 2013JCGLH3：39

砂石质。存足及莲台。跣足立于圆台上，下附莲座。残高 11 厘米（图二〇〇，1；彩版二〇六，2）。

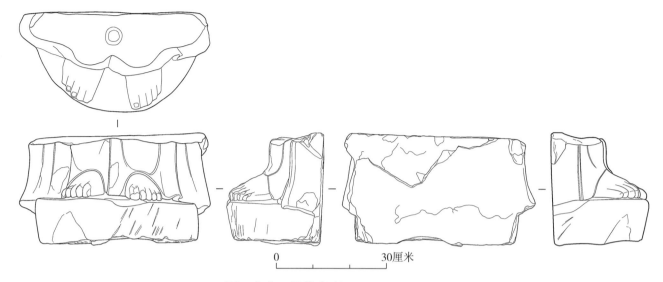

图一九九　造像底座2013JCGLH3：3

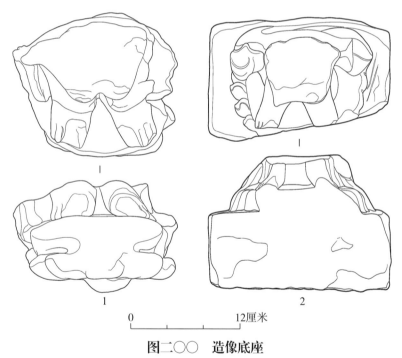

图二〇〇　造像底座

1、2.2013JCGLH3：39、2013JCGLH3：41

11. 2013JCGLH3：41

砂石质。菩萨残足及方座。菩萨跣足立于圆形覆莲台上。台下方座。帔帛垂于莲台上。残高12厘米，座高7、宽8、厚10厘米（图二〇〇，2；彩版二〇六，3、4）。

12. 2013JCGLH1：215

砂石质。泥像肩部下垫衬。造像座及半身像。座上发愿文，可见"佛"字。

一四 残手

5件。

1. 2013JCGLH1：91

砂石质。残留彩绘及贴金痕迹。残高13厘米（图二〇一，1；彩版二〇七，1、2）。

2. 2013JCGLH1：94

砂石质。佛左手残件，小臂上垂搭袈裟，手心刻半圆形物。残高20.1厘米（图二〇一，2；彩版二〇七，3、4）。

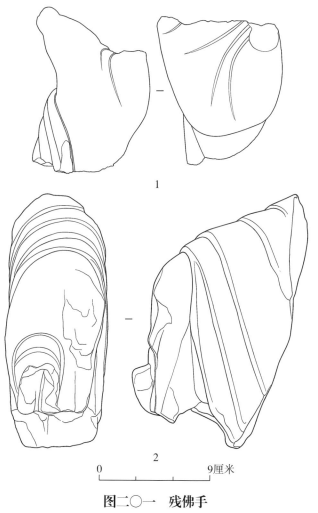

图二〇一 残佛手

1、2. 2013JCGLH1：91、2013JCGLH1：94

3. 2013JCGLH1：191

青石质。佛手残件。佛手宽大，厚实。指节刻画清晰。断面处见榫眼。残高13.5、宽13.8厘米（图二〇二，1；彩版二〇八，1）。

4. 2013JCGLH3：28

泥质。残破严重。手握拳。残高10、宽12.3厘米（图二〇二，2；彩版二〇八，2）。

5. 2013JCGLH3：37

砂石质。菩萨手残件。残存左手，小臂上垂搭帔帛及璎珞残迹，手提净瓶，指环握瓶口，手指修长，指甲盖刻画清晰。净瓶带盖。残高11厘米（图二〇三；彩版二〇八，3、4）。

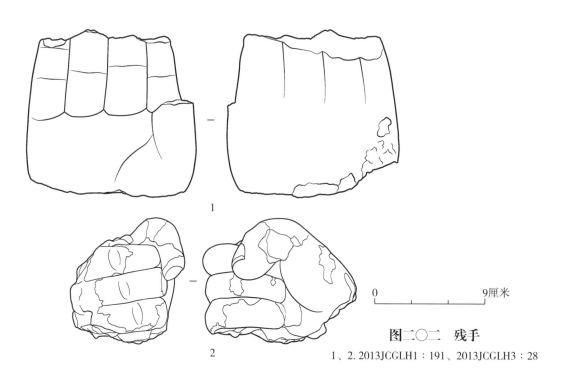

0　　　　　　　　9厘米

图二〇二　残手

1、2. 2013JCGLH1：191、2013JCGLH3：28

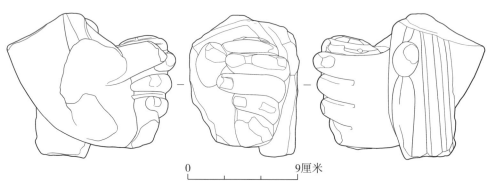

0　　　　　　　　9厘米

图二〇三　残菩萨手2013JCGLH3：37

一五 2013JCGLH3中打包提取回造像

3件。

1. 2013JCGLH3：30

泥胎残佛像，整体打包。残长约116、宽36、厚24厘米。

2. 2013JCGLH3：31

泥胎造像，整体打包。残长约94、宽48、厚20厘米。

3. 2013JCGLH3：32

泥胎天王像，整体打包。残长约181、宽45、厚16厘米。

第二节 其他遗迹中出土及采集造像

35件。主要是遗址中地层及灰坑中出土的造像，另有零星采集的残造像。

一 其他遗迹中出土造像残件

26件。

1. 2013JCGLH18：2

陶质，造像底座，中间方形榫眼，周围饰覆莲瓣，莲瓣宽厚。直径12.1、高2.4厘米（图二〇四，1）。

2. 2015JCGL II T0204③：4

砂石质，菩萨残像及底座。现残存菩萨双足，帔帛残迹。菩萨立于圆台上，台下方座。残高7.8厘米，座高4、长12.6、宽9厘米（图二〇四，2；彩版二〇九，1）。

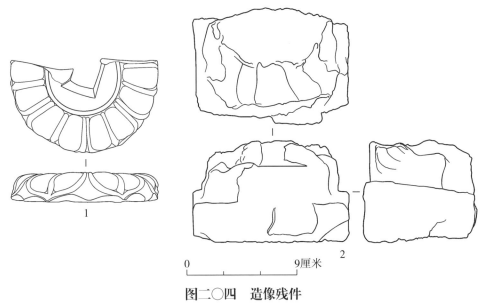

0　　　　　　　　　9厘米

图二〇四　造像残件

1. 陶造像底座 2013JCGLH18：2　　2. 石菩萨残像及底座 2015JCGL Ⅱ T0204③：4

3. 2015JCGL Ⅱ T0204③：17

砂石质，菩萨残像及底座。现残存菩萨右足，帔帛残迹。菩萨立于圆形莲台上，台下长方形座。残高6.6厘米，座高3、残长13.2、宽9.6厘米（图二〇五，1；彩版二〇九，2）。

4. 2015JCGL Ⅱ T0204③：26

砂石质，菩萨残像及底座。残存菩萨左足，帔帛残迹。菩萨立于圆台上。足丰满，残高8厘米，圆台残高5.5厘米（图二〇五，2；彩版二〇九，3）。

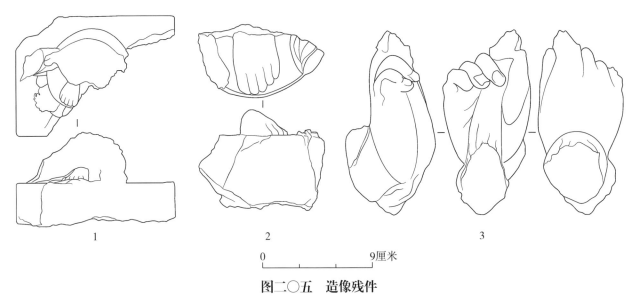

0　　　　　　　　　9厘米

图二〇五　造像残件

1. 菩萨残像及底座 2015JCGL Ⅱ T0204③：17　　2. 菩萨残像及底座 2015JCGL Ⅱ T0204③：26　　3. 右手残件 2015JCGL Ⅱ T0204③：11

5. 2015JCGLⅡT0204③：11

砂石质，右手残件。手丰厚圆润，拇指残毁，其余四指微弯，手中持莲梗。上施红彩。手残长15、宽7厘米（图二○五，3；彩版二○九，4）。

6. 2015JCGLⅡT0204③：22

砂石质，手残件。手丰厚圆润，五指残毁。帔帛搭于臂上。施红彩。残长10、宽6厘米（图二○六，1；彩版二○九，5）。

7. 2015JCGLⅡT0103③：9

砂石质，造像残件，残存佛袈裟下摆部分。残高8.7、宽6.8厘米（图二○六，2；彩版二○九，6）。

8. 2015JCGLⅡT0201③：15

砂石质，菩萨残件及底座。现残存菩萨双足，帔帛残迹。足丰圆。菩萨立于覆莲台上，其下方形底座。底座前部右侧残存一蹲狮。残高8.1厘米，方形底座高3、长10.8、宽10.5厘米（图二○六，3；彩版二一○，1）。

9. 2015JCGLⅢT0302③：5

砂石质，菩萨残件，残存菩萨颈、胸部。颈较细，上饰三道蚕节纹，戴圆形项圈。上着僧祇支，

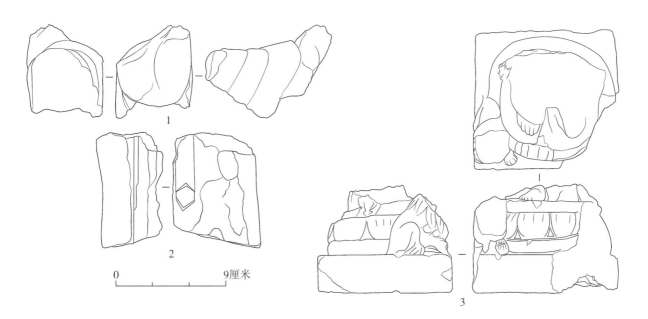

图二○六 造像残件

1. 手残件2015JCGLⅡT0204③：22　　2. 造像残件2015JCGLⅡT0103③：9　　3. 菩萨残件及底座2015JCGLⅡT0201③：15

帔帛绕肩背后左端自左肩下垂，横于胸前，上折搭于右臂上。残存右手，上举持杨柳，垂于肩上。菩萨左胸垂挂璎珞。背面肩部披覆宽大的帔帛。残高11、宽11厘米（图二〇七，1；彩版二一〇，2）。

10. 2015JCGLH44：15

砂石质，造像碑残件，残存造像一身，着交领衣，双手拱于胸前。周身施红彩。残高11、残宽10厘米（图二〇七，2；彩版二一〇，3）。

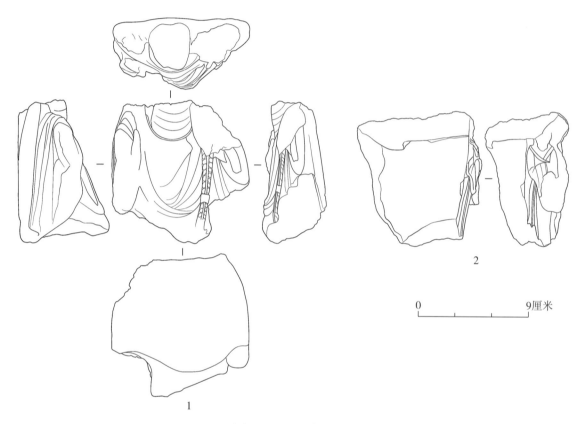

图二〇七　造像残件

1. 菩萨残件2015JCGL Ⅲ T0302③：5　　2. 石造像碑残件2015JCGLH44：15

11. 2015JCGLH43：10

砂石质，菩萨残件，残存菩萨下半身。菩萨结跏趺坐于圆形仰莲台上，左手抚于膝上。身体两侧残存下垂的帔帛。台座底部装饰莲花，中央有圆形榫。残高8.5厘米（图二〇八，1；彩版二一〇，4）。

12. 2015JCGL Ⅲ T0202③：4

砂石质，石座。残高11厘米。

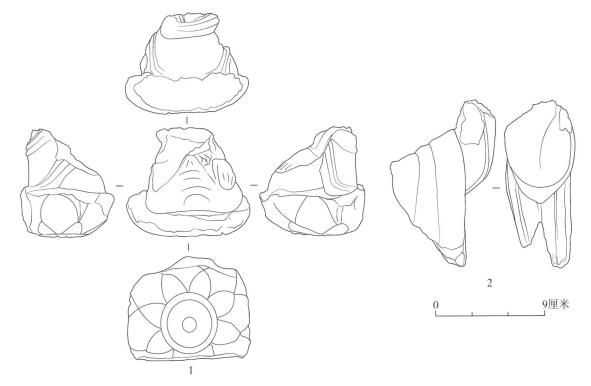

图二〇八 造像残件

1.菩萨残件 2015JCGLH43：10　2.佛手残件 2015JCGL Ⅲ T0202③：5

13. 2015JCGL Ⅲ T0202③：5

砂石质，佛手。残存上举的右手及袈裟衣角。右手上举，手指残毁，仅存手掌部分。袈裟边搭于臂上下垂。残长9厘米（图二〇八，2）。

14. 2015JCGL Ⅲ T0202③：12

青石质，残佛头，仅存螺髻，上施蓝彩。残长16.8厘米（图二〇九，1；彩版二一〇，5）。

15. 2015JCGL Ⅱ T0201③：11

陶质，造像残件，残存莲瓣三个，上施红彩。残长12、残高6.5厘米（图二〇九，2；彩版二一〇，6）。

16. 2015JCGL Ⅲ T0304③：2

砂石质，造像碑残件。残存菩萨一身，菩萨无头、足，仅存胸腹部。菩萨身躯略弯曲。下着裙，帔帛于腹前交叉，下垂后上折，提于手中。残高9.4、宽8.8厘米（图二〇九，3；彩版二一一，1）。

17. 2015JCGL Ⅱ T0104③：9

砂石质，圆形底座，中间方形榫眼。侧面刻莲花纹。直径40、高13.5厘米（图二〇九，4）。

18. 2015JCGL Ⅲ T0103③：24

釉陶，弟子像，双手置于胸前。高5.8、宽2厘米（图二一〇，1）。

19. 2016JCGL Ⅱ T0202③：2

砂石质，佛手。残长12厘米（图二一〇，2）。

20. 2016JCGL Ⅱ T0204③：28

砂石质，弟子像残件。仅存弟子像胸腹部，可辨识弟子着双领下垂袈裟，袈裟角于腹前绕搭。残高6.5厘米（图二一一，1；彩版二一一，2）。

21. 2016JCGL Ⅲ T0204③：31

砂石质，造像残件。残存造像臂部，仅见袈裟，衣纹呈阶梯状。残长12、残厚8厘米（图二一一，2；彩版二一一，3）。

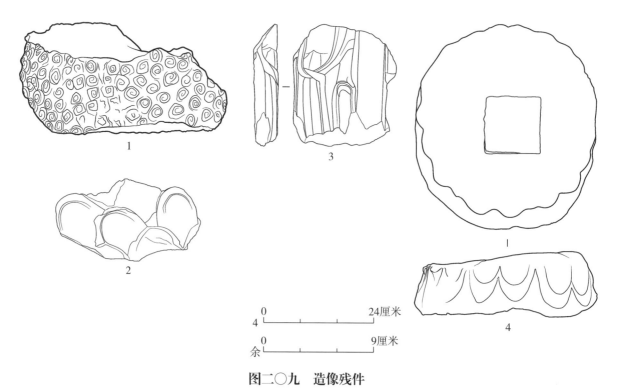

图二〇九　造像残件

1. 残石佛头 2015JCGL Ⅲ T0202③：12　2. 陶造像残件 2015JCGL Ⅱ T0201③：11　3. 石造像碑残件 2015JCGL Ⅲ T0304③：2　4. 圆形石底座 2015JCGL Ⅱ T0104③：9

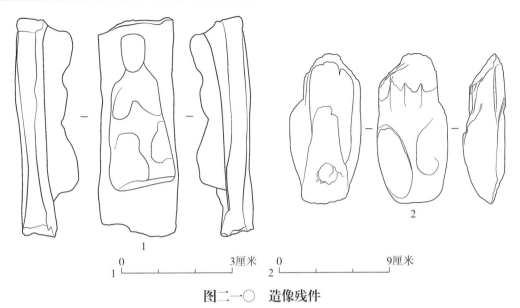

图二一〇 造像残件

1.釉陶弟子像 2015JCGL Ⅲ T0103③：24　2.石佛手 2016JCGL Ⅱ T0202③：2

22. 2016JCGL Ⅲ T0305③：2

砂石质，造像碑残件。现存像碑一部分，上层见二佛并坐，右侧佛像较为完整，左侧佛像残。右侧佛像面部长圆，五官不清，肩部下溜，略削。着垂领袈裟。结跏趺坐，双手置于腹前，施禅定印。左侧佛像仅见右臂，似与右侧佛像同。二佛下残存一头像。残高17、残厚2厘米（图二一一，3；彩版二一一，4）。

23. 2016JCGL Ⅳ T0105③：1

金铜造像，造像附舟形背光，站立于覆莲台上，台下四足方座。像锈蚀严重，仅能辨识右手上举，左手置于腰间。通高7.5厘米，像高2.8厘米，方座高1.7厘米（图二一二，1；彩版二一一，5）。

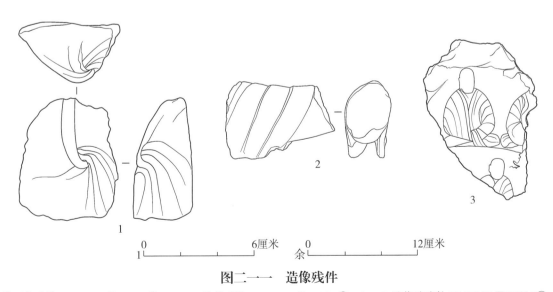

图二一一 造像残件

1.弟子像残件 2016JCGL Ⅱ T0204③：28　2.造像残件 2016JCGL Ⅲ T0204③：31　3.造像碑残件 2016JCGL Ⅲ T0305③：2

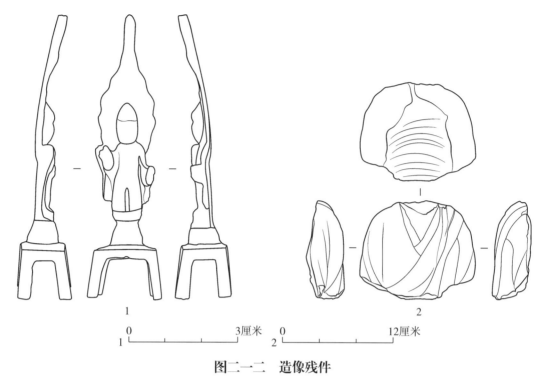

图二一二　造像残件

1.金铜造像2016JCGL Ⅳ T0105③：1　2.陶僧像残件2017JCGLH46：1

24. 2017JCGLH46：1

陶质，僧像残件。造像残存胸部，内着交领衣，中衣为交领直裰衫，外披袒右式袈裟，外层袈裟披覆左肩之后，右端从背后绕过右腋，横于腹前，再搭于左肩。造像整体涂白衣，外层袈裟施红彩，中衣衣边贴金。现残存部分红彩和贴金。造像模制，中空，两半扣和。残高10.3、残宽12.6厘米（图二一二，2；彩版二一二，1、2）。

25. 2017JCGL Ⅳ T0104③：4

砂石质，造像碑残件。碑阳现存两层，上层右侧蟠龙装饰，中间现存一侧身而坐的佛像，着双领下垂褒衣博带式袈裟，坐于方座上。下层中间开圆拱龛，现残存龛外右侧造像。一身思惟菩萨半身像及2弟子头像。思惟菩萨束高髻，面相长圆，戴项圈，腰间束带，左手支颐。弟子仅见头部，其余不清。像碑另一面额部雕蟠龙，下无龛像。残高20、残宽13～15.5、厚7厘米（图二一三，1；彩版二一二，3、4）。

26. 2018JCGL Ⅲ T0302③：13

砂石质，莲花座，覆莲三层，莲瓣肥厚。高6、底径15.4厘米（图二一三，2；彩版二一一，6）。

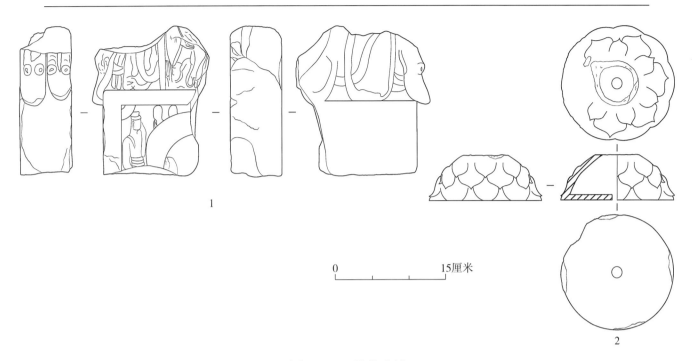

0　　　　　　　　15厘米

图二一三　造像残件

1.造像碑残件2017JCGL Ⅳ T0104③：4　　2.莲花座 2018JCGL Ⅲ T0302③：13

二　遗址周围采集部分造像

共9件。

1. 采集1号

砂石质。残足及座。与15、24号拼接。菩萨跣足立仰莲台上，两腿中间残存璎珞装饰物，裙边呈波浪形。残高26、宽27厘米。

2. 采集2号

砂石质。坐佛像，无头。内着双领下垂衣，外层袈裟搭覆左肩，自背后绕于右侧腋下，再横过腹前，搭于左肩上，于左肩背后下垂。袈裟下摆呈三瓣式垂于座前。双手施禅定印坐于方座上。袈裟施红彩。袈裟衣纹呈泥条状。残高13厘米，像高10、宽10、厚7厘米，座高3、长11.1、宽8.1厘米（图二一四，1；彩版二一三）。

3. 采集3号

砂石质。佛座残件。长17、高8.5厘米。

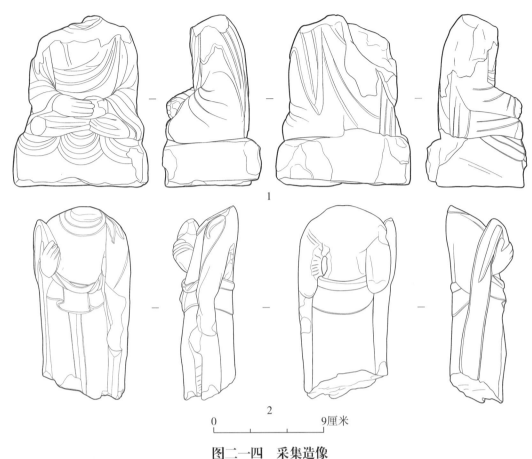

图二一四　采集造像

1.坐佛像采集2号　2.立菩萨像采集4号

4. 采集4号

砂石质。立菩萨像，残。无头，下部残毁。菩萨上袒，戴圆形项圈，下着裙，裙边外翻，系裙带。左肩残留下垂的头发。帔帛绕臂下垂。右手上举，持杨柳。左手残无。衣裙较为贴体，腿部轮廓明显。腰部略扭曲，右腿直立，左腿弯曲。背面宽大的裙边外翻。残高16、宽8、厚5厘米（图二一四，2；彩版二一四）。

5. 采集5号

铜钱1枚。

6. 采集6号

与H1：51造像碑残件拼接。

7. 采集7号

砖残件。

8. 采集8号

砂石质。袈裟或帔帛残件。衣纹呈阶梯状。残长19厘米。

9. 采集9号

砂石质。坐佛残件。高8厘米。

第三节 舍利容器、供养品及铭文砖

一 舍利容器

1. 陶棺

2013JCGLH2：1，灰陶质，由棺盖、棺身、棺座组成。棺身棺座连为一体。棺盖半圆形，前高后低，前宽后窄，弧形顶；长41.6、前宽21.6、前高13.6、后宽19.2、后高10.4厘米。棺身梯形，前高后低，前宽后窄，前后挡上部呈圆弧形。棺身四面装饰方格纹。棺身长36.8、前宽20、后宽16.8、前高28、后高24厘米。棺身下有长方形壶门座，座四面开壶门，两侧各两个壶门，前后各一个。壶门内雕刻花叶。座长45.5、前宽24.8、后宽20、高12.8厘米（图二一五；彩版二一五，1）。

陶棺中出土漆盒2个，分别置于陶棺的左右两侧，2个漆盒间分四层放置佛骨若干。另在佛骨下还清理出2个长方形玻璃瓶。四层佛骨下放置五彩舍利石24颗（彩版二一五，2）。

2. 漆盒

陶棺内置2件漆盒。因陶棺残破，漆盒被毁严重，保存状况较差。

2013JCGLH2：5，位于陶棺前挡一侧。长方形，分内外两层，外层残毁严重，内层中放置3个舍利瓶。其上用织物覆盖，织物中可见金线。上墨书文字，无法辨识。长14.5、宽12厘米（彩版二一五，3）。

2013JCGLH2：6，位于陶棺后挡一侧，方形，高度不明。漆盒子母口，残损严重。漆盒内放置舍利瓶1个。边长10.8厘米（彩版二一五，4）。

3. 舍利瓶

漆盒中共清理出4个舍利瓶，其中2013JCGLH2：5号漆盒内出土3件舍利瓶，分别编号2013JCGLH2：7、2013JCGLH2：8、2013JCGLH2：9，均为球形，长颈。2013JCGLH2：8、2013JCGLH2：9

0   24厘米

图二一五　陶棺 2013JCGLH2：1

舍利瓶未提取。2013JCGLH2：6，方形漆盒内置 1 舍利瓶，编号 2013JCGLH2：10 号。

2013JCGLH2：7，琉璃质，卷沿，略残，直颈，球形腹，外底较小，且内凹。内装有舍利。高 5.2、口径 1.7、颈长 2.2、底径 2、腹径 3.8、底内凹 0.3 厘米（图二一六，1；彩版二一六，1）。琉璃瓶口部破裂，部分舍利散落。目前清理出 1700 余粒舍利，舍利为白色结晶状，形如米粒。

2013JCGLH2：8、2013JCGLH2：9 舍利瓶现置于漆盒内，无法提取。从 CT 扫描片中知为琉璃质，球形或葫芦形。2013JCGLH2：8 略大，腹径 4.53 厘米。2013JCGLH2：9 较小，腹径 3.15 厘米。

2013JCGLH2：10，舍利瓶为琉璃质，青绿色，现置于漆盒中，仅露出口部、颈部及部分腹部。卷沿，直颈，球形腹。口径约 3.2 厘米，内塞铜质塞子，塞上饰六瓣上卷的莲花，中间有提梁。CT 扫描片中知高约 10.60、腹径 7.82、颈长 2.92、瓶塞长 2.04、瓶塞直径 0.93 厘米。

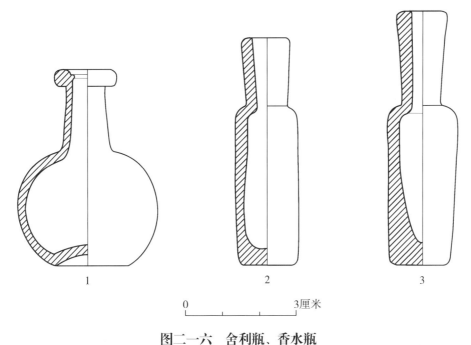

0   3厘米

图二一六 舍利瓶、香水瓶

1~3. 2013JCGLH2：7、2013JCGLH2：11、2013JCGLH2：12

二 供养品

佛骨下出土2件方形玻璃瓶，分别编号2013JCGLH2：11、2013JCGLH2：12号。瓶中未发现物品。陶棺前侧供养瓷碟等。

1. 2013JCGLH2：11

玻璃瓶，青绿色，侈口，圆柱状长颈，折肩，方形瓶身，方形底。瓶高6、颈长1.8、身高4.2、口外径1.3、口内径0.65厘米。瓶身方形，边长1.7厘米（图二一六，2；彩版二一六，2）。

2. 2013JCGLH2：12

玻璃瓶，灰黄色，外表有钙质物。器形同2013JCGLH2：11。瓶高6.7、颈长2.5、身高4.2、口外径1.4、口内径1.1厘米。瓶身方形，边长1.9厘米（图二一六，3；彩版二一六，3）。

3. 2013JCGLH2：3

白瓷香碟，置于砖函内陶棺西侧。白胎，白釉，侈口，宽平沿，上腹部斜收，下腹折收。内底平，外底内凹。口径12、底径3、高4.5厘米（图二一七，1）。

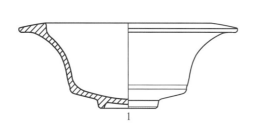

3

0　　　　　　　　6厘米

图二一七　供养品、铭文砖

1. 白瓷香碟2013JCGLH2：3　　2. 器座2013JCGLH2：4　　3. 铭文砖2013JCGLH2：2拓片

4. 2013JCGLH2：4

器座。红胎，施绿釉，喇叭形，平底，座上2周凸棱，中空。顶径2、底径5.9、高5.7厘米（图二一七，2；彩版二一六，4）。

三 铭文砖

1. 2013JCGLH2：2

砂石质。正方形，边长33、厚5厘米。砖正面阴刻楷书文字19行，侧面1行，共计427字（图二一七；3；彩版二一七）。

背面为菱格纹。疑是利用原有的方砖稍加打磨，在原砖背面刊刻了铭文：

维大宋大中祥符六年岁次癸丑五月辛卯朔十二日壬寅泾州 /

龙兴寺曼殊院念法花经僧云江智明同收诸佛舍利约二千 /

余粒并佛牙佛骨于本院文殊菩萨殿内葬之智明爰与 /

同院法眷云江道味有契水乳无疎孤洁依投而亲行愿 /

故相遘遇也皆承师训俱受佛恩将何报于覆焘复何普于 /

济沾岁月随缘因果远趣曰 佛灭度后八斛四阧分布舍 /

利遗迹具瞻戒定惠证感通应现 /

明圣兴隆而身心志向且愿力岂捐固铭性錬心行住坐卧励 /

至二纪余或逢人惠施或良会所获或恩鬻殊乡或输诚 /

多士初终不整数满两千余粒奇哉宝瓶珠转牙骨 /

星流一日稽颡曰幸卜丰坚于自院中历劫无坏长世 /

载遇天上人间愿力非舍矣不幸云江迁化瘗事复失 /

今日智明奉葬酬愿法教照彰上善得获于定菓同因祈 /

会于龙华远仗圣贤加备绍嗣矣铭云　　于缘有果分明世 /

出家瞻佛奉法分善不可嘉真为释子分积功累德同志 /

操修分茂宝去花设舍罗分无为利用灭波咤分辩正除 /

邪求一粒分轻冰透水礼神异分净意开花报四恩分傍及九 /

有同佛会分利乐河沙 当州本寺管内僧正惠照大师赐紫义英稽首 /

助缘比丘　义演 表白大德　义捷 小师惠远　梁吉书克 /

砖左侧　助缘埋葬弟子陶知福

第四节　日常用品

遗址出土日常用品种类丰富，但多残损严重。主要有瓷器、陶器以及铜、铁、骨质小件，另外遗址出土大量铜钱和少量铁钱。

一　瓷器

多为残片，可复原者甚少。釉色以黑釉、白釉和青釉为主。器形有碗、盘、碟、钵、盏、壶、盖盒、罐、器盖、器底等。

1. 碗

可复原者57件。釉色以黑釉、白釉和青釉为主。多为侈口和敞口，以弧腹为主，少量斜直腹和折腹，有圈足和璧形足。其中青釉碗纹饰多样。

（1）青釉碗

可复原者18件。通体施青釉，部分足底露胎。

2015JCGLⅢT0104④：5，侈口，圆唇，折腹，小圈足。内凸，外凹六出筋，近口沿处饰两道弦纹。通体施青釉，灰胎。复原口径17、底径5.2、高4.8厘米（图二一八，1；彩版二一八，1、2）。

2015JCGLⅢT0301③：19，侈口，尖唇，深弧腹，圈足。内凸，外凹出筋。沿外饰两道弦纹。通体施青釉，灰胎。复原口径17.2、底径6、高7.8厘米（图二一八，2）。

2015JCGLⅡT0104③：12，侈口，卷沿，尖唇，深弧腹，圈足。内壁出筋，腹部饰花草纹。通体施青釉，灰白胎。复原口径14.2、底径4.6、高6.3厘米（图二一八，3）。

2015JCGLⅡT0201③：8，侈口，圆唇，沿外翻，浅弧腹，圈足。通体施青釉，足底露胎，色灰白。复原口径16.2、底径3.4、高4.8厘米（图二一八，4）。

2015JCGLⅡT0104③：2，侈口，圆唇，斜直腹，圈足。近口处饰三道弦纹。通体施青釉，足底露胎，胎色浅灰。内壁饰卷草纹，内底刮涩圈。复原口径19.6、底径5.4、高7.8厘米（图二一八，5；彩版二一八，3、4）。

2018JCGLⅡT0204④：9，尖唇，腹部转折处居中。沿外饰一道弦纹，内壁满饰牡丹纹。通体施青釉，灰白胎。复原口径15.4、底径5、高4.1厘米（图二一九，1；彩版二一八，5、6）。

2018JCGLH40：9，敞口，圆唇，斜弧腹，腹较浅，玉璧形底。通体施青釉，色姜黄。复原口径15.4、底径8.3、高4.1厘米（图二一九，2）。

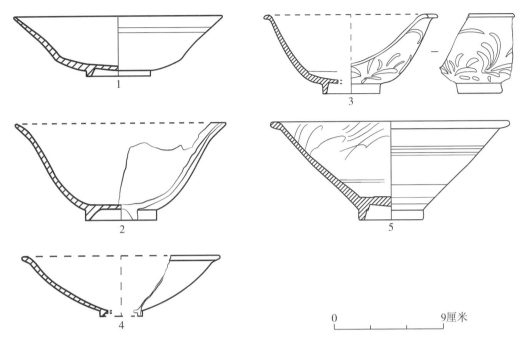

图二一八 青釉碗

1~5. 2015JCGL Ⅲ T0104④：5、2015JCGL Ⅲ T0301③：19、2015JCGL Ⅱ T0104③：12、2015JCGL Ⅱ T0201③：8、2015JCGL Ⅱ T0104③：2

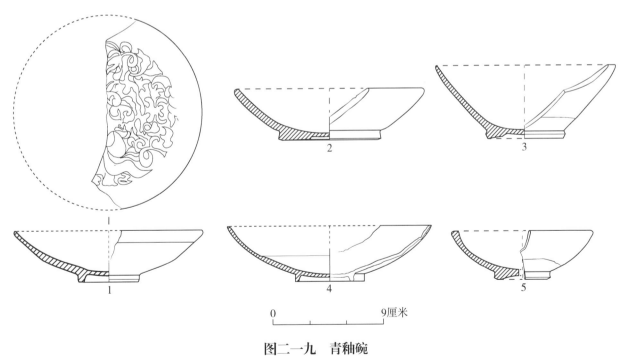

图二一九 青釉碗

1~5. 2018JCGL Ⅱ T0204④：9、2018JCGLH40：9、2018JCGLH44：23、2015JCGL Ⅲ T0301③：21、2018JCGL Ⅳ T0207探沟内⑤：1

2018JCGLH44：23，敞口，尖唇，斜弧腹，腹较浅，玉璧形底。通体施青釉，色姜黄，外壁釉不到底，近底处和足底露胎，色浅黄。复原口径14.8、底径6.4、高5.8厘米（图二一九，3）。

2015JCGLⅢT0301③：21，敞口，尖唇，浅弧腹，圈足。内壁出筋，近口沿处饰一道弦纹。通体施青釉。复原口径16.6、底径5.6、高4.4厘米（图二一九，4）。

2018JCGLⅣT0207探沟内⑤：1，敞口，圆唇，浅弧腹，圈足。通体施青釉，外壁釉不到底，近底处和足露胎，色浅灰。复原口径11.6、底径4.6、高3.9厘米（图二一九，5）。

2015JCGLⅢT0301③：2，敞口，圆唇，深弧腹，圈足。通体施青釉，沿外饰一道弦纹。口径18.2、底径7.6、高6.9厘米（图二二〇，1）。

2018JCGLH43：30，敞口，尖圆唇，深弧腹，圈足。内壁出筋，内、外壁满饰缠枝牡丹纹。通体施青釉，胎色灰白。复原口径19、底径5.2、高7.9厘米（图二二〇，2）。

2018JCGLH40：6，敞口，圆唇，深弧腹，圈足。通体施青釉，色姜黄，足跟露胎，色红褐。复原口径20.8、底径6.2、高7.6厘米（图二二〇，3）。

2016JCGLⅢT0302③：8，敞口，圆唇，深弧腹，圈足。内壁六出筋。通体施青釉，胎色灰白。

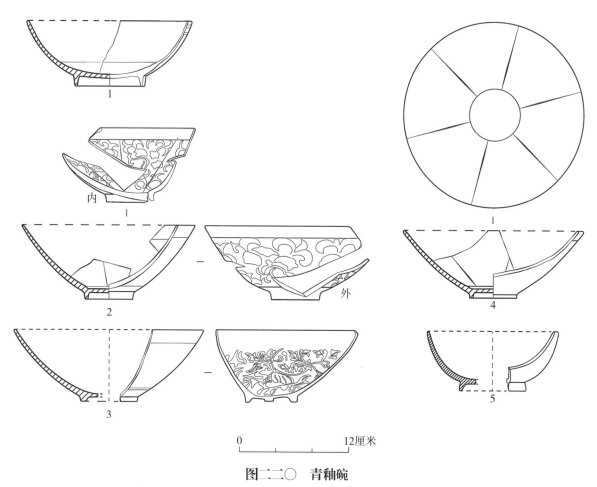

0　　　　　　　12厘米

图二二〇　青釉碗

1~5. 2015JCGLⅢT0301③：2、2018JCGLH43：30、2018JCGLH40：6、2016JCGLⅢT0302③：8、2018JCGLH44：22

复原口径19.6、底径5.1、高7.2厘米（图二二〇，4）。

2018JCGLH44：22，敞口，尖唇，圆弧腹，圈足。通体施青釉，胎色浅灰。复原口径14.2、底径7.2、高6.3厘米（图二二〇，5）。

2015JCGL Ⅲ T0104④：2，敞口，尖唇，深弧腹，圈足。通体施青釉，足底浅黄。外壁饰折扇纹，内壁满饰缠枝菊花纹。复原口径14.8、底径4.9、高6.8厘米（图二二一，1；彩版二一九，1～3）。

0　　　　　　　6厘米

图二二一　青釉碗、青花碗

1、2. 青釉碗 2015JCGL Ⅲ T0104④：2、2014JCGLH40：2　3. 青花碗 2018JCGLM4：9

2014JCGLH40：2，青釉牡丹纹碗。口微敛，尖唇，深弧腹，圈足。通体施青釉，足跟姜黄，足底露胎，色浅灰。外壁满饰牡丹纹。复原口径14.4、底径5.4、高8.2厘米（图二二一，2；彩版二一九，4）。

（2）白釉碗

18件。通体施白釉，外壁釉多不到底。

2018JCGLH44：21，敛口，尖圆唇，斜直腹，壁较厚，玉璧形底。足底有墨书痕迹，漫漶不清，无法识读。通体施白釉，外壁釉不到底，足底露胎，色乳白。复原口径12.4、底径7.2、高3.4厘米（图二二二，1；彩版二二〇，1、2）。

2014JCGLH21：1，敛口，尖圆唇，斜直腹，壁较厚，玉璧形底。通体施白釉，外壁釉不到底，足底露胎，色乳白。复原口径13.4、底径6.8、高4厘米（图二二二，2）。

2015JCGLⅡT0202③：5，敛口，尖圆唇，斜弧腹，壁较厚，玉璧形底。通体施白釉，外壁釉不到底，足底露胎，色灰白。复原口径12.8、底径6.8、高3.7厘米（图二二二，3）。

2015JCGLⅢT0301③：27，敛口，尖圆唇，斜弧腹，壁较厚，玉璧形底。通体施白釉，釉发黄，外壁釉不到底，近底处及足底露胎，色黄白。复原口径13.2、底径8.2、高3.7厘米（图二二二，4）。

2015JCGLⅡT0104③：11，敞口，圆唇，弧腹，腹壁较厚，玉璧形底。通体施白釉，足底露胎，色乳白。复原口径13.2、底径7.4、高4.2厘米（图二二二，5）。

2015JCGLⅢT0301③：25，敞口，圆唇，弧腹，玉璧形底。通体施白釉，足底露胎，色乳白。复原口径17、底径9.6、高4.6厘米（图二二二，6）。

2018JCGLⅡT0202④：5，敞口，圆唇，弧腹，腹壁较厚，玉璧形底。通体施白釉，足底露胎，

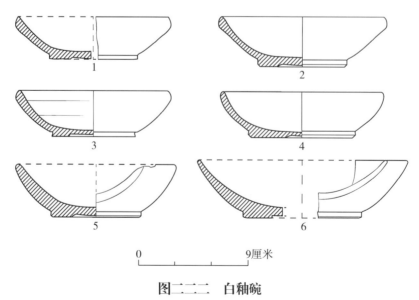

图二二二　白釉碗

1～6. 2018JCGLH44：21、2014JCGLH21：1、2015JCGLⅡT0202③：5、2015JCGLⅢT0301③：27、2015JCGLⅡT0104③：11、2015JCGLⅢT0301③：25

色灰白。复原口径14.6、底径7.3、高4.3厘米（图二二三，1；彩版二二〇，3～5）。

2015JCGL Ⅱ T0203③：11，敞口，圆唇，弧腹，玉璧形底。通体施白釉，足底露胎，色乳白。复原口径16.2、底径6.8、高4.5厘米（图二二三，2）。

2015JCGL Ⅱ T0201③：16，敞口，圆唇，斜弧腹，玉璧形底。通体施白釉，外壁釉不到底，近底处及足底露胎，色乳白。复原口径15.3、底径7.1、高4.8厘米（图二二三，3）。

2018JCGLH43：24，敞口，圆唇，弧腹，圈足。通体施白釉，外壁釉不到底，近底处及足跟露胎，色黄白。足底有墨书痕迹，漫漶不清，无法识读。复原口径12、底径4.6、高3.4厘米（图二二三，4）。

2018JCGLH43：31，敞口，尖圆唇，弧腹，矮圈足。通体施白釉，外壁釉不到底，近底处及足跟施白色化妆土。足底墨书一"張"字。复原口径11.2、底径3.5、高3.5厘米（图二二三，5；彩版二二〇，6）。

2015JCGL Ⅱ T0302③：9，敞口，圆唇，弧腹，圈足。近口沿处加饰一道凹弦纹。通体施白釉，外壁釉不到底，近底处及足底施白色化妆土。复原口径17.4、底径7、高5.2厘米（图二二三，6；彩版二二一，1）。

2015JCGL Ⅲ T0301③：23，敞口，尖唇，弧腹，圈足。近底处饰数道凸棱纹。通体施白釉，外壁

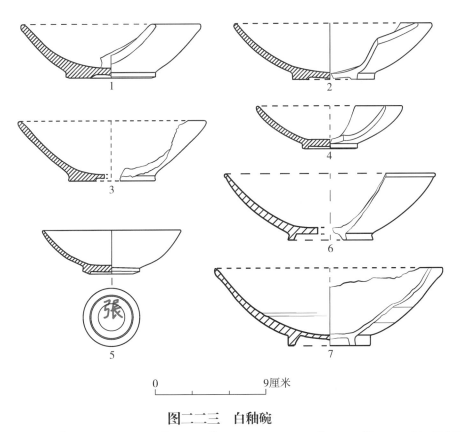

0   9厘米

图二二三 白釉碗

1～7. 2018JCGL Ⅱ T0202④：5、2015JCGL Ⅱ T0203③：11、2015JCGL Ⅱ T0201③：16、2018JCGLH43：24、2018JCGLH43：31、2015JCGL Ⅱ T0302③：9、2015JCGL Ⅲ T0301③：23

釉不到底，近底处及足底釉色青灰。复原口径18.8、底径6.8、高6.2厘米（图二二三，7）。

2015JCGLⅡT0104③：6，敞口，圆唇，深弧腹，圈足。通体施白釉，外壁釉不到底，足底露胎，色黄白。内壁近口沿处以红彩饰三道弦纹，内壁以红绿彩饰花草纹。复原口径9.2、底径2.8、高3.5厘米（图二二四，1）。

2015JCGLⅡT0104③：5，白釉禽鸟纹碗。敞口，尖唇，折腹，腹部转折处较低，圈足。通体施白釉，足底露胎，色灰白。外底有墨书痕迹，漫漶不清。内壁饰鸳鸯和天鹅，内底刮涩圈。复原口径10.8、底径3.8、高4.4厘米（图二二四，2；彩版二二一，2～4）。

2015JCGLⅡT0204③：24，敞口，尖唇，折腹，腹部转折处较低，圈足。通体施白釉，足底露胎，色灰白。复原口径10、底径4.6、高2.9厘米（图二二四，3）。

2015JCGLM3：2，敞口，尖唇，弧腹，圈足。通体施白釉，釉色发黄，近口沿处饰两道蓝弦纹。口径15、底径5.8、高6厘米（图二二四，5）。

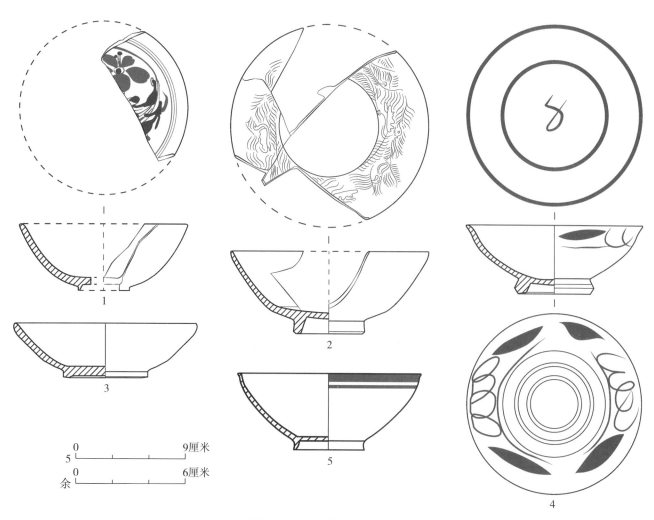

图二二四　白釉碗、青花碗

1～3、5. 白釉碗 2015JCGLⅡT0104③：6、2015JCGLⅡT0104③：5、2015JCGLⅡT0204③：24、2015JCGLM3：2　4. 青花碗 2018JCGLⅡT0203④：12

（3）黑釉碗

21件。通体施黑釉，外壁釉多不到底，部分内底刮涩圈。

2018JCGLⅢT0103④：2，敞口，尖圆唇，弧腹，圈足。腹部饰数道凸棱纹。近底处和足跟露胎，色黄白。复原口径19、底径5.5、高7.5厘米（图二二五，1；彩版二二二，1）。

2015JCGLⅡT0202③：7，敞口，圆唇，斜弧腹，圈足，腹部饰数道凸棱纹。近底处和足跟露胎，色黄白。复原口径20.2、底径6.8、高8厘米（图二二五，2）。

2015JCGLⅡT0204③：20，敞口，圆唇，斜弧腹，圈足。近底处及足跟露胎，色黄白。复原口径20.4、底径6.8、高7.7厘米（图二二五，3）。

2015JCGLⅢT0301③：26，残，可复原。敞口，尖圆唇，深弧腹，小圈足。近底处和足跟露胎，色黄白。复原口径18.8、底径6.2、高7.2厘米（图二二五，4；彩版二二二，2）。

2014JCGLⅡT0104②：1，敞口，尖唇，小斜领，斜弧腹，圈足。内底刮涩圈，外壁施半釉，下腹及外底露胎，色土黄。复原口径19.2、底径6.5、高6.7厘米（图二二六，1；彩版二二二，3）。

2014JCGLⅡT0105②：5，敞口，方唇，斜弧腹，圈足。近底处和足跟露胎，色灰白。复原口径12.2、底径4.8、高5厘米（图二二六，2）。

2014JCGLⅡT0105②：6，敞口，圆唇，斜弧腹，圈足。近底处和足跟露胎，色黄白。复原口径19.4、底径5.6、高7.4厘米（图二二六，3）。

2015JCGLⅡT0104③：1，敞口，卷沿，深鼓腹，腹部略下垂，圈足。近底处和足底施酱釉，足跟刮釉，胎色浅灰。复原口径20.8、底径7.2、高9厘米（图二二六，4；彩版二二二，4~6）。

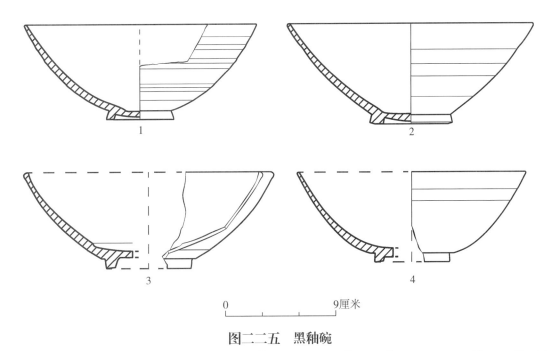

图二二五　黑釉碗

1~4. 2018JCGLⅢT0103④：2、2015JCGLⅡT0202③：7、2015JCGLⅡT0204③：20、2015JCGLⅢT0301③：26

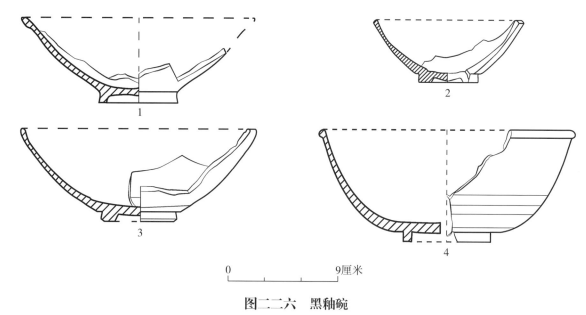

图二二六　黑釉碗

1～4. 2014JCGLⅡT0104②：1、2014JCGLⅡT0105②：5、2014JCGLⅡT0105②：6、2015JCGLⅡT0104③：1

2014JCGLⅡT0105②：1，敞口，厚圆唇，浅弧腹，圈足。腹部饰两道凸棱纹。内壁黑釉面上饰放射状酱斑纹，外壁施酱釉，釉不到底，近底处和足底露胎，色黄白。复原口径15.7、底径6.4、高5.6厘米（图二二七，1）。

2018JCGLH49：2，敞口，厚圆唇，浅弧腹，圈足。腹部饰一道凸棱。内壁黑釉面上饰放射状酱斑纹，外壁施酱釉，釉不到底，近底处和足底露胎，色浅灰。复原口径14.4、底径6.2、高4.4厘米（图二二七，2）。

2015JCGLⅢT0301③：5，敞口，厚圆唇，浅弧腹，圈足。内壁黑釉面上饰放射状酱斑纹，外壁施黑釉，釉不到底，近底处和足底露胎，色浅黄。复原口径13.6～14.6、底径5.8、高4.4厘米（图二二七，3；彩版二二三，1～3）。

2014JCGLⅡT0105②：4，敞口，厚圆唇，浅弧腹，圈足。内壁黑釉面上饰放射状酱斑纹，外壁施黑釉，釉不到底，近底处和足底露胎，色浅灰。复原口径15.6、底径6.4、高4.4厘米（图二二七，4）。

2018JCGLⅢT0106④：6，敞口，厚圆唇，浅弧腹，圈足。内壁黑釉面上饰放射状酱斑纹，外壁施酱釉，釉不到底，近底处和足底露胎，色浅灰。复原口径17.4、底径6.8、高5.4厘米（图二二七，5）。

2015JCGLⅡT0104③：14，口微外侈，近口沿处微内束，尖唇，斜直腹，腹部较深，圈足。足跟露胎，色乳白。复原口径13.8、底径4.2、高6.8厘米（图二二八，1）。

2015JCGLⅡT0103③：7，口微外侈，近口沿处微内束，尖唇，斜直腹，腹部较深，圈足。近底处及足跟露胎，色黄白。复原口径12、底径5、高5.6厘米（图二二八，2）。

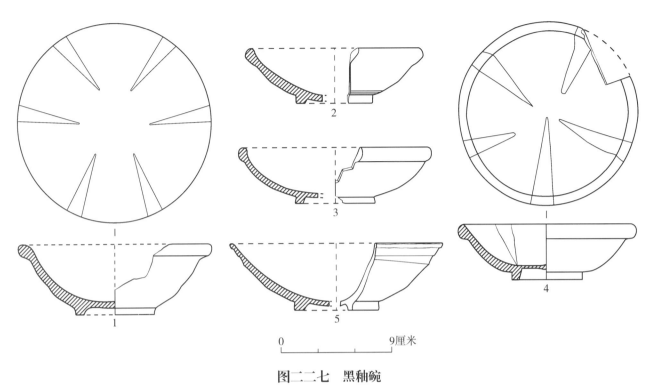

图二二七　黑釉碗

1~5. 2014JCGL Ⅱ T0105②：1、2018JCGLH49：2、2015JCGL Ⅲ T0301③：5、2014JCGL Ⅱ T0105②：4、2018JCGL Ⅲ T0106④：6

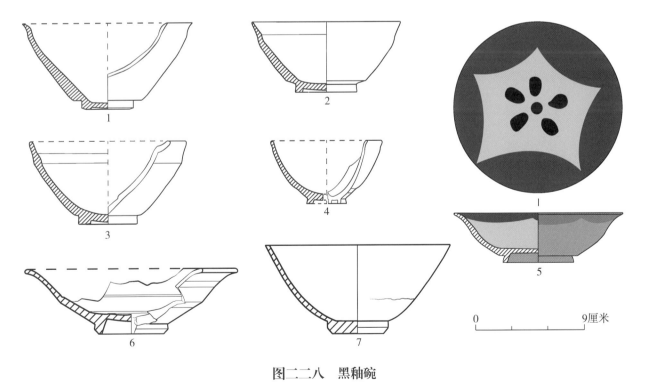

图二二八　黑釉碗

1~7. 2015JCGL Ⅱ T0104③：14、2015JCGL Ⅱ T0103③：7、2015JCGL Ⅱ T0104③：13、2014JCGL Ⅱ T0105②：2、2018JCGL Ⅲ T0302④：12、2018JCGL Ⅰ 东侧采集：11、2013JCGLM1：1

2015JCGLⅡT0104③：13，口微外侈，近口沿处微内束，圆唇，斜直腹，腹部较深，圈足。足跟露胎，色灰白。复原口径12.8、底径4.8、高6.6厘米（图二二八，3）。

2014JCGLⅡT0105②：2，黑釉油滴纹碗。口微外侈，近口沿处微内束，圆唇，深弧腹，圈足。通体施黑釉，有银灰色油滴状斑点，外壁釉不到底，近底处和足跟露胎，色浅灰。复原口径9、底径3.2、高5厘米（图二二八，4）。

2018JCGLⅢT0302④：12，素胎黑彩碗。侈口，尖唇，浅弧腹，圈足。内、外沿施五曲黑彩，内底饰五瓣莲花图案。内壁胎色青灰，外壁胎色红褐。复原口径14、底径6、高4厘米（图二二八，5）。

2018JCGLⅠ东侧采集：11，侈口，圆唇，折腹，腹部转折处居中，圈足。内壁施黑釉，内底刮涩圈，外壁施半釉，下腹及外底露胎，色土黄。复原口径17.4、底径6、高5.2厘米（图二二八，6；彩版二二三，4、5）。

2013JCGLM1：1，侈口，尖圆唇，斜直腹，小圈足。内外均挂黑色半釉，胎色灰白。口径15、底径4.2、高7厘米（图二二八，7；彩版二二三，6）。

（4）酱釉碗

1件。

2015JCGLⅡT0304③：2，敞口，尖唇，近口沿处内束，形成矮斜领，弧腹，圈足。腹部有三道凸棱。通体施酱釉，外壁釉不到底及足跟露胎，色灰白。复原口径12.2、底径4.4、高6厘米（图二二九；彩版二二四，1）。

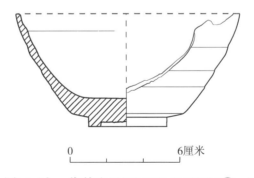

0　　　　　　　　　6厘米

图二二九　酱釉碗 2015JCGLⅡT0304③：2

（5）青花碗

2018JCGLM4：9，敞口，尖圆唇，弧腹，腹较深，圈足。通体施青釉，内壁近底饰两道弦纹，内饰花卉纹。外壁由上至下饰两层花草纹，花草间饰"S"形间隔符号，近底处镌刻一"胡"字。碗底饰两周弦纹，内有四边形款识。口径14.4、底径6.8、高6.6厘米（图二二一，3；彩版二二四，2~4）。

2018JCGLⅡT0203④：12，白釉花草纹碗。侈口，尖唇，弧腹，圈足。外壁饰花草纹，内底饰弦纹和"8"形纹饰。通体施白釉，发黄，外壁釉不到底，近底处和足跟露胎，色黄白。口径9.6、底径

4、高3.6厘米（图二二四，4；彩版二二四，5、6）。

2. 盘

可复原者4件。均侈口，浅弧腹，圈足。

2015JCGL Ⅲ T0301③：22，通体施青釉，足跟露胎，色灰白。复原口径10.4、底径4.2、高2.4厘米（图二三〇，2；彩版二二五，1、2）。

2018JCGL Ⅱ T0304④：7，通体施青釉，胎色浅灰。内壁满饰牡丹纹。复原口径12.6、底径3.8、高3厘米（图二三〇，3）。

2015JCGL Ⅱ T0204③：8，方唇。通体施黑釉，外壁黑釉不到底，近底处和底部施酱釉。复原口径23.2、底径8.8、高5.4厘米（图二三〇，1；彩版二二五，3、4）。

2018JCGLM4：8，青花盘，尖唇。通体施青釉，内壁由上至下饰两层梵文，内底饰一梵文。外壁由三个"↓"划分为三部分，并于近底处镌刻一"存"字，外底饰两周弦纹，内书一梵文。口径16、底径10.8、高4厘米（图二三〇，4；彩版二二五，5、6）。

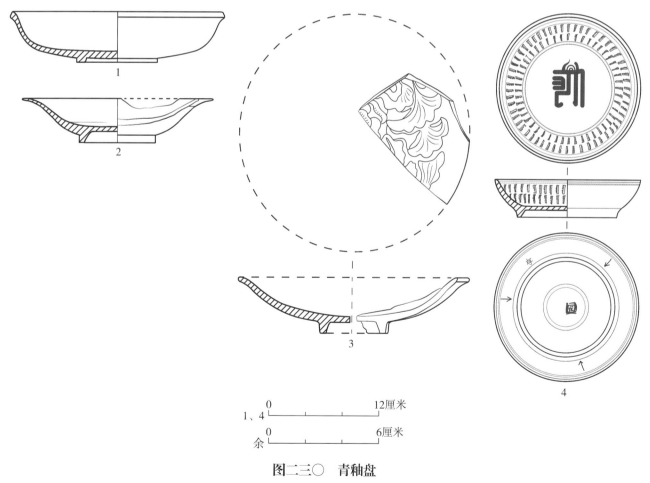

图二三〇　青釉盘

1.黑釉盘2015JCGL Ⅱ T0204③：8　2、3.青釉盘2015JCGL Ⅲ T0301③：22、2018JCGL Ⅱ T0304④：7　4.青花盘2018JCGLM4：8

3. 碟

可复原者4件。

2015JCGLH43：33，青釉花口刻花碟。整体呈圆形，侈口，尖唇，浅弧腹，卧足。腹部内凸，外凹出筋。近口沿处饰一道弦纹，内壁满饰缠枝牡丹纹。通体施青釉，足跟露胎，色土黄。复原口径11.8、底径2.2、高2厘米（图二三一，1；彩版二二六，1、2）。

2015JCGLⅢT0104④：15，青釉菊花纹碟。整体呈圆形，侈口，尖圆唇，浅弧腹，卧足。通体施

0　　　　　　　　　6厘米

图二三一　瓷碟

1、2.青釉碟2015JCGLH43：33、2015JCGLⅢT0104④：15　3.白釉碟2015JCGLⅢT0104③：15　4.绿釉碟2015JCGLH44：13

青釉，足跟露胎，色土黄。内壁满饰缠枝菊花纹。复原口径13、高3厘米（图二三一，2）。

2015JCGL Ⅲ T0104③：15，白釉碟。整体呈圆形，侈口，尖唇，浅弧腹，卧足。通体施白釉，白胎。复原口径12、底径3、高2厘米（图二三一，3）。

2015JCGLH44：13，绿釉蝴蝶纹四方碟。整体呈方形，敞口，尖圆唇，斜直壁，外壁四角各有一条压印凹痕，大平底。通体施绿釉，白胎。内底饰四只蝴蝶，内壁一侧饰连钱纹。复原口径12.4、底径8、高2厘米（图二三一，4；彩版二二六，3~5）。

4. 钵

1件。

2018JCGL Ⅱ T0304④：4，黑釉钵。口残，不可复原。束颈，折肩，圆鼓腹，圈足。通体施黑釉，外壁釉不到底，近底处及底露胎，色黄白。腹径11.3、底径7.9、残高6.6厘米（图二三二；彩版二二六，6）。

5. 盏

可复原者59件。均为釉陶盏，均内壁施釉，见有黑釉和酱釉，口沿及外壁露胎，多为灰胎和红胎，少量为黄白胎。大部分口沿存烟熏痕迹。按照口、沿形态不同分为三型。

A型 54件。敞口，小平沿，平底。按照腹部形态不同划分为两亚型。

Aa型 24件。斜直腹。

2015JCGL Ⅱ T0104③：3，尖唇。内壁施黑釉，口沿及外壁露胎，胎色浅灰。口径7.4、底径4、高1.9厘米（图二三三，1；彩版二二七，1）。

2016JCGL Ⅲ T0101④：3，尖唇。内壁施黑釉，口沿及外壁露胎，色浅灰。口沿存烟熏痕迹。口

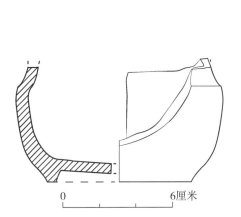

图二三二 黑釉钵2018JCGL Ⅱ T0304④：4

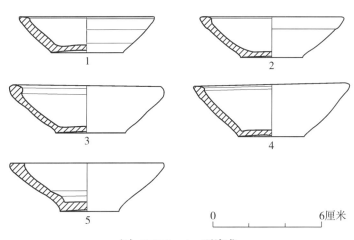

图二三三 Aa型瓷盏

1~5. 2015JCGL Ⅱ T0104③：3、2016JCGL Ⅲ T0101④：3、2015JCGL Ⅲ T0201③：5、2016JCGL Ⅲ T0201④：3、2015JCGL Ⅱ T0102③：4

径7.9、底径3.4、高2.2厘米（图二三三，2）。

2015JCGLⅢT0201③：5，圆唇。内壁施黑釉。口径8.4、底径3.8、高2.5～2.6厘米（图二三三，3；彩版二二七，2）。

2016JCGLⅢT0201④：3，尖唇。内壁施酱釉。口沿存烟熏痕迹。口径8.6、底径3.6、高2.7～2.9厘米（图二三三，4）。

2015JCGLⅡT0102③：4，尖唇。内壁施黑釉。口径8.4、底径3.2、高2.6厘米（图二三三，5）。

Ab型　30件。弧腹。

2015JCGLⅢT0303③：1，方圆唇。内壁施黑釉。口径8.4、底径3.1、高2.3～2.5厘米（图二三四，1；彩版二二七，3）。

2015JCGLⅡT0201③：4，尖唇，浅弧腹。内壁施酱釉，口沿及外壁露胎，胎色红褐。口径7.2、底径3、高2厘米（图二三四，2；彩版二二七，4）。

2015JCGLⅡT0204③：9-1，尖圆唇。内壁施黑釉，口沿及外壁露胎，胎色浅灰。口沿存烟熏痕迹。底部有轮制痕迹。口径8、底径4、高2.4～2.6厘米（图二三四，3）。

2015JCGLⅡT0204③：9-2，尖圆唇。内壁施酱釉，口沿及外壁露胎，胎色浅黄。口沿存烟熏痕迹。口径8、底径3.1、高2.4厘米（图二三四，4）。

2015JCGLⅡT0204③：9-4，圆唇。内壁施酱釉，口沿及外壁露胎，胎色浅灰。口径7.7、底径3.6、高2.4厘米（图二三四，5）。

B型　4件。敞口，弧腹，平底。

2015JCGLH44：2，尖唇。内壁施黑釉，外壁施酱釉，底部及口沿露胎，胎色灰白。复原口径9.4、底径4.8、高3.7厘米（图二三五，1；彩版二二七，5）。

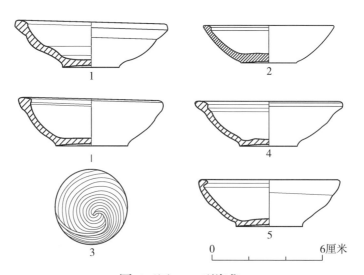

图二三四　Ab型瓷盏

1～5. 2015JCGLⅢT0303③：1、2015JCGLⅡT0201③：4、2015JCGLⅡT0204③：9-1、9-2、9-4

2015JCGLH44：16，圆唇。近口沿处微内凹并饰数道弦纹。内壁施黑釉，口沿及外壁露胎，胎色乳白。复原口径9.9、底径4.6、高3.8厘米（图二三五，2）。

2018JCGL Ⅰ T15东侧采集：17，圆唇。内壁施黑釉，口沿及外壁露胎，胎色浅灰。复原口径8.1、底径3.2、高2.1厘米（图二三五，3）。

C型　1件。敛口，圆唇，弧腹，小平底。

2017JCGL Ⅲ T0306③：4，内壁施黑釉，口沿及外壁露胎，色黄白。口沿存烟熏痕迹。口径7.8、底径3.6、高2.3厘米（图二三五，4）。

6. 杯

1件。

2015JCGL Ⅲ T0301③：14，口微侈，尖唇，颈微束，深弧腹，圜底，小圈足。通体施青白釉。复原口径7.4、底径2.6、高3.8厘米（图二三六；彩版二二八，1、2）。

7. 杯托

可复原者4件。分两型。

A型　1件。

2015JCGL Ⅲ T0301③：13，残，可复原。侈口，尖唇，沿外翻，弧腹，高圈足。白胎，青白釉。口径10、底径4、高2.4厘米（图二三七，1；彩版二二八，3~5）。

B型　2组（3件）。形制相同，均侈口，宽平沿外倾，圆唇，折腹，底微凹。内壁施白釉，发黄，外壁露胎，胎色浅灰。

2015JCGL Ⅱ T0104③：8，口径7.6、底径3.5、高1.2厘米（图二三七，2）。

2015JCGL Ⅱ T0204③：25-1，较完整。口径7.2、底径3.9、高1厘米（图二三七，3；彩版二二八，6）。

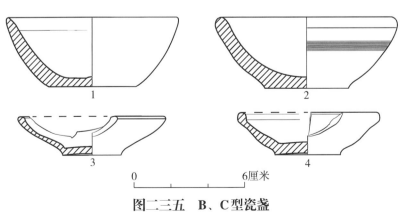

图二三五　B、C型瓷盏

1~3. B型2015JCGLH44：2、2015JCGLH44：16、2018JCGL Ⅰ T15东侧采集：17
4. C型2017JCGL Ⅲ T0306③：4

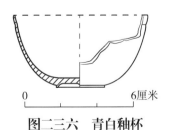

图二三六　青白釉杯

2015JCGL Ⅲ T0301③：14

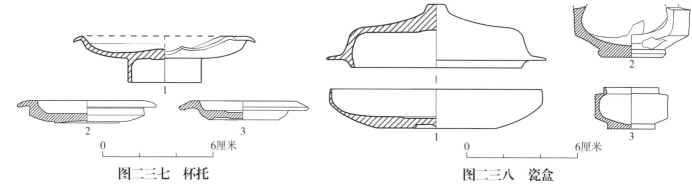

图二三七　杯托
1. A型2015JCGLⅢT0301③：13　2、3. B型2015JCGLⅡT0104
③：8、2015JCGLⅡT0204③：25-1

图二三八　瓷盒
1、2.黑釉盒2015JCGLⅢT0201③：4、2018JCGLⅡT0304④：5　3.青釉盒
2016JCGLⅡT0103④：1

8. 盒

可复原者3件。

2016JCGLⅡT0103④：1，盖失，仅余盒。子母口，上腹垂直，下腹斜折内收，饼足。外壁施青釉，口沿、内壁及足露胎，胎色灰白。口径3、腹径4、底径2.6、高2.2厘米（图二三八，3；彩版二二九，1）。

2015JCGLⅢT0201③：4，盒口微敛，尖唇，弧腹折收至底，卧足。盖斜平沿，子口，隆顶，纽残。通体施黑釉，足跟、盖内露胎，胎色土黄。盒口径11.5、底径6.4、高2.1厘米；盖径11.9、高3.4厘米（图二三八，1；彩版二二九，2）。

2018JCGLⅡT0304④：5，口微残。子母口，上腹垂直，下腹斜折内收，饼足。外壁施黑釉，口沿、近底处及足露胎，胎色浅灰。腹径6.3、底径3.7、残高2.7厘米（图二三八，2）。

9. 壶

3件。

2016JCGLⅢT0102④：2，黑釉瓜棱执壶。喇叭口，尖唇，束颈，肩较平，肩侧置流，已残，对侧置双曲柄，鼓腹，圈足。腹部呈瓜棱状。通体施黑釉，足露胎，色灰白。口径4.4、底径6.8、高20厘米（图二三九，1）。

2015JCGLM3：5，酱釉双系小壶。盘口带流，束颈，溜肩，弧腹，圈足。颈肩处相对两桥形系，近底处一周凸棱纹。通体施酱釉，外壁釉不到底，近圈足处始露胎，色红褐。口径3.8、耳距6.2、腹径6、底径3.8、高7.5厘米（图二三九，2；彩版二二九，3）。

2015JCGLM3：4，白釉执壶。子母口，带盖，圆鼓腹，圈足。通体施白釉，壶口及盖内壁不施釉，胎色灰白。腹部一侧饰石榴纹，一侧墨书"清心"二字。壶口径4.7、腹径8.3、底径5.4、高6.9、盖高2.3厘米（图二三九，3；彩版二二九，5、6）。

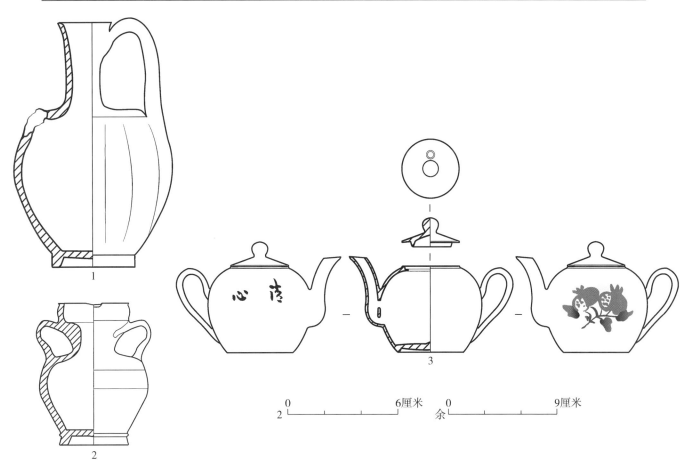

图二三九　瓷壶

1.黑釉瓜棱执壶2016JCGLⅢT0102④：2　2.酱釉双系小壶2015JCGLM3：5　3.白釉执壶2015JCGLM3：4

10. 樽

1件。

2014JCGLH36②：5，酱釉三足樽。口微敛，方唇，近口沿处微内束，斜直腹，平底，存两足，残。外壁一侧饰兽面铺首。外壁施酱釉，内壁及底露胎，胎红褐色。口径18.8、底径20、高15.4厘米（图二四〇，1；彩版二二九，4）。

11. 瓶

1件。

2015JCGLH43：6，残缺较甚。长颈，宽斜肩，折腹。肩部贴饰叶形纹饰一周，腹部贴饰六瓣花卉纹饰。外壁施酱釉，内壁露胎，胎色黄白。残高11.5、残宽9.4厘米（图二四〇，2）。

12. 罐

2件。

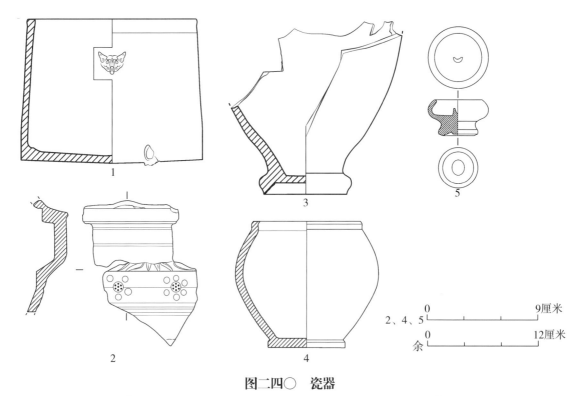

图二四〇　瓷器

1.酱釉三足樽2014JCGLH36②：5　2.酱釉瓶2015JCGLH43：6　3.绿釉罐2017JCGLⅡT0103④：1　4.酱釉罐2013JCGLM1：4
5.酱釉灯盏2015JCGLM3：3

　　2017JCGLⅡT0103④：1，仅余罐身，弧腹斜收，近底时外撇形成低台座。通体施绿釉，釉面剥落锈蚀严重，红胎。底径9、残高18.2厘米（图二四〇，3）。

　　2013JCGLM1：4，敛口，尖圆唇，溜肩，鼓腹，下腹弧收，小圈足，略外撇。内壁挂酱釉，外壁上腹施酱釉，灰白胎。口径9、腹径11.6、底径6.1、高10厘米（图二四〇，4）。

13. 灯盏

1件。

　　2015JCGLM3：3，灯盏呈钵状，内有立柱，敛口，折腹，近底时外撇呈高台座，底内凹。通体施酱釉，外壁釉不到底，台座及底露胎，胎色红褐。口径3.9、底径3.2、腹径4.9、高2.9厘米（图二四〇，5；彩版二三〇，1）。

14. 器盖

2件。

　　2015JCGLH43：18，盖宽平沿，隆顶，顶与纽形成葫芦状。外壁施青釉，内壁不施釉，胎色灰白。沿径7、高4厘米（图二四一，1；彩版二三〇，2）。

　　2018JCGLⅡT0304④：5，盖直口，盖面略隆起。外壁施青釉，内顶施黑釉，内壁露胎，色浅灰。

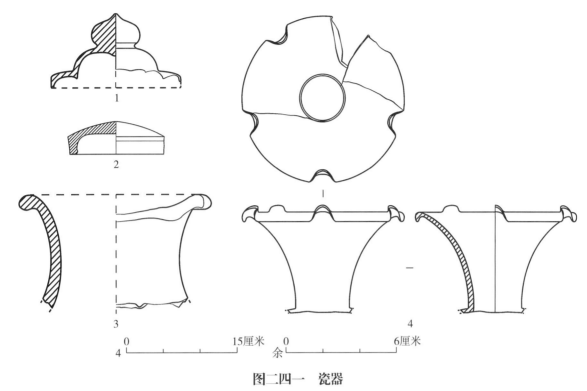

图二四一 瓷器

1.青釉器盖 2015JCGLH43：18　2.黑釉器盖 2018JCGL Ⅱ T0304④：5　3.黑釉器口 2018JCGLH44：20　4.绿釉器口 2017JCGL Ⅱ T0103④：2

直径5.1、高1.8厘米（图二四一，2）。

15. 器口

2件。

2018JCGLH44：20，侈口，卷沿，圆唇，束颈。通体施黑釉，灰白胎。口径10.5、残高6厘米（图二四一，3）。

2017JCGL Ⅱ T0103④：2，荷叶状卷口，口外侈，束颈。通体施绿釉，红胎。口径22、残高14.3厘米（图二四一，4）。

16. 器底

3件。均残缺较严重，仅余器底。

2015JCGL Ⅱ T0204③：10，下腹内收，近底时外撇，底内凹。外壁施青釉，色泛黄，内壁、足底露胎，胎色灰白。器身饰黑釉菱形刻花纹。底径12.8、残高6.4厘米（图二四二，1）。

2015JCGL Ⅱ T0104③：16，下腹内收，近底时外撇，底内凹。外壁施青釉，色泛黄，内壁、足底露胎，胎色灰白。器身饰黑釉植物纹。底径11、残高8.6厘米（图二四二，2；彩版二三〇，3、4）。

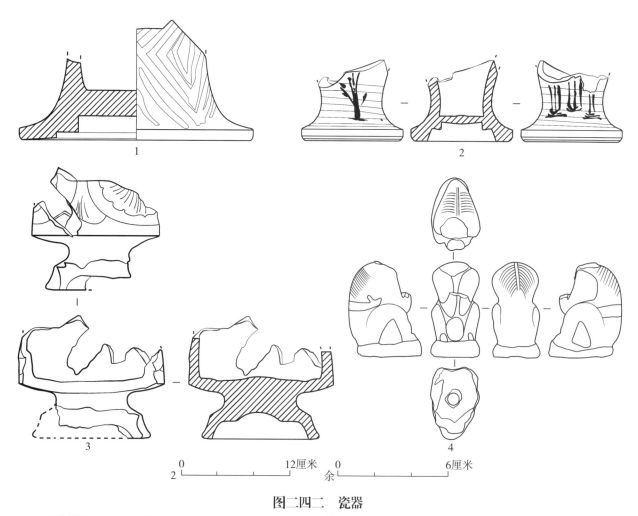

图二四二　瓷器

1、2.青釉器底 2015JCGLⅡT0204③：10、2015JCGLⅡT0104③：16　3.青釉雕花炉底座 2018JCGLH43：30　4.酱釉小猴 2015JCGLJ10：2

　　2018JCGLH43：30，青釉雕花炉底座。桶形腹下微撇，斜平底，覆盘式圈足。腹饰牡丹纹。施青釉，胎色灰白。复原底径6.6、下腹径7.9、残高6.5厘米（图二四二，3）。

17. 瓷猴

　　1件。

　　2015JCGLJ10：2，酱釉小猴，头残，呈蹲踞状，双手合拢置于胸前，后背鬃毛刻画细致。通体施酱釉，底座露胎，胎色灰白。宽2.6、厚3.5、残高5.1厘米（图二四二，4；彩版二三〇，5）。

二　陶器

　　遗址出土大量陶器，多为残片，以泥质灰陶为主，见少量泥质红陶。可见器形有罐、盆、钵、盏、碗、豆、器盖、器足、纺轮、弹丸、砚等。以素面为主。

1.陶罐

25件。大部分为泥质灰陶，兼少量泥质红陶。均残损严重，可复原者甚少。完整器8件。均泥质灰陶。

2013JCGLJ4：8，侈口，宽平沿，尖唇，斜直缘微内凹，束颈，溜肩，鼓腹，下腹部弧收至底，底内凹。肩腹部见数道凸棱纹，应为轮制痕迹。口径13.2、最大腹径29.2、底径18.8、高26厘米（图二四三，1；彩版二三一，1）。

2018JCGLⅡT0304④：7，器身有烟熏痕迹。敛口，平沿，弧腹，平底。口径8.4、底径5、高8厘米（图二四三，2；彩版二三一，2）。

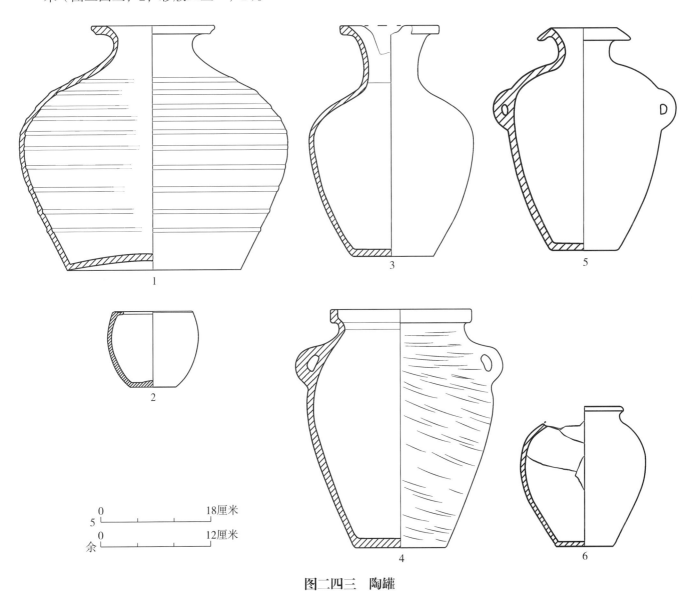

0　　　　　　　18厘米
5
0　　　　　　　12厘米
余

图二四三　陶罐

1~6. 2013JCGLJ4：8、2018JCGLⅡT0304④：7、2013JCGLJ2：9、2013JCGLJ2：10、2013JCGLJ3：3、2013JCGLJ3：4

2013JCGLJ2：9，口微侈，宽平沿，方圆唇下卷。束颈，略细长。圆肩，鼓腹，最大径位于上腹，下腹斜直，平底。口径10.8、腹径18、底径8.8、高24.5厘米（图二四三，3）。

2013JCGLJ2：10，双耳罐。侈口，尖唇，肩下溜，圆腹，下腹弧收，小平底。肩部上饰双耳。肩腹部饰不规则刻划纹。口径15.4、腹径20、底径10、高25.2厘米（图二四三，4）。

2013JCGLJ3：3，侈口，宽斜沿外撇，方唇，短直颈鼓肩，弧腹，最大径位于上腹，下腹斜直，小平底，上腹两侧附双耳，耳桥型。肩部饰一道弦纹，腹部饰数道弦纹，下腹三道弦纹。口径15.3、腹径25.2、底径11、高35.4厘米（图二四三，5；彩版二三一，3）。

2013JCGLJ3：4，侈口，方圆唇，短颈鼓肩，鼓腹，最大径位于上腹，下腹斜直，小平底。腹径14、底径6.2、高14.8厘米（图二四三，6）。

2013JCGLJ4：3，侈口，宽平沿，方唇，短颈，内束。溜肩，最大径位于上腹。下腹直收。大平底。肩部饰两道凸棱纹，腹部饰一圈弦纹。腹径24、底径16、高21.6厘米（图二四四，1）。

2013JCGLJ4：4，侈口，平沿，方圆唇，短颈，内束。溜肩，最大径位于上腹。下腹直收。大平底。肩部饰四道凸棱纹，腹部饰一圈弦纹，下腹四道凸棱纹。腹径26、底径19、高23厘米（图二四四，2）。

陶罐残片17件。以泥质灰陶为主。残存口沿或腹部及底部。

2013JCGLⅠT5①：8，泥质灰陶。弧腹斜收，近底时微外撇成平底。腹部饰数道竖向篦刻纹。腹径16.4、底径10.4、残高18.8厘米（图二四四，3）。

2015JCGLⅢT0203③：17，泥质红褐陶。弧腹斜收，近底时外撇骤收至底，底内凹。底径8、残腹径10.9、残高7.5厘米（图二四四，4）。

2014JCGLH23：2，泥质灰陶，口残。溜肩，鼓腹，平底。上腹部饰一道凹弦纹。最大腹径8.7、底径5、残高6.4厘米（图二四四，5）。

2016JCGLⅢT0204③：27，泥质灰陶，口残。上腹圆鼓出沿，下腹斜收，小平底。底径3、腹径6.2、残高3.8厘米（图二四四，6）。

2013JCGLJ6：2，泥质灰陶。斜弧腹，平底。腹部饰数道竖向篦刻纹。内壁见轮制痕迹。底径11、残高10.2厘米（图二四五，1）。

2013JCGLJ3：5，泥质灰陶。弧腹，近底时内束，底微凹。内壁见轮制痕迹。腹径25.2、底径10.4、残高20厘米（图二四五，2）。

2013JCGLJ4：6，泥质灰陶。鼓腹，底微凹。最大腹径26、底径16.8、残高16.8厘米（图二四五，3）。

2013JCGLJ4：7，泥质灰陶。鼓腹，底微凹。最大腹径26、底径16、残高17厘米（图二四五，4）。

2013JCGLJ2：11，泥质灰陶。下腹部斜直，平底。底径11、残高11.5厘米（图二四五，5）。

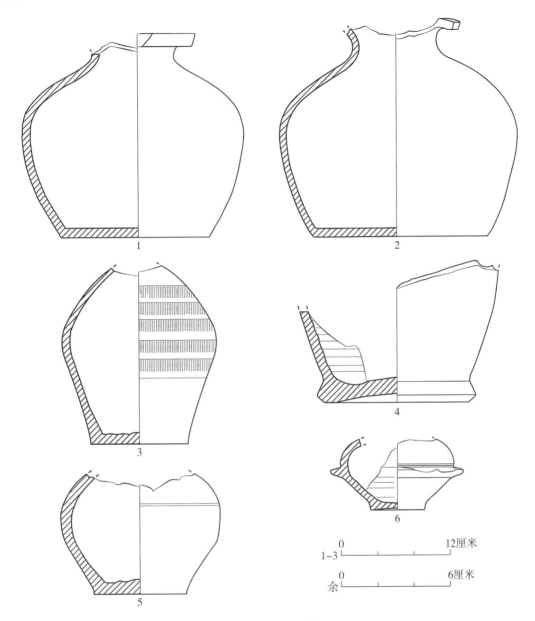

图二四四　陶罐

1～6. 2013JCGLJ4：3、2013JCGLJ4：4、2013JCGL Ⅰ T5①：8、2015JCGL Ⅲ T0203③：17、2014JCGLH23：2、2016JCGL Ⅲ T0204③：27

2013JCGLJ6：3，泥质灰陶。溜肩，上腹圆鼓，下腹斜收至底，平底。内壁见轮制痕迹，腹部饰数道刮削弦纹。底径12.1、残高20厘米（图二四五，6）。

2013JCGLH8：27，泥质灰陶。溜肩，上腹圆鼓，下腹斜收至底，底微凹。内壁见轮制痕迹。底径6、残高11.2厘米（图二四六，1）。

2013JCGLH8：24，泥质灰陶。弧腹，平底。底径9.2、残高14厘米（图二四六，2）。

2013JCGLJ2：13，泥质灰陶，下腹及底部残。口近直，三角形外缘，束颈，溜肩，鼓腹。肩部有双系。复原口径16、残高10厘米（图二四六，3；彩版二三一，4）。

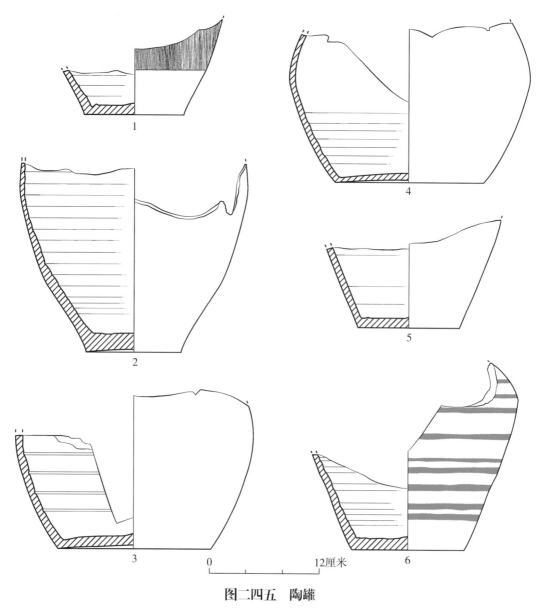

图二四五　陶罐

1~6. 2013JCGLJ6：2、2013JCGLJ3：5、2013JCGLJ4：6、2013JCGLJ4：7、2013JCGLJ2：11、2013JCGLJ6：3

2013JCGLH8：25，泥质灰陶，仅余口部。侈口，宽平沿微外倾，方唇，束颈，溜肩，肩部饰数道凸棱纹。口径13.2、残高7.2厘米（图二四六，4）。

2. 陶瓮

均残损严重，无完整器。

2013JCGLH14：4，泥质灰陶，腹部及底部残，不可复原。敛口，卷沿，圆唇，溜肩，鼓腹。肩、腹部饰回形纹带。复原口径35.6、残高12厘米（图二四七，1）。

2013JCGLH17：8，泥质灰陶，仅余部分口沿及肩部。敛口，宽斜沿外倾，外壁饰绳纹，内壁粗

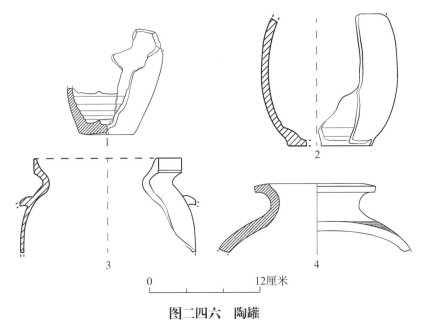

图二四六 陶罐

1 ～ 4. 2013JCGLH8：27、2013JCGLH8：24、2013JCGLJ2：13、2013JCGLH8：25

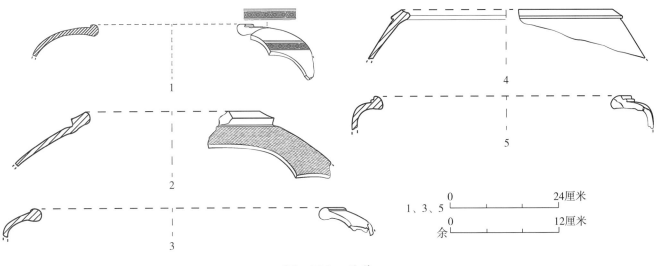

图二四七 陶瓷

1 ～ 5. 2013JCGLH14：4、2013JCGLH17：8、2013JCGL Ⅰ采：16、2013JCGL Ⅰ T18①：6、2013JCGL Ⅰ T5②：2

糙。复原口径19.2、残高7.1厘米（图二四七，2）。

2013JCGL Ⅰ采：16，泥质灰陶，仅余口部及肩部。敛口，厚圆唇，溜肩。复原口径68、残高6.4厘米（图二四七，3）。

2013JCGL Ⅰ T18①：6，泥质灰陶，仅余口部及肩部。敛口，斜缘，方唇，溜肩。复原口径23.4、残高5.2厘米（图二四七，4）。

2013JCGL Ⅰ T5②：2，泥质灰陶，仅余口部及肩部。敛口，重圆唇，鼓肩。复原口径56、残高7厘米（图二四七，5）。

3. 陶钵

可复原者4件。均泥质灰陶。

2015JCGLZ1：1，敞口，圆唇，深弧腹，平底。近口沿处饰一道凹弦纹。复原口径18.6、底径7、高5.4厘米（图二四八，1）。

2018JCGLⅢT0204④：4，敞口，小平沿，方唇，斜直腹，圜底。内底正中饰莲花图案，内壁以凸棱饰以"山"字形纹饰。口沿处有烟熏痕迹。口径8.8、高4厘米（图二四八，2；彩版二三一，5、6）。

2013JCGLH17：7，敞口，小平沿，方唇，弧腹，圜底，底有三足。口径8.4、底径5.6、高3.2厘米（图二四八，3）。

2013JCGLH8：43，敞口，圆唇，弧腹，底微凹。近口沿处饰弦纹一周，近底处见刮削痕迹。口径9.8、底径5.5、高3.2厘米（图二四八，4）。

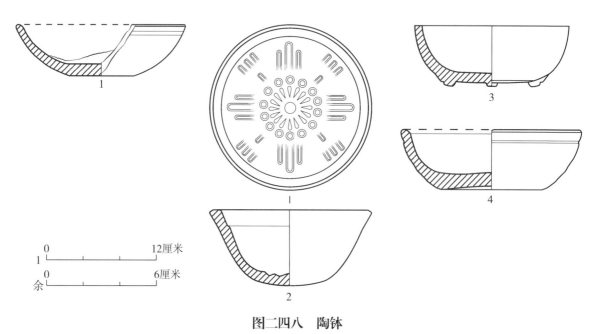

图二四八　陶钵

1～4. 2015JCGLZ1：1、2018JCGLⅢT0204④：4、2013JCGLH17：7、2013JCGLH8：43

4. 陶盏

20件。均泥质灰陶。按照口、腹部形态不同划分为三型。

A型　1件。直口，斜直腹，平底。

2015JCGLⅢT0204③：1，方唇。口沿处存烟熏痕迹。口径9.4、底径4.7、高2.9厘米（图二四九，1；彩版二三二，1）。

B型　2件。敛口，弧腹，平底。

2014JCGLⅠT21②：4，尖唇。复原口径8.4、底径5、高3厘米（图二四九，2）。

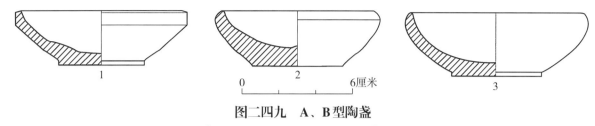

图二四九 A、B型陶盏

1. A型2015JCGL Ⅲ T0204③：1 2、3. B型2014JCGL Ⅰ T21②：4、2015JCGL Ⅲ T0303③：6

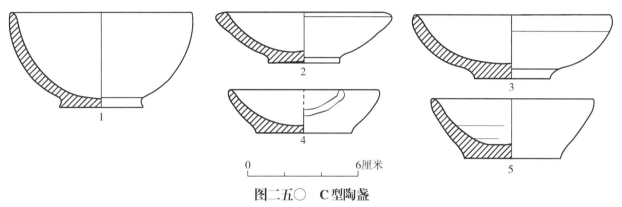

图二五〇 C型陶盏

1~5. 2018JCGL Ⅲ T0102④：5、2015JCGL Ⅱ T0302③：14、2014JCGLH24②：3、2014JCGL Ⅰ T6②：2、2015JCGL Ⅱ T0302③：12

2015JCGL Ⅲ T0303③：6，尖唇。口沿处存烟熏痕迹。复原口径9.6、底径5、高3.4厘米（图二四九，3）。

C型 17件。敞口，弧腹，平底。

2018JCGL Ⅲ T0102④：5，尖唇，腹部较深。口径10、底径4.6、高5厘米（图二五〇，1）。

2015JCGL Ⅱ T0302③：14，圆唇，腹部较浅。口沿存烟熏痕迹。口径9.6、底径3.9、高2.7厘米（图二五〇，2；彩版二三二，2）。

2014JCGLH24②：3，尖唇。器身布满烟熏痕迹。口径10.8、底径4.2、高3.4厘米（图二五〇，3）。

2014JCGL Ⅰ T6②：2，陶盏，圆唇，斜弧腹，大平底。口径8.2、底径5.2、高2.3厘米（图二五〇，4）。

2015JCGL Ⅱ T0302③：12，尖唇。口沿处存烟熏痕迹，腹部及底部见轮制痕迹。口径9、底径5.4、高3.2厘米（图二五〇，5）。

5. 陶盆

可复原者7件。均泥质灰陶。多残。按照口部形态不同划分为三型。

A型 3件。侈口。

2014JCGLH36②：1，平折沿，方唇，束颈，弧腹，底微凹。腹部饰四道凸弦纹，底饰两道弦纹。复原口径20.7、底径10~10.6、高10.1厘米（图二五一，1）。

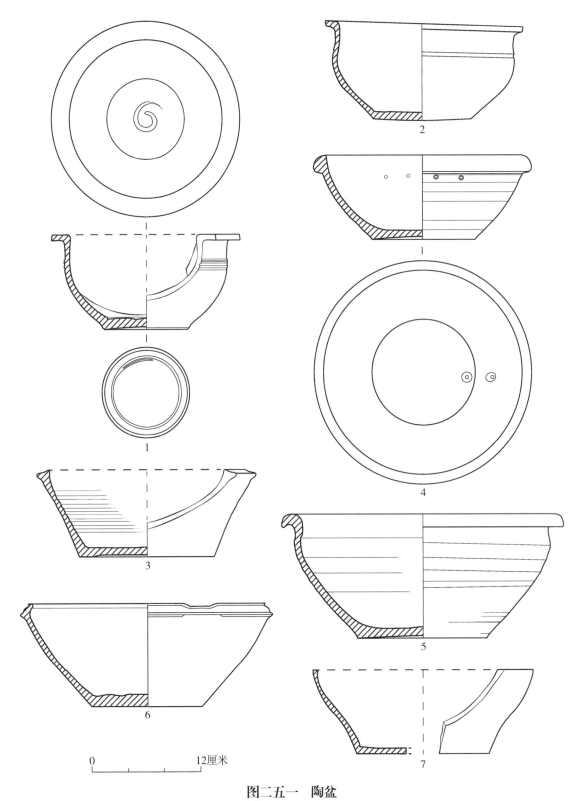

图二五一　陶盆

1～3. A型 2014JCGLH36②：1、2014JCGLH36①：1、2013JCGL I 采：22　4、5. B型 2019JCGL Ⅲ T0203④：3、2018JCGL Ⅲ T0104④：18　6、7. C型 2013JCGL I T5①：9、2018JCGL I 采：17

2014JCGLH36①：1，平折沿，方唇，束颈，上腹部圆鼓，下腹斜收，平底。肩部饰一道凹弦纹。复原口径21.4、底径10.6、高9.9～10.6厘米（图二五一，2；彩版二三二，3）。

2013JCGLⅠ采：22，斜平沿微外倾，曲腹，底微凹。复原口径24、底径14.8、高9.2厘米（图二五一，3）。

B型 2件。侈口。

2019JCGLⅢT0203④：3，卷沿，圆唇，斜弧腹，底微凹。存三组鞲孔。口径23.6、底径11.2、高9厘米（图二五一，4；彩版二三二，4）。

2018JCGLⅢT0104④：18，卷沿，圆唇，鼓肩，斜弧腹，底微凹。肩腹部饰数周凸棱纹。口径30.6、底径14、高13.2厘米（图二五一，5）。

C型 2件。敛口。

2013JCGLⅠT5①：9，斜沿，中凸，斜弧腹，口沿外饰凸棱一周，存一流，平底。复原口径26、底径12.1、高11厘米（图二五一，6；彩版二三二，5）。

2018JCGLⅠ采：17，小平沿，上腹圆鼓，下腹内束，近底时外撇，平底。复原口径24、底径14.4、高9厘米（图二五一，7）。

6. 陶瓶

1件。

2013JCGLH14：2，泥质灰陶。侈口，斜平沿，方圆唇，短束颈。广肩，下折，腹斜直，小平底。瓶身画符。口径7、肩宽12、底径7.4、高24厘米（图二五二，1；彩版二三二，6）。

7. 陶甑

1件。

2015JCGLⅡT0104③：10，泥质灰陶。敛口，圆唇，折肩，斜直腹，平底。底部有一孔，肩部有三孔。腹部和底部见轮制痕迹。口径16、底径6.6、高6.1厘米（图二五二，2）。

8. 陶豆

2件。均泥质灰陶。侈口，平折沿。

2015JCGLJ10：3，方圆唇，弧腹。柄中空，柄中间有一周凸脊。座外撇成低台座，中间微束，平底。腹部贴塑莲瓣形装饰。复原口径13.6、底径8、高12.6厘米（图二五二，3；彩版二三三，1）。

2015JCGLⅢT0102③：22，方唇，颈微束，弧腹。柄呈圆柱状，中空。平底。复原口径9.4、底径4、高8.7厘米（图二五二，4）。

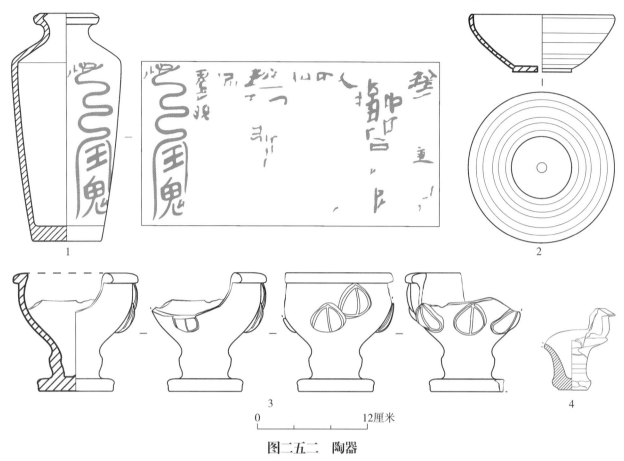

图二五二　陶器

1.陶瓶 2013JCGLH14：2　2.陶甑 2015JCGL Ⅱ T0104③：10　3、4.陶豆 2015JCGLJ10：3、2015JCGL Ⅲ T0102③：22

9.陶碗

6件。可复原者4件，另两件仅余底部。

2015JCGL Ⅱ T0202③：9，泥质红陶。敞口，圆唇，近口沿处内束，弧腹，玉璧形底。腹部和底部见轮制痕迹。复原口径15.8、底径8、高6.6厘米（图二五三，1）。

2013JCGLH8：21，泥质灰陶，陶质细腻。口近直，深弧腹，圜底。复原口径14.6、残高6.9厘米（图二五三，2）。

2013JCGL Ⅰ T8①：2，泥质灰陶。侈口，尖圆唇，上腹壁较直，折腹，下腹斜收，圈足。口径10、底径3.8、高4厘米（图二五三，3）。

2014JCGLH27：1，泥质灰陶。口近直，平沿，折腹，上腹微弧，下腹刮削成斜直腹，小平底。内壁近口沿处饰一周刻画折线纹，内底刻画折线纹和三角形纹饰组合。内壁纹饰漫漶不清。复原口径14.8、底径5.2、高8厘米（图二五三，4）。

2018JCGLH43：27，泥质红陶，仅余底部。弧腹，平底。腹部和底部见轮制痕迹。底径6.2、残高3.2厘米（图二五三，5）。

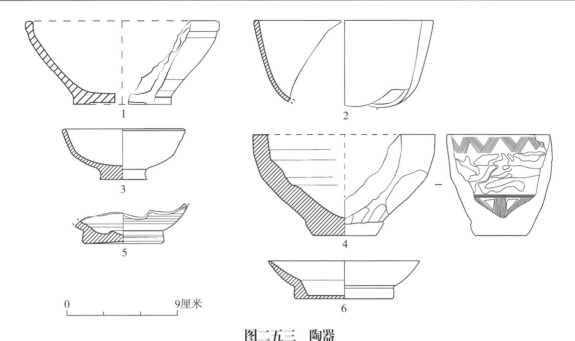

图二五三 陶器

1~5.陶碗 2015JCGLⅡT0202③：9、2013JCGLH8：21、2013JCGLⅠT8①：2、2014JCGLH27：1、2018JCGLH43：27 6.陶盘 2018JCGLH43：23

10.陶盘

1件。

2018JCGLH43：23，泥质灰陶。敞口，尖唇，浅斜腹，大平底。复原口径12.2、底径8、高3厘米（图二五三，6；彩版二三三，2）。

11.陶器盖

5件。除一件为泥质红陶外，其余均为泥质灰陶。

2018JCGLⅡT0204④：7，泥质灰陶。子母口，平顶，无纽。盖顶宽平，其上以细线刻画树叶等纹饰，线条简单质朴。直径8.6、高2.4厘米（图二五四，1；彩版二三三，3）。

2015JCGLⅢT0301③：4，泥质灰陶。子母口，盖沿翻卷呈荷叶状，隆顶，中央饰一乳丁纽。沿径12、子母口径5.8、高6厘米（图二五四，2；彩版二三三，4）。

2014JCGLH36②：4，泥质灰陶。子母口，盖宽平沿，中心饰塔形纽。盖面刻画波浪纹。复原直径19.6~19.8、高5厘米（图二五四，3）。

2017JCGL遗址东采：8，泥质灰陶。子母口，宽平沿，中心饰三角形钮。直径4.2、高3厘米（图二五四，4）。

2015JCGLⅡT0202③：13，泥质红陶。整体呈喇叭形，宽斜沿，纽残。直径7.9、钮径1.9、高2.7厘米（图二五四，5）。

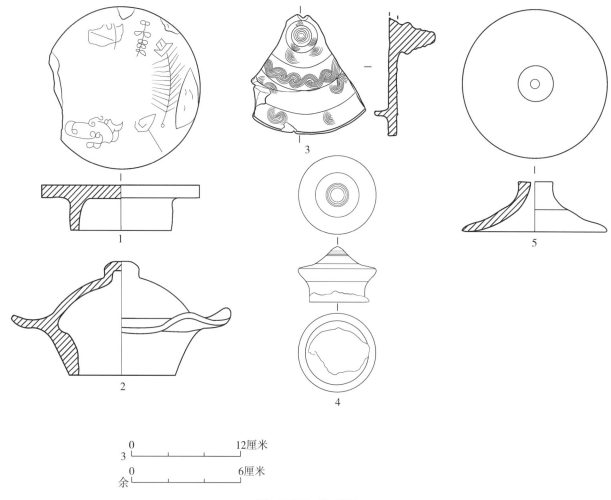

图二五四　陶器盖

1～5. 2018JCGL Ⅱ T0204④：7、2015JCGL Ⅲ T0301③：4、2014JCGLH36②：4、2017JCGL遗址东采：8、2015JCGL Ⅱ T0202③：13

12. 陶器底

4件。均泥质灰陶。

2018JCGL Ⅰ T15采：12，灯盘残，仅余部分灯柱及底盘。灯柱实心，底盘敞口，卷沿，斜直腹，大平底。底部见轮制痕迹。底盘口径19.6、底径15.6、高2.8厘米；灯柱直径3.7、残高4.8厘米（图二五五，1）。

2015JCGLH44：10，近底时外撇成低台座，台座边缘饰一周指压纹，底微凹。底径12.8、残高10.2厘米（图二五五，2）。

2015JCGL Ⅱ T0202③：8，平底，内底以细线刻画折线纹。残长12.5、残宽8.8、厚0.9～1.5厘米（图二五五，3）。

2013JCGLH8：29，平底，底由中心向外穿孔三排。残长22.6、残宽21.2、残高3.8厘米（图二五五，4）。

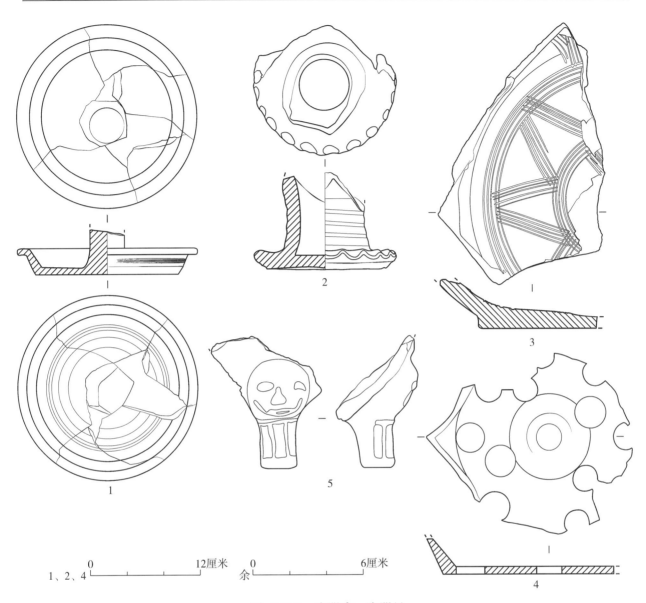

图二五五　陶器底、陶器足

1~4.陶器底 2018JCGLⅠT15采：12、2015JCGLH44：10、2015JCGLⅡT0202③：8、2013JCGLH8：29　5.陶器足 2016JCGLⅡT0204③：30

13. 陶器足

1件。

2016JCGLⅡT0204③：30，泥质灰陶。足面上端模印人面形象，制作粗糙，下端饰竖向凸棱纹。底部直径2、残高7厘米（图二五五，5）。

14. 陶纺轮

22件。大部分为泥质灰陶，见少量泥质红陶或红褐陶。

2014JCGLⅠT23扰：5，泥质红褐陶。顶部隆起似馒头状，中有一孔，素面无饰。直径6.2~6.4、厚2.8、孔径1厘米（图二五六，1）。

2015JCGLⅢT0303③：5，泥质红陶。顶部隆起呈球面形，中有一孔。正面以孔为中心饰数周弦纹。直径5.2、厚2、孔径1厘米（图二五六，2；彩版二三三，5）。

2014JCGLH24①：1，泥质灰陶。圆饼状，边缘不甚规则，中有一孔。正面磨光素面无饰，背面饰布纹。直径6～6.4、厚1.5、孔径0.3～0.7厘米（图二五六，3）。

2013JCGLH12：2，泥质灰陶。圆饼状，边缘不甚规则，中有一孔，未通透。上饰条纹。直径6.8、厚1.6厘米（图二五六，4）。

2018JCGLⅡT0304④：1，泥质灰陶。圆饼状，中有一孔。素面无饰。直径2.8～3.2、孔径0.6～0.7、厚1.9厘米（图二五六，5）。

2018JCGLⅡT0201④：7，泥质灰陶。较小，圆饼状，中有一孔。素面无饰。直径1.7、孔径0.5～0.6、厚0.55厘米（图二五六，6）。

2013JCGLJ3：2，泥质灰陶。圆形。平面，中有一孔。上饰条纹。直径6.5、厚0.9厘米（图二五六，7）。

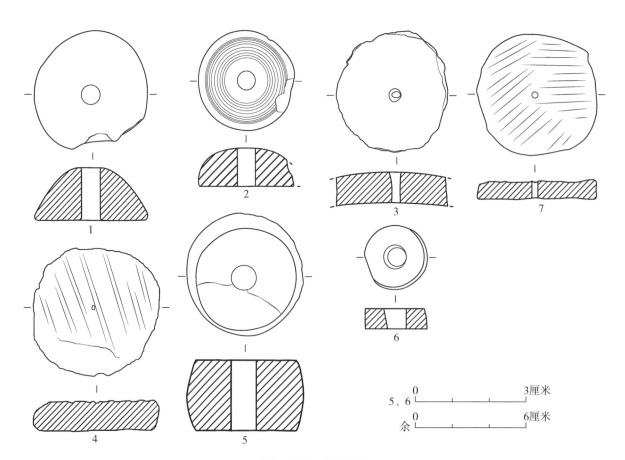

图二五六　陶纺轮

1～7. 2014JCGLⅠT23扰：5、2015JCGLⅢT0303③：5、2014JCGLH24①：1、2013JCGLH12：2、2018JCGLⅡT0304④：1、2018JCGLⅡT0201④：7、2013JCGLJ3：2

15. 弹球

5件。均呈圆球状，除1件为石质外，其余均为陶质，表面磨光，无饰。直径2.1～4.4厘米。

2017JCGLⅢT0105③：10，泥质灰陶。直径2.1～2.2厘米（图二五七，1）。

2013JCGLH12：1，泥质灰陶。直径4.4厘米（图二五七，2）。

16. 陶砚

2件。

2015JCGLH43：2，泥质灰陶。从残缺部分看应为椭圆形，平底，现存一端上翘呈葫芦状平台，上阴刻卷草纹。砚内壁磨光并有残留墨迹。残长11.4、宽9.4、厚0.9～2厘米（图二五七，3；彩版二三三，6）。

2013JCGLⅠT5②：5，泥质灰陶。平面呈正方形，面微弧，表面磨光，一边两端凿椭圆形和圆形槽各一，底微凹，底四角各有一不规则足。边长10.2～10.6、厚1.7～2厘米（图二五七，4）

17. 陶枕

1件。

2018JCGLM4：10，泥质灰陶。整体呈元宝形，中空，枕面下凹，地面较平，两侧上翘，两侧面主体纹饰为钱纹，外饰一周联珠纹，最下端饰卷草纹。一侧留有气孔。长20.2～24、宽8.8、高11.6厘米（图二五七，5；彩版二三四，1）。

18. 陶陀螺

1件。

2013JCGLH9：1，泥质灰陶。上部平面，下部略尖。直径4.5、高5厘米（图二五七，6）。

19. 陶灶

3件。

2013JCGLⅠT12①：1，泥质黑陶。残缺较甚。长方形圆角灶面，灶面分为两长方形区域，每块长方形上装饰刀叉、鱼漂等炊具及食材等。残存的边缘可看出灶口2个。残长12.6、残宽14.1、厚1.5～2.1厘米（图二五七，7；彩版二三四，2）。

20. 镇墓券

1件。

2013JCGLM1：5，陶质。长方形，正面朱书文字为嘉靖四十一年（1562年）墓葬道教解除用语。

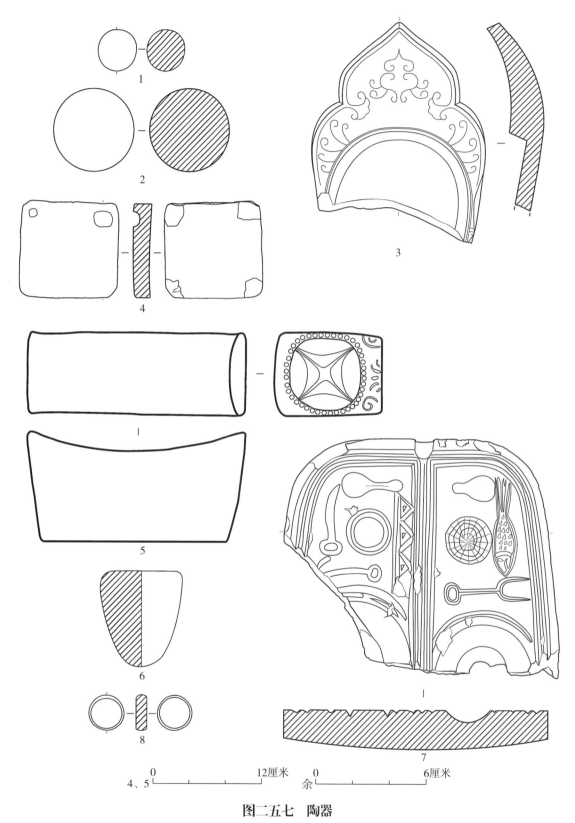

图二五七　陶器

1、2.陶弹球 2017JCGLⅢT0105③：10、2013JCGLH12：1　3、4.陶砚 2015JCGLH43：2、2013JCGLⅠT5②：5　5.陶枕 2018JCGLM4：10　6.陶陀螺 2013JCGLH9：1　7.陶灶 2013JCGLⅠT12①：1　8.陶棋子 2017JCGⅢT0205③：2

背面瓦楞形。长31.5、宽30.5、厚4.5厘米（彩版二三四，3）。

21.陶棋子

4件。均呈圆饼状。

2017JCGLⅢT0205③：2，泥质白陶。直径1.6~1.9、厚0.6厘米（图二五七，8）。

2018JCGLⅡT0201③：9，泥质白陶。残，可复原。两面均刻花草纹。直径2、厚0.5厘米（彩版二三四，4）。

2016JCGLⅣT0102④：2，泥质灰陶，两面均以细线刻画图案。直径2、厚0.7厘米（彩版二三四，5）

2016JCGLⅠ采：13，泥质灰陶，素面无饰。两面微凸，应为围棋子。直径2、厚1.1厘米（彩版二三四，6）。

三 铜器

遗址出土铜器大部分锈蚀、残缺严重，除少数餐具、铜铃及构件外，大部分为铜钱，以唐开元通宝和北宋时期铜钱为主。

1.铜勺

20只。与铜箸、印章等共出于一残破陶罐内，勺部形制相近，唯柄端形制不同。

2015JCGLF2：4-1，勺部呈近椭圆形，前端稍宽，较浅，两端上翘。细长条形曲柄，柄前端呈六棱圆柱状，后部渐呈片状，末端呈三角形。长26.5、勺头宽3.5、柄端宽2.8厘米（图二五八，1；彩版二三五，1）。

2015JCGLF2：4-2，与2015JCGLF2：4-1勺部近似，长条形曲柄，柄部扁平，中有脊棱，后部渐呈片状，末端呈等腰三角形。长24.6、勺头宽3.3、柄宽0.5~1.2厘米（图二五八，2；彩版二三五，2）。

2.铜箸

39只。形制相近，长短、粗细不一，均一端粗一端细，细端稍尖。截面有的呈圆柱状，有的呈六棱状。

2015JCGLF2：3-1，截面呈六棱状，长26.8、粗0.3~0.5厘米（图二五八，3；彩版二三五，3）。

2015JCGLF2：3-2，截面呈圆柱状，长22.6、粗0.2~0.45厘米（图二五八，4；彩版

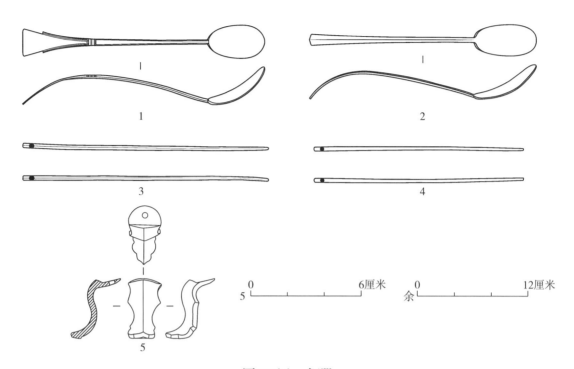

图二五八　铜器

1、2.铜勺2015JCGLF2：4-1、4-2　3、4.铜箸2015JCGLF2：3-1、3-2　5.铜器足2015JCGLF2：6

二三五，4）。

3. 铜器足

1组2件。

2015JCGLF2：6，形制、尺寸相同。高3.2、宽1.8、孔径0.3、厚0.1~0.3厘米（图二五八，5）。

4. 铜箸

2件。

2016JCGL Ⅱ T0205②：1，整体呈扁平的长条状，一头宽一头窄，面略弯曲。面饰花草纹。长9.6、宽0.4~1.3、厚0.1~0.3厘米（图二五九，1；彩版二三五，5）。

2016JCGL Ⅱ T0205②：5，整体呈四棱长条状，一头粗一头细。长10.2、宽0.2~0.5、厚0.2~0.4厘米（图二五九，2）。

5. 铜印章

1件。

2015JCGLF2：8，印章呈圆形，正面阴刻"寿"字，内残存红色印泥痕迹。背面为圆角长方形钮。

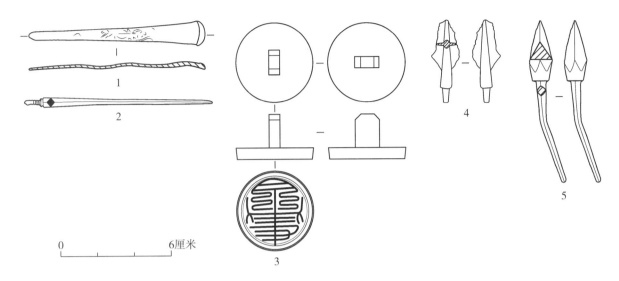

图二五九 铜器

1、2.铜簪 2016JCGLⅡ T0205②：1、2016JCGLⅡ T0205②：5 3.铜印章 2015JCGLF2：8 4、5.铜镞 2016JCGL
Ⅲ T0305④：1、2018JCGLM4：2

直径4.1～4.2、厚0.6、通高2.4厘米（图二五九，3）。

6. 铜镞

2件。

2016JCGLⅢ T0305④：1，脊隆起，双翼，头部截面呈扁菱形。残存部分箭杆，截面呈圆形。残
长4.4、宽1.5、柄粗0.3～0.7厘米（图二五九，4）。

2018JCGLM4：2，铜质，箭杆残，箭头呈三棱状，箭杆扁平。残长8.5、箭镞长3.2厘米（图
二五九，5）。

7. 铜铃

5件。

2018JCGLⅢ T0301④：2，圆形，中空，顶端带一钮。直径1.7、通高2、孔径0.2厘米（图
二六〇，1）。

2015JCGLⅡ T0202③：14，圆形，中空，顶端带一钮。直径2.2、通高2.75、壁厚0.2～0.3厘米
（图二六〇，2）。

2015JCGLⅡ T0104④：13，圆形，中空，顶端带一钮。残径4～4.2、残高2、壁厚0.1厘米（图
二六〇，3）。

2018JCGLⅠ T12东侧采：9，截面呈近三角形。顶端存一穿。宽1.7～2、残高3、穿孔径0.15厘米
（图二六〇，4）。

8. 铜带扣

2件。形制相近。

2015JCGLⅡT0203③：2，呈近椭圆形，一端开一长条形孔。正面无饰，背面存三个凸起的小钉，应为镶嵌之用。长3.3、宽2.4、厚0.6厘米（图二六〇，5）。

2018JCGLⅡT0101④：6，呈近椭圆形，一端开一长条形孔。正面无饰，背面存三个凸起的小钉，应为镶嵌之用。长2.5、宽1.6、厚0.1~0.2厘米（图二六〇，6）。

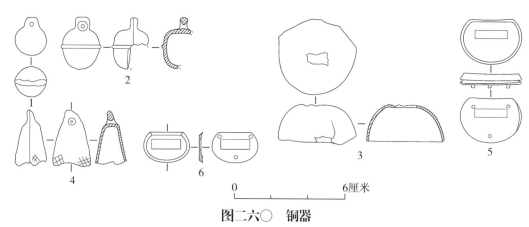

图二六〇　铜器

1~4.铜铃 2018JCGLⅢT0301④：2、2015JCGLⅡT0202③：14、2015JCGLⅡT0104④：13、2018JCGLⅠT12东侧采：9　5、6.铜带扣 2015JCGLⅡT0203③：2、2018JCGLⅡT0101④：6

9. 铜指环

2件。

2016JCGLⅡT0205④：1，略残，环状。直径1.6、宽0.8、厚0.1厘米（图二六一，1）。

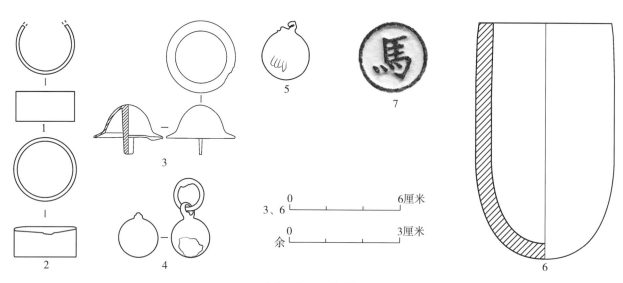

图二六一　铜器

1、2.铜指环 2016JCGLⅡT0205④：1、2014JCGLⅠ采：17　3.铜泡 2018JCGLM4：1　4.铜耳饰 2018JCGLM4：7　5.铜钮扣 2015JCGLM2：3　6.铜坩埚 2018JCGLⅡT0304④：6　7.铜棋子 2016JCGLⅢT0203④：6

2014JCGLⅠ采：17，环状，面饰三排细小的针窝。直径1.7、宽0.7、厚0.1厘米（图二六一，2）。

10. 铜泡

2件。

2018JCGLM4：1，平面呈同心圆状，中央凸起为半球状，中空，内有一长方形扁平舌，可能用于镶嵌。直径3.8、高2.7、厚0.1～0.3厘米（图二六一，3）。

2018JCGLM4：5，与2018JCGLM4：1形制相同，仅舌缺失。直径3.6、高1.5厘米。

11. 铜耳饰

3件。均整体呈圆球状，中空，钮系上挂一环。

2018JCGLM4：7，直径1.1、环径0.8厘米（图二六一，4）。

2015JCGLM2：1，直径1.1、环径0.7厘米。

12. 铜钮扣

2件。均为中空的圆球状，存一环形钮。

2015JCGLM2：3，直径1.3厘米（图二六一，5）。

13. 铜坩埚

1件。

2018JCGLⅡT0304④：6，铜质。整体呈圆柱状，中空，底呈锅底状。内壁布满铜、铁锈迹。口径7.4、高12.5、壁厚0.9厘米（图二六一，6；彩版二三五，6）。

14. 铜棋子

1件。

2016JCGLⅢT0203④：6，整体呈圆饼状，两面均刻"马"字。直径1.9、厚0.2厘米（图二六一，7）。

15. 铜钱

该遗址出土铜钱较多，各地层及墓葬中出土300余件（枚）。绝大部分为圆形方孔钱，另有个别花钱和剪边钱。种类有五铢、大泉五十、开元通宝，宋代铜钱以及明、清铜钱，还有花钱、日本宽永通宝铜钱。

（1）半两

2件。

2018JCGLⅣT0107④：3，钱径2.4、穿孔径0.8、厚0.1厘米（图二六二，1）。

（2）五铢

19件。分为"五铢"钱和剪边五铢两种。五铢钱直径多为2.3和2.5厘米，剪边五铢大小不一。

2014JCGLⅡT0105③：3，五珠，直径2.5、穿孔径0.9、廓宽0.1、肉厚0.12厘米（图二六二，2）。

2015JCGLⅢT0104④：6，五铢，直径2.3、穿孔径0.8、廓宽0.2、肉厚0.12厘米（图二六二，3）。

2016JCGLⅡT0401②：1，剪边五铢，直径1.7、穿宽0.8、厚0.1厘米（图二六二，4）。

（3）大泉五十

5件。钱径2.7~2.9厘米。

2018JCGLH1南侧采：1，直径2.7、穿宽0.9、廓宽0.1、厚0.2厘米（图二六二，5）。

（4）货泉

9件。直径1.9~2.3厘米，以2.3厘米者居多。

2014JCGLG1：1，直径2.3厘米，穿孔径0.7、廓宽0.12、廓厚0.12厘米（图二六二，6）。

（5）开元通宝

88件。均圆形方穿，面文"开元通宝"，隶书对读。钱径大小不一，直径2.2~2.8厘米。部分铜

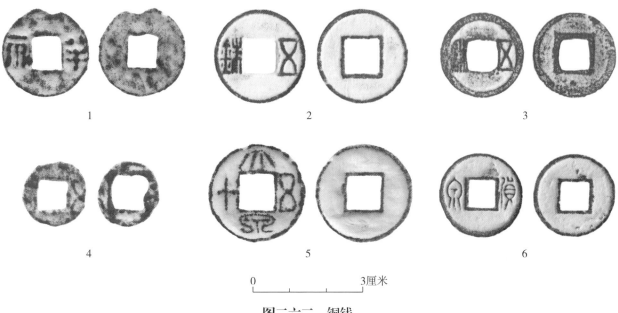

0   3厘米

图二六二　铜钱

1.半两2018ⅣT0107④：3　2~4.五铢2014JCGLⅡT0105③：3、2015JCGLⅢT0104④：6、2016JCGLⅡT0401②：1　5.大泉五十2018JCGLH1南侧采：1　6.货泉2014JCGLG1：1

钱锈蚀、残缺严重。

2014JCGLH40：1，有背月。直径2.45、穿孔径0.7、廓宽0.15、廓厚0.12厘米（图二六三，1）。

2015JCGL Ⅱ T0302③：2，直径2.5、穿孔径0.65、廓宽0.2、廓厚0.15厘米（图二六三，2）。

2016JCGL Ⅲ T0202④：1，直径2.5、穿孔径0.7、廓宽0.2、廓厚0.15厘米（图二六三，3）。

（6）乾元重宝

10件。均圆形方穿，面文"乾元重宝"，隶书对读。钱径多较小，在2.3～2.9厘米。部分铜钱锈蚀、残缺严重。

2016JCGL Ⅲ T0105③：7-1，有背月。直径2.3、穿孔径0.75、廓宽0.2、廓厚0.1厘米（图二六三，4）。

（7）周元通宝

2件。均圆形方穿，面文"周元通宝"，隶书对读。

2014JCGL Ⅰ T22扰：3，有背月。直径2.6、穿孔径0.6、廓宽0.3、廓厚0.12厘米（图二六三，5）。

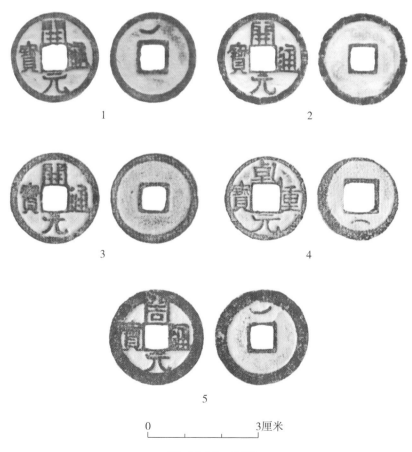

图二六三 铜钱

1～3.开元通宝2014JCGLH40：1、2015JCGL Ⅱ T0302③：2、2016JCGL Ⅲ T0202④：1 4.乾元重宝2016JCGL Ⅲ T0105③：7-1 5.周元通宝2014JCGL Ⅰ T22扰：3

（8）太平通宝

2件。均圆形方穿，面文"太平通宝"，隶书对读。

2018JCGLⅡT0304④：8，直径2.4、穿孔径0.6、廓宽0.25、廓厚0.12厘米（图二六四，1）。

（9）淳化元宝

1件。

2015JCGLⅡT0304③：1，圆形方孔，面文"淳化元宝"，行书旋读。直径2.45、穿孔径0.6、廓宽0.3、廓厚0.12厘米（图二六四，2）。

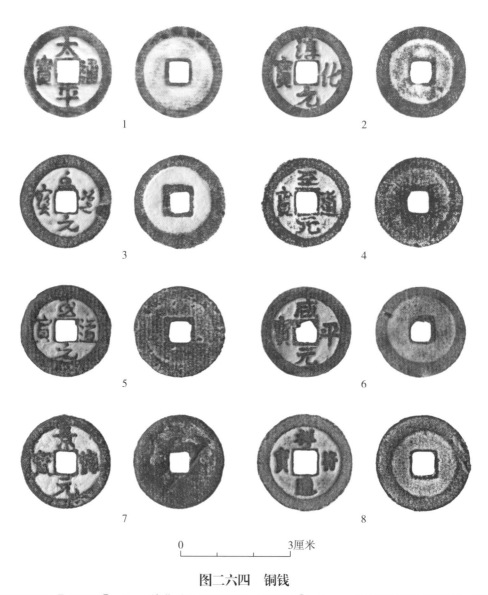

图二六四　铜钱

1.太平通宝2018JCGLⅡT0304④：8　2.淳化元宝2015JCGLⅡT0304③：1　3～5.至道元宝2015JCGLⅢT0103③：7、2015JCGLⅢT0103③：22、2016JCGLⅢT0201④：1　6.咸平元宝2016JCGLⅢT0102③：23　7.景德元宝2016JCGLⅣT0103④：16　8.祥符通宝2015JCGLⅢT0101③：7

（10）至道元宝

5件。均圆形方穿，面文"至道元宝"，旋读，字体有楷书、行书和草书三种。钱径2.5厘米。

2015JCGLⅢT0103③：7，草书。直径2.5、穿孔径0.55、廓宽0.3、廓厚0.15厘米（图二六四，3）。

2015JCGLⅢT0103③：22，楷书。直径2.4、穿孔径0.6、廓宽0.3、廓厚0.12厘米（图二六四，4）。

2016JCGLⅢT0201④：1，行书。直径2.5、穿孔径0.6、廓宽0.4、廓厚0.12厘米（图二六四，5）。

（11）咸平元宝

6件。均圆形方穿，面文"咸平元宝"，楷书旋读。钱径2.5厘米。

2016JCGLⅢT0102③：23，直径2.5、穿孔径0.5、廓宽0.3、廓厚0.12厘米（图二六四，6）。

（12）景德元宝

3件。均圆形方穿，面文"景德元宝"，楷书旋读。钱径2.5厘米。

2016JCGLⅣT0103④：16，直径2.5、穿孔径0.55、廓宽0.3、廓厚0.15厘米（图二六四，7）。

（13）祥符通宝

2件。均圆形方穿，面文"祥符通宝"，楷书旋读。钱径2.5~2.6厘米。

2015JCGLⅢT0101③：7，直径2.6、穿孔径0.6、廓宽0.3、廓厚0.12厘米（图二六四，8）。

（14）祥符元宝

6件。均圆形方穿，面文"祥符元宝"，楷书旋读。钱径2.5~2.6厘米。

2014JCGLⅢT0105③：5，直径2.5、穿孔径0.6、廓宽0.3、廓厚0.12厘米（图二六五，1）。

（15）天禧通宝

7件。均圆形方穿，面文"天禧通宝"，楷书旋读。钱径2.5~2.6厘米。

2015JCGLⅢT0201③：9，直径2.6、穿孔径0.65、廓宽0.3、廓厚0.12厘米（图二六五，2）。

2015JCGLⅢT0203③：3，直径2.6、穿孔径0.6、廓宽0.3、廓厚0.12厘米（图二六五，3）。

（16）天圣元宝

11件。均圆形方穿，面文"天圣元宝"，旋读，字体有楷书和篆书两种。钱径2.5~2.6厘米。

2015JCGLⅢT0204③：3，面文为楷书。直径2.5、穿孔径0.7、廓宽0.2、廓厚0.12厘米（图二六五，4）。

2015JCGLⅢT0103③：6，面文为篆书。直径2.5、穿孔径0.7、廓宽0.3、廓厚0.15厘米（图二六五，5）。

（17）明道元宝

1件。

2018JCGL遗址南部探沟：3，面文"明道元宝"，篆书旋读。直径2.5、穿孔径0.7、廓宽0.3、廓厚0.15厘米（图二六五，6）。

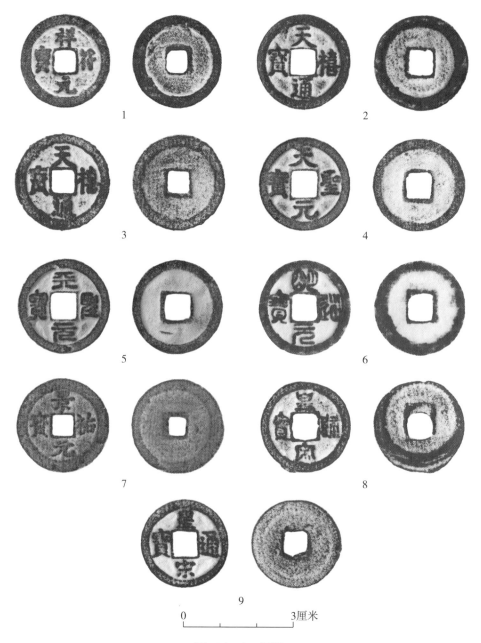

图二六五　铜钱

1.祥符元宝 2014JCGLⅢT0105③：5　2、3.天禧通宝 2015JCGLⅢT0201③：9、2015JCGLⅢT0203③：3　4、5.天圣元宝 2015JCGLⅢT0204③：3、2015JCGLⅢT0103③：6　6.明道元宝 2018JCGL遗址南部探沟：3　7.景祐元宝 2015JCGLⅢT0103③：11　8、9.皇宋通宝 2015JCGLⅢT0103③：20、2015JCGLⅢT0104④：7

（18）景祐元宝

2件。面文"景祐元宝"，楷书旋读。钱径2.5厘米。

2015JCGLⅢT0103③：11，直径2.5、穿孔径0.6、廓宽0.3、廓厚0.1厘米（图二六五，7）。

（19）皇宋通宝

9件。面文"皇宋通宝"，对读，字体有楷书和篆书两种。钱径2.4～2.5厘米。

2015JCGLⅢT0103③：20，字体为篆书。直径2.5、穿孔径0.7、廓宽0.2、廓厚0.12厘米（图二六五，8）。

2015JCGLⅢT0104④：7，字体为楷书。直径2.4、穿孔径0.7、廓宽0.2、廓厚0.16厘米（图二六五，9）。

（20）治平元宝

3件。面文"治平元宝"，楷书对读。钱径2.4厘米。

2015JCGLⅣT0101③：2，直径2.4、穿孔径0.6、廓宽0.2、廓厚0.12厘米（图二六六，1）。

（21）熙宁元宝

12件。面文"熙宁元宝"，旋读，字体有楷书和篆书两种。钱径2.2～2.6厘米。

2015JCGLⅢT0101③：13，楷书。直径2.6、穿孔径0.7、廓宽0.25、廓厚0.12厘米（图二六六，2）。

2016JCGLⅢT0203④：7，楷书。直径2.4、穿孔径0.65、廓宽0.35、廓厚0.12厘米（图二六六，3）。

2015JCGLⅢT0101③：9，篆书。直径2.5、穿孔径0.7、廓宽0.2、廓厚0.15厘米（图二六六，4）。

（22）熙宁重宝

4件。面文"熙宁重宝"，旋读，字体有楷书和篆书两种。钱径2.9～3.1厘米。

2018JCGLF19：1，篆书。直径3、穿孔径0.7、廓宽0.4、廓厚0.2厘米（图二六六，5）。

2015JCGLⅣT0101③：6，楷书。直径2.8、穿孔径0.65、廓宽0.3、廓厚0.15厘米（图二六六，6）。

（23）元丰通宝

18件。面文"元丰通宝"，旋读，字体有行书和篆书两种。钱径2.4～2.9厘米。

2014JCGLⅡT0104③：4，行书。直径2.5、穿孔径0.65、廓宽0.3、廓厚0.12厘米（图二六六，7）。

2015JCGLⅢT0102③：5，篆书。直径2.8、穿孔径0.7、廓宽0.3、廓厚0.12厘米（图二六六，8）。

（24）元祐通宝

14件。面文"元祐通宝"，旋读，字体有行书和篆书两种。钱径2.4～2.6厘米。

2015JCGLⅢT0102③：13，篆书。直径2.5、穿孔径0.55、廓宽0.4、廓厚0.1厘米（图二六六，9）。

2015JCGLⅢT0103③：17，行书。直径2.4、穿孔径0.7、廓宽0.2、廓厚0.1厘米（图二六六，10）。

（25）绍圣元宝

2件。面文"绍圣元宝"，旋读，字体有行书和篆书两种。钱径2.4～2.5厘米。

0　　　　　　　　3厘米

图二六六　铜钱

1.治平元宝 2015JCGL Ⅳ T0101③：2　2~4.熙宁元宝 2015JCGL Ⅲ T0101③：13、2016JCGL Ⅲ T0203④：7、2015JCGL Ⅲ T0101③：9　5、6.熙宁重宝 2018JCGLF19：1、2015JCGL Ⅳ T0101③：6　7、8.元丰通宝 2014JCGL Ⅱ T0104③：4、2015JCGL Ⅲ T0102③：5　9、10.元祐通宝 2015JCGL Ⅲ T0102③：13、2015JCGL Ⅲ T0103③：17

2018JCGL Ⅳ T0105④：1，篆书。直径2.4、穿孔径0.6、廓宽0.2、廓厚0.15厘米（图二六七，1）。

2016JCGL Ⅳ T0105②：3，行书。直径2.5、穿孔径0.6、廓宽0.3、廓厚0.12厘米（图二六七，2）。

（26）圣宋元宝

4件。面文"圣宋元宝"，旋读。字体有行书和篆书两种。钱径2.4~3厘米。

2015JCGL Ⅲ T0202③：10，行书。直径2.5、穿孔径0.6、廓宽0.2、廓厚0.12厘米（图二六七，3）。

2018JCGL Ⅳ T0205④：3，篆书。直径3、穿孔径0.6、廓宽0.4、廓厚0.15厘米（图二六七，4）。

（27）崇宁重宝

2件。面文"崇宁重宝"，隶书对读。钱径3~3.5厘米。

2018JCGL Ⅱ T0304④：9，直径3.5、穿孔径0.8、廓宽0.3、廓厚0.2厘米（图二六七，5）。

（28）大观通宝

1件。

2015JCGL Ⅲ T0203③：11，面文"大观通宝"，楷书对读。直径2.5、穿孔径0.65、廓宽0.2、廓厚0.15厘米（图二六七，6）。

（29）政和通宝

2件。面文"政和通宝"，对读，字体有隶书和篆书两种。钱径2.5厘米。

2015JCGLH43：20，篆书。直径2.5、穿孔径0.6、廓宽0.2、廓厚0.12厘米（图二六七，7）。

2018JCGLH48：1，隶书。直径2.5、穿孔径0.65、廓宽0.2、廓厚0.16厘米（图二六七，8）。

（30）宣和通宝

4件。面文"宣和通宝"，对读。字体有隶书和篆书两种。钱径2.5~3厘米。

2015JCGL Ⅲ T0203③：4，篆书。直径2.7、穿孔径0.6、廓宽0.3、廓厚0.15厘米（图二六七，9）。

2018JCGL Ⅱ T0101④：4，篆书。直径3、穿孔径0.7、廓宽0.2、廓厚0.2厘米（图二六七，10）。

2016JCGL Ⅱ T0101④：2，隶书。直径2.9、穿孔径0.6、廓宽0.3、廓厚0.18厘米（图二六七，11）。

（31）绍兴元宝

1件。

2018JCGL Ⅳ T0205④：2，面文"绍兴元宝"，楷书旋读，有背月。直径2.9、穿孔径0.8、廓宽0.3、廓厚0.2厘米（图二六八，1）。

（32）正隆元宝

4件。面文"正隆元宝"，楷书旋读。钱径2.4~2.5厘米。

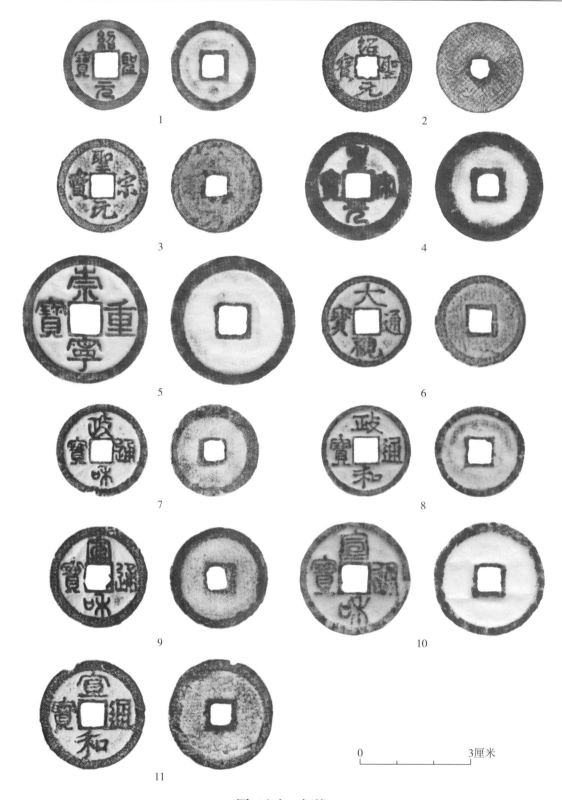

0   3厘米

图二六七　铜钱

1、2.绍圣元宝2018JCGL Ⅳ T0105④：1、2016JCGL Ⅳ T0105②：3　3、4.圣宋元宝2015JCGL Ⅲ T0202③：10、2018JCGL Ⅳ
T0205④：3　5.崇宁重宝2018JCGL Ⅱ T0304④：9　6.大观通宝2015JCGL Ⅲ T0203③：11　7、8.政和通宝
2015JCGLH43：20、2018JCGLH48：1　9～11.宣和通宝2015JCGL Ⅲ T0203③：4、2018JCGL Ⅱ T0101④：4、2016
JCGL Ⅱ T0101④：2

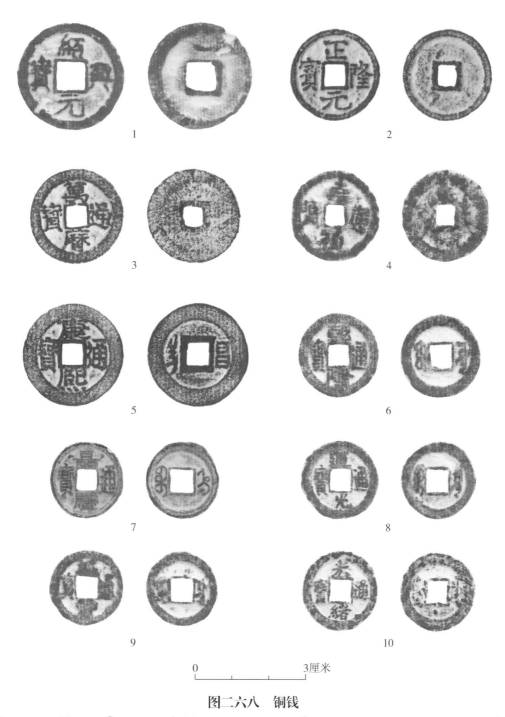

0 _____ 3厘米

图二六八　铜钱

1.绍兴元宝 2018JCGL Ⅳ T0205④：2　2.正隆元宝 2015JCGL Ⅲ T0201③：3　3.万历通宝 2016JCGL Ⅱ T0205②：4　4.崇祯通宝 2017JCGL Ⅲ T0407③：1　5.康熙通宝 2015JCGL Ⅲ T0203②：2　6.乾隆通宝 2015JCGL Ⅲ T0203②：1　7.嘉庆通宝 2016JCGL Ⅳ T0202②：1　8.道光通宝 2016JCGL Ⅳ T0105②：4　9.咸丰通宝 2017JCGL Ⅲ T0206②：4　10.光绪通宝 2015JCGL Ⅲ T0202②：1

2015JCGLⅢT0201③：3，直径2.4、穿孔径0.6、廓宽0.15、廓厚0.15厘米（图二六八，2）。

（33）万历通宝

1件。

2016JCGLⅡT0205②：4，面文"万历通宝"，楷书对读。直径2.5、穿孔径0.55、廓宽0.3、廓厚0.12厘米（图二六八，3）。

（34）崇祯通宝

1件。

2017JCGLⅢT0407③：1，面文"崇祯通宝"，楷书对读。直径2.4、穿孔径0.5、廓宽0.2、廓厚0.1厘米（图二六八，4）。

（35）康熙通宝

5件。均圆形方穿，面文"康熙通宝"，楷书对读，钱背满文。钱径2.4~2.8厘米。

2015JCGLⅢT0203②：2，钱背分别书以满、汉文"昌"字，系宝昌局铸造。直径2.7、穿孔径0.6、廓宽0.4、廓厚0.1厘米（图二六八，5）。

（36）乾隆通宝

12件。均圆形方穿，面文"乾隆通宝"，楷书对读，钱背满文。钱径1.9~2.5厘米。

2015JCGLⅢT0203②：1，宝源局。直径2.1、穿孔径0.6、廓宽0.2、廓厚0.12厘米（图二六八，6）。

（37）嘉庆通宝

3件。均圆形方穿，面文"嘉庆通宝"，楷书对读，钱背满文。钱径1.9~2.1厘米。

2016JCGLⅣT0202②：1，宝直局。直径2、穿孔径0.6、廓宽0.05、廓厚0.2厘米（图二六八，7）。

（38）道光通宝

2件。均圆形方穿，面文"道光通宝"，楷书对读，钱背满文。钱径2.2厘米。

2016JCGLⅣT0105②：4，宝泉局。直径2.2、穿孔径0.6、廓宽0.2、廓厚0.2厘米（图二六八，8）。

（39）咸丰通宝

1件。

2017JCGLⅢT0206②：4，圆形方穿，面文"咸丰通宝"，楷书对读，宝源局。直径2、穿孔径0.55、廓宽0.2、廓厚0.12厘米（图二六八，9）。

（40）光绪通宝

2件。均圆形方穿，面文"光绪通宝"，楷书对读，钱背满文。钱径2.1~2.2厘米。

2015JCGLⅢT0202②：1，宝武局。直径2、穿孔径0.7、廓宽0.2、廓厚0.1厘米（图二六八，10）。

（41）花钱

1件。

2014JCGL Ⅱ T0104③：5，正面为十二生肖，背面为道教星官神仙故事图案。直径6.3、穿孔径0.9、厚0.2厘米（图二六九，1；彩版二三五，7、8）。

（42）宽永通宝

1件。

2017JCGL Ⅳ T0205③：3，面文"宽永通宝"，楷书对读。直径2.4、穿孔径0.55、廓宽0.2、廓厚0.12厘米（图二六九，2）。

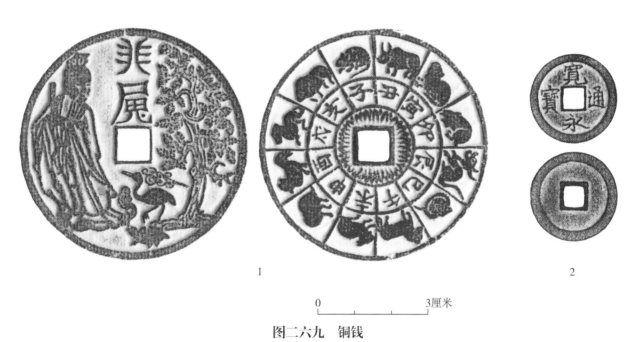

1　　　　　　　　　　　　　　　2

0　　　　　　　　3厘米

图二六九　铜钱

1.花钱2014JCGL Ⅱ T0104③：5　2.宽永通宝2017JCGL Ⅳ T0205③：3

四　铁器

铁器均锈蚀、残缺严重，除少量铁质农具外，大部分为铁钱。

1. 铁锸

1件。

2015JCGL Ⅱ T0201③：2，锈蚀严重，仅余头部。銎口平面形状呈长方形，刃部上厚下薄，整体呈缓坡状，截面呈三角形，残长7.6、刃部宽10、銎宽6.7、銎厚3厘米（图二七〇，1）。

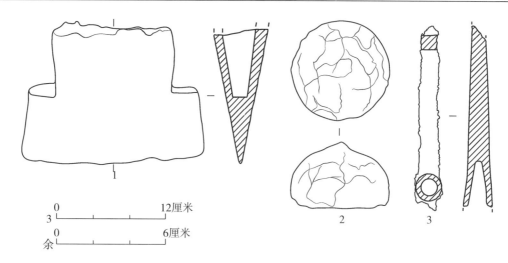

图二七〇　铁器

1. 铁锛 2015JCGL Ⅱ T0201③：2　2. 铁权 2017JCGL 遗址北 T0201⑤：1　3. 铁质工具 2015JCGL Ⅱ T0201③：1

2. 铁权

1件。

2017JCGL 遗址北 T0201⑤：1，整体呈半球状。直径5.3、高3.6厘米（图二七〇，2）。

3. 铁质工具

1件。

2015JCGL Ⅱ T0201③：1，整体呈四棱状长条，一端粗一端细。带銎，内存木屑。残长19.5、銎端直径3.1、尖端厚1.5～1.8厘米（图二七〇，3）。

4. 铁钱

31件（枚）。均圆形方孔，锈蚀严重，无法辨识。大小不一，直径2.5～3.3厘米。

2016JCGL Ⅱ T0401②：2，直径2.5、穿孔径0.5、厚0.02厘米。

2015JCGL Ⅲ T0203②：4，直径3、穿孔径0.6、厚0.4厘米。

2015JCGL Ⅱ T0105③：1，直径3.3、穿孔径0.7、厚0.3厘米。

五　骨器

1. 骨篦

1件。

2016JCGL Ⅲ T0203④：3，黄白色。篦齿残，仅余上端，以阴线刻画。残长6.5、宽1.5、厚0.2～0.3厘米（图二七一，1）。

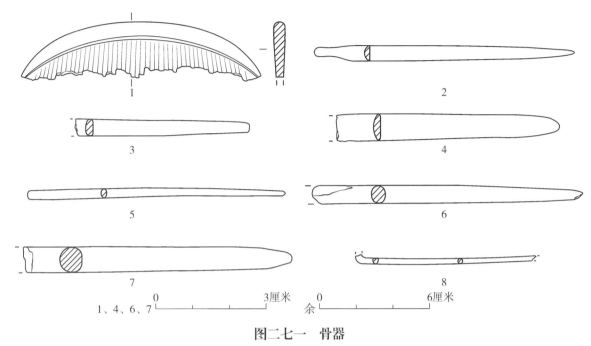

图二七一 骨器

1.骨笄 2016JCGLⅢT0203④:3 2~5. A型骨簪 2018JCGLⅣT0202④:6、2016JCGLⅢT0201④:2、2015JCGLⅢT0202③:13、
2018JCGLH40:8 6~8. B型骨簪 2016JCGLⅢT0203④:1、2014JCGL38:2、2018JCGLⅠT9东侧采:49

2. 骨簪

7件。多残缺,分两型。

A型 4件。整体呈扁平的长条状。

2018JCGLⅣT0202④:6,黄白色,完整。一面扁平,一面略隆起,一端宽一端尖。簪首骤收弯曲。长14.2、宽0.1~0.8、厚0.1~0.3厘米(图二七一,2;彩版二三六,1)。

2016JCGLⅢT0201④:2,黄白色,残。一端宽一端窄。残长9.5、宽0.5~0.9、厚0.1~0.4厘米(图二七一,3)。

2015JCGLⅢT0202③:13,黄白色,残。一面扁平,一面略隆起,一端宽一端尖。残长6.1、宽0.5~0.7、厚0.1~0.2厘米(图二七一,4)。

2018JCGLH40:8,黄白色,完整。整体呈扁平的细长条状,截面呈椭圆形,一端宽一端窄。长14、宽0.2~0.5、厚0.2~0.3厘米(图二七一,5)。

B型 3件。呈圆柱状,截面呈圆形。

2016JCGLⅢT0203④:1,乳白色,表面磨光。整体呈较扁的圆柱状,截面呈椭圆形,一端粗一端细。残长7.4、宽0.1~0.5厘米(图二七一,6)。

2014JCGLH38:2,黄白色。一端粗一端尖,截面呈圆形。残长7.3、粗0.4~0.7厘米(图二七一,7)。

2018JCGLⅠT9东侧采:49,通体磨光,上端略粗呈近三棱圆柱体,向下渐细并呈圆柱状,略弯曲。残长9.9、直径0.25~0.3厘米(图二七一,8)。

3. 骨匕

1件。

2014JCGLH24①：2，黄色。通体磨光，整体呈扁平的长条状，略弯曲，一端宽一端窄。长14、宽2.1~2.5、厚0.5~0.9厘米（图二七二，1）。

4. 骨镞

1件。

2018JCGLⅠT16③：37，黄色。通体磨光。尖头呈四棱状，截面呈扁菱形。残存部分箭杆，亦为四棱状。残长7.9、尖头宽0.8、尖头厚0.6、箭杆直径0.25~0.35厘米（图二七二，2；彩版二三六，2）。

5. 骨饰

2件。

2018JCGLⅢT0102④：4，鱼形饰件，完整，黄白色。阴线纹雕刻，鱼口大张，腹部阴刻网格状鱼鳞，

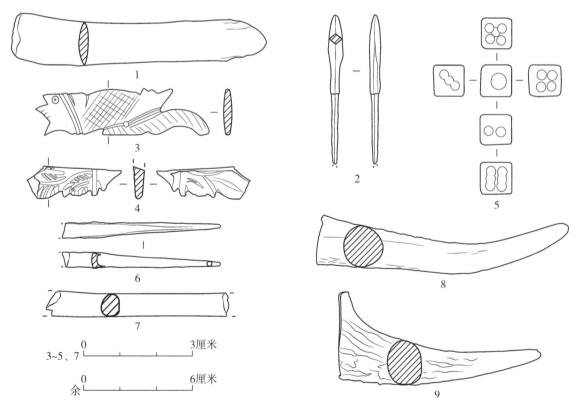

图二七二　骨器

1.骨匕 2014JCGLH24①：2　2.骨镞 2018JCGLⅠT16③：37　3、4.骨饰 2018JCGLⅢT0102④：4、2016JCGLⅡT0101④：3
5.骰子 2016JCGLⅢT0304④：1　6、7.骨器残件 2014JCGLH24②：2、2014JCGLH25①：1　8、9.兽角 2014JCGLⅠ
T23扰：1、2014JCGLH37：1

尾鳍较长。腹部有一孔，可能用于悬系佩挂。长4.8、宽1.2、厚0.3厘米（图二七二，3；彩版二三六，3）。

2016JCGLⅡT0101④：3，残，黄白色。呈扁平状，一面阴刻花草纹，另一面有阴刻线条。残长2.6、残宽0.9、厚0.2~0.3厘米（图二七二，4）。

6. 骰子

3件。均骨质，呈正方体，六个面分别刻1~6点。

2016JCGLⅢT0304④：1，边长0.8~0.9厘米（图二七二，5；彩版二三六，4左）。

2017JCGLⅢT0105③：12，边长0.7厘米（彩版二三六，4右）。

7. 骨器残件

2件。

2014JCGLH24②：2，黄白色，残。整体呈扁平的长条状，一端宽一端窄。残长8.7、残宽0.2~0.8、厚0.2~0.3厘米（图二七二，6）。

2014JCGLH25①：1，黄色，残。通体磨光，截面呈椭圆形。残长5、直径0.4~0.7厘米（图二七二，7）。

8. 兽角

2件。均局部磨光。

2014JCGLⅠT23扰：1，长13.7、直径0.6~2.7厘米（图二七二，8）。

2014JCGLH37：1，残长11、直径0.6~4.7厘米（图二七二，9）。

六 玉石器

遗址出土玉石器较少，见玉饰片、石砚、石凿、石磨盘，均残缺严重。

1. 石凿

1件。

2018JCGLⅢT0204东南角采：1，青黑色。通体磨光。平面呈梯形，宽的一端出刃。残长10、宽3.5~4.6、厚1.7厘米（图二七三，1）。

2. 石磨盘

2件。均残缺严重。

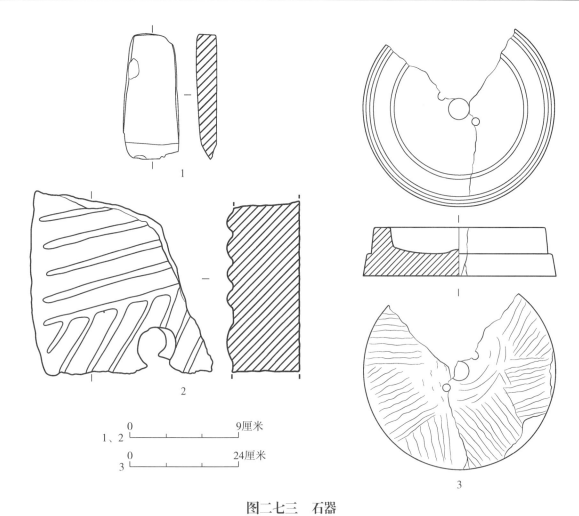

图二七三　石器

1.石凿 2018JCGLⅢT0204东南角采：1　2、3.石磨盘 2017JCGLH47：3、2015JCGLH45：2

　　2017JCGLH47：3，砂石质，仅余一角。整体应为圆形，正面凿有条形浅槽，斜弧缘，背面不甚规整，中间凿一圆孔。残长14.4、残宽14、厚5.3～5.9、孔径2.3～3.2厘米（图二七三，2）。

　　2015JCGLH45：2，砂石质。整体呈圆形，口小底大，斜直缘。正面凿一凹槽，中心凿一圆孔，背面凿有条形浅槽。口径37.6、底径42、高10.4厘米（图二七三，3）。

3. 石砚

1件。

　　2018JCGLⅢT0302④：11，青灰色，仅余一角。从残存形状推测呈方盒状，具体形制不明。内壁磨光，残存墨迹。残长10.1～10.4、残宽4.5～7.2、残高3～3.7厘米（图二七四，1）。

4. 围棋子

1件。

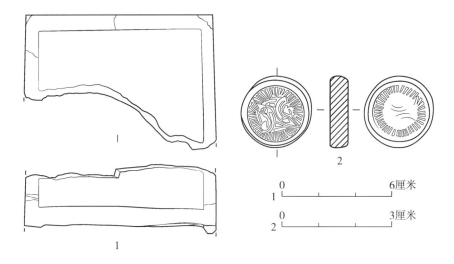

图二七四 石器

1.石砚 2018JCGL Ⅲ T0302④：11　2.围棋子 2017JCGL Ⅲ T0304④：3

2017JCGL Ⅲ T0304④：3，石质，青黑色。整体呈圆饼状，两面均以细线刻画图案。直径1.9、厚0.4厘米（图二七四，2；彩版二三六，5）。

第五节　建筑材料

遗址出土大量建筑材料，种类较多，残损严重。根据材质不同可分为陶、琉璃、石、铜、铁建筑材料，其中以陶质建筑材料为主。

一　陶质建筑材料

（一）瓦

遗址出土大量瓦砾，较完整者极少。均为泥质灰陶，内壁多有布纹。

1.筒瓦

内壁均饰有布纹，外壁有绳纹和光面无饰两种。

2014JCGLH41：1，后端残断，前端呈舌状子口，内壁有布纹，外壁饰绳纹。残长25.5、宽10~14.4、厚1.7厘米（图二七五，1；彩版二三七，1）。

2015JCGL Ⅱ T0103③：6，残缺较甚。前段呈舌状子口，内壁饰布纹，外壁无饰。制作粗糙。残

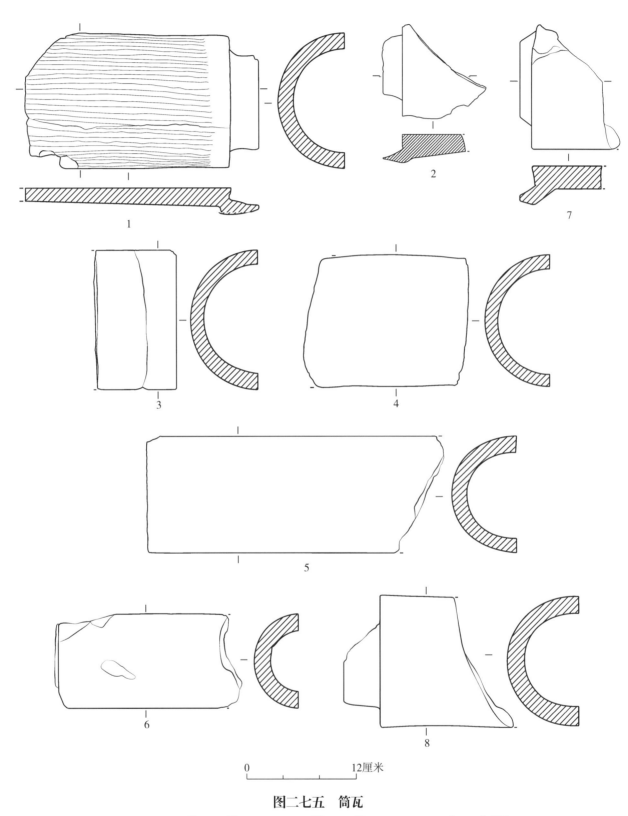

0   12厘米

图二七五　筒瓦

1~8. 2014JCGLH41：1、2015JCGL Ⅱ T0103③：6、2016JCGL Ⅳ T0101③：11、2018JCGL Ⅰ T12东侧采：20、2013JCGLJ2：1、
2013JCGLJ2：2、2013JCGLJ2：3、2013JCGLJ2：4

长11.2、残宽9.7、厚1.8~3厘米（图二七五，2）。

2016JCGLⅣT0101③：11，残缺较甚，仅余一截瓦身。内壁有布纹，外壁无饰。残长9、宽14.8、厚1.5~1.7厘米（图二七五，3）。

2018JCGLⅠT12东侧采：20，残缺较甚，仅余一截瓦身。内壁有布纹，外壁无饰。残长17.3、宽14、厚1.3~1.5厘米（图二七五，4）。

2013JCGLJ2：1，残缺较甚。内壁有布纹，外壁素面。残长32.5、宽12.4、高7、厚1.5~1.8厘米（图二七五，5；彩版二三七，2）。

2013JCGLJ2：2，残缺较甚。内壁有布纹，外壁素面。残长20.6、残宽10、高4.8、厚1.8厘米（图二七五，6；彩版二三七，3）。

2013JCGLJ2：3，残缺较甚。前端呈舌状子口，较短。内壁有布纹，外壁素面。残长9.5、残宽13.2、高8.4、厚0.6~2.4厘米（图二七五，7）。

2013JCGLJ2：4，残缺较甚。前端呈舌状子口。内壁有布纹，外壁素面。残长18.4、残宽14、高7.8、厚1.8~2厘米（图二七五，8）。

2. 板瓦

形制不尽相同。内壁多饰布纹。

2014JCGLⅡT0202③：1，大而宽厚，呈一头窄的梯形。内壁有布纹，外壁无饰。长33.4、宽20~21.4、厚1.6~1.8厘米（图二七六，1；彩版二三七，4）。

2018JCGLⅠT12东侧采：19，残缺较甚。内壁有布纹，外壁饰绳纹。残长31、残宽10.8、厚1.2厘米（图二七六，2；彩版二三七，5）。

2015JCGLⅡT0202③：12，呈青灰色，残缺较甚。内壁磨光，外壁正中削饰一凹槽，板瓦外缘有钉孔一周。残长11、宽13.8、厚2.2~2.3厘米；凹槽宽7、深0.7厘米（图二七六，3）。

2018JCGLⅢT0201④：3，一头宽一头窄。内壁有布纹，外壁无饰。残长33.6、宽22.2~24、厚1.2~1.7厘米（图二七六，4；彩版二三七，6）。

2013JCGLJ2：5，大而宽厚，残缺较甚，具体形制不明。内壁有布纹，外壁素面。残长16、残宽21.9、高5.5、厚1.7~2.2厘米（图二七六，5）。

2013JCGLJ2：6，大而宽厚，残缺较甚，具体形制不明。内壁有布纹，外壁素面。残长17.8、宽20、高4.5、厚1.7~1.8厘米（图二七六，6）。

3. 瓦件残片

值得一提的是，遗址所出土的大量瓦砾中，有少量文字瓦和模印兽面瓦残片，均残损严重，形制不详。

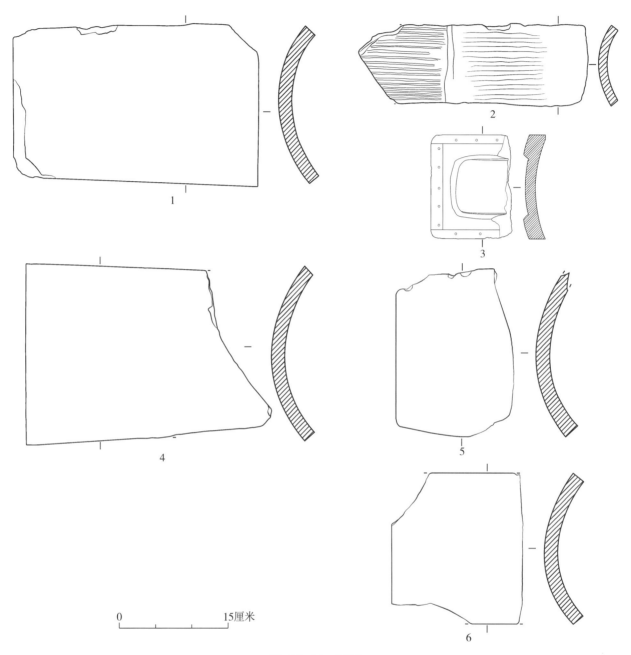

图二七六　板瓦

1~6. 2014JCGLⅡT0202③：1、2018JCGLⅠT12东侧采：19、2015JCGLⅡT0202③：12、2018JCGLⅢT0201④：3、2013JCGLJ2：5、2013JCGLJ2：6

（1）兽面瓦残片

1件。

2015JCGLⅢT0202③：6，残缺较甚，仅余一角。内壁磨光，外壁模印一兽面造型，制作粗糙，兽面额际高凸，皱眉瞪眼，阔口大张露出一排牙齿。须作短线状，鬃毛呈团状。瓦头立面（沿头）压制成波浪状重沿。残长12.5、残宽9.4、厚2.3~3.1、兽面直径5.4厘米（图二七七，1；彩版二三八，1）。

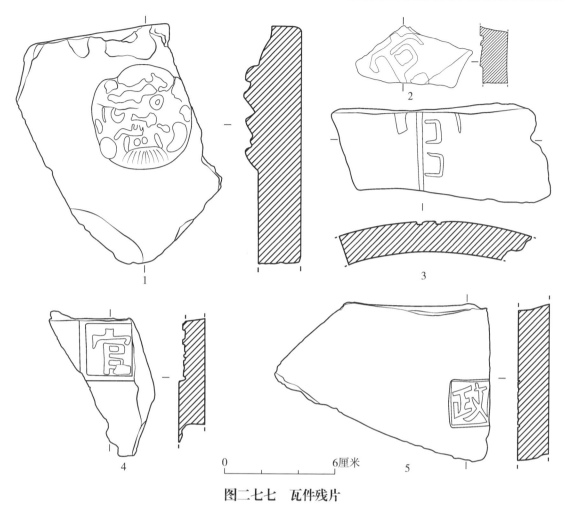

图二七七　瓦件残片

1.兽面瓦残片2015JCGLⅢT0202③∶6　2~4.官"字款瓦残片2014JCGLⅡT0201③∶1、2016JCGLⅢT0202④∶3、2018JCGLⅠ采∶53　5."政"字款瓦残片2015JCGLⅢT0301③∶6

（2）"官"字款瓦残片

3件。瓦件均残缺较甚，仅余一角。内壁有布纹，外刻一"官"字。

2014JCGLⅡT0201③∶1，残长6.5、残宽3、厚1.5厘米（图二七七，2；彩版二三八，2）。

2016JCGLⅢT0202④∶3，残长11.2、残宽5.3、厚1.6厘米（图二七七，3；彩版二三八，3）。

2018JCGLⅠ采∶53，外壁有一印框，内印"官"字。残长7.7、残宽4.5、厚1.2~1.4厘米（图二七七，4）。

（3）"政"字款瓦残片

1件。

2015JCGLⅢT0301③∶6，残缺较甚，仅余一角。内壁有布纹，外壁有一印框，内印"政"字。残长11.8、残宽8.5、厚1.7厘米（图二七七，5；彩版二三八，4）。

（4）其他文字瓦残片

1件。

2014JCGLⅡT0202④：2，残缺较甚，仅余一角。内壁有布纹，外壁有一印框，印文漫漶不清。残长10、残宽10.6、厚1.9厘米。

（二）瓦当

遗址出土瓦当192件，纹饰主要为莲花纹和兽面纹，另外出土兽面莲花纹瓦当2件、人面纹半瓦当1件。除人面纹瓦当为半圆形外，其他均为圆形。以泥质灰陶为主，个别为"青掍瓦"，当面呈黑色并略带光泽。

1. 莲花纹瓦当

遗址出土莲花纹瓦当110件，可辨别形制者90件。均圆形，绝大部分为泥质灰陶，少量表面呈黑色并略带光泽。均圆形，当面主体纹饰为莲花纹，可分为三类，即普通莲花纹瓦当、莲花化生瓦当、异形莲花纹瓦当。

（1）普通莲花纹瓦当

87件。此类瓦当出土数量较多，当面构图由内到外分为三部分，即当心纹饰、主体莲瓣、外围装饰。外围装饰多为联珠纹和凸棱纹组合，也有少量边轮和主体纹饰之间无装饰；主体莲瓣形状有椭圆形、水滴形，有的圆润饱满，有的纤细瘦长，有的为单瓣莲花纹，有的为复瓣莲花纹，有的莲瓣外以细凸棱纹装饰，个别有双层廓；当心纹饰多样，主要为莲蓬状和以宝珠为主体的其他纹饰。按照当心纹饰不同可分为四型。

A型　8件。当心为莲蓬状。均泥质灰陶，当心饰莲籽，中间一颗稍大，外饰一周凸棱。主体纹饰绝大多数为复瓣带廓莲花纹，莲瓣间饰以三角形或"T"形间隔符号。边轮与主体莲花纹之间饰凸弦纹和联珠纹各一周。依据莲瓣形状及当面布局不同可分为三亚型。

Aa型　6件。莲瓣呈椭圆形，较饱满。当面主体纹饰部分较突出。制作精细。

2015JCGLⅡT0204③：21，当心饰七颗莲籽，莲瓣间饰以三角形间隔符号。边廓由内向外逐渐变薄。直径14、边廓宽2～2.4、边廓厚1.1、当心厚2.7厘米（图二七八，1）。

2015JCGLⅡT0201③：6，当心饰七颗莲籽，莲瓣间饰以"T"形间隔符号。边廓由内向外逐渐变薄。直径11.5、边廓宽1.7～2、边廓厚0.8、莲瓣突出部分厚2厘米（图二七八，2；彩版二三九，1、2）。

2016JCGLⅣT0104④：2，当心饰七颗莲籽，莲瓣间饰以三角形纹饰。边廓由内向外逐渐变薄。直径14.4、边廓宽1.8～2.3、边廓厚1.3、当心厚3.2厘米（图二七八，3；彩版二三九，3、4）。

2015JCGLH43：8，当心饰七颗莲籽，莲瓣间饰以三角形纹饰。边廓由内向外逐渐变薄。复原直径15.2、边廓宽3、边廓厚1、当心厚2.3、莲瓣部分厚3厘米（图二七八，4）。

2018JCGLⅢT0102④：3，当心饰八颗莲籽，莲瓣间饰以三角形间隔符号。边廓平直，斜缘。复

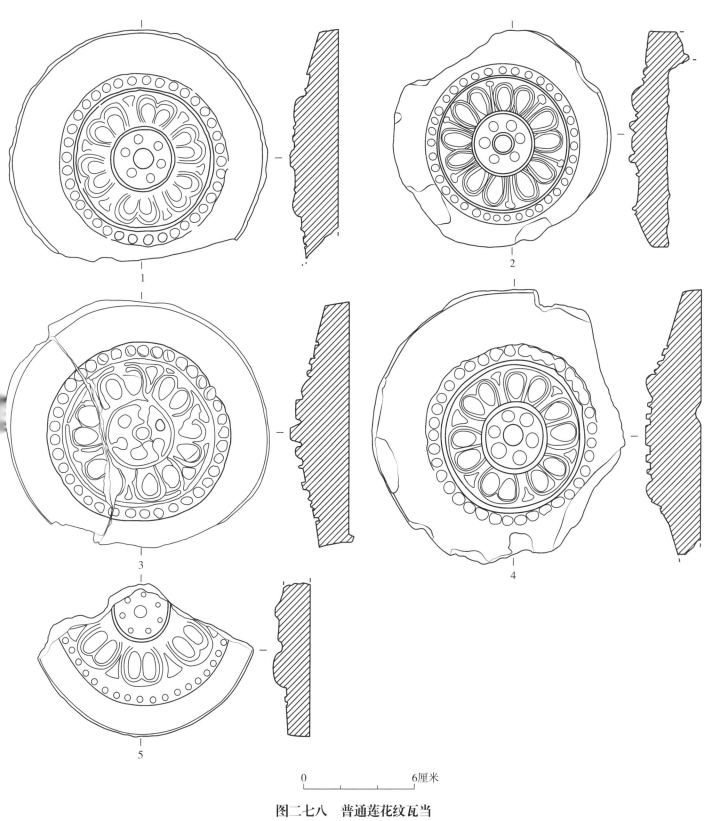

0   6厘米

图二七八 普通莲花纹瓦当

1～5. Aa型 2015JCGLⅡT0204③：21、2015JCGLⅡT0201③：6、2016JCGLⅣT0104④：2、2015JCGLH43：8、2018JCGLⅢT0102④：3

原直径12.4、边廓宽1.5、边廓厚1.1、莲瓣突出部分厚2厘米（图二七八，5）。

Ab型　1件。莲瓣圆鼓、宽肥。当面下凹，边轮较高，莲瓣与边廓齐平。

2014JCGLⅠT22扰：6，直径13、边廓宽1.4、边廓厚1.3、莲瓣突出部分厚1.9厘米（图二七九，1；彩版二三九，5）。

Ac型　1件。

2013JCGLJ1①：33，主体纹饰为单瓣莲花纹，莲瓣圆鼓呈水滴状，莲瓣间以凸棱短线分隔。边轮与主体纹饰之间为两道凸棱纹夹饰一周联珠纹。直径12、边轮宽1.6、边轮厚1.3厘米（图二七九，2；彩版二三九，6）。

B型　7件。当心为宝珠和花瓣组合。均泥质灰陶。当心高凸，以花瓣围绕宝珠，其外再饰一周联珠纹。按照当心花瓣形状及当面布局不同分为三亚型。

Ba型　3件。当面下凹，边轮较高，较窄。莲瓣圆润饱满。有单瓣有复瓣，均带廓。莲瓣间饰以三角形或"T"形间隔符号。

2014JCGLH28：1，主体纹饰为复瓣带廓莲花纹。下部两两相连，莲瓣间饰以三角形纹饰。边轮与主体纹饰之间饰凸棱纹和联珠纹各一周。残径11.3、复原直径12.4、边廓宽1.5、边廓厚2、当心厚2厘米（图二八〇，1）。

2014JCGLH36①：2，主体纹饰为复瓣带廓莲花纹，莲瓣间饰以三角形纹饰。边轮与主体纹饰之间饰一周凸弦纹和两周联珠纹。残径10.5、边廓宽1.2～1.7、边廓厚1.5、当心厚1.9厘米（图二八〇，2；彩版二四〇，1）。

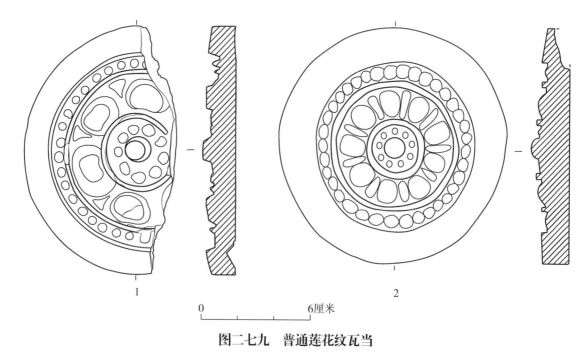

0　　　　　　　　6厘米

图二七九　普通莲花纹瓦当

1. Ab型2014JCGLⅠT22扰：6　2. Ac型2013JCGLJ1①：33

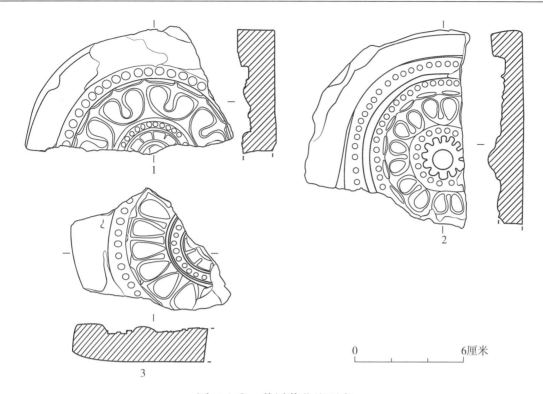

图二八〇 普通莲花纹瓦当

1～3. Ba 型 2014JCGLH28：1、2014JCGLH36①：2、2014JCGLH42：2

2014JCGLH42：2，主体纹饰为单瓣带廓莲花纹，莲瓣扁宽，莲瓣间饰"T"形纹饰并两两相连。边轮与主体纹饰之间饰联珠纹一周。残径7.2、边廓宽1.5～2、边廓厚1.3、莲瓣突出部分厚1.8厘米（图二八〇，3）。

Bb 型　2件。当面略下凹，边轮较高，较窄。当心花瓣前端上翘，写实性强。主体纹饰均为八瓣带廓复瓣莲花纹，莲瓣较瘦长，外廓前端尖而上翘且两两相连。莲瓣间饰以"个"字形纹饰。边轮与主体纹饰之间饰三周凸弦纹和一周联珠纹。联珠细小。

2018JCGLⅠT7采：39，直径13.4、边廓宽1、边廓厚1、当心厚1.8厘米（图二八一，1；彩版二四〇，2、3）。

2018JCGLⅠ采：3，直径12.3、边廓宽0.7、边廓厚1.7厘米（图二八一，2）。

Bc 型　1件。当面隆起，边轮较宽。当心花瓣细长，似菊花瓣。

2014JCGLH38：1，主体纹饰为单瓣莲花纹，莲瓣高凸、瘦长，呈椭圆形。莲瓣间饰"Y"形纹饰。边轮与主体纹饰间饰联珠纹一周。当面高凸，纹饰较集中，边廓由内向外逐渐变薄。直径11.4、边廓宽1.5～2、边廓厚0.8、当心厚2.5厘米（图二八一，3；彩版二四〇，4）。

Bd 型　1件。当心饰宝珠，其外绕饰花瓣一周，花瓣瘦长呈椭圆形。

2013JCGLJ2：5，主体纹饰为带廓复瓣莲花纹。莲瓣瘦长呈椭圆形。边轮与主体纹饰之间饰两周凸棱纹和一周弦纹。当面较平，莲瓣略高凸，边廓较窄。直径11.8、边廓宽1、边廓厚1.1、当心厚1.6

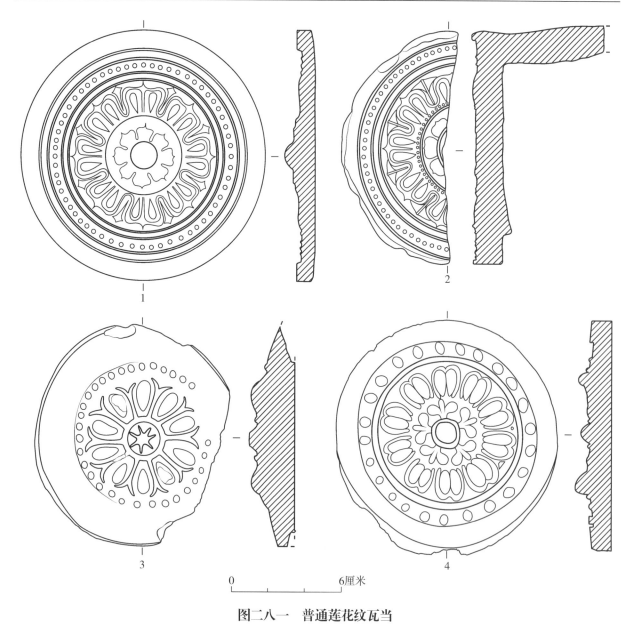

图二八一　普通莲花纹瓦当

1、2. Bb 型 2018JCGL Ⅰ T7 采：39、2018JCGL Ⅰ 采：3　3. Bc 型 2014JCGLH38：1　4. Bd 型 2013JCGLJ2：5

厘米（图二八一，4；彩版二四〇，5、6）。

C 型　18 件。当心饰宝珠和联珠纹组合，宝珠外为两周凸棱纹夹饰一周联珠纹。泥质灰陶或夹砂灰陶，除一件为复瓣外，其余均为单瓣，莲瓣间多有间隔符号。依据当面布局及莲瓣形状不同可分为三亚型。

Ca 型　11 件。当面下凹，边廓较高。当心宝珠较大。均单瓣，莲瓣圆鼓，呈椭圆形，无廓。

2014JCGL Ⅰ T21②：3，宝珠浑圆硕大，莲瓣间饰以"工"字形纹饰，且两两相连。边轮与主体纹饰之间饰凸棱纹和联珠纹各一周。联珠纹颗粒细小。残径 9.6、边廓宽 1、边廓厚 1.5、当心厚 2 厘米（图二八二，1）。

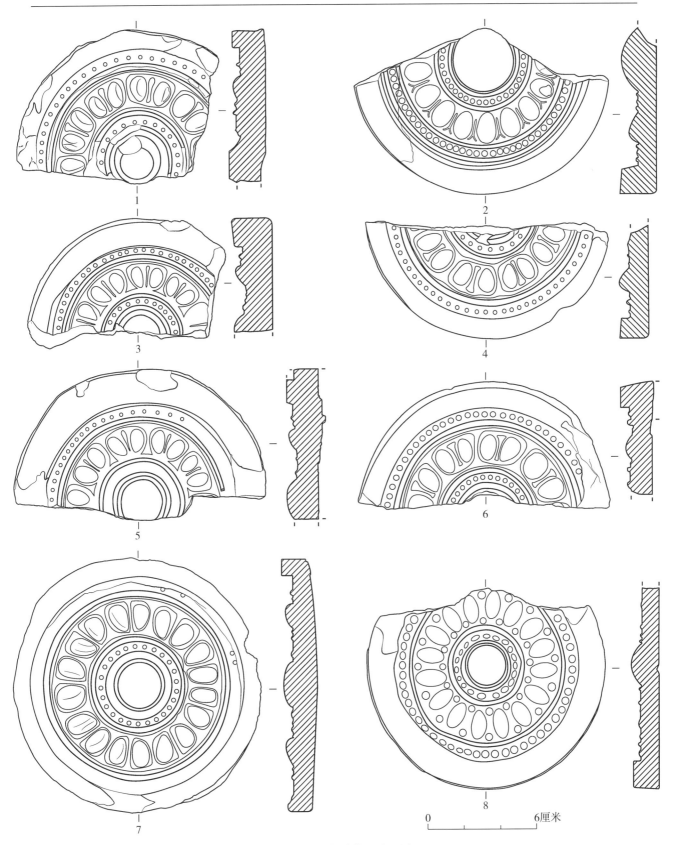

图二八二 普通莲花纹瓦当

1~8. Ca型2014JCGLⅠT21②：3、2014JCGLⅠT6③：1、2015JCGLⅢT0204③：5、2014JCGLⅠT6③：2、2018JCGLⅠ文殊菩萨殿西南侧采：4、2014JCGLⅠT22扰：9、2013JCGLJ2：6、2013JCGLJ2：4

2014JCGL Ⅰ T6③：1，宝珠浑圆硕大，莲瓣间饰以"Y"形纹饰。边轮与主体纹饰之间为两周凸棱纹夹饰一周联珠纹。联珠纹颗粒细小。当面下凹，边廓较高。直径14、边廓宽1.2、边廓厚1.9、当心厚2厘米（图二八二，2）。

2015JCGL Ⅲ T0204③：5，当心宝珠变小，莲瓣间饰以"工"字形纹饰，且两两相连。边轮与主体纹饰之间饰凸棱纹和联珠纹各一周。联珠纹颗粒细小。残径10、复原直径11.8～12.4、边廓宽1.2、边廓厚2.2、当心厚2.2厘米（图二八二，3）。

2014JCGL Ⅰ T6③：2，莲瓣间饰以"工"字形纹饰。边轮与主体纹饰之间饰凸棱纹和联珠纹各一周。联珠纹颗粒细小。复原直径13.5、边廓宽1、边廓厚1.5、莲瓣突出部分厚1.6厘米（图二八二，4）。

2018JCGL Ⅰ 文殊菩萨殿西南侧采：4，莲瓣间饰以"工"字形纹饰，且两两相连。边轮与主体纹饰之间饰凸棱纹和联珠纹各一周。联珠纹颗粒细小。直径13.7、边廓宽1.6、边廓厚1.5、当心厚1.7厘米（图二八二，5）。

2014JCGL Ⅰ T22扰：9，莲瓣间饰以"工"或"Y"形纹饰，且两两相连。边轮与主体纹饰之间饰凸棱纹和联珠纹各一周。联珠纹颗粒细小。复原直径14～14.4、边廓宽1.1、边廓厚1.8、莲瓣部分厚1.5厘米（图二八二，6）。

2013JCGLJ2：6，莲瓣上有掐印痕迹。边轮与主体纹饰之间为凸棱纹和联珠纹组合。当面下凹，边轮较高，较窄。直径13.5、边轮宽1、当心厚1.6、边轮厚1.2厘米（图二八二，7；彩版二四一，1、2）。

2013JCGLJ2：4，莲瓣间饰上下相对的两颗乳丁。边轮与主体纹饰之间饰联珠纹和弦纹组合。当面下凹，边轮较高。直径12.8、边轮宽1.5、边轮厚1.2厘米（图二八二，8；彩版二四一，3、4）。

Cb型　3件。当面较平。当心宝珠较小。均单瓣，莲瓣呈水滴状。

2014JCGL Ⅰ T21②：1，边轮与主体纹饰之间为两周凸棱纹夹饰一周联珠纹。残径12.3、边廓宽1.2、边廓厚1、当心厚1.5厘米（图二八三，1；彩版二四一，5）。

Cc型　4件。当面略隆起。当心宝珠较小。均单瓣，莲瓣纤细修长，外带廓。

2015JCGLH44：9，存瓦筒一截。主体纹饰为复瓣带廓莲花纹，莲瓣间饰以三角形间隔符号。边轮与主体纹饰之间饰一周联珠纹，联珠颗粒较大。边廓由内向外逐渐变薄。直径12.4、边廓宽1.8～2.1、莲瓣部分厚1.9厘米（图二八三，2）。

2015JCGL Ⅱ T0201③：13，主体纹饰为带廓单瓣莲花纹。边轮与主体纹饰之间饰凸棱纹和联珠纹各一周，联珠颗粒较大。直径12.5、边廓宽1.6、边廓厚1.8、当心厚1.8厘米（图二八三，3；彩版二四一，6）。

2013JCGL Ⅰ 采：10，主体纹饰为单瓣带廓莲花纹，莲瓣纤细瘦长。莲瓣和主图纹饰之间为两周凸棱纹夹饰一周联珠纹。当面较平，莲瓣和当心宝珠高凸。直径12.6、边廓宽1.8、边廓厚1.5、当心厚1.8厘米（图二八三，4）。

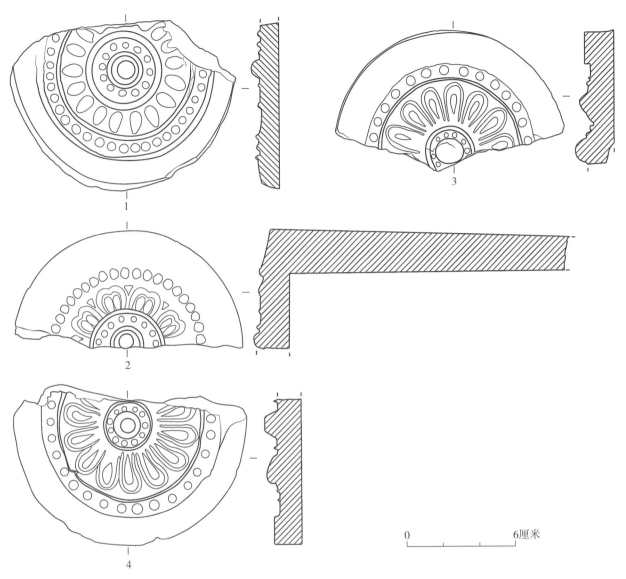

图二八三　普通莲花纹瓦当

1. Cb型2014JCGLⅠT21②：1　2~4. Cc型2015JCGLH44：9、2015JCGLⅡT0201③：13、2013JCGLⅠ采：10

D型　54件。当心为宝珠状。当心饰一宝珠，外饰一周凸棱纹。大部分为泥质灰陶，少量当面呈黑色，并略带光泽。根据莲瓣形状不同划分为四亚型。

Da型　24件。主体纹饰为单瓣或复瓣莲花纹，莲瓣呈水滴状，较小，排列疏朗。复瓣莲花纹一般不带廓，莲瓣间多饰间隔符号。边廓与莲瓣间饰联珠纹和凸棱纹组合。

2016JCGLⅢT0304④：2，单瓣带廓莲花纹，莲瓣间饰以小乳丁。当面隆起，边廓较宽，由内向外逐渐变薄。边轮与主体纹饰之间饰两周凸棱纹和一周联珠纹。直径13.1、边廓宽1.5~2.5、边廓厚1.3、当心厚2.2厘米（图二八四，1；彩版二四二，1、2）。

2015JCGLH43：7，单瓣莲花纹，莲瓣间以短凸棱间隔。当面隆起，边廓较宽，由内向外逐渐变薄。边轮与主体纹饰之间饰凸棱纹和联珠纹各一周。直径12.2、边廓宽2~2.7、边廓厚0.7、当心厚1.8

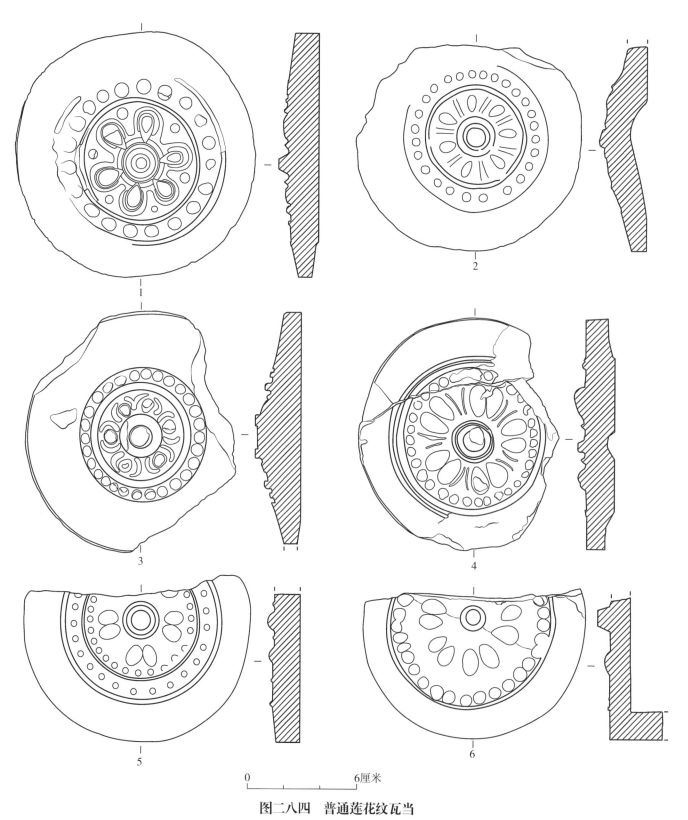

0　　　　　　　6厘米

图二八四　普通莲花纹瓦当

1～6.Da型 2016JCGLⅢT0304④：2、2015JCGLH43：7、2016JCGLⅠT0101③：1、2017JCGLH47：2、
2018JCGLⅡT0203④：13、2015JCGLH43：14

厘米（图二八四，2）。

2016JCGLⅠT0101③：1，单瓣带廓莲花纹，莲瓣间饰以"八"字形间隔符号。主体纹饰集中，边轮与主体纹饰之间饰凸棱纹和联珠纹各一周。边廓较宽，由内向外逐渐变薄。直径12.2、边廓宽3、边廓厚0.8、当心厚2.5厘米（图二八四，3；彩版二四二，3）。

2017JCGLH47：2，复瓣莲花纹，莲瓣间饰以"八"字形纹饰。当面较平，边轮与主体纹饰之间饰一周联珠纹和两周凸棱纹。直径12.4、边廓宽1.5、边廓厚1.6、莲瓣部分厚2.2厘米（图二八四，4）。

2018JCGLⅡT0203④：13，复瓣莲花纹，莲瓣间无间隔符号。当面较平，边轮与主体纹饰之间饰联珠纹和凸棱纹各两周。直径12.4、边廓宽2、边廓厚1.3、莲瓣部分厚1.8厘米（图二八四，5；彩版二四二，4）。

2015JCGLH43：14，复瓣莲花纹，莲瓣间无间隔符号。当面较平，边轮与主体纹饰之间凸棱纹和联珠纹各一周。直径12.1、边廓宽1.5、边廓厚1.1、当心厚1.8厘米（图二八四，6）。

Db型　16件。主体纹饰为单瓣或复瓣莲花纹，莲瓣瘦长，排列较紧密。均带廓，有的为双廓。复瓣莲花纹莲瓣间一般饰以"T"形纹饰。边轮与主体纹饰之间饰凸棱纹和联珠纹组合。

2015JCGLⅡT0204③：3，十二瓣带廓莲花纹，当面隆起，边廓由内向外逐渐变薄。边轮与主体纹饰之间为两周凸棱纹夹饰一周联珠纹。直径11.3、边廓宽1.9、边廓厚1、当心厚2.1厘米（图二八五，1；彩版二四二，5、6）。

2014JCGLH40：3，十六瓣莲花纹，莲瓣外绕饰凸棱纹一周。当面隆起，边廓由内向外逐渐变薄。边轮与主体纹饰之间饰联珠纹一周。直径11.4、边廓宽1.5~2、边廓厚1、莲瓣隆起部分厚2厘米（图二八五，2）。

2017JCGLⅢT0305④：3，八瓣双廓莲花纹，纹饰集中，边廓较宽，边廓由内向外逐渐变薄。边轮与主体纹饰之间饰联珠纹一周。残径10.9、边廓宽2、边廓厚0.7、当心厚2.8厘米（图二八五，3；彩版二四三，1）。

2015JCGLH44：7，双瓣带廓莲花纹，莲瓣间饰以"T"形纹饰。边轮与主体纹饰之间为两周凸棱纹夹饰一周联珠纹。直径12.6、边廓宽1.5、边廓厚1.2、当心厚2厘米（图二八五，4；彩版二四三，2）。

2014JCGLⅡT0104②：3，双瓣带廓莲花纹，莲瓣间饰以"T"形纹饰。边轮与主体纹饰之间饰凸棱纹和联珠纹各一周。直径12.6、边廓宽1.5、边廓厚1.2、当心厚2.2厘米（图二八五，5）。

Dc型　13件。莲瓣呈椭圆形，高凸饱满。可分三式。

Ⅰ式　8件。主体纹饰为复瓣莲花纹。或六瓣或七瓣，莲瓣肥大，饱满圆润。莲瓣间饰三角形间隔符号。主体纹饰与边轮之间饰凸棱纹和联珠纹各一周。大部分为"青掍瓦"，当面呈黑灰色并略有光泽。瓦当尺寸较大，制作精细。

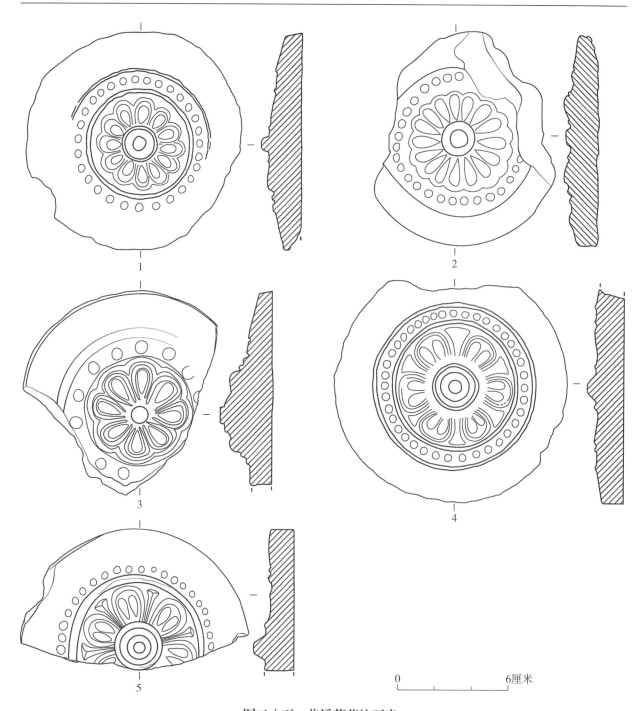

图二八五　普通莲花纹瓦当

1~5.Db型2015JCGLⅡT0204③：3、2014JCGLH40：3、2017JCGLⅢT0305④：3、2015JCGLH44：7、2014JCGLⅡT0104②：3

2015JCGLⅡT0302③：10，六瓣复瓣莲花纹，青掍瓦。直径13.2、边廓宽1.4、边廓厚1.5、莲瓣部分厚2.4厘米（图二八六，1；彩版二四三，3、4）。

2015JCGLH44：4，六瓣复瓣莲花纹。直径14.5、边廓宽1.4、边廓厚1.3、当心厚2厘米（图二八六，2）。

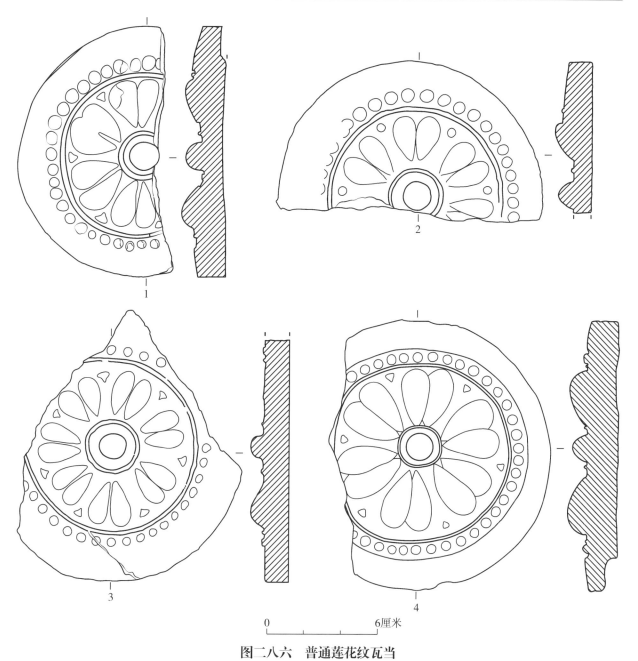

图二八六 普通莲花纹瓦当

1～4.Dc 型 I 式 2015JCGL II T0302③：10、2015JCGLH44：4、2015JCGLH44：6、2014JCGL II T0201②：3

2015JCGLH44：6，七瓣复瓣莲花纹。直径14.5、边廓宽1.7、边廓厚1.3、莲瓣部分厚2.1厘米（图二八六，3）。

2014JCGL II T0201②：3，七瓣复瓣莲花纹。直径14.2、边廓宽1.5、边廓厚1.5、莲瓣部分厚2.7厘米（图二八六，4；彩版二四三，5、6）。

II式 3件。主体纹饰为复瓣莲花纹，莲瓣呈椭圆形，较小，饱满圆润，排列紧密。莲瓣间饰三角形间隔符号。当面隆起，莲瓣和当心高凸。边轮与主体纹饰之间饰凸棱纹和联珠纹各一周。

2015JCGLH43：12，六瓣复瓣带廓莲花纹，边廓宽平，直缘。直径13.2、边廓宽1.7～2、边廓厚

1.3、当心厚2.5厘米（图二八七，1）。

　　2015JCGLⅢT0301③：12，六瓣复瓣莲花纹，边廓由内向外逐渐变薄。直径12、边廓宽1.7、边廓厚1、当心厚2.4厘米（图二八七，2；彩版二四四，1、2）。

　　Ⅲ式　2件。主体纹饰为单瓣莲花纹，莲瓣呈椭圆形，较大，饱满圆润。莲瓣间无间隔符号。当

0　　　　　　　6厘米

图二八七　普通莲花纹瓦当

1、2. Dc型Ⅱ式2015JCGLH43：12、2015JCGLⅢT0301③：12　3、4. Dc型Ⅲ式2015JCGLⅢT0301③：17、2017JCGLH44：18　5. Dd型2014JCGLⅠT23扰：3

面较平，莲瓣高凸。

2015JCGLⅢT0301③：17，十瓣单瓣带廓莲花纹，边轮与主体纹饰之间饰联珠纹一周。边廓较窄。直径12、边廓宽1.3、边廓厚1.5、莲瓣部分厚3厘米（图二八七，3；彩版二四四，3、4）。

2017JCGLH44：18，十一瓣单瓣莲花纹。边轮与主体纹饰之间为两周联珠纹夹饰一周凸棱纹。边廓较宽，由内向外逐渐变薄。直径12、边廓宽1.2～2、边廓厚1.1、莲瓣部分厚2厘米（图二八七，4）。

Dd型　1件。莲瓣呈菱形。

2014JCGLⅠT23扰：3，主体纹饰为单瓣莲花纹，莲瓣高凸饱满，呈菱形。莲瓣间饰以"Y"形间隔符号。残径7.5、当心厚2.7厘米（图二八七，5；彩版二四四，5、6）。

（2）莲花化生瓦当

2件。造型基本相同。均为夹砂灰陶。当心模印一化生像，双手合十，造型简练，轮廓清晰。其外为两周凸棱纹夹饰的一周联珠纹，八瓣复瓣带廓莲花纹，莲瓣宽厚肥大，外廓前端尖而上翘且两两相连。莲瓣间饰以三角形纹饰并彼此相连。主体纹饰与边廓之间饰联珠纹一周。当面下凹，当心化生像高于边廓，边廓较窄。

2017JCGL遗址北现代坑采：6，直径13.2、边廓宽1.3、边廓厚0.9、当心厚1.5厘米（图二八八，1；彩版二四五，1）。

2017JCGL遗址北现代坑采：7，残径9、边廓宽1.5、边廓厚0.7、当心厚1.7厘米（图二八八，2）。

（3）异形莲花纹瓦当

1件。

2015JCGLⅡT0204③：15，泥质灰陶，残缺近半，可复原。当心饰一宝珠，其外饰正、反三角纹各一周，其与边轮之间为两周凸棱纹夹饰一周联珠纹。当面隆起，边廓较宽，边廓由内向外逐渐变薄。残径12.8、边廓宽2～2.4、边廓厚1.6、当心厚2厘米（图二八八，3；彩版二四五，2、3）。

2. 兽面纹瓦当

遗址出土兽面纹瓦当79件，可辨形制者69件，除一件为琉璃质地外，其余均为陶质。均圆形，当面由两部分组成，即主体兽面形图案和外围装饰图案。装饰图案一般为凸棱纹和联珠纹组合，少量以短线纹带饰之，个别无装饰。兽面造型变化丰富，依据兽面形态不同，可分四型。

A型　2件。瓦当中心仅堆塑兽面造型，兽面口衔环。

2015JCGLⅢT0105③：1，额际鬃毛卷曲，犄角高凸，呈倒"八"字形，皱眉耸鼻，鼻孔显露，眉毛两侧有叶状耳。双目圆睁，龇牙咧嘴，露出一排牙齿，口内衔一环。须分成两绺并分别向两侧卷曲，鬓毛亦呈绺状。边廓与兽面之间饰一周短线纹带。直径11.2、边廓宽1.5、边廓厚0.9～1.2、兽面最大厚度3.2厘米（图二八九，1；彩版二四五，4、5）。

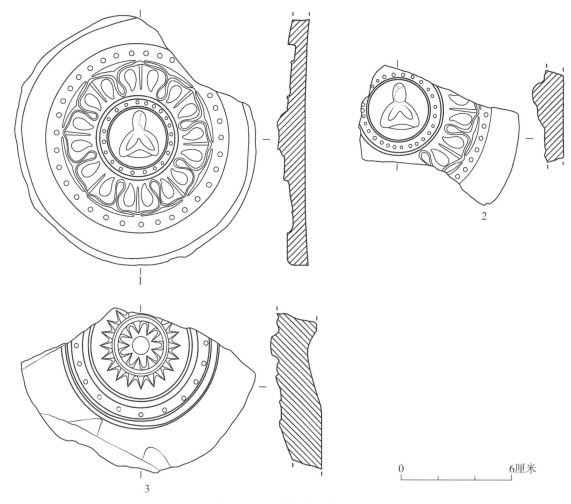

图二八八　普通莲花纹瓦当

1、2.莲花化生瓦当2017JCGL遗址北现代坑采：6、2017JCGL遗址北现代坑采：7　3.异形莲花纹瓦当2015JCGLⅡT0204③：15

B型　22件。瓦当中心堆塑兽面造型，兽面口含珠。额际高凸，鬃毛向两侧卷曲，两侧贴饰两叶形耳。双眉短粗、上竖并以凸棱饰之，三角鼻，鼻孔大张。咧嘴，嘴角下垂，口含珠。鬃、须相连均团作圆球状。除一件兽面造型和边廓之间无装饰外，其余均饰短线纹带一周。有的边廓平直，有的则由内向外逐渐变薄。分两亚型。

Ba型　6件。兽面双目被短线状绒毛覆盖。

2015JCGLⅡT0204③：16，边廓平直，斜缘。直径11.4、边廓宽1.5、边廓厚1.1、兽面最大厚度3.6厘米（图二八九，2）。

2015JCGLⅡT0204③：23，边廓平直，斜缘。直径12、边廓宽1.5、边廓厚1、兽面最大厚度3.3厘米（图二八九，3；彩版二四五，6）。

2015JCGLH44：1，边廓平直，斜缘。复原直径12.2、边廓宽1.4～1.6、边廓厚1.2、兽面最大厚度3.5厘米（图二八九，4）。

2015JCGLⅡT0202③：2，边廓平直，斜缘。直径11.4～11.6、边廓宽1～1.6、边廓厚0.7～1、兽

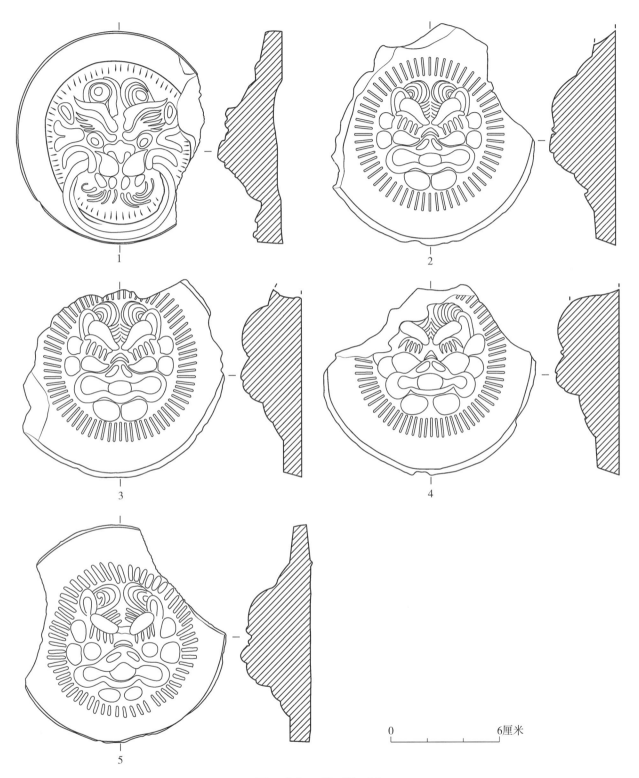

图二八九 兽面纹瓦当

1. A型 2015JCGL Ⅲ T0105③：1 2～5. Ba型 2015JCGL Ⅱ T0204③：16、2015JCGL Ⅱ T0204③：23、2015JCGLH44：1、2015JCGL Ⅱ T0202③：2

面最大厚度3.8厘米（图二八九，5）。

Bb型　16件。双目圆睁。

2015JCGL Ⅱ T0201③：7，边廓平直，直缘。直径11.9、边廓宽1.5、边廓厚0.8～1.1、兽面最大厚度3.8厘米（图二九〇，1；彩版二四六，1、2）。

2016JCGL Ⅱ T0104④：4，边廓平直，直缘。直径11.6、边廓宽1.5～1.7、边廓厚0.7～1.1、兽面最大厚度3.8厘米（图二九〇，2）。

2014JCGLH40：4，边廓由内向外逐渐变薄。直径12.3～14.5、边廓宽1.3、边廓厚0.9、兽面最大厚度4.3厘米（图二九〇，3）。

2014JCGL Ⅱ T0201③：3，主体纹饰与边廓之间无装饰，边廓较窄，直缘。直径11.4、边廓宽1.4、边廓厚0.9～1.3、兽面最大厚度3.5厘米（图二九〇，4）。

C型　7件。瓦当中心堆塑兽面造型，兽面龇牙咧嘴，露出双排牙齿。根据兽面特征及当面布局差异分三亚型。

Ca型　4件。造型基本相同，额际犄角弯曲，两犄之间高凸饰一绺鬃毛。双眉短粗，双目圆睁，叶形双耳，蒜头鼻较大，鼻孔显露。咧嘴，双排牙齿及舌头尽露。须呈网格状，鬃毛作短斜线状。边廓与兽面之间饰凸棱纹和联珠纹各一周。

2015JCGLH43：17，直径12.5、边廓宽1～2.2、边廓厚1.3、兽面最大厚度2.8厘米（图二九一，1；彩版二四六，3、4）。

2015JCGL Ⅲ T0301③：18，直径12.6、边廓宽1.5～1.8、边廓厚1、兽面最大厚度2.5厘米（图二九一，2）。

Cb型　1件。

2014JCGLH42：1，兽面高凸，额际鬃毛卷曲，无犄，眉、眼上竖，两侧有叶形耳。鼻孔大张。嘴大咧，露出两排牙齿和舌头，下排牙齿仅现两颗獠牙。须和鬃毛相连作短线状。残径9.3、兽面最大厚度3.6厘米（图二九一，3）。

Cc型　2件。造型基本相同，双犄弯曲，叶形双耳，双目圆睁，阔口大张，舌头和双排牙齿尽露。额际鬃毛及须呈短斜线状。

2013JCGLH16：2，兽面与边廓之间饰两道凸棱纹。边轮较宽。残径9.6、边轮宽2、边轮厚1.5厘米（图二九一，4）。

D型　36件。瓦当中心堆塑兽面造型，兽面龇牙咧嘴，露出单排牙齿。根据兽面布局不同可分为四亚型。

Da型　22件。主体兽面造型与边轮之间饰联珠纹和凸棱纹组合。

2016JCGL Ⅱ T0201③：6，额际高凸，犄角两端上挑，眉眼残，叶形耳，三角鼻，阔口大张，鬃毛、须、鬃毛作短斜线状且相连。边廓与兽面之间为两周凸棱纹夹饰一周联珠纹。直径13.2、边廓宽

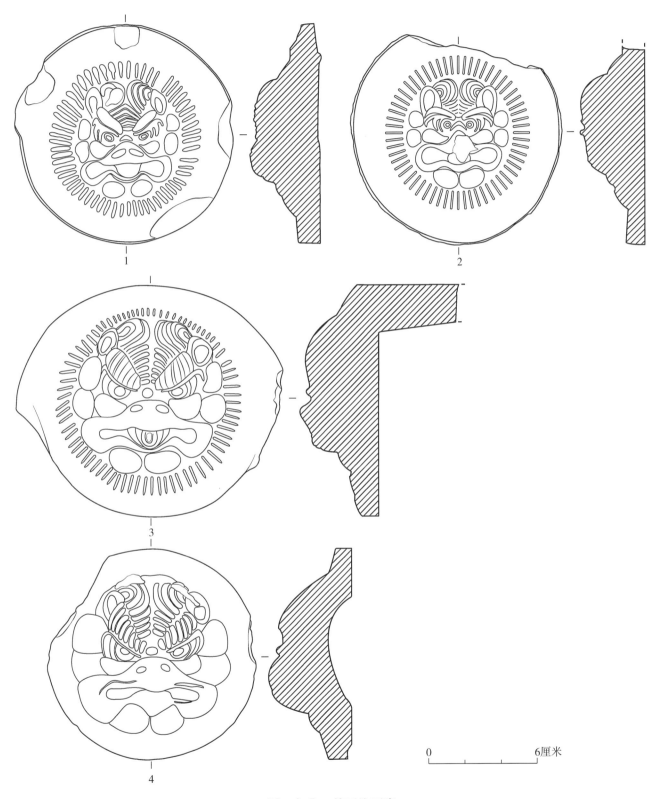

0   6厘米

图二九〇 兽面纹瓦当

1～4. Bb型 2015JCGLⅡT0201③：7、2016JCGLⅡT0104④：4、2014JCGLH40：4、2014JCGLⅡT0201③：3

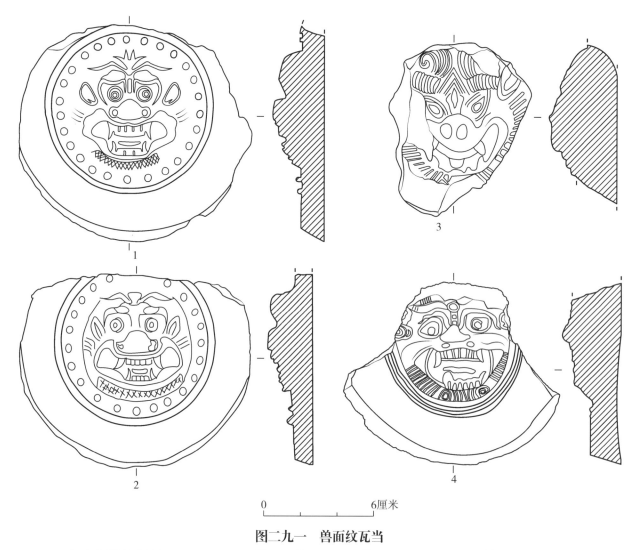

0 　　　　　　　　　　6厘米

图二九一　兽面纹瓦当

1、2. Ca型2015JCGLH43：17、2015JCGLⅢT0301③：18　3. Cb型2014JCGLH42：1　4. Cc型2013JCGLH16：2

1.2～1.7、边廓厚1.3、兽面最大厚度3.5厘米（图二九二，1）。

2016JCGLⅣT0103④：5，额际饰短线状鬃毛，双犄高凸、平直，眉毛短平，双目圆睁，无耳。三角鼻，鼻孔大张。咧嘴，露出一排牙齿。须作短线状，鬃毛卷曲。边廓与兽面之间饰凸棱纹和联珠纹各一周，联珠颗粒细小。直径12.5、边廓宽1.8、边廓厚1.1、兽面最大厚度2.5厘米（图二九二，2）。

2016JCGLⅡT0102③：5，额际高凸，短线状鬃毛。双眉弯曲，眉际饰一椭圆形凸起。双目圆突。三角形鼻，鼻孔大张。咧嘴，吐舌，嘴角边饰两颗獠牙。须作短线状，内侧鬃毛卷曲，外侧鬃毛作短线状。边廓和兽面之间为两周凸棱纹夹饰一周联珠纹，联珠颗粒较大，排列稀疏。边轮下缘呈锯齿状，边廓由内向外逐渐变薄。直径13、边廓宽1～1.5、边廓厚0.8、兽面最大厚度2.8厘米（图二九二，3；彩版二四六，5）。

2015JCGLⅡT0204③：2，额际高凸，鬃毛作短线状，扇形双耳，绒毛明显。双眉短粗、紧

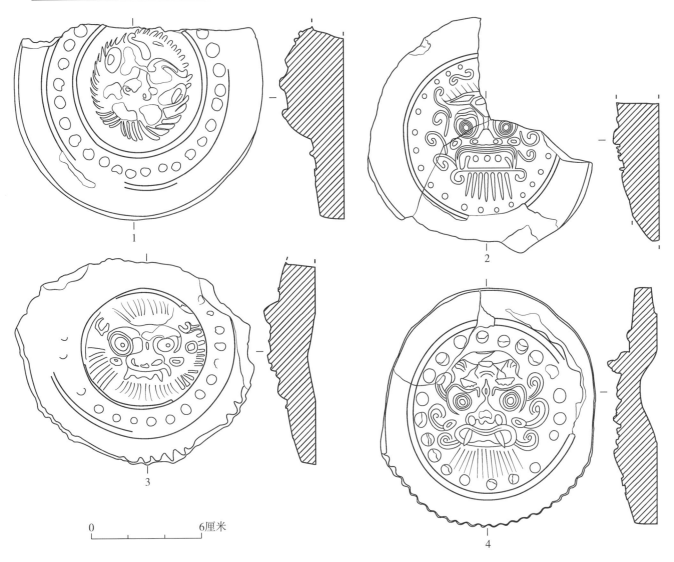

图二九二 兽面纹瓦当

1~4. Da 型 2016JCGL Ⅱ T0201③：6、2016JCGL Ⅳ T0103④：5、2016JCGL Ⅱ T0102③：5、2015JCGL Ⅱ T0204③：2

皱，眉际饰一椭圆形凸起。双目圆突。兽鼻高凸，鼻孔大张。咧嘴，吐舌，嘴角边饰两颗獠牙。须作短线状，鬃毛卷曲。边廓和兽面之间饰凸棱纹和联珠纹各一周，联珠颗粒较大，排列稀疏。边轮下缘呈锯齿状。直径12.7、边廓宽1~1.5、边廓厚1.2、兽面最大厚度2.5厘米（图二九二，4；彩版二四六，6）。

2015JCGL Ⅲ T0301③：10，当面略呈黑色。额际高凸，鬃毛作短线状，扇形双耳，绒毛明显。双眉短粗、紧皱，眉际饰一椭圆形凸起。双目圆突。兽鼻高凸，鼻孔大张。咧嘴，吐舌，嘴角边饰两颗獠牙。须作短线状，鬃毛卷曲。边廓和兽面之间饰联珠纹一周，联珠颗粒细小，排列紧密。直径12.6、边廓宽1.3、边廓厚1.2、兽面最大厚度2.8厘米（图二九三，1）。

2015JCGLH43：1，额际高凸，双眉紧皱，眉际饰一椭圆形凸起。双目圆突。兽鼻高凸，鼻孔大张。咧嘴，吐舌，嘴角边饰两颗獠牙。鬃毛成绺向上飘扬。边廓和兽面之间为两周凸棱纹夹饰一周联

图二九三　兽面纹瓦当

1～6.Da 型 2015JCGLⅢT0301③：10、2015JCGLH43：1、2018JCGLF19：9、2018JCGLⅠ采：54、2015JCGLⅢT0301③：9、2013JCGLⅠT5①：3

珠纹，联珠颗粒较大，排列稀疏。残径10.3、复原直径14.6~15.2、边廓宽1.5~2、边廓厚1.8、兽面最大厚度3厘米（图二九三，2）。

2018JCGLF19：9，额际鬃毛卷曲，两耳下耷，刻画形象。双目圆突，三角鼻，鼻孔显露。龇牙咧嘴，露出一排牙齿。鬃毛均成绺，微微飘扬。边廓与兽面之间饰凸棱纹和联珠纹各一周，联珠颗粒细小。直径14、边廓宽1.2、边廓厚1.2、兽面最大厚度3厘米（图二九三，3；彩版二四七，1）。

2018JCGLⅠ采：54，兽面施绿釉，背面为泥质红陶。额际鬃毛卷曲，两耳下耷，双目圆突，三角鼻，鼻孔显露。龇牙咧嘴，露出两颗獠牙。鬃毛均成绺，微微飘扬。边廓与兽面之间饰凸棱纹和联珠纹各一周，联珠颗粒细小。残径13.5、边廓宽1.5、边廓厚1、兽面最大厚度2.6厘米（图二九三，4）。

2015JCGLⅢT0301③：9，额际高凸饰蜷曲状和细线状鬃毛。双眉平直，双目圆睁，两侧有叶形小耳。三角形鼻较大。咧嘴吐舌，嘴角边多饰两颗獠牙。须作短斜线状，排列细密，鬃毛卷曲，两颊各有一椭圆形凸起。近似人面。边廓与兽面之间饰凸棱纹和联珠纹各一周，联珠细小稀疏。直径11.4、边廓宽1.7~2、边廓厚1、兽面最大厚度2.9厘米（图二九三，5；彩版二四七，2、3）。

2013JCGLⅠT5①：3，兽面眉弓弯曲，叶形双耳，怒目圆睁，鼻孔大张。龇牙咧嘴，露出单排牙齿。须呈短斜线状，髯、鬃毛均作细长菱形状。边轮与主体纹饰之间饰一周联珠纹间隔的弦纹。残径10、边轮宽1.6、兽面最大厚度2.1厘米（图二九三，6）。

Db型 4件。主体兽面造型与边轮之间仅饰弦纹。

2016JCGLⅣT0103④：12，眉脊高凸弯曲。双目圆睁，三角形鼻，鼻孔明显，阔口大张，露出舌头和联珠纹一排以代牙齿。须作短斜线状，鬃毛呈团状。兽面与边廓之间饰凸棱纹一周，边廓较宽。直径12.4~12.8、边廓宽2.2、边廓厚0.9、兽面最大厚度2.4厘米（图二九四，1）。

2015JCGLⅡT0202③：11，兽面额际有一"王"字，眉脊高凸弯曲，眉毛两侧有叶状小耳，双目圆睁，鼻孔明显，阔口大张，露出舌头和联珠纹一排以代牙齿。须作短斜线状，鬃毛呈团状。兽面与边廓之间饰凸棱纹一周，边廓较宽。直径13.3、边廓宽2.7~4、边廓厚1、兽面最大厚度2.3厘米（图二九四，2）。

2016JCGLⅣT0103④：8，眉脊高凸弯曲，有叶状小耳，双目圆睁，鼻孔明显，阔口大张，露出舌头和联珠纹一排以代牙齿。须作短斜线状，鬃毛呈团状。兽面与边廓之间饰凸棱纹一周，边廓较宽。残径10.2、复原直径12.4、边廓宽2、边廓厚1、兽面最大厚度2.2厘米（图二九四，3）。

Dc型 3件。主体兽面造型与边轮之间饰一周短线纹带。

2018JCGLF19：5，额际鬃毛卷曲，犄角高凸，呈倒"八"字形，皱眉耸鼻，眉毛刻画细致，眉毛两侧有叶状耳。双目圆睁，龇牙咧嘴，露出一排牙齿，嘴部满圆点状凸起，须与鬃毛相连作短粗状凸起。边廓与兽面纹之间饰一周粗密的短线纹带。边轮下缘作锯齿状。直径12、边廓宽1~1.5、边廓厚1、兽面最大厚度2厘米（图二九四，4；彩版二四七，4、5）。

2015JCGLⅡT0202③：1，额际鬃毛卷曲，犄角高凸，呈倒"八"字形，皱眉耸鼻，眉毛刻画细

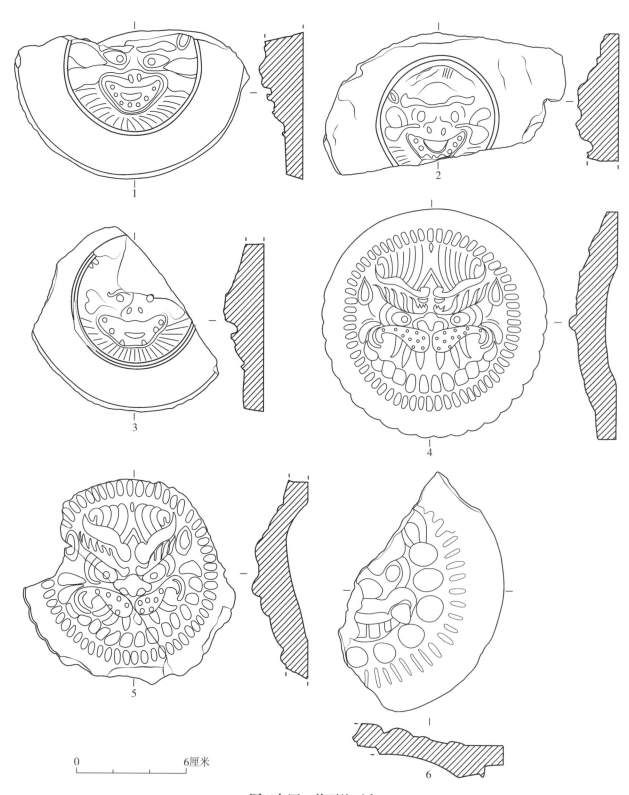

0   6厘米

图二九四　兽面纹瓦当

1～3. Db型 2016JCGL Ⅳ T0103④：12、2015JCGL Ⅱ T0202③：11、2016JCGL Ⅳ T0103④：8　4～6. Dc型 2018JCGLF19：5、
2015JCGL Ⅱ T0202③：1、2018JCGL Ⅳ T0205④：7

致，眉毛两侧有叶状耳。双目圆睁，龇牙咧嘴，露出一排牙齿，嘴部满圆点状凸起，须与鬃毛相连作短粗状凸起。边廓与兽面纹之间饰一周粗密的短线纹带。边轮缘作锯齿状。残径11.6、复原直径13.6~14.2、边廓宽1、边廓厚1、兽面最大厚度2.4厘米（图二九四，5）。

2018JCGLⅣT0205④：7，皱眉、瞪眼，眼球外凸，三角形鼻，龇牙咧嘴。须、鬃均成团作圆球状。边廓与兽面之间饰一周短线纹带。残径13.6、复原直径14.8、边廓宽1.5~2、边廓厚1、兽面最大厚度1.9厘米（图二九四，6）。

Dd型 7件。主体兽面造型与边轮之间无装饰。

2016JCGLⅡT0103④：2，额际犄角高凸上扬，鬃毛卷曲。双目圆睁，耳较长位于双目两侧。皱眉耸鼻，鼻孔大张。阔口大张，露出一排牙齿。须分成两绺并向两侧卷曲，鬃毛卷曲与须相连。边廓较宽，由内向外逐渐变薄。直径13.4、边廓宽1.5~2、边廓厚0.7、兽面最大厚度2.5厘米（图二九五，1）。

2015JCGLⅡT0302③：13，额际饰一"王"字，犄角高凸上挑，鬃毛卷曲。双眉高凸粗壮，眉梢上扬且内侧各有一凸起圆点。双目圆睁，叶形双耳位于双目两侧。兽鼻高挺，鼻孔大张。阔口大张，露出舌头和一排牙齿。须作短线状，鬃毛卷曲。边廓与兽面之间饰联珠纹一周。边廓较宽，由内向外逐渐变薄。直径13.9~14.3、边廓宽1.9~2.5、边廓厚1、兽面最大厚度4厘米（图二九五，2；彩版二四八，1、2）。

2015JCGLⅡT0104③：7，额际鬃毛卷曲，犄角高凸，呈倒"八"字形，皱眉耸鼻，眉毛刻画细致，眉毛两侧有叶状耳。双目圆睁，龇牙咧嘴，露出一排牙齿，须作短斜线状并向两侧卷曲。嘴和脸颊处布满圆点状凸起。直径11.4~11.7、边廓宽1.5、边廓厚0.6、兽面最大厚度2.9厘米（图二九五，3）。

2015JCGLⅢT0301③：8，额际犄角高凸呈椭圆形。双眉紧皱，双目圆睁。三角形鼻与吻部相连。口微张露出牙齿5枚。须细长飘于胸前，胸前坠一铃铛。两前肢呈蹲踞状。头部外饰短线纹带两周。边廓宽平。直径12~12.7、边廓宽1~3、边廓厚1.4、兽面最大厚度3.2厘米（图二九五，4；彩版二四八，3、4）。

3. 兽面莲花纹瓦当

2件。均泥质灰陶。

2013JCGLH18：1，当心饰一兽面，双犄高凸末端上扬，额际饰菱形装饰，双眉紧皱，眉梢上扬。怒目圆睁，龇牙咧嘴，露出两颗獠牙，鬃毛呈绺状，兽面外饰一周联珠纹。其外为带廓复瓣莲花纹，莲瓣较小，饱满，呈椭圆形。莲瓣间饰三角形纹饰。边轮与主体纹饰间饰短斜条凸棱一周。当面较平，边轮稍低，较窄。直径16.4、边廓宽1.2、边廓厚2、当心厚2.8厘米（图二九六，1；彩版二四八，5、6）。

2014JCGLⅠT23扰：4，残缺近半，但从残存部分当心看，当心为一兽面形象，外饰一周联珠纹。

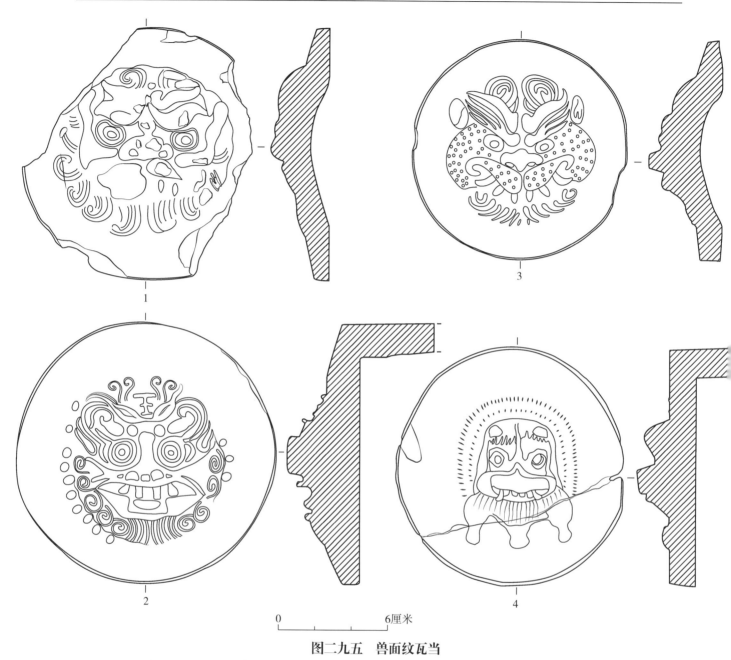

0 _____ 6厘米

图二九五　兽面纹瓦当

1~4. Dd型 2016JCGLⅡT0103④：2、2015JCGLⅡT0302③：13、2015JCGLⅡT0104③：7、2015JCGLⅢT0301③：8

其外为带廓复瓣莲花纹，莲瓣较小，饱满，呈椭圆形。每组莲瓣间饰三角形纹饰。边轮与主体纹饰间饰短斜条凸棱一周。当心下凹，莲瓣高凸部分与边廓基本在同一直线上。直径16、边廓宽1.2、边廓厚2、当心厚2.2厘米（图二九六，2）。

4. 人面纹半瓦当

1件。

2015JCGLH44：8，泥质灰陶。半圆形，线条简练，形象逼真。泥质灰陶，残，可复原。当面饰一

图二九六 兽面莲花纹瓦当

1、2.2013JCGLH18：1、2014JCGLⅠT23扰：4

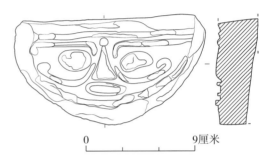

图二九七 人面纹半瓦当 2015JCGLH44：8

人面，双眉细长、平直，双目突出呈椭圆形，三角鼻较细长，鼻子上端饰一小三角形纹饰，椭圆形口。直径15.6、厚2.1~3.2厘米（图二九七）。

（三）砖

多残缺严重，按照纹饰不同可分为花卉纹砖、文字砖、手印纹砖、素面砖等，形状有长方形、正方形和梭形。均泥质灰陶，部分制作粗糙。

1.花卉纹砖

3件。均残缺较严重，具体形制和完整纹饰不详。

2015JCGLH44：12，主体纹饰为模印花卉纹，外饰联珠纹和凸棱纹各一周，角部饰五瓣花卉纹。背饰条状纹饰。残长16.7、残宽14.2、厚4.8~5.3厘米（图二九八，1；彩版二四九，1）。

2015JCGLⅡT0202③：4，主体纹饰为模印的花卉纹和凸棱纹组合。背饰三角形纹饰。残长12.9、残宽9.8、厚4.3~4.8厘米（图二九八，2；彩版二四九，2）。

2015JCGLⅡT0203③：15，主体纹饰为模印的花卉纹和凸棱纹组合。背饰短凸棱状纹饰。残长15.6、残宽13.2、厚5~5.3厘米（图二九八，3）。

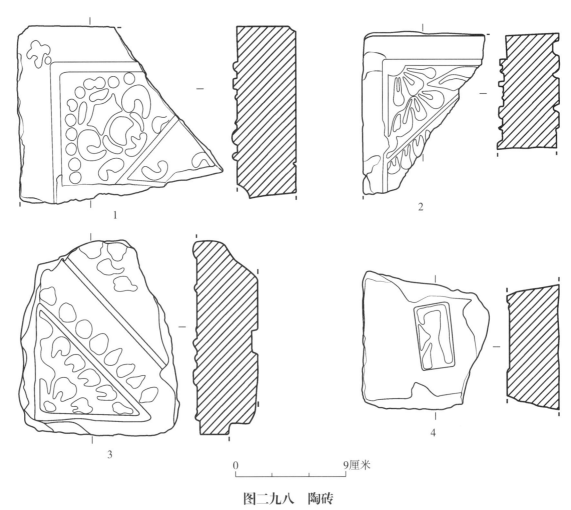

图二九八　陶砖

1~3.花卉纹砖 2015JCGLH44：12、2015JCGL Ⅱ T0202③：4、2015JCGL Ⅱ T0203③：15　4.文字砖 2014JCGL Ⅱ T0101⑤：4

2. 文字砖

1件。

2014JCGL Ⅱ T0101⑤：4，正面有一长方形印框，印文漫漶不清。残长10.5、残宽10.3、厚4~4.2厘米（图二九八，4）。

3. 素面砖

形状有长方形、正方形和梭形之分，正面素面无饰，背面多有几何状印痕或手印纹。

（1）梭形砖

6件。均泥质灰陶。正面较大，斜弧缘。正面磨光，背面较粗糙，有的印有"X"形纹饰。

2015JCGL Ⅲ T0102③：19，正面长13.5、宽6、背面长10.5、宽4、厚5厘米（图二九九，1）。

（2）方形砖

长方形砖多用于墙基、水渠的垒砌，正方形砖多用于踏步铺设。正面光滑无饰，背面为手掌印或

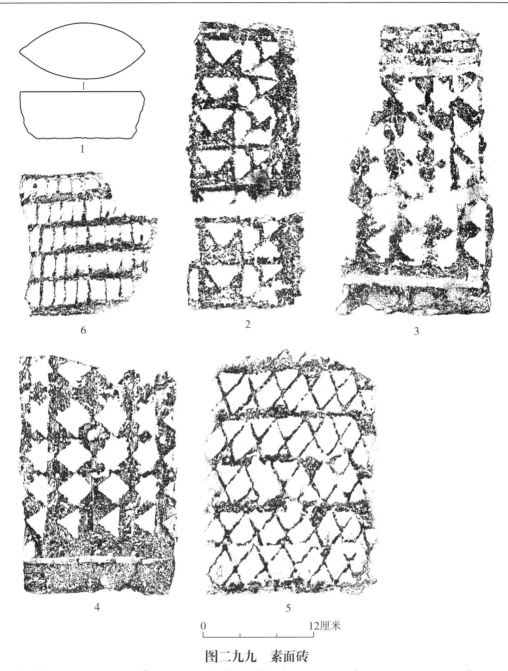

图二九九 素面砖

1.梭形砖2015JCGL Ⅲ T0102③：19 2～6.方形砖纹饰拓片2017JCGLQ9采：2～4、2017JCGLF4采：1、2

几何状纹饰。

2017JCGLQ9采：2，长30.5、残宽12.8、厚5厘米（图二九九，2）。

2017JCGLQ9采：3，长30.5、宽17.5、厚5.2厘米（图二九九，3）。

2017JCGLQ9采：4，残长25.5、宽16.5、厚5厘米（图二九九，4）。

2017JCGLF4采：1，残长26、残宽18.7、厚5.4厘米（图二九九，5）。

2017JCGLF4采：2，残长15.6、残宽14、厚5厘米（图二九九，6）。

2017JCGLF4采：3，残长22、宽16.4、厚5.5厘米（图三〇〇，1）。

2017JCGLF5采：1，残长20.9、残宽17、厚5.3厘米（图三〇〇，2）。

2017JCGLF5采：2，残长35.2、残宽17.2、厚5厘米（图三〇〇，3）。

2017JCGLF5采：3，长31.4、宽17、厚5.5厘米（图三〇〇，4）。

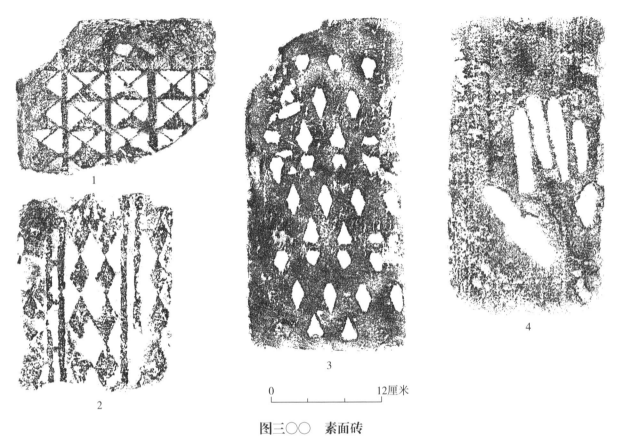

0　　　　　　　　　12厘米

图三〇〇　素面砖

1~4.方形砖纹饰拓片 2017JCGLF4采：3、2017JCGLF5采：1~3

（四）兽面瓦、兽面残块

1. 兽面瓦

4件。较完整者1件，其余均残缺严重。形制相似，底瓦表面堆塑兽面造型，均凸目环瞳，阔口大张，面目狰狞，背面光平无饰。底瓦上端凿一近方形孔。

2015JCGL Ⅱ T0103③：12，较完整，凸眼环瞳，张口耸鼻，眉毛、鬃毛呈短斜线状。底瓦面上部存一近方形孔。残长24、宽21.6、厚17厘米（图三〇一，1；彩版二四九，3）。

2016JCGL Ⅳ T0104④：3，仅残存眼部及部分底瓦。凸眼环瞳。底瓦上部存一近方形孔。残长13.6、残宽17.2、厚12厘米（图三〇一，2）。

2015JCGL Ⅱ T0104③：17-3，仅存兽鼻和兽眼。凸眼环瞳，鼻孔大张。残存部分牙齿。残长14.9、残高14.2厘米（图三〇一，3）。

　　2015JCGLH44：11-1，仅存口部及鼻子。三角鼻，鼻孔大张。口大咧，内含一物，已残，不可辨识。鬃、须作短斜线状。残长14.3、残宽18.7、厚8.2厘米（图三〇一，4；彩版二四九，4）。

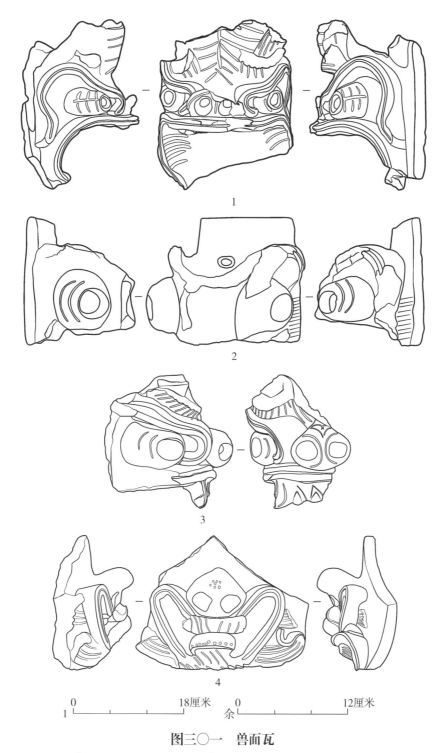

1

2

3

4

0　　　　　　18厘米　　0　　　　12厘米
1 |——|——|——|　　余 |——|——|——|

图三〇一　兽面瓦

1～4. 2015JCGL Ⅱ T0103③：12、2016JCGL Ⅳ T0104④：3、2015JCGL Ⅱ T0104③：17-3、2015JCGLH44：11-1

2. 兽眼残块

3件。均凸目环瞳。

2015JCGLⅡT0103③：8，残长12.2、残宽9.8、残厚5.8～6.1厘米（图三〇二，1）。

2015JCGLH44：11-3，残长13.4、残宽9.8、厚7.2厘米（图三〇二，2）。

2017JCGLⅢT0306③：5，残长6.7、残宽7.7、厚0.9～1.1厘米（图三〇二，3）。

3. 兽鼻残块

1件。

2015JCGLⅡT0104③：17-2，仅余部分口鼻。咧嘴，三角鼻，鼻孔大张。残长14.5、残宽7.3、厚7.7厘米（图三〇二，4）。

4. 鸱尾残块

2件。均残损严重。

2015JCGLH44：11-2，仅存鳍状残块。残长14、残宽9.4、厚0.8～3.4厘米（图三〇三，1）。

2018JCGLH49：9，残长22.4、残宽12.8、高10、厚2.6～3厘米（图三〇三，2）。

5. 兽面脊饰残件

4件。较完整，均泥质灰陶。形制相似，均为砖底板面上堆塑高浮雕的兽面造型，造型生动。

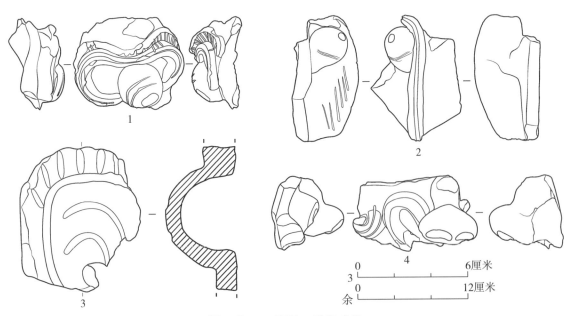

图三〇二　兽眼、兽鼻残块

1～3.兽眼残块 2015JCGLⅡT0103③：8、2015JCGLH44：11-3、2017JCGLⅢT0306③：5　4.兽鼻残块 2015JCGLⅡT0104③：17-2

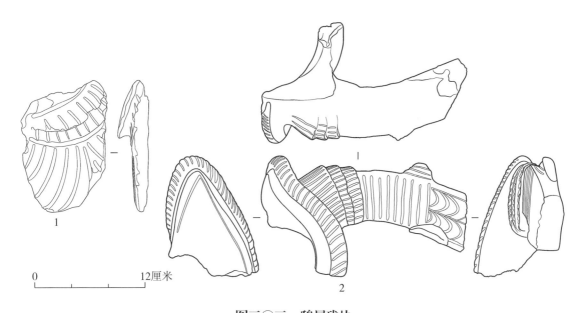

图三〇三 鸱尾残块

1、2. 2015JCGLH44：11-2、2018JCGLH49：9

2018JCGLⅠ南侧采：51，较完整。砖底板面呈正方形，砖上端边缘阴刻细线，中央刻以"↑"形纹饰。兽面高额凸鼻，凸目环睁，双眉弯弓，双耳直立。咧嘴露牙，卷舌。鬃毛卷曲，面目狰狞，背面粗糙无饰。宽22、高20、厚1.4～10厘米（图三〇四，1；彩版二四九，5）。

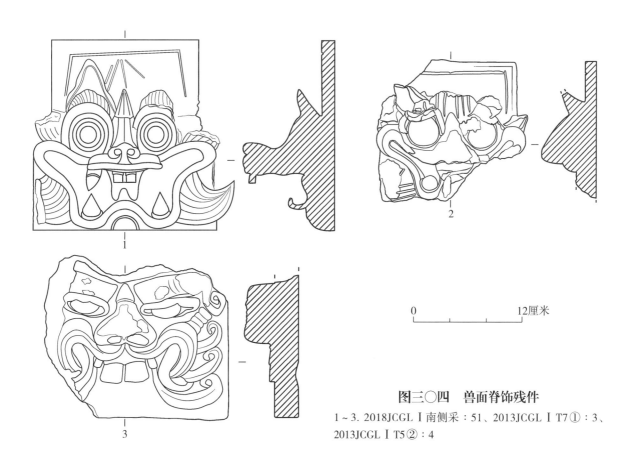

图三〇四 兽面脊饰残件

1～3. 2018JCGLⅠ南侧采：51、2013JCGLⅠT7①：3、
2013JCGLⅠT5②：4

2018JCGLⅠ南侧采：52，下端残，砖底板面形制不详，砖上端边缘饰凹槽一周。兽面与2018JCGLⅠ南侧采集：51近似，双眉呈倒"八"字形，额际双耳呈扇形，短斜线状绒毛。残宽16、残高16、厚1.4～8厘米。

2013JCGLⅠT7①：3，从残存状况看砖底板面呈正方形，砖上端边缘阴刻细线。兽面高额凸鼻，凸目环睛，双耳双眉尽残。嘴大咧，卷舌。背面粗糙无饰。残宽15.6、残高14、厚1.6～6.6厘米（图三〇四，2）。

2013JCGLⅠT5②：4，上端残，砖底板面形制不详。兽面高鼻深目，双眉紧皱，眉弓高耸，双目圆凸。嘴大咧，门牙和獠牙尽露。鬃毛向上卷曲。背面粗糙无饰。残长20、残宽16.3、厚2.5～5.9厘米（图三〇四，3；彩版二四九，6）。

（五）其他陶质建筑材料

出土量较大，但均残缺严重，具体部位不明。

2015JCGLⅡT0203③：12，泥质灰陶，平面形状呈近三角形。残长13.2、残宽11.2、厚1.5～6厘米（图三〇五，1）。

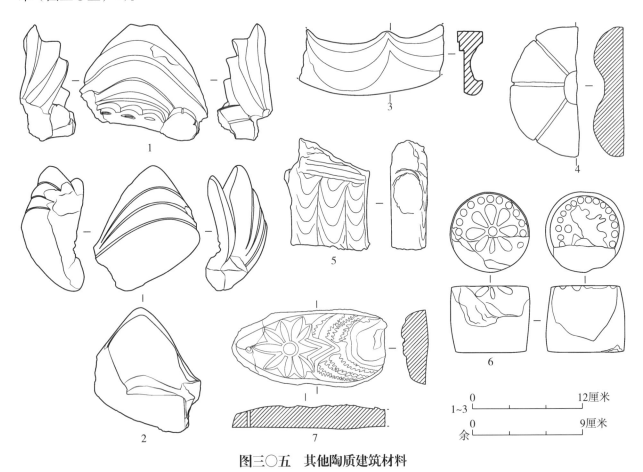

图三〇五　其他陶质建筑材料

1～7. 2015JCGLⅡT0203③：12、2015JCGLⅡT0201③：12、2018JCGLH43：28、2018JCGLH40：12、2015JCGLⅢT0104④：11、2018JCGLⅠT8采集：33、2016JCGLⅡT0104④：1

2015JCGLⅡT0201③：12，泥质灰陶。平面形状呈近三角形，面饰三道凹弦纹。残长13.3、残宽11.6、厚3.4~6.2厘米（图三〇五，2）。

2018JCGLH43：28，泥质灰陶。残长15.7、残宽6.5、厚0.7~2.7厘米（图三〇五，3）。

2018JCGLH40：12，泥质灰陶。平底，顶部隆起，中央下凹，面饰数道凹槽。直径10.2、厚1.5~2.4厘米（图三〇五，4）。

2015JCGLⅢT0104④：11，泥质灰陶。扁平，一面素面无饰，另一面刻画鳞状纹饰。残长8.8、宽7、厚3厘米（图三〇五，5）。

2018JCGLⅠT8采集：33，泥质灰陶。整体呈圆柱状，一头大一头小，大的一端截面饰莲花纹，莲瓣呈椭圆形，外饰联珠纹一周。小的一端截面残毁严重，主体纹饰不详，外周饰一周联珠纹。直径5.8~6.4、高5.3厘米（图三〇五，6）。

2016JCGLⅡT0104④：1，泥质灰陶，下端略残。整体呈船形，上端存一孔，内嵌一截铁钉，可能为贴饰固定之用。背面略平，刮削粗略，正面纹饰以莲花纹为主，莲瓣细长，其下为附属纹饰。残长12.4、宽6、厚1.1~2厘米（图三〇五，7；彩版二五〇，1）。

二 琉璃建筑材料

1. 兽体残块

2015JCGLⅡT0103③：5，红胎绿釉，残存兽体腿部，上饰麟纹。残长11、残宽2.5~9、厚4.9厘米（图三〇六，1）。

2015JCGLⅢT0201③：11，灰胎，中空，上细下粗，一面施酱釉，一面施绿釉并刻画羽毛。推测应为禽类颈部。残长12.9、宽4.4~8.5厘米（图三〇六，2；彩版二五〇，2）。

2016JCGLⅢT0301③：25，红胎，施绿釉并刻画羽毛，与2015JCGLⅢT0201③：11相似，推测亦为禽类颈部残块。残长13、残宽6~8.6、厚0.6~1.1厘米（图三〇六，3）。

2. 鸱尾残块

2018JCGLF19：10，红胎，绿釉。残存一只兽耳及鳍状物。残长22、残高21.6厘米（图三〇七，1；彩版二五〇，3）。

2018JCGLF19：6，红胎，绿釉。扁平，一面素面无饰，另一面刻画鳞状纹饰。残长16.2、宽5.8、厚1.5~2厘米（图三〇七，2）。

3. 其他琉璃质建筑材料

2018JCGLF19：8，红胎，绿釉。形制复杂，应为鸱吻的一部分。残长32.5、残宽23.5、残厚

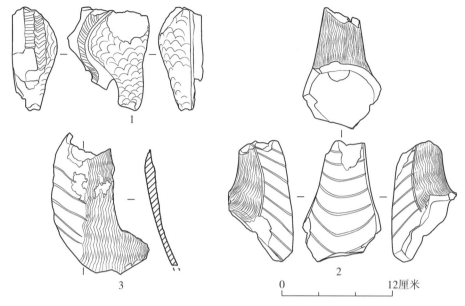

图三〇六　琉璃兽体残块

1~3. 2015JCGLⅡT0103③：5、2015JCGLⅢT0201③：11、2016JCGLⅢT0301③：25

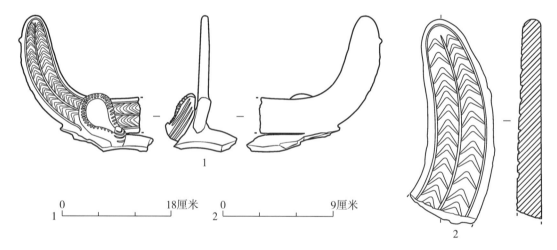

图三〇七　琉璃鸱尾残块

1、2. 2018JCGLF19：10、2018JCGLF19：6

1~3.2厘米（图三〇八，1；彩版二五〇，4）。

　　2015JCGLⅢT0202③：8，红胎，绿釉。由上至下依次为凸棱纹、垂帐纹、短斜线纹饰。残长15.6、残宽13.2、厚1~5.5厘米（图三〇八，2）。

　　2018JCGLF19：7，红胎，绿釉。呈近三角形，曲面，面饰三棱。残长9.9、残高5.5、厚1.2~2厘米（图三〇八，3）。

　　2013JCGLⅠ采：4，长弧形，上饰两角。身饰鱼鳞纹，犄角上饰阶梯状纹饰。通体施绿釉。弧形下部内凹。残长14、残宽3.8~6.4、厚1.1~3.2厘米（图三〇八，4）。

　　2015JCGLH44：14，红胎，绿釉。残缺较甚，仅余一角。贴塑花形、长条状及乳丁状饰物。残长

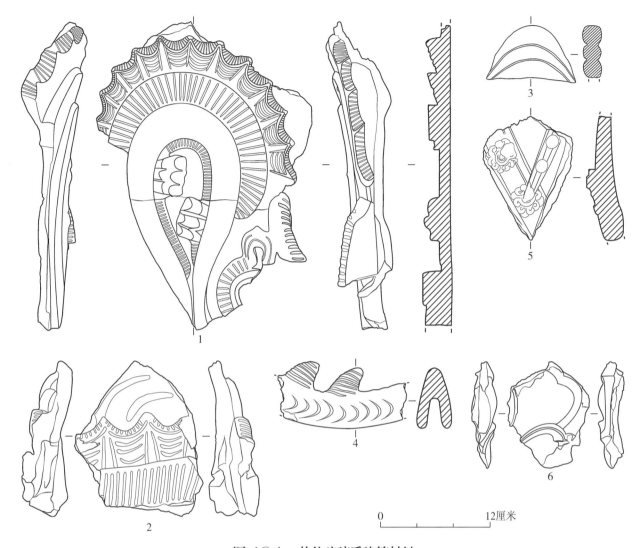

图三〇八 其他琉璃质建筑材料

1~6. 2018JCGLF19：8、2015JCGL Ⅲ T0202③：8、2018JCGLF19：7、2013JCGL Ⅰ 采：4、2015JCGLH44：14、2018JCGL Ⅰ T6
采：34

13、残宽10、厚1.2~3.2厘米（图三〇八，5）。

2018JCGL Ⅰ T6采：34，红胎，绿釉。残缺较甚，仅余一角。面贴饰莲瓣。残长11.3、残宽9、厚0.7~2.2厘米（图三〇八，6）。

三 石质建筑材料

仅出土石构件1件。

石构件

1件。

2015JCGLⅢT0202③：3，残损严重。青石质，近长方形残块，内刻一槽，两侧面线刻唐草纹和花卉纹。残长15~18、宽26、高19厘米（图三〇九）。

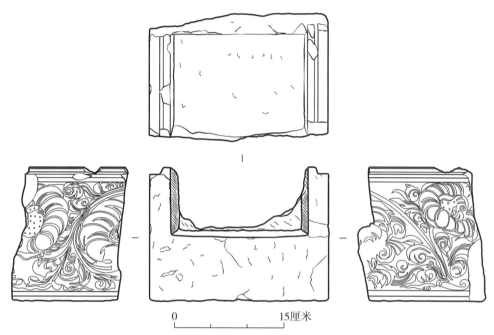

0　　　　　　　　　15厘米

图三〇九　石构件2015JCGLⅢT0202③：3

四　铜质建筑材料

1. 铜钉

2件。均残缺严重。

2014JCGLⅡT0101③：3，钉帽呈蘑菇状，钉身截面呈圆形。残长1.5、钉帽直径1.4、钉身直径0.3厘米（图三一〇，1）。

2015JCGLⅢT0103③：26，仅余一截钉身。钉身截面呈圆形。残长3.4、粗0.2~0.4厘米（图三一〇，2）。

2. 铜饰件

10件（组）。

2015JCGLF2：7，1组2件。形制相同，均为拱形，中空。2015JCGLF2：7-1，宽3.1、高3.4、厚1、壁厚0.2~0.3厘米（图三一一，1）。

2018JCGLH40：5，整体马蹄形，背面有凸起的小钉，应为镶嵌之用。长2.5、宽2.2、厚0.15~0.4厘米（图三一一，2）。

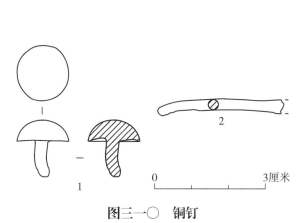

图三一○ 铜钉

1、2.2014JCGLⅡT0101③：3、2015JCGLⅢT0103③：26

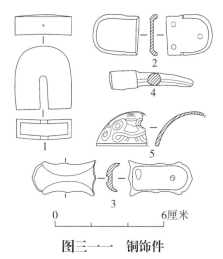

图三一一 铜饰件

1~5.2015JCGLF2：7、2018JCGLH40：5、2015JCGLⅢT0103④：25、2018JCGLⅠT9东侧采集：23、2016JCGLⅢT0405②：1

2015JCGLⅢT0103④：25，整体呈长条状，一端呈三角形，一端外撇，中央内束。长3.5、宽1.9、厚0.1~0.3厘米（图三一一，3）。

2018JCGLⅠT9东侧采集：23，一头粗一头细，截面呈圆形。长4.6、粗0.3~1厘米（图三一一，4）。

2016JCGLⅢT0405②：1，铜饰件，残缺较甚。呈弧状，面饰兽面，凸目，咧嘴，鬃毛卷曲，额际有一"王"字。残长2.8、残高1.8、壁厚0.1~0.2厘米（图三一一，5）。

五 铁质建筑材料

1. 铁钉

10件。均锈蚀、残缺严重。

2015JCGLⅡT0203③：9，钉帽残，钉身呈四棱长条状。残长14.5、宽1.2~1.5、厚1~1.3厘米（图三一二，1）。

2014JCGLⅡT0201②：4，整体呈扁平的长条状。残长18.1、宽0.8~1.3、厚0.1~0.7厘米（图三一二，2）。

2015JCGLZ4：1，钉帽略残，钉身呈四棱长条状。残长5.3、截面宽0.5~0.9、钉头宽1.2、尖端宽0.5厘米（图三一二，3）。

2015JCGLⅢT0102③：3，钉身呈四棱长条状，一端尖，一端宽。长9.8、宽0.5~1.6厘米（图三一二，4）。

2015JCGLⅢT0101③：11，钉帽呈不规则六边形，钉身呈四棱状，弯曲变形。长5.7、钉帽宽1.2、

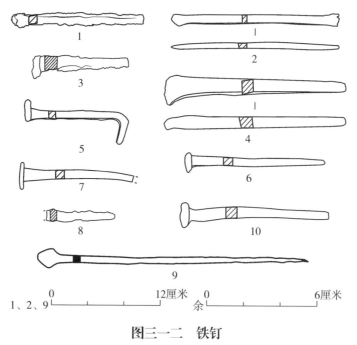

图三一二　铁钉

1 ~ 10. 2015JCGL Ⅱ T0203③：9、2014JCGL Ⅱ T0201②：4、2015JCGLZ4：1、2015JCGL Ⅲ T0102③：3、2015JCGL Ⅲ T0101③：11、2015JCGL Ⅲ T0102③：8、2015JCGL Ⅲ T0101③：3、2015JCGL Ⅲ T0102③：6、2016JCGL Ⅳ T0103④：11、2015JCGL Ⅲ T0104④：3-2

钉身宽0.3~0.5厘米（图三一二，5）。

2015JCGL Ⅲ T0102③：8，钉帽呈不规则多边形，钉身呈四棱长条状。长7.6、钉帽宽1、钉身宽0.3~0.6厘米（图三一二，6）。

2015JCGL Ⅲ T0101③：3，锈蚀严重。钉帽扁平，钉身呈四棱长条状。残长6.3、钉帽宽1.4、钉身宽0.5~0.7厘米（图三一二，7）。

2015JCGL Ⅲ T0102③：6，钉帽残，钉身呈四棱长条状。残长3.8、宽0.3~0.7、厚0.4厘米（图三一二，8）。

2016JCGL Ⅳ T0103④：11，钉帽扁平呈近三角形，钉身呈四棱长条状。长29.5、宽0.1~2、厚0.2~0.8厘米（图三一二，9）。

2015JCGL Ⅲ T0104④：3-2，钉帽扁平，钉身呈四棱长条状。残长8.1、钉帽宽1.3、钉身宽0.4~0.6厘米（图三一二，10）。

2. 铁构件

均残损、锈蚀严重。

2015JCGL Ⅲ T0104：3-1，整体呈扁平的长条状。残长12.5、宽1.3~2、厚0.2~2.2厘米（图三一三，1）。

2015JCGL Ⅲ T0104：3-3，整体呈四棱长条状，一端粗一端细。残长5.2、厚0.4~1.2厘米（图三一三，2）。

2015JCGLⅢT0102③：1，整体呈扁平的四棱状长条，中间隆起，两端扁平。长9.9、宽1.2～1.5、厚0.2～0.7厘米（图三一三，3）。

2015JCGLⅡT0203③：13，呈长条状。长11.3、宽2.6～2.9、厚1.3～1.8厘米（图三一三，4）。

2016JCGLⅡT0205②：2，呈半球状。直径1.6～1.7、厚0.3、高0.9厘米（图三一三，5）。

3. 铁环

1件。

2015JCGLⅡT0203③：3，环状，锈蚀严重。外径3.7～4、内径1.8～2.2、截面直径0.7～0.9厘米（图三一三，6）。

4. 铁钩

1件。

2015JCGLⅢT0203③：14，整体呈"S"状，柄扁平有一孔，钩截面呈圆形。通长11.7、宽0.4～1.8厘米（图三一三，7）。

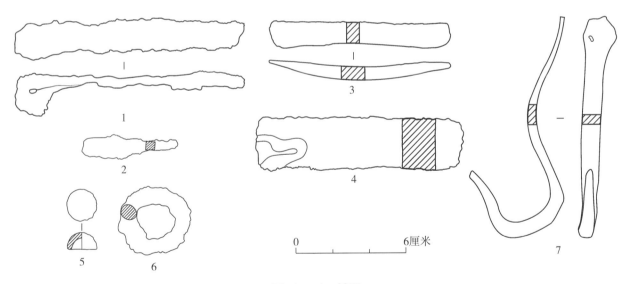

图三一三 铁器

1～5.铁构件2015JCGLⅢT0104：3-1、2015JCGLⅢT0104：3-3、2015JCGLⅢT0102③：1、2015JCGLⅡT0203③：13、2016JCGLⅡT0205②：2 6.铁环2015JCGLⅡT0203③：3 7.铁钩2015JCGLⅢT0203③：14

第六章 泾川龙兴寺相关问题研究

第一节 遗址年代及性质

一 地层

第①层：扰土层，土层中包含大量的现代遗物、植物根茎等。

第②层：主要分布在遗址西北部区域，东南部较薄或不见。为纯净黄土，含有细沙粒，为淤积而成，基本不见包含物。联系明初泾河时常泛滥，城迁往泾河南岸的历史，推断②淤积层为明初形成。

第③层：大量的倒塌堆积及二次堆积，出土宋、金、唐代陶片、瓷片、瓦当、钱币等。年代为宋金时期。

第④层：踩踏面、砖瓦建筑堆积等，填土中含有一定的砖瓦、烧土等。应为建筑的使用面和修建面。年代为宋代。

第④层以下为早于宋代堆积。

二 遗迹年代

1. 龙兴寺曼殊院文殊菩萨殿址

该建筑基址破坏严重，但据其残存形制，与相关遗迹的打破关系、出土遗物等能够对其年代及性质作一推定。

其建筑基址残存部分夯土台基，夯土之上的地层为：第①层扰土，第②层淤土层，第③层是建筑倒塌毁坏后的堆积及扰动的二次堆积，第④层为建筑修建时的垫土层。其下为建筑夯土，打破早于其的地层。基址东南部有二次修建或加筑的遗迹，其剖面夯土层不连续。基址中部被砖函打破，砖函内铭文砖有明确的纪年为北宋大中祥符六年（1013年），这样殿的修建年代早于北宋大中祥符六年。

2. 砖函

砖砌筑而成，函内有铭文砖，明确记载了砖函的修建年代为北宋大中祥符六年（1013年）。

3. 造像坑

1号坑（H1）中①层出土有一长砖，上墨书"大宋淳化三年 / 壬辰六月 / □百里甲申□ / □□□□"。淳化为宋太宗年号，淳化三年为992年。因砖出土时所处位置等情况不明，故不能以其作为造像坑的埋藏年代，但其埋藏年代应不会早于淳化三年。坑中佛像年代最晚者为宋代，其埋葬年代为淳化三年或其后的宋代某时。2号造像坑（H3）中无纪年遗物出土，其中造像年代最晚的也为宋，故其埋葬年代为宋。

4. 基址2（F20）

基址规模较大，夯土建筑，上层叠压大量建筑的倒塌堆积及二次堆积物。基址为一庭院结构，由建筑台基、包边砖石结构、散水、排水渠、窨井、庭院、道路等附属建筑构成。其开口于Ⅳ区的第③层下，从层位关系等判定其与文殊菩萨殿为同时期建筑，宋代。

5. 水井、排水渠

多分布在建筑基址外围，其应是与建筑基址配套使用，年代与基址同。

三　遗迹性质

通过发掘我们了解了该佛寺相关遗迹的地层堆积情况、建筑形制特点和出土遗物特征，这些为推断其时代和性质提供了一定的依据。

西部区域自南向北坐落2个殿址，1号殿址即文殊菩萨殿，明确为寺院建筑。2号基址有庭院、散水、排水渠、窨井、道路等附属建筑。从殿址及庭院规模、结构看，建筑规模较大，附属设施较齐备。出土物中存在部分瓦当及其他建筑构件。此条南北轴线上的建筑群应为寺院中较为重要的区域。

中部区域中部的院落及房址也具有一定的规模，但附属建筑较少。

东部区域F1、F2中出土大量勺、箸、盏、罐等生活用具，同时附近还设有水井，推测其为厨库类建筑。中部靠南的房址，周围设置大量的排水渠，似都与日常生活息息相关。

保存下来的建筑主体由当时地面以上的夯土台体和地面以下的夯土基槽两部分组成，如2号基址（F20）。它们都以夯土构成主体。地面以上部分除主体夯土台基外，包括包边的砖石、院落地面铺砖、散水、排水渠、窨井等附属建筑。

第二节　寺院名称及其结构

一　寺院名称沿革

关于龙兴寺的由来，史籍中有两种不同的记载。

一唐武则天称帝，崇信佛法。有沙门10人，撰《大云经》奉送朝廷，武则天下令全国供奉，并于天授元年（690年）诏令天下诸州各置大云寺一座。《旧唐书》卷六，载初元年七月条下曰："有沙门十人伪撰《大云经》，表上之，盛言神皇受命之事。制颁于天下，令诸州各置大云寺，总度僧千人。"[1]唐神龙元年（705年），中宗即位，复兴大唐，称天下中兴，乃敕令于诸州置中兴寺、观。后张景源上书，认为周唐本为一家，中兴之称不妥，应将中兴改为龙兴，于是中宗接受张景源建议，并于景龙元年（707年）将天下中兴寺、观改为龙兴寺、观[2]。《旧唐书》卷七《中宗本纪》"（神龙）元年二月丙子，诸州置寺、观一所，以'中兴'为名……三年二月庚寅，改中兴寺、观为龙兴，内外不得言'中兴'。"[3]《资治通鉴》卷二百八有相似的记述。《长安志》卷十载"南门之东，龙兴寺。本普光寺。贞观五年，太子承乾所立。神龙元年，两京及天下诸州并置中兴寺，遂改此寺为中兴寺。又改为龙兴寺。"[4]

二据《佛祖统纪》卷四〇记唐玄宗"开元二十六年（738年），敕天下诸郡立龙兴、开元二寺。"[5]同书卷五三"建寺造塔"条："敕天下诸郡建开元寺、龙兴寺。"[6]说明唐代龙兴寺在全国范围内都有敕建，且是郡县大寺，十分兴盛。

从史料记载看，开元年间的确形成了一些以龙兴寺命名的寺院，如彭州龙兴寺、青州龙兴寺、壁州龙兴寺、滁州龙兴寺等[7]。唐、五代各州道皆有龙兴寺的敕建，在泾州所在的关内道有原州龙兴寺、陇右道有岷州龙兴寺等[8]。"初周世宗废龙兴寺以为官仓，国初寺僧击鼓求复，至是不已。上遣使持剑诘之曰：'前朝为仓日久，何为烦渎天廷'。且密戒惧即斩之。僧辞自若曰：'前朝不道毁像废寺，正赖今日圣明兴复之耳，贫道何畏一死！'中使以闻，上大感叹。敕复以为寺。（太平兴国）二年，使改

---

[1]　〔后晋〕刘昫：《旧唐书》卷六，中华书局，1975年，第121页。

[2]　〔宋〕王溥：《唐会要》卷四十八《议释教下》"龙兴寺"，中华书局，1955年，第847页。

[3]　〔后晋〕刘昫：《旧唐书》卷七《本纪》第七，中华书局，1975年，第137、143、144页。

[4]　〔宋〕宋敏求，〔元〕李好文撰，辛德勇、郎洁点校：《长安志·长安志图》卷十，三秦出版社，2013年，第328页。

[5]　〔宋〕释志磐：《佛祖统纪》卷四十，《大正藏》T49，p0375a（第49册，第375页上）。

[6]　〔宋〕释志磐：《佛祖统纪》卷五十三，《大正藏》T49，p0464a（第49册，第464页上）。

[7]　陈大为：《敦煌龙兴寺的由来——兼论唐五代时期的龙兴寺》，《龟兹学研究》（第五辑），新疆大学出版社，2012年，第621～633页。

[8]　李芳民：《唐五代佛寺辑考》，商务印书馆，2006年，第52、256页。

龙兴寺为太平兴国寺。三年三月，赐天下无名寺额，曰太平兴国。"[1]周世宗废龙兴寺为官仓，到宋太宗太平兴国元年（976年），敕复以为寺。太平兴国二年（977年）太宗改汴京龙兴寺为太平兴国寺。太平兴国三年（978年）赐天下无名寺额，曰太平兴国。说明宋初龙兴寺之名仍存在，且宋代初年并没见到敕全国龙兴寺改年名的记载，除了汴京龙兴寺外，各地龙兴寺大多还应是唐五代的延续。

二　寺院结构

埋藏释迦牟尼佛舍利圣物的坟冢式窣堵坡是佛弟子用来祭祀佛陀的纪念物。阿育王时代八万四千座佛塔更将窣堵坡扩展为"弘法修行"的主要对象。随着佛教受希腊文化、印度教等的影响，佛的形象开始出现，佛塔表面也雕刻出各种佛的形象供人礼拜，其佛事功能凸显。加之早期佛教重视禅观，"绕塔立佛""入塔观像"成为僧人修行的主要内容，塔便成为了崇拜的中心，无论地面佛寺还是石窟寺都重视塔的修建。同时僧人个人塔修行也受到重视，塔与禅房成为石窟或寺院主体建筑。印度、中国早期佛寺均如此。阿旃陀石窟、新疆佛寺、云冈山顶佛寺等是典型代表。宿白先生考证：以塔为中心，前塔后殿式的佛寺结构是中国佛教寺院自东汉至隋的主要形式[2]。近年李裕群、何利群又对北朝—隋唐的佛寺结构做了进一步的讨论[3]。早期地面佛寺保存较少，但通过考古材料我们对其也有一定的认识，如北魏思远灵图、思燕浮图、洛阳永宁寺、云冈石窟窟顶西区北魏寺院等[4]，这些寺院均以佛塔为中心，有的还附以禅修的僧房等。而北朝石窟寺中的中心塔柱窟与地面佛寺以塔为中心的形式表达了相同的意涵。

随着佛教在中国的发展，佛教教义与崇拜内容发生了变化。适应宗教功能及需求的不断变化，其建筑形制也出现了新的样式。如"佛以象教，开示群生"，佛教造像成为礼拜的主流，而地面佛寺中安置佛、菩萨及其组合的殿堂，逐渐取代佛塔成为寺院的主体。同时，承担其他功能的建筑也大量出现，这些建筑依其功能性质，可分为佛事功能建筑，如佛殿、佛塔、经楼、讲堂等；生活类建筑，如僧房、厨库等；其他附属的建筑，如钟楼、鼓楼等。文献记载及考古实物均证明如此。入唐以后，寺院中对于塔的记录较为少见，而侧重描述殿堂与院落。《寺塔记》《长安志》《历代名画记》《两京新

[1]　〔宋〕释志磐：《佛祖统纪》卷四十三，《大正藏》T49册，p0397b（第49册，第397页中）。

[2]　宿白：《东汉魏晋南北朝佛寺布局初探》，《魏晋南北朝唐宋考古文稿辑丛》，文物出版社，2011年，第230~247页。宿白：《隋代佛寺布局》，《考古与文物》1997年第2期。

[3]　李裕群：《隋唐以前中国佛教寺院的空间布局及其演变》，中山大学人类学系、中国社会科学院边疆考古研究中心：《边疆民族考古与民族考古学集刊》（第一集），文物出版社，2009年，第287~311页。何利群：《北朝至隋唐时期佛教寺院的考古学研究》，《石窟寺研究》（第一辑），文物出版社，2010年，第180~196页。

[4]　大同市博物馆：《大同北魏方山思远佛寺遗址发掘报告》，《文物》2007年第4期。辽宁省文物考古研究所、朝阳市北塔博物馆：《朝阳北塔——考古发掘与维修工程报告》，文物出版社，2007年，第8页图五、第26~29页。中国社会科学院考古研究所：《北魏洛阳永宁寺1979~1994年考古发掘报告》，中国大百科全书出版社，1996年，第5~19页。云冈石窟研究所、山西省考古研究所、大同市考古研究所：《云冈石窟窟顶西区北魏佛教寺院遗址》，《考古学报》2016年第4期。云冈石窟研究所、山西省考古研究所、大同市考古研究所：《云冈石窟山顶佛教寺院遗址发掘报告》，文物出版社，2021年，第100~118页。

记》等文献中均记述了长安城中重要寺院及院落名称，如有观音院、净土院、法华院、曼殊院、三阶院、禅院等[1]。如"慈恩寺，寺不净觉故伽蓝因而营建焉。凡十余院，总一千八百九十七间。敕度三百僧"[2]。可见寺院院落众多，规模宏大。

北宋统治者扶植提倡佛教，允许其适当发展。对于佛教的活动也给予支持，以达到"有裨政治"的目的。《佛祖历代通载》卷十九称："若我艺祖皇帝，始受周禅，首兴佛教，累遣僧徒往西域益求其法。太宗皇帝，建译场，修坠典，制秘藏诠，述圣教序。真宗皇帝，制法音集，崇释氏论。仁宗皇帝，躬览藏经，撰写天竺字，日与大觉师怀琏赓歌质问心法。英祖神考，继体守文。哲宗皇帝，在储宫日，神考不豫。时读佛经，祈圣躬永命。使吾佛之道有一不出于正。则曷足以致历代帝王之崇奉哉。"[3]宋太祖改变了周世宗限佛政策，建隆元年（960年）六月下诏："诸路州府寺院，经显德二年停废者勿复置，当废未毁者存之。"[4]北宋全国寺院就曾多达4万余所，这仅指官方敕额的寺院。由于宋代佛教已经变得世俗化、民间化，普通百姓崇佛益盛，民间存在数量众多的无额寺观，这些寺观虽未得到官方承认，但却长久的存在着，与大量的官寺一起构成了宋代佛寺的庞大规模[5]。

宋代寺院以多院落结构为主，继承了唐代中后期寺院特征，对此文献记载较多。如"章敬寺。大历元年作章敬寺于长安之东门，总四千一百三十余间、四十八院"[6]。北宋最大的寺院开封相国寺在神宗元丰六年（1083年）有62院，"秋七月乙巳，提点寺务司言：'已令大相国寺六十二院，以其二为禅院，余为律院。'"[7]皆可看出规制宏伟。

北宋佛寺多院落形制，在考古发现中也得到证实。如山东兖州龙兴寺出土的地宫纪事石碑记载了该寺有大悲院、泗洲院、华严院、延圣院、上生院、慈氏院、千佛院、东律院、水陆院、文殊院、三圣院、观音院、东弥勒院、炽盛光院、七祖院、孔雀院、因明院、西罗汉院、释迦院、天王院、多宝院、东京等觉禅院、经藏院、三学院、经藏院、无量寿院、地藏院等27个院，且在结构上有东西对称之制[8]。

从出土铭文砖知泾州龙兴寺中有曼殊院，院中建供奉文殊菩萨的文殊菩萨殿。虽然舍利铭文砖中只提到曼殊院及其文殊菩萨殿，但以宋代佛寺结构推测，龙兴寺还应存在其他院落及大殿。发掘清理出的2号基址为一长方形夯土筑成，四周砖石包边，南侧东部残存一踏步结构，北侧中间有一踏步。

[1]　何利群：《北朝至隋唐时期佛教寺院的考古学研究》，《石窟寺研究》（第一辑），文物出版社，2010年，第180~196页。

[2]　〔唐〕段成式：《寺塔记》卷1，《大正藏》T51，p1024a（第51册，第1024页上）。

[3]　〔元〕念常：《佛祖历代通载》卷19，《大正藏》T49，p0683c、p0684a（第49册，第683页下、684页上）。

[4]　〔宋〕李焘：《续资治通鉴长编》第二册，卷一，中华书局，1995年，第17页。

[5]　游彪：《宋代寺观数量问题考辨》，《文史哲》2009年第3期。

[6]　〔宋〕宋敏求撰，〔元〕李好文撰，辛德勇、郎洁点校：《长安志·长安志图》卷十，三秦出版社，2013年，第345页。

[7]　〔宋〕李焘：《续资治通鉴长编》第二十三册，卷三百三十七，中华书局，1990年，第8115页。

[8]　山东省博物馆、山东省文物考古研究所、兖州市博物馆：《兖州兴隆塔北宋地宫发掘简报》，《文物》2009年第11期。肖贵田、杨波：《兖州兴隆寺沿革及相关问题》，《文物》2009年第11期。

南侧、东侧还见明显的保存较完整的散水设施。同时，殿址前还存在大量的踩踏面，窨井、通道等，具有完整的院落结构。另外，在遗址中部区域轴线上也存在院落与房屋基址、排水设施等。遗址东部区域发现的F1、F2出土大量与厨库相关的遗迹、遗物，周围存有水井、排水渠等都提示我们这些区域与日常生活相关。可见寺院内部结构复杂，不同的区域院落有各自的职能。虽然目前我们无法看到寺院的全貌，但通过残存的遗迹，可以想见其寺院当时的结构及规模。

第三节　造像研究

一　造像类型

此次泾川龙兴寺遗址中发现的2个佛教造像埋藏坑，修复后较为完整的造像共135件，另在周边遗迹中清理或采集到一些造像残件。依造像形式不同，分为五种类型。

A类　背屏式造像。依背屏样式分三型。

Aa型　舟形背屏，背屏舟形，顶部有尖角形、圆弧形之分。如2013JCGLH1：163[1]、H1：155、H1：109（残）、H1：8。

Ab型　圭形背屏，背屏下部呈长方形，顶部圭形，如H1：7。

Ac型　弧形背屏，背屏两侧呈弧形，如H1：1、H1：133。

B类　造像碑。多残破，不完整，下部多为长方形，正背两面开龛造像，也见四面开龛的，且每面分层开龛。依顶部形式不同可分为二型。

Ba型　长方形圆拱顶，个别有蟠螭纹碑额，如H1：5、H1：195、H1：149、H1：51+采集6、H1：34、H1：175、H1：104、H1：105、H1：38、H3：4+22、H3：23等。

Bb型　长方形平顶。如H1：4+21+55+57、H1：83。

C类　造像塔。较少，仅2件。均为方形单层。四面开龛造像。如H1：170、H3：19等。

D类　造像龛。4件。正面开浅龛，龛内雕刻一主尊。龛楣上雕化佛。如H1：6、H3：192、H1：52、H1：190等。

E类　单体圆雕造像，分佛像、菩萨像、弟子、僧像、天王像等。

Ea型　佛像。分立像、坐像及部分头像等。

Eb型　菩萨像。数量较多，分立像、坐像、头像等。

---

[1]　为行文简便本章标本号均采用简化形式。

Ec型　弟子像。数量较少，如H1：112+127、H1：179+198、H1：139等。

Ed型　天王像。仅见个别像，如H1：189。

Ee型　僧像。如H1：116、H1：12等。

二　造像题材内容及特征

（一）题材内容

造像内容分整体组合、单铺组合、单尊像等。

A型　整体组合。主要以造像碑为主，但造像碑多残破，不完整，从残迹看有三佛、二佛并坐、千佛、维摩文殊、弥勒菩萨、弥勒佛等。如H1：5、H1：195、H1：149、H1：51+采集6、H1：34、H1：175、H1：104、H3：4+22、H3：23、H1：83等。

B型　单铺组合。见于造像碑、背屏式造像、造像塔上。分三型。

Ba型　一铺三身组合。为一主尊二胁侍的一佛二弟子或为一佛二菩萨、一菩萨二胁侍弟子。如H1：4+21+55+57、H1：51+采集6、H1：95、H1：202等。

Bb型　一铺五身组合。为一主尊二弟子二菩萨。如H1：195。

Bc型　一铺九身组合。偶见一菩萨八弟子像。如H1：195。

C型　单尊象。以单体圆雕像为主，背屏式造像也见。分五型。

Ca型　佛像多为释迦牟尼。

Cb型　菩萨像从姿态、冠饰及手中持物等特点分析有观音菩萨、交脚弥勒菩萨、倚坐弥勒菩萨、思惟菩萨等。如H1：141、H1：143+61+39、H1：208、H3：26。

Cc型　弟子像。如H1：112+127、H1：179+198、H1：139等。

Cd型　天王像。如H1：189。

Ce型　僧像。如H1：116、H1：12等。

（二）造像特征

1. 佛像僧像

按照坐佛、立佛、头像三部分论述。

（1）坐佛

主要指造像碑、造像龛、背屏式造像及单体圆雕等中的佛像，据坐姿分结跏趺坐、倚坐两种类型。

1）结跏趺坐佛像

依袈裟及造像特征不同分为三型。

A型　着圆领通肩式袈裟，数量较少。依造像特点、衣褶等差别分三式。

I式　佛像肉髻高大，面相长圆，颈短粗，肩宽体壮。施禅定印。袈裟上细密阴线刻出褶皱，褶皱成"V"形，袈裟下摆较短。如H1∶19+58+160、H1∶192碑（图三一四，1、2）。

II式　佛像肉髻略高，面相长圆，短颈，肩部平阔，较I式略下削。袈裟衣领较高，还有一定的厚重感。禅定印。褶皱成"U"字形，袈裟下摆较短。如H1∶6（图三一四，3）。

III式　佛像肉髻低平，面相圆短，短颈，肩部圆润。袈裟衣领高。禅定印，袈裟下摆较长，呈两瓣覆于台座上，衣褶平行阶梯式。如H3∶4+22碑（图三一四，4）。

1　　　　　　　　2　　　　　　　　3　　　　　　　　4

图三一四　A型结跏趺坐佛像

1、2.A型I式H1∶19+58+160、H1∶192　3.A型II式H1∶6　4.A型III式H3∶4+22

B型　着双领下垂式袈裟，数量较多。依造像特点、衣褶等差别分三式。

I式　佛像肉髻高大，面相长圆，颈短粗，肩略宽厚。袈裟较为厚重，袈裟角搭于左肘上。施无畏与愿印。如H1∶202、H1∶195（图三一五，1、2）。

II式　佛像肉髻较高圆，面相长圆，颈略长，肩部下削。内着僧祇支或圆领衫，外层袈裟双领下垂，袈裟厚重，右角搭于左肘上。下摆略长，呈几瓣式下垂于佛座上，且外侈。施禅定印或无畏与愿印。如H1∶7（图三一五，3）、H1∶52、H1∶34、H1∶56（图三一五，4）。

III式　佛像肉髻较低平，面相方圆，颈短粗，肩部略平。内着僧祇支或圆领衫，外着双领下垂袈裟，袈裟角搭于左肘上。袈裟略显厚重，下摆较长，呈两瓣式下垂于佛座上，部分还有一定的外侈感，同时也出现下摆较为内收的样式。施无畏与愿印。如H1∶5、H1∶175（图三一五，5、6）。

C型　着袒右式袈裟。依面相、内层衣的不同分为四式。

I式　佛像肉髻高圆，面相丰圆，颈短粗，上饰三道蚕节纹。内着僧祇支，中衣双领下垂，外层袒右式袈裟，中衣右侧部分袈裟压于外层袈裟下，袈裟边角搭于左肩上。袈裟下摆较长，垂悬于佛座上。如H1∶1（图三一六，1）。

图三一五　B型结跏趺坐佛像

1、2.B型Ⅰ式H1：202、H1：195　3、4.B型Ⅱ式H1：7、H1：56　5、6.B型Ⅲ式H1：5、H1：175

Ⅱ式　内着交领衫，束带，或内着僧祇支，中衣双领下垂，右侧衣边外露，外着袒右式袈裟，下摆较短，仅覆腿。如H1：66（图三一六，2）。

Ⅲ式　内衣交领（圆领），中衣垂领，外袒右式袈裟，中衣右侧外露，左侧肩部被外层袈裟掩盖。如H1：92、H1：144（图三一六，3）。

Ⅳ式　内衣、中衣交领直裰，外着袒右式袈裟，下摆较短，弧形垂于台座前。施禅定印。如H1：12（图三一六，4）、H1：74、H1：87、H1：116、H3：33。

D型　覆肩袒右式袈裟，内着圆领衫，外披覆肩袒右式袈裟。如H1：5碑（图三一六，5）。

2）倚坐佛像

依袈裟不同分二型。

A型　着双领下垂式袈裟。依袈裟薄厚及下摆不同分二式。

图三一六　C、D型结跏趺坐佛像

1. C型Ⅰ式H1：1　2. C型Ⅱ式H1：66　3. C型Ⅲ式H1：144　4. C型Ⅳ式H1：12　5. D型H1：5

　　Ⅰ式　袈裟略厚重，裙摆较长，分三瓣垂于腿前，衣角外侈，袈裟领部竖起。褒衣博带之风明显。如H1：176碑等（图三一七，1）。

　　Ⅱ式　袈裟较Ⅰ式略轻薄，裙摆较长，分两瓣垂于腿前，下摆略直，不外侈。如H1：96（图三一七，2）。

　　B型　袒右式袈裟，内着交领衣，外着袒右式袈裟。如H3：19号龛像（图三一七，3）。

　　（2）立佛

　　以单体圆雕造像为例分析，依所着袈裟类型不同通肩式、袒右式两种。

　　1）通肩式

　　领口有高低之分，低者露出僧祇支。据袈裟衣褶形式不同分三型。

图三一七　**A、B型倚坐佛像**

1. A型Ⅰ式H1：176　2. A型Ⅱ式H1：96　3. B型H3：19

A型　衣褶于腹前及双腿均呈现"U"形。按佛像身材、袈裟贴体程度、腰身显露与否分三式。

Ⅰ式　佛像身材短粗，袈裟宽博，贴体程度较弱，下摆外侈，基本不见腰身。如H1：75（图三一八，1）。

Ⅱ式　佛像身材适中，袈裟与Ⅰ式相比，较贴体，下摆直收。如H3：2、H3：20（图三一八，2、3）。

Ⅲ式　佛像身材高大，袈裟贴体，腰身明显，腹部、腿部轮廓突出。如H1：80、H3：5（图三一八，4、5）。

B型　衣褶自身体左侧斜向散射，于右侧形成半"U"形，左侧竖直下垂。按袈裟贴体程度等分三式。

Ⅰ式　佛像身材短粗，头大，肉髻低平，颈短，袈裟宽博，贴体程度较弱，下摆略外侈，基本不见腰身。如H1：86+183、H1：187（图三一九，1、2）、H1：44+60。

Ⅱ式　佛像身材高大，袈裟较Ⅰ式贴体，下摆直收，髋部表现明显。如H1：49+73、H1：84、H3：1（图三一九，3～5）。

Ⅲ式　佛像身材高大，袈裟较Ⅱ式贴体，腰身明显，腹部、腿部轮廓突出。如H1：148、H1：153（图三一九，6、7）。

C型　衣褶从胸前直线下垂。按袈裟贴体程度等分三式。

Ⅰ式　佛像身材短粗，头大，肉髻低平，颈短，袈裟宽博，贴体程度较弱，下摆外侈，不见腰身。如H1：48+106（图三二〇，1）。

Ⅱ式　佛像身材适中，袈裟略贴体，腰线略显，腹部突出。如H1：3、H1：13（图三二〇，2、3）。

图三一八　A型通肩式立佛

1. A型 I 式 H1：75　2、3. A型 II 式 H3：2、H3：20　4、5. A型 III 式 H1：80、H3：5

III式　佛像身材高大，修长。头部椭圆形，肉髻略高，袈裟贴体，腰部刻画明显。如 H1：47+178、H3：7+21+29（图三二〇，4、5）。

2）袒右式袈裟

内着交领（圆领）衣，中衣双领下垂，外披袒右式袈裟，左肩处系带。如 H1：180（图三二一）。

（3）佛头像

15件，依据佛头发髻样式不同分为三型。

A型　磨光肉髻。据面相及肉髻高低不同分为四式。

I式　肉髻高大，突起于头顶，似柱状。面相长圆，大耳。如 H1：31（图三二二，1）。

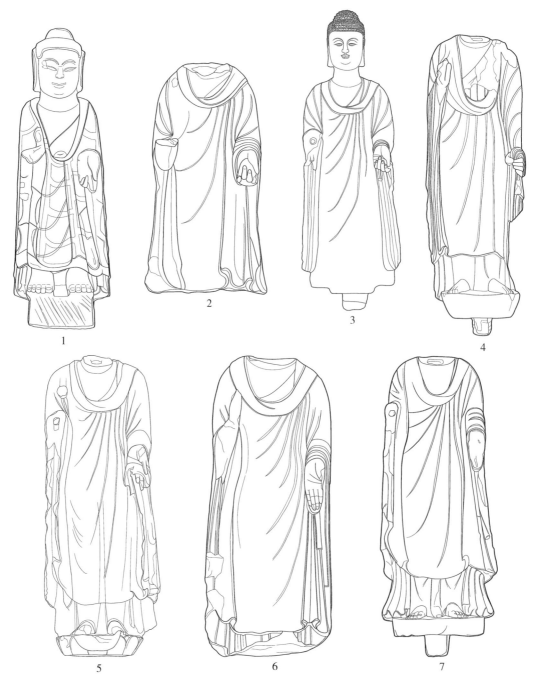

图三一九　B型通肩式立佛

1、2. B型Ⅰ式H1：86+183、H1：187　3～5. B型Ⅱ式H1：49+73、H1：84、H3：1　6、7. B型Ⅲ式H1：148、H1：153

　　Ⅱ式　肉髻略高，从头顶隆起，但明显低于Ⅰ式。面相长圆，五官清秀，细颈。如H1：147（图三二二，2）。

　　Ⅲ式　肉髻低平，与头顶分离不明显。面相方圆，大耳粗颈。如H1：159（图三二二，3）。

　　Ⅳ式　肉髻高大，突起于头顶，似馒头状。面相丰圆，腮部略鼓。如H1：67（图三二二，4）。

　　B型　波纹发髻。据面相及波纹旋转方向及高低不同分为四式。

图三二〇 C型通肩式立佛

1. C型Ⅰ式 H1：48+106 2、3. C型Ⅱ式 H1：3、H1：13 4、5. C型Ⅲ式 H1：47+178、H3：7+21+29

Ⅰ式 肉髻较低平，波纹于肉髻部分呈"V"形，额前成右旋圆形漩涡状。佛面相圆短，略方，清秀形，似孩童样。如H1：174（图三二三，1）。

Ⅱ式 肉髻低平，略呈方形，波纹于肉髻部分呈"V"形，额前及两侧成右旋圆形漩涡状，面相方圆，棱角分明，细眉长眼，宽鼻大嘴。面部略平。如H1：88（图三二三，2）。

Ⅲ式 肉髻略高，肉髻部分波纹呈"之"字形，额前"V"形波纹，两侧面右旋圆形涡状。面相方圆，细眉长眼，宽鼻小嘴。面部略平。如H1：145（图三二三，3）。

Ⅳ式 肉髻略高，"之"字形与圆形漩涡状波纹结合，略为抽象。面相丰圆，下颌浑圆，腮部略鼓。细长眉，眼微鼓，小嘴，嘴角下陷，大耳。如H1：123、H1：93（图三二三，4、5）。

C型 螺形发髻。螺髻右旋，据面相及肉髻高低差异分为三式。

Ⅰ式 肉髻较为低平，面相方圆，眉细长，上眼睑略鼓，直鼻，嘴大小适中，唇线明显，下颌刻画弯曲阴线一道。颈略细，上刻蚕节纹。如H1：188（图三二四，1）。

Ⅱ式 肉髻隆起，略高，面相丰圆，细弯眉，眼略鼓，直鼻下嘴，腮部略鼓，下颌略短且丰颐。颈略长，上刻蚕节纹。如H1：77（图三二四，2）、H1：150、H1：120、H1：182（图三二四，3）。

图三二一 袒右式立佛 H1：180

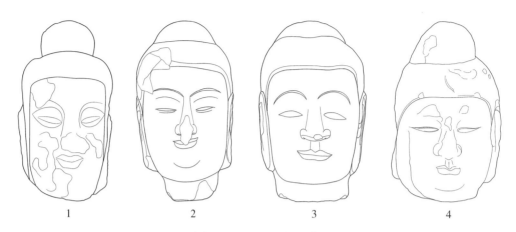

图三二二　A型佛头像

1. A型Ⅰ式H1：31　2. A型Ⅱ式H1：147　3. A型Ⅲ式H1：159　4. A型Ⅳ式H1：67

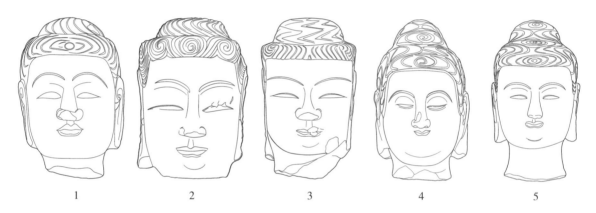

图三二三　B型佛头像

1. B型Ⅰ式H1：174　2. B型Ⅱ式H1：88　3. B型Ⅲ式H1：145　4、5. B型Ⅳ式H1：123、H1：93

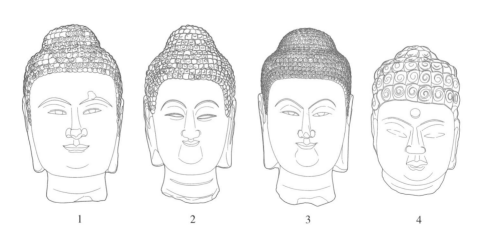

图三二四　C型佛头像

1. C型Ⅰ式H1：188　2、3. C型Ⅱ式H1：77、H1：182　4. C型Ⅲ式H1：27

Ⅲ式　螺髻较大，右旋圆形，排列稀疏，面相浑圆，略显臃肿，细眉鼓眼，眼角微上挑，宽鼻小嘴。如H1：27（图三二四，4）。

2. 菩萨像

菩萨分坐像、立像、头像。

（1）坐菩萨

分交脚菩萨、倚坐菩萨、游戏坐、思惟坐四类。

1）交脚菩萨

依身体、面相、衣饰等分三型。

A型　肩宽体壮，胸部隆起。梳高大的发髻。面相长圆。上袒，下着裙，裙上细密的阴刻线，交脚坐于龙首座上。如H1：141+142（图三二五，1）。

B型　整个形体略瘦，肩部下溜，上袒，下着裙，帔帛覆肩后，于腹前交叉。如H1：4+21+55+57（图三二五，2）。

C型　宝缯下垂，面圆短，颈短，肩部圆润。上袒，下着裙，帔帛覆肩后，于腹前绕搭后下垂，再上折搭于肘上垂于体外。如H1：96、H3：4+22（图三二五，3、4）。

图三二五　交脚菩萨
1. A型H1：141+142　2. B型H1：4+21+55+57　3、4. C型H1：96、H3：4+22

2）倚坐菩萨

菩萨倚坐于莲座上，帔帛二道，一道于两腿间横过。据璎珞不同分为二型。

A型　戴单重"U"形璎珞。并垂于两腿间。H1：208、H3：26（图三二六，1、2）。

B型　戴双重璎珞。完整者，发髻后绾，头戴冠，宝缯垂肩。面相圆润，五官较集中。上袒，戴项圈。下着裙，裙边外翻，两腿上衣纹呈"U"形。双重璎珞，一重交叉于腹前，并垂于两腿侧面；一重"U"形垂于两腿间。如H1：39+61+143（图三二六，3）。

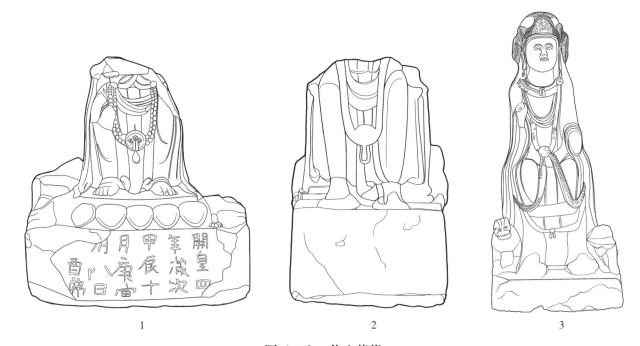

图三二六　倚坐菩萨

1、2. A型 H1：208、H3：26　3. B型 H1：39+61+143

3）游戏坐菩萨

发辫飘飞，上袒或斜披络腋，下着裙，裙边外翻，裙带下垂，戴项圈，手镯。腹部凸出，游戏坐于方台上。一手支于台座上，一手抚于左膝。H3：19、H1：165（图三二七，1、2）。

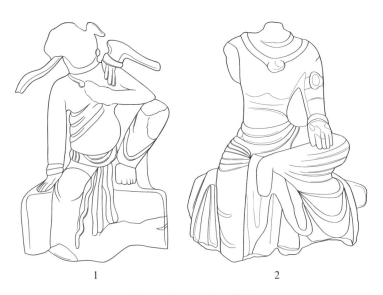

图三二七　游戏坐菩萨

1、2. H3：19、H1：165

4）思惟菩萨像

梳高髻，上袒带项圈，下着裙，一手支颐，一手抚于腿上。依面相、身体、帔帛不同，分二型。

A型　面相清秀，肩下削，体瘦，帔帛绕臂。如H1∶34（图三二八，1）。

B型　面圆短，颈短，肩圆润，帔帛于腹前绕搭。如H1∶95（图三二八，2）。

1

2

图三二八　思惟菩萨像
1. A型H1∶34　2. B型H1∶95

（2）立菩萨像

与佛像相似，以单体圆雕像为例。造像大多无头，依项圈、帔帛、璎珞的有无及不同分为四型。

A型　戴项圈，无璎珞。据项圈、帔帛形式不同分三式。

Ⅰ式　戴心形项圈，帔帛于腹前绕搭后下垂，再上折搭于肘部，沿体外下垂。身材适中，无曲线。如H1∶117、H3∶45（图三二九，1、2）。

Ⅱ式　戴心形项圈，帔帛于腹、膝前横过二道。造型短粗如柱。如H1∶41+85（图三二九，3）。

Ⅲ式　戴圆形项圈，帔帛覆肩后，绕臂于体外下垂，双腿上衣褶呈"U"。造像丰圆，体态直立或呈"S"形。如H1∶207、H1∶68（图三二九，4、5）、H3∶36采4。

B型　戴圆形项圈，帔帛于腹、膝前横过二道。单重"U"形璎珞。一手提净瓶，一手持杨柳枝。按身躯及面相不同，分三式。

Ⅰ式　有头者，头大，戴化佛冠，面相方圆。身材较短粗，直立如柱，基本不见腰线。璎珞"U"形挂于体前。如H1∶9+30、H1∶65、H1∶76+129（图三三〇，1）。

Ⅱ式　有头者，面相圆短，头较小。戴化佛冠，身材修长，直立或出现一腿膝部略弯曲，游足状，腰线不明显。璎珞"U"形挂于体前。如H1∶107+162、H1∶18+81（图三三〇，2、3）、H1∶97+140、H1∶10+50。

Ⅲ式　面相椭圆，头身比例趋合理。除圆形项圈外，还戴长项链。身材修长，腰线明显，身躯有

图三二九　A型立菩萨像

1、2. A型Ⅰ式 H1：117、H3：45　3. A型Ⅱ式 H1：41+85　4、5. A型Ⅲ式 H1：207、H1：68

图三三○　B型立菩萨像

1. B型Ⅰ式 H1：76+129　2、3. B型Ⅱ式 H1：107+162、H1：18+81　4. B型Ⅲ式 H1：25+42+59+125+152+200

一定的扭曲。璎珞"U"形挂于体前。如H1：25+42+59+125+152+200（图三三〇，4）。

　　C型　戴圆形项圈，还有的加戴长项链。帔帛于腹、膝前横过二道。戴"U""X"形双重璎珞。"U"形璎珞挂于体前，"X"形交叉于腹前，并折向身后。一手提净瓶，一手持杨柳枝。按身躯不同，分三式。

　　Ⅰ式　身材适中，身体直立，敦实。如H3：8+13+14+18、H1：45（图三三一，1、2）、H1：154。

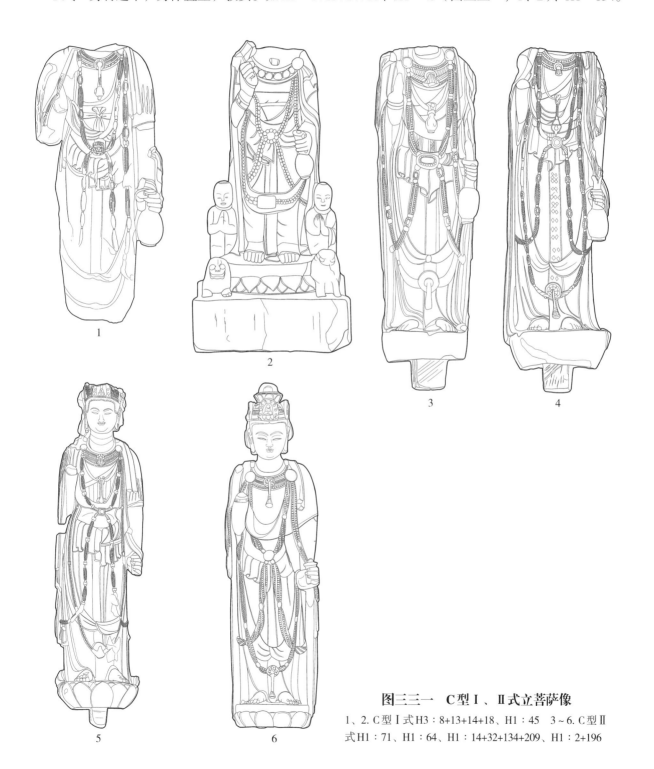

图三三一　C型Ⅰ、Ⅱ式立菩萨像

1、2. C型Ⅰ式H3：8+13+14+18、H1：45　3～6. C型Ⅱ
式H1：71、H1：64、H1：14+32+134+209、H1：2+196

Ⅱ式　有头者，头较小，身材较Ⅰ式略高大。面相圆短，腹部突出，腰身略显。如H1：71、H1：64、H1：14+32+134+209、H1：2+196（图三三一，3～6）。

Ⅲ式　有头者头略大，身材修长，头身比例合理。头戴花绳冠或化佛冠，细腰扭曲。腰带出现金属制链状样。如H1：15+24+采集1、H1：113+126、H1：158+169+197（图三三二，1～3）、H1：63+69、H1：82、H1：11+72。

D型　正面腰间裙边呈三瓣下垂，背面一片弧形下垂。如H1：128（图三三二，4）。

1　　　　　　　　　2　　　　　　　　　3　　　　　　　　　4

图三三二　C型Ⅲ式、D型立菩萨像

1～3. C型Ⅲ式H1：15+24+采集1、H1：113+126、H1：158+169+197　4. D型H1：128

（3）菩萨头像

以三叶冠为主，据发式及冠上装饰、面相等不同分为五型。

A型　化佛冠。高髻，冠中央饰化佛。依面相、发髻等不同分为三亚型。

Aa型　面相丰圆，细眉长眼，束髻束带后绾，三叶冠箍，中央均饰化佛，冠箍边缘饰联珠纹。如H1：184（图三三三，1）、H1：186、H1：17（图三三三，2）。

Ab型　面相圆短，冲天高髻束带，髻及头顶上装饰莲瓣。冠中央花叶刻化佛。宝缯垂肩，戴耳珰。如H1：193、H1：166、H1：70（图三三三，3～5）。

Ac型　梳高髻束带，面相丰圆，腮部突出。髻前雕一化佛。如H1：111（图三三三，6）。

B型　宝珠冠。冠中央刻画宝珠一枚，部分底部有莲瓣小台。据面相、发式等分二亚型。

Ba型　面相圆短，个别略微清秀，高髻束带后绾，宝缯下垂。冠中圆形或半圆形宝珠，周围饰忍冬纹。如H1：16、H1：28（图三三四，1、2）、H1：100、H1：121（图三三四，3）、H1：151、

图三三三　A型菩萨头像

1、2.Aa型H1：184、H1：17　3～5.Ab型H1：193、H1：166、H1：70　6.Ac型H1：111

H1：171（图三三四，4）。

Bb型　面相圆润，宝缯下垂，戴耳珰。梳冲天高髻束带，髻及头顶上饰莲瓣。冠中圆形或半圆形宝珠，周围饰忍冬纹。如H1：26（图三三四，5）、H1：119、H1：173（图三三四，6）。

C型　牌饰冠（珰形）。冠中间半圆形花叶，上雕拱形牌饰，周围饰忍冬纹。据面相及发式不同等分为三亚型。

Ca型　面相圆短，发髻后绾。如H1：131（图三三五，1）。

Cb型　面相丰圆，冲天高髻。如H1：108（图三三五，2）。

Cc型　面相圆短，冠宽大，正面不见发髻，发髻后绾。冠上花叶间饰"W"形花绳。如H1：114（图三三五，3）。

D型　莲花冠。花叶中间饰莲花，周围绕以忍冬、联珠纹等。面相椭圆，高髻束带，后绾。如H1：156（图三三六）。

E型　无冠型，仅束带。据面相等分三式。

Ⅰ式　面相方圆，发髻后绾束带，带垂于两耳侧。如H1：136（图三三七，1）。

图三三四　B型菩萨头像

1～4. Ba型 H1：16、H1：28、H1：121、H1：171　5、6. Bb型 H1：26、H1：173

图三三五　C型菩萨头像

1. Ca型 H1：131　2. Cb型 H1：108　3. Cc型 H1：114

　　Ⅱ式　面相浑圆，眼角上挑。发髻束起。如H1：172（图三三七，2）。

　　Ⅲ式　面相长圆，双眼肿大，眼角上挑。无冠，发髻上饰花叶。如H1：138（图三三七，3）。

　　另有部分菩萨头像残破，冠饰不清楚，不宜归类。从发髻看有高髻后绾及冲天高髻样，与上述菩萨头像相类。

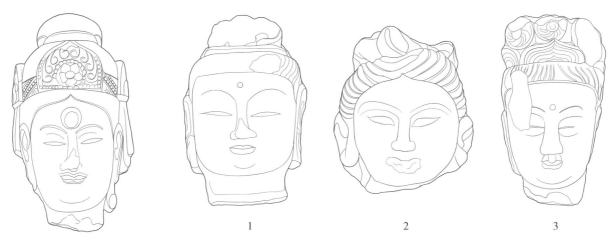

图三三六　D型菩萨头像
H1：156

图三三七　E型菩萨头像
1. E型Ⅰ式H1：136　2. E型Ⅱ式H1：172　3. E型Ⅲ式H1：138

3. 弟子像

弟子，数量较少，有单尊像，还有部分像碑中胁侍弟子像。依面相、袈裟不同分为三型。

A型　面相圆短，短粗颈，着双领下垂袈裟，袈裟于腹前搭绕。如H1：5（图三三八，1）、H1：195、H1：51+采集6（图三三八，2）。

B型　内着僧祇支或交领直裰（半袖），外披袒右式袈裟。如H1：135+179+198（图三三八，3）。有的呈袒左样，如H1：112+127（图三三八，4）。

图三三八　弟子像
1、2. A型H1：5、H1：51+采集6　3、4. B型H1：135+179+198、H1：112+127　5. C型H1：139

C型　内着交领衣，外披覆肩袒右式袈裟。如H1：139（图三三八，5）。

4.天王

数量较少，天王头戴兜鍪，兜鍪上饰纹饰。面型丰圆，怒目圆睁，高鼻宽翼，小嘴，两腮鼓起，下颌丰颐。颈短。圆鼓腹。双腿直立于台座上。上身披铠甲，肩部搭系帔帛。下身外着裙，内穿长裤。双手戴手镯，于腿前杵法器，法器残毁。立于方座上。背面鍪尾拖于肩部，帔帛绕肩背，裙上装饰旋纹。如H1：168+189、H1：99。

5.供养人

像碑残毁严重，供养人像少见，男供养人，着圆领窄袖上衣，下着裤。如T2H3：24号造像碑。

三　造像分期及年代

（一）分组、分期

背屏式造像H1：7、H1：8、H1：19+58+160、H1：56、H1：109、H1：141+142、H1：155、H1：163、H1：202、H3：44；塔龛像H1：6、H1：52、H1：170、H1：192；造像碑H1：4+21+55+57、H1：34、H1：38、H1：195、H3：23、H3：35、H3：40；佛头像H1：31；菩萨像H3：45等。造像形式、内容、特点等较为相似。

造像类型有Aa、Ab、Ba、Bb、C、D、Ea、Eb型。题材内容主要有A、Ba、Bb、Bc、Ca、Cb。造像特征结跏趺坐佛AⅠ、AⅡ、BⅠ、BⅡ；佛头像AⅠ。立菩萨像AⅠ；交脚菩萨A、B；思惟菩萨A。其他期中上述特征少见或不见，归为A组。

像碑H1：5、H1：51+采集6、H1：83、H1：95、H1：96、H1：104、H1：105、H1：149、H1：175、H1：176、H3：4+22、H3：24；龛H1：190；佛像H1：3、H1：13、H1：44+60、H1：48+106、H1：49+73、H1：53、H1：75、H1：84、H1：86+183、H1：187、H3：1、H3：2、H3：5、H3：20、H3：46+H1：122；佛头像H1：88、H1：93、H1：123、H1：145、H1：147、H1：159、H1：174、H1：188；菩萨像H1：9、H1：10+50、H1：16、H1：25+42+59+125+152+200、H1：41+85、H1：45、H1：64、H1：65、H1：71、H1：76+129、H1：97+140、H1：107+162、H1：117、H1：154、H1：203、H3：8+13+14+18、H3：11、H3：17、H3：34、H3：38。菩萨头像H1：16、H1：17、H1：28、H1：100、H1：101、H1：102、H1：118、H1：119、H1：121、H1：124、H1：130、H1：131、H1：136、H1：146、H1：151、H1：171、H1：193。

造像类型有Ba、Bb、D、Ea、Eb型。题材内容主要有A、Ba、Ca、Cb。造像特征结跏趺坐佛AⅢ、

BⅢ、D；倚坐佛AⅠ、AⅡ；立佛通肩袈裟类AⅠ、AⅡ、AⅢ、BⅠ、BⅡ、CⅠ、CⅡ；佛头像AⅡ、AⅢ、BⅠ、BⅡ、BⅢ、BⅣ、CⅠ。立菩萨AⅠ、AⅡ、BⅠ、BⅡ、BⅢ、CⅠ、CⅡ；交脚菩萨C；思惟菩萨B；菩萨头像Aa、Ab、Ba、Bb、Cb、EⅠ。弟子A型。与其他组中特征不同，归为B组。

佛像H1：47+178、H1：80、H1：148、H1：153、H1：180、H3：7+21+29、H3：9；佛头像H1：77、H1：120、H1：150、H1：182；菩萨像H1：2+196、H1：11+72、H1：14+32+134+209、H1：15+24+采集1、H1：18+81、H1：39+61+143、H1：63+69、H1：82、H1：113+126、H1：137、H1：157+161、H1：158+169+197、H1：208、H3：25、H3：26、H3：27等；菩萨头像H1：6、H1：26、H1：70、H1：108、H1：114、H1：156、H1：166、H1：173、H1：184、H1：185、H1：186、H3：6。

造像类型有Ea、Eb、Ee型。题材内容主要有Ca、Cb。造像特征立佛通肩袈裟类AⅢ、BⅢ、CⅢ、袒右式袈裟。佛头像CⅡ。倚坐菩萨A、B，立菩萨CⅡ、CⅢ。菩萨头像Aa、Ab、Bb、Ca、Cc、D。划为C组。

背屏H1：1、H1：165；佛头像H1：67；菩萨像H1：207、采集4、H3：36、H1：68、H1：128等；菩萨头像H1：20、H1：111、H1：172；弟子像H1：112+127；天王像H1：168+189。弟子头像H1：35、H1：194。天王头像H1：99、力士头像H1：78。

造像类型有Ac、Ea、Eb、Ec、Ed。题材内容Ca、Cb、Cc、Cd。造像特征坐佛CⅠ、立菩萨AⅢ、菩萨头Ac、EⅡ。弟子B。归入D组。

背屏H1：133；塔H3：19；佛像H1：66、H1：92、H1：144、采集2；僧像H1：12、H1：164、H1：74、H1：79+89、H1：87、H1：116、H1：201、H3：33等；佛头H1：27。菩萨H1：128。菩萨头H1：138。弟子像H1：139、H1：135+179+198。

造像类型有Ac、C、Ea、Eb、Ec、Ee。题材内容Ca、Cb、Cc、Ce。造像特征坐佛僧像CⅡ、CⅢ、CⅣ；倚坐佛B；佛头C。菩萨D；菩萨头EⅢ。弟子像B、C。划分为E组。

据以上分组来讨论其相对年代。

A组与B组在造像形式及造像特征上存在较大的差异，如A组以背屏式造像为主，另外还有四面塔龛式、造像碑等，单体圆雕像少见。而B组中基本不见背屏式，以单体圆雕像为主。两组中又有一定的相似性，既都有造像碑。造像样式上A组佛像肉髻高大，身体壮硕形与清秀样并存，清秀样肩部略削。袈裟通肩及双领下垂式均见，袈裟一般较宽大，不见身体轮廓。菩萨像多秀骨清样。B组像趋于丰满，佛像肉髻低矮，头大，身体粗壮直立。菩萨像装饰趋于繁复，"U"形长璎珞较为突出。充分体现了新的造像特征。故B组晚于A组。

B组与C组在造像形式上存在较多相似性，都以单体圆雕造像为主。不同点是B组像从粗矮向高大发展。C组像多高大或体量正常，头身比例合理。菩萨像装饰更趋华丽繁杂，戴"X""U"形双重璎珞。菩萨像动感明显，表现出妩媚动人样态。显示出造像制作的成熟性。故C组晚于B组。

D组比C组变化较大，D组佛像面部丰圆，甚至出现臃肿的样式。菩萨像身躯扭动更加明显，呈

"S"形。天王像等肌肉感突出。从菩萨像看D组较C组更成熟，故D组晚于C组。

E组与D组相比，E组中陶质僧像较多，与D组仍以石像为主不同。反映了造像的衰落趋势。且僧像所着袈裟也与之前几组不同，交领内衣、直裰是其着衣样式。这种样式从D组的个别弟子像中就已见，又反映了两组间的相关性。从上述比较看，E组晚于D组。

据上述分析，将各组分为不同的期：

A组为一期。

B组为二期。

C组为三期。

D组为四期。

E组为五期。

（二）年代

此批造像有明确纪年的只有2件，分别为北周天和六年（571年）佛立像（H1∶75）和隋开皇四年（584年）菩萨像（H1∶208）。对其年代的判定只能依据已有的年代明确的石窟造像及单体造像等进行对比，以推断其各期的年代。

1.第一期

造像类型：出现较多的背屏式造像，另有部分四面龛像、造像碑等。这些样式多是北魏—西魏时期流行的。

题材内容：背屏式雕刻内容有佛像、交脚菩萨像。造像碑中以二佛并坐题材多见，也见线刻菩萨立像。塔龛像以坐佛、二佛并坐等为主要内容。龛楣或背屏式造像背屏上雕七身化佛，这些都是北魏时期较为常见的内容。如泾川出土，传王母宫碑像（其实与王母宫碑无关，为一件独立的像碑），上层龛二佛并坐，中龛一坐佛。平凉禅佛寺出土北魏神龟元年（518年）龛像，内雕二佛并坐及坐佛等[1]。

造像特征：此期背屏式造像多壮硕，肩部宽厚挺阔。H1∶19+58+160佛像通肩袈裟，肉髻高大，衣褶于胸前呈"U"形，具有十六国金铜佛像的遗风。同时与本地区北魏造像相近，如崇信博物馆藏黄花出土四面造像塔龛，内雕佛坐像，造像雄浑，壮伟，肩宽体硕。袈裟通肩，衣纹"U"形垂于胸腹前[2]。从内容到样式泾川龙兴寺一期中的佛造像都与之相似。H1∶141+142交脚菩萨像高髻，面相长圆，身躯厚实。上祖，戴圆形项圈和长项链。下着所谓羊肠裙，裙较为贴体，于腿部形成小的"U"形衣纹。坐于双狮座上。这些特点来自犍陀罗，在中土自北凉莫高窟275窟主尊菩萨始，到北魏中期成为较为典型

[1] 张宝玺：《甘肃佛教石刻造像》，甘肃人民美术出版社，2001年，第105页图110、第102页图102～105。

[2] 张宝玺：《甘肃佛教石刻造像》，甘肃人民美术出版社，2001年，第107页图114、115。

的样式，甘肃合水县保全寺石窟第3、15龛、陇东古石刻艺术馆、甘肃宁县博物馆及西安博物院所藏多件交脚菩萨像、云冈石窟第17、18、11、12窟、莫高窟第275窟交脚菩萨等均表现出此类特点[1]。另外，H1：7、H1：8、H1：56像中佛像秀骨清像，双肩下削，袈裟双领下垂宽博样式。H1：4+21+55+57像碑中交脚菩萨上袒，帔帛腹前交叉，双肩下削。均表现出北魏晚期造像的特征。云冈、龙门此类像例较多，如云冈14、15、16窟，龙门古阳洞南、北壁小龛中普遍存在。H1：195像碑碑阴线刻菩萨立像，其与交脚菩萨像均为北魏时期弥勒的表现形式。且其宝缯外折下垂的样式也是北魏晚期—西魏特色。H1：195像碑碑阴线刻菩萨立像与H3：45菩萨像均表现出帔帛于腹前绕搭的样式，在邻近的固原出土的北魏晚期建明二年（530年）像碑中菩萨像就披覆同类帔帛[2]。龙兴寺此类菩萨也应为北魏晚期—西魏。

鉴于此，第一期年代分为两段，早段为北魏中期，晚段为北魏晚期—西魏期。

2. 第二期

造像类型：造像碑仍存在，背屏式造像基本消失，塔龛较少。单体圆雕造像激增。这符合单体圆雕造像自西魏晚期开始出现，之后流行的大背景。

题材内容：像碑中内容延续一期二佛并坐等内容，新出现维摩文殊对坐像、普贤菩萨像等。泾川出土，现藏平凉市博物馆的武成二年（560年）造像碑、泾川博物馆藏庚辰年款像碑、华亭出土保定四年（564年）像碑中均见二佛并坐、维摩文殊造像组合[3]。单体圆雕造像以佛、菩萨像为主。

造像特征：像碑中造像仍保留有北魏以来的清瘦样，但出现了肉髻低平、面短而艳的新特点，而这些是典型北周造像风格。部分像碑中有庚辰、丁亥、天和等纪年，结合题材内容、造像特征判定其为北周纪年。

单体圆雕像无论佛像还是菩萨像，体态分短粗状和高大修长样两种。短粗型造像头大身略短，且身体直立如柱，腹部凸出。两臂与躯体的分离程度较差，圆润丰壮之风日趋明显。身材高大型较短粗型略高大，头部较短粗型变小，躯体与两臂分离略加大，腰部出现一些扭动，但显僵硬。

佛像中H1：48+106、H1：86+183等略早的造像，头大，低平磨光肉髻，面部方圆，但身体还带有一定的扁平感。袈裟一改双领下垂褒衣博带式，而流行通肩样式，但仍保留北魏晚期以来的宽博厚重的样态，躯体的轮廓线基本不见。而H1：49+73、H3：46+H1：122受到印度笈多造像的影响，肉髻变为低平螺髻。造像重视神态的刻画，眼睛微闭，视线向下，做冥想状。通肩袈裟开始变得轻薄贴体，

---

[1]　甘肃省文物工作队、庆阳北石窟文物保管所：《陇东石窟》，文物出版社，1987年，图一六三、一六六。张宝玺：《甘肃佛教石刻造像》，甘肃人民美术出版社，2001年，第91、93、95、96页图81、84、87、88。西安市文物保护考古所：《西安文物精华——佛教造像》，世界图书出版西安公司，2010年，第11页图10。敦煌文物研究所：《中国石窟·敦煌莫高窟》（一），文物出版社、株式会社平凡社，1984年，图11。

[2]　[日]松原三郎：《中国仏教彫刻史论》（二），吉川弘文馆，1995年，图217b。

[3]　张宝玺：《甘肃佛教石刻造像》，甘肃人民美术出版社，2001年，第108页图118。

注重身体轮廓线的刻画，身体曲线开始冲破袈裟的包裹，腹部突出，整个造像显现出一定的量感。通肩式袈裟，衣褶差别较大。袈裟右角均搭于左肩后。佛像背部制作较为平直，圆雕水平有限。他们与泾川龙兴寺出土北周唯一的有明确纪年的 H1：75 天和六年（571 年）佛像、西安碑林博物馆藏武成二年（560 年）立佛像、甘肃正宁县博物馆藏保定元年（561 年）铭释迦立像、西安北郊尤家庄出土的保定三年像（563 年）、西安雷寨村出土保定五年（565 年）立佛像、山西省博物馆藏北周天和四年（569 年）造像、上海博物馆藏北周大象二年（580 年）铭佛立像、西安东郊出土大象二年（580 年）立佛像[1] 等相近。佛像右手上举施无畏印，左手抓握袈裟一角，为受笈多造像影响的北周常见样式。另外，个别佛像左手心刻画摩尼宝珠，如天和六年（571 年）佛像（H1：75）。此种样式见于西安出土保定三年（563 年）佛立像、上海博物馆藏大象二年（580 年）佛立像。

像碑中弟子像身体直立修长，着双领下垂式袈裟，袈裟衣角于腹前绕搭。保定三年（563 年）造像碑、保定五年（565 年）王永建造像碑中弟子着同样的袈裟。另外，在莫高窟北周供养比丘像中也常见此类袈裟。

单体菩萨像冠饰、项圈、璎珞等装饰物均由简单向繁复华丽发展。菩萨束高髻后绾或梳冲天高髻。流行化佛冠、宝珠冠。北魏以来常见的心形项圈还见，新出现双重项圈，一为圆形宽项圈，二为长链形。圆形宽项圈大量流行，联珠纹、麦穗纹是主要纹饰。长链形下坠垂铃。帔帛为于胸腹及膝腿前横过两道的类型。璎珞单、双重均有，单重"U"形多见。"U"形璎珞挂于体前，由联珠纹组成，底部饰以圆形莲花、方形物、椭圆形物等，并下坠有流苏状物。"X"形璎珞交叉于腹前圆璧上，新出现交叉于兽面上样式。"X"形璎珞由身前转向身后，与从腰间下垂的璎珞相连。裙两侧出现垂带，下坠流苏。菩萨裙边外翻，系带，有的裙带较为宽大冗长，垂于裙中央。与西安出土保定五年（565 年）赵颠造观音像、西安西查村出土三尊观音像类似[2]。新出现金属质链状腰带，这是以前不见的新因素。已知的保定三年（563 年）菩萨像腰间系金属质腰带，上还饰方形装饰物。成都下同仁路出土北周隋代菩萨像也出现金属质链状腰带，同时下同仁路北周天和三年（568 年）菩萨像上还出现麦穗状腰带[3]，显示出泾州与成都造像两者间具有一定的关联性。菩萨一般右手执莲蕾、杨柳枝，左手提握净瓶。再据冠上饰化佛，表明此类菩萨为观音像。保定元年（561 年）观音铜像、建德元年（572 年）观音铜像、建德

[1]　西安碑林博物馆：《长安佛韵——西安碑林佛教造像艺术》，陕西师范大学出版社，2010 年，第 98、99 页。张宝玺：《甘肃佛教石刻造像》，甘肃人民美术出版社，2001 年，第 155 页图 203。岳连建：《西安北郊出土的佛教造像及其反映的历史问题》，《考古与文物》2005 年第 3 期第 27 页图三。马咏钟：《西安北郊出土北周佛造像》，《文博》1999 年第 1 期。[日]松原三郎：《中国仏教彫刻史论》，吉川弘文馆，1995 年，图 352、图 369a。西安碑林博物馆：《长安佛韵——西安碑林佛教造像艺术》，陕西师范大学出版社，2010 年，第 86、87 页。

[2]　西安市文物保护考古所：《西安文物精华——佛教造像》，世界图书出版西安公司，2010 年，第 54 页图 45、第 60、61 页图 52。

[3]　[日]松原三郎：《中国仏教彫刻史论》，吉川弘文馆，1995 年，图 350。成都文物考古研究院：《成都下同仁路——佛教造像坑及城市生活遗址发掘报告》，文物出版社，2017 年，图四五、四七、四二。

二年（573年）刘苌寿造观音菩萨[1]等诸尊有铭文的观音像也都执莲蕾、杨柳枝，提握净瓶。菩萨像身体略微扭动，一腿直立，一腿弯曲呈游足姿态，与麦积山石窟北周第62、12窟中菩萨像近似。

综合以上分析，第二期年代为北周。

3. 第三期

造像类型：以单体圆雕造像为主，除佛、菩萨立像外，还有部分倚坐菩萨像。

造像特征：无论佛像还是菩萨像都表现出面相长圆，身体修长、四肢与躯体的分离程度较高的样式。身体曲线较第二期明显。

佛像多着通肩袈裟，袈裟较第二期更加轻薄，贴体程度较高，腰际线明显。北周造像的壮硕感减弱或消失，造型变得优美。与开皇四年（584年）董钦造像[2]类似。此期新出现的覆肩袒右式袈裟左肩系带样式，与炳灵寺隋代第8窟[3]主尊坐佛类似，在麦积山、莫高窟隋代洞窟中也常见此类袈裟。青州云门山石窟隋代的第1窟，驼山石窟隋代的第2窟主佛[4]也着同类袈裟。另外，曲阳修德寺遗址出土数件隋代坐佛、立佛，均着覆肩袒右式袈裟，左肩系带。青州龙兴寺出土隋立佛像也见类似袈裟。吉美博物馆藏隋代弟子像亦着同样袈裟[5]。说明此类袈裟是隋代的流行样式。

菩萨像发髻与二期相似。高髻大冠，冠上垂环呈“W”形花绳是此期一大特点。菩萨像项圈与北周相似，圆形、长链形双重。帔帛仍延续二期腹膝前横过二道的样式。璎珞以双重样式为主。双重璎珞一般短重为“X”形，长重“U”形。“X”形璎珞往往于体前绕向身后，并与身后从腰间下垂的璎珞相连。我们在成都下同仁路和长安出土的隋代菩萨像中发现大量菩萨像背后从肩部下垂的璎珞，与体前璎珞共同形成网状璎珞。泾川此期菩萨像与其相似，都从体前折向身后，但也有不同，就是身后璎珞并非自肩部下垂，而是从腰间下垂，推测其与腰带相连，有自身的特色，显示了表现形式及制作技艺的差异。

单重璎珞仍延续北周“U”形样式，斜挂于体前。新出现璎珞上连缀玉珩等物。美国底特律艺术中心藏开皇元年（581年）车长儒造菩萨像、明尼法尼亚艺术中心藏开皇元年（581年）成国乡邑子卅人等造观音菩萨像、美国大都会博物馆藏开皇三年（583年）秦光先造观音像及大量无纪年菩萨像[6]均表现出上述特点。此期部分菩萨造像腰部扭动，延续二期游足状，显得更加妩媚动人。与莫高窟开皇

[1]　金申：《中国历代纪年佛像图典》，文物出版社，1994年，第282页图205、第301页图221。汪明：《北周观世音菩萨石像》，《丝绸之路》2010年第2期。

[2]　西安市文物保护考古所：《西安文物精华——佛教造像》，世界图书出版西安公司，2010年，第97～99页图90。

[3]　甘肃省文物工作队：《中国石窟·永靖炳灵寺》，文物出版社、株式会社平凡社，1989年，图版116。

[4]　李裕群：《驼山石窟开凿年代与造像题材考》，《文物》1998年第6期。

[5]　李静杰　田军：《定州白石佛像》，财团法人觉风佛教艺术文化基金会，2019年，第547、549、579、582、583号。中华世纪坛艺术馆、青州博物馆：《青州北朝佛教造像》，北京出版社，2002年，第112页。金申：《海外及港台藏历代佛像珍品纪年图鉴》，山西出版集团、山西人民出版社，2007年，第171页。

[6]　金申：《海外及港台藏历代佛像珍品纪年图鉴》，山西出版集团、山西人民出版社，2007年，第157、160页。

四年（584年）302窟、开皇五年（585年）305窟壁画、隋427南北壁及中心柱东向面菩萨塑像[1]相似。以H1：208开皇四年为代表的圆雕倚坐菩萨像是此期的新内容，它继承了北周以来石窟、造像碑中倚坐菩萨像及单体倚坐菩萨像的样式，保持直立壮硕特点，与泾川出土的开皇元年（581年）李阿昌像碑背面倚坐菩萨像，开皇三年（583年）铭倚坐菩萨像，上海博物馆与日本永青文库所藏倚坐菩萨像，耀县药王山隋代摩崖石刻倚坐菩萨像[2]类似。此期部分菩萨腰间系有金属质链状腰带，延续了第三期特点，且多表现为右侧掩于下翻的裙边下，左边外露。在临近的甘肃崇信、陕西长武博物馆藏隋代菩萨像上也见做法相同的例子。而咸阳市博物馆藏隋代菩萨像中可见腰间下垂的金属质链状腰带[3]，三者较为相似，并形成了陇东地区的特色。H1：158+169+197号菩萨麦穗状裙带垂于体侧，而泾川县博物馆旧藏的隋代菩萨像就系此类麦穗状裙带[4]。菩萨手持柳枝与净瓶，净瓶中插有莲枝、莲花等样式，与美国大都会博物馆藏隋代菩萨像[5]手中提握净瓶内插莲枝相似。

综合上述，故推断此期年代为隋。

4. 第四期

造像类型：造像数量较少，仅见个别坐佛像、菩萨像、天王像等单体圆雕像。

造像特征：佛像内着僧祇支，中衣双领下垂，外层袈裟为袒右式，且中衣双领下垂衣右侧边部分压于从右腋下绕过的外层袈裟下，或双领下垂衣右侧边下垂遮住从右腋下绕过的外层袈裟，袈裟下摆略呈三角形垂于佛座上。在龙门石窟敬善寺、双窑洞、莫高窟322窟、炳灵寺3、53、54窟、北石窟222窟、西安地区出土的大量唐代纪年或无纪年佛像[6]上均见此类佛装。菩萨像"S"形身段明显，天王像肌肉感突出，都显现出唐代造像特征。弟子着半袖直裰，与龙门、莫高窟唐代僧、弟子衣饰同。

推断此期年代为唐。

---

[1] 敦煌文物研究所：《中国石窟·敦煌莫高窟》（二），文物出版社、株式会社平凡社，1984年，图8、12、27、28、51、52、53。

[2] 张宝玺：《甘肃佛教石刻造像》，甘肃人民美术出版社，2001年，第171页图231。金申：《中国历代纪年佛像图典》，文物出版社，1994年，第313页图231。[日]松原三郎：《中国仏教彫刻史论》，吉川弘文馆，1995年，图532a，c。中国石窟雕塑全集编辑委员会：《中国美术分类全集·中国石窟雕塑全集》第五卷陕西宁夏，重庆出版社，2001年，第23页。

[3] 吴茁：《陇东地区北周隋代菩萨造像特征研究》，《美术大观》2024年第4期。张燕 赵景普：《陕西省长武县出土一批佛教造像碑》，《文物》1987年第3期。咸阳博物馆：《佛影留痕——咸阳博物馆佛教文物陈列》，陕西出版集团三秦出版社，2012年，第26页图18。

[4] 张宝玺：《甘肃佛教石刻造像》，甘肃人民美术出版社，2001年，第172页图233。

[5] 金申：《海外及港台藏历代佛像珍品纪年图鉴》，山西出版集团、山西人民出版社，2007年，第172页。

[6] 龙门文物保管所、北京大学考古系：《中国石窟·龙门石窟》（二），文物出版社、株式会社平凡社，1992年，图38、55。敦煌文物研究所：《中国石窟·敦煌莫高窟》（三），文物出版社、株式会社平凡社，1987年，图16。甘肃省文物工作队、炳灵寺文物保管所：《中国石窟·永靖炳灵寺》，文物出版社、株式会社平凡社，1989年，图169、154、155。甘肃省文物工作队、庆阳北石窟文物保管所：《陇东石窟》，文物出版社，1987年，图七四。西安碑林博物馆：《长安佛韵——西安碑林佛教造像艺术》，陕西师范大学出版社，2010年，第160页、165页、180页。

5. 第五期

造像类型：造像数量不多，以陶质僧像为主。

造像特征：僧像内着交领衣，中衣交领直裰，外披袒右式袈裟。与麦积山石窟第4、90窟宋代弟子、僧像，莫高窟晚唐以来至西夏窟中窟僧像，山东灵岩寺宋熙宁三年（1070年）罗汉像[1]相同。

故此期年代为宋代。

表一　各期造像特征表

	一期	二期	三期	四期	五期
造像类型	以背屏式造像为主，另外还有四面龛式、造像碑等，单体圆雕像少见	背屏式造像消失，以单体圆雕像为主，造像碑仍见	仍以单体圆雕造像为主造像	单体圆雕造像为主，个别背屏式造像	单体圆雕造像为主
造像题材内容	背屏式造像内容有佛像、交脚菩萨像。造像碑中以二佛并坐题材多见，也见菩萨立像。塔龛像以坐佛、二佛并坐等为主要内容	像碑中内容延续一期二佛并坐等内容，新出现维摩文殊对坐像、普贤菩萨等。圆雕造像主要为佛、菩萨像	佛、菩萨像	坐佛像、菩萨像、天王像等	僧像为主
造像特点	早段造像多壮硕，佛像通肩袈裟，衣褶于胸前呈"U"形。菩萨像身体也较为健壮，具有十六国金铜佛像的遗风。晚段造像多秀骨清像。佛像肉髻高大，肩部略削。袈裟通肩、双领下垂均见，略宽大，不见身体轮廓。菩萨像帔帛腹前绕搭。	造像碑中像仍留有北魏以来的清瘦样，但出现了肉髻低平的新特点。单体圆雕像体态分短粗状和高大修长样两种。短粗型造像头大身略短，身体直立如柱，腹部凸出。身材高大型，头身比例适中。佛像肉髻低平，螺髻流行。通肩袈裟为主。菩萨帔帛横于腹前二道，璎珞单双重均见，以单重"U"形常见。冠饰、项圈、璎珞等装饰物均繁复华丽。	佛像及菩萨像都继承二期身体高大的特点。佛像面相长圆，袈裟贴体程度较高，腰际线明显。二期造像的壮硕感减弱或消失。身体曲线较二期更加明显。袈裟新出现袒右式，左肩系带样。菩萨像着衣与二期类似，装饰繁杂，姿态优美。高髻大冠，冠上垂环呈"W"形花绳是一大特点。帔帛与二期同。双重璎珞为主，基本不见单重"U"形样式。	佛像丰满圆润。菩萨像"S"形身段明显，天王像肌肉感突出，弟子着半袖直裰。	僧像内着交领衣，中衣交领、直裰，外披袒右式袈裟。

---

[1]　天水麦积山石窟艺术研究所：《中国石窟·天水麦积山》，文物出版社、株式会社平凡社，1989年，图248。敦煌文物研究所：《中国石窟·敦煌莫高窟》（四），文物出版社、株式会社平凡社，1987年，图172。敦煌文物研究所：《中国石窟·敦煌莫高窟》（五），文物出版社、株式会社平凡社，1987年，图114。张鹤云：《长清灵岩寺古代塑像考》，《文物》1959年第12期。

四　题材内容所反映的佛教思想

（一）单体圆雕造像

泾川出土的此批单体圆雕造像以佛、菩萨像为主，另有弟子、天王等。

1. 佛像

佛像多施无畏与愿印，或右手施无畏印，左手提握袈裟一角，或持宝珠。这些均是释迦常见的手印与持物。

2. 观世音菩萨像

大乘佛教兴起后，菩萨逐渐成为最受欢迎的佛教诸神之一，成为最具亲和力的佛教神灵。观音菩萨也就成为佛教史上具有重要影响力的神祇。

据现存汉译佛典，最早出现观世音菩萨名号的佛经是后汉支曜译的《成具光明定意经》，经中罗列诸来听佛说法的菩萨中最后一位名叫"观音"。其后在《心经》中出现观世音菩萨称号。然信众对观世音菩萨有较多的了解和广泛的信仰，则是在《法华经》译出之后。尤其是在鸠摩罗什的《妙法莲华经》译出后不久，其中的《观世音菩萨普门品》即有以《观音经》名单本别行。此后，各种以"观音"为名的经典纷纷现世，观音信仰也由此益盛。而此种情况很可能与昙摩罗谶法师劝河西王沮渠蒙逊诵念观世音，声称观世音菩萨与此土有缘的传说有关[1]。

侯旭东《五、六世纪北方民众信仰》通过造像铭文，统计了造像题材，其研究认为从470年到北朝末年，观世音造像开始流行。510年至579年造像中观世音菩萨像所占比例最高[2]。说明观音信仰在北朝晚期的流行及普及。

据学者研究，观音造像有典据《佛说无量寿经》的净土系统、《法华经·观世音菩萨普门品》系、依《华严经·入法界品》系、授记、杂密及伪经等六类[3]。其中以《法华经·观世音菩萨普门品》系最为流行，影响也较大。

《妙法莲华经·观世音菩萨普门品》载："佛告无尽意菩萨。善男子，若有无量百千万亿众生受诸

[1]　楼宇烈：《〈法华经〉与观世音信仰》，《世界宗教研究》1998年第2期。

[2]　侯旭东：《五、六世纪北方民众信仰》（增订本），社会科学文献出版社，2015年，第128~131页。

[3]　李玉珉：《南北朝观世音造像考》。李利安：《古代观音信仰的演变及其向中国的传播》，西北大学2003年博士论文，第八章，第106~125页。

苦恼，闻是观世音菩萨，一心称名，观世音菩萨即时观其音声，皆得解脱。"[1]通过世尊之口宣说，当众生遭遇困难之时，只要诵念观世音菩萨名号，其就能帮助世人解除种种苦难或灾祸。同时观世音能帮助世人实现现世生活中的种种愿望，如"若有女人设欲求男，礼拜供养观世音菩萨，便生福德智慧之男。设欲求女，便生端正有相之女，宿植德本，众人敬爱"。不仅如此，经中还说观世音菩萨在此娑婆世界中随机方便，应现种种身相，"游诸国土，度脱众生"，从而使众生感到观世音菩萨时刻都在自己身旁，无比亲近。总之，观世音神通广大，超越时空，解救众生于苦难中，引导人们通向美好净土世界。另外《华严经·入法界品》中所描述的观世音菩萨发愿救护众生的苦难或实现愿望与《法华经》相一致。同样《悲华经》中讲述观世音寻声救难的菩萨行愿，基于上述原因，观世音信仰及其造像在北朝隋较为流行，到唐更是到达了另一个高峰。

至于观世音菩萨的形象，《观无量寿经》中有详细的记载："此菩萨身长八十亿那由他恒河沙由旬。身紫金色，顶有肉髻，项有圆光，面各百千由旬。其圆光中有五百化佛，如释迦牟尼，一一化佛。有五百菩萨无量诸天，以为侍者。举身光中五道众生，一切色相皆于中现。顶上毗楞伽摩尼妙宝，以为天冠。其天冠中有一立化佛，高二十五由旬。观世音菩萨面如阎浮檀金色，眉间毫相备七宝色，流出八万四千种光明，一一光明。有无量无数百千化佛，一一化佛。"[2]从经文记载可知，顶上肉髻、圆光、天冠及其中的化佛是无量寿系统观世音菩萨的重要标志。但目前发现的观音造像与文献记载有一定的差异，且随着观音菩萨信仰的发展，其造像也发生了较大的变化。

泾川出土40件圆雕菩萨立像，其中较完整者中有6件菩萨戴化佛冠，同时，另有8件菩萨头像戴化佛冠。符合上述无量寿系统观世音菩萨的造型[3]。完整的6件戴化佛冠立菩萨，5件右手持杨柳，左手提握净瓶；1件右手持杨柳，左手握钵。还有2件菩萨像虽然冠中无化佛，但手中持物为杨柳及净瓶，与戴化佛冠者同，也能归入观音造像中。另外还有16件菩萨残像，无头，但双手持杨柳及净瓶。对比有明确纪年的北周保定元年（561年）铜观音像、建德元年（572年）铜观音像、隋开皇元年（581年）车长儒造观音像、隋开皇三年（583年）秦光先造观音三尊像[4]、故宫博物院藏开皇三年（583年）铜鎏金常聪造观世音立像[5]等认定上述泾川菩萨像为观音像应无碍。

泾川菩萨像中还有少量的西魏—北周菩萨像，右手施无畏印，左手施与愿印。如H1：117，而H1：41+85、H3：45菩萨像虽然手残，从残迹亦能判定其同样施无畏与愿印。这应是受观音菩萨授记成佛及佛经中观世音又名"施无畏者"的影响而产生的。"是观世音菩萨摩诃萨，于怖畏急难之中能施

---

[1]　〔后秦〕鸠摩罗什译：《妙法莲华经·观世音菩萨普门品》卷七，《大正藏》T09，p0056c（第9册，第56页下）。

[2]　〔刘宋〕畺良耶舍译：《佛说观无量寿佛经》，《大正藏》T12，p0343c（第12册，第343页下）。

[3]　目前学界还认为化佛冠并非观音菩萨独有，弥勒菩萨也戴化佛冠。

[4]　金申：《中国历代纪年佛像图典》，文物出版社，1995年，第282页图205、第301页图221、第308页图227、第311页图229。

[5]　国家文物局国家文物鉴定委员会：《文物藏品定级标准图例·造像卷》，文物出版社，2011年，第88页图39。

无畏，是故此娑婆世界，皆号之为施无畏者。"[1]李玉珉、何志国均对此类观音像进行过统计与分析[2]，从他们的研究中可知，此类观音像数量较多，且年代多在6世纪。除单体造像外，观音三尊像也表达了同样的义涵。绵阳平杨府君阙北阙17龛，龛内为一佛二弟子像，龛外线刻维摩文殊，并题记"观音大士佛像大通三年闰月廿三日，弟子许善。"[3]从龛造像内容与题记看，是将观音当作佛来供养，表明是受观音授记成佛思想影响。大通三年为529年，这是南朝较早的观音成佛造像。同样在北方也出现了北魏正光五年（524年）胡绊妻造"官世音佛"、永安二年（529年）张欢□造"观世音佛"的例子[4]。观音授记成佛思想对独立的观世音像产生起到了较大的作用。

H1：45菩萨像在所有观音造像中较为特殊，无头，右手上举持物，左手提握净瓶，其旁各雕2身孩童样人物，面相长圆，头顶留发，细眉长眼，高鼻小嘴，双目微闭。右侧1身着圆领衣，左侧1身着双领下垂袈裟，皆双手于胸前合十，呈礼拜样立于圆台上。2身均胖胖的圆脸，表现出可爱的模样。两身童子像胁侍于观音两侧，使人联想起善财童子与龙女。

《华严经》是华严宗根本经典，其中《入法界品》是较为重要且较早译出的。十六国时期就有独立的经典传译，如西秦圣坚《罗摩伽经》即是其别译。东晋《文殊师利发愿经》也是《入法界品》的部分内容。至八十卷本《华严经》译出后，成为其最后一品。南北朝时期华严图像代表为卢舍那佛像，八十华严经译出后，流行七处九会图。五代宋兴起善财五十三参图，其中包括童子拜观音。明清此题材更为流行。

善财五十三参主要讲述善财童子在文殊菩萨指引下，南游百十座城参访五十五位善知识，历练修行成佛的故事，其中第二十七参拜的便是观音。八十华严《入法界品》中关于善财参观音的描述如下："于此南方，有山，名补怛洛迦；彼有菩萨，名观自在。尔时善财童子……渐次游行，至于彼山，处处求觅此大菩萨。见其西面岩谷之中，泉流萦映，树林翁郁，香草柔软，右旋布地。观自在菩萨于金刚宝石上结跏趺坐，无量菩萨皆坐宝石，恭敬围绕，而为宣说大慈悲法，令其摄受一切众生。善财见已，欢喜踊跃，合掌谛观，目不暂瞬。"[5]六十华严《入法界品》记载相似："尔时善财童子，正念思惟彼长者教，随顺菩萨解脱之藏。正念菩萨诸忆念力，次第分别一切诸佛及诸佛法。一心正念诸佛法流，忆念受持彼诸佛法，及佛庄严长养菩提，思惟正念一切诸佛不思议业。渐渐游行至光明山，登彼山上周遍推求。见观世音菩萨住山西阿，处处皆有流泉浴池，林木郁茂地草柔软，结跏趺坐金刚宝座，无量菩萨恭敬围绕，而为演说大慈悲经，普摄众生。见已，欢喜踊跃不能自胜，合掌谛观目不暂瞬……

[1]〔姚秦〕鸠摩罗什译：《妙法莲华经·观世音菩萨普门品》卷七，《大正藏》T09，p0057b（第9册，第57页中）。

[2]李玉珉：《南北朝观世音造像考》。何志国：《早期纪年金铜观世音造像类型研究》，《艺术探索》第30卷第6期，2016年12月。

[3]孙华：《四川绵阳平杨府君阙阙身造像——兼谈四川地区南北朝佛道龛像的几个问题》，《汉唐之间的宗教艺术与考古》，文物出版社，2000年，第89~137页。

[4]金申：《中国历代纪年佛像图典》，文物出版社，1995年，图119。温玉成：《龙门北朝小龛的类型、分期与洞窟排年》，《中国石窟·龙门石窟》（一），文物出版社、株式会社平凡社，第175页图七。

[5]〔唐〕实叉难陀译：《大方广佛华严经》卷六十八，《大正藏》T10，p0366c（第10册，第366页下）。

尔时善财诣观世音，头面礼足遶无数匝，恭敬合掌于一面住。"[1]敦煌、四川、河北、山西、青海等地石窟寺院中存有大量唐宋及明清时期此类题材的造像和壁画[2]。其中较早有晚唐敦煌壁画，如莫高窟9窟窟顶、12窟北壁，其善财形象为青年男子的沙弥或比丘样[3]。入宋以后善财变为可爱的总角孩童像，与宋代世俗画作中孩童无异。这已为人熟知。

唐以前善财五十三参的图像基本不见。而善财作为观音胁侍出现的作品更是罕见。从现存的壁画雕刻等作品中知，童子与观音组合中有善财、龙女；善童子、恶童子等。

关于观音像两旁分别描绘善童子与恶童子二胁侍多见于北宋时期的敦煌绢画，这些绢画中不仅有具体的形象，并有明确榜题，如美国波士顿美术馆藏北宋开宝八年（975年）绢画，观音像两边的下部画面中间，分别绘观音及随从各1身，有题榜曰"善童子""恶童子"[4]。两身童子梳双髻，着宽袖衣，怀中抱簿。大英博物馆藏宋太平兴国八年（983年）绢画，上部观世音及二胁侍，榜题"南无观世音菩萨""善童子供养""恶童子供养"。形象与开宝八年像相似。善童子、恶童子之说，在佛教中始见于藏川的《佛说地藏菩萨发心因缘十王经》（敦煌经卷 P.2003）。该经有言："五官业称向空悬，左右双童业薄全……双童子形奘偈曰：证明善童子，时不离如影，低耳闻修善，无不记微善。证明恶童子，如响应声体，留目见造恶，无不录小恶。"善童子、恶童子分别持记载人功过的善簿、恶簿。为冥府信仰与地藏信仰的结合。

《法华经·观世音菩萨普门品》记载："种种诸恶趣，地狱鬼畜生，生老病死苦，以渐悉令灭。"[5]《正法华经·光世音普门品》也有相似的记载"若人犯罪若无有罪，若为恶人县官所录，缚束其身杻械在体。若枷锁之，闭在牢狱。拷治苦毒，一心自归。称光世音名号，疾得解脱。开狱门出无能拘制。"[6]表明大慈大悲的观世音，不仅能解现实诸苦，亦能拯救地狱众生。而观音菩萨的应验故事更加真切，生动的说明这点，如著名的刘萨诃故事。故将与地狱有关的善童子、恶童子立于观音两侧为胁侍也就不难理解了。

善财童子，在部派佛教的传说中，是释尊的"本生"。《根本说一切有部毗奈耶药事》，释尊自说往昔生中的菩萨大行，说到了善财童子。善财是般遮罗国北界，那布罗城的王子。猎师捉到了一位美貌的紧那罗女悦意，奉献给王子，受到王子喜爱。由于婆罗门的播弄，善财王子受命，出征讨伐叛逆。国王要伤害紧那罗女悦意，悦意就逃了回去。善财平叛归来，知道后就决心出城向北去寻访悦意。善财到处

　　[1]〔东晋〕佛驮跋陀罗译：《大方广佛华严经》卷五十，《大正藏》T09，p0718a、p0718b（第9册，第718页上、第718页中）。

　　[2] 廖旸：《妙意童真末后收　五十三门一关钮——善财童子五十三参图概览》，《宗教信仰与民族文化》（第三辑），社会科学文献出版社，2010年。

　　[3] 敦煌文物研究所编：《中国石窟·敦煌莫高窟》（四），文物出版社、株式会社平凡社，1987年，图180。

　　[4] 马德：《散藏美国的五件敦煌绢画》，《敦煌研究》1999年第2期。

　　[5]〔姚秦〕鸠摩罗什译：《妙法莲华经》卷七，《大正藏》T09，p0058a（第9册，第58页上）。

　　[6]〔西晋〕竺法护译：《正法华经》卷十，《大正藏》T09，p0129a（第9册，第129页上）。

寻访，经历了山川河流，可畏的蛇、鸟、夜叉；以无比的勇气，克服险难，终于到了紧那罗王城，见到悦意，与悦意同回那布罗城[1]。此善财的到处寻访与《入法界品》中善财童子到处参访的经历何其相似。

观音与善财、龙女的组合至迟在宋代就已固定。善财与观音的联系上已述。《妙法莲华经·提婆达多品》第十二说如来往昔求法，师事阿私仙得闻妙法。又授提婆达多成佛记。文殊入龙宫说《法华经》，八岁龙女闻经即身成佛，证明《法华经》功德广大。经文记："有娑竭罗龙王女，年始八岁，智慧利根，善知众生诸根行业，得陀罗尼，诸佛所说甚深秘藏，悉能受持。深入禅定，了达诸法，于刹那顷发菩提心，得不退转，辩才无碍。"龙女8岁，智慧利根，不仅如此，还能速得成佛。"当时众会，皆见龙女忽然之间变成男子，具菩萨行，即往南方无垢世界，坐宝莲华，成等正觉，三十二相、八十种好，普为十方一切生演说妙法。尔时娑婆世界菩萨声闻天龙八部人与非人。皆遥见彼龙女成佛。普为时会人天说法。心大欢喜悉遥敬礼。"[2] 8岁龙女献珠成佛，由女转男"即身成佛"，作为证明《法华经》不可思议之事缘，而大受重视。同时证明女身、畜类也可以成佛，说明了一切众生皆有佛性。

H1∶45号观音像两侧为男童形象，似乎与善恶童子相似。但善恶童子出现时都怀抱善恶文簿，此像中2身童子均双手合十，呈礼拜状，与善恶童子不同，反而更接近善财礼拜的特征。像中左侧童子头顶留发身着双领下垂袈裟，更像是一身弟子像，以观音与善财师徒关系考虑，可判定其为善财。右侧童子头顶留发，身着圆领衣，像是男童，若考虑转男的龙女，或是表现龙女。"善财一生，龙女一念"代表了渐悟与顿悟之修行法门。

另外，观音三十三应化身中"应以童男童女身得度者，即现童男童女身而为说法。"[3]或也可解释此图像。

总之，此件北周至隋代的观音造像是目前所罕见的观音与童子类胁侍组合造像，值得引起关注。它不仅为认识早期观音及其胁侍图像提供了新材料，也是北朝晚期法华与华严共举的一种表现。

泾川出土观音菩萨像有头戴化佛，手持杨柳，提净瓶形象；有手施无畏与愿印型；有胁侍童子组合类。反映了北朝隋时期观音造像的三大系统，尤其是依《华严经》所创制的图像是目前所少见的，显得较为重要。

3. 弥勒菩萨像

除观音菩萨像外，弥勒菩萨像也是此批造像的一大特点。单体造像中以倚坐菩萨像为主，共有3件倚坐菩萨像残件，如H1∶208号开皇四年像、H1∶61+143+39、H3∶26等。造像碑中，弥勒菩萨以

[1]〔唐〕义净译：《根本说一切有部毗奈耶药事》卷十三、十四，《大正藏》T24，p0061b～0064（第24册，第61～64页）。

[2]〔姚秦〕鸠摩罗什译：《妙法莲华经》卷四，《大正藏》T09，p0035c（第9册，第35页下）。

[3]〔姚秦〕鸠摩罗什译：《妙法莲华经》卷七，《大正藏》T09，p0057b（第9册，第57页中）。

立像、交脚像、倚坐像表现。如H1：5、H1：96、H1：176、H1：195、H1：4+21+55+57、H3：4+22、H3：23。背屏式像亦表现为交脚样，如H1：141+142。代表弥勒信仰的"弥勒六经"：《佛说观弥勒菩萨下生经》《弥勒大成佛经》《弥勒下生成佛经》《佛说弥勒来时经》《佛说观弥勒上生兜率天经》《弥勒下生成佛经》是主要的经典。除了义净所译的《弥勒下生成佛经》外，其他都在四五世纪就已经译出，可以看出在佛教传入中国初期，就已经逐渐出现了弥勒信仰的热潮。其中最早的东晋译出之《佛说弥勒来时经》就创立了下生经，"弥勒六经"中只有《佛说观弥勒上生兜率天经》为上生经，可见下生经典在中土的流行。

弥勒先佛入灭上生兜率天为诸天众生说法决疑，56亿万年后，于龙华树下成佛，继释迦于人间说法行道、普度众生。未来的弥勒佛国到处充满光明，人民丰足衣食，欢乐幸福。如果世人能戒持修行，称念弥勒菩萨名号，"此人命终如弹指顷即得往生"兜率净土。未来世界的诸种美好及简单易行的修行方式对佛教徒来说，具有极大的吸引力。同时，上生信仰又调和了中国道教神仙思想[1]，故北朝—隋弥勒信仰较为流行。早期图像以上生信仰为主，晚期上生与下生结合信仰流行。依北朝隋代造像特征，交脚菩萨、立菩萨、倚坐菩萨（佛）均与弥勒造像有关。其中交脚坐菩萨表现弥勒上升信仰。弥勒于兜率天说法，众生往生兜率天听弥勒说法，将来就会随弥勒下生人间。倚坐菩萨为弥勒下生信仰的表现，重点表达弥勒做为未来佛于阎浮提成道，龙华三会，先闻法得度，及人间净土妙好乐事。弥勒下生时还以大佛的姿态引导大众悟道，故北朝晚期表现弥勒下生信仰的立菩萨像也较为流行。泾川龙兴寺弥勒菩萨像形态多样，且以表现下生的倚坐和立像较多，符合北朝晚期隋弥勒信仰流行状况。

（二）造像碑

造像碑主要内容为释迦多宝并坐、释迦佛、维摩文殊对坐、弥勒菩萨及三佛等。分别讨论。

1. 依《法华经》构图

依《法华经》构图的像碑，最明显的特征是构图中出现法华象征的二佛并坐像。泾川此批造像中共有6件碑正面中上层出现此内容，分别是H1：5、H1：195、H1：34、H1：104、H1：149、H1：51+采集6碑。只是比较遗憾，碑多残破，内容不完整，对于我们认识其图像构成造成了一定的困难。

H1：34、H1：104、H1：149正面均残存上部二佛并坐内容。H1：34背面刻蛟龙碑首。H1：104背面残存垂帐龛，龛内一菩萨像头部。H1：149背面无雕刻内容。H1：51+采集6号背面结跏趺坐佛及二胁侍。H1：5、H1：195号碑保存相对完整，两碑正面上层二佛并坐，中层结跏趺坐佛，下部内容不

[1]　[日]宫治昭著，贺小萍译：《弥勒菩萨与观音菩萨——图像的创立与演变》，《敦煌研究》2014年第3期。

详。背面均为立菩萨及其胁侍像。上述碑像由二佛并坐＋释迦坐佛＋弥勒菩萨构成，这是十六国北朝时期北方地区常见的题材。

以往学界多认为此类组合表现了三世佛思想[1]，是北朝早期法华经图像和禅观思想的结合。近年李静杰认为"将法华经教主释迦佛、法华经象征释迦多宝（或多宝佛塔）、兜率天净土的代表弥勒菩萨组织在一起。通常，这些图像作为主题配置在中轴线上，表述法华经奉持者将来往生兜率天净土思想。弥勒菩萨、千佛虽非法华经所强调，却是中亚、西域流行禅观图像的主题。"[2]这种图像组合在北魏时期十分流行，陇东地区也屡见表现此内容的石窟及造像，如合水保全寺石窟3、4龛、镇原博物馆藏铜佛像等。

除了上述泾川龙兴寺出土像碑外，泾川出土现藏平凉市博物馆的武成二年（560年）造像碑，上层同样为二佛并坐，中层维摩文殊对坐，下层残，但仍保留有圆拱尖楣龛，内存一佛头像。背面上部曲尺形龛内一交脚弥勒菩萨。泾川县博物馆旧藏庚辰款造像碑，中层主尊为佛坐像，其上层龛仅存两身像的残迹，可看出左侧一身为菩萨，右侧一身像腿前伸，其座下卧一小狗。对比其他像碑，右侧腿前伸像应为维摩诘。该碑背面刊刻铭文，其中记"……宝共塔无量寿弥勒观世音……/……各一躯丹青金碧之餝莹丽……"[3]从铭文中"宝共塔"推测其碑还应雕刻二佛并坐像或多宝塔。综合上述造像，可见泾川地区北周流行法华经题材，图像构成以二佛并坐、结跏趺坐佛、弥勒菩萨为主体。不仅北周如此，泾川出土传南石窟寺碑额造像碑现存三层，上层龛残，存二身半跏坐佛像，二身造像均着双领下垂袈裟。右侧一身右手上举，左手扶于左腿上。左侧一身右手前伸，推测为释迦多宝二佛并坐。中层主龛内一坐佛并二弟子，龛外众听法弟子8身。下层雕香炉供养弟子力士蹲狮等[4]。此碑造像风格秀骨清像，年代为北魏晚期。2020年泾川太平镇新出土的景明三年（502年）、神龟元年（518年）造像碑构图也为二佛并坐＋交脚弥勒＋坐佛[5]，可知自北魏起依《法华经》构图的造像碑就已在泾川地区流行。另外，泾川水泉寺出土隋开皇元年（581年）李阿昌造像碑仍延续此内容。除上述碑外，泾川还曾出土过单独的北魏二佛并坐像[6]。邻近的华亭县出土的保定四年（564年）张丑奴造像碑，正面三层开龛造像，上层二佛并坐像及听法众弟子。中层一坐佛二弟子，龛外二菩萨立像。下层并列两龛，右侧龛交脚菩萨像及二弟子，左侧龛结跏坐佛像及二弟子。背面上部阴线刻一圆拱尖楣龛，内刻一坐佛

[1]　贺世哲：《关于十六国北朝时期的三世佛与三佛造像诸问题（一）》，《敦煌研究》1992年第4期。

[2]　李静杰：《北朝隋代佛教图像反映的经典思想》，《民族艺术》2008年第2期。李静杰：《北朝后期法华经图像的演变》，《艺术学》第21期，2004年。

[3]　泾川县文体广电局：《泾川佛教瑰宝——甘肃泾川佛舍利与百里石窟长廊及金石文物》，五洲传播出版社，2015年，第199、201页。

[4]　张宝玺：《甘肃佛教石刻造像》，甘肃人民美术出版社，2001年，第105页图110。此碑与南石窟寺碑无关。

[5]　郑海龙：《甘肃省泾川县2020年新发现北朝佛教造像碑研究》，《故宫博物院院刊》2023年第3期。

[6]　甘肃省博物馆：《甘肃省博物馆馆藏文物集萃》，甘肃人民出版社，2019年，第201页。

二弟子。下部刊刻发愿文[1]。崇信县2022年新出土北周造像碑，共4层，自上而下为二佛并坐、倚坐佛像、结跏趺坐佛、二小龛坐佛。可见以二佛并坐＋释迦＋弥勒构图的法华内容从北魏到北周、隋在古泾州地区一直流行。同样宁夏彭阳出土北魏建明二年（531年）金神庆造像碑，正面上部二佛并坐，下部立菩萨一身并胁侍六身[2]。甘肃庄浪县博物馆藏一造像碑，正面上部二佛并坐，背面交脚菩萨像。麦积山石窟第133窟中10号造像碑正面中轴线上刻二佛并坐、交脚菩萨、坐佛等[3]。上述众多的像例说明在陇山左右地区，北魏以来此类题材十分流行。

长安出土的北魏景明四年（503年）杜供仁造像碑正面三层布局，上层4龛，内均雕二佛并坐像，中层曲尺形龛中交脚佛像，下层圆拱尖楣龛中坐佛一身。背面千佛龛像[4]。建明二年（531年）朱辅伯造像碑碑额部分开一小龛，内雕倚坐菩萨像；上层以坐佛龛为主，两侧一坐佛龛、一坐菩萨龛；下层并列二坐佛龛，龛右侧上部一小龛，内雕一骑象菩萨像，左侧上下两小龛，均雕坐佛一身。此碑正面中轴线上倚坐菩萨、坐佛、二佛并坐，辅助普贤菩萨。背面碑额龛中二佛并坐，碑身开一大龛，中一坐佛并二菩萨，龛外千佛。碑左侧上部一龛，雕坐佛一身。右侧开上下两小龛，各一身坐佛像。普泰元年（531年）朱法曜造像碑上层千佛龛，中间倚坐菩萨像，下层结跏坐佛像，龛外两侧雕8小龛，6龛中为二佛并坐像[5]。永兴三年（534年）魏阿金造释迦佛像碑正面上下龛中二佛并坐与交脚菩萨像，背面上层表现一坐佛二坐菩萨，菩萨半跏坐于束帛座上，内侧手持拂子，高举于头顶[6]。另外，西安地区出土的一些无纪年的北魏碑也与上述三碑一样，雕刻出二佛并坐、坐佛、弥勒内容，如西安尤家庄出土释迦多宝碑[7]，均表现了法华思想。此类依《法华经》组织的图像，发端于云冈石窟，并对中原北方石窟造像产生深远的影响[8]。泾川此类像碑应是在此大背景下产生的。

H1∶96号法起碑，残存下半部二层，中层为倚坐佛像、交脚菩萨像、骑象菩萨像，其图像组合较为少见，是依《妙法莲华经·普贤菩萨劝发品》而制[9]，表现了普贤菩萨闻听佛在耆阇崛山中为大众说《法华经》，于是与无量菩萨众及天众等来至佛说法处，并发愿护持此《法华经》。经中记"尔时普贤菩萨白佛言：世尊于后五百岁浊恶世中，其有受持是经典者，我当守护除其衰患令得安隐，使无伺求得其便者……是人若行若立读诵此经，我尔时乘六牙白象王，与大菩萨众俱诣其所，而自现身，供养守护安慰其心，亦为供养法华经故。是人若坐思惟此经，尔时我复乘白象王现其人前。其人若于法

[1]　张宝玺：《甘肃佛教石刻造像》，甘肃人民美术出版社，2001年，第108页图118。

[2]　金申：《中国历代纪年佛像图典》，文物出版社，第188页图134。

[3]　张宝玺：《甘肃佛教石刻造像》，甘肃人民美术出版社，2001年，第125页图156。

[4]　西安市文物保护考古所：《西安文物精华——佛教造像》，世界图书出版西安公司，2010年，第18、19页图16。

[5]　西安碑林博物馆：《长安佛韵——西安碑林佛教造像艺术》，陕西师范大学出版社，2010年，第15、16页。

[6]　西安市文物保护考古所：《西安文物精华——佛教造像》，世界图书出版西安公司，2010年，第26页图22。

[7]　西安市文物保护考古所：《西安文物精华——佛教造像》，世界图书出版西安公司，2010年，第32、33页图28。

[8]　李静杰：《北朝隋代佛教图像反映的经典思想》，《民族艺术》2008年第2期。

[9]　魏文斌、吴荭：《泾川大云寺遗址新出北朝造像碑初步研究》，《故宫博物院院刊》2016年第5期。

华经，有所忘失一句一偈，我当教之与共读诵还令通利。尔时受持读诵法华经者，得见我身甚大欢喜，转复精进。以见我故，即得三昧及陀罗尼，名为旋陀罗尼，百千万亿旋陀罗尼，法音方便陀罗尼，得如是等陀罗尼。世尊，若后世后五百岁浊恶世中，比丘比丘尼优婆塞优婆夷，求索者，受持者，读诵者，书写者，欲修习是法华经，于三七日中应一心精进，满三七日已。我当乘六牙白象。与无量菩萨而自围绕，以一切众生所喜见身，现其人前，而为说法示教利喜。"[1]经中明确记载普贤菩萨三乘白象现身护持《法华经》。经中又言："若有人受持、读诵、解其义趣，是人命终，为千佛授手，令不恐怖、不堕恶趣，即往兜率天上弥勒菩萨所……"[2] H1：96号法起碑是对此经文的极好注解。

H3：4+22号碑，一面上层中间交脚菩萨，两侧龛内像较残破，其中右侧龛内为一侧身而坐的人物，残破严重，不辨身份。左侧龛内一骑于大象上菩萨，菩萨附头光，大象四肢较为明显。中层龛风化严重，从残迹看内雕一倚坐佛像。该面整体表达弥勒上下生内容，同时辅以骑象的菩萨，与H1：96号法起碑中层具有相似的组合关系。当然，此碑与骑象菩萨对应的像残破，无法辨识其尊格，对于准确认识碑的内容有一定的影响。就现存内容看，与《妙法莲华经·普贤菩萨劝发品》有关。

2. 依《维摩诘经》

《维摩诘经》内容在十六国北朝石窟寺及单体造像碑中是十分常见的内容，学界研究较多。存在释迦佛说维摩诘经，维摩诘经主题性表现，或作为装饰性题材出现在龛楣及两侧上角等处及与释迦多宝、弥勒、观音、无量寿佛等组合的特殊表现等几种构图形式[3]。上述形式多是辅助表现《法华经》内容。值得注意的是还有部分像碑中出现了《维摩诘经》多品内容，形成了经变的雏形。正如学者认为的维摩诘经变，是诸多经变的先声[4]。

北朝依《维摩诘经》表现多品内容的造像中较为著名的有孝昌三年（527年）背屏式造像、大阪美术馆藏普泰元年（531年）造像碑、旧金山亚洲艺术馆藏永熙二年（533年）赵氏一族背屏式造像、大都会博物馆藏东魏武定元年（543年）李道赞等五百人造像碑等[5]。其中永熙二年（533年）赵氏造像碑最为重要，其不仅表现品数多，内容丰富，且大都带有榜题[6]，对于我们判断认识该类造像内容提供了较为可靠的参考。

H1：96号法起碑，除了上述中层内容外，下层成排分格表现《维摩诘经》多品内容。以中间文殊

　　[1]〔姚秦〕鸠摩罗什译：《妙法莲华经》卷七，《普贤菩萨劝发品》第二十八《大正藏》T9，p0061a、0061b（第9册，第61页上、中）。

　　[2]〔姚秦〕鸠摩罗什译：《妙法莲华经》卷七《普贤菩萨劝发品》第二十八，《大正藏》T9，p0061c（第9册，第61页下）。

　　[3] 卢少珊：《北朝隋代维摩诘经图像的表现形式与表述思想分析》，《故宫博物院院刊》2013年第1期。

　　[4] 王惠民：《西方净土变形式的形成过程与完成时间》，《敦煌研究》2013年第3期。

　　[5] 金申：《海外及港台藏历代佛像珍品纪年图鉴》，山西出版集团、山西人民出版社，2007年，第51、64、85、86页。
金申：《中国历代纪年佛像图典》，文物出版社，1995年，第190页图136。

　　[6] 金维诺：《敦煌壁画维摩变的发展》，《文物》1959年第2期。

和维摩对坐为中心，文殊菩萨前一从天而降的化菩萨，手捧钵。文殊身后两身高大弟子像。维摩诘身后小龛中一身头梳双髻，着交领宽袖衣世俗人物形象。从天而降的化菩萨十分巧妙地表现了《香积佛品》的内容。高大弟子，推测代表舍利弗、迦叶。而舍利弗、迦叶出场的情节在《不思议品》《弟子品》《问疾品》等品均有记述。《弟子品》内容不易表现，在北朝像碑中均较少表现。《不思议品》最为典型的场景为借座须弥灯王内容，一般以天人头顶须弥座，或坐于狮子座上来表现，较少出现舍利弗与大迦叶。

《问疾品》虽以文殊师利前往问疾为核心内容，但同往听法的诸菩萨、弟子、天人等也较为重要。该碑中舍利弗与大迦叶应综合了上述几品的内容。维摩诘身后小龛中头梳双髻世俗人物形象，或是维摩诘居士的侍从，还可能表现《观众生品》中天女。从经文"尔时长者维摩诘心念。今文殊师利与大众俱来。即以神力空其室内。除去所有及诸侍者。唯置一床以疾而卧。"及"时维摩诘室有一天女，见诸大人闻所说法便现其身。"[1]判定，表现天女的可能性较大。

上述平凉市博物馆藏武成二年碑下部与法起碑极其相似，亦为成排表现多品内容。不仅表现了维摩文殊对坐这一标志性场面，文殊身前上侧，一身化菩萨手捧香饭从天而降，且其身后还刻画出一头顶束腰型座的菩萨及弟子，分别表现了《香积佛品》《不思议品》，较为清晰。该碑维摩诘身后刻画一身弟子一身梳双髻，着交领宽袖衣人物，两人相对而立，做交谈状。推测表现了《观众生品》。常见的《观众生品》都选取天女散花戏弄舍利弗这一具有戏剧性的场景。而天女与舍利弗互换相貌也是该品中主要的内容，以表现"万物无分别，诸法无定向"的意涵[2]。碑中弟子形舍利弗和世俗装天女，应该表现了舍利弗与天女互换相貌的场景，证实众生如幻，男女实无定相，破除声闻人对"法"的执着，得出诸佛菩萨所证得的智慧功德[3]。泾川出土的隋代李阿昌造像碑正面下部文殊像身后构图分上下，上部一身化菩萨乘祥云，手捧香饭从天而降，下部菩萨头顶束腰型须弥座及弟子，分别展现了菩萨倒香饭及三万二千狮子座从天而降的情景。维摩身后站立一身弟子，推断其表现的是《观众生品》中舍利弗。

从上例可知泾川出土的北周隋像碑中除了表现文殊和维摩对坐这一《维摩诘经》象征内容外，还出现了《香积品》《不思议品》《观众生品》等多品次内容。在邻近的天水地区北魏时就已出现此类多品内容，如现藏甘肃省博物馆的北魏禄文造像碑，三层龛，上层中间刻维摩文殊，左侧雕借灯狮子座，

[1]〔姚秦〕鸠摩罗什译：《维摩诘所说经》卷二，《大正藏》T14，p0544b、p0547c（第14册，第544页中、547页下）。

[2] 吴文星：《敦煌莫高窟壁画中的维摩诘经变研究——莫高窟维摩诘经变对〈维摩诘经〉的文化选择与时代解读》，华南师范大学2002年硕士论文。

[3]《观众生品》舍利弗言：汝何以不转女身？天曰：我从十二年来，求女人相了不可得，当何所转。譬如幻师化作幻女。若有人问何以不转女身，是人为正问不。舍利弗言：不也。幻无定相当何所转。天曰：一切诸法亦复如是无有定相，云何乃问不转女身。实时天女以神通力，变舍利弗令如天女。天自化身如舍利弗。而问言。何以不转女身。舍利弗以天女像而答言。我今不知何转而变为女身？天曰：舍利弗，若能转此女身，则一切女人亦当能转。如舍利弗非女而现女身，一切女人亦复如是。虽现女身而非女也。是故佛说一切诸法非男非女。实时天女还摄神力。舍利弗身还复如故。天问舍利弗。女身色相今何所在？舍利弗言：女身色相无在无不在。天曰：一切诸法亦复如是。无在无不在。夫无在无不在者佛所说也。〔姚秦〕鸠摩罗什译：《维摩诘所说经》（卷二）《大正藏》T14，p0548b、p0548c（第14册，第548页中、548页下）。

右侧残，推测也应有相关品的内容[1]。

H1：96法起碑中层弥勒佛、弥勒菩萨像、骑象菩萨，整体表达了《妙法莲华经·普贤菩萨劝发品》。如果将像碑上下内容联系考虑，中层弥勒上下生内容与下层维摩文殊对坐，或可据《维摩诘所说经》卷三《嘱累品》来解释，《维摩诘所说经·嘱累品第十四》说："于是佛告弥勒菩萨言：弥勒，我今以是无量亿阿僧祇劫所集阿褥多罗三藐三菩提法，付嘱于汝。如是辈经于佛灭后末世之中，汝等当以神力广宣流布于阎浮提，无令断绝。"[2]释迦佛嘱托弥勒菩萨于后世宣扬《维摩诘经》。表现了佛法传承的义涵。扩展思路，维摩文殊对坐于交脚菩萨旁的构图，如西安碑林博物馆藏品交脚弥勒造像碑[3]，碑中央开曲尺形龛，龛上雕佛传故事。龛内雕交脚菩萨像一身，龛外左右为维摩文殊像，龛楣上曲尺中4身天人，中间2身伎乐天，两侧2身天人分别持钵和莲花。整个碑主要表现《维摩诘所说经》，尤其强调《嘱累品》。辅助表现神力无边的《香积佛品》和《观众生品》。孝昌元年（525年）道哈造弥勒像碑[4]，正面龛中雕交脚菩萨像及其胁侍，龛楣上雕维摩文殊，其内涵也应与《嘱累品》相关。

总之，泾川地区维摩文殊造像有其自身的特色，以维摩文殊对坐为中心，周围设置《香积佛品》《不思议品》《观众生品》《嘱累品》等丰富内容，所表现都是北魏以来维摩诘经中常见的脍炙人口的内容，多场景多品次内容具有一定的经变性质。在表现形式上也与北朝石窟造像中维摩文殊多位于主体造像两侧或龛楣两侧等从属形式不同，而是成排表现。其无论在像碑中层还是下层，均处于中轴线上，是与主体内容并列的。这种形式的碑像在关中地区西魏、北周时期也见，如西安博物院藏未央区出土西魏大统三年（537年）比丘法和造像碑正面两龛均为释迦说法像；碑阴上层龛表现维摩文殊、下层并列雕观世音菩萨和定光佛授记；碑左侧上层为乘象菩萨，下层二佛并坐；右侧上层交脚弥勒菩萨，下层坐佛一身[5]。长武县昭仁寺博物馆藏北周天和三年（568年）造像碑上部残，现存中下部，中部主龛内雕一身坐佛二弟子，龛外立二菩萨。菩萨龛外上下各一小龛，内分别雕一坐佛，现存三身。下部中间刻维摩文殊对坐，龛外两侧各两小龛，同中部[6]。以上所举像碑说明自北魏以来有维摩文殊图像从法华经图像的从属地位到与其同等位置转变的情况。关中、陇东地区像碑表现较为明显，形成了一定的地域特色。

3. 三佛内容

H3：4+22号碑一面上部为三佛像，下部无龛，明确为三佛内容。造像残破，三佛所着袈裟不同，中间、右侧佛着通肩袈裟，左侧佛内着僧祇支，外着双领下垂袈裟。现仅右侧佛保存较完整，可知其

[1]　张宝玺：《甘肃佛教石刻造像》，甘肃人民美术出版社，2001年，第136页图168。

[2]　〔姚秦〕鸠摩罗什译：《维摩诘所说经》卷三，《大正藏》T14，p0557a（第14册，第557页上）。

[3]　西安碑林博物馆：《长安佛韵——西安碑林佛教造像艺术》，陕西师范大学出版社，2010年，第19页。

[4]　河南省郑州市博物馆：《河南荥阳大海寺出土的石刻造像》，《文物》1980年第3期。

[5]　西安市文物保护考古所：《西安文物精华——佛教造像》，世界图书出版西安公司，2010年，第46页图40。

[6]　张燕、赵景普：《陕西省长武县出土一批佛教造像碑》，《文物》1987年第3期。

结跏趺坐，结禅定印；从残迹看中间佛施无畏与愿印；左侧佛残破，从残迹推测其坐姿，手印为禅定印。中间坐佛施无畏与愿印，是表现说法的场景，推测其为释迦佛。两侧佛尊格目前无法确定。结合另一面交脚菩萨像及倚坐佛，此碑应该表现三世佛及禅观内容。

4. 净土信仰

（1）弥勒净土

除了上述单体圆雕造像中的倚坐菩萨像外，泾川龙兴寺出土的背屏式造像及造像碑中还表现出交脚菩萨像、立菩萨、倚坐菩萨等内容。交脚坐菩萨像如H1：141背屏式造像、H1：4+21+55+57碑，表现弥勒上生信仰。该信仰在南北朝时期广泛传布，受此影响，陇东石窟造像中常见交脚菩萨内容，如同样出自泾川的北魏张长造像碑[1]，主龛内雕交脚菩萨一身。合水县保全寺石窟第3、4、15龛中雕像。单体的交脚菩萨像更常见，陇东古石刻艺术博物馆（原合水县博物馆）、宁县博物馆均藏有此类像[2]。菩萨立像如H1：5、H1：195号碑背面阴线刻、H3：23碑背面，菩萨均立姿，手施无畏与愿印。单从立菩萨的手印分析，其或为弥勒或为观音，但结合正面的《法华经》内容，该立菩萨应该表达弥勒下生内容。立菩萨形的弥勒在中土较为少见，北凉石塔敦煌□吉德塔七佛—弥勒组合中，弥勒为菩萨形立像，榜题为弥勒佛；陕西三原出土金铜菩萨立像，右手施无畏印，左手提净瓶。这两身弥勒像从内容到形式均受到犍陀罗造像的较大影响；炳灵寺石窟169窟6号龛北侧绘有一身立菩萨像，并附榜题"弥勒菩萨"[3]。这些是较早的弥勒立像，之后出现大量的北魏时期弥勒金铜佛立像，手施无畏与愿印。上述三碑背面弥勒菩萨立像，手施无畏与愿印，受到北魏金铜佛像的影响。表达了菩萨由释迦授记，作为未来佛向佛过渡的形态。整体考虑弥勒菩萨不仅与《法华经》内容紧密相连，同时又体现了净土信仰。倚坐佛如H1：176、H3：4+22号碑，与立菩萨一样为弥勒下生信仰的表现。

H3：4+22碑，一面上层中间交脚菩萨，中层龛残破严重，从残迹看内雕一倚坐佛像。这样该碑这面中轴线上排列交脚菩萨、倚坐佛，表现弥勒上下生信仰。同样的还有H1：96碑中层，也表现了交脚菩萨、倚坐佛组合的构图。弥勒上下生内容自云冈7、8窟，9、10窟以来就是石窟造像中常见的内容，陇东地区北魏石窟中也有所表现，如新发现的镇原县田园子石窟第3、4窟，倚坐佛与交脚菩萨成对出现[4]。像碑中北魏禄文造像碑中层中间二龛并列置倚坐佛与交脚菩萨像[5]。北周石窟造像中就更为常见，

[1] 甘肃省文物局：《甘肃文物菁华》，文物出版社，2006年，第258页图274。

[2] 张宝玺：《甘肃佛教石刻造像》，甘肃人民美术出版社，2001年，第95、96、93、91页图87、88、84、81。

[3] 殷光明：《北凉石塔研究》，财团法人觉风佛教艺术文化基金会，2000年，第38~41页。金申：《海外及港台藏历代佛像珍品纪年图鉴》，山西出版集团、山西人民出版社，2007年，第376页。中国敦煌壁画全集编辑委员会：《中国美术分类全集——中国敦煌壁画全集11敦煌麦积山炳灵寺》，辽宁美术出版社，2006年，图3。

[4] 甘肃省文物考古研究所：《陇东蒲河流域石窟及造像调查研究——以田园子、薛李石窟为中心》，科学出版社，2023年8月，第21~53页。

[5] 张宝玺：《甘肃佛教石刻造像》，甘肃人民美术出版社，2001年，第136页图168。

须弥山石窟第45、46窟东西壁均开三龛，中间龛内都是立佛二胁侍，两侧龛内45窟东壁为坐佛二胁侍、倚坐佛二胁侍；西壁坐佛二胁侍、倚坐菩萨二胁侍。46窟东壁为坐佛二胁侍、倚坐佛二胁侍；西壁坐佛二胁侍、交脚菩萨二胁侍[1]。两窟均表现弥勒上下生内容。如此，自北魏至北周，弥勒信仰在陇东地区盛行。

（2）西方净土

龙兴寺出土造像中虽无明确表现西方净土信仰的内容，但泾川博物馆藏庚辰年款造像碑值得关注。此碑正面中轴线上雕刻维摩文殊、坐佛。坐佛两侧上下开龛造像，上层两侧为树下思惟菩萨像，下层右侧立佛像一身，左侧一立菩萨像。下层立佛右手施无畏印，左手掌心向外，拇指、食指、中指下伸，余二指上曲。下层菩萨立像手施无畏与愿印。此碑有庚辰款纪年，造像主尊表现出头大，面方圆，肉髻低平等北周时期特点，故推定其为北周武城二年像。碑背面铭文"……宝共塔无量寿弥勒观世音……"[2]据此判定，此碑内容丰富，原应至少表现二佛并坐（或多宝塔）、无量寿佛、弥勒、观音等。铭文中"无量寿、弥勒、观音"均与净土信仰相关，尤其是无量寿所代表的西方净土，体现了新的变化。

无量寿净土思想在公元二三世纪就已传入我国，汉晋间大量的相关经典译出，如《佛说无量寿经》《佛说阿弥陀经》《佛说观无量寿经》等。虽然此时无量寿、阿弥陀名称都存在，但大量的造像题名为无量寿，这与中国人渴望长寿无量的传统相关。隋唐以后，弥陀称谓才流行[3]。随着经典的产生与流行，无量寿造像也应用而生。最著名的为慧远于元兴元年（402年）与刘遗民等123人"乃于精舍无量寿像前，建斋立誓，共期西方。"[4]东晋戴逵、戴颙父子造丈六无量寿佛像并菩萨[5]。虽然上述图像无存，但其流行状况可见一斑。《佛说阿弥陀经》记："若有善男子善女人，闻说阿弥陀佛，执持名号，若一日，若二日，若三日，若四日，若五日，若六日，若七日，一心不乱，其人临命终时，阿弥陀佛与诸圣众，现在其前。是人终时，心不颠倒，即得往生阿弥陀佛极乐国土。"[6]经文中简单易行的修持方式及往生极乐国土的美好愿望对普通信众有极大的吸引力。加之昙鸾等的极力宣扬推行，使得5～6世纪南北各地弥陀信仰流行，无量寿佛造像活动活跃。表现方式也较为多元化，有摩崖大像、石窟寺雕刻、石碑、壁画甚至还有绣像等等。其中无量寿造像可分单尊像、三尊像及一铺五身像等几种形式[7]。

石窟寺中炳灵寺169窟6龛西秦建弘元年（420年）无量寿佛三尊像、南京栖霞山南朝的无量寿

[1] 宁夏回族自治区文物管理委员会、北京大学考古系：《须弥山石窟内容总录》，文物出版社，1997年，第77～86页。

[2] 泾川县文体广电局：《泾川佛教瑰宝——甘肃泾川佛舍利与百里石窟长廊及金石文物》，五洲传播出版社，2015年，第201页。

[3] ［日］冢本善隆著，施萍婷译，赵声良校：《从释迦、弥勒到阿弥陀、从无量寿到阿弥陀——北魏至唐的变化》，《敦煌研究》2004年第5期。

[4] 〔梁〕慧皎：《高僧传》卷六，《大正藏》T50，p0358c（第50册，第358页下）。

[5] 〔唐〕张彦远：《历代名画记》卷五，人民美术出版社，1985年，第123、124页。

[6] 〔姚秦〕鸠摩罗什译：《佛说阿弥陀经》卷一，《大正藏》T12，p0347b（第12册，第347页中）。

[7] 王治：《南北朝时期西方净土信仰的转型及无量寿尊像造作的特点与规律》，《美术与设计》2018年第6期。

龛、莫高窟西魏大统四、五年（538、539年）285窟北壁、东壁绘制无量寿说法图。麦积山127窟西魏西方净土经变，成为现存较早的一批无量寿图像。之后南响堂山北齐第1、2窟内西壁上方中央各浮雕西方净土变。值得注意的是，上述诸窟龛周围多绘、塑释迦、多宝并坐像。他们不仅表现了无量寿所代表的西方净土信仰，也表明法华与无量寿净土的紧密联系。

单体无量寿佛像以四川茂县齐永明元年（483年）无量寿佛最为著名[1]，年代也较早。最为重要的是永明元年像头右侧有明确的无量寿佛题名，对于我们认识其特征年代等提供了标尺。另外，金铜佛像中也存在一部分无量寿佛，如北魏太和六年（482年）、太和九年（485年）铭像[2]。上述像均为立像，右手施无畏印，左手手印不同，金铜佛似为左手抓握衣角或下垂，茂县永明元年像左手掌心向外，拇指、食指、中指下伸，余二指上曲。这种样式还应是与愿印，而且以南朝造像中多见。

泾川县博物馆藏庚辰款像碑上部为维摩文殊对坐。中间龛内主尊坐佛及二胁侍菩萨。龛外上层二思惟菩萨，下层一立佛一立菩萨像。该碑中间主龛内坐佛尊格的判定较为关键。龛内主尊坐佛右手施无畏印，左手掌心向外，拇指、食指、中指下伸，余二指上曲。其手印等与茂县齐永明元年（483年）无量寿佛一致。两侧的菩萨冠残破，无法据此判定其尊格，其手中持物较为特殊，两身像内侧手均持物上举，左侧像能判定为钵，右侧残，从残迹看与左侧相似，或也是举钵。两菩萨外侧手均下垂提握宝珠。这两身胁侍菩萨基本相似，没有明确的铭文不宜判定。持钵菩萨在南朝造像中已出现，且不止一件，如万佛寺44号像等。万佛寺44号造像碑主尊为释迦文佛，虽然铭文中提及西方净土，但该像仍是以释迦为主。

《观经》中并未对观音菩萨的持物、手印进行明确的描述。而较晚的密教经典多记载观音持钵，如唐代伽梵达摩所译的《千手千眼观世音菩萨广大圆满无碍大悲心陀罗尼经》记述："若为腹中诸病，当于宝钵手。"[3]唐代三昧苏嚩罗译《千光眼观自在菩萨秘密法经》也有类似的关于捧钵观音菩萨和持柳观音菩萨的记载，捧钵观音："若人欲疗腹中病者，可修宝钵法。当画宝钵观自在菩萨像，其像相好庄严如先说。但二手当齐上持宝钵，即成已。其印相理智入定印。"[4]晚期造像中也有观音持钵的像例，如大足245龛观经变中左手持柳、右手捧钵的观音菩萨，但这些与本碑内容有一定的差别。我们再来看主佛龛外部分，主尊坐佛龛外上层二思惟菩萨，下层一立佛一立菩萨像。树下思惟菩萨像以太子或弥勒来解释均与释迦相关。图中仅见树下思惟像，无白马等表现太子身份的辅助内容，其为弥勒菩萨的可能性较大。联系北周时期泾川地区像碑多以法华经为主导构图的特点，主尊像龛内为释迦的可能

[1]　袁曙光：《四川茂汶南齐永明造像碑及有关问题》，《文物》1992年第2期。四川博物院、成都文物考古研究所、四川大学博物馆：《四川出土南朝佛教造像》，中华书局，2013年，第196页，图版67-5。

[2]　[日]松原三郎：《中国仏教彫刻史论》，吉川弘文馆，1995年，第76a、77a页。

[3]　〔唐〕伽梵达摩译：《千手千眼观世音菩萨广大圆满无碍大悲心陀罗尼经》卷一，《大正藏》T20，p0111a（第20册，第111页上）。

[4]　〔唐〕三昧苏嚩罗译：《千光眼观自在菩萨秘密法经》卷一，《大正藏》T20，p0121c（第20册，第121页下）。

性较大。同时，像碑上部残存的维摩文殊也能旁证主尊为释迦佛。若上述推测不误，则下层右侧立佛，头上有宝盖，身后舟形大背光，通肩袈裟，双手施无畏与愿印。结合铭文，判定其为无量寿佛。左侧菩萨立像，上饰宝盖，头戴冠，宝缯垂肩，双手施无畏与愿印，与佛经中观世音又名"施无畏者"相符。据李玉珉研究6世纪初此类观音像就已出现，并对之后北朝观音像影响巨大。该观音并非无量寿佛三尊造型系列，观音已脱离无量寿佛三尊像的形式，独立表现，并与无量寿佛并列对称出现在此碑中，强调了观音的重要性，与此时大量单体观音像的流行情形一致。

庚辰款造像中无量寿佛并没作为主尊，而是出现在法华为主的造像中，表明其处于法华从属地位的情况，与西方净土信仰在此时的流行程度相符。另一方面也说明北朝西方净土信仰已呈现与法华结合的图像特征。

五　造像渊源及与周边造像的关系

泾川龙兴寺出土的佛教造像数量较多，内容丰富，年代跨度较大，造像特征明显，其来源较为复杂，下面试做分析研究。

泾川所属的陇东地区处于中原与西域交往的重要通道上，是丝绸之路东段北道上的重要节点。北魏中晚期，陇东地区在佛教文化及思想上都受到平城、长安、洛阳地区的深刻影响。王母宫石窟、北石窟、南石窟、北石窟楼底1号窟、子午岭中诸小石窟都反映了这一现象[1]。

泾川著名的王母宫石窟与庆阳北石窟楼底1号窟，从洞窟结构到造像内容都与云冈石窟第6窟极为相似，它们反映了北魏迁洛前后，陇东地区受到平城文化的强烈影响。除此之外，陇东子午岭地区的诸多小型石窟和摩崖龛像，如合水张家沟门石窟太和十五年（491年）纪年龛等，这些小龛像的造像题材以二佛并坐、交脚菩萨等为主，均反映了受平城影响的情况。造像肩部宽厚，体态雄伟。佛着袒右或通肩式袈裟，禅定印，结跏趺坐。与云冈太和期造像相似，应受到平城的影响。同时，造像中衣纹细密阴线刻较为突出，代表了地方特点。而这种衣纹样式是来自陕西关中、陕北等地[2]。另外，陇东地区宁县、合水、泾川、华亭等地出土的大量北魏单体佛教造像（碑）[3]也具有共同的特点，由北魏泾州刺史奚康生于武帝永平二年（509年）、三年（510年）主持开凿的庆阳北石窟165号窟、南石窟寺1号窟，是国内

---

[1]　李静杰：《陕北陇东北魏中晚期之际部分佛教石窟造像考察》，《麦积山石窟研究》，文物出版社，2010年，第328~346页。

[2]　[美]常青：《试论北魏关中地区佛教造像的地方风格》，《故宫博物院院刊》2020年第3期。[日]松原三郎：《北魏の鄴县样式石雕》，《中国仏教彫刻史研究》，吉川弘文馆，1961年。《北魏の鄴县样式石雕》，《增订中国仏教彫刻史研究》，吉川弘文馆，1966年。[日]斋藤龙一著，于春译：《"鄴县样式"造像的再检讨——关于陕西北朝佛道"平行多线纹"造像》，《文博》2017年第2期。

[3]　甘肃省宁县博物馆：《甘肃宁县出土北朝石造像》，《文物》2005年第1期。甘肃省文物局：《甘肃文物菁华》，文物出版社，2006年，相关造像。

较早的七佛窟，其造像虽然具有一定的地方特点，但已呈现出褒衣博带的风格，与龙门石窟北魏晚期风格近似。

此次泾川出土的北魏造像也以一佛二胁侍、二佛并坐、交脚菩萨等内容为主，是北魏中晚期流行的题材。早段造像肩宽体壮，肉髻高大，着通肩袈裟，与太和期造像相似。而晚段部分造像肉髻仍旧高大，面相瘦长，颈长，肩削，胸部瘦弱，着双领下垂褒衣博带式袈裟，符合北魏晚期秀骨清像、褒衣博带之风。与当地石窟发展同步。

中国佛教艺术经过北魏造像高潮后，到北朝晚期再次兴盛，中原北方地区出现北齐邺城、北周长安两大佛教造像中心。隋统一后长安更是文化中心，包容了南北、东西的造像题材及特征，并逐渐融合，为唐代的一统打下了基础。

此次泾川出土的造像如上所述，其题材内容，除单体圆雕像外，大量的造像碑以法华经主导，维摩诘经并行。反映弥陀净土的阿弥陀佛也开始出现，与北魏以来的弥勒净土共同构成了净土信仰图像，与之相关的是大量单体观音造像的出现，这与中原地区发展同步。北周隋长安周围单体圆雕造像比较发达，其辐射范围内的天水麦积山石窟、固原须弥山石窟、庆阳北石窟等在此时也大量开窟造像。同时，成都地区南朝齐梁及西魏—北周单体造像也获得较大的发展[1]。泾川出土大量单体圆雕造像正符合此时的历史背景。其造像特点明显，来源复杂，受到多方面的影响。成都地区南朝单身观音像、双身观音像、以观音为主尊的多尊组合像较为流行。这些内容对长安、泾川等北周、隋单尊观音菩萨像产生了强烈的影响，长安地区除了单身观音菩萨像外，也见双身观音菩萨像，泾川虽然只见单身观音像，但其造像风格及特征与成都南朝—北周观音像极为相似。而笈多造像样式也通过南朝造像影响到长安地区，并从长安辐射至泾川。中国传统汉文化的因素也随着佛教中国化的进程表现在泾川北周隋代造像上。

（一）佛像

泾川此批单体圆雕佛像年代主要集中在北周、隋。其造像特征明显，佛像低平螺髻，面相浑圆，双眼微睁，目视下方。呈现安详、静谧、优美、冥想风格，蕴含着笈多美术的风采。从目前情况看，这种影响多是通过成都、长安而来。

泾川北周隋佛像中除了通常所见短粗形外，还有大量体量较为高大的样式，显得十分突出。文献记载北周初年已有皇家造像，且造大像。"（明帝）二年奉为先皇敬造卢舍那织成像一躯，并二菩萨。高二丈六尺，等身檀像一十二躯，各二菩萨及金刚师子等，丽极天成妙同神制。"[2]西安出土的北周五佛，均高大雄伟，正体现了此种造像风格。

---

[1] 李静杰：《南北朝隋代佛教造像系谱与样式的整体观察》（下），《艺术与科学》（十），清华大学出版社，2010年，第107~123页。

[2] 〔唐〕法琳：《辨正论》卷三《十代奉佛篇》上，《大正藏》T52，p0508a（第52册，第508页上）。

泾川北周隋佛像无论短粗型还是高大修长型，其袈裟样式特点明显，虽然均为通肩袈裟，衣纹刻画均呈阶梯式，但仍有一定的差别。北周略早的佛像，如H1：48+106、H1：86+183、H1：187袈裟宽厚博大、躯体的轮廓不明显，注重袈裟的刻画，其明显是北魏晚期以来褒衣博带之遗风。成熟期的北周佛像佛衣贴体，身体轮廓明显，衣褶的变化较为多样。一类袈裟衣褶于胸前及双腿上形成"U"形，腿部的轮廓线明晰，如H1：75号天和六年像。而西安湾子村出土的BL04-004号大象二年像及BL04-001、BL04-005号造像就是此类风格[1]。这种样式造像，除泾川外，还见甘肃正宁县出土保定元年佛造像[2]。北周佛像通肩袈裟胸腹及双腿上"U"形衣纹样，最早在成都南朝造像中就已出现，但两者差别明显，南朝像袈裟轻薄，贴体程度较强，肌肉感突出。泾川像贴体程度较弱。以H3：1像为代表的第二类袈裟衣纹自左肩斜射而下，在身体右侧形成半"U"形弧线，左侧袈裟竖直下垂，成都万佛寺出土的梁中大通元年（529年）释迦佛像[3]是目前所见此类衣褶最早之作，之后这种样式影响到长安造像，如西安东郊灞桥区湾子村出土的BL04-002、BL04-003造像，长安窦寨村出土编号XDH07-001、003、004号，西安未央区六村堡中官亭村出土北周立佛像都是此类袈裟[4]，但北周衣纹不像南朝细密，而是较为简洁舒朗的形式。同时南朝造像中于身体右侧形成的半"U"形衣褶在北周造像中也简化。泾川的此类南朝风格造像的出现应是经长安而来。泾川第三类袈裟衣褶自胸前散射而下，佛像身躯修长，腰部明显内收，表现出妩媚的特点，如H1：47+178等。隋代佛像袈裟衣褶样式与北周相似，只是腰身变化更为明显，窄肩细腰，整体风格与开皇四年董钦铜造像相似。

泾川北周隋佛像大多为右手上举施无畏印，左手提握袈裟一角，这种样式来自于笈多造型。值得注意的是在部分佛像右手与右肩头间装饰有圆形或莲花形物，如H3：1、H3：5、H1：7+21+29等，它是雕刻技艺中连接手的附件。此种附件普遍存在于犍陀罗、秣陀罗单体造像中，如美国克利夫兰艺术博物馆藏佛立像、柏林亚洲艺术博物馆藏2～3世纪坐佛像（图三三九，1、2）、维多利亚和艾尔伯特博物馆藏4世纪佛立像、白沙瓦博物馆和加尔各答印度博物馆藏犍陀罗佛像等[5]（图三三九，3）。目前看具有此类连接物的中国造像在西魏时就已出现，如藏于美国弗利尔美术馆的西魏恭帝二年（555年）佛像[6]（图三三九、4），此像已经具有北周丰圆的特点，手部后连接物方形。麦积山石窟135窟中

[1] 赵力光、裴建平：《西安市东郊出土北周佛立像》，《文物》2005年第9期。

[2] 张宝玺：《甘肃佛教石刻造像》，甘肃人民美术出版社，2001年，第155页图203。

[3] 袁曙光：《四川省博物馆藏万佛寺石刻造像整理简报》，《文物》2001年第10期。四川博物院、成都文物考古研究所、四川大学博物馆：《四川出土南朝佛教造像》，中华书局，2013年，第20、21页。

[4] 赵力光、裴建平：《西安市东郊出土北周佛立像》，《文物》2005年第9期。西安市文物保护考古所：《西安窦寨村北周佛教石刻造像》，《文物》2009年第5期。西安市文物保护考古所：《西安文物精华——佛教造像》，世界图书出版西安公司，2010年，第62页图53。

[5] 美国克利夫兰艺术博物馆网站。孙英刚、何平：《犍陀罗文明史》，生活·读书·新知三联书店，2018年，第164页图4-1，第221页图5-3，第465页图9-16、9-17。

[6] ［美］常青：《金石之躯寓慈悲——美国佛利尔美术馆藏中国佛教雕塑（研究编）》，文物出版社，2016年，第162、163页。

图三三九　肩部刻连接物佛像

1.美国克利夫兰艺术博物馆藏佛立像　2.柏林亚洲艺术博物馆藏2～3世纪坐佛像　3.白沙瓦博物馆和加尔各答印度博物馆藏犍陀罗佛像　4.美国弗利尔美术馆藏西魏恭帝二年（555年）佛像

西魏石雕佛像右肩也有一圆形突出物，其或也是起支撑作用。更为巧妙的是该佛像的左手，手指与衣袖、拇指与掌心间以莲蕾、莲花连接支撑[1]。北周造像中除了上述泾川造像外，在长安城出土第11、12号佛像中也表现出方形连接石块[2]。泾川个别菩萨像也有此类结构，如H1：41+85、H1：82。西安礼泉寺遗址出土隋菩萨像肩部亦能见到小型莲花柱[3]。从目前发现看，表现此类制作技艺的造像在中国仅在西安、泾川、麦积山等地发现。除了技术层面的作用外，此类附件是否有别的含义？推测其产生或与三十二相中第三相长指相有关，此相指明两手、两足皆呈纤长端直之相。系由恭敬礼拜诸师长，破除憍慢心所感得之相，表寿命长远、令众生爱乐归依之德。如此重要的特征在制作时应格外恭敬小心。北朝晚期圆雕造像大量雕造，工匠雕刻技术有逐渐成熟的过程。犍陀罗造像中还见到释迦佛右手上举，拇指与其他四指间夹花朵的样式[4]；弥勒菩萨像也有右手上举，指间夹花朵，手心刻画出花枝，花朵刻画于手后面，左手提握净瓶的例子。麦积山146窟正壁右侧菩萨右手持莲蕾，手心夹莲枝[5]。泾川H1：15+24+采集1号菩萨像与此类似，持荷叶。西安礼泉寺遗址出土北周、隋佛像，右手上举，指间夹莲枝，枝叶甩于手右侧面[6]，与上述犍陀罗造像近似，犍陀罗造像手中所持花朵似乎并非莲花，而北周隋造像明确为莲花。两者间即有联系又有区别。两者均巧妙地将制作技术中的难题以优美的姿态加

[1]　花平宁、魏文斌：《中国石窟艺术——麦积山》，凤凰出版传媒股份有限公司、江苏美术出版社，2013年，第141、142页图124、125。

[2]　中国社会科学院考古研究所：《古都遗珍——长安城出土的北周佛教造像》，文物出版社，2010年，图版三四、3、图版三六、1。

[3]　西安市文物保护考古所：《西安文物精华——佛教造像》，世界图书出版西安公司，2010年，第122页图118。

[4]　王镛：《印度美术》，中国人民大学出版社，2010年，第133、134页。

[5]　花平宁、魏文斌：《中国石窟艺术——麦积山》，凤凰出版传媒股份有限公司、江苏美术出版社，2013年，第103页图78。

[6]　西安市文物保护考古所：《西安文物精华——佛教造像》，世界图书出版西安公司，2010年，第107页图99。

以解决。

另外，比较特殊的是H1：75号天和六年（571年）佛像右手施无畏印，左手中握桃形摩尼宝珠[1]，无纪年的H1：48+106、H1：187号2件佛像也如此。目前在西安发现的北周同类造像有北郊尤家庄出土保定三年（563年）佛像（图三四〇，1）、出自陕西现藏于上海博物馆藏大象二年（580年）释迦佛立像（图三四〇，2）。另有部分无纪年的佛像，如西安中查村长安城遗址出土第8号北周佛像（图三四〇，3）、西安王前村出土立佛、礼泉寺出土2身佛立像（图三四〇，4、5）、西安碑林博物馆旧藏2身佛立像（图三四〇，6、7）等[2]。到西安博物院藏隋大业五年（609年）姚长华造佛立像还见手持此物[3]（图三四〇，8）。而此类持桃形摩尼宝珠的造像目前所见较早的为四川大学所藏的南朝中大通四年（532年）像碑正面释迦立像，另外成都下同仁路出土梁天正三年（553年）背屏式造像中一坐佛也手握宝珠[4]。"佛像饰耳珰和手握桃形宝珠极可能是四川成都地区萧梁晚期出现的一种特征。"[5]广元皇泽寺北周15窟主尊，结跏趺坐，右手残，左手握宝珠[6]。另外，皇泽寺28窟中主尊立佛也持宝珠，但该窟年代有争议，一为隋，二为唐，三为隋至唐初[7]。从佛像身体直立健壮、低平螺髻、通肩袈裟，右手施无畏印等特征看，具有北周隋代造像的特点。长安北周造像中持宝珠佛像也应与成都有关，只是长安、泾川地区佛像未见饰耳珰的特征。

宝珠是梵文摩尼一词的意译，《玄应音义》："摩尼，珠之总名也。"其在汉文佛典中出现频率较高。

[1]　此处所指为桃形不带穿孔样摩尼宝珠，且均握或托于手中。目前所见桃形物有2种形态，一为不带穿孔，二为带穿孔。一般公认不带穿孔为宝珠，而对于穿孔类学界有不同的理解。见李静杰：《北魏金铜佛板图形所反映犍陀罗文化因素的东传》，《故宫博物院院刊》2016年第5期，第23～39页。冉万里：《略论长安地区佛教造像中所见的佛教用具》，《西部考古》（第三辑），2008年，三秦出版社，第226～263页。潘力：《中古中国菩萨像所持"桃形物"的初步研究》，北京服装学院2020年硕士论文。[日]八木春生著，姚瑶等译：《纹样与图像——中国南北朝时期的石窟艺术》，上海古籍出版社，2021年，第3～34页。

[2]　岳连建：《西安北郊出土的佛教造像及其反映的历史问题》，《考古与文物》2005年第3期，第27页图二、三。[日]松原三郎：《中国仏教彫刻史论》，吉川弘文馆，1995年，图369a。中国社会科学院考古研究所：《古都遗珍——长安城出土的北周佛教造像》，文物出版社，2010年，图版二八～三〇。西安市文物保护考古所：《西安文物精华——佛教造像》，世界图书出版西安公司，2010年，第159页图168、第170页图183、第173页图188。西安碑林博物馆：《长安佛韵——西安碑林佛教造像艺术》，陕西师范大学出版社，2010年，第106、108～109页。

[3]　西安市文物保护考古所：《西安文物精华——佛教造像》，世界图书出版西安公司，2010年，第105页图96。

[4]　霍巍：《四川大学博物馆收藏的两尊南朝石刻造像》，《文物》2001年第10期。四川博物院、成都文物考古研究所、四川大学博物馆：《四川出土南朝佛教造像》，中华书局，2013年，第177页图版63-1。成都文物考古研究院：《成都下同仁路——佛教造像坑及城市生活遗址发掘报告》，文物出版社，2017年，第60～62页、彩版五三。

[5]　雷玉华：《四川石窟分区与分期初论》，四川大学博物馆、四川大学考古学系、成都文物考古研究所：《南方民族考古》（第十辑），科学出版社，2014年，第204页。

[6]　广元皇泽寺博物馆、成都文物考古研究所：《广元石窟》，巴蜀书社，2002年，图版二十四。

[7]　阎文儒：《四川广元千佛崖与皇泽寺》，《江汉考古》1990年第3期。广元皇泽寺博物馆：《广元皇泽寺28号窟时代考证》，《四川文物》2004年第1期。

1　　　　　2　　　　　3　　　　　4

5　　　　　6　　　　　7　　　　　8

图三四〇　手持宝珠佛像

1.西安北郊尤家庄出土保定三年（563年）佛像　2.上海博物馆藏大象二年（580年）释迦佛立像　3.西安中查村长安城遗址出土第8号佛像　4、5.礼泉寺出土2身佛立像　6、7.西安碑林博物馆旧藏2身佛立像　8.西安博物院藏隋大业五年（609年）姚长华造佛立像

经论中载有诸种摩尼及其持有此物的神异[1]。如《大智度论》中记载有关摩尼的种种来源及其神性[2]。总之"摩尼珠，随人所欲，种种与之，若欲衣被、饮食、音乐，自恣所须自然皆得。"[3]同时宝珠"亦能除诸衰恼病苦。"[4]

[1]　《放光般若经》《道行般若经》等等。

[2]　龙树菩萨造，〔后秦〕鸠摩罗什译：《大智度论》卷五十九，《大正藏》T25，p0477a（第25册，第477页上）。

[3]　龙树菩萨造，〔后秦〕鸠摩罗什译：《大智度论》卷十，《大正藏》T25，p0127c（第25册，第127页下）。

[4]　龙树菩萨造，〔后秦〕鸠摩罗什译：《大智度论》卷五十九，《大正藏》T25，p0478b（第25册，第478页下）。

　　除了上述佛像手握宝珠外，大量的菩萨像也手握或提宝珠。炳灵寺169窟6龛无量寿佛三尊像中观音菩萨左手于胸前捻珠，这是较早的观音菩萨手持宝珠的形象（图三四一，1）。北朝石窟寺及单体造像（碑）中菩萨手持桃形摩尼宝珠较为常见，如云冈石窟第13窟明窗东侧手持宝珠菩萨（图三四一，2）、第17窟南壁第二层东侧坐佛三龛胁侍菩萨、17窟东壁第2层南侧飞天。龙门石窟北魏莲花洞正壁左侧胁侍菩萨右手握宝珠，左手提宝珠[1]（图三四一，3）。麦积山石窟北魏122窟正壁菩萨、第60窟正壁右侧菩萨（图三四一，4）、北周第62窟正壁左侧菩萨手中也握宝珠（图三四一，5）。西安博物院藏北周保定五年（565年）赵颠造观音像手中握宝珠（图三四一，6）。另西安碑林博物馆藏北周无纪年的菩萨像也手握宝珠（图三四一，7）。隋开皇四年（584年）董钦造像左侧菩萨左手握圆形宝珠，

　　　1　　　　　　　　　　2　　　　　　　　　　3　　　　　　　　　　4

　　　5　　　　　　　　　　6　　　　　　　　　　7　　　　　　　　　　8

图三四一　手持宝珠菩萨像

1.炳灵寺169窟6龛无量寿佛三尊像中观音菩萨　2.云冈石窟第13窟明窗东侧菩萨　3.龙门石窟北魏莲花洞正壁左侧胁侍菩萨
4.麦积山石窟第60窟正壁右侧菩萨　5.麦积山北周第62窟正壁左侧菩萨　6.西安博物院藏北周保定五年（565年）赵颠造观音像
7.西安碑林博物馆藏北周无纪年的菩萨像　8.隋开皇四年（584年）董钦造像左侧菩萨

[1]　云冈石窟文物保管所：《中国石窟·云冈石窟》（二），文物出版社、株式会社平凡社，1994年，图122、160、153。龙门文物保管所、北京大学考古系：《中国石窟·龙门石窟》（一），文物出版社、株式会社平凡社，1991年，图50。

右手握桃形宝珠（图三四一，8）。上海博物馆藏隋代弥陀金铜五尊像中观音菩萨一手持圆形宝珠[1]。

较晚的《千光眼观自在菩萨秘密法经》卷一记"并所现千菩萨形像，等同无异。唯随所愿求。执持宝物而来施与，令与愿观自在菩萨者。左手当心持摩尼，其珠吠琉璃色，黄光发焰也。右手与愿契屈臂向上。如是画像已安置清净之处，礼拜供养作念诵法。其印相二手坚固缚。进力摩尼形。"[2]总之，观音菩萨手持宝珠，象征其无尽的布施及有求必应的神性。

（二）菩萨像

泾川龙兴寺出土的北周隋代菩萨像，是目前陇东地区数量最多，制作最精美的一批菩萨像。邻近的崇信县也出土了2件同时期菩萨像，造像风格与泾川极为接近，甚至可能就是一批工匠所为，这些菩萨像是目前认识陇东地区北周隋菩萨像的重要资料。

1. 尊格及样式

如前所述，泾川龙兴寺出土菩萨像以观音像为主，且以持杨柳，提净瓶为主要特征。

《请观音经》中明确指出杨柳与净水是观音菩萨的重要持物，"此国人民遇大恶病，良医耆婆尽其道术所不能救。唯愿天尊慈愍一切，救济病苦令得无患。尔时世尊告长者言：去此不远正主西方，有佛世尊名无量寿，彼有菩萨名观世音及大势至。恒以大悲怜愍一切救济苦厄。汝今应当五体投地向彼作礼。烧香散华系念数息，令心不散经十念顷。为众生故当请彼佛及二菩萨。说是语时于佛光中，得见西方无量寿佛并二菩萨。如来神力佛及菩萨俱到此国，往毗舍离住城门阃。佛二菩萨与诸大众放大光明，照毗舍离皆作金色。尔时毗舍离人，即具杨枝净水，授与观世音菩萨"[3]。杨柳观音是依此而创制的。

在印度杨枝净水是日常生活的必需品。杨枝具有净齿、除病的作用。东晋帛尸梨蜜多罗译《灌顶经》卷九记在维耶离国瘟疫流行之时，"有禅提比丘，诵说如来召龙神咒。设有病苦皆悉除愈。今已命过。我今遭诸厄难谁救我者，即便奔趣往至禅提先精舍所，往彼住处，见禅提比丘所嚼杨枝，掷地成树，树下有清泉水。诸人民辈即礼拜此树，如见禅提在世无异。折此杨枝取下泉水还归到家，以杨柳枝拂除病者。以水洒诸病人辈悉得休息，身体清凉百病除愈。于是国中国王大臣，长者居士四辈人民，有病苦者悉皆往彼故精舍所，取此杨枝并取泉水，浴洗病者洒散五方，诸魔恶鬼毒鬼消亡，辟除

---

[1]　天水麦积山石窟艺术研究所：《中国石窟·天水麦积山》，文物出版社、株式会社平凡社，1998年，图76、200、218。西安市文物保护考古所：《西安文物精华——佛教造像》，世界图书出版西安公司，2010年，第54页图45。[日]松原三郎：《中国仏教彫刻史论》，吉川弘文馆，1995年，图587b、图513、519。李柏华：《隋代三件阿弥陀佛整铺造像之解析》，《文博》2010 年第2期。

[2]　〔唐〕三昧苏嚩罗译：《千光眼观自在菩萨秘密法经》卷一，《大正藏》T20，p0121c（第20册，第121页下）。

[3]　〔东晋〕难提译：《请观世音菩萨消伏毒害陀罗尼咒经》卷一，《大正藏》T20，p0034c（第20册，第34页下）。

众恶万事吉祥"[1]。唐义净在《南海寄归内法传》卷一"清晨咀嚼齿木"。《华严经·净行品》云："嚼杨枝时，当愿众生，其心调净，噬诸烦恼。"

《根本说一切有部毗奈耶》戒律中规定"不以污手捉净水瓶。"义净《南海寄归内法传》卷一"凡水分净触，瓶有二枚。净者咸用瓦瓷，触者任兼铜铁……"[2]

印度观音造像在贵霜帝国时期就已出现，犍陀罗造像中观音多与弥勒成对出现在佛三尊像组合中，其特点为头包巾，手持莲花或花蔓或施无畏印。笈多时期及其以后观音菩萨较为流行，在石窟及单尊像中均大量存在，其标识为头前化佛、右手与愿印、左手提水瓶，莲花，或莲花置于水瓶中[3]。

刘宋时期典据《请观音经》的观音修行法门就已在南方展开，美国旧金山亚洲美术馆藏南朝齐建武二年（496年）金铜观音像、陈太建元年（569年）铜观音立像中观音就已持杨柳提净瓶，而且这两身菩萨像是较早的南朝杨柳观音像，并对北周观音造像产生了极大的影响。在6世纪，北方杨柳观音也出现，如东魏兴和元年（539年）金铜观音像、西魏大统五年（539年）康生造观音三尊像、首都博物馆所藏的北周保定元年（561年）的青铜观音菩萨像、建德元年（572年）金铜观世音立像。到隋更为流行，开皇元年（581年）车长儒造观音立像、故宫博物院藏开皇三年（583年）常聪造菩萨像、西安碑林博物馆藏开皇六年（586年）菩萨像、开皇九年（589）王元长造金铜菩萨像、开皇三年（583年）秦光先造菩萨三尊像是有明确纪年的手持杨柳及净瓶的观音菩萨像。另外，一些无纪年持杨柳枝菩萨像，如与保定三年菩萨像相近的长安地区无纪年菩萨造像，他们均手中持杨柳、净瓶，都应为观音。

泾川北周、隋代观音菩萨像多为右手杨柳枝，左手提握净瓶，偶见相反的例子。泾川唐代还能见到持杨柳菩萨像，如采集4号菩萨像。且所持净瓶有两种样式，一种带盖，一种瓶中插入莲枝莲花，莲枝绕手臂升至肩侧，甚至还见化生童子。带盖者数量较多，瓶中插莲枝莲花的略少，如H1：64、H1：157+161号菩萨像。《南海寄归内法传》卷一"其作瓶法，盖须连口，顶出尖台，可高两指，上通小穴，粗如铜箸。饮水可在此中。傍边则别开圆孔。拥口令上，竖高两指，孔如钱许，添水宜于此处。可受二三升，小成无用。斯之二穴，恐虫尘入，或可着盖，或以竹木，或将布叶而裹塞之。"[4]可见，带盖净瓶是为了防止杂物掉入瓶中，是较为常见的样式，也符合佛经的记载。北周耶舍崛多译《佛说十一面观世音神咒经》中记载"观世音左手把澡瓶，瓶口出莲花"[5]。泾川龙兴寺H1：64、157+161号菩萨像虽然两像提握净瓶的有左手和右手的差别，但净瓶中均插有莲枝，上附莲叶、莲蕾、莲花。嘉祥大师注解《法华经》认为，莲花开时叶、根、茎具足，表示功德圆满无缺。除泾川出土的两身菩萨

[1]〔东晋〕帛尸梨蜜多罗译：《佛说灌顶经》卷九，《大正藏》T21，p0523a（第21册，第523页上）。

[2]〔唐〕义净：《南海寄归内法传》卷一，《大正藏》T54，p0207c（第54册，第207页下）。

[3]〔日〕宫治昭著，贺小萍译：《弥勒菩萨与观音菩萨——图像的创立与演变》，《敦煌研究》2014年第3期。李玉珉：《南北朝观世音造像考》第32页，注释115，文中引日本学者岛田明观点。

[4]〔唐〕义净：《南海寄归内法传》卷一，《大正藏》T54，p0207c（第54册，第207页下）。

[5]〔北周〕耶舍崛多译：《佛说十一面观世音神咒经》，《大正藏》T20，p0150c（第20册，第105页下）。

像外，在长安地区同期造像中也见此类菩萨像，如西北电讯工程学院出土隋代菩萨立像、美国大都会博物馆藏隋代菩萨立像[1]。如前所述，其来源为笈多造像。年代为6世纪的阿旃陀石窟26窟、6～7世纪奥兰伽巴德第7窟救难观音雕刻中，明显的表现出净瓶中伸出长长的莲枝，顶端有盛开的莲花或从地长出莲枝莲花，莲枝绕臂上升至肩侧[2]。泾川出土H1：157+161号菩萨像不仅刻画出莲枝、莲花等，还雕刻出莲蓬及化生童子。宝瓶中插莲花并与人物组合图像在印度由来已久，进入佛教领域后得到长足的发展，并向东影响到中国佛教及墓葬文化中[3]。云冈石窟18窟南壁明窗东侧弟子手执莲花，仰莲顶端化生童子合十而坐。龙门石窟皇甫公窟北壁西侧下层供养菩萨旁花瓶中插莲枝，顶端坐童子[4]。H1：157+161号菩萨像雕刻出化生童子，净土意味浓重。正如佛经所记："佛告阿难，十方世界诸天人民，其有至心愿生彼国，凡有三辈，其上辈者，舍家弃欲而作沙门，发菩提心。一向专念无量寿佛，修诸功德愿生彼国。此等众生临寿终时，无量寿佛与诸大众，现其人前。即随彼佛往生其国，便于七宝华中自然化生……作诸功德信心回向。此诸众生于七宝华中自然化生，加趺而坐。须臾之顷，身相光明智慧功德，如诸菩萨具足成就。"[5]

游足状菩萨造型创始于印度，国内所见较早的有云冈石窟第8窟主室西壁明窗西侧菩萨、成都万佛寺遗址出土梁代造像碑中菩萨像。南朝造像在模仿笈多美术的同时，也深刻的影响到北朝石窟造像，目前长安地区北周单体菩萨像中此类样式常见，西部地区石窟以麦积山北周62窟此类菩萨最为优美，泾川菩萨中游足样也是这种风格的反映，只是泾川此类游足样表现不如上述成都、西安等地明显。

2. 服饰

在早期佛教里，把成佛前的悉达多太子或累劫转世修菩萨道的释尊称为菩萨。因此，早期的菩萨造像大多以出家前的悉达多太子形象为参照。玄奘《大唐西域记》卷二记载："王族大人士庶豪右，庄饰有殊规矩无异……凡百庶僚随其所好，刻雕异类莹饰奇珍。衣裳服玩无所裁制。贵鲜白轻杂彩。男则绕腰络腋横巾右袒，女乃襜衣下垂通肩总覆。顶为小髻余发垂下，或有剪髭别为诡俗。首冠花鬘身佩璎珞……国王大臣服玩良异。花鬘宝冠以为首饰，环钏璎珞而作身佩，其有富商大贾唯钏而已，人多徒跣少有所履。"[6]《佛所行赞》卷一叙载，释迦牟尼当太子时，就是"璎珞庄严身"。《中阿含经》卷一中的《木积喻经》有许多青年女性修饰身体时使用物品的记录："年在盛时，沐浴香熏，着明净衣，

[1] 西安市文物保护考古所：《西安文物精华——佛教造像》，世界图书出版西安公司，2010年，第118页图114。金申：《海外及港台藏历代佛像珍品纪年图鉴》，山西出版集团、山西人民出版社，2007年，第172页。
[2] [日]宫治昭著，李静杰译：《斯瓦特的八臂观音救难坐像浮雕——敦煌与印度间的关系》，《敦煌研究》2000年第3期。
[3] 张晶：《中印早期佛教宝瓶莲花图像流播》，《中国美术研究》2018年第4期。
[4] 云冈石窟研究院：《云冈石窟全集》（卷十五），青岛出版集团，2017年，第249页。龙门文物保管所、北京大学考古系：《中国石窟·龙门石窟》（一），文物出版社、株式会社平凡社，1991年，第194图。
[5] 〔曹魏〕康僧铠译：《佛说无量寿经》卷下，《大正藏》T12，p0272b、p0278b（第12册，第272页中、278页中）。
[6] 〔唐〕玄奘译，辩机撰：《大唐西域记》卷二，《大正藏》T51，p0876b（第51册，第876页中）。

华鬘、璎珞严饰其身。"[1]可见菩萨繁杂华丽的衣饰受世俗人物着衣的影响。

泾川菩萨像发式、冠、项圈、璎珞、裙带、腰带等装饰较为繁复，充分反映了上述记载的内容。

（1）发式及发饰

龙兴寺出土北周隋菩萨像较为清晰的表现出发式，其发式分为2种，一为高髻束带后绾，一为冲天高髻，束带，顶端插桥形饰物。前者常见，后者较为特殊。不仅如此，冲天高髻类发上装饰仰覆莲瓣，顶部呈桥形，这些特点在以往发现的菩萨像中均少见。

云冈石窟一期、二期飞天、伎乐天或胁侍菩萨上十分普遍的出现束发高髻，如第6、7窟。麦积山石窟北魏晚期及西魏洞窟中冲天型高髻较为常见，受南朝文化影响，其多为双瓣式，与南朝画像砖中人物相似，但上不见装饰纹样。之后在麦积山北周22窟、62窟菩萨像上仍见束冲天高髻样发式，但明显有别与北魏、西魏时高髻，而是于圆形头顶上向上立起一髻，形状如花叶。泾川北周菩萨冲天形高髻与上述高髻均不同，其直立于头顶，中间束带，最上部呈桥形，推测桥形装饰为固定高发髻的梳或钗，所见桥形为梳背或钗梁部分，其不仅只有固定功能也有装饰作用。

另外，泾川龙兴寺出土菩萨冲天高髻上所装饰莲瓣纹在麦积山石窟北魏洞窟中也见类似像例，如第163窟左壁菩萨像其束高髻，戴冠，额前头发上饰莲瓣。麦积山隋代第12窟正壁两身菩萨像，发髻较低，其顶上亦装饰莲瓣。西安西北电讯工程学院出土的隋代菩萨立像中也见此类莲瓣装饰。青州龙兴寺出土北魏—东魏菩萨像前额发髻刻画出莲瓣样。泾川龙兴寺出土菩萨冲天高髻及其装饰应与长安、麦积山菩萨像相关。

（2）冠饰

泾川龙兴寺北周隋代菩萨像多戴三叶冠，上分饰化佛、宝珠等。冠以箍带样式多见。另有个别冠为圆桶状，顶部与发髻平齐，正面不见发髻，装饰繁复，如H1：114号。在成都万佛寺出土的梁普通四年（523年）、中大通五年（533年）、中大同三年（537年）造像主尊及胁侍菩萨像中均为平顶高冠。西安地区出土的北周菩萨头像中也出现平顶高冠。这是随着南北交往，由南朝影响到长安北周，继而传播到泾川地区。

泾川菩萨像中另一突出的特点是，冠中或项圈上装饰由联珠纹组成的"W"形花绳。在公元前2世纪印度巴尔胡特大塔栏楯、犍陀罗地区2、3世纪的浮雕版上就经常出现童子扛花绳的内容，其至一些容器外腹部也装饰同样的图案。这对于北魏石窟产生了一定的影响，云冈石窟二期洞窟中就常见童子手握花绳雕刻，如6号窟中心柱龛楣上、南壁上层2层小龛间[2]。另外龙门石窟、偃师水泉石窟北魏窟门及龛楣上也多见[3]。

[1]　〔东晋〕瞿昙僧伽提婆译：《中阿含经》卷一，《大正藏》T01，p0425a（第1册，第425页上）。

[2]　云冈石窟文物保管所：《中国石窟·云冈石窟》（一），文物出版社、株式会社平凡社，1991年，图57、62。

[3]　刘景龙、赵会军：《偃师水泉石窟》，文物出版社，2006年。

白沙瓦博物馆藏2～3世纪释迦菩萨像冠上已出现两条下垂的花绳，花绳由联珠组成，其原本应是束发的饰带[1]。据宫治昭研究，在犍陀罗地区菩萨像头饰分2种，一为束发式，只用简单的联珠纹带子系住。二为用头巾包裹形成冠，冠上亦有细细的联珠状带饰从中间下垂至两边[2]。至笈多时期毗湿奴像冠上圆形花饰，其中间垂饰短流苏，两边饰弯曲的花绳，并与相邻的圆形物中垂饰花绳相连。受此影响，在云冈石窟一期18、19窟菩萨冠饰上就已出现类似的联珠串成花绳，只是云冈的花绳介于两圆盘间。麦积山北魏中期洞窟69窟菩萨像圆形宝冠中间向两侧下垂长长的饰带与此相类似。东魏、北齐单体造像中也出现此类装饰，如青州龙兴寺出土东魏一佛二菩萨三尊像中胁侍菩萨，北齐单体菩萨像等[3]。北周单体菩萨像冠中"W"形花绳流行，如西安出土北周保定三年（563年）菩萨像[4]。另外，西安北周、隋无纪年菩萨像中此类冠饰更是多见，且影响到甘肃地区。除泾川菩萨像外，同属陇东的甘肃宁县、崇信出土的隋代菩萨头像中也常见此类装饰[5]。

泾川菩萨冠饰中宝珠冠较为突出，宝珠圆形或半圆形，周围饰火焰纹或忍冬纹，其底边多饰莲瓣，形成一小莲台样，如H1∶16、H1∶26号菩萨头像。西安出土北周保定五年（565年）赵颠观音菩萨像冠饰就明显表现出圆形宝珠，火焰周饰，莲瓣底座。西安出土的北周隋无纪年菩萨像中也都能看到此类宝珠冠饰。麦积山石窟54窟、62窟菩萨亦如此[6]。同时期在中原东部地区的北齐石窟造像中此类附莲台样宝珠也十分普遍，如南、北响堂山石窟、小南海石窟中佛像背光中间宝珠及装饰纹样中宝珠。《大智度论》："摩尼宝珠、于颇梨、金银、车磲、马瑙、琉璃、珊瑚、琥珀、金刚等中，是何等宝。答曰：有人言，此宝珠从龙王脑中出，人得此珠毒不能害，入火不能烧，有如是等功德。有人言：是帝释所执金刚，用与阿修罗战时碎落阎浮提。有人言：诸过去久远佛舍利，法既灭尽，舍利变成此珠，以益众生有人言：众生福德因缘故，自然有此珠。譬如罪因缘故地狱中自然有治罪之器。此宝珠名如意，无有定色，清彻轻妙。四天下物皆悉照现。如意珠义如先说。是宝常能出一切宝物。衣服饮食随意所欲尽能与之。亦能除诸衰恼病苦等。"[7]除此之外，摩尼宝珠还能调节冷暖，光明周遍，普照四方。这或是自北魏以来菩萨造像中手持宝珠，冠饰宝珠的意涵。不仅如此，受佛教影响，世俗世界墓葬中也频频出现摩尼宝珠形象。北齐娄叡墓葬甬道上栏及墓门门额上均出现摩尼宝珠，这与娄叡本人的佛

[1]　孙英刚、何平：《犍陀罗文明史》，生活·读书·新知三联书店，2018年，第318页图7-37。

[2]　[日]宫治昭著，李萍、张清涛译：《涅槃和弥勒的图像学》，文物出版社，2009年，第205页。

[3]　中华世纪坛艺术馆、青州博物馆：《青州北朝佛教造像》，北京出版社，第82、85、156～158页。

[4]　[日]松原三郎：《中国仏教彫刻史论》，吉川弘文馆，1995年，图350a。

[5]　张宝玺：《甘肃佛教石刻造像》，甘肃人民美术出版社，2001年，第173页图234。吴莅：《陇东地区北周隋代菩萨造像特征研究》，《美术大观》2024年第4期。甘肃省宁县博物馆：《甘肃宁县出土北朝石造像》，《文物》2005年第1期。

[6]　西安市文物保护考古所：《西安文物精华——佛教造像》，世界图书出版西安公司，2010年，第54页图45。西安碑林博物馆：《长安佛韵——西安碑林佛教造像艺术》，陕西师范大学出版社，2010年，第113页。天水麦积山石窟艺术研究所编：《中国石窟·天水麦积山》，文物出版社、株式会社平凡社，1998年，图204、221。

[7]　龙树菩萨造，〔后秦〕鸠摩罗什译：《大智度论》卷五九，《大正藏》T25，p0478a、0478b（第25册，第478页上、中）。

教信仰有关，也反映了北齐"一心奉佛，国无两事。"[1]的状态。

（3）项饰与璎珞

泾川出土北周隋菩萨所带项饰分两种，一为圆形项圈，较宽，内多饰联珠、麦穗纹，中央饰小莲花，其下坠花蕊或铃[2]。个别的圆形项圈内饰联珠纹及卷草纹。二为细长项链，下垂铃，形式简洁。菩萨有带单重的，有戴双重项饰的。无论单、双重项饰，在印度都是菩萨像基本的装身要素。圆形或长链形项饰都普遍存在于印度菩萨像上。犍陀罗地区更是表现出多重项饰。印度圆形项圈中联珠纹样是主要纹样，一般项圈都由联珠纹组成。

据日本学者研究，南北朝时期中国存在三种项圈样式，其中圆形盘状类项圈，在印度称为"轴"，是犍陀罗艺术中常见的胸饰[3]。其实在印度这种项饰自巴尔胡特大塔上女药叉等神祇上就已出现，之后普遍存在于佛教造像中。中国菩萨像承袭了印度特点。自十六国金铜菩萨像、云冈石窟一期菩萨像、莫高窟早期三窟中菩萨像就已出现圆盘形及长链龙形双重项饰。之后两种项饰发生了一定的变化，但印度项饰的基本要素还是可以窥见。

长安北周隋菩萨像多戴单重圆形宽项圈，其内部形式多样，第一种主体部分以小格划分，与日本学者所言的盘状项圈相近，其格内多装饰菱形、椭圆形、圆形宝珠纹样，上下缘饰联珠纹等。如西安博物院藏汉白玉彩绘贴金菩萨像、窦寨出土菩萨像、雷寨村出土菩萨等[4]；个别菩萨像项圈格内不雕饰纹样，如西安博物院藏未央区张家堡出土菩萨像、官亭村菩萨残像[5]，此种保留有早期样式。第二种圆项圈由联珠纹组成，如天和二年观音像[6]。第三种项圈内由麦穗纹及联珠纹构成，如正觉寺出土残观音像[7]。第四种由联珠纹和莲枝花草纹组成，如西安博物院藏汉白玉彩绘贴金菩萨像、西安碑林博物馆藏沙潈沱存出土菩萨像[8]。四种样式中第一种分格类目前所见较多，是北周隋西安地区菩萨项饰的突出特点。另外，麦穗纹也是之前少见的装饰纹样。

成都下同仁路出土一定数量的南朝、西魏、北周及唐代造像，其中南朝梁中大同二年（547年）背屏式造像（H3：48）中菩萨带麦穗纹圆形项圈。万佛寺出土无纪年南朝菩萨像，其项圈宽大，上下

---

[1]　宿白：《太原北齐娄叡墓参观记》，《文物》1983年第10期。

[2]　下坠物，学界之前多定名为垂铃，李静杰认为部分所饰为龟形，见李静杰：《犍陀罗文化因素在中国的传播发展》，[日]栗田功著，唐启山、周昀译：《大美之佛像——犍陀罗艺术》，文物出版社，2017年，第105页。

[3]　[日]村松哲文著，李茹译：《中国南北朝时期菩萨像胸饰之研究》，《敦煌学辑刊》2006年第4期。

[4]　西安市文物保护考古所：《西安文物精华——佛教造像》，世界图书出版西安公司，2010年，第60页图52①、第64页图56、第116页图112。

[5]　西安市文物保护考古所：《西安文物精华——佛教造像》，世界图书出版西安公司，2010年，第59页图51、第84页图80。

[6]　西安市文物保护考古所：《西安文物精华——佛教造像》，世界图书出版西安公司，2010年，第55页图46。

[7]　西安市文物保护考古所：《西安文物精华——佛教造像》，世界图书出版西安公司，2010年，第109页图102。

[8]　西安市文物保护考古所：《西安文物精华——佛教造像》，世界图书出版西安公司，2010年，第61页图52③。西安碑林博物馆：《长安佛韵——西安碑林佛教造像艺术》，陕西师范大学出版社，2010年，第77页。

联珠纹饰，中间分格，格内饰圆形宝珠纹。万佛寺出土双观音像项圈也如此。汶川出土双观音像项圈宽大，饰联珠纹。下同仁路出土北周天和三年（568年）菩萨像（H3：53）虽然项圈素面，但其冠饰中有菱形纹饰物、麦穗纹带饰。双重璎珞更是由麦穗纹组成，腰带也为麦穗纹，显得较为突出，构成了菩萨装饰的一大特点。同时该遗址出土的西魏—北周的部分无纪年菩萨像上麦穗纹、菱形纹也较为普遍（如H3：27、49、89、68号菩萨）。万佛寺出土双观音像手中持麦穗纹样柳枝，汶川出土双观音像手中亦持麦穗纹样柳枝[1]。可见麦穗纹、分格装饰等是南朝—北周成都地区菩萨像中的突出特点。

由上述分析知，成都地区菩萨像圆盘状项圈装饰中分格、璎珞中麦穗纹等特征出现在南朝至北周，年代早于西安及泾川菩萨像，应该对西安及泾川北周隋菩萨像产生了较大的影响。西安地区菩萨项圈继承了成都菩萨项圈分格装饰的要素，泾川主要吸收了麦穗纹纹样。

犍陀罗造像中麦穗状纹样较为常见，大量的贵霜时期菩萨像上都佩戴由麦穗纹组成的项饰，显著的例子为二龙（人）衔珠形项饰。同时，犍陀罗菩萨像斜挂于右肩及右胸的短璎珞也有部分表现为麦穗纹。这种纹样较早出现在南朝造像中，之后对北方地区产生了影响。

泾川北周、隋菩萨圆形项圈中间垂饰花蕊或坠垂铃。在麦积山石窟北魏中期洞窟中菩萨冠中就已出现类似花蕊样装饰物，如80窟菩萨冠饰，学者研究认为其是从圆盘状装饰物中穿出下垂的头发[2]。据宫治昭研究在犍陀罗地区菩萨像中有一种戴头巾类，其头发被头巾包裹住，在其前部形成圆盘形或扇形冠，冠中间设楔形卡子[3]。如新德里博物馆藏2世纪马图拉菩萨像有明显的下垂后绾的宽大发髻，且发髻中央饰联珠带[4]。6~7世纪时此类菩萨冠饰在西域地区依旧存在，如新疆托库孜萨来佛寺遗址出土的泥塑菩萨像，圆莲形冠饰上下垂几缕头发，呈花蕊状下垂[5]，北周隋项圈下垂花蕊与印度造像极为相似，推测北周隋菩萨项圈中花蕊也应受到此类冠饰影响。除了西部的北周像外，东部北齐菩萨像冠饰中也普遍存在此类下垂花蕊类装饰[6]。

泾川龙兴寺北周菩萨像中细长项链于中间打结，下坠垂铃样物与印度龙蛇形饰物相关联。关于印度龙蛇形饰物及其对中国影响学界已有论述[7]。龙蛇形饰物是《悲华经》所记"阎浮檀金作龙头璎"中"龙头璎"。十六国、北魏石窟菩萨像中佩戴此种项饰的像例较多。十六国时期龙形较为写实，完全继

[1]　成都文物考古研究院：《成都下同仁路——佛教造像坑及城市生活遗址发掘报告》，文物出版社，2017年，第60、62页图七四，第33~36页。四川博物院、成都文物考古研究所、四川大学博物馆：《四川出土南朝佛教造像》，中华书局，2013年，第72、73、102~107、200~202页。

[2]　魏文斌：《麦积山石窟初期洞窟调查与研究》，甘肃教育出版社，2017年。白秀玲：《麦积山石窟北朝菩萨造像的宝冠》，《中国民族博览》2016年第10期。

[3]　[日]宫治昭著，李萍、张清涛译：《涅槃和弥勒的图像学》，文物出版社，2009年，第205页。

[4]　金申：《印度及犍陀罗佛像艺术精品图集》，中国工人出版社，1997年，图8、15。

[5]　霍旭初、祁小山：《丝绸之路·新疆佛教艺术》，新疆大学出版社，2006年，第21页图6。

[6]　中华世纪坛艺术馆、青州博物馆：《青州北朝佛教造像》，北京出版社，2002年，第158页。

[7]　李静杰、齐庆媛：《二龙系珠与二龙拱珠及二龙戏珠的图像系谱》，《石窟寺研究》（第六辑），科学出版社，2015年，第202~254页。张晶：《犍陀罗菩萨项饰考略》，《中国美术研究》2017年第4期。

承了犍陀罗特征，云冈石窟一期大致也如此。云冈石窟二期开始出现演化样式，龙口中衔连接宝珠的绳索两端，或龙头相连口中衔连接宝珠的一条绳索，龙头日趋简化，整个造型抽象简洁[1]。成都万佛寺出土南朝菩萨像，二龙口衔宝珠，继承了云冈写实的风格。泾川北周隋菩萨细长项链，已不明确表现出二龙形象，而是简化为打结的样式。西安博物院藏西安电讯工程学院出土的隋代菩萨立像，双重项饰，一重为两条相交的细链。莫高窟隋代第244窟北壁主尊菩萨像戴二龙戏珠项链，龙头也已简化[2]。可见北周隋代西部地区二龙形象均已简化。

泾川北周隋代菩萨像项饰与成都南朝菩萨像最为相仿，均为双重，圆形项圈所饰麦穗纹、联珠纹特色突出，其应是受到成都南朝造像的影响。细长链形是印度龙形璎的简化形式，更多的受到云冈石窟的影响。

泾川出土北周隋菩萨像，基本都饰有璎珞（目前所见璎珞出现在菩萨像的头、项及体前等，本文主要以体前璎珞为主）。北周以单重"U"形为主，隋代双重多见，其形式为"X"形交叉腹前穿环（壁）、"U"形垂挂于体前两种样式。璎珞多以联珠纹组成，期间夹杂有宝珠等，为北朝晚期隋常见的形式。"X"形体前交叉于圆壁后向身后折转，目前所见菩萨像背面腰下表现出"八"字形璎珞，多数不雕刻出其上的装饰。西安地区北周隋菩萨像较泾川复杂，除了与泾川相似的自腰间"八"字形下垂，并与体前向后折转的部分相连样式外，更多的是自肩背部垂挂璎珞，与身前璎珞一起形成网状璎珞。前者如长安城出土21、22号菩萨像，而网状璎珞在背面有的掩于帔帛下，腰间以下露出，如长安城出土23号菩萨像、西安博物院藏西安西后地出土隋代菩萨、雷寨村出土隋代菩萨像、西安政治干校出土隋代菩萨像、西安碑林博物馆藏隋代双身菩萨像、美国波士顿美术馆藏隋代菩萨；有的璎珞附于帔帛上，可以较为清晰的看出其样式与结构，如长安城出土17号菩萨像[3]。成都万佛寺及下同仁路出土南朝—北周菩萨像，能够观察到的也多为前后连为一体的网状璎珞。泾川与西安、成都不同，具有自身的特点。其璎珞于身后与裙带相系结，并呈"八"字形下垂。

泾川另有部分菩萨像璎珞表现出一定的新样式，如"X"形璎珞交叉于兽面上，璎珞上出现组玉佩构件等。

泾川H3：8+13+14+18菩萨像"X"形璎珞在腹前交叉于一兽面上。在印度佛教遗物中，兽头多出

[1] 李静杰、齐庆媛：《二龙系珠与二龙拱珠及二龙戏珠的图像系谱》，《石窟寺研究》（第六辑），科学出版社，2015年，第202~254页。

[2] 西安市文物保护考古所：《西安文物精华——佛教造像》，世界图书出版西安公司，2010年，第118页图114。敦煌文物研究所：《中国石窟·敦煌莫高窟》（二），文物出版社、株式会社平凡社，1984年，图177。

[3] 中国社会科学院考古研究所：《古都遗珍——长安城出土的北周佛教造像》，文物出版社，2010年，第70页图四七，图版六七、六八，第73页图四九，图版七〇、七二，第76页图五一，图版七五。西安市文物保护考古所：《西安文物精华——佛教造像》，世界图书出版西安公司，2010年，第114页图110、第116页图112、第119页图115。西安碑林博物馆：《长安佛韵——西安碑林佛教造像艺术》，陕西师范大学出版社，2010年，第80页。金申：《海外及港台藏历代佛像珍品纪年图鉴》，山西出版集团、山西人民出版社，2007年，第176页。中国社会科学院考古研究所：《古都遗珍——长安城出土的北周佛教造像》，文物出版社，2010年，第55页图三七，图版五三。

现在建筑物上部，年代最早的为犍陀罗时期，之后6～10世纪也出现，多为建筑装饰。有学者对此做了研究，并认为兽面来自印度神Kirttimukha[1]。中国从商代青铜器上就已普遍出现饕餮形兽面形象，之后汉、魏晋十六国、南朝、北朝墓葬及建筑构件瓦当、兽面砖中更是常见。至于佛教艺术中，北魏、东西魏石窟及造像中兽面形象出现，多位于窟门上方、龛楣及造像碑碑额等处，且多与花绳类相连出现。云冈石窟第8窟后室南壁第三层东侧龛二胁侍菩萨冠饰中出现口吐花绳的兽面[2]。到北朝晚期兽面出现在部分菩萨项圈及璎珞上，而且东西部均见。如青州云门山石窟及龙兴寺出土北齐菩萨像项圈上下坠兽面，西部地区西安中查村长安城出土北周18号菩萨背面腰部雕一兽面[3]。隋代菩萨璎珞中兽面纹饰渐渐多了起来，东西部都有很多像例，山西地区尤为常见。诸城隋菩萨残像、西安未央区雷寨村出土隋菩萨像、西安碑林博物馆藏隋双身菩萨像、山西博物馆藏北周—隋菩萨像、上海博物馆藏隋代观音像、克利夫兰美术馆藏品似山西出土，藏于哈佛大学菩萨像、美国大都会博物馆藏观音菩萨立像[4]等等均出现璎珞交叉于兽面上的样式。窟门等处的兽面赈灾降魔的功能更加明显，而璎珞中兽面装饰意义更强。泾川北周隋菩萨像中兽面装饰更多地受到东部地区的影响。

北朝晚期菩萨璎珞中兽面像还应考虑与组玉佩联系，我们在北齐娄睿墓、河清元年（562年）库狄迴洛墓玉佩中看到，起上下连接作用的都是兽面雕像[5]。虽然菩萨像中兽面都出现于璎珞交叉处或项圈下端，而不是出现在身体两侧下垂的组玉佩上，但作为菩萨像的装饰物，其性质是相同的。

中国传统组玉佩中部分构件出现在菩萨身上，说明北朝晚期佛教造像中加入了许多汉文化的内容。组玉佩是中国传统文化中礼仪制度的重要代表物。在已发现的周、楚、汉至魏晋南北朝墓葬中就出现过大量的玉佩，河南、湖北楚墓中木俑身上绘制成组的玉佩饰代表了楚汉之际的样式[6]。"汉末丧乱，绝无玉佩。魏侍中王粲识旧佩，始复做之。今之玉佩，受法于粲也。"[7]王粲所恢复的组玉佩样式，成为魏晋至南北朝流行的式样。目前考古出土的组玉佩有曹魏墓、东西晋墓葬、南朝墓葬、北朝的东魏、北齐、北

[1]　王敏庆：《北周佛教美术研究——以长安造像为中心》第八章，社会科学文献出版社，2013年，第196～230页。

[2]　[日]水野清一、长广敏雄：《云冈石窟》，1953年。8窟主室南壁106、107、121图。

[3]　中华世纪坛艺术馆、青州博物馆：《青州北朝佛教造像》，北京出版社，2002年，第157、171页。青州市博物馆：《青州龙兴寺佛教造像艺术》，山东美术出版社，1999年，第157页图176。中国社会科学院考古研究所：《古都遗珍——长安城出土的北周佛教造像》，文物出版社，2010年，图版六〇，3。

[4]　[日]松原三郎：《中国仏教彫刻史论》，吉川弘文馆，1995年，图558a。西安市文物保护考古所：《西安文物精华——佛教造像》，世界图书出版西安公司，2010年，第116页112图。西安碑林博物馆：《长安佛韵——西安碑林佛教造像艺术》，陕西师范大学出版社，2010年，第80页。[日]松原三郎：《中国仏教彫刻史论》，吉川弘文馆，1995年，图552、554A、559（似山西出土，藏于哈佛大学菩萨像。）、561。金申：《海外及港台藏历代佛像珍品纪年图鉴》，山西出版集团、山西人民出版社，2007年，图167、172。

[5]　王克林：《北齐库狄迴洛墓》，《考古学报》1979年第3期，图版拾4、5。

[6]　孙机：《周代的组玉佩》，《中国古舆服论丛》，文物出版社，2001年，第124～138页。

[7]　挚虞：《决疑要注》，《三国志》卷二十一，中华书局，1959年，第599页。〔宋〕李昉、李穆、徐铉等：《太平御览》卷六九二《服章部》卷九，中华书局，1995年，第3087、3088页。

周墓及隋墓[1]。从上述资料可知，首先是皇室贵族佩戴组玉佩，其次此时组玉佩较为简洁，不像汉以前的复杂，以珩、环、璜等为主，其间以玛瑙、水晶、料珠、绿松石等串联。虽然出土的组玉佩大多散失，结构不明，但部分墓葬中玉佩较完整或可复原，为我们认识此时组玉佩的构成等提供了珍贵的实物资料[2]。从上述实物资料中我们可以看出，魏晋南北朝各地的组玉佩形式有其各自的特点，它们之间既有相似性也有不同。东晋南朝墓葬中组玉佩基本结构一致，其由三珩两璜二珠组成，珩为云头型、磬型，并起上下连接作用。北齐、北周墓葬中组玉佩形式在继承东晋南朝特征的同时又出现一些变化，组玉佩由两珩、两璜、一环璧或兽面组成。最明显的变化是中间起连接作用的珩北周变为环，北齐出现了兽形。上下珩的形态也不同于东晋南朝的云头型、磬型，而变得形式多样，有云头型、半圆形、磬型、梯形等。

另外，北朝的玉佩中加入了金属包边等工艺装饰手法，体现了北方草原民族对金属饰品的崇尚与喜爱。如北齐娄睿墓、北周大将军王士良墓等。

南北朝晚期组玉佩样装饰开始出现在造像碑、菩萨像璎珞及裙带上。成都万佛寺49号造像碑是目前所见较早出现组玉佩装饰的佛教作品，碑残存上部，中央刻一华盖，华盖两侧的龙口中各衔一组玉佩装饰物，上边磬形珩、中间下垂圆形玉环及铃，两侧玉璜、玉璧等[3]。此碑为南朝遗物，但其组玉佩装饰物与南昌南朝墓所出不同，珩已为磬型，中间连接物由珩变为环及铃。成都万佛寺出土的北周天和二年的倚坐菩萨像是菩萨像装身具上出现组玉佩有明确纪年的例子，其裙边腰带上垂挂长璎珞，于两腿间垂下，璎珞上挂磬形玉珩[4]。这件菩萨像虽为北周，但仍保留有南朝造像特色。受南朝文化强烈影响的麦积山石窟北魏140窟正壁胁侍菩萨，西魏102窟文殊菩萨中也出现组玉佩构件，菩萨手提玉璧、裙带中下垂挂玉璧或珩[5]。北齐菩萨造像中也有玉佩饰，如青州出土北齐菩萨身上璎珞交叉穿环后下垂的部分中就出现了珩[6]，但这些还不是完全意义上的组玉佩，只是在璎珞上出现了组玉佩的构件。在西安中查村长安城出土的18号菩萨像身体背面裙两侧的组玉佩式璎珞，其样式与北周田弘墓、隋初王世良墓中组玉佩基本一致，只是中间连接的串珠等较多，总体长度上略长，末端并未直接连接到珩上，而是分三串分别连接到中央方形珩及两侧的珠形坠上[7]。现藏美国明尼法尼亚艺术中心的隋开皇元

[1] 古方：《中国出土玉器全集》第14陕西卷，科学出版社，2005年，第176页。北齐娄叡墓、北周固原李贤墓、田弘墓，长安若干云、王士良、吕思礼等的墓葬。古方：《曹魏王璨所创玉佩样式及佩法》，《中国历史文物》2005年第3期。左骏：《魏晋南北朝玉佩研究》，《故宫博物院院刊》2007年第6期。

[2] 南京市博物馆：《江苏南京仙鹤观东晋墓》，《文物》2001年第3期。陕西省考古研究院、咸阳师范学院顺陵文物管理所：《陕西西咸新区朱家寨北周墓发掘简报》，《文物》2021年第11期。

[3] 袁曙光：《四川省博物馆藏万佛寺石刻造像整理简报》，《文物》2001年第10期，图一九。

[4] 四川博物院、成都文物考古研究所、四川大学博物馆：《四川出土南朝佛教造像》，中华书局，2013年，第74~76页。

[5] 天水麦积山石窟艺术研究所：《中国石窟·天水麦积山》，文物出版社、株式会社平凡社，1998年，图106、131。

[6] 中华世纪坛艺术馆、青州博物馆：《青州北朝佛教造像》，北京出版社，2002年，第161页。

[7] 中国社会科学院考古研究所：《古都遗珍——长安城出土的北周佛教造像》，文物出版社，2010年，第57、58页图三八、三九。

年（581年）成国乡邑子卅人等造观音立像铭文中记像造于北周天和五年，隋重修[1]。其身体两侧下垂的组玉佩式璎珞与西安中查村长安城出土18号菩萨身上璎珞相似，但两侧的璜消失，直接由串珠等连接下部的珠形坠。西安出土的无纪年的隋代菩萨像中组玉佩样式璎珞都呈现出简略的趋势，中间环、璜均消失，上下珩直接由串珠连接[2]。长安北周隋菩萨像中组玉佩式璎珞还是来自南朝，泾川隋菩萨像中组玉佩装饰经长安接受南朝影响。但其终究是将中国传统的组玉佩饰与外来的佛教文化结合在一起，反映了佛教中国化的一个侧面。

（4）裙、裙带、腰带

按律典记载，佛僧着三衣，"若僧伽梨、若郁多罗僧、若安陀会。"除此之外，还有若干助身衣。其中较为重要的有僧祇支、泥洹僧。此二衣与上述三衣合称五衣。《摩诃僧祇律》卷三十记："此是僧伽梨，此是郁多罗僧，此是安陀会，此是覆肩衣，此是雨衣。此是我五衣，此五衣尽寿不离宿受持。"[3]僧祇支覆肩遮胸，僧尼均着。泥洹僧又称雨浴衣、涅槃僧，为下身着衣，也就是裙。

《丁福宝佛学大词典》"裙"条解释为：旧称泥洹僧，涅槃僧。新称泥缚些那，泥伐散那 Niv&amacron sana，译作裙。比丘穿于腰部者。十三资具之一。《南海寄归传》卷二曰："然四部之殊，以着裙表异。一切有部则两边向外双襵，大众部则右裙蹙在左边，向内插之，不令其堕。西方妇女着裙，与大众部无别。上座正量制亦同之，但以向外直翻傍插为异，腰绦之制，亦复不同。尼则准部如僧，全无别体。"[4]从上述描述中知，比丘所着裙称为泥洹僧、涅槃僧、泥缚些那。不同部派穿着方式有异。《大唐西域记》卷二记载了其样式、颜色及穿着方式："泥缚些那，既无带襻，其将服也。集衣为襵，束带以缯。襵则诸部各异。色乃黄赤不同。"[5]表明僧所着裙为用方形布缠绕腰间，无带襻，将布上端叠压呈褶骀，束带穿着。

《南海寄归内法传》卷二载："尼有五衣；一僧伽知、二嗢呾罗僧伽、三安呾婆娑、四僧脚崎、五裙。四衣仪轨，与大僧不殊，唯裙片有别处。梵云俱苏洛迦，译为篅衣，以其两头缝合形如小篅也。长四肘宽二肘，上可盖脐，下至踝上四指。着时入内抬使过脐。各蹙两边双排撅脊，系绦之法，量与僧同。"[6]可见比丘尼所着衣与佛僧基本相同，只是裙略有差异。尼所着裙称为俱苏洛迦，汉译为篅衣，为缝制而成的筒状，以绦系之。类似今日之筒裙。

关于裙的着法，道宣《四分律删繁补阙行事钞》卷九记："泥洹着法：一不持下着上，二使四边等，三襞头近左面，四结带于右面，五当三绕不垂两头……广三指绕腰三周，若得已成者，当二三四

[1]　金申：《海外及港台藏历代佛像——珍品纪年图鉴》，山西出版集团、山西人民出版社，2007年，第160页。

[2]　西安市文物保护考古所：《西安文物精华——佛教造像》，世界图书出版西安公司，2010年，第114页图110。

[3]　《大正藏》T22、p0472b（第22册，第472页中）。

[4]　《大正藏》T54、p0214a（第54册，第214页上）。

[5]　《大正藏》T51、p0876b（第51册，第876页中）。

[6]　《大正藏》T54, p0216a（第54册，第216页上）。

条之。若乱缝合，短者绳续。若细软速破作玦钮（此谓以衣绕身讫。用带围绢收束之）……十诵五分。作时取衣从后岐间过。褊着前。着下衣法。左揜其上。两边两褊。当后两褊。十诵云。泥洹僧破应权作俱修罗，若软体比丘揩蹲破下开五寸许。应受之（此似裙而周缝合）。五分有着俱修罗衣者。俗人诃言。何异我等着贯头衣。便不许着之。安陀会坏，听权缝合作暂着（是类女人裙）。"[1]吉村怜研究认为菩萨着两层裙，一为泥洹僧，即为僧所着"裙"或"裳"，是用方形布缠绕腰间，是一种无带无扣的方布，其形状似乎同安陀会。二为俱苏洛迦即尼专属的长方形的布缝制的筒状物。吉村怜总结："比丘尼裙装的定制是将一种被称为'覆裙'的衣物与裙重叠穿着。"[2]

目前我们在十六国北朝隋唐石窟及单体造像中所见的菩萨着衣以上袒或着僧祇支或斜披络腋，下着裙，肩披帔帛为基本样式。裙是否两层？两层裙究竟如何穿？似要视具体实物而定。

从北凉石窟壁画看，菩萨既有着单层裙的，也有着两层裙的现象。如莫高窟275窟主尊交脚菩萨，菩萨裙束带，裙边外翻，着2层裙，内层裙蓝色，外层裙红色。内层蓝色裙上阴刻细线，上部有一横线，推测为束带，似为文献中所记："集衣为褊，束带以缁。"外层裙外翻的裙边可见褶皱边沿及土红色束带，两腿间可见带有折带的边缘，且中间有明显的开合。而275窟南北两壁中菩萨着单层裙，裙边外翻，腿间开合。同时，该窟内壁画中胁侍菩萨像也着单层裙，中间开合。272窟南北壁千佛中说法图胁侍菩萨明显着单层裙，两腿间开合。莫高窟北魏259窟西壁龛外右侧菩萨裙系带，右侧裙边外翻，遮住裙带，左侧裙带外露，中间有明显开合。左侧菩萨似表现"集衣为褊，束带以缁。"裙中间开合。西魏285窟壁画中供养菩萨着长裙，裙边外卷，并于腰间左侧打结。432窟中心柱东向面龛外右侧胁侍菩萨着两层裙，系带，裙中间开合；左侧胁侍菩萨着两层裙，系带，右侧裙边外翻下垂，裙中间开合。北周439窟西壁菩萨裙边外翻，系带，中间下垂，左腰处下垂外翻的裙边。290窟中心柱东向面龛外左侧菩萨，着双层裙，系带打结下垂，内侧裙边外翻于右侧。297窟西壁菩萨着双层裙，系腰带，内侧裙边外翻于一侧。296窟西壁菩萨双层裙，裙左右开合。到隋代304、305窟菩萨着两层裙，外层略短，裙边外翻于一侧。427窟主室泥塑菩萨均着双层裙，系带，裙边外翻[3]。可知莫高窟从北凉到北周隋代菩萨裙中间开合，有的明显可以看出着两层裙。

邺城附近北齐石窟寺中菩萨多着两层裙，一般外层裙较短，内层裙长及脚踝，系裙带，如响堂山石窟。邺城出土单体菩萨像中也见着两层裙的像例，如北吴庄出土的北齐菩萨像，内层裙腰较高，在右腰间呈褶皱样。外层裙遮住肚脐，外翻呈带有宽边的样式。裙披着时应内外均系带，内层带被遮，

[1]《大正藏》T40, p0109c（第40册，第109页下）。

[2]［日］吉村怜：《古代佛、菩萨像的衣服及其名称》，云冈石窟研究院：《2005年云冈国际学术研讨会论文集·研究卷》，文物出版社，2006年，第157～172页。

[3] 敦煌文物研究所：《中国石窟·敦煌莫高窟》（一），文物出版社、株式会社平凡社，1984年，图11、18、20、21、115、149、158、174、183、185。敦煌文物研究所：《中国石窟·敦煌莫高窟》（二），文物出版社、株式会社平凡社，1984年，图20、51、52、53。

不知其详。外层裙外翻的裙边上系金属质链状腰带，结系于左侧腰间，并于左腿外侧长长下垂。金属质链状腰带在菩萨像右侧腰间表现清楚，正面左侧被下折的裙边遮掩[1]。《南海寄归内法传》卷2记"其着裙法式聊陈大况。即如有部裙制。横五肘竖两肘。絁绢及布。随有作之。西国并悉单为。神州任情复作。横竖随意。绕身既讫抬使过脐。右手牵其左边上角。在内牵向腰之右边。左边上裙。取外边而掩左畔（近右手边为右裾。近左手边为左裾）。两手二畔举使正平。中间矗直即成三福。后以两手各蹙至腰。俱将三迭向后掩之。两角各抬三指。俱插向脊使下。入腰间可三指许。斯则纵未系绦。亦乃着身不落。后以腰绦长五肘许。钩取正中举向脐下。抹裙上缘向后双排。交度前抽傍牵左右。各以一手牢撼两边。缠彼两绦可令三度。有长割却少则更添。绦带之头不合缉彩。斯为圆整着裙。"[2]邺城北齐菩萨像正面内层裙下折的褶皱裙边遮掩腰带与记载"左边上裙，取外边而掩左畔。"类似，这似乎表明其内层裙腰部分可以开合，否则，左侧不能下折。如此内裙左右开合样的泥缚些那，外层为筒状俱苏洛迦。这又与文献记筒状助身衣应着于内矛盾。可见菩萨着两层下衣，但穿着顺序并未严格依照律典。

北朝时期菩萨像裙的结系方式为两种，一为裙边外翻样，此类裙腰位于下腹部，裙带压掩于外翻的宽大裙边下，部分像在腹前或背后垂长带，有的结系蝴蝶结，不仅生动美妙，亦充分表现出裙带的柔软性。这是十六国北魏以来菩萨像的普遍特征。二类裙边不外翻，裙边多呈褶皱状，竖直于腰部上方近胸部，束带结系，此类裙样在洛阳地区较为流行，如龙门石窟宾阳中洞三壁胁侍菩萨，魏子洞菩萨，古阳洞正壁左侧菩萨。巩县石窟1窟中心柱南面龛外胁侍菩萨，1窟中心柱东面龛主尊菩萨及胁侍菩萨。西部有麦积山石窟142窟右壁交脚菩萨像、127窟菩萨、西安岗家村出土单体圆雕菩萨像等[3]。裙带从结系样式等推断为较柔软的织物。

泾川菩萨像裙带结系大都为第一类，第二类样式在泾川少见。泾川菩萨像所着裙裹住下身，裙带有垂于两腿间、身后打结下垂、身体两侧下垂或身后与右侧均下垂等几种样式。腿间结系下垂的如H1：117号菩萨像、H1：68号菩萨像；身后下垂打结的如H1：2+196、H1：11+72、H1：45、H1：64、H1：107+162、H3：8+13+14+18号菩萨像；身体左侧垂带，仅见H1：157+161号菩萨像。另外H1：18+81号菩萨像身体左侧腰下垂"U"形带；身体右侧垂带，见H1：9+30、H1：65、H1：76+129、H1：82、H1：97+140号菩萨像；身体右侧与身后均见垂带的有H1：14+32+134+209、H1：15+24+采集1、H1：63+69、H1：113+126、H1：158+169+197等菩萨像。

[1]　中国社会科学院考古研究所、河北省文物研究所邺城考古队：《河北邺城遗址赵彭城北朝佛寺与北吴庄佛教造像埋藏坑》，《考古》2013年第7期，图三四。

[2]　《大正藏》T54，p0215c（第54册，第215页下）。

[3]　龙门文物保管所　北京大学考古系：《中国石窟·龙门石窟》（一），文物出版社、株式会社平凡社，1991年，图11、14、17、87、135。河南省文物研究所：《中国石窟·巩县石窟寺》，文物出版社、株式会社平凡社，1989年，图78、79、80、82。天水麦积山石窟艺术研究所：《中国石窟·天水麦积山》，文物出版社、株式会社平凡社，1989年，图110、151。

　　从上述菩萨像中腰带刻画看，带的位置与律典中的记载有出入，并非均结带于身体右侧。身后打结下垂裙带结系花结，知其质地较为柔软。身侧下垂的裙带呈麦穗状细长条，且多底部坠流苏。其质地不易确定。

　　泾川北周隋代菩萨像除了上述的裙带外，还见金属质链状腰带。H1∶65、H1∶14+32+134+209、H1∶158+169+197等像，他们背面裙边整体外翻，而正面裙边左右开合，左右两侧裙边前后叠压，腰间左侧露出金属质链状带，可见其于腰间缠绕1～2圈。另外在H1∶113+126号菩萨身体右侧面可见从腰间下垂的2条细长带，金属质感明显，且底部坠流苏。而此件菩萨背面有精致的打结裙带，故分析其同时着裙带与腰带。

　　在泾川西邻的崇信县博物馆也藏有2件菩萨像，其整体风格与泾川H1∶158+169+197号菩萨相似，1件结系麦穗状裙带，垂于腿间，腰间左侧半露横向金属质麦穗状腰带，下垂于体前，打结后分支，并分别上折搭于璎珞上。另一件裙带结系，金属质链状样腰带半露[1]。

　　西安中查村长安城遗址出土菩萨像也表现出系裙带、束腰带样式。裙带于两腿间下垂，有的结系蝴蝶结，如20号菩萨像；或结圆形花结，如21、22号菩萨像；有的在背面结系，如25号菩萨像。17、22号北周菩萨像裙边外翻，系麦穗状裙带，裙带垂悬于两腿间。17号菩萨在外翻的裙边上再束腰带，腰带略宽，上装饰菱形、圆形饰物[2]。美国明尼法尼亚艺术中心藏隋开皇元年（581年）成国乡邑子卅人等造观音立像腰带与中查村菩萨相似。类似的还有无纪年的波士顿美术馆藏隋代菩萨像、西安博物院藏西安太平堡村出土菩萨像、政治干校出土菩萨像、西安碑林博物馆藏西安南郊沙濠沱村出土隋代菩萨像[3]。从上述造像中可以看出，西安地区北周、隋代菩萨像中存在一种裙带、腰带共同装饰腰间的样式，裙带质地较软，结系后垂于腿间或腰后；腰带较宽，束于外翻的裙边上，上饰似金属质的椭圆形、菱形、方形饰物。邻近泾川的陕西长武县博物馆藏昭仁寺出土2件菩萨像，报告描述2件造像相同，从发表的线图看系链状腰带[4]。

　　中原东部地区的青州云门山石窟2窟菩萨像腰带宽大冗长，上饰方格，格内刻椭圆形宝珠，腰带较长，于腹间相扣后下垂于腿前，是将青州地区北齐菩萨像流行的双腿间垂宽裙带与腰带结合的形式。上述邺城北吴庄出土菩萨像着两层裙，内层露出上端的褶皱，外层裙裙边外翻，裙带垂于腿间并结节。

　　[1]　吴茁：《陇东地区北周隋代菩萨造像特征研究》，《美术大观》2024年第4期，图12。

　　[2]　中国社会科学院考古研究所：《古都遗珍——长安城出土的北周佛教造像》，文物出版社，2010年，图版五二、3、五三。

　　[3]　金申：《海外及港台藏历代佛像——珍品纪年图鉴》，山西出版集团、山西人民出版社，2007年，第160页（此像铭文中记像造于北周天和五年，隋重修）、第176页。西安市文物保护考古所：《西安文物精华——佛教造像》，世界图书出版西安公司，2010年，第115页111图、第119页115图。西安碑林博物馆：《长安佛韵——西安碑林佛教造像艺术》，陕西师范大学出版社，2010年，第77页。

　　[4]　张燕　赵景普：《陕西省长武县出土一批佛教造像碑》，《文物》1987年第3期。昭仁寺博物馆展厅现有2件菩萨像，一件无头，身体较完整，1件仅残存腰部，2件像都能明显看出系链状带腰。

金属质链状腰带系于外翻的裙边上，在身体前面右侧及背面露出，前面左侧被下垂的裙边遮盖，身体左侧下垂链状带。整体风格与泾川菩萨像类似。

成都万佛寺出土北周天和二年倚坐菩萨残像，也系裙带、腰带二重，裙带遮掩于外翻的裙边下，外翻的裙边上系2圈细腰带。成都下同仁路T2H3：53天和三年观音菩萨像，系裙带、腰带两重，裙带联珠纹状，掩于外翻的裙边下，垂于腿间，下坠流苏。麦穗纹腰带叠系于外翻的裙边之上，且结于腹前团花宝珠上，之后分支下垂并绕向身后。同样，无纪年的菩萨像也系裙带、腰带两重。其中T2H3：89号菩萨裙带麦穗纹状，垂于腿间，下坠流苏。腰带叠系于外翻的裙边之上，呈金属质链状，于腹前联结于菱形饰物上，其下垂两支麦穗纹带，并绕向身后。T2H3：68号菩萨系裙带、腰带两重，裙带麦穗纹状，垂于腿间，下坠流苏。腰带上下二条系于外翻的裙边之上，上面一条腰带较宽，上饰椭圆形、菱形饰物。下面一条麦穗纹状，分二支下垂后分别上搭于腰间的带上。T2H3：90号菩萨也为裙带、腰带两重[1]。

从目前发现看成都出土南朝至北周、隋代菩萨像裙带、腰带装饰最为复杂、华丽。裙带结系，遮掩于外翻裙边下，垂于两腿间，而腰带多系于外翻的裙边上，有金属质链状、细长麦穗状、上饰圆形菱形连缀状宝珠的宽带等三种样式。有的还与璎珞绕搭，除了实用功能外，其装饰美化效果明显，整个造像显示出华丽繁复的特征。西安地区菩萨裙带与成都雷同，但腰带不见金属质链状及细长麦穗状，而饰圆形、菱形连缀状宝珠的宽带样式较为突出。以泾川菩萨像为代表的陇东地区北周隋菩萨像裙带多于身后结带下垂，部分在身体一侧系长带，以右侧居多。部分像腰带右半部遮于裙边下。

菩萨像上装饰有圆形、椭圆形、菱形的宽大腰带，与现实生活相关。在《周书》王思政传、李贤传等中多次提到受赐"九环金带"或"金带"之事[2]。《周书》卷二十五《李贤传》记："高祖……降玺书劳贤，赐衣一袭及被褥，并御所服十三环金带一要、中厩马一匹、金装鞍勒、杂彩五百段、银钱一万。"[3]《周书·李迁哲传》："太祖嘉之，以所服紫袍玉带及所乘马以赐之。"[4]北周若干云墓中出土了一条玉蹀躞带，可以较为清晰的看到其上有环形构件[5]，与北周隋菩萨像腰间的椭圆形饰物相似。蹀躞带本身就是传自胡人，只是加入了中原玉石等元素。菩萨裙带自北魏以来多一重打结系，其材质应为丝绸等柔软的物质，而北周隋菩萨像上出现的金属质腰带装饰受当时现实生活的影响较大[6]，但其真正的源头可以追溯到外来的文明。

---

[1]　四川大学博物院、成都文物考古研究所、四川大学博物馆：《四川出土南朝佛教造像》，中华书局，2013年，第74～76页。成都文物考古研究院：《成都下同仁路——佛教造像坑及城市生活遗址发掘报告》，文物出版社，2017年，图42、图45、图47、图48。

[2]　孙机：《中国古代的带具》，《中国古舆服论丛》，文物出版社，2001年，第253～292页。

[3]　〔唐〕令狐德棻：《周书》卷二十五，中华书局，1983年，第417页。

[4]　〔唐〕令狐德棻：《周书》卷四十四，中华书局，1983年，第791页。

[5]　负安志：《中国北周珍贵文物》，陕西人民美术出版社，1993年，第60～75页，图一四九、图版一七三～一七六。

[6]　〔日〕八木春生著，李梅译，赵声良审校：《隋代菩萨立象衣着饰物》，《敦煌研究》2012年第1期。

　　印度1、2世纪夜叉女腰饰带中早已出现大量的金属质物[1]。而夜叉与菩萨关系密切[2]，其体态、装身具极大地影响了后世菩萨像。笈多时期菩萨像中更是出现大量的金属质链状腰带[3]，随着笈多造像对北朝晚期隋佛教造像的影响，这一外来佛教装饰因素与中国世俗社会审美相结合，产生出妖娆妩媚又装饰华丽，独具特色的菩萨像。反映了佛教中国化的历程，同时此类装饰对唐代影响十分深远。

　　总之，泾川北周隋代菩萨像反映出多种文化因素，有外来的犍陀罗、笈多因素，本土汉文化因素等。泾川地处陇东高原，自古就与关中地区有着千丝万缕的联系，做为西出长安的门户，在丝绸之路上占据着重要位置，文化面貌上与长安极为相似，属于长安佛教文化圈，其造像可以窥见长安造像的面貌，或者说最具长安影响，因此显得极其重要，成为认识长安造像的一个窗口，可对长安造像弥补一二。同时，南朝佛教文化又通过长安对古泾州地区产生了明显的影响。随着隋的统一，南北东西文化大融合，佛教艺术也呈现出逐步统一的面貌。但因隋代历时较短，造像风格并未完全统一，北齐、北周样式还存在于隋代东西部地区造像上，真正的统一在唐[4]。

六　造像制作及修复

1. 制作

　　据《增一阿含经》卷二十八载，佛陀上三十三天，夏中三月不在阎浮提，时憍赏国优填王慕佛，以栴檀造五尺之佛像，舍卫国波斯匿王闻之，以紫磨金铸五尺佛像，此时阎浮提内始有二像[5]。以至阿育王时期建造佛塔，立石柱，以佛足、菩提树、法轮等象征佛陀。公元1世纪，佛弟子思惟佛法，在犍陀罗地区首创佛像制作，作为弘法、修行、礼敬及膜拜的对象。《后汉书·西域传》记："世传明帝梦见金人，长大，顶有光明，以问群臣。或曰：'西方有神，名曰佛，其形长丈六尺而黄金色。'帝于是遣使天竺问佛道法，遂于中国图画形像焉。"[6]汉明帝梦金人，遣使天竺求法，并带回佛像样式，在洛阳的开阳门和显节陵上雕刻佛像图样，从而佛像在内地雕绘风行一时，汉地佛像制作开始并由此传播。笮融信奉佛教，"乃大起浮图祠，以铜为人，黄金涂身，衣以锦采"[7]。雕刻佛像、供养塔寺和佛菩萨形象都是对佛的供养，所以铸佛供像是大功德，在社会上极为盛行。如《高僧传·道宣传》载：道安在襄阳，铸成大像，"安既大愿果成，谓言'夕死可也'……安曰：像既灵异不烦复治"[8]。"自汉以

---

[1] 王镛：《印度美术》，中国人民大学出版社，2004年，第120、121页。

[2] 李翎：《认识夜叉》，《艺术设计研究》2018年第2期。

[3] 齐庆媛：《印度菩萨像环扣链条状饰物在中国的新发展》，《艺术设计研究》2020年第3期。

[4] 〔美〕常青：《论隋代造像的创新性和保守性》，《美术观察》2020年第3期。

[5] 《大正藏》T02，p0706a（第2册，第706页上）。

[6] 〔南朝宋〕范晔：《后汉书》卷八十八《西域传》第七十八，中华书局，1965年，第2922页。

[7] 〔西晋〕陈寿：《三国志》卷四十九《吴书·刘繇传》，中华书局，1982年，第1185页。

[8] 〔南朝梁〕释慧皎：《高僧传》第5卷《道安传》，《大正藏》T50，p0352b（第50册，第352页中）。

来，至于今日。范金铸形，搏土成像"[1]。

周叔迦先生在《几种造像的方法》中依造像所用的材料不同，分为九种[2]：第一金鍱像，这是用薄铜板槌打成的。自西晋时即采用此种造像法。晋沙门竺道一于太和年中（366～370年），在嘉祥寺造金鍱千佛像。《出三藏记集》所载《法苑杂缘原始集目录》中有"定林（法）献正于龟兹造金鍱槌像记"。第二铸像，这是用铜或铁铸成的。六朝时期有极精美的小型鎏金铜铸像，在背面或像座上刻有铭文，甚可宝贵。第三雕像，是用石或木或玉雕成的。第四夹纻像，又叫作脱沙像。第五塑像，是用泥塑成的。第六瓷像，是用瓷造的。有素瓷和彩瓷的不同。第七绣像，是用丝线在锦缎上绣成的。第八织成像，也叫作缂丝像，是用丝和金线织成的。第九泥像或陶像，这是用模型压泥而成的小型佛像。

戴逵、戴颙父子是最早制作佛像的中国艺术家。《宋书》载："自汉世始有佛像，形制未工，逵特善其事，颙亦参焉。"[3]张彦远《历代名画记》卷五载："（逵）又善铸佛像及雕刻，曾造无量寿木像，高丈六，并菩萨……积思三年，刻像乃成，迎至山阴灵宝寺。"[4]《法苑珠林》卷十六："逵又造行像五躯，积虑十年，像旧在瓦官寺。逵弟二子颙字仲若，素韵渊澹雅好丘园。既负荷幽贞亦继志才巧。逵每制像常共参虑。"[5]

《法苑珠林》卷十六记："自泥洹以来久逾千祀，西方像制流式中夏。虽依经镕铸各务仿佛，名士奇匠竞心展力，而精分密数未有殊绝。晋世有谯国戴逵字安道者，风清概远肥遁旧吴，宅性居理游心释教，且机思通赡巧拟造化，思所以影响法相。咫尺应身乃作无量寿挟侍菩萨。研思致妙精锐定制，潜于帷中密听众论，所闻褒贬辄加详改。核准度于毫芒，审光色于浓淡，其和墨点彩刻形镂法。虽周人尽策之微宋客象楮之妙，不能逾也。委心积虑三年方成，振代迄今所未曾有。"[6]"核准度于毫芒，审光色于浓淡，其和墨点彩刻形镂法"，均是对其制作佛像技艺的描述。

制作佛像的标准要符合佛陀的三十二相与八十种好。三十二相是转轮圣王及佛之应化身所具足之三十二种殊胜容貌与微妙形相。东汉建安二年（197年）西域僧竺大力与中亚僧康孟详合译《修行本起经》所列佛陀"三十二相"中起首便记："今观太子身，金色坚固志。"《中阿含经》："大人身黄金色，如紫磨金。"[7]《长阿含经》卷一"三十二相"中第十三即为身黄金色[8]。谓佛身及手足等悉为真金色。上述汉孝明皇帝，所梦金色神人，笮融造黄金涂身铜人均是最早的关于佛像金身的记载。

中国古代佛像不仅金铜佛像为金人，其他材质的佛像在雕刻、塑造完成后也要赋彩贴金，进行妆銮。

---

[1]　〔清〕工布查布译解：《佛说造像量度经解》，《大正藏》T21，p0936a（第21册，第936页上）。

[2]　周叔迦：《佛教基本知识》，中华书局，2005年，第12、13页。

[3]　〔南朝梁〕沈约：《宋书》卷九十三《列传》第五十三《隐逸》，中华书局，1983年，第2277页。

[4]　〔唐〕张彦远：《历代名画记》，人民美术出版社，1983年，第123、124页。

[5]　《大正藏》T53，p0406b（第53册，第406页中）。

[6]　《大正藏》T53，p0406a、p0406b（第53册，第406页上、中）。

[7]　〔东晋〕瞿昙僧伽提婆译：《中阿含经》，《大正藏》T01，p0494a（第1册，第494页上）。

[8]　〔后秦〕佛陀耶舍共竺佛念译：《长阿含经》，《大正藏》T01，p0005b（第1册，第5页中）。

张彦远《历代名画记》卷五曰："后晋明帝、卫协，皆善画像，未尽其妙。自戴氏父子皆善丹青，又崇释氏，范金赋采，动有楷模。"[1]"范金赋采"明确为佛像进行妆銮。《金石萃编》卷三十九《北朝造像诸碑总论》亦记载："其初不过刻石，其后不过施以金涂彩绘。其形模之大小广狭，制作之精粗不等。"[2]

考古出土的大量佛教造像普遍彩绘贴金，且发愿文中有很多描述。如泾川县博物馆藏庚辰年款〔（武成二年（560年））〕造像碑，发愿文中"……一或铸金式像或镂玉表真……/……景行之本皆所以阐杨冲极……/……恩天地无以均其意鞠育……/……我孤诚证彼妙果 于是采……/……宝共塔无量寿弥勒观世音……/……各一躯丹青金碧之餙莹丽……/……因仰愿 亡者迈影兜率……/……轮之法主现存亲眷尊卑……/……积智成明从凡至圣……/……经始庶感鸿庆眷彼安养……/……表迹仿佛尊仪图容镌石……/……庚辰四月壬午朔十五日"中"丹青金碧"，说明所造无量寿、弥勒、观世音像均赋红绿彩，并贴金。

泾川宝宁寺石函一面阴刻铭文"真容虚寂妙悭疑/神圣智无私言谭/路绝然宝宁寺比/丘慧明谨舍衣钵/之余仰为七世所/生法界合识敬造/石像一区琢磨已/就莹饰殊丽虽不/释氏见存与真踪/无异藉此善因缘/上乘所列合国黎/庶俱登正觉 囗周天和二年岁/次丁亥六月庚子朔廿三日壬戌敬/造"此函利用原有的造像座改制而成，从发愿文中可以清楚地看到，比丘慧明敬造的石像"琢磨已就，莹饰殊丽"。说明石像经过装饰，灿烂华丽。天和元年僧妙等十七人造像记云"……敬造释迦石像一躯，庄莹雕华，丽同金质，相好之美，等昔真容……"[3]此类铭文很多，不再一一赘述。

虽然从发愿文中不能确知彩绘、贴金的具体部位，但对所造像进行妆銮却是不争事实。造像以庄严慈祥神情、优美的姿态、光艳华丽的装饰呈现在世人面前，极大地吸引了当时的广大信众，也让今天的我们惊叹不已！

泾川出土的造像分为石质、陶质、泥质等三种材质，均是常见的佛像制作材料。陶像用灰陶模制而成，中空，表面施彩。泥质造像塑泥层有两层，表层为细泥（砂泥）层，下层为粗泥（草拌泥）层。粗泥中可以观察到已经炭化的植物纤维。细泥层中含有大量的砂砾，而在草拌泥层没有这样的现象。泥像螺髻由泥条盘筑而成。其底大顶小，逆时针旋转，最大直径约为9毫米。螺髻的制作应该先于佛头，待其变硬时，将螺髻颗粒摁压在做好了半干的佛头上，两者是通过泥料本身的粘合力结合在一起，所以强度不大，极易脱落[4]。无论哪种材质，造像中大部分都经过妆銮。单体圆雕造像，均白粉打底，面部施肉色，佛像发髻和胡须多黑色，宝缯、袈裟、裙、唇等多敷红色，袈裟边缘有绿彩装饰。佛肉髻施蓝彩。菩萨冠、发髻、僧祇支、帔帛、裙等亦多敷红色，冠中小龛、璎珞等施绿彩。造像碑、背

[1]　〔唐〕张彦远：《历代名画记》，人民美术出版社，1983年，第126页。

[2]　〔清〕王昶：《金石萃编》第一册卷39，中国书店，1985年。

[3]　北京图书馆金石组：《北京图书馆藏中国历代石刻拓本汇编》第八册，中州古籍出版社，1997年，第128页。

[4]　梁嘉放、吴荭、张勇剑等：《甘肃泾川出土5件佛教造像彩绘分析及相关研究》，《文物保护与考古科学》第28卷第4期，2016年11月。

屏式造像背光、头光中饰绿彩，身体装饰与单体造像同。佛、菩萨面部原本贴金，现部分造像上存留有残迹。另外，菩萨除了面部贴金外，在冠、肩部圆饼形物、璎珞上也见残存的金箔。可见当初其妆銮的华丽程度，加之红色彩绘，正所谓"朱衣金面"。

这类妆銮在佛教造像中十分普遍，长安地区出土的北周隋代造像中也能见到较多的例子，如西安博物院藏西安汉城乡西查村出土的北周白石贴金彩绘立菩萨像、长安城出土佛教造像、美国波士顿艺术博物馆藏的石雕观世音立像等等[1]。莫高窟隋代洞窟中菩萨像项圈、璎珞多重彩金饰，显得绚丽辉煌[2]。

青州龙兴寺造像贴金经夏名采研究分为几种类型：佛像的贴金、菩萨的装饰品贴金和其他贴金。其中佛像的贴金主要为皮肤裸露部分，即面部和颈部、双手、双足，也有袒右肩造像的胸部，而袈裟上则很少用黄金装饰。菩萨的黄金装饰主要见于装饰品，如璎珞、项圈等[3]。成都下同仁路H3：66佛像施红彩，胸前鎏金，H3：23菩萨像表面残留有金箔片，部分菩萨头像表面贴金[4]。

关于泾川造像中的彩绘，我们取样进行了分析。运用显微观察、荧光拍照、偏光显微镜、X射线荧光光谱、X射线衍射及扫描电镜能谱分析手段，得知：#99标本（H1：157+161菩萨像），#87标本（H1：149造像碑）和#2标本残块中红色，其呈色元素为铅（Pb）和（或）汞（Hg），#54标本（H1：116陶佛像）佛像表面红色，呈色元素为铁（Fe）和（或）铅（Pb）。#99标本（H1：157+161菩萨像），#87标本（H1：149造像碑）中绿色，呈色元素为铜（Cu），同时有铅（Pb）。#99标本（H1：157+161菩萨像）眼珠黑色，同时有铅（Pb）。#99标本（H1：157+161菩萨像）面部肉色，呈色元素为铅（Pb）和（或）汞（Hg）。#54标本（H1：116陶佛像）白色，呈色元素为钙（Ca），同时有铅（Pb）。#1标本泥塑佛头蓝色：呈色元素为铜（Cu），同时有铅（Pb）。

#87标本（H1：149造像碑）从造像特征等分析，其年代为北魏，#99标本（H1：157+161菩萨像）为隋代造像，两者表面所施红色为朱砂，绿色为石绿，白色为方解石。隋代菩萨造像面部肉色为硫酸铅和朱砂的混合物，眼黑为炭黑。#54标本（H1：116陶佛像）年代为宋代，像表面红色为铁红，白色为方解石。泥塑残块#1标本表面蓝色为石青和石绿的混合物，#2标本表面为朱砂[5]。说明不同时代所用颜料不同，即使是同样的红色，北魏、隋代与宋代不同。北朝、隋代用朱砂，宋代为铁红。

当然我们所取样品并非全部，也不排除后代在修复前代造像时，又对其重新妆銮。

---

[1]　西安市文物保护考古所：《西安文物精华——佛教造像》，世界图书出版西安公司，2010年，第60、61页图52。中国社会科学院考古研究所：《古都遗珍——长安城出土的北周佛教造像》，文物出版社，2010年，图版五、七、九、十一。金申：《海外及港台藏历代佛像珍品纪年图鉴》，山西出版集团、山西人民出版社，2007年，第176页。

[2]　李其琼：《隋代的莫高窟艺术》，《中国石窟·敦煌莫高窟》（二），文物出版社、株式会社平凡社，1984年，第161～170页。

[3]　夏名采、冀浩臻：《龙兴寺佛教造像彩绘贴金工艺初探》，《潍坊教育学院学报》2001年第14卷第1期。

[4]　成都文物考古研究院：《成都下同仁路——佛教造像坑及城市生活遗址发掘报告》，文物出版社，2017年，第25、42、48页。

[5]　梁嘉放、吴荭、张勇剑等：《甘肃泾川出土5件佛教造像彩绘分析及相关研究》，《文物保护与考古科学》第28卷第4期，2016年11月。

　　泾川龙兴寺出土的大量北周隋代单体造像中有一定数量的大像，高度达1.8米左右，具有一定的时代特点。北周长安地区造像也是如此，如西安出土的北周五佛，均高大雄伟。文献记载北周初年已有皇家造像，且造大像"（明帝）二年奉为先皇敬造卢舍那织成像一躯，并二菩萨。高二丈六尺，等身檀像一十二躯，各二菩萨及金刚师子等，丽极天成妙同神制。"[1]周高祖武皇帝"武成二年为文皇帝，造锦释迦像。高一丈六尺，并菩萨圣僧，金刚师子周回宝塔二百二十躯。"[2]

　　制作大像不仅在北周所辖西部地区流行，在东部地区也十分盛行。山东地区有制作大佛的传统，自北魏就多有大佛像发现，如青岛博物馆藏临淄龙泉寺出2尊大像及2尊菩萨像均丈八高、博兴兴国寺藏丈八佛像、临淄西天寺大佛等[3]。另外，临淄西天寺还存有康山寺大佛，高4.15、宽1.90米，头毁，现存头为后代造。北齐青州地区也存有大量的高大佛像。河北定州隆兴寺藏原元氏县开业寺北齐佛像及其座[4]。北齐、北周虽属不同政权，但文化的传播并没有因为地域的管控不同而产生割裂。或因灭佛的原因大像保留下来的较少。在古泾州地区还有残存的遗物，如近年在崇信县丈八寺发现的北周佛座及造像残件，佛座体量巨大，座边长近1.6、宽1.56、高0.48米，其上莲台高0.28、直径1.54米，可以想见佛像的高大。同时，丈八寺还发现一残佛头，高1.15米[5]。如此巨大的单体造像在西部地区还较为少见。另外，泾川县现仍存有北朝时期开凿的丈八寺石窟，窟内存高大的北朝佛像。可见丈八佛在北朝是比较多见的。

　　泾川北周隋佛像右手与右肩头间装饰有圆形或莲花形物。泾川北周像如H1：48+106、H1：60+44还没形成独立的莲花样，而为一块方石，略晚的H1：75、H1：183、H1：84、H1：47、H1：53造像中已呈圆形，而至H3：1、H3：5、H1：13、H3：20、H3：7+21+29像中明显雕刻出莲花样。不仅佛像如此，泾川H1：82、H1：41+85菩萨像右肩与右手间也有圆形连接物。这些造像经历了从起初仅起连接作用的附件，到后来逐渐变小，装饰出莲花形，表现了技艺成熟的过程。

2. 保存现状及历史修复痕迹

　　泾川龙兴寺遗址中清理的2个造像窖藏坑中造像大都残破，断裂。造像保存状态较差，其形式可以分为三种，一是头身断裂，手臂残失类。二是残破风化严重者。三是制作过程中出现错误或改制。第一种数量最多，后两者数量较少。

　　第一种多是在历次灭佛事件中遭毁坏的造像。最常见的是造像头身分离，胳膊、手、腿断裂，鼻子残毁，这些残毁部位或较细，或高出身体，最易被敲断毁坏，应与人为破坏有关。同时，大量造像

---

[1]　〔唐〕法琳：《辨正论》卷三《十代奉佛篇》上，《大正藏》T52，p0508a（第52册，第508页上）。

[2]　〔唐〕法琳：《辨正论》卷三《十代奉佛篇》上，《大正藏》T52，p0508b（第52册，第508页中）。

[3]　刘海宇、史韶霞：《青岛市博物馆藏双丈八佛及相关问题探析》，《敦煌研究》2011年第4期。

[4]　郭玲娣、樊瑞平、刘友恒：《一尊幸存的大型佛教石造像》，《文物春秋》2002年第1期。

[5]　吴荭、信搏涛：《甘肃崇信佛教造像座考释》，《文物》2023年第8期。

贴金脱落，也与人为因素相关联。《历代三宝纪》卷11记载北周武帝的灭佛："毁破前代关山西东数百年来官私所造一切佛塔，扫地悉尽。融刮圣容，焚烧经典。"[1] 日本入唐求法僧圆仁在其《入唐求法巡礼行记》中亦记，会昌五年"十一月记云：三、四年已来。天下州县准敕条流僧尼，还俗已尽。又天下毁拆佛堂、兰若，寺舍已尽。又天下焚烧经像。僧服罄尽。又天下剥佛身上金已毕。天下打碎铜铁佛，称斤两收检讫。"[2] 上述文献明确记载了灭佛时大量的佛教造像被毁坏，像上贴金被"融刮"。

第二种在使用过程中损毁的。此类主要以彩绘、贴金脱落，石质风化，破损为主。佛像在供奉过程中或因自然环境的原因，或因人为移动，意外造成的损坏等。石质风化的情况多出现在造像下部，如造像身体下部袈裟、璎珞、帔帛等处较为明显。其中贴金脱落，除了上述人为原因外，也有自然因素。

第三种是在制作过程中产生错误，或者未完成，或改制的造像。造像在制作过程中出现错误，产生残次品，不能够供奉，将其埋葬。如H1：60+44佛像，袈裟出现两种形式，上部为通肩式，下部又出现覆搭肘部样式。明显是制作时产生错误。H1：84造像，正面为佛像，内着僧祇支，略残，外着圆领通肩袈裟。右手残，上举，右肩部与手间有支撑物，左手提握袈裟角。完全符合佛像的特征。但背面上部刻画出通覆双肩的宽大帔帛，下部长裙，裙上绘制白色方格线，又为典型的菩萨造型。一身造像两种表现。明显是工匠在制作时出现错误所致。或者改制形成。

另外，泾川造像存在明显的修复痕迹。一是单体圆雕造像及残存的头像中约有55件在颈部或手臂等断裂处出现方形或圆形榫眼，明显是修复时制作了卯杆将造像重新进行连接。这种比例高达30%。如H1：45菩萨颈部断裂处还能见到残留的榫头（见彩版七八，4）。

二是造像被毁坏后，并未重新连接或者无法补刻，而是利用现有的状况进行补绘，将造像内容修复完整。如H1：175号造像碑正面上层圆拱形龛，龛内一坐佛二胁侍像，两侧胁侍尊格不同。龛中主尊佛面部被毁，后经磨平，或也采用绘制的方式对其进行修复，只是现存面部不清，只残留红彩。右侧弟子像，现存状况为上身绘制而成，下身雕刻出，推测像原应雕刻而成，上半身残毁，修复时将弟子头部磨平，绘制出弟子头像、墨线勾勒五官、点红唇，着红色袈裟。

被毁造像多为北魏、北周、隋代像，那么修复的年代会是隋代、唐代？北周武帝建德年间灭佛，建德三年（574年）开始在北周国境内废佛，建德六年（577年）在征服北齐之后，开始在北齐旧地推行废佛政策。此举对佛教造成了极大的破坏。然武帝于宣政元年（578年）驾崩后，废佛即告结束。隋代恢复佛教后，不仅大兴佛寺，还修复过大量佛经、佛像。隋文帝于开皇三年诏曰："朕钦崇圣教，念存神宇。其周朝所废之寺咸可修复。"[3] "隋高祖文皇帝，开皇三年周朝废寺，咸乃兴立之。名山之下各为立寺，一百余州立舍利塔。度僧尼二十三万人，立寺三千七百九十二所，写经四十六

[1]　〔隋〕费长房：《历代三宝纪》卷11，《大正藏》T49，p0094b（第49册，第94页中）。

[2]　〔日〕圆仁：《入唐求法巡礼行记》卷第四，广西师范大学出版社，2007年，第154、155页。

[3]　〔唐〕法琳：《辩正论》卷3，《大正藏》T52，p0508c（第52册，第508页下）。

藏一十三万二千八十六卷，修故经三千八百五十三部，造像十万六千五百八十区，自余别造不可具知之矣。隋炀帝为孝文皇帝献皇后，长安造二禅定并二木塔，并立别寺一十所，官供十年。修故经六百一十二藏二万九千一百七十二部，治故像十万一千区，造新像三千八百五十区，度僧六千二百人。"[1] "至四年又敕旨：周武之时悉灭佛法。凡诸形像悉遣除之。号令一行多皆毁坏。其金铜等或时为官物。如有见存，并可付随近寺观安置，不得转有损伤。于时木石之像，皆将别用。有司亦存意知则移安。公寺私家遣迎供养……开皇十三年十二月八日，隋皇帝佛弟子姓名。敬白十方尽虚空遍法界一切诸佛一切诸法一切诸大贤圣僧。仰惟如来慈悲弘道垂教。救拔尘境济渡含生。断邪恶之源。开仁善之路。自朝及野咸所依凭。属周代乱常侮蔑圣迹。塔宇毁废经像沦亡。无隔华夷扫地悉尽。致使愚者无以导悟迷。智者无以寻灵圣。弟子往藉三宝因缘。今膺千年昌运。作民父母思拯黎元。重显尊容再崇神化，颓基毁迹更事庄严，废像遗经悉令雕撰。虽诚心恳到犹恐未周，故重勤求令得显出。而沈顿积年污毁非处。如此之事事由弟子。今于三宝前至心发露忏悔。周室除灭之时，自上及下，或因公禁或起私情，毁像残经慢僧破寺。如此之人罪实深重。今于三宝前悉为发露忏悔，敬施一切毁废经像绢十二万匹。皇后又敬施绢十二万匹。王公已下爰至黔黎。"[2]《法运通塞志》第十七之六记载，隋文帝开皇"十三年，帝幸岐州搜于南山，逐兽人古窑中。忽失所在，但见满窑损佛像。沙门昙迁曰：'比周武毁法故圣像多委沟壑。'帝乃下诏，诸有佛像碎身遗影者，所在官检送寺庄严。"[3] 上述文献明确记载了隋代二帝均对前代残毁的佛寺、经卷、佛像进行了修复及庄严。开元九年（721年），唐玄宗取缔三阶教并没收其"无尽藏"后，"六月丁亥，诏：化度寺无尽藏财物、田宅、六畜，并宜散施京城观寺，先用修理破坏尊像、堂殿、桥梁，有余入常住，不得分与私房，从贫观寺给。"[4]《续高僧传》卷26记"及炀帝镕铸高阳开模之始其像，顶含翠髻身曜紫金、灵光通普、显五色之希寄、瑞花满庭、开六彩之殊相。上下同泰无德称焉。下诏图之远颁郡国。"[5] 详细记载了隋炀帝下诏各处分送佛像的情景。从中可知，隋唐时期国家大寺在皇帝的支持下对破坏了的佛像进行过大规模的修复，同时也制作新的佛像。宋代初年佛教仍受限制，但也略得到一定的恢复。《法运通塞志》载宋太祖建隆元年"六月，诏诸路寺院，经显德二年当废未毁者听存。其已毁寺所有佛像许移置存留。于是人间所藏铜像稍稍得出。赞曰：自有佛法以来，有道之国未尝不隆笃佛教以劝天下。太祖初见周朝毁像，伤之曰：令毁佛法大非社稷之福。及登大宝，亟下兴复之诏。"[6] 著名的龙门石窟在大中祥符八年得到了修复，"西京龙门山石龛佛，岁久废坏。上命沙门栖演给工修饰，凡一万七千三百三十九尊。"[7]

---

[1]〔唐〕道世：《法苑珠林》卷100，《大正藏》T53，p1026b（第53册，第1026页中）。

[2]〔隋〕费长房：《历代三宝纪》卷12，《大正藏》T49，p0108a、p0108b（第49册，第108页上、中）。

[3]〔宋〕志磐：《佛祖统纪》卷39，《大正藏》T49，p0360b、p0360c（第49册，第360页中、下）。

[4]〔宋〕王钦若：《册府元龟》卷159，中华书局，1982年，第1924页。

[5]《大正藏》T50，p0677b、p0677c（第50册，第677页中、下）。

[6]〔宋〕志磐：《佛祖统纪》卷39，《大正藏》T49，p0394c（第49册，第394页下）。

[7]〔宋〕志磐：《佛祖统纪》卷44，《大正藏》T49，p0405c（第49册，第405页下）。

泾川出土的北周、隋代造像中的修复痕迹或是隋唐复佛后庄严修整前代佛像行为的旁证。全国其他地区出土的造像中也存在修复情况，如临朐明道寺地宫中有大量造像有残断后重新锔合而遗留的凹槽、铆孔等。有的画面还有修改的痕迹[1]。青州龙兴寺出土的部分造像还留存修复时灌入的铁水残迹。成都下同仁路许多造像颈部存榫眼，且还留有粘接材料残迹[2]。

七　窖藏年代及性质

窖藏中出土造像年代最早者为北魏，大部分造像年代为北周—隋代，唐代造像数件，最晚者为宋代。在H1最上层中出土了一块砖，上书"大宋淳化三年/壬辰六月/□百里甲申□/□□□□"。淳化为宋太宗年号，淳化三年为992年。虽然不能从砖上文字来判定窖藏坑的年代，但至少其年代不会早于宋太宗淳化三年。故其埋葬年代推定为淳化三年之后的宋代。H3中最晚的造像为宋代陶佛像，但其均无明确纪年。舍利铭文砖中明确其瘗埋时间为宋真宗大中祥符六年（1013年），比H1中铭文砖上所记淳化三年（992年）晚21年，且舍利铭文砖上对于佛教造像并未提及。虽然舍利地宫与两个造像坑都位于曼殊院内，但其瘗埋时间、空间、方式均不同。至于2个造像坑是否同时埋葬，因无文字信息，只能做一推测。H1：122号佛残像与H3：46号残足经修复拼接为一件佛造像，这表明2个造像坑有可能同时埋葬。

《高僧传》卷十三："昔忧填初刻栴檀，波斯始铸金质，皆现写真容工图妙相……八王请分还国起塔……尔后百有余年，阿育王遣使浮海，坏撤诸塔，分取舍利……育王诸女，亦次发净心，并镌石熔金，图写神状。至能浮江泛海，影化东川。虽复灵迹潜通，而未彰视听。及蔡愔、秦景自西域还至，始傅画氎释迦。"[3]这段记载明确说明释迦牟尼在世时，忧填王、波斯匿王因思念佛，而刻栴檀像及铸金质佛像，释迦涅槃后八王分舍利、阿育王起塔葬舍利、育王诸女镌石熔金，图写神状。这些关于佛像出现的记载，不仅年代早，更说明佛像在修行活动中与舍利一样成为礼拜的核心对象，僧人观像修行，信徒礼拜供养都与佛像紧密联系，使得佛造像在佛教发展史上具有了极其重要的地位，以至于后世佛教也被称为"像教"。《佛说作佛形像经》记"佛言：天下人作佛形像者，其后世所生处，眼目净洁面目端政，身体手足常好。生天上亦净洁与诸天绝异，眼目面貌好"[4]。并举做佛形象所得的各种福报。《佛说大乘造像功德经》《造立形像福报经》也有相近内容。佛像被当作佛的象征来礼拜供养，其就具有了无比的神圣性。

---

[1]　临朐县博物馆：《山东临朐明道寺舍利塔地宫佛教造像清理简报》，《文物》2002年第9期。

[2]　成都文物考古研究院：《成都下同仁路——佛教造像坑及城市生活遗址发掘报告》，文物出版社，2017年，第25、28页标本H3：66、H3：79佛像颈部断面。见彩版一六：3、二二：1。

[3]　〔梁〕慧皎：《高僧传》卷13《释法悦》，《大正藏》T50，p0413a（第50册，第413页上）。

[4]　《大正藏》T16，p0788b（第16册，第788页中）。

这种神圣性使佛像与舍利一样成为信徒膜拜供养的对象，甚至被看成法舍利。如上所述，泾川龙兴寺造像坑中所藏佛像，虽然因为各种原因不宜在佛寺中礼拜、供养，但因其神圣性，并未随意的丢弃，而是将其瘗埋供养。其埋藏具有一定的仪式性，从发掘时状况看，首先是分层，每层均码放整齐，一般体量大者置于中央，周围放置头像或残件。每层间还用土隔离开，以防磨损。这些做法均表现出一种供养的性质。不仅泾川出土的佛造像坑如此，全国其他地区发现的佛教造像坑中都表现出类似的情况，如青州龙兴寺造像埋葬坑分三层，造像顶部发现习纹[1]，说明埋葬时作了充分的准备。诸城造像坑中佛像"头、足部皆残，分上下两层、呈东西向排列，正面向上。""有规律的坑埋处理，有头和躯体的分别掩埋，有区别个体大小不同的掩埋。"[2]。博兴龙华寺出土造像虽然头、身断裂，埋葬时仍将头身对接在一起整齐的排列[3]。山东临朐县明道寺地宫中所埋葬的全是佛教造像碎块，最上层放置中小型佛像的躯干、下肢、胸部、头像等；中层和底层是较大的造像躯干、佛头，背屏式造像碎块等，佛头一般面向下，绕墙根平摆。据《沂山明道寺新创舍利塔壁记》碑载，讲法花（华）经僧觉融、听学僧守宗，看到残破断裂的佛教石像300余尊，及感应舍利千颗。遂舍衣建塔，将其整理埋藏于塔下。于北宋景德元年（1004年）在明道寺举行隆重的佛像入藏地宫法事活动。参与者有附近青州龙兴寺、皇化寺僧人及当地官员、施主等，可见其规模盛大及受重视程度[4]。其铭文内容或是对此类佛像瘗埋的最好注解。济南县西巷佛像全部面朝坑中央方台也是有意为之[5]。2013年山西忻州出土佛教造像坑，"此次发掘的佛像窖藏坑位于忻州古城西北部北城墙边，造像窖藏坑形制规整，专为埋藏佛像开挖。埋藏的佛像头部和身部断裂。佛像身躯放置底部，佛头放置上部，有意识地保护佛头面部的完整。"[6]从上述描述可知，虽然各地在埋藏时对残破造像的排列方式不同，但却明显的表达出一致的目的，即是对佛像的庄严与礼敬。

如上所述，隋唐两代均对前代毁佛中受损的佛像进行了修复。后周世宗柴荣废佛救令各地："诸道州府县镇村坊，应有敕额寺院，一切仍旧。其无敕额者，并仰停废。所有功德佛像及僧尼，并腾并于合留寺院内安置。天下诸县城郭内，若无敕额寺院、只于合停废寺院内，选功德屋宇最多者，或寺院僧尼各留一所，若无尼住，只留僧寺院一所。"[7]从文献看后周世宗对佛像并没进行大规模的毁坏，而是并腾于合留寺院内安置。北宋时期虽然没有大规模的毁佛，但对佛教有一定的限制，亦不如隋唐

　　[1]　青州市博物馆：《青州龙兴寺佛教造像窖藏清理简报》，《文物》1998年第2期。

　　[2]　杜在忠、韩岗：《山东诸城佛教石造像》，《考古学报》1994年第2期。

　　[3]　张卡、马超：《山东博兴龙华寺佛教造像发现记》，《大众考古》2017年第5期。常叙政、李少南：《山东省博兴县出土一批北朝造像》，《文物》1983年第7期。

　　[4]　临朐县博物馆：《山东临朐明道寺舍利塔地宫佛教造像清理简报》，《文物》2002年第9期。临朐县文化广电新闻出版局：《临朐明道寺舍利塔地宫佛教石造像清理报告》，《海岱考古》（第九辑），科学出版社，2016年，第281～334页。

　　[5]　崔大庸、高继习：《济南老城区发现地宫与佛像窖藏》，《文物天地》2004年第5期。

　　[6]　山西省考古研究所、忻州市文物管理处、忻府区文物管理所：《山西忻州忻府佛教造像窖藏坑发掘简报》，《文物》2018年第12期。

　　[7]　〔宋〕薛居正：《旧五代史》卷一一五《周书·世宗纪》，中华书局，1976年，第1529～1531页。

时期国家大力支持对佛像的修复。北宋景德四年（1007年）"己卯，上幸龙门，睹岩崖石佛甚多，经会昌毁废，皆已摧坏。左右曰：'非官为葺治，不能成此胜迹。'上曰：'军国用度，不欲以奉外教，恐劳费滋甚也'"[1]。可见宋代统治者对前代被毁石窟及佛像的修复与隋唐二代的大力支持的情形大不同。仁宗亲政前曾下诏罢创建寺观，康定元年（1040年）八月"戊戌，罢天下寺观用金箔饰佛像。"[2]宋代限佛，对于新造佛像并不提倡，其单体造像不仅数量少，而且也少见石像，从泾川发现的造像看，多为陶质。兖州龙兴寺出土佛像埋葬于地宫北甬道的竖井内，主要也为陶质佛坐像残体[3]。宋代的佛教政策使大量前代积累的残破佛像得不到修复重妆，无法继续使用，瘗埋便成为最好的归宿。

对佛教造像埋葬的形式，高继习据埋葬空间不同将其分为六种[4]，黄盼依造像完残状况、埋葬规律与否、遗迹单位的形式等分为三种，其中第二种为对未被损毁的造像的埋葬，且以金铜像为主[5]。归纳起来就是地宫中埋藏及地宫以外埋葬两种形式。明确为地宫中出土的佛像，年代较早者如四川彭州龙兴寺，该寺古塔始建于晚唐，在塔中发现一定数量的佛教造像，年代从南朝到唐前期[6]。宋代以山东临朐明道寺地宫内藏造像最为著名[7]，该地宫中发现北朝到宋代佛像碎块1200余件，据《沂山明道寺新创舍利塔壁记》记载，讲法花（华）经僧觉融、听学僧守宗将残破的三百余尊佛造像及收集的感应舍利千余颗，一同建塔供养。因地宫多次被打开，发掘时并没发现舍利。但从《舍利塔壁记》中知除了残破的佛像外，还应有感应舍利千余颗。另外与地宫有关的还有安徽亳州咸平寺遗址，其中清理出塔基地宫，地宫内置舍利石棺1具及《释迦如来砖塔记》铭1块。地宫砖阶及填土中出土北齐时期石刻造像碑、经幢等11件[8]。兖州龙兴寺地宫北甬道竖井及封堵墙内藏16件陶佛像[9]。以上几例是较为明确的地宫中出土舍利并造像的情况，且有石刻文字佐证。麦积山舍利塔基地宫中也发现10余件佛教造像及宋代钱币[10]。

另有大量的佛教造像与佛塔地宫无涉，其或为利用已有的某些空间进行掩埋，或为单独的造像窖藏坑。其中河北临漳邺城北吴庄、南宫后底阁等造像坑其周围是否有寺院，因无明确记载和考古发现，还不确定。泾川龙兴寺2个造像坑分别位于舍利砖函所在大殿基址东西两侧不到十米范围内。济南开元寺造像坑也是在寺院地宫附近。山东博兴龙华寺、青州龙兴寺、寿光龙兴寺、诸城体育场出土造像

[1]　〔宋〕李焘：《续资治通鉴长编》卷六五，中华书局，1995年，第1445页。
[2]　〔宋〕李焘：《续资治通鉴长编》卷一百二十八，中华书局，1995年，第3034页。
[3]　山东省博物馆、山东省文物考古研究所、兖州市博物馆：《兖州兴隆塔北宋地宫发掘简报》，《文物》2009年第11期。
[4]　高继习：《宋代埋藏佛教残损石造像群原因考——论"明道寺模式"》，《海岱考古》（第八辑），科学出版社，2015年，第488~514页。
[5]　黄盼：《中国中古时期佛像埋藏的考古学研究》，《华夏考古》2021年第5期。
[6]　彭州市博物馆、成都市文物考古研究所：《四川彭州龙兴寺出土石造像》，《文物》2003年第9期。
[7]　临朐县博物馆：《山东临朐明道寺舍利塔地宫佛教造像清理简报》，《文物》2002年第9期。
[8]　韩自强：《安徽亳县咸平寺发现北齐石刻造像碑》，《文物》1980年第9期。
[9]　山东省博物馆、山东省文物考古研究所、兖州市博物馆：《兖州兴隆塔北宋地宫发掘简报》，《文物》2009年第11期。
[10]　张铭：《麦积山舍利塔及其发掘》，《中国文化遗产》2016年第1期。

都在寺院内埋葬，形成了北宋佛教造像埋葬的一般规律。

明道寺舍利塔壁记中明确记述藏残造像三百余尊及感应舍利千颗，并未将造像称为舍利，学者据地宫中出土均为造像残件认为造像就是感应舍利。而铭文中"□缘冀当来之佛会此，乃地穿及泉，莹若玉坚，垒成金藏，熔宝作棺，固至地平，方命良工砌垒塔形。"明确说明有舍利容器棺，知原本应葬过舍利。明道寺舍利塔内所藏应是感应舍利与残造像二者。

随着佛教传播的地理范围的扩大，释迦"灵骨"不断被分，一直到了"分无可分"的地步，于是脱离了"八王分舍利""阿育王再分舍利"的"灵骨"分流轨道，衍生出通过感应或祈请的方式得到舍利的方法。以至"舍利崇拜"的内涵其实已经发生了潜移默化的变化，由"纪念""怀念""崇拜"发展成"证明"佛教或佛法合理性的一种工具性手段[1]。

佛教造像作为佛的象征在某种程度上与舍利具有同等的作用，故出现很多造像瘗埋于舍利地宫中的例子，但仍有很多造像没有与舍利藏于同一空间内的情况，其实无论瘗埋舍利或造像，其目的都一致，就是对佛法僧三宝供养之佛供养。前述全国范围内发现的造像坑或地宫中造像亦是如此，只是由于瘗埋前是否统一规划、空间是否允许、瘗埋人员身份差异等的不同，各自的表现形式不同而已。6世纪以来佛教造像出现商品化的趋势，大量制作，数量膨胀[2]。加之隋唐两代对前代造像的修复及新造像的制作，至宋代时前代累积佛造像数量庞大，残损的又无法修复继续供养，瘗埋便成为其最好的归宿，宋代大量佛像埋葬是佛宝供养概念与大量废弃佛像的现实结合产生的。正如杨泓先生指出的：北宋时期，青州地区寺院盛行一种隆重的法会，寺院僧人将早年灭佛活动中损坏佛像或经年累月破旧的佛像集中起来，然后举行隆重的仪式，将它们埋葬起来，以积累功德[3]。

第四节　泾川舍利瘗埋

一　三次舍利瘗埋

泾川舍利瘗埋次数较多，有文献和碑刻明确记载的舍利瘗埋共三次，分别是隋代大兴国寺、唐代大云寺、宋代龙兴寺舍利。而有实物出土的为北周宝宁寺佛座改制的石函及舍利、唐代大云寺舍利及五重套函、宋代龙兴寺舍利及砖函陶棺等。

[1] 尚永琪：《佛舍利崇拜的地理困境与感应舍利之起源——对佛教偶像崇拜历史分流之认识》，《文史哲》2016年第4期。
[2] 侯旭东：《五、六世纪北方民众佛教信仰》，中国社会科学出版社，1998年，第279~282页。
[3] 杨泓：《梵音净土之青州佛像之谜》，《探索·发现》栏目《考古中国》第五部，中央电视台10套，2004年6月9日。

1. 隋代大兴国寺及其舍利瘗埋

隋文帝杨坚统一全国后，因自身的经历，十分重视佛教。不仅以护持佛法的转轮圣王自居，而且模仿印度历史上最著名的转轮圣王——阿育王的做法，在全国范围内颁发舍利、大肆兴建佛寺佛塔。开皇二年（582年）六月，文帝诏令于各州统一建立大兴国寺，建寺之地多为文献中所记的龙潜之地。《辨证论》："始龙潜之日，所经行处四十五州，皆造大兴国寺。"[1]

《金石录》载："隋泾州兴国寺碑，李德林撰，开皇十年十二月"[2]《通志·金石略》：泾州兴国寺碑，开皇十年，李德林撰[3]。《陇右金石录》"兴国寺碑，开皇十年，李德林文。在泾川，今佚失"[4]。上述文献均明确说明开皇十年（590年）李德林为泾州兴国寺撰碑。泾州大兴国寺应是开皇二年（582年）统一建造，开皇十年（590年）立碑。

隋文帝不仅大肆在全国建立佛寺，还于仁寿年间（601～604年）三次颁诏在全国敕立舍利塔。如此规模巨大、历时数年的敕建舍利塔的举措在中国历史上前所未有，开启了隋唐各朝帝王敕建舍利塔的先河。

文帝仁寿元年（601年）第一次在全国分舍利并建塔。六月三十日，下诏在全国范围内的三十州建塔，选派高僧大德三十名，各配带二名侍者及散官一人，熏香一百二十斤，将其所获的由婆罗门沙门赠送的舍利子分送各州，起塔供养。《法苑珠林》卷四十录隋著作郎王邵作《舍利感应记》记载："皇帝于是亲以七宝箱，奉三十舍利……乃取金瓶琉璃各三十，以琉璃盛金瓶，置舍利于其内，熏陆香为泥，涂其盖而印之。三十州同刻，十月十五日正午入于铜函石函，一时起塔。"[5]后于仁寿二年、四年又分舍利于各州，建塔供养。仁寿年间共在全国建塔111座。泾州于仁寿元年便起塔葬舍利。"泾州于大兴国寺起塔，将造函。三家各献旧磨好石，非界内所有，因而用之恰然相称。"[6]至于此次舍利瘗埋的细节，文献中没作记述。所瘗埋舍利，并无实物出土，情况不明。

2. 唐代大云寺舍利瘗埋

大云寺是唐代著名的官寺，其设置与武则天的统治相关。文献中多有记载。《资治通鉴》卷二百四《唐纪二十》武周天授元年"东魏国寺僧法明等撰《大云经》四卷，表上之，言太后乃弥勒佛下生，当代唐为阎浮提主，制颁于天下……壬申，敕两京诸州各置大云寺一区，藏《大云经》，使僧升高座讲解。"[7]经学者在各种文献中研究考辑，武周天授元年所设大云寺遗迹可寻者共50例，分布于

[1] 〔唐〕法琳：《辨正论》卷三，《大正藏》T52，p0509a（第52册，第509页上）。

[2] 〔宋〕赵明诚：《宋本金石录》卷21，文物出版社，1991年，第56页。

[3] 〔宋〕郑樵：《通志》卷73，中华书局，1987年，第844页。

[4] 张维：《陇右金石录》卷1，甘肃省文献征集委员会校印，1934年，第59页。

[5] 〔唐〕道世：《法苑珠林》卷40，《大正藏》T53，p0602b（第53册，第602页中）。

[6] 〔唐〕道宣：《广弘明集》卷17《舍利感应记》，《大正藏》T52，p0214c（第52册，第214页下）。

[7] 〔宋〕司马光：《资治通鉴》14册，卷二百四《唐纪二十》，中华书局，1982年，第6466、6469页。

50州府[1]。孟诜撰《泾州大云寺舍利石函铭并序》记泾州大云寺舍利于"大周延载元年岁次甲午七月癸未朔十五日己亥"瘗埋，延载元年即公元694年。上述记载知泾川有大云寺。

1964年泾川出土了大云寺瘗埋舍利套函，精美奢华，且有较为完整的石刻文字，为研究唐大云寺及舍利瘗埋提供了重要的资料，在学界及社会上引起了极大的轰动。大云寺出土的石函盖上刻方格，内刊刻阳文：《大周泾州大云寺舍利之函总一十四粒》，石函四面刻唐代孟诜撰《泾州大云寺舍利石函铭并序》[2]，这篇长达千字的铭文详细记录了大云寺舍利的来源、礼敬与重新瘗埋的经过，是解读泾州大云寺历史及舍利瘗埋的可靠材料。学界研究成果较多[3]。

泾川大云寺地宫舍利发现后，甘肃省文物工作队在简报中对地宫结构、舍利套函等做了较为细致的介绍，对学界认识研究此次出土的地宫舍利等提供了重要的资料。其地宫仿墓葬形制，舍利套函中出现金银棺椁的样式，开启了舍利瘗埋中国化的先河，并成为定制而为后代所遵[4]。

从考古发现看，大云寺地宫由砖砌石台、甬道、宫室三部分组成，为仿墓葬形式，一改之前竖穴式埋葬方式。

除了泾川大云寺（694年）宫室仿墓葬形式外，甘肃地区还有天水唐天宝六年（747年）建成的永安寺塔基地宫，其平面方形，带长方形甬道[5]。全国范围内还有山西太原龙泉寺地宫，其由平面六边形的宫室和长方形的甬道组成。根据地宫出土石碑记载，该地宫同样建于武周时期[6]。陕西周至仙游寺塔地宫（建于725年）由小平台、台阶、踏步漫道、隧道、宫室几部分组成[7]。河南登封嵩岳寺塔地宫（约建于开元年间），地宫自外往里由甬道、宫门、宫室三部分组成[8]。临潼庆山寺塔地宫（建于741年）由斜坡道、甬道和主室三部分构成[9]。法门寺"塔基地宫平面图和剖面图以及地宫内外的遗迹遗物均显示，法门寺塔地宫的原初形制与其他佛塔无异，只有位于塔基之下中心位置的后室才是瘗藏"真身舍利"的地宫，现存的前、中、后三室以及秘龛的结构是经历了初唐、盛唐、中唐、晚唐四个历史时期，先后改造了甬道、隧道和后室之后逐步形成的，其间还曾经历了唐武宗灭佛的巨大破坏。因此，现存的法门寺塔地宫并不是在统一规划之下、按照皇帝陵墓的规制营造的。"[10]

[1]　聂顺新：《唐代佛教官寺制度研究》，复旦大学2012年博士学位论文，第31～50页。

[2]　甘肃省文物工作队：《甘肃省泾川县出土的唐代舍利石函》，《文物》1966年第3期。

[3]　杜斗城：《"泾川大云寺舍利石函铭并序"跋》，《敦煌学辑刊》2005年第4期。赵超、邱亮：《甘肃泾川大云寺舍利石函铭与佛教塔基考古研究》，《考古》2016年第6期。

[4]　徐苹芳：《中国舍利塔基考述》，《传统文化与现代化》1994年第4期。

[5]　莎柳：《甘肃天水市发现唐代永安寺舍利塔地宫》，《考古与文物》1992年第3期。

[6]　龙真、裴静蓉：《太原晋阳古城太山龙泉寺唐塔基遗址发掘》，《2008中国重要考古发现》，文物出版社，2009年，第129页。

[7]　刘呆运：《仙游寺法王塔的天宫地宫与舍利子》，《收藏家》2000年第7期。

[8]　河南省古代建筑保护研究所：《登封嵩岳寺塔地宫清理简报》，《文物》1992年第1期。

[9]　临潼县博物馆：《临潼唐庆山寺舍利塔基精室清理记》，《文博》1985年第5期。

[10]　罗照：《法门寺塔地宫及其藏品的几个问题》，《石窟寺研究》（第5辑），文物出版社，2014年，第121～153页。

上述唐代地宫都是仿墓葬形式，由砖砌通道、甬道、宫室组成。大云寺等宫室均单室，法门寺因唐代不断重建修缮，墓室最终为前中后三室，成为特例。庆山寺、永安寺最为接近墓室情况，在其宫室后壁下，置"工"字形须弥座作为宝帐棺床，明显是仿制墓室棺床[1]。关于唐代舍利地宫发展变化的情况，学界有较多成果[2]，此不赘述。

唐代舍利地宫仿墓室结构，宫室均有石门，且门楣、门柱等上多线刻纹饰。如陕西周至仙游寺塔地宫、河南登封嵩岳寺塔地宫、法门寺地宫等。大云寺地宫原有石板封堵石门，现石板不知所踪。石门框现藏于泾川县博物馆，石门框由青石制作而成，分为门楣、两侧石柱、门槛几部分，门框通高约1.50、宽1.08米。石门柱下部有榫，与门槛相套。1966年发表的报告中仅有文字介绍，未发表图像资料，在此做一补充。

门楣半圆形，现残断为二块，残长98、最宽（高）37、厚19厘米。中部阴线刻束腰莲花宝座，莲瓣肥大，莲座上置香炉。香炉无足，为带盖的钵状。盖呈覆盆样，细长的花叶卷起形成镂空状，盖钮上饰宝珠，周围绕以火焰。炉身为钵形。香炉下附束腰莲花座，束腰部分装饰宝珠，底座上饰莲瓣莲叶等。其下为覆莲台。莲花宝座两旁各一莲枝伸出，其上置香宝子。宝子圆筒状，盖饰莲瓣，宝珠形圆钮，平底。筒身中部有二条横线将其分为上下两部分，上下均饰几何纹刻画线。香炉上部阴线刻两身相向飞舞的飞天。飞天束双髻，上饰宝珠，面相丰圆。上袒，戴项圈，下着裙，帔帛绕肩后飘扬于体侧。一手持花上举，一手抚于体外。整体姿态修长灵动。大量的云气纹围绕于其间（图三四二，1、2）。

门柱长方形，下有短榫。左右两侧门柱正面均线刻力士像，内侧面线刻天王像。

右侧门柱长85、宽21、厚20.5、榫长0.03厘米。正面阴线刻力士一身，其头上雕忍冬形华盖一顶，两侧下垂挂小幡幢。力士附圆形头光，发髻高束，戴冠，冠饰飘扬。面相长圆，额部刻皱纹，怒目圆睁，眉上挑，高鼻宽翼，大嘴，两腮鼓起，下颌丰颐，短须髯。面部肌肉隆起，颈短。上袒，颈戴项圈，飘带垂于双肩，璎珞交叉于腹前，帔帛自双肩下垂，横于腹膝前。下着裙，裙带下垂，赤足站立于云朵上。右手戴手镯，抚于胸前，左手五指伸展，似执杵（图三四二，3、4）。门柱内侧面阴线刻天王一身，其头上忍冬形华盖一顶，两侧下挂幡幢。天王附圆形头光，头部不清楚，似戴冠，面型圆润，立眉鼓眼，怒目圆睁，高鼻宽翼，小嘴，两腮鼓起，下颌丰颐，颈短，圆鼓腹。上身披铠甲，肩部搭系帔帛。两肩披盖披膊，臂上套臂护。腹部有圆形护腹，腰间扎带，下垂，腰带下有两片膝裙护住大腿。小腿穿吊腿，边荷叶形，双足外八形，立于云朵上。双手戴手镯，右手叉腰，左手抚于胸前，似持物。侧身面向左站立（图三四二，5、6）。

左侧门柱长方形，长85、宽21、厚20.5厘米。正面阴线刻力士一身，其头上忍冬形华盖一顶，两

[1] 临潼县博物馆：《临潼唐庆山寺舍利塔基精舍清理记》，《文博》1985年第5期。莎柳：《甘肃天水市发现唐代永安寺舍利塔地宫》，《考古与文物》1992年第3期。

[2] 冉万里：《中国古代舍利瘗埋制度研究》，文物出版社，2013年，第100～241页。高继习：《中国古代舍利地宫形制研究》，科学出版社，2020年。

图三四二　大云寺地宫石门框

1、2.门楣　3、4.右侧门柱力士像　5、6.右侧门柱天王像　7、8.左侧门柱力士像　9、10.左侧门柱天王像　11.门槛侧下挂垂幡幢。力士附圆形头光，发髻高束，戴冠，冠饰上飘。怒目圆睁，高鼻宽翼，大嘴，两腮鼓起，下颌丰颐，短须髯，颈短。上袒，颈戴项圈，飘带垂于双肩，联珠纹璎珞于腹前交叉穿壁，帔帛横于腹膝前二道。下着裙，裙边外翻，裙带下垂，赤足站立于云朵上。双手戴手镯，右手叉腰，左手上举于头侧（图三四二，7、8）。内侧面阴线刻天王一身，其头上忍冬形华盖一顶，两侧下挂垂幡幢。天王附圆形头光，头戴箍，装饰花朵。面型圆短，细眉，怒目圆睁，高鼻宽翼，小嘴，两腮鼓起，下颌丰颐。颈短。圆鼓腹。身披战袍，外穿两裆铠甲，肩部搭系帔帛。两肩披盖披膊。腹部有圆形护腹，腰间扎带，下垂，腰带下有两片膝裙护住大腿。小腿着吊腿，边荷叶形，双足外八形，立于云朵上。双手戴手镯，持剑于胸前。侧身面向右站立（图三四二，9、10）。

门槛长方形，残长108、宽22.5、高28厘米。上线刻忍冬纹（图三四二，11）。

大云寺地宫石门框及其线刻为我们认识唐代地宫石门装饰图像提供了新的实物资料。其中香炉及旁的香宝子是典型的唐代礼佛供养物品。

印度自古气候酷热，时人皆涂香去除身上之垢臭。然佛制中，规定比丘及沙弥等，不得涂香或戴着香花鬘。诸经亦谓，出家之人应以戒及禅定净除其心之垢，以替代世俗人所用之涂香。但若以香供养诸佛、菩萨，则能获甚大功德。

《妙法莲花经·法师品》曰"华、香、璎珞、末香、涂香、烧香、缯盖、幢幡、衣服、伎乐。合掌恭敬。是人一切世间所应瞻奉。"[1]记述了十种供养内容，其中香供养形式较多，应是较为重要的供养方式。《佛光大辞典》解释：由富有香气之树脂或木片等所制之成品，即称"香"。末香是于道场、寺庙撒粉末之香。将香涂抹于身体，称作涂香。焚烧香料，以熏衣服与室内，称作烧香、熏香。据《大智度论》卷三十载"烧香者，寒则所须，热时为患。涂香寒热通用。"[2]无论哪种香供养，盛香的容器就成为必备之物。

作为烧香之器皿的香炉，为大乘比丘十八物之一，亦为佛前与佛坛之三具足、五具足之一。一般备置者为置香炉（又称为居香炉），其与手持的柄式香炉相对。

《佛光大辞典》解盛香之容器为香筥，又作香盒、香合、香函、香箱。通常为木制加漆，亦有陶制与金属制。以圆筒形常见。巴基斯坦斯瓦特博物馆藏2～3世纪犍陀罗雕像中贵族供养人及供养天所捧之物似与此符合[3]（图三四三，1）。博兴博物馆藏龙兴寺遗址出土北齐弟子像，手捧圆筒形器，器身上装饰纹样，其应为香筥（图三四三，2）。同样在克利夫兰美术馆藏北齐弟子像[4]（图三四三，3）、上海博物馆藏北齐武平三年马仕悦造像碑中都能见到此物[5]。它们均表现了香供养的情形，同时使我们对北齐香筥的样式有了清楚的认识。

[1] 〔姚秦〕鸠摩罗什译：《妙法莲花经》卷四《法师品》，《大正藏》T9，p0030c（第9册，第30页下）。

[2] 龙树菩萨造，〔后秦〕鸠摩罗什译：《大智度论》卷三十，《大正藏》T25，p0279a（第25册，第279页上）。

[3] 巴基斯坦斯瓦特博物馆藏2～3世纪雕像，作者摄于甘肃省博物馆举办"香溢清远"展。

[4] 〔日〕松原三郎：《中国仏教彫刻史论》，吉川弘文馆，1995年，图450页。

[5] 于薇：《圣物制造与中古中国佛教舍利供养》，文物出版社，2018年，第49页。

1　　　　　　　　　　　　　2　　　　　　　　　　　　　3

图三四三　香盒图
1.犍陀罗贵族供养人像　2.博兴出土北齐弟子像　3.北齐弟子像

河南安阳隋开皇十五年张盛墓出土奁状瓷器，腰部略内收，带盖，上饰宝珠钮[1]，其是何用途？魏晋南北朝中国传统的奁多无盖钮，腰部内收的也不见。经马世之研究，张盛很可能是崇佛的佛教"法社"成员[2]，再联系到其墓中还出现僧人俑、百枚佛珠等遗物，推测奁状瓷器可能是与佛教有关的器物，即为香料盒。无独有偶，河北省正定县北白店村出土隋代大业元年舍利石函内一铜函，筒状，带盖，宝珠钮，出土时内还藏有植物叶片，经鉴定为中草药[3]。中草药或为香料？正定静志寺塔基地宫中出土有3件铜质，2件石质涂金盒，其形状皆筒形，带盖，宝珠钮，盒身上饰凸悬纹[4]。经与白店村隋代大业元年铜函比较，推定为隋代舍利盒。可见隋代舍利盒与香盒的联系紧密。

现存白沙瓦博物馆，出土于迦腻色伽大塔的"迦腻色伽"青铜舍利容器，筒形，带盖，平底。除了盖上佛像外，其与筒状香筥极为近似。阿富汗贾拉拉巴德巴米扬石窟以西发现的比马兰舍利盒形制也是筒状[5]。另外，犍陀罗地区出土，年代为3～5世纪的几件筒形弦纹盒[6]，也与筒形香筥相似。Dobbins、K. Walton研究认为筒形舍利容器与巴克特里亚及印度—希腊时代的香盒相似。而犍陀罗舍利容器与香盒存在转借的现象[7]。上述迦腻色伽舍利容器器物自身的铭文"此香函为迦腻色伽大王供养的功德礼物"更是表明其原为盛放香料的香盒[8]，这也对犍陀罗雕像中贵族供养人手捧之物做了很好的注解。

[1]　考古研究所安阳发掘队：《安阳隋张盛墓发掘记》，《考古》1959年第10期。

[2]　马世之：《关于隋代张盛墓出土文物的几问题》，《中原文物》1983年第4期。

[3]　赵永平、王兰庆、陈银凤：《河北省正定县出土隋代舍利石函》，《文物》1995年第3期。

[4]　定州博物馆：《定州藏珍》（精品卷），文物出版社，2017年，图119。

[5]　孙英刚、何平：《犍陀罗文明史》，生活·读书·新知三联书店，2018年，第432、433页。

[6]　孙英刚、何平：《犍陀罗文明史》，生活·读书·新知三联书店，2018年，第49页。于薇：《圣物制造与中古中国佛教舍利供养》，文物出版社，2018年，第45页。

[7]　于薇：《圣物制造与中古中国佛教舍利供养》，文物出版社，2018年，第44、45页。

[8]　孙英刚、何平：《犍陀罗文明史》，生活·读书·新知三联书店，2018年，第433页。

"香宝子"又称"宝子"，乃盛香之器具。《法苑珠林》"又迦叶佛，付我香炉及一黄金函。将付仁者。其香炉前有十六头，半是师子，半是白象……每烧香时，是诸童等，各各分番来付香炉。后师子向外而蹲踞。从师子顶上有九龙盘绕，上承金莲，华内有金台，即台为宝子。于台宝子内，有十三万亿真珠大楼观，各盛诸妙香。"[1]《释氏要览》卷二"手炉"条亦有类似的记载："于二兽头上别起莲花台以为炉，后有师子蹲踞，顶上有九龙绕承金花。花内有金台，宝子盛香。"[2]依扬之水研究香宝子的出现与香料的改变有关，它用以放置香丸或香饼，与香炉配合使用。自北朝开始，宝子就已与香炉共同出现在佛教造像座上，前期多以莲蕾或其变体样式出现，北朝晚期的东魏、北周时期出现筒形器，带盖，筒身上装饰有几何纹样[3]。这种筒形器与前述北齐弟子像中手捧之物一致，应都是盛放香料的盒子。而"香宝子"这一称呼流行于唐代[4]。法门寺地宫出土物帐碑，有"香宝子"的记述，并有实物出土[5]。

从现存的图像看，北朝晚期宝子或与香炉连为一体，由莲梗相连。至唐代香炉、香宝子以莲花承托或装饰成为新风尚。宝子或与香炉连为一体，或与香炉分体出现。分体的香炉与宝子分置于香台上，香炉在中央，宝子置于两侧。所见较多，如莫高窟唐代9窟壁画中宝子与香炉分置于案上，宝子筒状，带盖，下有圈足，身上绘有几何纹。敦煌文献P.2613号《唐咸通十四年正月四日沙州某寺交割常住物等点检历》："大金渡铜香炉壹，肆脚上有莲花两枝，并香宝子贰及莲花叶。"[6]其描述的应该是连体的香炉与宝子。唐代香炉与宝子连体资料多见石窟壁画[7]，个别舍利石函上也见。加拿大皇家安大略博物馆藏唐代舍利石函正面，中央刻香炉与宝子，香炉盖镂空，上饰宝珠及博山。宝子钵形，带盖，盖钮宝珠样[8]（图三四四）。莫高窟初唐第220窟南壁阿弥陀经变的八宝池中央一香炉，即为香炉、宝子连体式，中央束腰莲花座，其上钵形香炉，盖镂空，钮宝珠形。莲座两侧伸出的莲枝上各一圆筒形宝子[9]（图三四五，）。上述两例与大云寺

图三四四　安大略博物馆藏石函
（采自《文物》2019年第11期）

[1]　〔唐〕道世：《法苑珠林》卷11，《大正藏》T53，p0368a（第53册，第368页上）。

[2]　《大正藏》T54，p0279c（第54册，第279页下）。

[3]　扬之水：《莲花香炉和宝子》，《文物》2002年第2期。扬之水：《梣柿楼集》卷三《香识》，人民美术出版社，2014年，第1～30页。

[4]　王惠民：《敦煌与法门寺的香供养具——以"香宝子"与"调达子"为中心》，《敦煌学辑刊》2011年第1期。

[5]　陕西省考古研究院、法门寺博物馆、宝鸡市文物局等：《法门寺考古发掘报告》（下），文物出版社，2007年，彩版一四八、一五三、一五八、二〇三。

[6]　唐耕耦、陆宏基：《敦煌社会经济文献真迹释录》第3辑，全国图书馆文献缩微复制中心出版，1990年，第11页。

[7]　扬之水：《莲花香炉和宝子》，《文物》2002年第2期。扬之水：《梣柿楼集》卷三《香识》，人民美术出版社，2014年，第1～30页。

[8]　吴敬、沈辰：《加拿大皇家安大略博物馆藏唐代舍利石函及相关问题研究》，《文物》2019年第11期。

[9]　施萍婷：《阿弥陀经画卷》，敦煌研究院：《敦煌石窟全集》卷5，商务印书馆（香港），2002年，第39页。

图三四五　莫高窟220窟壁画中香炉
（赵亚君绘）

门楣上线刻相似。莫高窟第217窟北壁观无量寿经变主尊前八宝池中的香炉与宝子也为连体，只是香炉与宝子的样式有所不同[1]。另外，法门寺金函上雕刻香宝子、鎏金人物画银香宝子也为筒状，只是加了圈足[2]。

香盒、香宝子均为盛香之具，随着香料及香炉的不断变化，其名称与形制也不同。而筒状香盒与舍利容器相关。

大云寺舍利瘗埋容器为五重套函，分别为近方形盝顶石函、鎏金铜函、银椁、金棺、琉璃瓶，其中银椁、金棺是我国舍利瘗埋中最早出现棺椁形式的实例。这种仿墓葬形式的瘗埋空间、棺椁样舍利容器的出现在中国舍利瘗埋制度上具有重要的意义[3]。

《长阿含经》卷三《游行经》载："阿难复重三启，佛灭度后，葬法云何？佛言：欲知葬法者，当如转轮圣王……阿难，汝欲葬我，先以香汤洗浴，用新劫贝周遍缠身，以五百张迭次如缠之，内身金棺灌以麻油毕。举金棺置于第二大铁椁中，旃檀香椁次重于外。积众名香，厚衣其上而阇维之。讫收舍利，于四衢道起立塔庙，表刹悬缯。使诸行人皆见佛塔，思慕如来法王道化。"[4]《四分律》第五十二卷中记载了关于如何安置舍利："佛言……彼不知云何安舍利，应安金塔中，若银塔，若宝塔，若杂宝塔。"[5]孙英刚认为这些塔就是藏舍利的容器[6]。古印度所制作舍利容器不仅形式多样，且多为大小相互套合使用，其对中国舍利容器套合使用产生了直接影响[7]。

汉地文献记载，更早的唐显庆五年（660年）就已用金棺银椁藏舍利了。《集神州三宝感通录》卷上《扶风岐山南古塔者》："显庆五年春三月，下敕取舍利往东都入内供养。时周又献佛顶骨至京师。人或见者，高五寸、阔四寸许，黄紫色。将往东都驾所。时又追京师僧七人，往东都入内行道。敕以舍利及顶骨出示行道。僧曰；此佛真身，僧等可顶戴供养。经一宿还收入内。皇后舍所寝衣帐直绢

[1] 敦煌文物研究所：《中国石窟·敦煌莫高窟》（三），文物出版社、株式会社平凡社，1987年，103图。

[2] 陕西省考古研究院、法门寺博物馆、宝鸡市文物局等：《法门寺考古发掘报告》（下），文物出版社，2007年，第148页。

[3] 徐苹芳：《中国舍利塔基考述》，《传统文化与现代化》1994年第4期。

[4] 〔后秦〕佛陀耶舍共竺佛念译：《长阿含经》卷三，《大正藏》T01，p0020b（第1册，第20页中）。

[5] 《大正藏》T22，p0957a（第22册，第957页上）。

[6] 孙英刚、何平：《犍陀罗文明史》，生活·读书·新知三联书店，2018年，第412页。

[7] 冉万里：《古印度舍利容器集绵及初步研究》，《西部考古》（第11）辑，科学出版社，2016年，第204~236页。

一千铤，为舍利造金棺银椁，数有九重，雕镂穷奇。"[1]《法苑珠林》卷38《感应缘·周岐州岐山南塔》条中有相似的记载[2]。显庆五年（660年）记载用金棺银椁藏舍利，到泾川延载元年（694年）实物金棺银椁出现，中间相隔三十余年。其间舍利瘗埋情况如何？经日本学者大西磨希子研究，仪凤二年（677年）光宅坊舍利神异出现，后武则天颁布将所获舍利各分49粒于京寺既诸州府，潞州梵境寺《大唐圣帝感舍利之铭》中"叠椁镕金"，证明了仪凤年间舍利容器即有棺椁形式。而开元之后，此类形式舍利容器广泛传播[3]。近年在晋阳故城唐龙泉寺塔基地宫出土了较为完整的棺椁形制的舍利容器[4]。甘肃天水唐永安寺地宫被破坏，出土时只清理到一个残破的鎏金铜盖（现藏于天水市博物馆），长方形、弧顶，从其形制判断，为棺椁盖。说明永安寺地宫中有棺椁形舍利容器。另外，在陕西、江苏、山西、四川等地也都出土过唐代棺椁形舍利容器[5]。

虽然瘗埋舍利的空间都称为地宫，但舍利并非都是在塔基下地宫出土。大云寺舍利铭上明确记："爰从大周延载元年岁次甲午七月癸未朔十五日己亥迁于佛殿之下。崇圣福焉。广厦清泠，曾轩肃穆，基侔象戴，隧拟龙缄。采涅盘之旧仪，道宴坐之遗则。"赵超认为，大云寺地宫建于佛殿下，与舍利塔基中的地宫建筑序列无关，是一种特例。并从舍利函形状、舍利铭内容形式、舍利数量、舍利容器的层数等方面分析认为，大云寺重新瘗埋的舍利并非隋仁寿年间大兴国寺舍利[6]。

大云寺舍利铭记载了如何得到舍利，供奉舍利，瘗埋舍利的经过。与隋仁寿铭不同。

隋仁寿年间舍利铭或是单独的石块（板），或是作为石函的内盖，如陕西耀县神德寺塔基地宫石函内二层台上安置方形塔下铭，高10、边长51.5厘米，就是做为石函内盖[7]。大业年间的舍利铭多内容简单，铭文较短，刊刻在石函盖上，如河北正定静志寺塔基地宫出土石函，函盖上刻"大隋大业二年岁次丙寅十月壬午朔八日己丑舍利宝函之铭"[8]［函盖上平放一方形志（应为盝形），上面记载了宋代的建塔经过］，北京房山雷音洞地宫石函，盖上刻"大隋大业十二年岁次丙子四月丁巳朔八日甲子于此函内安置佛舍利三粒愿住持永劫"[9]。

唐多在石函上刊刻文字或图像，不再单独出现方形舍利铭砖石，铭文内容也较隋代复杂。

[1]《大正藏》T52, p0407b（第52册，第407页中）。

[2]《大正藏》T53, p0586c（第53册，第586页下）。

[3]　[日]大西磨希子:《棺椁形制舍利容器的传播与武则天》,《形象史学》2020年上半年（总第十五辑），第50～65页。

[4]　龙真、裴静蓉:《太原晋阳古城太山龙泉寺唐塔基遗址发掘》,《2008中国重要考古发现》,文物出版社，2009年，第129页。

[5]　[日]大西磨希子:《棺椁形制舍利容器的传播与武则天》,《形象史学》2020年上半年（总第十五辑），第50～65页。

[6]　赵超、邱亮:《甘肃泾川大云寺舍利石函铭与佛教塔基考古研究》,《考古》2016年第6期。

[7]　朱捷元、秦波:《陕西长安和耀县发现的波斯萨珊朝银币》,《考古》1974年第2期。

[8]　定县博物馆:《河北定县发现两座宋代塔基》,《文物》1972年第8期。

[9]　北京市文物研究所:《北京考古四十年》,北京燕山出版社，1990年，第125页。

大云寺舍利地宫及其容器与以往发现的均不同，首先其建筑于佛殿下，而非舍利塔基地宫中，表明其独特性。二是其地宫形制出现仿墓葬样式。一改北朝隋代竖穴式。三是舍利容器出现棺椁形式。三者都是前所未见的。

3. 龙兴寺舍利瘗埋

北宋建立后，宋太祖缓和了周世宗的限佛政策，定朝堂班次为僧先道后。太祖乾德四年（966年），派遣了一支157人组成的取经团，前往天竺求经[1]。并组织大量的译经，使得宋朝译经数与唐基本相同。北宋建国初期，为供奉杭州迎入的佛舍利，宋太宗令于开宝寺内修建灵感木塔[2]。太平兴国四年（979年）"进明州阿育王山释迦文佛真身舍利，入禁中供养。得舍利一颗，因之以开宝寺西北隅地造浮图十一级，下作天宫以葬之。"[3]咸平六年（1003年），宋真宗"帝敕右街僧录，备仪仗音乐华幡，迎大相国寺佛牙舍利，供养于开宝寺塔下。帝制赞曰：西方有圣释迦文，接物垂慈世所尊。常愿进修增胜果，庶期饶益富黎元。"[4]宋代9位皇帝中有6位都积极参与到舍利、佛牙的供养中，他们是太祖、太宗、真宗、仁宗、英宗、徽宗等。

宋代地宫形制分为两种，北方多延续唐仿墓葬形式，南方仍为竖穴式[5]。仿墓葬形式地宫内建筑形制和装饰与宋代墓葬更为接近，出现仿木构建筑、壁画、雕砖等新样式。甘肃灵台寺咀塔基地宫、庄浪释迦院塔地宫[6]均是如此。石函或棺放置位置不同，除了直接放置于宫室内地面外，有在宫室后部砌筑棺床，如河南郑州开元寺塔基地宫[7]。有在室内砌筑须弥台座，如河北定县静志寺真身舍利塔地宫、净众院舍利塔地宫、山西临猗双塔寺北宋塔基地宫[8]。有地宫中砌莲座的，如甘肃灵台寺咀塔基地宫正中砖砌莲座，上置舍利石棺[9]。有在宫室后壁开一龛，内置石函，如山东汶上县太子灵踪塔地宫[10]。

龙兴寺舍利砖铭中明确记载，其地宫位于文殊菩萨殿下，而非塔基下。经考古发掘知，其地宫为竖穴式，砌筑砖函，内置陶棺、漆盒、琉璃瓶等舍利容器。其舍利埋葬位置、形制及容器均与唐不同，呈现出复杂性，但也有其渊源。杨泓先生曾总结指出北魏时未筑地宫，只是把放置舍利的石函直接埋

[1] 〔元〕脱脱：《宋史》40册，卷四百九十，《列传》第249，《天竺国传》，中华书局，1977年，第14103、14104页。

[2] 〔宋〕李焘：《续资治通鉴长编》卷三十，中华书局，1979年，第686页。

[3] 〔元〕觉岸：《释氏稽古略》卷4，《大正藏》T49，p0860c（第49册，第860页下）。

[4] 〔元〕觉岸：《释氏稽古略》卷4，《大正藏》T49，p0862b（第49册，第862页中）。

[5] 冉万里：《中国古代舍利瘗埋制度研究》，文物出版社，2013年，第278页。

[6] 秦明智、刘得祯：《灵台舍利石棺》，《文物》1983年第2期。平凉市文化局、平凉市博物馆、庄浪县博物馆等：《甘肃庄浪释迦院塔地宫清理简报》，《陇右文博》2006年第1期。

[7] 郑州市博物馆：《郑州开元寺宋代塔基清理简报》，《中原文物》1983年第1期。

[8] 河北定县博物馆：《河北定县发现两座宋代塔基》，《文物》1972年第8期。临猗县博物馆乔正安：《山西临猗双塔寺北宋塔基地宫清理简报》，《文物》1997年第3期。

[9] 秦明智、刘得祯：《灵台舍利石棺》，《文物》1983年第2期。

[10] 姜继文：《汶上县太子灵踪塔》，《城建档案》2008年第8期。汪海波：《佛塔地宫探索》，文物出版社，2011年，第76页。

入塔基夯土中。隋代开始在塔基中设立竖坑和砖函，不再把放置舍利的石函直接埋入土中。"[1]近年赵彭城北朝佛寺塔基的考古发现将用砖石砌筑护墙的瘗埋方式的时代前提到北朝晚期[2]。隋代舍利瘗埋遍及全国。这些舍利塔中经考古发掘过的如耀县神德寺、正定大业元年（605年）舍利塔基均提到舍利石函外围砌有砖墙，山东平阴洪范池则在石函外围用六块石板建成外函。初唐时期的陕西蓝田唐法池寺遗址发现的舍利石函外围亦砌有方砖[3]。泾川龙兴寺舍利地宫是此类样式的延续与继承。

从文献记载和考古发现看，中国境内舍利瘗埋在东晋十六国时期就已开始。其时舍利主要是从旧有的塔基中获得，并再次起塔瘗埋。虽然获得舍利的过程有一定的神秘性，起塔供养却是主流。既是如此，我们在文献中也能看到将舍利埋藏在佛殿下的记载，如《道宣律师感通录》："今诸处塔寺，多是古佛遗基。育王表之，故福地常在，不可轻也。今有名塔，如常所闻，无名塔者，随处亦有。河西甘州郭中寺塔下有舍利，及河州灵岩寺佛殿下有舍利。秦州麦积崖佛殿下有舍利，山神废之，此寺周穆王所造，名曰灵安，经今四十年，常有人出。"[4]

早期舍利多在塔中瘗埋与印度阿育王起塔供养舍利有直接渊源。随着佛教地面寺院及石窟寺的发展演变，到唐代，南北朝隋时前塔后殿的寺院结构出现了变化。佛塔已不再是佛寺的中心建筑，塔的位置也由中心移往整个佛寺的后部或偏院内，甚至消失，寺院布局结构从单塔发展到由塔、佛殿、讲堂组成[5]。唐以来，一由于道宣、玄奘、义净等的倡导，中土佛教寺院受到印度佛寺的影响，多院落成为佛寺主要格局；同时，随着佛教思想的发展，宗派林立，适应这一变化，寺院布局中出现多院落，如出现"曼殊院""观音院""净土院"等等。又因各宗各派所信奉的主尊不同，作为供奉佛像的佛殿，成为各院中的主要建筑，而关于塔的记载却越来越少，说明塔的地位下降[6]。这样的情况下，舍利瘗埋的地点就面临重新选择的问题，在佛殿下瘗埋舍利就变得可能。

宋代佛教世俗化，泾川宋代龙兴寺云江、智明二位和尚收集舍利不易，起塔供养似有一定的困难。佛殿就成为了瘗埋舍利的首选位置。

龙兴寺舍利容器中陶棺继承了唐大云寺以来棺椁样式，但材质发生了变化，由石函、金、银棺椁变为砖函、陶棺。内层舍利容器也出现了新的样式——漆盒，方形，子母口。这与二位和尚地位不高，收集舍利不易有关，加之宋代舍利埋葬世俗化，除了金银铜外，石、木、漆、陶等非金属材质也运用于舍利

[1]　杨泓：《中国古代和韩国古代的佛教舍利容器》，《考古》2009年第1期。

[2]　沈丽华：《中国早期舍利瘗埋方式再思》，《南方文物》2021年第3期。

[3]　樊维岳、阮新正、冉素茹：《蓝田出土盝顶舍利石函》，《考古与文物》1991年第2期。

[4]　《大正藏》T52，p0438c（第52册，第438页下）。

[5]　宿白：《东汉魏晋南北朝佛寺布局初探》，《庆祝邓广铭教授九十华诞论文集》，河北教育出版社，1997年，第47页。李裕群：《隋唐以前中国佛教寺院的空间布局及其演变》，中山大学人类学系、中国社会科学院边疆考古研究中心：《边疆民族考古与民族考古学集刊》（第一集），文物出版社，2009年，第287~311页。何利群：《北朝至隋唐时期佛教寺院的考古学研究——以塔殿院关系的演变为中心》，《石窟寺研究》（第1辑），文物出版社，2010年，第180~196页。

[6]　龚国强：《隋唐长安城佛寺研究》，文物出版社，2006年，第194~199页。

瘗埋中，如甘肃庄浪县水洛城释迦院塔地宫中出土宋元祐元年（1086年）石棺[1]。龙兴寺舍利容器另外一特点是无外重与核心之分，每层容器内都藏舍利。在陶棺内置2个漆盒，漆盒间分层放置佛牙、佛骨、五彩舍利。漆盒内置琉璃瓶，内藏舍利子。这符合宋代打破外重与核心舍利容器界限的特征[2]。所藏舍利也多为替代品，与佛经记载相同。唐代不空译《如意宝珠转轮秘密现身成佛金轮咒王经·如意宝珠品》中记"若无舍利，以金、银、琉璃、水精、马脑、玻梨众宝等造作舍利。珠如上所用。行者无力者，即至大海边，拾清净砂石即为舍利。亦用药草、竹、木根节造为舍利。"[3]符合宋代佛教世俗化、平民化的特征。龙兴寺出土24枚五彩舍利，分别为红、黑、白色，与《法苑珠林》卷四十所记："舍利有其三种；一是骨舍利，其色白也。二是发舍利，其色黑也。三是肉舍利，其色赤也。"[4]相符。

　　泾川宋代龙兴寺陶棺中一共出土6件琉璃或玻璃瓶，其中4件细颈圆鼓腹，2件直颈，折肩，瓶身方形。4件圆鼓腹瓶分别放置于陶棺内的两个漆盒中，1件圆鼓腹玻璃瓶中溢出了舍利千粒。而2件方瓶置于陶棺中[5]。从目前的考古发现看，佛教遗址中出土的玻璃瓶，其主要用来盛装舍利，放置香水、香料等。其中盛装舍利较为多见，也易于判定。泾川龙兴寺遗址出土的两件圆鼓腹舍利瓶中存有舍利子，定为舍利瓶。两件方形瓶是在模具里吹制成型的，是来自西亚伊斯兰玻璃瓶，而这种玻璃瓶原是盛放香水的容器[6]。属于香供养器。

　　香水，梵语阏伽，指含有香气之净水。为佛教六种供养、十种供养方法之一。《方广大庄严经》卷三："梵释诸天等，在于虚空中，以手捧香水，灌洒于菩萨。龙王下二水，冷暖极调和，诸天以香水，洗浴于菩萨。"[7]后有加持香水之作法，即以所加持之香水奉灌身体，或散道场，或洒诸物，用于洒净等。

　　香水瓶容阏伽水之瓶也，《大毗卢遮那成佛经疏》卷八曰："如香水瓶者，诸阏伽器亦然。当用金银白琉璃等为坭，乃至商佉熟铜石木。或以树叶新瓦，盛众香水，置诸名花。"[8]

　　陕西耀县神德寺仁寿四年（604年）塔基地宫出土玻璃瓶中红色液体让人联想到文献中所说的蔷薇水[9]。蔷薇水为产自阿拉伯地区大食的一种古代香水，由南蕃国占城人进贡而来。《新五代史》记："（占城）其人、俗与大食同……显德五年，其国王因德漫遣使者莆诃散来，贡猛火油八十四瓶、蔷薇水十五瓶……蔷薇水，云得自西域，以洒衣，虽敝而香不灭。"[10]

　　《宋史》《宋会要辑稿》等史籍中对两宋时期大食使节来华入贡携带蔷薇水、玻璃器有较多的记

[1]　平凉市文化局、平凉市博物馆、庄浪县博物馆等：《甘肃庄浪释迦院塔地宫清理简报》，《陇右文博》2006年第1期。

[2]　冉万里：《中国古代舍利瘗埋制度研究》，文物出版社，2013年，第379页。

[3]　《大正藏》T19，p0332c（第19册，332页下）。

[4]　〔唐〕道世：《法苑珠林》卷40《引证部》第二，《大正藏》T53，p0598c（第53册，第598页下）。

[5]　甘肃省文物考古研究所：《甘肃泾川佛教遗址2013年发掘简报》，《文物》2016年第4期。

[6]　安家瑶：《谈泾川玻璃舍利瓶》，《2015年丝绸之路与泾川文化学术研讨会论文集》，内部资料，第287~292页。

[7]　《大正藏》T3，p0554c（第3册，第554页下）。

[8]　《大正藏》T39，p0659c（第39册，第659页下）。

[9]　朱捷元、秦波：《陕西长安和耀县发现的波斯萨珊朝银币》，《考古》1974年第2期。

[10]　〔宋〕欧阳修：《新五代史》卷七四，四夷附录第三，中华书局，1986年，第922页。

载[1]，且蔷薇水与玻璃瓶时常连用。《铁围山丛谈》："故大食国蔷薇水虽贮琉璃缶中，蜡密封其外，然香犹透彻，闻数十步，洒著人衣袂，经十数日不歇也。"[2]从中我们知道蔷薇水贮于琉璃器中。同时，随着海外贸易大发展，这些外来物品进入社会生活中。佛寺塔基中出土的玻璃器就是证明。

唐宋时期佛教遗址中发现的玻璃器多为伊斯兰玻璃器[3]。这其中有部分玻璃瓶，在塔基中用来盛放舍利或香水香料。《泾州大云寺舍利石函铭》中载："诜与长史济北史藏诸安定县令颍川陈燕客，并当寺徒众，俱时瞻奉。法公严持香水，诚祈就浴。倒瓶伫降，虚器匪延。合众惊嗟，咸沮情望。"[4]证明了在舍利瘗埋等佛事活动中，加持香水的情形。

考古发现的与香水瓶相关的玻璃瓶依口部、腹部形状不同可分为以下几种：直口，杯身筒状，平底；小侈口，细颈圆形鼓腹瓶；宽平口折沿，长颈，鼓腹样。这些瓶的样式在伊斯兰玻璃瓶中均见[5]。

河北定县静志寺地宫（977年）的出土器物中，有一大一小两件直筒形的玻璃杯。据地宫中发现的大中十二年《唐定州静志寺重葬真身记》"发旧基，得石函二，一大一小，函中有四眠像，金银钗钏诸多，供具内金函，函中有七珍缭绕。银塔内有琉璃瓶二，小白大碧，两瓶相盛水，色凝结。"知其为盛装液体之物，或为香水杯（瓶）。法门寺地宫中也出土了相近的玻璃杯[6]，其用途或相同。伊朗喀尔出土，日私人收藏有此类伊斯兰玻璃瓶[7]。

洛阳关林唐墓出土一件细颈鼓腹玻璃瓶，这种细颈瓶是叙利亚海岸罗马后期和伊斯兰初期普通的香水瓶[8]。

河北定县静志寺地宫中还出土了2件侈口，直颈玻璃瓶，1件鼓腹，1件筒状器身，其中鼓腹瓶与日本私人收藏的伊斯兰玻璃瓶相似，经学者研究其形符合伊斯兰香水瓶的特征[9]。而另一件折肩瓶与安徽无为北宋舍利塔内出土的玻璃瓶相同[10]，经日本学者研究认为无为北宋舍利塔出土的玻璃瓶是大食传入的香水瓶[11]。

浙江宁波天封塔地宫出土2件玻璃瓶，一件呈玉绿色，敛口，溜肩，弧腹，平底。盖圆钮状，由

[1] 〔元〕脱脱等：《宋史》卷490《大食国传》，中华书局，1977年，第14118~14122页。〔清〕徐松：《宋会要辑稿》第197册《蕃夷四》之91，中华书局，1957年，第7759页。

[2] 蔡绦：《铁围山丛谈》卷五，中华书局，1983年，第97、98页。

[3] 安家瑶：《中国的早期玻璃器皿》，《考古学报》1984年第4期。安家瑶：《试探中国近年出土的伊斯兰早期玻璃器》，《考古》1990年第12期。

[4] 甘肃省文物工作队：《甘肃省泾川县出土的唐代舍利石函》，《文物》1966年第3期。

[5] 扬之水：《琉璃瓶与蔷薇水》，《梐柿楼集》卷三《香识》，人民美术出版社，2014年，第165~179页。

[6] 陕西省考古研究院、法门寺博物馆、宝鸡市文物局等：《法门寺考古发掘报告》（下），文物出版社，2007年，彩版一九〇。

[7] 扬之水：《琉璃瓶与蔷薇水》，《梐柿楼集》卷三《香识》，人民美术出版社，2014年，第165~179页。

[8] 安家瑶：《中国的早期玻璃器皿》，《考古学报》1984年第4期。

[9] 扬之水：《琉璃瓶与蔷薇水》，《梐柿楼集》卷三《香识》，人民美术出版社，2014年，第165~179页。

[10] 《无产阶级文化大革命期间出土文物展览简介——安徽省无为宋塔下出土的文物》，《文物》1972年第1期。

[11] 转自扬之水：《琉璃瓶与蔷薇水》，《梐柿楼集》卷三，《香识》，人民美术出版社，2014年，第165~179页。

上下两个半圆体组成，中间为一宽边沿，正好盖住瓶口。出土时打开盖，还能闻到一些香气。另一件直口，筒颈，溜肩，弧腹，平底，盖钮略如前一件。白玉色中略带淡绿，开盖时也有香气[1]。这或是较为确定的香水（料）瓶。

南京大报恩寺塔基中出土长干寺塔基中玻璃瓶2件，原报告认为其为供养器，其中编号DG1：42瓶，深蓝色，侈口，圆唇，颈部上粗下细，球腹，圜底。内盛乳香。DG1：126瓶，蓝色，宽平口沿，细颈，折肩，筒形腹，平底。出土时内存香料[2]。

天津独乐寺塔基中也出土了宽平口折沿，长颈，器身筒状玻璃瓶[3]。另外辽陈国公主墓与驸马萧绍矩的合葬墓中也出土类似的玻璃瓶[4]。他们与埃及出土收藏于日本早稻田大学的伊斯兰玻璃瓶近似，而早稻田大学玻璃瓶被认为是香水瓶。

宋辽时期佛教遗址中除了上述玻璃瓶外，还出土了部分方形玻璃瓶，如静志寺出土1件方形折肩瓶，附莲花银盖，是隋塔中葬舍利之最内层瓶，为静志寺地宫中所藏较早的伊斯兰玻璃器[5]。1969年，在陕西西安市第一中学发现一件盝顶长方形金盒。金盒上刻有铭文："女弟子杨氏王氏葬释迦佛舍利愿与一切众生早成佛国"，金盒内的舍利瓶就是伊斯兰方形玻璃瓶[6]。朝阳新华路辽代石宫中也发现了一件方形瓶，原报告称其为舍利瓶[7]。朝阳北塔天宫内出土1件七棱柱状玻璃瓶，内装砂粒，应为舍利瓶[8]。江苏涟水妙通塔地宫出土一件口部六角形，瓶身截面呈七边形的玻璃小瓶，内装舍利子及骨片[9]。以上所见方形玻璃瓶或内存舍利，或有文字记载，均明确为藏舍利的舍利瓶。其中静志寺、西安一中出土舍利瓶与泾川龙兴寺出土方形玻璃瓶近似。泾川龙兴寺方形玻璃瓶置于陶棺内，与装有舍利的鼓腹瓶不仅形状不同，放置位置也不同。如安家瑶认为的这种玻璃瓶原来是盛放香水的容器。

二　宝宁寺舍利瘗埋

出土于泾川，现藏于平凉市博物馆的宝宁寺舍利石函，是1969年泾川县在修建泾河大桥护坡时在河北岸发现的。当时并未对此发现进行过报道，县文化馆对其进行了记录。最早著录此批文物的是张

[1]　林士民：《浙江宁波天封塔地宫发掘报告》，《文物》1991年第6期。

[2]　南京市考古研究所：《南京大报恩寺遗址塔基与地宫发掘简报》，《文物》2015年第5期。

[3]　天津市历史博物馆考古队、蓟县文物保管所：《天津蓟县独乐寺塔》，《考古学报》1989年第1期，第83~119、153~160页。

[4]　内蒙古自治区文物考古研究所、哲里木盟博物馆：《辽陈国公主墓》，文物出版社，1993年，第58页。

[5]　宿白：《定州工艺与静志、净众两塔地宫文物》，《文物》1997年第10期。

[6]　安家瑶：《谈泾川玻璃舍利瓶》，《2015年丝绸之路与泾川文化学术研讨会论文集》，内部资料，第287~292页。

[7]　辽宁省文物考古研究所：《辽宁朝阳新华路辽代石宫发掘简报》，《文物》2010年第11期。

[8]　辽宁省文物考古研究所、朝阳市北塔博物馆：《朝阳北塔——考古发掘与维修工程报告》，文物出版社，2007年，图版五九，4。朝阳北塔考古勘察队：《辽宁朝阳北塔天宫地宫清理简报》，《文物》1992年第7期。

[9]　淮安市博物馆，涟水县图书馆：《江苏涟水妙通塔宋代地宫》，《文物》2008年第8期。

宝玺先生，其对造像座及铭文进行了描述与记录，并附有拓片，只是出土地点有误[1]。后泾川学者张怀群等将其视为舍利函[2]。随着宋代龙兴寺造像及舍利出土，掀起了一个对泾川舍利研究的小高潮，相关的文章再次对1969年宝宁寺出土的石函及其共出文物进行了介绍和研究[3]，但基础资料披露仍不够全面准确，有必要对其再做一梳理。

我们查阅泾川县博物馆原始档案，石函青石质，长方形，上有盖。长68、宽49.5、高46.0厘米。盖长方形，盝顶，素面。函身一面雕刻双狮供宝及二供养比丘（图三四六，1、2），另一面刊刻铭文（图三四六，3）。石函内有铜椁（函）、鎏金铜函、玻璃瓶各1件，玻璃瓶中保存舍利子若干。原始记录中铜椁（函）出土时已残破为几块，现修复后，可见为盝顶，方形。鎏金铜函方形盝顶，高7.4、宽6.4厘米。琉璃瓶绿色，细颈，圆鼓腹，高5.7、壁厚0.06厘米。原始记录中共出的遗物有玉戒指1枚、玉带环2个、玉发钗1枚、玻璃环1件、鎏金开元通宝15枚、铜法器剑3把、金钗1枚、银钗12枚、银箸2件、不明用途银圆圈状物2件（直径分别为2、1.6厘米）、不明用途铜圆圈状物1件（直径2厘米）。结合平凉市博物馆展示，原始记录中铜法器剑3把，似为小刀3把。银箸2件应为银箸1对（或箸2枚），这件器物过去多着录为箸，从原始记录及实物判断应为箸（或箸），原始记录中记录了其长度，为23.6厘米，为箸较合理。箸用来"请舍利"，夹取舍利，在浙江瑞安北宋慧光塔出土舍利器具中就有鎏金银舍利箸，并有文字记录[4]。

函身一面刊刻铭文，对于铭文的释读有不同的版本。笔者通过观察实物，核对拓片，释读如下：

真容虚寂妙憺疑 / 神圣智无私言谭 / 路绝然宝宁寺比 / 丘慧明谨舍衣钵 / 之余仰为七世所 / 生法界合识敬造 / 石像一区琢磨已 / 就莹饰殊丽虽不 / 释氏见存与真踪 / 无异藉此善因缘 / 上乘所列合国黎 / 庶俱登正觉 / 大周天和二年岁 / 次丁亥八月庚子 / 朔廿三日壬戌敬 / 造

造像座发愿文中记"比丘慧明谨舍衣钵之余，仰为七世所生法界合识，敬造石像一区。"明确说明宝宁寺比丘慧明于北周天和二年所造为石像一躯。此后造像或遗失或毁坏，像座被改用做舍利函。至于造像座在北周天和二年是否就改为舍利函，从铭文中无法确知。从共出的供养物中15枚开元通宝看，至少在唐代初年利用此件被改造的造像座进行了舍利瘗埋。另外，铭文中提示到泾川北周时期有宝宁寺。石函发现的地点在泾河大桥旁，属于水泉寺村。2005年在大桥西北面的县苗圃中又出土一件高大的北周时期的单体佛像及其他一些残破的北魏造像碑。或许出土舍利石函及造像的区域确是古代寺院遗址，需经考古勘探及发掘来证明。

[1]　张宝玺：《甘肃佛教石刻造像》，甘肃人民美术出版社，2001年，第162、219页。

[2]　张怀群：《大云寺西侧之北周宝宁寺佛像出土及遗址调查记》，《泾川大云寺史籍资料选辑》，内部资料，第140、141页。张怀群：《丝绸之路上的世界遗产：泾川文化遗产录》，中国文史出版社，2011年，第181、182页。

[3]　泾川县文体广电局：《泾川佛教瑰宝——甘肃泾川佛舍利与百里石窟长廊及金石文物》，五洲传播出版社，2015年，第202页。冉万里：《古泾州地区的舍利瘗埋活动略论》，《泾川佛教文化论》，人民出版社，2015年，第204~219页。

[4]　浙江省博物馆：《浙江瑞安北宋慧光塔出土文物》，《文物》1973年第1期。

1

2

3

图三四六　宝宁寺佛座改制石函

1.石函正面　2.石函正面（赵亚君绘）　3.石函背面铭文

《旧唐书》卷四十八《食货志》第二十八"高祖即位，仍用隋之五铢钱。武德四年七月，废五铢钱，行开元通宝钱，径八分，重二铢四絫，积十文重一两，一千文重六斤四两。"[1]这是开元通宝的始铸记载，其铸造发行开启了中国通宝钱的时代。开元通宝铸造发行了280余年，种类繁杂，流通时间长久。考古发现了一定数量，经徐殿魁研究，武德开元流行时期为高祖武德四年至玄宗开元时期，即7世纪前期至8世纪中期[2]。从宝宁寺石函中共出的15枚开元通宝观察，符合武德开元的特征。另外，冉万里据石函、铜函、琉璃瓶的特征，分析认为其与隋代舍利容器形制一致，应在隋大业年间瘞埋过舍利。而唐代直接利用隋代的套函等容器又进行了一次瘞埋，只是增加了一些供养品[3]。依次分析，隋代在泾川有过二次舍利瘞埋，一为明确记载的仁寿元年大兴国寺藏舍利，二是隋大业年间。

隋炀帝与文帝一样崇佛[4]。"大业元年为文皇帝造西禅定寺，并式规大壮备准宏模，起如意之台，列神通之室……又于高阳造隆圣寺……奉为文皇帝敬造金铜释迦坐像一躯……又于并州造弘善寺……扬州造慧日道场，京师造清禅寺日严寺香台寺。又舍九宫为九寺。于泰陵庄陵二所并各造寺。平陈之后于扬州装补故经，并写新本，合六百一十二藏，二万九千一百七十三部，九十万三千五百八十卷。修治故像一十万一千躯，铸刻新像三千八百五十躯。所度僧尼一万六千二百人。"[5]炀帝崇佛，各地官员也投其所好，兴建佛塔供奉舍利。据范成大《吴郡志》载吴郡太守李显于大业四年为炀帝及皇后、齐王、六宫眷属"各舍七珍"，在郡城之西山顶上，"营造七层宝塔，以九舍利置其中，金瓶外重，石椁周护"。"至（大业）八年帝在东都，于西京奉为二皇双建两塔七层木浮图，又敕乘送舍利瘞于塔所。时四方道俗百辟诸侯各出名珍，于兴善寺北天门道南，树列胜场三十余所。高幢华盖接影浮空，宝树香烟望同云雾，迎延灵骨至于禅定。"[6]从考古出土情况看，隋代舍利瘞埋多有地宫、天宫。地宫是较为狭小的空间，形制为竖穴式。舍利多放置于石函等舍利容器内[7]。

开皇年间有开皇九年（589年）始建，十四年（594年）完工的西安东郊清禅寺地宫。砖砌而成，无石函，仅有罐类舍利容器、砖铭[8]。这是目前发现最早的隋代地宫。

仁寿年间的地宫及舍利函有越南北宁省顺成县春关村发现的隋仁寿元年（601年）交州禅众寺舍利石函及舍利塔铭，现存方形盝顶舍利石函、方形塔铭及其底部的石板1块，函内物不清[9]。陕西耀县

[1]〔后晋〕刘昫：《旧唐书》卷四十八，志第二十八，《食货志》上，中华书局，1986年，第2094页。

[2] 徐殿魁：《唐代开元通宝的主要品类和分期》，《中国钱币》1992年第3期。

[3] 冉万里：《古泾州地区的舍利瘞埋活动略论》，《泾川佛教文化论》，人民出版社，2015年，第204~219页。

[4] 杜文玉：《隋炀帝与佛教》，《陕西师范大学学报（哲学社会科学版）》，第30卷第2期，2001年6月。

[5]〔唐〕法琳：《辩证论》卷3，《大正藏》T52册，p0509b、p0509c（第52册，第509页中、下）。

[6]〔唐〕道宣：《续高僧传》卷24《释慧乘》，《大正藏》T50册，p0633c（第50册，第633页下）。

[7] 冉万里：《中国古代舍利瘞埋制度研究》，文物出版社，2013年，第35页。

[8] 郑洪春：《西安东郊隋舍利墓清理简报》，《考古与文物》1988年第1期。

[9] 冉万里：《越南北宁省顺成县春关村出土的隋仁寿元年舍利石函及舍利塔铭——交州龙编县禅众寺舍利石函及塔铭调查记》，《西部考古》（第10辑），2016年，第51~67页。王承文：《越南新出隋朝〈舍利塔铭〉及相关问题考释》，《学术研究》2014年第6期。

神德寺仁寿四年（604年）塔基地宫出土石函与舍利塔铭。石函方形盝顶，函内盖为舍利塔下铭。石函内置涂金盝顶铜函1件、圆盒1件、涂金方铜盒1件。实为2件鎏金盝顶方函，1件圆盒。更为重要的是，涂金盝顶铜函内放置3枚舍利、隋五铢27枚、金环1件、银环9件、玉环1件、波斯银币3枚。圆盒内置佛发。涂金方铜盒内放1绿色玻璃瓶、喇叭形铜瓶1件。其中绿色玻璃瓶中发现淡红色液体状物质[1]。舍利直接置于盝顶铜函内，并非置于舍利瓶中。而玻璃瓶中所藏的也不都是舍利，而是液体。这种红色液体或与文献中所说的蔷薇水有关？扬之水在《琉璃瓶与蔷薇水》一文中对其使用等有较为详细的研究[2]。最早记载蔷薇水的文献为宋代。而仁寿四年舍利瘗埋中就出现的琉璃瓶及液体若为蔷薇水，说明其实物传入中土要比文献记载早。

大业年间舍利函有正定白店村大业元年石函，方形盝顶，内置筒状铜盒1件，银舍利瓶1件，银钗6件，铜钗9件，隋五铢36枚，玛瑙环1件，玛瑙球1件。石函外有砖砌结构。石函上有汉白玉石座1件，座底内凹。正面浮雕仰莲或宝瓶，左右两侧刻身着袈裟的僧人和法器[3]。

正定静志寺大业二年函正方形大理石石函，函盖为盝顶式，上有铭文云"大隋大业二年岁次丙寅十月壬午朔八日已丑舍利宝函之铭。"函内置鎏金铜函1件，函身刊刻铭文。铭文云："大隋仁寿三年五月廿九日，静志寺与四部众修理废塔，掘得石函，奉舍利有四，函铭云大代兴安二年十一月五日，即建大塔，更做真金宝碗，琉璃瓶等，上下累叠，表里七重，至大业二年十月八日内于塔内。"[4]从铭文"上下累叠，表里七重。"舍利容器表里七重，除了出土的石函、铜函外，还应有真金宝碗，琉璃瓶等。这样也只有四重，其他三重为何？5号塔基出土物中有涂金筒状石盒2件[5]，因塔基内遗物为几个朝代总和，对比正定白店村大业元年筒状铜盒，确定其为隋代遗物。这样大业二年舍利容器为石函、铜函、石质筒状盒、真金宝碗，琉璃瓶等。

济南神通寺大业七年石函放在用六块石板砌成的方框中。石函呈方形盝顶。石函内放一铜函方形盝顶，函子母口。铜函之中放玻璃瓶、玻璃珠、银环、铜饰件、石环、铜钱。其中，玻璃珠20枚，白玻璃珠4枚，黄玻璃珠7枚，墨绿玻璃珠9枚。银环2件，"S"形铜饰件1件，石环1件。铜钱汉半两1枚，隋五铢1枚。铜函内外均放有砂石、药草、香料等物[6]。

北京房山雷音洞地宫石函共五层，第一层为明代石函。第二层石函青石质，盖上刻"大隋大业十二年岁次丙子四月丁巳朔八日甲子于此函内安置佛舍利三粒愿住持永劫"。第三层为明汉白玉石函。第四层为镀金银函，方形，盝顶，函身四周线刻四神。内有木质彩绘香珠1颗，珍珠8颗。第五层函白

[1] 朱捷元、秦波：《陕西长安和耀县发现的波斯萨珊朝银币》，《考古》1974年第2期。

[2] 扬之水：《琉璃瓶与蔷薇水》，《梣柿楼集》卷三《香识》，人民美术出版社，2014年，第165～179页。

[3] 赵永平、王兰庆、陈银凤：《河北省正定县出土隋代舍利石函》，《文物》1995年第3期。

[4] 定县博物馆：《河北定县发现两座宋代塔基》，《文物》1972年第8期。

[5] 定州博物馆：《定州藏珍》（精品卷），文物出版社，2017年，第200页。

[6] 郑岩：《山东佛教史迹》，财团法人法鼓山文教基金会，2007年，第21页。

玉制成，内置2颗舍利及2颗珍珠[1]。五重函中，二、四两重为隋代原函。据石经山施茶亭石碑上记载隋代除了石函、银函外，还有金函、小金瓶。

无纪年的山东平阴洪范池发现的舍利石函，内外双重方形盝顶。内外函之间藏360余枚隋五铢及4枚北周"永通万国"。无其他遗物[2]。

目前发现的隋代舍利石函与文献记载的舍利瘗埋数量相差太多。除开皇年间无石函外，仁寿、大业石函相似，多为方形盝顶。其他容器，却略有不同。开皇年间为罐类；仁寿年间有方形盝顶铜函，玻璃瓶等；大业年间正定白店村、静志寺中出土筒形舍利盒较为特别。石函有一定相似性，内部其他容器除了仁寿四年为铜函、舍利瓶外，其他很明显保持了北朝的传统，继承了从印度传来的用罂坛或盒瘗埋的样式。舍利放置位置也各不相同，有直接置于铜函内的，有盛放于铜舍利瓶中的情况。玻璃瓶中也非均放置舍利子，有液体物质。泾川宝宁寺石函用旧佛座改造而成，函盖应为后配，其形制为盝顶，与隋代函相似。铜函盝顶，琉璃瓶细长颈、鼓腹。结论或为，仁寿年间始用统一形制的石函，但函内其他容器以现有的实物看，并不统一。

唐代虽有西行求法的僧人从印度等地带回佛舍利，如悟空、玄奘法师、义净均带回舍利。但不见国家大规模统一分送舍利于各地供养的现象，仅见仪凤二年（677年）光宅寺发现舍利及其流布情况。

泾州宝宁寺舍利在唐代瘗埋是否与仪凤年间舍利有关？虽然所见铜函为盝顶，具有隋统一样式，但唐初沿用此类样式也是可能的[3]。河北正定开元寺钟楼地宫外方内圆，均用砖砌成。地宫顶部覆盖圆形石盘。石函、鎏金铜函、木函、金函均为盝顶方形。石函四面雕刻博山炉、护法力士、狮子等。共出的遗物有隋五铢、武德年间铸造的"开元通宝"等[4]。开元寺钟楼地宫石函雕刻与北朝晚期佛座内容相同。可知初唐时期仍有隋代方形盝顶样舍利容器在沿用，地宫形制也非仿墓葬样式。

泾川县博物馆旧藏有一件造像座，长44.5、宽33、高22厘米。正面分格，格内雕刻博山炉、供养弟子、蹲狮等（图三四七）。博山炉高圈足，心形，两侧莲叶上展，炉下装饰莲瓣。供养弟子侧身面向博山炉，双领下垂袈裟。蹲狮前腿直立，后腿躬，上身挺起，长舌外吐。此造像座在内容上与宝宁寺出土像座基本一致，只是雕刻风格上略有差异，他们的年代应相去不远。而在造像座上雕刻双狮供宝及二比丘像是长安及其附近地区北周造像的特点之一，我们在长安出土的北周造像座及造像板上均能见到类似的内容，如西安灞桥区湾子村出土佛像座、未央区草滩出土造像板等[5]。泾川此件造像座是否也为石函，因无文字佐证，也不知出土时状况，不宜推断。

---

[1] 北京市文物研究所：《北京考古四十年》，北京燕山出版社，1990年，第125页。

[2] 邱玉鼎、杨书杰：《山东平阴发现大隋皇帝舍利宝塔石函》，《考古》1986年第4期。

[3] 杨泓：《中国隋唐时期佛教舍利容器》，《中国历史文物》2004年第4期。

[4] 刘友恒、聂连顺：《河北正定开元寺发现初唐地宫》，《文物》1995年第6期。

[5] 西安碑林博物馆：《长安佛韵——西安碑林佛教造像艺术》，陕西师范大学出版社，2010年，第90、92页。西安市文物保护考古所：《西安文物精华——佛教造像》，世界图书出版西安公司，2010年，第69、73页图63③、67。

图三四七　泾川县博物馆旧藏像座

三　泾川舍利瘗埋特色

从上述情况看，泾川舍利瘗埋有其自身的特点：

1. 瘗埋次数多

北周、隋、唐、宋各朝均有瘗埋。

2. 地宫位置不同

一为塔基中，如隋大兴国寺舍利塔和唐大云寺所藏舍利来源于古塔土基中。虽然关于这2个舍利塔的具体情况记载及实物均缺失，我们不甚了解，但从"泾州于大兴国寺起塔，将造函，""爰有古塔余基，在兹寺之右，高惟及仞"等记载明确地宫建于塔下。二类地宫位于佛殿下，唐大云寺、宋龙兴寺均如此。"爰从大周延载元年岁次甲午七月癸未朔十五日己亥迁于佛殿之下""泾州龙兴寺曼殊　院念法花经僧云江智明同收诸佛舍利约二千余粒并佛牙佛骨于本院文殊菩萨殿内葬之"记载明确。

3. 地宫形制不同

一土坑砖室式，如大云寺舍利来源的"古塔土基"，"遽开砖室，爰得石函。中有瑠璃瓶、舍利十四粒。"推测地宫应为早期地宫形式，即土坑式，且周围筑砖石围圹。宋代龙兴寺亦采用此类形式。二类仿墓结构地宫。以唐大云寺地宫为代表。

4. 舍利瘗埋位置不同

宝宁寺、唐大云寺舍利藏在最内层玻璃容器中，而宋代龙兴寺舍利在外重容器及内部容器中都放置舍利或佛牙、佛骨等。

宝宁寺佛座改为石函，无论其瘗埋时间在北周天和二年后的北周某时还是隋代开皇、大业年间、亦是唐代，瘗埋空间形制虽然不清楚，但石函利用了旧有的器物，反映了舍利瘗埋早期无统一规制、就地取材的情形。隋仁寿年间由国家统一制定了舍利瘗埋的形式，泾川大兴国寺虽未出土实物，但文献记载明确有统一的石函样式，并起塔供养。唐大云寺不仅出现了仿墓葬形式的埋葬空间，舍利容器也出现了新的棺椁样式，舍利埋葬空间及容器均与现实的生活紧密相连。来自印度次大陆的佛教舍利瘗埋空间及容器都发生了彻底的改变，中国化特征明确。宋代舍利瘗埋无定式，外重容器及内部容器中都放置舍利或佛牙、佛骨等，表现出复杂性与世俗性[1]。

泾川舍利瘗埋从宝宁寺造像座改为舍利石函，隋仁寿元年统一形制的舍利容器，到唐大云寺仿墓葬形制的空间及棺椁形舍利容器的出现，再到宋代龙兴寺地宫位置改变，舍利容器打破内外重界限，各自具有时代特征，同时也较为完整清晰地反映了中国舍利供养瘗埋制度发展变化的脉络，具有较为重要的意义。

第五节　建筑构件研究

一　特征

泾州古城佛教遗址出土瓦当有以下特征。

1. 瓦当题材丰富

有莲花纹、兽面纹、兽面莲花纹、云纹等题材。莲花纹瓦当纹饰又分为普通莲花纹、莲花化生和变形莲花纹。

普通莲花纹瓦当当心样式丰富，有莲蓬、宝珠、花瓣、宝珠和联珠组合等诸多样式。莲瓣形状有椭圆形、水滴形、细长形等不同形状，莲瓣外多绕以凸棱状外廓，部分为双廓，莲瓣间多饰以间隔符号，占比75%，间隔符号有"T"形、"Y"形、"八"形、三角形、乳丁、短凸棱等。外围纹饰多为联珠纹和凸棱纹组合。

---

[1]　冉万里：《中国古代舍利瘗埋制度研究》，文物出版社，2013年，第335、336页。

莲花化生瓦当造型基本相同，均为加沙灰陶。当心模印一化生像，双手合十，造型简练，轮廓清晰。其外为两周凸棱纹夹饰的一周联珠纹，八瓣复瓣带廓莲花纹，莲瓣宽厚肥大，外廓前端尖而上翘且两两相连。莲瓣间饰以三角形纹饰并彼此相连。主体纹饰与边廓之间饰联珠纹一周。当面下凹，当心化生像高于边廓，边廓较窄。

异形莲花纹瓦当数量较少，当心饰一宝珠，其外饰正、反三角形纹饰各一周，其与边轮之间为两周凸棱纹夹饰一周联珠纹。当面隆起，边廓较宽，边廓由内向外逐渐变薄。

兽面纹瓦当兽面造型丰富多样，同一类型瓦当又有细微差别。绝大多数龇牙咧嘴，怒目圆睁，而口衔珠兽面瓦当为其他地区少见，丰富了瓦当类型。边轮和兽面之前装饰有联珠纹和弦纹组合、无装饰、短线纹带装饰等多种样式。

瓦当质地以泥质灰陶为主，绝大部分质地细密坚硬。有少量为"青掍瓦"，质地细腻，较为坚硬，表面磨光，略带光泽，体现了极高的制作工艺。

2. 瓦当规格及形制丰富

当面直径 10.6 ~ 16 厘米。主体纹饰多隆起，高于边轮；另外有一定数量的瓦当当面下凹，边轮较高。当背多粗糙不平。

二　年代

该遗址遭水患及后世人为破坏严重，出土遗物位移及地层倒置现象严重，为分期断代带来一定困难。本文通过与其他地区出土瓦当进行对比分析，对该遗址出土量大的莲花纹瓦当和兽面纹瓦当试作年代划分。

1. 莲花纹瓦当年代

莲花纹是我国古代传统装饰图案之一，以莲花纹作为瓦当装饰最早出现于秦代，北魏以来，随着日益兴盛的佛教的影响，莲花纹不仅起到装饰瓦当当面的作用，更被赋予特定的宗教内涵。泾州古城佛教遗址出土如此大量的莲花纹瓦当正与其特殊的建筑性质相符。

与普通莲花纹 Aa 型瓦当相近者在陕西诸多遗址中均有出土，如铜川唐玉华宫遗址[1]、隋仁寿宫唐九成宫遗址Ⅳ式[2]、西明寺遗址 AⅠ式[3]、华清宫宜春汤遗址[4]。其时代上限大致为隋至唐初，下限为唐代

[1] 卢建国：《陕西铜川唐玉华宫遗址调查》，《考古》1978年第6期。
[2] 中国社会科学院考古研究所西安唐城工作队：《隋仁寿宫唐九成宫37号殿址的发掘》，《考古》1995年第12期。
[3] 中国社会科学院考古研究所：《青龙寺与西明寺》，文物出版社，2015年，第159页。
[4] 陕西省文物事业管理局：《唐华清宫》，文物出版社，1998年，第306页。

中晚期。与Bb型瓦当当心莲瓣相近者甚少，但其莲瓣外廓装饰作卷叶状，与隋唐东都一期莲花纹瓦当[1]相似，且其与Ba型瓦当同为当面下凹，边轮高于当面，这一特征与北朝至唐初瓦当当面布局相似，结合该遗址的年代及历史沿革，故普通莲花纹Ba、Bb型瓦当年代可能为隋至唐初。普通莲花纹Cc型瓦当与隋仁寿宫唐九成宫遗址Ⅱ式瓦当[2]、西明寺FⅡ式瓦当[3]近似，其时代上限有可能为隋至唐初，下限为唐代中晚期（图三四八）。

与普通莲花纹Bc型瓦当当心莲瓣形状相近者在唐大明宫含元殿遗址[4]、青龙寺及西明寺遗址[5]均有出土，其时代应大致相近，为唐代中晚期。普通莲花纹D型瓦当，宝珠式当心瓦当所见较多，Da型瓦当与西明寺遗址G型[6]、华清宫梨园遗址[7]出土瓦当近似；Db型瓦当与洛阳皇城东区遗址出土瓦当[8]相似；Dc型莲花纹瓦当莲瓣高凸饱满，多为"青揞瓦"，制作工艺精细。此类型瓦当时代大致应为唐代中晚期。普通莲花纹Dd型瓦当、异形莲花纹瓦当，当面布局及莲瓣形状向简单化方向发展，其时代可能为晚唐到北宋时期。E型莲花纹瓦当边轮与主体纹饰之间饰短线纹带，这与宋金时期出现的兽面纹瓦当边轮装饰类似，其时代有可能相近，故可能为晚唐到北宋时期。

通过对比分析，可将该遗址出土普通莲花纹瓦当分为三期：一期为隋到初唐，二期为唐中晚期，三期为晚唐到北宋。

莲花化生瓦当是具有特殊意义的瓦当类型，是与佛教密切相关的建筑材料之一，主要流行于北魏时期，少见于其后时代的考古资料中。该遗址出土的莲花化生瓦当莲瓣形状与山西操场城遗址[9]出土瓦当、云冈石窟第五窟莲花化生纹样近似（图三四九），王飞峰先生通过对比操场城遗址、云冈石窟第五窟的年代，认为山西操场城遗址出土瓦当"年代可能在孝文帝定都平城的太和时期（477～494年），不排除下限稍晚于494年的可能性。"[10]该遗址出土的两件莲花化生瓦当虽为扰乱堆积中采集所获，地层信息缺失，但不排除该存在早期佛教遗迹的可能性，这也与泾川地区的佛教历史背景相吻合。

[1]　陈良伟：《洛阳出土隋唐至北宋瓦当的类型学研究》，《考古学报》2003年第3期。

[2]　中国社会科学院考古研究所西安唐城工作队：《隋仁寿宫唐九成宫37号殿址的发掘》，《考古》1995年第12期。

[3]　陕西省文物事业管理局：《唐华清宫》，文物出版社，1998年，第166页。

[4]　中国社会科学院考古研究所西安唐城工作队：《唐大明宫含元殿遗址1995～1996发掘报告》，《考古学报》1997年第3期。

[5]　陕西省文物事业管理局：《唐华清宫》，文物出版社，1998年，第82、167页。

[6]　陕西省文物事业管理局：《唐华清宫》，文物出版社，1998年，第167页。

[7]　陕西省文物事业管理局：《唐华清宫》，文物出版社，1998年，第394页。

[8]　中国社会科学院考古研究所：《隋唐洛阳城——1959～2001年考古发掘报告》，文物出版社，2014年，第178页。

[9]　山西省考古研究所、大同市考古研究所、大同市博物馆等：《大同操场城建筑遗址发掘报告》，《考古学报》2005年第4期，图版十七。

[10]　王飞峰：《北魏莲花化生瓦当探析》，《四川文物》2019年第3期。

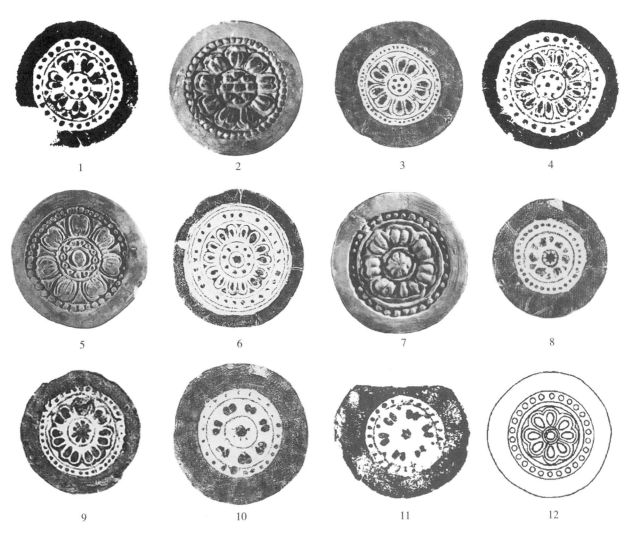

图三四八　其他遗址出土莲花纹瓦当

1. 陕西铜川唐玉华宫遗址　2. 隋仁寿宫唐九成宫37号殿址Ⅳ式　3. 西明寺遗址AⅠ式（92CTXT③：47）　4. 华清宫宜春汤遗址（ⅠYCTT42④：46）　5. 隋仁寿宫唐九成宫37号殿址Ⅱ（5）　6. 西明寺遗址F二式（92CTXT③：1）　7. 唐大明宫含元殿遗址C型（T401：2）　8. 青龙寺遗址C型（73CTQ2③：123）　9. 西明寺遗址H型（92CTXT③：45）　10. 西明寺遗址G型（85CTC③：15）　11. 华清宫梨园遗址（ⅡLYT6④A：1）　12. 洛阳皇城东区（HT18③：1）

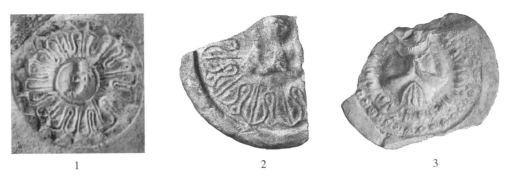

图三四九　莲花化生瓦当及纹样

1. 云冈石窟第五窟莲花化生纹样　2. 大同操场城北魏建筑遗址莲花化生瓦当（C4）　3. 大同操场城北魏建筑遗址莲花化生瓦当（C11）

2. 兽面纹瓦当年代

兽面纹瓦当见于汉魏洛阳城、北魏永宁寺等，经过隋唐时期的发展，兽面纹瓦当类型趋于丰富。兽面纹瓦当亦与莲花纹瓦当一样，深受佛教影响，成为佛教建筑中不可缺少的建筑材料。唐代陕西地区出土大量兽面纹瓦当，如华清宫遗址、青龙寺、西明寺遗址等。宋代是兽面纹瓦当的大流行时期，洛阳地区作为当时的政治中心，许多遗址均有出土，不少学者做过相关研究[1]。但此时陕西地区兽面纹瓦当出土量却较少。

出土的诸多兽面纹瓦当中，兽面造型多口大张，龇牙咧嘴，口中多不含物。A型兽面衔环瓦当在河南、北京、内蒙古、黑龙江等地区宋金时代遗址[2]中有零星出土（图三五〇）。其年代应该与之相近。B型兽面含珠瓦当少见于现有发掘资料，但口中含物这一特征应与A型瓦当时代相去不远。除此之外其他类型兽面纹瓦当时代应与陕西、河南地区出土兽面纹瓦当时代相近，应为唐代中晚期到北宋时期。

1　　　　　　　2　　　　　　　3　　　　　　　4

图三五〇　其他遗址出土兽面衔环瓦当

1. 洛阳东城宋衙署庭院（DT45③∶21）　2. 黑龙江肇东县八里城遗址出土　3. 北京大葆台金代遗址出土　4. 内蒙古自治区托克县博物馆藏（TBC∶15）

故该遗址出土兽面纹瓦当可大致分为两期：第一期为唐代中晚期到北宋时期；第二期为宋金时期。

作为重要的建筑构件，瓦当兼具实用性和装饰性，是考古研究重要的断代物，也是了解古代手工业、建筑、雕塑、书法及文化交流的重要材料。泾州古城佛教遗址出土瓦当数量大，类型丰富，具有浓厚的佛教色彩和地方特色，这与其所附属的建筑性质一致。这批瓦当时代跨度大，在一定程度上体现了遗址时代的延续性。瓦当纹饰尤其是莲花纹瓦当，与陕西和中原地区出土瓦当有诸多相近之处，体现了佛教文化及建筑艺术的传播和影响，这与泾川所处的重要地理位置有关。

[1]　韩建华：《洛阳地区兽面纹瓦当的初步研究》，《考古学集刊》（第19集），科学出版社，2013年，第300~315页。钱国祥：《汉魏洛阳城出土瓦当的分期与研究》，《考古》1996年第10期。

[2]　中国社会科学院考古研究所：《隋唐洛阳城——1959~2001年考古发掘报告》，文物出版社，2014年，第326页。肇东县博物馆：《黑龙江肇东县八里城清理简报》，《考古》1960年第2期。北京市文物工作队：《大葆台金代遗址发掘简报》，《考古》1980年第5期。陈永志：《内蒙古出土瓦当》，文物出版社，2003年，第23页。

第六节　泾川佛教的历史背景

　　泾川在十六国时曾先后归属前赵、后赵、前秦、后秦、大夏等政权。而后赵、前秦、后秦都大力提倡佛教。西域高僧佛图澄用其神奇的法术影响了后赵统治者，使得石勒、石虎笃信佛教，石虎在迁都邺城后，广建佛寺。"（佛图）澄道化既行，民多奉佛，皆营造寺庙，相竞出家，真伪混淆，多生愆过"，以至于中书著作郎王度曾上书禁止赵国人谒寺礼佛，而石虎以"佛是戎神，正当应奉……其夷赵百蛮有舍其淫祀，乐事佛者，悉听为道。"[1]确立了佛教的地位。

　　前秦灭后赵，作为佛图澄弟子的释道安被掳至长安，他组织教团，翻译佛经，对后世影响较深。后秦灭后凉，鸠摩罗什被迎请至长安，并大量译经，使得后秦佛事大兴，作为关中文化辐射圈的安定必受其影响。玉都出土的金铜坐佛像便是一例证。

　　北魏建都平城后，从被征服之地掠夺人口、财物、能工巧匠无数[2]，《魏书》对于平凉的记载如下：神䴥三年（430年）"十有一月乙酉，车驾至平凉。先是，赫连定将数万人东御于鄜城，留其弟上谷公社于、广阳公度洛孤城守。帝至平凉，登北原，使赫连昌招谕之，社于不降。诏安西将军古弼等击安定，攻平凉。定闻之，弃鄜城，入于安定，自率步骑三万从鹑觚原将救平凉，与弼相遇，弼击之，杀数千人，乃还走。诏诸军四面围之。甲午，寿光侯叔孙建、汝阴公长孙道生济河，到彦之、王仲德从清入济，东走青州。义隆兖州刺史竺灵秀弃须昌，南奔湖陆。丁酉，定乏水，引众下原。诏武卫将军丘眷击之，定众大溃，死者万余人。定中重创，单骑遁走。获定弟、丹阳公乌视拔，武陵公秃骨及公侯百余人。是日，诸将乘胜进军，遂取安定。定从兄东平公乙升弃城奔长安，劫掠数千家，西奔上邽……己亥，帝幸安定，获乞伏炽盘质子及定车旗，簿其生口、财畜，班赐将士各有差。庚子，帝自安定还临平凉，遂掘堑围守之。行幸纽城，安慰初附，赦秦雍之民，赐复七年。定陇西守及将士数千人来降……十有二月丁卯，定弟社于、度洛孤面缚出降，平凉平，收其珍宝。定长安、临晋、武功守将皆奔走，关中平。壬申，车驾东还，留巴东公延普等镇安定"[3]。

　　太延元年（435年）"二月庚子，蠕蠕、焉耆、车师诸国各遣使朝献。诏长安及平凉民徙在京师，其孤老不能自存者，听还乡里。丁未，车驾还宫"[4]。这些被掠人口中应不乏能工巧匠。

　　太武帝毁佛，使得北魏初年长安、平凉等地佛教造像情况不详。文成帝复佛后，佛教迅速恢复。

---

[1]　〔梁〕释慧皎：《高僧传》卷九《神异上》，《大正藏》T50，p0385b、0385c（第50册，385页中、下）。

[2]　宿白：《平城实力的集聚和"云冈模式"的形成与发展》，《中国石窟寺研究》，文物出版社，1996年，第114～144页。

[3]　〔北齐〕魏收：《魏书》卷四上，中华书局，1974年，第77、78页。

[4]　〔北齐〕魏收：《魏书》卷四上，中华书局，1974年，第84页。

"天下承风，朝不及夕，往时所毁图寺，仍还修矣。佛像经论，皆复得显。"[1]

除了北魏佛教发展的大背景外，泾州世家豪族对佛教的发展起到了极大的推动作用，胡氏、皇甫氏、梁氏、贠氏等是其中的主要代表。著名的宣武灵皇后胡氏祖籍泾州，其家族佛教信仰深厚，其父胡国珍笃信佛教："国珍年虽笃老，而雅敬佛法，时事斋戒，自强礼拜……神龟元年四月七日，步从所建佛像，发第至阊阖门四五里。八日，又立观像，晚乃肯坐。劳热增甚，因遂寝疾。"[2]其舅皇甫度还在龙门石窟开凿了著名的皇甫度窟[3]。其姑姑出家为尼，堂弟亦信佛。其本人"太后性聪悟，多才艺，姑既为尼，幼相依托，略得佛经大义。亲览万机，手笔断决。"[4]她自幼寄宿在尼姑庵内，上台后更是不遗余力地推崇佛教。熙平元年（516年），灵太后耗巨资在洛阳城内建永宁寺，并开凿龙门石窟，普度佛教僧尼，派宋云、惠生去西域求法，传写佛教典籍，其影响深远。《洛阳伽蓝记》云"惟留太后百尺幡一口，拟奉尸毗王塔。宋云以奴婢二人奉雀离浮图，永充洒扫。惠生遂减割行资，妙简良匠，以铜摹写雀离浮图仪一躯，及释迦四塔变。"[5]

除了建永宁寺外，胡太后与其妹还为其父在洛阳修建秦太师公二寺。《释氏稽古略》还载："（神龟二年），魏胡太后令诸州各建五级浮图。诸王贵宦各建寺于洛阳。太后勤设斋施。"[6]

另外，北魏重视对泾州的经营，历任泾州刺史都十分崇佛，其中抱嶷、高乘信、奚康生等对泾州佛教的发展做出巨大贡献，他们分别主持开凿了化政寺（今王母宫石窟）、嵩显禅寺、南石窟寺1窟、北石窟寺165窟等。

《金石录》卷三中记载：第三百八十八，后魏化政寺石窟铭，杞嶷造，文帝大统七年（541年）十二月。卷二十一中，又指出：右《后魏化政寺石窟铭》，《北史》及《魏书》有《宦者抱嶷传》，云嶷终于泾州刺史，自言其先姓杞，后避祸改焉。今此碑题"泾州刺史杞嶷造"，疑后复改从其本姓尔。温玉成据此记载认为王母宫为化政寺石窟[7]。

《敕赐嵩显禅寺碑记》记载"大魏永平二年岁在己丑，四月戊申朔八日乙卯，使持节都督泾……（下残）"[8]《古今图书集成》卷五五三记："高峰寺，在州南五里笔峰山顶，魏永平二年泾、平二州刺史高乘□造，唐开国伯段归文重修。"嵩显禅寺是泾川境内目前发现的由皇帝敕建的第一座寺院，对研究泾川佛教早期历史具有非常重要的价值。

---

[1]〔北齐〕魏收：《魏书》卷一百一十四《释老志》，中华书局，1974年，第3036页。

[2]〔北齐〕魏收：《魏书》卷八十三下，中华书局，1974年，第1834页。

[3]　马世长：《龙门皇甫公窟》，龙门文物保管所、北京大学考古系：《中国石窟·龙门石窟》（一），文物出版社、株式会社平凡社，1991年，第240～253页。

[4]〔北齐〕魏收：《魏书》卷十三，中华书局，1974年，第338页。

[5]《洛阳伽蓝记》卷5，《大正藏》T51，p1021c（第51册，1021页下）。

[6]《释氏稽古略》卷2，《大正藏》T49，p0796c（第49册，796页下）。

[7]　温玉成：《中国石窟与文化艺术》，上海人民美术出版社，1993年，第177页。

[8]《金石萃编》《甘肃新通志稿》《陇右金石录》及陈万里《西行日记》中记录的《敕赐嵩显禅寺碑记》曰："大魏永平二年岁在己丑，四月戊申朔，八日乙卯，使持节都督泾……（下残）"

北魏永平二年（509年）泾州发生沙门刘慧汪起义，且有秦州沙门刘光秀响应，一时"州郡不能制"，朝廷将"滥杀成性"的奚康生由华州刺史调为泾州刺史去镇压。《魏书》卷七十三《奚康生传》记载："出为平西将军、华州刺史，颇有声绩。转泾州刺史，仍本将军。以辄用官炭瓦为御史所劾，削除官爵。寻旨覆之……康生久为将，及临州尹，多所杀戮。而乃信向佛道，数舍其居宅以立寺塔。凡历四州，均有建置。"[1]《南石窟寺之碑》称："大魏永平三年岁在庚寅，四月壬寅朔十四日乙卯，使持节都督泾州诸军事、平西将军、兼华（□□）泾二州刺史、安武县开国男奚康生造。"

从上述分析可知，作为北魏地方大州的泾州，其佛教发展得益于上述北魏佛教政策的变化，世家大族极力支持，又因其是平城、洛阳通往西域的要冲地带，境内佛教蒸蒸日上，初现辉煌。

《辩证论》卷三曾记西魏"武皇帝（讳修）善穷数术兼闲武艺，篡登真之要旨，钦出世之玄猷。永熙元年于长安造陟岵寺，供养二百名僧。四时讲诵略无弃日。魏文皇帝立德立仁，允文允武，常行信舍，每运慈悲。大统元年造般若寺，拯济孤老供给病僧。口诵法花，身持净戒。起七觉殿，为四禅室，供养无辍"[2]。"时西魏文帝大统中，丞相宇文黑泰，兴隆释教，崇重大乘。虽摄总万机而恒扬三宝。第内常供百法师，寻讨经论讲摩诃衍。又令沙门昙显等依大乘经，撰菩萨藏众经要及百二十法门，始从佛性终尽融门，每日开讲，即恒宣述以代先旧"[3]。西魏统治较为短暂，佛教的发展无大的成果，佛教造像多继承北魏的风格，至后期出现新的变化。

北周前期，因统治者的大力提倡，佛教兴盛，长安城内佛寺林立，僧侣众多，造像成风。"周朝诸帝，并常立寺。有大陟岵、大陟岵二寺为明帝下诏所营造。国家年别，大度僧尼。其时沙门昙延、道安，世号二杰。译经僧人则多得宇文护之赞助。"[4]宇文护对佛教更是敬奉有加，"兴隆像教，创制仁祠。凡造法王弥勒陟岵会同等五寺……持戒四部安居二时。恒转法轮。常凝禅室。又供养崇华寺。"[5]虽然北周武帝于建德三年至六年推行了灭佛的法难，"毁破前代关山西东数百年来，官私所造一切佛塔，扫地悉尽。融刮圣容，焚烧经典"[6]。但北周佛教曾经的辉煌还是不容抹煞的。东、西魏晚期军事冲突停止，东西两地的交流加强，互派使者，僧人往来较前增多，东魏、北齐较为先进的文化及佛教艺术对西魏、北周产生了一定的影响。553年西魏平巴蜀兼江陵，扫平了南北间交通障碍，558年北周控制益州后，长安、益州两地的联系变的紧密，僧侣往来频繁，也促进了与以益州为中心的南朝文化的交流，《续高僧传》记载了两地间僧侣往来的情况。益州地区的南朝佛教造像艺术风格也影响了长安。在这样的历史背景下，长安北周佛教造像不仅出现了繁盛的局面，而且产生了新风格，影响了周

[1]〔北齐〕魏收：《魏书》卷七十三《奚康生传》，中华书局，1974年，第1631、1633页。

[2]《辨证论》卷3《十代奉佛篇上》，《大正藏》T52，p0507b（第52册，第507页中）。

[3]《续高僧传》卷1《菩提流支传》，《大正藏》T50，p0429b（第50册，第429页中）。

[4]汤用彤：《汉魏两晋南北朝佛教史》（下），中华书局，1983年，第382页。

[5]《辩正论》卷4《十代奉佛》下篇，《大正藏》T52，p0517b（第52册，第517页中）。

[6]《历代三宝纪》卷10，《大正藏》T49，p0094b（第49册，第94页中）。

围地区的造像。石窟寺中的麦积山、须弥山、北石窟在此时都有大量的洞窟开凿。同时长安地区单体圆雕造像也大量出现，泾川正是在此背景下产生出精美的造像，反映出多元文化交融的特征。

北周时期泾川佛教遗迹史籍中虽无记载，但1969年出土的宝宁寺造像座改制的舍利石函，2005年出土的北周佛立像及部分残破佛造像，龙兴寺大量北周造像对我们认识其佛教面貌提供了十分重要的资料。

隋文帝杨坚佞佛，其登基后便在全国恢复佛法。在大兴城内大肆兴建佛寺，《长安志》云："文帝初移都，便出寺额一百二十枚，于朝堂下制云：'有能修造，便任取之。'"[1] "开皇元年，高祖普诏天下，任听出家，仍令计口出钱，营造经像。"[2]后开皇三年（583年）再次下诏"朕钦崇圣教，念存神宇，其周朝所废之寺咸可修复。"[3]开皇二十年（600年）十二月辛巳，文帝下诏曰："佛法深妙，道教虚融，咸降大慈，济度群品，凡在含识，皆蒙覆护。所以雕铸灵相，图写真形，率土瞻仰，用申诚敬……敢有毁坏偷盗佛及天尊像、岳镇海渎神形者，以不道论。"[4]严禁对佛的任何不敬。

开皇年间在其龙潜之四十五州统一设立大兴国寺，隋开皇十年泾州有统一敕建的大兴国寺。

仁寿年间（601~604年），隋文帝三次颁诏在全国各州敕立舍利塔，如此规模巨大、历时数年的敕建舍利塔的举措在中国历史上前所未有，开启了隋唐各朝帝王敕建舍利塔的先河。"泾州于大兴国寺起塔，将造函。"[5]从上述记载知，开皇年间敕建的大兴国寺，参与了仁寿元年起塔安奉舍利活动。

除此之外，《金石录》记："隋安定县官寺碑，开皇八年五月。"[6]

泾川现存有水泉寺这一地名，位于泾河北岸，这里曾出土过隋开皇元年（581年）李阿昌造像碑，此碑高大精美，铭文清晰。"维开皇元年岁辛丑四月庚辰朔廿三日壬寅 / 佛弟子李阿昌等廿家去岁之秋合围仲契 / 每月设斋吉凶相逮。今蒙皇家之明德，开兴 / 二教，然诸人等谨请比丘僧钦为师徒，名曰大 / 邑，远寻如来久口之踪择，亲为行本，竞施财物，营造精舍土木之所存，遂采名山之石建于碑像，庄丽于工口，精奇尽于思巧。林果山池，靡不有备，瞻仰周曲，以开迷误。路人观者，无不念矣。既成口口口口，缘此兴造之功，一愿锺报于帝主口口口口口实素之文口口口口口于北祠谷口口口口口康隆口口口口口口口口眷大口口口口口及士口口口口口口口口口口口口有形口口口口值此口口口口口口口口口口口口口口"[7]其中"竞施财物，营造精舍，土木之所存"明确说明此碑所在之处应有寺院，而寺院是否就是水泉寺？《明陕西通志》："唐水泉寺碑，在泾州北五里。唐时建寺，有碑记。"[8]唐水泉寺碑中记之水泉寺是否与隋代李阿昌造像碑所在寺院为同一寺院？

[1]〔宋〕宋敏求撰 辛德勇 郎洁点校《长安志》，三秦出版社，2013年，第328页。

[2]〔唐〕魏征、令狐德棻：《隋书》卷三十五《经籍志》，中华书局，1982年，第1099页。

[3]《辨正论》卷三《十代奉佛篇》上，《大正藏》T52，p0508c（第52册，第508页下）。

[4]〔唐〕魏征、令狐德棻：《隋书》卷二《高祖下》，中华书局，1982年，第45、46页。

[5]《广弘明集》卷17，《大正藏》T52，p0214c（第52册，第214页下）。

[6]〔宋〕赵明诚：《宋本金石录》卷三，中华书局，1991年，第56页。

[7] 张宝玺：《甘肃佛教石刻造像》，甘肃人民美术出版社，2001年，第171页图232。

[8]〔明〕赵廷瑞修、马理、吕楠纂、董健桥总校点：《明陕西通志》卷36，三秦出版社，2006年，第1924页。

唐代佛教繁盛，寺院众多。国家设立的官寺，广泛分布于天下诸州，承担着特殊功能，具有政治宣传与政治象征意义，同时，还具有实际的作用，如接待外国来华僧众和国内往返官客住宿，国忌行香和千秋节行道散斋，以及作为地方僧官的住寺，握有掌管一州僧政的职权。所以其在唐代众多寺院中是极为特殊与重要的寺院。据学者研究唐代佛教官寺，指唐高宗、武曌、中宗和玄宗先后四次在天下诸州统一敕立的佛教寺院。即高宗乾封元年诏令全国诸州所立景星寺、武周天授元年制令两京天下诸州所立大云寺、中宗神龙元年诏令两京天下诸州所立龙兴寺原名中兴寺，三年统一改为龙兴寺、玄宗开元二十六年诏令天下诸州所立开元寺。

虽然关于泾州大云寺文献中无记载，但出土的大云寺舍利五重套函及孟诜《泾州大云寺舍利石函铭并序》记明确了泾州大云寺的存在。

中宗神龙元年（705年）正月，太子李显即位于洛阳，二月，作为庆祝李唐政权成功复辟的纪念，"诸州置寺、观一所，以‘中兴’为名。"至三年二月，"改中兴寺、观为龙兴，内外不得言‘中兴’。"[1]文献中并不见泾州置中兴寺及改为龙兴寺的记载。从学者的研究中知，中宗龙兴官寺诏令的执行过程中有相当部分的武周大云寺被改为龙兴寺，其中4例由原大云寺改为龙兴寺[2]。从文献中知，关内道中龙兴寺只有渭州和原州。泾州情况不明。结合考古发现的铭文砖中记宋代初年泾州就有龙兴寺，推测泾州大云寺已于中宗时期改为龙兴寺，玄宗开元二十六年沿用。周世宗废龙兴寺为官仓，到宋太宗太平兴国元年（976年），敕复以为寺。太平兴国二年（977年）太宗改汴京龙兴寺为太平兴国寺。太平兴国三年（978年）赐天下无名寺额，曰太平兴国。说明宋初龙兴寺之名仍存在，且宋代初年并没见到敕全国龙兴寺改名的记载，故各地龙兴寺大多还应是唐的延续。

在经历了三武一宗灭佛后，宋前期几位皇帝大力支持佛教的恢复和发展。乾德四年（966年）宋太祖下诏："秦凉既通，可遣僧往西竺求法。"[3]这些求法僧，不仅带回梵文佛经，还带回舍利、佛像及宝物等[4]。同时印度、西域僧人也向北宋朝廷进献舍利。宋真宗执政以后，在京城和各路设立戒坛72所，放宽度僧名额，扩建寺院，组织译经。大中祥符四年至八年（1011~1015年），朝廷组织编纂了《大中祥符法宝总录》。宋真宗太平兴国八年（983年）、至道元年（995年）、宋仁宗天圣四年（1026年）、天圣八年（1030年）四次进献的顶骨舍利，进献次数之频繁、数量之多，可以说为历朝所罕见[5]。诸皇帝将敬奉的舍利起塔供养，在统治者的倡导下，平民百姓也加入到崇佛、供奉圣物的队伍中，舍利埋藏扩大化、世俗化。考古发现中宋代舍利的大量出土说明了这一点。

----

[1]　〔后晋〕刘昫：《旧唐书》卷七《中宗本纪》，中华书局，1974年，第137、143、144页。

[2]　聂顺新：《唐代佛教官寺制度研究》，复旦大学2012年博士学位论文，第73页。

[3]　〔宋〕志磐撰：《佛祖统纪》四十三卷，《大正藏》T49，p0395b（第49册，第395页中）。

[4]　同时印度、西域僧人也向北宋朝廷进献舍利宋真宗太平兴国八年（983年）、至道元年（995年）、宋仁宗天圣四年（1026年）、天圣八年（1030年）四次进献的顶骨舍利，进献次数之频繁、数量之多，可以说为历朝所罕见。《佛祖统纪》四十三卷，《大正藏》T49。

[5]　《佛祖统纪》四十三卷，《大正藏》T49。

宋代泾川除了龙兴寺外，还有解脱禅院。宋真宗景德年间（1004~1007年）在水泉院敕赐解脱禅师。《古今图书集成》记载：水泉院，在州北五里。宋景德中，敕赐解脱禅师，建元元贞年，僧人行寻重建。《陇右金石录宋》中也记有解脱禅院碑记。

现王母宫石窟内存有一块元碑，碑额阳面汉文楷书"镇海之碑"，阴面有蒙古文八字，现已残损。碑身阳面上端存3行八思巴文。碑文记载元世祖忽必烈颁发的保护泾州水泉寺及和尚和过往使臣的圣旨，详细叙述了当时的宗教政策。碑阴汉文楷书记：敕赐花严海印水泉禅寺记并序。内容记述水泉寺的由来，以及僧人了彬复建寺宇及培养高僧的功德等。碑立于元成宗铁穆耳元贞元年（1295年）。因碑有"镇海之碑""敕赐花严海印水泉禅寺记并序"的题记，故对其名称的认定较为混乱，王元林对此作了考证[1]。泾川县博物馆现藏有《敕赐华严海印水泉禅寺记》一方，为明孝宗于弘治十年（1497年）立。明弘治十四年《重修水泉上寺碑记》、明《陕西通志》《平凉府志》中均对水泉寺有记载，说明明代时水泉寺依然存在。清《泾州志》中仍提及水泉寺。至今水泉寺依旧是泾川的著名地名，可见水泉寺历史悠久，在泾川地位重要。

第七节 结语

泾川是丝绸之路东段北道的咽喉重镇，是平城、洛阳、长安等地与西域交往的重要通道。

泾川地质地貌为两塬夹一川，独特的地理环境为其提供了开凿石窟、建造佛寺的条件。

百里石窟长廊分布于泾河河谷川区，适宜河谷川区的狭窄环境，依山傍水，既为丝路孔道，又符合石窟寺开凿的条件。沿泾河两岸开凿如蜂巢般洞窟，王母宫石窟、凤凰沟石窟群、蒋家坪石窟群、南石窟寺石窟群、丈八寺石窟群、太山寺石窟群、郝家石窟、韩家沟石窟群、罗汉洞石窟群、千佛崖石窟群、南石崖石窟群等大量石窟的开凿，不仅弘扬了佛教，同时也吸引了大批的信仰者驻足，东来西往的僧人、商旅、文人墨客、政府官员、普通百姓均在此留下了印记。

南北两塬面积较河谷区略大，地势或开阔平坦，或高低有序，适合建造寺院，嵩显禅寺、水泉寺、大云寺、龙兴寺等均建于南北塬。目前北塬的发现及研究略多，如水泉寺、大云寺、龙兴寺等。南塬发现略少，2020年在南塬的太平镇新发现了3通造像碑[2]，为我们认识南塬佛寺等提供了新线索。

泾川作为丝路要冲，境内佛教遗存众多，且佛教文化面貌具有三大特点：一石窟寺及地面佛寺众多，其中有在中国佛教发展史上占有重要地位的王母宫、南石窟等，反映了北魏佛教弘扬并初现辉煌

---

[1] 王元林：《浅谈泾州水泉寺碑及相关问题》，《考古与文物》2006年第5期。

[2] 郑海龙：《甘肃省泾川县2020年新发现北朝佛教造像碑研究》，《故宫博物院院刊》2023年第3期。

的发展历程；气势恢弘的百里石窟长廊显示了其地佛教的兴盛壮大；大量的地面佛寺自北魏至元明，展现了其佛教发展的历史及兴衰。二数量众多的精美佛教造像和碑铭出土，其形式多样，内容丰富，显示了其地佛教艺术的面貌，体现了丝绸之路上多元文化的交往、交流与交融。三多次舍利瘗埋，不仅体现了各自的时代特征，更反映了中国舍利供养瘗埋制度发展变化的脉络，在中国舍利瘗埋制度研究中具有重要意义。

附表一　圆雕造像统计表

序	编号	材质	题材内容	尺寸（厘米）	发愿文题记	时代	保存状况	有无榫眼
1	2013JCGLH1：2+196	砂石质	菩萨立像	通高82、像高76.2、宽23、厚13、台高4.2		隋	拼接修复，右手残失	
2	2013JCGLH1：3	砂石质	佛立像	残高42、像高31、宽14、厚10、莲台2.5、圆台2.5、方座长17、高6、宽15		北周	无头，双手残	
3	2013JCGLH1：9+30	砂石质	菩萨立像	残高37、像高33、宽15、厚8.4、台高4		北周	拼接修复，无头，右臂	颈部断裂处榫眼
4	2013JCGLH1：10+50	砂石质	菩萨立像	残高59、像高49、宽21、厚10、台高5、榫高5		北周	拼接修复，无头、双臂残	
5	2013JCGLH1：11+72	砂石质	菩萨立像	残高68、像高60.5、宽21、厚11、台高6		隋	拼接修复，无头，左壁残失	颈部断裂处榫眼
6	2013JCGLH1：12	灰陶	僧坐像	残高28、像高17、宽16、厚12、座高12		宋	无头	颈部断裂处榫眼
7	2013JCGLH1：13	砂石质	佛立像	残高53、宽26、厚14		北周	无头，双手残，腿部残	颈部、右手处见榫眼
8	2013JCGLH1：14+32+134+209	砂石质	菩萨立像	通高129、像高110、宽33、厚18.4、座高10、榫高7		隋	拼接修复，右手残失	
9	2013JCGLH1：15+24+采集1	砂石质	菩萨立像	残高104、像高96、宽33、厚17、台高8		隋	拼接修复，无头及左壁	颈部断裂处见榫眼
10	2013JCGLH1：16	砂石质	菩萨头像，菩萨梳高髻（残），戴三叶宝冠	残高14、宽11、厚8.2		北周		颈部断裂处见榫眼
11	2013JCGLH1：17	砂石质	菩萨头像，发髻高绾，发带中央饰宝珠，戴三叶化佛冠	残高14.5、宽12、厚9.5		北周		颈部断裂处见榫眼
12	2013JCGLH1：18+81	砂石质	菩萨立像	通高54.8、像高43、宽14、厚8、莲台高5、圆台高2.5、方台座长17、宽13、高5		隋	拼接修复，双臂残失	
13	2013JCGLH1：20	砂石质	菩萨头像，发髻上饰卷云纹，戴发箍、箍中央装饰卷云纹	残高6.5、宽4.5、厚5		唐		
14	2013JCGLH1：22	砂石质	袈裟残件	残长12				
15	2013JCGLH1：25+42+59+125+152+200	砂石质	菩萨立像	通高83、像高67.8、宽20、厚13.8、台高13.8		北周	拼接修复，右手残失	颈部、右手残断处见榫眼

序	编号	材质	题材内容	尺寸（厘米）	发愿文题记	时代	保存状况	有无榫眼
16	2013JCGLH1：26	砂石质	菩萨头像，冲天高髻，戴五叶冠	残高17、宽11、厚8.7		隋		
17	2013JCGLH1：27	砂石质	佛头像，螺髻	残高13、宽8、厚9		宋		
18	2013JCGLH1：28	砂石质	菩萨头像，梳高髻戴三叶宝珠冠	残高11、宽7.8、厚6.5		北周		颈部断裂处见榫眼
19	2013JCGLH1：29	砂石质	菩萨像残件及莲花座	残高8、座完整、高4.5		唐-宋		
20	2013JCGLH1：31	黄砂岩	佛头像，磨光高肉髻	残高14、宽7.5、厚9		北魏-西魏		
21	2013JCGLH1：35	砂石质	弟子头像	高9、宽7、厚7.2		唐		
22	2013JCGLH1：36	灰陶	残件					
23	2013JCGLH1：39+61+143	砂石质	倚坐菩萨像	通高44、像高37.6、宽14、厚10.8、台长20、宽18、高4.4		隋	拼接修复，双手残失	
24	2013JCGLH1：41+85	砂石质	菩萨立像	通高47、像高42、宽17.5、厚10、榫高5、		北周	拼接修复，双手残失	
25	2013JCGLH1：44+60	砂石质	佛立像	通高162、宽50、厚28		北周	拼接修复	颈部断裂处见榫眼
26	2013JCGLH1：45	砂石质	菩萨立像	残高42、像高31、宽17.5、厚8、莲台高3.5、座高7.5		北周	无头	颈部断裂处见榫眼
27	2013JCGLH1：47+178	砂石质	佛立像	通高102、像高89、宽24.8、厚17.6、台高5.5、榫高7		北周隋	拼接修复，右手残	头、颈部断裂处见榫眼
28	2013JCGLH1：48+106	砂石质	佛立像	通高72、像高62、宽23、厚13、台高4、榫高6		北周	拼接修复，右手残	
29	2013JCGLH1：49+73	砂石质	佛立像	残高155、像高146、宽54、厚35、榫高9		北周	拼接修复，右手残断下部风化	头颈、右手残断处见榫眼
30	2013JCGLH1：53	砂石质	佛立像	残高83、宽35、厚16		北周	风化严重	右手断裂处见榫眼
31	2013JCGLH1：63+69	砂石质	菩萨立像	通高138、像高125、宽31、厚16、台高10、榫高4		隋	拼接修复，双手残失	
32	2013JCGLH1：64	砂石质	菩萨立像	残高112、像高91.2、宽33、厚19.2、台高12、榫高10		北周	无头，右手残	
33	2013JCGLH1：65	砂石质	菩萨立像	残高53、宽28、厚15		北周	无头，右手残	右臂及腿下部断裂处见榫眼
34	2013JCGLH1：66	砂石质	佛坐像残件	残高27、像高14、宽14、厚10、莲台高9、方台高4、长16、宽14		宋	无头	

序	编号	材质	题材内容	尺寸（厘米）	发愿文题记	时代	保存状况	有无榫眼
35	2013JCGLH1：67	红砂岩质	佛头像，磨光高肉髻	残高12.6、宽8、厚7.5		唐		颈部断裂处见榫眼
36	2013JCGLH1：68	砂石质	菩萨立像	残高27、像高24.5、宽13.6、厚7、座高2.5		唐	无头，右手残	
37	2013JCGLH1：70	砂石质	菩萨头像，梳朝天高髻，戴三叶冠，中间花叶上饰化佛	残高17、宽10.2、厚9.6		隋		颈部断裂处见榫眼
38	2013JCGLH1：71	砂石质	菩萨立像	残高50、像高42、宽14、厚9、台高4、榫高4		北周	无头，右手残	
39	2013JCGLH1：74	灰陶	僧坐像	残高28.5、像高17、宽14.6、厚11、座高12		宋	无头	
40	2013JCGLH1：75	青石质	佛立像	残高36、像高30、宽14、厚11、台高6、长18、宽13.5	方座两侧面及后面刻发愿文 右侧 天和六年／岁次辛卯／四月戊寅／朔十七日／甲午佛弟／子毕僧庆／ 背面 自忖昬□／难居翘思／惠日故割／衣食之资／敬造释迦／牟尼像一／区伏愿寿／命延长□（残一行） 左侧 ……儿／（残三行）……法界／众生成无／上道	天和六年	无头	
41	2013JCGLH1：76+129	砂石质	菩萨立像	通高55、像高48、宽16、厚9.5、台座高2.5、榫高4		北周	拼接修复，右手残失	
42	2013JCGLH1：77	砂石质	佛头像，螺髻略高	残高31.5、宽17.6、厚21		隋		
43	2013JCGLH1：78	砂石质	力士头像	残高16.8、宽13.5、厚16		唐		
44	2013JCGLH1：79+89	灰陶	僧坐像	残高27.3、像高16、宽15.2、厚12.4、座高10.8			拼接修复	
45	2013JCGLH1：80	砂石质	佛立像	残高135、像高114、宽48、厚20、榫高12		隋	无头，双手残下部风化	双臂断裂处见榫眼
46	2013JCGLH1：82	砂石质	菩萨立像	残高65、像高53、宽20、厚9、台高5、榫高4		隋	无头、双臂残上下身断裂，拼接	双臂断裂处见榫眼
47	2013JCGLH1：84	砂石质	佛立像	通高56、像高48、宽19、厚8.4、台高4.2、榫高3		北周	无头，右手及胸部略残	双臂断裂处见榫眼

序	编号	材质	题材内容	尺寸（厘米）	发愿文题记	时代	保存状况	有无榫眼
48	2013JCGLH1：86+183	砂石质	佛立像	通高53、像高46.5、宽18、厚12、台高6.5、长11.5、宽10		北周	拼接修复右手残	头、颈部断裂处见榫眼
49	2013JCGLH1：87	灰陶	僧坐像	残高27、像高19、宽15、厚11.6、座高12.4		宋	无头	
50	2013JCGLH1：88	砂石质	佛头像，低平波纹发髻	残高28、宽20、厚14		北周		
51	2013JCGLH1：91	砂石质	残手，残留彩绘及贴金痕迹	残高13				
52	2013JCGLH1：92	砂石质	僧像残件	残高18、像高14.2、宽17、厚12、座高3.8		宋	无头	颈部断裂处见榫眼
53	2013JCGLH1：93	砂石质	佛头像，低平波纹发髻	残高30、宽16、厚18.5		北周		颈部断裂处见榫眼
54	2013JCGLH1：94	砂石质	佛手残件	残高19				
55	2013JCGLH1：97+140	砂石质	菩萨立像残件	残高42、像高32、宽12.5、厚7、圆台高1、莲台高4、方台座高5、长16、宽14		北周	拼接修复，无头及右手	
56	2013JCGLH1：99	砂石质	天王头像	残高8.5、宽6.6、厚6.5		唐		
57	2013JCGLH1：100	砂石质	菩萨头像，梳高髻，后绾，髻上阴线刻戴三叶宝冠，中间花叶上饰摩尼宝珠	残高11、宽9.4、厚7		北周		
58	2013JCGLH1：101	砂石质	菩萨头像 发髻后绾，戴三叶冠	残高11、宽8、厚7		北周	风化严重	
59	2013JCGLH1：102	砂石质	菩萨头像，梳髻，戴三叶高冠	残高13、宽9.3、厚7		北周		
60	2013JCGLH1：103	砂石质	佛手	残高15				
61	2013JCGLH1：107+162	砂石质	菩萨立像	通高60、像高51、宽14、厚9、台高4、榫高5		北周	拼接修复，右手残	
62	2013JCGLH1：108	砂石质	菩萨头像，梳冲天高髻，上饰莲瓣戴三叶宝冠	残高10.8、宽7.5、厚5.6		隋		颈部断裂处见榫眼
63	2013JCGLH1：111	砂石质	菩萨头像，头发梳成条状，高绾于头顶，侧面成螺形髻前一化佛	残高12、宽7、厚6		唐		
64	2013JCGLH1：112+127	砂石质	弟子残像	残高27、像高23.7、宽11、厚6.2、台高2.7		唐	拼接修复，无头	颈部断裂处见榫眼
65	2013JCGLH1：113+126	砂石质	菩萨立像	残高45、像高29、宽12、厚8、方座高7.5		隋	拼接修复，无头双臂残	

序	编号	材质	题材内容	尺寸（厘米）	发愿文题记	时代	保存状况	有无榫眼
66	2013JCGLH1：114	砂石质	菩萨头像，梳髻，戴三叶高冠	高11、宽13、厚7.5		隋		颈部断裂处见榫眼
67	2013JCGLH1：115	陶	莲座及台座	残高15				
68	2013JCGLH1：116	陶	僧坐像	残高28、像高17、宽17、厚13.6、座高11		宋	无头	
69	2013JCGLH1：117	砂石质	菩萨立像	残高38、宽14、厚8		北魏-西魏	无头、足腿部风化	颈部断裂处见榫眼
70	2013JCGLH1：118	砂石质	菩萨头像 菩萨高髻束带，后绾，戴三叶宝冠.	残高13、宽9、厚9.2		北周		颈部断裂处见榫眼
71	2013JCGLH1：119	砂石质	菩萨头像 菩萨梳高髻，上饰莲瓣戴三叶宝冠	残高12.4、宽8.6、厚7		北周		
72	2013JCGLH1：120	砂石质	佛头像，高螺髻	残高14、宽7.5、厚10		隋		颈部断裂处见榫眼
73	2013JCGLH1：121	砂石质	菩萨头像，梳高髻，束带后绾，戴三叶宝冠	残高12.6、宽9.6、厚6.6		北周		
74	2013JCGLH1：123	砂石质	佛头像，低平波纹肉髻	残高15.5、宽9、厚10.5		北周		颈部断裂处见榫眼
75	2013JCGLH1：124	砂石质	菩萨头像，发髻后绾，略残，上饰莲瓣戴三叶宝冠，中央花叶上饰化佛一身	残高13.6、宽11.7、厚9		北周		
76	2013JCGLH1：127	砂石质	残存莲台及双足	残高6、台高3、厚11、宽6				
77	2013JCGLH1：128	砂石质	菩萨立像	残高15、宽7、厚5.6		唐	残存腰及腿部	
78	2013JCGLH1：130	砂石质	菩萨头像，原梳高髻，发髻上饰莲瓣，戴冠，现残	残高12、宽8.1、厚8.4		北周		
79	2013JCGLH1：131	砂石质	菩萨头像，原梳高髻，现残，戴三叶冠，中间花叶上饰宝珠	残高10、宽6.5、厚6		北周		颈部断裂处见榫眼
80	2013JCGLH1：132	砂石质	残底座	残高12、宽31				
81	2013JCGLH1：135+179+198	砂石质	弟子像	残高39、像高30、宽11、厚7、座高8		宋	拼接修复，无头	
82	2013JCGLH1：136	砂石质	菩萨头像，束髻，发带沿两侧下垂	高14.7、宽9.6、厚10		北周		
83	2013JCGLH1：137	砂石质	菩萨立像	残高18、宽15、厚9		隋	无头，仅见胸、腹部	颈部断裂处见榫眼

序	编号	材质	题材内容	尺寸（厘米）	发愿文题记	时代	保存状况	有无榫眼
84	2013JCGLH1：138	砂石质	菩萨头像，梳高髻，上装饰宝珠莲花，略残	残高17、宽9.3、厚8.4		宋		
85	2013JCGLH1：139	砂石质	弟子像	残高38、像高30、宽11、厚6.6、座高8		宋	无头	
86	2013JCGLH1：144	砂石质	佛坐像	残高17.8、像高13.6、宽14.4、厚12、座高3.2		宋	无头	
87	2013JCGLH1：145	砂石质	佛头像，波纹低肉髻	残高28、宽17.5、厚20.5		北周		颈部断裂处见榫眼
88	2013JCGLH1：146	砂石质	菩萨头像，梳冲天高髻，上饰莲花瓣，戴三叶冠	高13.5、宽10、厚8.5		北周		
89	2013JCGLH1：147	砂石质	佛头像，磨光肉髻	残高15、宽8.4、厚10		北周		颈部断裂处见榫眼
90	2013JCGLH1：148	砂石质	佛立像	残高40、宽17、厚9.5		隋	无头、足右手残	颈部断裂处见榫眼
91	2013JCGLH1：150	砂石质	佛头像，低平螺髻	通高33、宽19、厚20		隋		
92	2013JCGLH1：151	砂石质	菩萨头像，菩萨发髻后绾，戴三叶宝珠冠	残高10、宽7、厚6		北周		颈部断裂处见榫眼
93	2013JCGLH1：153	砂石质	佛立像	残高115、像高101、宽44、厚27、台高6、榫高8		隋	无头双手断裂处见榫眼	颈部、右手断裂处见榫眼
94	2013JCGLH1：154	砂石质	菩萨立像	残高37、像高32、像宽11.5、厚5.5、座高4、长16.8、宽4		北周	无头，右手残	颈部断裂处见榫眼
95	2013JCGLH1：156	砂石质	菩萨头像，菩萨束高髻，戴三叶宝珠冠（箍）	残高24、宽14、厚12		隋		颈部断裂处见榫眼
96	2013JCGLH1：157+161	砂石质	菩萨立像	通高91、像高78、宽21.5、厚13、台高6.5、榫高6.5		隋	拼接修复	
97	2013JCGLH1：158+169+197	砂石质	菩萨立像	通高198、像高171、宽47、厚22.5、台高10、榫高12		隋	拼接修复，双臂残失	右手断裂处见榫眼
98	2013JCGLH1：159	砂石质	佛头像，磨光低肉髻	残高9.6、宽6、厚7		北周		颈部断裂处见榫眼
99	2013JCGLH1：166	砂石质	菩萨头像，梳冲天高髻髻上饰莲瓣纹戴三叶宝冠中央花叶上饰化佛	残高15.6、宽9、厚7.5		隋		

序	编号	材质	题材内容	尺寸（厘米）	发愿文题记	时代	保存状况	有无榫眼
100	2013JCGLH1：167	砂石质	造像残件，仅存像足及座	通高9.3、莲座高3.6、方座高1.5、长10、宽9.5足残高3.5				
101	2013JCGLH1：168+189	砂石质	天王像	通高33、像高30、宽13、厚8、座高4、长13.6、宽10.8		唐	拼接，修复	
102	2013JCGLH1：171	砂石质	菩萨头像，发髻束带高绾，发带上饰宝珠，戴三叶宝冠	残高13、宽10.2、厚7		北周		
103	2013JCGLH1：172	砂石质	菩萨头像，梳高髻，残	残高8.4、宽7.4、厚8.5		唐		
104	2013JCGLH1：173	砂石质	菩萨头像，梳高髻，系带，发髻上饰仰覆莲瓣，头顶部桥形物，戴三叶宝冠.	残高10、宽9.2、厚5.4		隋		颈部断裂处见榫眼
105	2013JCGLH1：174	砂石质	佛头像，波纹低平肉髻	残高12、宽8、厚8		北周		
106	2013JCGLH1：177	砂石质	像足及座	残高15.5				
107	2013JCGLH1：180	砂石质	佛立像残件	残高15、宽8、厚6.9		隋	无头、足	
108	2013JCGLH1：181	砂石质	造像残块					
109	2013JCGLH1：182	砂石质	佛头像，螺髻略高	高31.5、宽17.5、厚17.6		隋		
110	2013JCGLH1：184	砂石质	菩萨头像，发髻高绾，系发箍戴三叶化佛宝冠	残高15、宽10、厚9		隋		颈部断裂处见榫眼
111	2013JCGLH1：185	砂石质	菩萨头像，发髻高绾，戴宝冠	残高14、宽12、厚9.1		隋		颈部断裂处见榫眼
112	2013JCGLH1：186	砂石质	菩萨头像，发髻高绾后垂，其上装饰仰覆莲瓣纹，戴三叶宝冠	残高18.5、宽9、厚10.5		隋		
113	2013JCGLH1：187	青石质	佛立像	残高22、宽12、厚8.5		北周	无头、足右手残	
114	2013JCGLH1：188	砂石质	佛头像，螺髻略低平	高21.2、宽12、厚14		北周		颈部断裂处见榫眼
115	2013JCGLH1：191	青石质	佛手残件	残长13.5				手断裂处见榫眼
116	2013JCGLH1：193	砂石质	菩萨头像，梳冲天高发髻，戴三叶冠，中间花叶上饰化佛	残高15.6、宽12、厚9		北周		颈部断裂处见榫眼

序	编号	材质	题材内容	尺寸（厘米）	发愿文题记	时代	保存状况	有无榫眼
117	2013JCGLH1：194	砂石质	弟子头像	残高6.8、宽5.5、厚6.6				
118	2013JCGLH1：201	灰陶	佛坐像残件	残高12、宽12.5		宋	可拼接，无头、上身残	
119	2013JCGLH1：203	砂石质	菩萨残件	残高5.7、宽11、厚4.2		北周隋	仅存胸部	
120	2013JCGLH1：204	砂石质	残存菩萨双足及台座	残高12				
121	2013JCGLH1：205	砂石质	残存一足及台座	残高13、台高6.5				
122	2013JCGLH1：207	砂石质	菩萨残件	残高17.5、宽7.5、厚6		唐	无腿部	
123	2013JCGLH1：208	青石质	倚坐菩萨残像	残高16.5、像高10、宽6、厚7、莲台高2、座高4.5、长15、宽10	方座略残，四周刻发愿文： 正面 现存六行 正面 开皇四/年岁次/甲辰十/月庚寅/朔八日/□酉佛 右侧 鹤延/仰为□/世父毌/所生 背面 亡父真王/亡母皇/贵 左侧 妻张/晖/息男□/仁/息女英/□	开皇四年	上身残毁，仅存下身及台座	
124	2013JCGLH1：210	泥	佛立像	残高150		宋?	残	颈部断裂处见榫眼
125	2013JCGLH1：211	砂石质	佛立像	通高122、榫高5、台高11.5		北周隋	残件，无头	
126	2013JCGLH1：212	砂石质	佛立像	残高17、宽8.5、厚4		北周	无头、足、双手残	颈部断裂处见榫眼
127	2013JCGLH1：213	砂石质	菩萨立像	通高31、像宽28、厚22、榫高9、台高6		北周隋	仅见菩萨腿足部及榫	断裂处见榫眼
128	2013JCGLH1：214	砂石质	佛头	长15				
129	2013JCGLH1：215	砂石质	残像					
130	2013JCGLH1：216	泥质	佛头，螺髻					
131	2013JCGLH3：1	砂石质	佛立像	残高126、像高112、宽50、厚27、台高7		北周	无头及右手，左手残	颈部、右手断裂处见榫眼
132	2013JCGLH3：2	砂石质	佛立像	残高74、宽43、厚24		北周	仅存下半身左手残	
133	2013JCGLH3：3	砂石质	造像残件，仅存裙裳下摆、双足及圆台	残高29、宽53、厚26、台高10				断裂处见榫眼
134	2013JCGLH3：5	砂石质	佛立像	残高83、宽47、厚23		北周	无头、足及右手	

序	编号	材质	题材内容	尺寸（厘米）	发愿文题记	时代	保存状况	有无榫眼
135	2013JCGLH3：6	砂石质	菩萨头像，后附背屏，残，发髻高束后绾，戴三叶冠	残高39.6、宽28、厚25		隋		
136	2013JCGLH3：7+21+29	砂石质	佛立像	残高123、宽41、厚21		隋	拼接修复无头、手，下部风化严重	颈部、双臂断裂处见榫眼
137	2013JCGLH3：8+13+14+18	砂石质	菩萨立像	残高106、宽46、厚22		北周	拼接修复，无头、足，下身残	
138	2013JCGLH3：9	砂石质	佛残像	残高19、宽15.6、厚10		北周隋	仅存胸部	
139	2013JCGLH3：10	砂石质	残存袈裟一角					
140	2013JCGLH3：11	砂石质	菩萨残件	残高55、宽29.5、厚22		北周	现存下半身，无足，风化严重	
141	2013JCGLH3：12	砂石质	造像残件	残长30、宽23、厚16				
142	2013JCGLH3：15	砂石质	莲蕾	高13				
143	2013JCGLH3：16	砂石质	菩萨立像	残高44、宽18.5、厚8		北周隋	无头、手臂，身体残断呈两段，风化严重	
144	2013JCGLH3：17	砂石质	菩萨立像	残高57、宽27、厚20		北周隋	现存下半身，无足，风化严重	
145	2013JCGLH3：20	砂石质	立佛像	残高28、宽12、厚7.2		北周	无头、足右手残	颈部断裂处见榫眼
146	2013JCGLH3：25	砂石质	菩萨残像	残高10、宽13.2、厚6		隋	无头，仅存胸部，风化严重	
147	2013JCGLH3：26	砂石质	倚坐菩萨像	残高31、像高20、宽15、厚12、座高11、长18.5、宽15.5		北周隋	仅存下部及台座，风化严重	
148	2013JCGLH3：27	砂石质	菩萨残件	残高9.5、宽10.5、厚6.5		北周隋	无头，仅存胸部，风化严重	
149	2013JCGLH3：28	泥质	残手	残高10、长12.3			残破严重，待修复手握拳	
150	2013JCGLH3：30	泥质	造像	残长116、宽36			残破严重，待修复	
151	2013JCGLH3：31	泥质	造像	残长94、宽48、厚20			残破严重，待修复	
152	2013JCGLH3：32	泥质	天王像	残长181、宽45、厚16			残破严重，待修复	
153	2013JCGLH3：33	陶	佛坐像	残高27、像高14、宽15、厚11、座高9.6		宋	无头	

序	编号	材质	题材内容	尺寸（厘米）	发愿文题记	时代	保存状况	有无榫眼
154	2013JCGLH3：34	砂石质	菩萨立像	残高23.5、宽14.8、厚9		北周	无头及下身	
155	2013JCGLH3：36	青石质	菩萨立像	残高37、像高30.5、宽11、厚11、台高6.5、长23、宽20	方座正面刻发愿文"敬造救□/觀音像一/輻願亡息/魂靈往/庄法界眾/生同等"	唐	无上身	
156	2013JCGLH3：37	砂石质	菩萨手	残高11				
157	2013JCGLH3：38	砂石质	菩萨残件	残高22、宽23、厚14		北周	无头，仅存胸部	颈部、胸部断裂处见榫眼
158	2013JCGLH3：39	砂石质	存足及莲台	残高11				
159	2013JCGLH3：41	砂石质	菩萨残足及方座	残高12、座高7、宽8、厚10				
160	2013JCGLH3：42	砂石质	菩萨残件	残高70、宽34		北周隋	上身残无，无头、足、手风化严重	
161	2013JCGLH3：45	砂石质	菩萨残件	残高33、宽14、厚7		北魏-西魏	无头、足，小腿以下风化严重，双手残	颈部断裂处见榫眼
162	2013JCGLH3：46+H1：122	砂石质	佛立像	残高53、像高44、宽19、厚10.5、台高4、宽16、榫高5、宽7、厚5.5		北周	拼接修复 无头、右手残	
163	2013JCGL采集2	砂石质	佛坐像	高13、像高10、宽10、厚7、座高3、长11.1、宽8.1		宋	无头	
164	2013JCGL采集4	砂石质	菩萨立像	残高16、宽8、厚5		唐	残无头，下部残毁	

附表二 造像碑统计表

序号	编号	形制	材质	内容题材	尺寸（厘米）	发愿文题记	时代	保存状况
1	2013JCGLH1：4+21+55+57	长方形造像碑	砂石质	一菩萨二弟子	高42、宽26、厚7	"弘……申……楊元興敬……/石像一區為男女眷屬曆……普同斯願……"	北魏	拼接修复残
2	2013JCGLH1：5	长方形圆拱顶造像碑	砂石质	正面上下两侧，上层二佛并坐、下层一佛二胁侍。背面阴线刻一菩萨二弟子	残高34、宽26、厚7.5		北周	残存上部碑身

序号	编号	形制	材质	内容题材	尺寸（厘米）	发愿文题记	时代	保存状况
3	2013JCGLH1：34	圆拱顶造像碑	砂石质	正面二佛并坐。背面盘龙	残高29、宽35.5、厚9		北魏	残存上部碑身
4	2013JCGLH1：38	长方形圆拱顶碑	砂石质	正面开一圆拱龛。龛楣上两身飞天相向而飞。圆拱龛中一佛二胁侍，主尊仅存头部	残高14、宽19、厚3.5		北魏	残存上部碑身像碑残断成两块，修复
5	2013JCGLH1：51+采集6	长方形圆拱顶碑	砂石质	一面中开圆拱龛，龛内胁侍弟子一身。另一面垂帐龛，帐下坐佛一身，仅存一半身体，旁立弟子一身	残高25.5、宽28、厚8	像碑侧面下部刻发愿文，现仅见三行"天和……/佛弟……/仞众……"	北周	拼接修复残存上部碑身
6	2013JCGLH1：83	长方形造像碑	砂石质	残件 风化较严重。正背两面均雕像，每面两行圆拱形龛，现残存上下二排。龛内各雕一坐佛	残高27、宽18、厚6.5		北周	残存上部碑身风化严重
7	2013JCGLH1：95	长方形造像碑	砂石质	正面雕像，背面无像。正面中间开一圆拱形龛，内雕一佛二菩萨。像碑左右两侧面分层开龛造像。右侧现存两层龛，左侧现存下部龛	残高34、宽42、厚11		北周	现存碑中部，风化严重
8	2013JCGLH1：96	长方形造像碑	砂石质	现存像碑中下部两层雕刻。中层残，并列开三方形龛。中间龛内雕一交脚菩萨及二胁侍，右侧龛内一倚坐佛像二胁侍，左侧龛内骑象菩萨一身。背面刻发愿文	残高36、宽33.5、厚8.5	背面刻发愿文，现存9行6排文字，……次庚辰□月辛□/……戊寅比丘法起/……区为七世父母/……善知识愿生生/……法若悟洛非处/……萨来助振出世/……安养法界所愿/……形之众同登正/……女供养佛时	北周	现存碑下部二层
9	2013JCGLH1：104	圆拱顶造像碑	砂石质	正面龛中雕二佛并坐像及胁侍弟子。背面垂帐龛，龛上饰山花蕉叶。龛内仅存一菩萨像头部	残高24、宽21、厚6.6		北周	仅见上部

序号	编号	形制	材质	内容题材	尺寸（厘米）	发愿文题记	时代	保存状况
10	2013JCGLH1：105	圆拱顶造像碑	砂石质	垂帐形龛，垂帐间饰流苏。龛内现存一佛二弟子	残高20、宽13、厚5		北周	残存上部一半
11	2013JCGLH1：149	圆拱顶长方形像碑	砂石质	正面开垂帐形龛，上饰摩尼宝珠。龛内雕刻二佛并坐像	残高21、宽21.5、厚5		北周	现存上部
12	2013JCGLH1：175	圆拱顶长方形像碑	砂石质	碑额部分残毁，正面现存两层龛。上层圆拱形龛，龛内一坐佛二胁侍像，两侧胁侍尊格不同。龛外两侧立弟子像。右侧现存一身弟子，左侧存两身弟子像，上下排列。下层龛仅残存上部，中央雕摩尼宝珠及花叶，两侧各一身弟子头像及莲花瓣。碑下部造像碑左侧面及背面刻发愿文	残高38，宽23.5、厚7.6	造像左侧面及背面刻发愿文背面发愿文七行（录文）夫至聖能人敢化……/有尋童子戲指介……/不動國是以清信女……/波等於甲申之念仲父……/十九日發心為子造釋……/區庶因茲福願使恒過……/難消滅普及法界眾生/左側面 願成等正覺 丁亥歲八月十一日	北周	残存上半部
13	2013JCGLH1：176	长方形造像碑	砂石质	现存两层。上层残，下层较完整。上层仅存佛裟裟下摆及胁侍小腿、足部。下层中央开一圆拱尖楣龛，龛内一倚坐佛二弟子，龛外右侧现存一菩萨二弟子，龛外左侧仅存二身弟子像	残高39、宽30、厚8		北周	残破严重
14	2013JCGLH1：195	圆拱顶扁长方体造像碑	砂石质	像碑正面原分三层雕刻，现存上、中两层，拱顶残，像碑下部残毁。上层原为释迦多宝二佛并坐像，中层龛内雕一坐佛二弟子像。像碑背面上部开一浅龛，原雕一立菩萨八胁侍弟子像，现主尊菩萨及左侧四身弟子像保存完好，右侧仅存一身弟子残像	残高65.2、宽30.8、厚7		北魏	碑残

序号	编号	形制	材质	内容题材	尺寸（厘米）	发愿文题记	时代	保存状况
15	2013JCGLH3：4+22	长方形圆拱顶造像碑	砂石质	正面残存两层龛。上层开三方形垂幛龛，中间龛内雕交脚菩萨一身及胁侍弟子两身，两侧龛内雕菩萨及胁侍。下层中间开圆拱形龛，内雕倚坐佛一身及胁侍两身。背面上部雕刻摩尼宝珠，下饰垂帐纹。其下并列三圆拱尖楣龛，三龛内均雕一坐佛二弟子	残高100、宽43.2、厚11		北周	断裂为两块，拼接修复风化严重
16	2013JCGLH3：23	长方形圆拱顶造像碑	砂石质	一面中间开一方形浅龛，内雕三身像，龛外两身像。风化严重，不辨身份。另一面中间开龛，内雕一主尊八身胁侍弟子	残高50、宽35、厚8	像碑左侧残存两行文字，漫漶不清，仅可辨识出"孙、伏"	北魏	风化严重残存上部
17	2013JCGLH3：24	长方形造像碑	砂石质	现存像碑下部。像碑一面残存两身力士像及左侧一立狮。另一面残存一身弟子及三身供养人	残高42、宽30、厚8		北周	风化严重
18	2013JCGLH3：35	造像碑	砂石质	像碑残件 一面开圆拱形龛，内一残坐佛像，龛外左侧胁侍一身	残高35、宽27、厚5			风化严重
19	2013JCGLH3：40	造像碑	砂石质	像碑残件 。一面残毁不清。一面残存供养人三身	残高12、宽14、厚11		北魏	残存一角

附表三　背屏式造像统计表

序号	编号	形制	材质	题材内容	尺寸（厘米）	时代	保存状况
1	2013JCGLH1：1	背屏式	砂石质	弧形背屏，佛坐像一身	残高60，像高37、座高16、榫高4	唐	较完整，佛像右手残
2	2013JCGLH1：7	背屏式	砂石质	圭形背屏，一坐佛二菩萨	高28.5、宽18、厚4.5	北魏	较完整

序号	编号	形制	材质	题材内容	尺寸（厘米）	时代	保存状况
3	2013JCGLH1：8	背屏式	砂石质	舟形背屏，一坐佛	高23、宽14、厚6	北魏	较完整
4	2013JCGLH1：19+58+160	背屏式造像	砂石质	舟形背屏，一坐佛	高30、宽19、厚5.2	北魏	拼接修复面部残
5	2013JCGLH1：56	背屏式造像	砂石质	佛坐像残件	残高17、宽17、厚7	北魏	背屏残，像无头，手残
6	2013JCGLH1：109	背屏式造像	砂石质	舟形背屏，背屏边缘饰火焰纹主尊菩萨，背屏上刻七佛	残高20、宽21、厚8	北魏	残存像上部
7	2013JCGLH1：133	背屏式造像	陶质	弧形背屏，坐佛残件	残高13、宽9.6、厚6、座高5.6	宋	背屏、像残身风化严重
8	2013JCGLH1：141+142	背屏式造像		雕一交脚菩萨二胁侍	高31、宽27、厚8.5	北魏	风化严重，背屏残制作较粗糙
9	2013JCGLH1：155	背屏式造像	砂石质	舟形背屏，一铺三身像，中间佛像，两侧胁侍不辨尊格	高23、宽12.6、厚5	北魏	风化严重
10	2013JCGLH1：163	背屏式造像	砂石质	舟形背屏，一主尊佛二胁侍菩萨	高40、宽23、厚11	北魏	制作较粗糙
11	2013JCGLH1：165	背屏式菩萨造像	砂石质	游戏坐菩萨一身	残高19.5、宽14.1、厚9	唐	造像风化严重，背屏残像上部残，无头，右臂残
12	2013JCGLH1：202	背屏式造像	砂石质	一坐佛二胁侍菩萨，现存左侧菩萨	残高23.5、宽17、厚6，座高7、长14.4、宽4.5	北魏	背屏残，像无头，手残
13	2013JCGLH3：44	背屏式造像	砂石质	结跏趺坐佛一身，坐于台座上	残高15.6、宽12.5、厚10.5	北魏	背屏残，佛无头，双手残

附表四　塔龛造像统计表

序号	编号	形制	材质	内题材内容	尺寸（厘米）	时代	保存状况
1	2013JCGLH1：6	龛像	砂石质	圆拱形龛，内雕一坐佛。龛外有胁侍一身。龛楣上存二身化佛	高29.5、宽24.5、厚10	北魏	风化严重
2	2013JCGLH1：52	龛像	砂石质	龛像残件龛楣上原刻五身坐佛，现存四身，均施禅定印。龛内主尊佛残	高16、宽22	北魏	仅存上部
3	2013JCGLH1：170	四面龛像	砂石质	三面龛内雕一佛二胁侍，另一龛内二佛并坐	残高29、宽20	北魏	风化严重

序号	编号	形制	材质	内题材内容	尺寸（厘米）	时代	保存状况
4	2013JCGLH1：190	龛像	砂石质	中间一浅龛，内雕一坐佛	高24、宽21、厚6.5	北周	风化严重
5	2013JCGLH1：192	龛像	砂石质	中间开一圆拱浅龛，内雕一坐佛	长36.5、宽23、厚9	北魏	残毁严重
6	2013JCGLH3：19	塔龛	砂石质	造像塔残件，塔四面开龛，每龛内雕像一身。分别雕倚坐佛一身、游戏坐菩萨一身、坐菩萨一身、结跏坐佛一身	残高19、宽20	宋	风化残毁严重

附表五　经幢统计表

编号	形制	材质	内容题材	尺寸（厘米）	时代	保存状况
2013JCGLH1：110	残经幢	陶	八棱形，残断为8块。可部分拼接。上刻经文	残高30、复原高度51	宋	残毁严重

附表六　造像板统计表

序号	编号	形制	材质	内容题材	尺寸（厘米）	发愿文题记	时代	保存状况
1	2013JCGLH1：164	长方形造像板	陶	一佛二胁侍组合	残高10.5、宽12.6、厚2.4		宋	上部残毁

附表七　瓷碗统计表

序号	器物编号	名称	口径	底径	高	备注
1	2018 JCGL Ⅲ T0103④：2	黑釉碗	复原19	5.5	7.5	
2	2015JCGL Ⅱ T0202③：7	黑釉碗	复原20.2	6.8	8	
3	2015JCGL Ⅱ T0204③：20	黑釉碗	复原20.4	6.8	7.7	
4	2015JCGL Ⅲ T0301③：26	黑釉碗	复原18.8	6.2	7.2	
5	2014JCGL Ⅱ T0104②：1	黑釉碗	复原19.2	6.5	6.7	
6	2014JCGL Ⅱ T0105②：5	黑釉碗	复原12.2	4.8	5.0	
7	2014JCGL Ⅱ T0105②：6	黑釉碗	复原19.4	5.6	7.4	

序号	器物编号	名称	口径	底径	高	备注
8	2015JCGLⅡT0104③：1	黑釉碗	复原20.8	7.2	9	
9	2014JCGLⅡT0105②：1	黑釉碗	复原15.7	6.4	5.6	
10	2018JCGLH49：2	黑釉碗	复原14.4	6.2	4.4	
11	2015 JCGLⅢT0301③：5	黑釉碗	复原13.6~14.6	5.8	4.4	
12	2014JCGLⅡT0105②：4	黑釉碗	复原15.6	6.4	4.4	
13	2018 JCGLⅢT0106④：6	黑釉碗	复原17.4	6.8	5.4	
14	2015JCGLⅡT0104③：14	黑釉碗	复原13.8	4.2	6.8	
15	2015JCGLⅡT0103③：7	黑釉碗	复原12	5	5.6	
16	2015JCGLⅡT0104③：13	黑釉碗	复原12.8	4.8	6.6	
17	2014JCGLⅡT0105②：2	黑釉碗	复原9	3.2	5	
18	2018 JCGLⅢT0302④：12	黑釉碗	复原14	6	4	
19	2018 JCGLⅠ东侧采集：11	黑釉碗	复原17.4	6	5.2	
20	2013JCGLM1：1	黑釉碗	15	4.2	7	
21	2018 JCGLH44：21	白釉碗	复原12.4	7.2	3.4	足底有墨书痕迹，漫漶不清
22	2014JCGLH21：1	白釉碗	复原13.4	6.8	4	
23	2015JCGLⅡT0202③：5	白釉碗	复原12.8	6.8	3.7	
24	2015JCGLⅢT0301③：27	白釉碗	复原13.2	8.2	3.7	
25	2015JCGLⅡT0104③：11	白釉碗	复原13.2	7.4	4.2	
26	2015JCGLⅢT0301③：25	白釉碗	复原17	9.6	4.6	
27	2018JCGLⅡT0202④：5	白釉碗	复原14.6	7.3	4.3	
28	2015JCGLⅡT0203③：11	白釉碗	复原16.2	6.8	4.5	
29	2015JCGLⅡT0201③：16	白釉碗	复原15.3	7.1	4.8	
30	2018 JCGLH43：24	白釉碗	复原12	4.6	3.4	
31	2018JCGLH43：31	白釉碗	复原11.2	3.5	3.5	足底墨书一"张"字
32	2015JCGLⅡT0302③：9	白釉碗	复原17.4	7	5.2	
33	2015JCGLⅢT0301③：23	白釉碗	复原18.8	6.8	6.2	
34	2015JCGLⅡT0104③：6	白釉碗	复原9.2	2.8	3.5	
35	2015JCGLⅡT0104③：5	白釉碗	复原10.8	3.8	4.4	
36	2015JCGLⅡT0204③：24	白釉碗	复原10	4.6	2.9	
37	2018JCGLⅡT0203④：12	青花碗	9.6	4	3.6	
38	2015JCGLM3：2	白釉碗	15	5.8	6	
39	2015JCGLⅢT0104④：5	青釉碗	复原17	5.2	4.8	
40	2015JCGLⅢT0301③：19	青釉碗	复原17.2	6	7.8	

序号	器物编号	名称	口径	底径	高	备注
41	2015JCGL Ⅱ T0104③：12	青釉碗	复原14.2	4.6	6.3	
42	2015JCGL Ⅱ T0201③：8	青釉碗	复原16.2	3.4	4.8	
43	2015JCGL Ⅱ T0104③：2	青釉碗	复原19.6	5.4	7.8	
44	2018JCGL Ⅱ T0204④：9	青釉碗	复原15.4	5	4.1	
45	2018JCGLH40：9	青釉碗	复原15.4	8.3	4.1	
46	2018JCGLH44：23	青釉碗	复原14.8	6.4	5.8	
47	2015JCGL Ⅲ T0301③：21	青釉碗	复原16.6	5.6	4.4	
48	2018JCGL Ⅳ T0207探沟内⑤：1	青釉碗	复原11.6	4.6	3.9	
49	2015JCGL Ⅲ T0301③：2	青釉碗	复原18.2	7.6	6.9	
50	2018JCGLH43：30	青釉碗	复原19	5.2	7.9	
51	2018JCGLH40：6	青釉碗	复原20.8	6.2	7.6	
52	2016JCGL Ⅲ T0302③：8	青釉碗	复原19.6	5.1	7.2	
53	2018JCGLH44：22	青釉碗	复原14.2	7.2	6.3	
54	2015JCGL Ⅲ T0104④：2	青釉碗	复原14.8	4.9	6.8	
55	2014JCGLH40：2	青釉碗	复原14.4	5.4	8.2	
56	2018JCGLM4：9	青花碗	14.4	6.8	6.6	
57	2015JCGL Ⅱ T0304③：2	酱釉碗	复原12.2	4.4	6	

附表八　铜钱统计表

（单位：厘米）

序号	器物编号	名称	直径	穿宽	郭宽	郭厚	备注
1	2014JCGL Ⅰ T22扰：2	乾元重宝	2.1	0.5～0.6	0.15	0.12	
2	2016JCGL Ⅱ T0305②：1	嘉庆通宝	1.9	0.6	0.2	0.1	宝泉局，残
3	2016JCGL Ⅱ T0405②：1	剪边钱	1.5	0.4		0.1	
4	2016JCGL Ⅱ T0203④：9	开元通宝	2.5	0.5	0.3	0.2	
5	2016JCGL Ⅱ T0404②：1	五铢钱	2.3	0.9	0.3	0.12	残
6	2014JCGL Ⅱ T0105③：4	元祐通宝	2.5	0.7	0.3	0.15	行书，旋读
7	2014JCGL Ⅱ T0101③：2	景祐元宝	2.5	0.6	0.2	0.15	楷书，旋读，残
8	2016JCGL Ⅱ T0305④：1	剪边五铢	2	0.9		0.1	
9	2016JCGL Ⅱ T0401②：1	剪边五铢	1.7	0.8		0.1	
10	2016JCGL Ⅱ T0203④：7	开元通宝	2.5	0.6	0.2	0.15	

序号	器物编号	名称	直径	穿宽	郭宽	郭厚	备注
11	2016JCGL Ⅱ T0101③：9	开元通宝	2.4	0.6	0.25	0.15	残
12	2014JCGL Ⅱ T0104③：5	花钱	6.3	0.9		0.2	
13	2018JCGL Ⅱ T0101④：4	宣和通宝	3	0.7	0.2	0.2	篆书，对读
14	2015JCGL Ⅳ T0201③：2	治平元宝	2.4	0.5	0.2～0.4	0.15	楷书，对读
15	2015JCGLH43：5	开元通宝	2.6	0.6	0.3	0.2	
16	2015JCGLH43：19	不可识别	2.55	0.7	0.3	0.2	
17	2017JCGLH47：1	剪边钱	1.3	0.6		0.7	
18	2018JCGL Ⅲ T0305④：4	开元通宝	2.5	0.6	0.2	0.2	
19	2018JCGL Ⅲ T0204东南角采集：3	崇宁重宝	3	0.7	0.15	0.1	隶书，对读
20	2017JCGL Ⅱ T0302④：1	剪边钱	1.2	0.65		0.1	
21	2017JCGL Ⅱ T0202④：3	开元通宝	2.5	0.6	0.25	0.1	残
22	2015JCGL Ⅲ T0303④：4	乾元重宝	2.6	0.6	0.3	0.2	
23	2015JCGL Ⅲ T0303③：2	景德元宝	2.5	0.55	0.3	0.15	楷书，旋读
24	2018JCGL Ⅳ T0201④：1	不可识别	2.4	0.7	0.3	0.1	
25	2018JCGL Ⅳ T0107④：3	半两	2.4	0.8		0.1	
26	2018JCGL Ⅳ T0203④：2	乾元重宝	2.7	0.6～0.65	0.2	0.15	
27	2018JCGL Ⅳ T0203④：1	开元通宝	2.8	0.6	0.5	0.12	背饰对龙
28	2018JCGL Ⅳ T0202④：4	天禧通宝	2.5	0.6	0.3～0.4	0.2	楷书，旋读
29	2018JCGL Ⅱ T0101④：2	熙宁元宝	2.5	0.7	0.3	0.15	篆书，旋读
30	2018JCGL Ⅱ T0204④：4	开元通宝	2.5	0.7	0.2～0.4	0.2	
31	2018JCGLH40：7	不可识别	2.7		0.3	0.2	残
32	2018JCGL Ⅱ T0304④：2	天圣元宝	2.5	0.6	0.3	0.15	篆书，旋读，残
33	2018JCGL Ⅳ T0202④：5	乾元重宝	2.6	0.6	0.2～0.3	0.2	
34	2018JCGLH40：10	开元通宝	2.6	0.6	0.3	0.2	残
35	2018JCGL Ⅳ T0202④：1	乾元重宝	2.4	0.6	0.2～0.25	0.2	
36	2018JCGL Ⅳ T0202④：2	景德元宝	2.5	0.6	0.3	0.15	楷书，旋读
37	2018JCGL Ⅳ T0202④：3	圣宋元宝	2.4	0.6	0.2～0.3	0.15	行书，旋读
38	2018JCGLF19：1	熙宁重宝	3	0.7	0.4	0.2	
39	2018JCGL Ⅲ T0106③：4	开元通宝	2.3	0.65	0.15～0.4	0.15	

序号	器物编号	名称	直径	穿宽	郭宽	郭厚	备注
40	2018JCGL Ⅲ T0106③：3	开元通宝	2.4	0.6	0.2～0.3	0.1	
41	2018JCGL Ⅲ T0106③：2	不可识别	2.6	0.7	0.3	0.15	残
42	2018JCGL Ⅲ T0104④：16	开元通宝	2.6	0.6	0.25～0.3	0.2	
43	2018JCGL Ⅲ T0104④：17	天圣元宝	2.5	0.65	0.2～0.4	0.2	篆书,,旋读
44	2017JCGL Ⅱ T0203④：11	祥符元宝	2.6	0.6	0.3～0.4	0.15	楷书,旋读
45	2017JCGL Ⅲ T0105④：1	剪边钱	1.8	0.8		0.12	残
46	2017JCGL Ⅲ T0105③：11	开元通宝	2.4	0.6	0.2～0.4	0.12	背月
47	2017JCGL Ⅲ T0205④：1	开元通宝	2.5	0.15	0.2～0.3	0.7	
48	2017JCGL Ⅲ T0407③：1	崇祯通宝	2.4	0.5	0.2	0.1	楷书,对读
49	2017JCGL Ⅲ T0407②：1	乾隆通宝	2.3	0.5	0.3	0.1	宝泉局
50	2017JCGL Ⅲ T0307③：3	不可识别	2.6		0.3～0.4	0.2	残
51	2018JCGL Ⅳ T0205④：2	绍兴元宝	2.9	0.8	0.3	0.2	楷书,旋读,背月
52	2018JCGL Ⅳ T0205④：3	圣宋元宝	3	0.6	0.4	0.15	篆书,旋读
53	2017JCGL Ⅲ T0307②：1	皇宋通宝	2.5	0.6	0.3～0.4	0.12	篆书,对读,残
54	2017JCGL Ⅲ T0106③：1	不可识别	2.5	0.6	0.2	0.12	残
55	2015JCGLF2：2	元丰通宝	2.5	0.6	0.3	0.15	行书,旋读
56	2017JCGL Ⅲ T0206②：3	不可识别	1.7	0.5	0.2	0.1	
57	2017JCGL Ⅲ T0206②：4	咸丰通宝	2	0.55	0.2	0.12	宝源局
58	2017JCGL Ⅲ T0206②：1	乾隆通宝	2.45	0.5	0.3～0.4	0.15	
59	2015JCGLF2：1	元祐通宝	2.5	0.6	0.3	0.15	行书,旋读
60	2015JCGL Ⅱ T0204③：6-1	开元通宝	2.5	0.6	0.2	0.15	
61	2015JCGL Ⅱ T0204③：6-2	开元通宝	2.6	0.65	0.3	0.2	
62	2017JCGL Ⅱ T0303④：1	至道元宝	2.5	0.6	0.25～0.4	0.12	楷书,旋读
63	2015JCGL Ⅱ T0204③：1	祥符通宝	2.65	0.6	0.4	0.15	楷书,旋读
64	2015JCGL Ⅱ T0204③：7	正隆元宝	2.5	0.55	0.2	0.2	楷书,旋读
65	2017JCGL遗址东南采集：5	开元通宝	2.5	0.55	0.25～0.45	0.2	
66	2017JCGL遗址东南采集：2	不可识别	2.2	0.6	0.2	0.1	
67	2017JCGL遗址东南采集：3	开元通宝	2.5	0.6	0.3	0.2	
68	2017JCGL遗址东南采集：4	开元通宝	2.4	0.6	0.15	0.15	
69	2018JCGL Ⅳ T0105④：1	绍圣元宝	2.4	0.6	0.2	0.15	篆书,旋读

序号	器物编号	名称	直径	穿宽	郭宽	郭厚	备注
70	2015JCGLⅢT0104②：1	开元通宝	2.4	0.6	0.2~0.4	0.2	残
71	2018JCGLⅣT0103④：19	圣宋元宝	2.5	0.55	0.3~0.4	0.12	行书，旋读
72	2018JCGLⅡT0304④：9	崇宁重宝	3.5	0.8	0.3	0.2	隶书，对读
73	2018JCGLⅡT0304④：8	太平通宝	2.4	0.6	0.25	0.12	
74	2018JCGLⅢT0301④：1	太平通宝	2.45	0.6	0.3	0.1	残
75	2018JCGLⅢT0301④：3	咸平元宝	2.5	0.55	0.35~0.4	0.12	楷书，旋读
76	2018JCGLⅢT0205④：2	开元通宝	2.5	0.7	0.2~0.3	0.15	背月
77	2017JCGLⅠT21③：5	不可识别	2.15	0.7	0.1~0.15	0.15	残
78	2017JCGLⅢT0306③：2	元丰通宝	2.45	0.7	0.3~0.6	0.12	行书，旋读
79	2017JCGLⅢT0306③：1	元丰通宝	2.5	0.6	0.4	0.12	行书，旋读
80	2017JCGLⅢT0306②：1	乾隆通宝	2.5	0.6	0.35~0.4	0.15	宝武局
81	2017JCGLⅣT0205③：3	宽永通宝	2.4	0.55	0.2	0.12	楷书，对读
82	2017JCGLⅣT0103④：19	皇宋通宝	2.5	0.65	0.3~0.5	0.1	楷书，对读
83	2017JCGLⅣT0205③：1	不可识别	2.4	0.9		0.1	
84	2017JCGLⅣT0101③：10	熙宁元宝	2.4	0.7	0.2~0.4	0.12	篆书，旋读
85	2017JCGL遗址北现代坑：3	不可识别	2.6		0.15	0.2	残
86	2017JCGL遗址北现代坑：4	大泉五十	2.9	0.8	0.2	0.25	
87	2017JCGLⅣT0205②：1	乾隆通宝	2.4	0.6	0.4	0.15	
88	2017JCGL遗址北现代坑：5	货泉	2.4	0.65	0.2	0.15	
89	2017JCGLH44：19	开元通宝	2.4	0.7	0.2~0.25	0.15	
90	2017JCGLⅣT0203②：2	剪边钱	2.1	0.6		0.1	
91	2017JCGLⅣT0203③：1	至道元宝	2.5	0.5	0.4	0.15	草书，旋读
92	2017JCGLⅣT0203③：3	开元通宝	2.5	0.6	0.2	0.2	
93	2017JCGLⅡT0204④：3	剪边钱	2.4	0.9		0.1	残
94	2017JCGLⅡT0204④：2	剪边钱	1.3	0.6		0.1	
95	2017JCGLⅡT0204④：1	开元通宝	2.5	0.6	0.2	0.15	残
96	2017JCGLⅢT0107②：1	不可识别	1.9	0.4	0.3	0.12	
97	2017JCGLⅢT0107③：1	乾隆通宝	2.05	0.7	0.25	0.09	
98	2017JCGLⅢT0107②：2	不可识别	1.6	0.5		0.1	残
99	2018JCGL遗址南部探沟：1	开元通宝	2.5	0.6	0.2	0.2	

序号	器物编号	名称	直径	穿宽	郭宽	郭厚	备注
100	2018JCGL遗址南部探沟：2	天禧通宝	2.6	0.6	0.3 ~ 0.4	0.12	楷书，旋读
101	2018JCGL遗址南部探沟：3	明道元宝	2.5	0.7	0.3	0.15	篆书，旋读
102	2018JCGL遗址南部探沟：4	元祐通宝	2.5	0.7	0.3 ~ 0.4	0.15	行书，旋读
103	2018JCGL遗址南部探沟：5	祥符元宝	2.6	0.6	0.4 ~ 0.5	0.12	楷书，旋读
104	2018JCGLH1南侧采：1	大泉五十	2.7	0.9	0.1	0.2	
105	2018JCGLⅠT9东侧采集：9	剪边钱	2.35	0.85~0.9		0.15	
106	2018JCGLⅠT9东侧采集：29	剪边钱	2.1	1		0.15	
107	2018JCGLⅠT9东侧采集：27	剪边钱	1.8	0.7		0.2	
108	2018JCGLⅠT9东侧采集：46	熙宁元宝	2.5	0.6	0.25	0.15	楷书，旋读
109	2018JCGLⅠT9东侧采集：48	剪边钱	1.5	0.6		0.1	
110	2018JCGLⅠT9东侧采集：22	开元通宝	2.5	0.6	0.25	0.2	
111	2018JCGLⅠT9东侧采集：45	元丰通宝	2.5	0.6	0.3	0.12	行书，旋读
112	2018JCGLⅠT9东侧采集：42	五铢钱	2.3	0.9	0.22	0.12	
113	2018JCGLⅠT9东侧采集：14	五铢钱	2.5	0.9	0.2	0.1	
114	2018JCGLⅠT9东侧采集：5	开元通宝	2.6	0.7	0.3	0.18	
115	2018JCGLⅠT9东侧采集：6	皇宋通宝	2.58	0.75	0.3	0.1	篆书，对读
116	2018JCGLⅠT9东侧采集：28	半两					
117	2018JCGLⅠT9东侧采集：41	剪边五铢					
118	2018JCGLH48：1	政和通宝	2.5	0.65	0.2	0.16	隶书，对读
119	2018JCGLH49：5	不可识别			0.4	0.15	残
120	2018JCGLH49：3	祥符通宝	2.5	0.55	0.3 ~ 0.4	0.12	楷书，旋读
121	2018JCGLH49：2	咸平元宝	2.4	0.6	0.3	0.1	楷书，旋读
122	2014JCGLⅡT0202③：1	剪边钱	1.8	0.8		0.14	
123	2014JCGLⅠT21：2	不可识别	2.5	0.6	0.2	0.2	残
124	2014JCGLH34①：1	货泉	2.2	0.75	0.1	0.1	
125	2014JCGLⅠT22扰：8	开元通宝	2.3	0.55	0.2	0.16	
126	2015JCGLⅡT0203③：10	不可识别	2.1	0.6	0.25	0.1	
127	2015JCGLⅡT0201③：5	开元通宝	2.3	0.7	0.15	0.12	
128	2015JCGLⅡT0201④：2	剪边五铢	1.6	0.8		0.15	
129	2015JCGLⅡT0302③：3	开元通宝	2.3	0.6	0.3	0.15	

序号	器物编号	名称	直径	穿宽	郭宽	郭厚	备注
130	2015JCGLⅡT0302③：2	开元通宝	2.5	0.65	0.2	0.15	
131	2015JCGLⅡT0105③：3	天禧通宝	2.6	0.6	0.3	0.12	楷书，旋读
132	2015JCGLⅡT0105③：2	元祐通宝	2.45	0.5	0.3	0.13	行书，旋读
133	2015JCGLⅡT0302③：4	开元通宝	2.4	0.7	0.2	0.15	
134	2015JCGLⅡT0103②：1	乾隆通宝	2.5	0.6	0.3	0.15	宝原局
135	2015JCGLⅡT0203②：1	康熙通宝	2.4	0.5	0.4	0.1	宝泉局
136	2015JCGLⅡT0101③：6	开元通宝	2.5	0.65	0.2	0.15	
137	2015JCGLⅡT0201④：3	不可识别	2.4	0.7	0.2	0.15	
138	2015JCGLⅡT0101③：7	五铢钱	2.35	0.8	0.2	0.15	
139	2015JCGLⅡT0203③：7	元丰通宝	2.4	0.7	0.3	0.15	行书，旋读
140	2015JCGLⅡT0103③：11	元丰通宝	2.5	0.6	0.3	0.12	行书，旋读
141	2018JCGLⅠT9采集：35	开元通宝	2.4	0.6	0.2	0.12	
142	2018JCGLⅠT9采集：36	货泉	2.3	0.7	0.2	0.15	
143	2018JCGLⅠ南侧采集：8	开元通宝	2.5	0.7	0.2	0.15	
144	2018JCGLⅠT9东侧采集：41	剪边五铢	1.6	0.8		0.1	
145	2018JCGLⅠ南侧采集：7	大泉五十	2.8	0.75	0.2	0.25	
146	2018JCGLⅠT9东侧采集：15	大泉五十	2.9	0.65	0.22	0.28	
147	2018JCGLⅠT9东侧采集：47	剪边钱	2.1	0.95		0.1	
148	2018JCGLⅠT9东侧采集：43	五铢钱	2.5	0.92	0.1	0.2	
149	2018JCGLⅠT9东侧采集：13	大泉五十	2.8	1	0.2	0.25	
150	2014JCGLH40：1	开元通宝	2.45	0.7	0.15	0.12	
151	2015JCGLⅣT0101③：6	熙宁重宝	2.8	0.65	0.3	0.15	
152	2014JCGLⅡT0202②：2	开元通宝	2.45	0.65	0.2	0.15	
153	2015JCGLⅣT0101③：4	不可识别	2.45	0.7	0.22	0.15	残
154	2015JCGLⅣT0101③：5	宣和通宝	2.5	0.55	0.25	0.12	篆书，对读
155	2015JCGLⅣT0101②：1	不可识别	2.15	0.6	0.3	0.15	
156	2016JCGLⅢT0203④：7	熙宁元宝	2.4	0.65	0.35	0.12	楷书，旋读
157	2014JCGLⅠT22扰：3	周元通宝	2.6	0.6	0.3	0.12	
158	2016JCGLⅢT0105③：7-1	乾元重宝	2.3	0.75	0.2	0.1	
159	2014JCGLⅡT0105③：3	五铢钱	2.5	0.9	0.1	0.12	

序号	器物编号	名称	直径	穿宽	郭宽	郭厚	备注
160	2016JCGLⅡT0101④：2	宣和通宝	2.9	0.6	0.3	0.18	隶书，对读
161	2015JCGLⅡT0304③：1	淳化元宝	2.45	0.6	0.3	0.12	
162	2014JCGLG1：1	货泉	2.3	0.7	0.12	0.12	
163	2016JCGLⅡT0205②：4	万历通宝	2.5	0.55	0.3	0.12	楷书，对读
164	2016JCGLⅢT0202④：1	开元通宝	2.5	0.7	0.2	0.15	
165	2016JCGLⅢT0201④：1	至道元宝	2.5	0.6	0.4	0.12	行书，旋读
166	2016JCGLⅢT0102③：23	咸平元宝	2.5	0.5	0.3	0.12	楷书，旋读
167	2016JCGLⅢT0103④：1	熙宁元宝	2.4	0.65	0.3	0.15	楷书，旋读
168	2016JCGLⅣT0105②：3	绍圣元宝	2.5	0.6	0.3	0.12	行书，旋读
169	2016JCGLⅣT0103④：16	景德元宝	2.5	0.55	0.3	0.15	楷书，旋读
170	2016JCGLⅣT0105②：2	天禧通宝	2.6	0.55	0.3	0.12	楷书，旋读
171	2014JCGLⅢT0105③：5	祥符元宝	2.5	0.6	0.3	0.12	楷书，旋读
172	2014JCGLⅡT0104③：4	元丰通宝	2.5	0.65	0.3	0.12	行书，旋读
173	2015JCGLⅢT0103③：2	熙宁元宝	2.4	0.6	0.3	0.18	楷书，旋读
174	2015JCGLⅢT0104④：6	五铢钱	2.3	0.8	0.2	0.12	
175	2015JCGLⅢT0103③：13	元祐通宝	2.5	0.7	0.2~0.3	0.1	篆书，旋读
176	2015JCGLⅢT0103③：8	咸平元宝	2.5	0.5	0.3	0.15	楷书，旋读
177	2015JCGLⅢT0103③：3	元丰通宝	2.9	0.6	0.2	0.14	篆书，旋读
178	2015JCGLⅢ0302③：3	乾元重宝	2.4	0.65	0.2	0.12	
179	2015JCGLⅢT0101③：13	熙宁元宝	2.6	0.7	0.25	0.12	楷书，旋读
180	2015JCGLⅢT0201③：9	天禧通宝	2.6	0.65	0.3	0.12	楷书，旋读
181	2015JCGLⅢT0103③：22	至道元宝	2.4	0.6	0.3	0.12	楷书，旋读
182	2015JCGLⅢT0203③：6	熙宁重宝	2.9	0.6	0.35	0.2	
183	2015JCGLⅢT0202③：10	圣宋元宝	2.5	0.6	0.2	0.12	行书，旋读
184	2015JCGLⅢT0101③：6	天圣元宝	2.5	0.7	0.2	0.12	篆书，旋读
185	2015JCGLⅢT0203③：4	宣和通宝	2.7	0.6	0.3	0.15	篆书，对读
186	2015JCGLⅢT0101④：1	祥符元宝	2.55	0.6	0.4	0.15	楷书，旋读
187	2015JCGLⅢT0103③：20	皇宋通宝	2.5	0.7	0.2	0.12	篆书，对读
188	2015JCGLⅢT0102③：5	元丰通宝	2.8	0.7	0.3	0.12	篆书，旋读
189	2015JCGLⅢT0203③：10	元丰通宝	2.5	0.6	0.3	0.12	篆书，旋读

序号	器物编号	名称	直径	穿宽	郭宽	郭厚	备注
190	2015JCGLⅢT0203③：2	天圣元宝	2.55	0.7	0.25	0.12	楷书，旋读
191	2015JCGLⅢT0304③：1	五铢钱	2.4	0.9	0.25~0.3	0.15	
192	2015JCGLⅡT0302③：1	五铢钱	2.5	0.9	0.1	0.2	
193	2015JCGLⅡT0201④：14	开元通宝	2.4	0.7	0.25	0.1	
194	2015JCGLⅡ0201④：4	开元通宝	2.45	0.6	0.2	0.15	
195	2015JCGLⅡT0203③：1	开元通宝	2.5	2.7	0.2	0.1	
196	2015JCGLⅢT0203③：6	开元通宝	2.5	0.7	0.2	0.15	
197	2016JCGLⅢT0203④：2	剪边钱	1.7	0.8		0.12	
198	2014JCGLⅡT0104③：7	开元通宝	2.4	0.65	0.2	0.1	
199	2015JCGLⅡT0103③：2	乾元重宝	2.3	0.85	0.2	0.15	
200	2015JCGLⅢT0105③：4	五铢钱	2.3	0.6	0.1	0.12	
201	2015JCGLH43：20	政和通宝	2.5	0.6	0.2	0.12	篆书，对读
202	2015JCGLⅢT0101③：7	祥符通宝	2.6	0.6	0.3	0.12	楷书，旋读
203	2015JCGLⅢT0201③：3	正隆元宝	2.4	0.6	0.15	0.15	楷书，旋读
204	2015JCGLⅡT0303③：7	正隆元宝	2.5	0.6	0.17	0.15	楷书，旋读
205	2015JCGLⅢT0104④：10	开元通宝	2.5	0.7	0.2	0.15	
206	2015JCGLⅢT0102③：13	元祐通宝	2.5	0.55	0.4	0.1	篆书，旋读
207	2015JCGLⅢT0204③：3	天圣元宝	2.5	0.7	0.2	0.12	楷书，旋读
208	2015JCGLⅢT0203③：3	天禧通宝	2.6	0.6	0.3	0.12	楷书，旋读
209	2015JCGLⅢT0101③：14	咸平元宝	2.5	0.55	0.3	0.1	楷书，旋读
210	2015JCGLⅢT0104④：7	皇宋通宝	2.4	0.7	0.2	0.16	楷书，对读
211	2015JCGLⅢT0203②：2	康熙通宝	2.7	0.6	0.4	0.1	宝昌局
212	2015JCGLⅢT0103③：15	正隆元宝	2.5	0.5	0.2	0.17	楷书，旋读
213	2015JCGLⅢT0103③：7	至道元宝	2.5	0.55	0.3	0.15	草书，旋读
214	2015JCGLⅢT0201③：10	五铢钱	2.3	0.85	0.25	0.12	
215	2015JCGLⅢT0103③：6	天圣元宝	2.5	0.7	0.3	0.15	篆书，旋读
216	2015JCGLⅢT0305③：1	元丰通宝	2.4	0.6	0.3	0.12	行书，旋读
217	2015JCGLⅢT0203③：11	大观通宝	2.5	0.65	0.2	0.15	楷书，对读
218	2015JCGLⅢT0103③：11	景祐元宝	2.5	0.6	0.3	0.1	楷书，旋读
219	2014JCGLH24①：1	开元通宝	2.4	0.7	0.2	0.15	

序号	器物编号	名称	直径	穿宽	郭宽	郭厚	备注
220	2014JCGLⅡT0201②：5	剪边钱	2.1	0.6		0.12	
221	2014JCGLⅠT23扰：2	开元通宝	2.6	0.7	0.2	0.2	
222	2014JCGLⅠT6②：1	开元通宝	2.5	0.7	0.25	0.15	
223	2014JCGLⅡT0103②：4	不可识别	2.5		0.3	0.1	残
224	2014JCGLⅡT0201②：6	开元通宝	2.4	0.6	0.3	0.15	
225	2014JCGLⅡT0102③：2	开元通宝	2.3	0.7	0.15	0.1	
226	2014JCGLⅡT0102③：1	皇宋通宝	2.45	0.75	0.1	0.6	楷书，对读
227	2014JCGLⅡT0203②：1	康熙通宝	2.8	0.6	0.4	0.12	宝源局
228	2014JCGLⅡT0105②：3	乾隆通宝	2.5	0.55	0.4	0.15	宝泉局
229	2014JCGLⅡT0201②：2	不可识别	2.3	0.6	0.12	0.16	
230	2014JCGLⅡT0105③：2	康熙通宝	2.8	0.6	0.4	0.1	宝泉局
231	2014JCGLⅡT0201②：1	乾隆通宝	2.2	0.6	0.3	0.12	宝泉局
232	2014JCGLⅡT0104③：1	元祐通宝	2.6	0.7	0.4	0.12	篆书，旋读
233	2014JCGLⅡT0104③：2	元丰通宝	2.5	0.7	0.25	0.12	行书，旋读
234	2014JCGLⅡT0101③：1	元丰通宝	2.85	0.7	0.35	0.2	篆书，旋读
235	2014JCGLⅡT0104③：6	乾元重宝	2.9	0.7	0.3	0.18	
236	2014JCGLⅡT0103②：1	五铢钱	2.6	1	0.2	0.12	
237	2014JCGLⅡT0103②：5	开元通宝	2.5	0.7	0.3	0.1	
238	2016JCGLⅢT0403②：1	开元通宝	2.2	0.6	0.2	0.12	
239	2016JCGLⅣT0102④：1	不可识别	2.4	0.6	0.2	0.2	
240	2016JCGLH43：22	开元通宝	2.5	0.7	0.25	0.15	
241	2016JCGLⅢ0403④：1	天圣元宝	2.5	0.6	0.3	0.15	楷书，旋读
242	2016JCGLⅢT0203④：4	不可识别	2.3	0.75	0.15	0.12	
243	2016JCGLⅢT0105③：6	不可识别	2.3	0.7	0.2	0.15	
244	2016JCGLⅢT0202④：4	剪边钱	1.6			0.2	残
245	2016JCGLⅣT0102④：4	剪边钱	1.7	0.9		0.15	
246	2015JCGLⅢT0104④：8	开元通宝	2.35	0.65	0.3	0.2	
247	2016JCGLⅢT0203④：5	不可识别	2.6	0.95	0.15	0.2	
248	2016JCGLⅢT0204④：1	剪边钱	1.6	0.8		0.18	
249	2016JCGLⅢT0105③：8-1	开元通宝	2.4	0.65	0.3	0.15	

序号	器物编号	名称	直径	穿宽	郭宽	郭厚	备注
250	2016JCGL Ⅲ T0105③：8-2	开元通宝	2.4	0.7	0.2	0.15	残
251	2016JCGL Ⅳ T0105②：1	不可识别	1.7	0.6	0.2	0.1	
252	2016JCGL Ⅱ T0302②：1	道光通宝	2.2	0.6	0.25	0.18	
253	2016JCGL Ⅲ T0105③：9-1	开元通宝	2.5	0.7	0.2	0.15	
254	2016JCGL Ⅲ T0105③：9-2	开元通宝	2.4	0.7	0.15	0.15	残
255	2016JCGL Ⅱ T0201④：5	皇宋通宝	2.5	0.7	0.3	0.2	楷书，对读
256	2016JCGL Ⅱ T0203④：8	熙宁元宝	2.4	0.55	0.25	0.15	楷书，旋读
257	2016JCGL Ⅲ T0203④：8	开元通宝	2.5	0.7	0.25	0.2	
258	2016JCGL Ⅳ T0202②：1	嘉庆通宝	2	0.6	0.05	0.2	宝直局
259	2016JCGL Ⅳ T0105②：4	道光通宝	2.2	0.6	0.2	0.2	宝泉局
260	2016JCGL Ⅳ T0103④：9	开元通宝	2.35	0.7	0.15	0.15	
261	2016JCGL Ⅳ T0103④：10	天禧通宝	2.6	0.6	0.3	0.12	楷书，旋读
262	2016JCGL Ⅱ T0205②：3	康熙通宝	2.4	0.6	0.4	0.11	宝泉局
263	2016JCGL Ⅲ T0105③：7-2	不可识别	2.45	0.7	0.2	0.15	
264	2015JCGL Ⅲ 0105③：5	开元通宝	2.4	0.7	0.2	0.2	
265	2015JCGL Ⅲ T0202③：1	皇宋通宝	2.5	0.7	0.2	0.15	楷书，对读
266	2015JCGL Ⅲ T0105③：2	天圣元宝	2.5	0.6	0.3	0.15	篆书，旋读
267	2015JCGL Ⅲ T0103③：13	货泉	2.3	0.9	0.15	0.2	
268	2015JCGL Ⅲ T0102③：9	祥符元宝	2.6	0.5	0.4	0.1	楷书，旋读
269	2015JCGL Ⅲ T0102③：3	开元通宝	2.4	0.7	0.2	0.1	
270	2015JCGL Ⅲ T0101③：9	熙宁元宝	2.5	0.7	0.2	0.15	篆书，旋读
271	2015JCGL Ⅲ T0105②：2	乾隆通宝	2.5	0.55	0.4	0.15	宝原局
272	2015JCGL Ⅲ T0203②：5	乾隆通宝	1.9	0.65	0.15	0.1	宝泉局
273	2015JCGL Ⅲ T0104③：3	不可识别	2.5	0.6	0.25	0.15	
274	2015JCGL Ⅲ T0203③：7	元祐通宝	2.5	0.6	0.2	0.15	行书，旋读
275	2015JCGL Ⅲ T0101③：8	货泉	2.3	0.7	0.15	0.2	
276	2015JCGL Ⅲ T0204②：1	乾隆通宝	2.2	0.6	0.3	0.18	宝泉局
277	2015JCGL Ⅲ T0104③：1	元丰通宝	2.45	0.7	0.3	0.15	篆书，旋读
278	2015JCGL Ⅲ T0105②：1	嘉庆通宝	2	0.3		0.15	宝直局
279	2015JCGL Ⅲ T0302③：2	开元通宝	2.6	0.7	0.25	0.2	

序号	器物编号	名称	直径	穿宽	郭宽	郭厚	备注
280	2015JCGLⅢT0104④：1	开元通宝	2.5	0.7	0.2	0.12	
281	2015JCGLⅢT0203②：3	不可识别	1.65	0.6		0.1	
282	2015JCGLⅢT0203③：9	开元通宝	2.4	0.6	0.2	0.15	
283	2015JCGLⅢT0204③：2	乾元重宝			0.4	0.25	残
284	2015JCGLⅢT0102③：12	元祐通宝	2.5	0.5	0.4	0.18	行书，旋读
285	2015JCGLⅢT0103③：9	元丰通宝	2.5	0.35	0.35	0.12	篆书，旋读
286	2015JCGLⅢT0104④：14	开元通宝	2.5	0.6	0.3	0.15	
287	2015JCGLⅢT0104④：9	开元通宝	2.4	0.6	0.15~0.25	0.18	
288	2015JCGLⅢT0103③：10	天圣元宝	2.5	0.65	0.3	0.12	篆书，旋读
289	2015JCGLⅢT0103③：14	天圣元宝	2.6	0.55	0.4	0.12	楷书，旋读
290	2015JCGLⅢT0105②：3	剪边货泉	1.7	0.7		0.2	
291	2015JCGLⅢT0203③：12	皇宋通宝	2.45	0.6	0.2	0.15	篆书，对读
292	2015JCGLⅢT0102③：16	开元通宝	2.4	0.65	0.3	0.15	
293	2015JCGLⅢT0205③：1	熙宁元宝	2.2	0.7	0.2	0.18	楷书，旋读
294	2015JCGLⅢT0103③：16	开元通宝	2.45	0.7	0.2	0.12	
295	2015JCGLⅢT0203③：13	开元通宝	2.45	0.7	0.2	0.12	
296	2015JCGLⅢT0204②：4	不可识别	2	0.55	0.2~0.3	0.12	
297	2015JCGLⅢT0103③：23	开元通宝	2.5	0.65	0.2	0.15	
298	2015JCGLⅢT0201③：7	开元通宝	2.4	0.7	0.25	0.1	
299	2015JCGLⅢT0201③：8	不可识别	2.55	0.55	0.3	0.2	
300	2015JCGLⅢT0104④：4	开元通宝	2.4	0.65	0.25	0.12	
301	2015JCGLⅢT0105③：3	开元通宝	2.4	0.7	0.2	0.12	
302	2015JCGLⅢT0203②：1	乾隆通宝	2.1	0.6	0.2	0.12	宝源局
303	2015JCGLⅢT0203③：1	五铢钱	2.35	0.8	0.25	0.15	
304	2015JCGLⅢT0302③：1	皇宋通宝	2.45	0.2	0.6	0.15	楷书，对读
305	2015JCGLⅢT0103③：11	开元通宝	2.4	0.7	0.3	0.15	
306	2015JCGLⅢT0302③：4	开元通宝	2.5	0.7	0.25	0.18	
307	2015JCGLⅢT0203③：8	熙宁元宝	2.5	0.7	0.3	0.12	楷书，旋读
308	2015JCGLⅢT0205②：2	五铢钱	2.4	0.9	0.3	0.15	
309	2015JCGLⅢT0103②：1	光绪通宝	2.2	0.55	0.3	0.15	

续表

序号	器物编号	名称	直径	穿宽	郭宽	郭厚	备注
310	2015JCGLⅢT0202②：1	光绪通宝	2	0.7	0.2	0.1	宝武局
311	2015JCGLⅢT0103③：12	开元通宝	2.4	0.7	0.2	0.12	
312	2015JCGLⅢT0202③：9	元祐通宝	2.4	0.6	0.3	0.12	行书，旋读
313	2014JCGLⅡT0201③：2	不可识别	2.4	0.6	0.2	0.2	残
314	2014JCGLH25②：1	不可识别	2.5	0.6	0.2		
315	2014JCGLH36②：3	不可识别	2.8	1		0.25	
316	2017JCGLⅣT0205②：2	不可识别	2.3	0.7	0.15	0.15	残为两半，锈蚀严重

附表九　瓦当统计表

（单位：厘米）

序号	编号	名称	直径	当心厚度	最大厚度	边廓厚度	边廓宽度	花瓣数量	花瓣装饰	间隔符号
1	2016JCGLⅣT0104④：2	莲花纹瓦当	14.4	3.2		1.3	1.8～2.3	6复瓣	单廓	三角
2	2015JCGLH43：8	莲花纹瓦当	复原15.2	2.3	3	1	3	6复瓣	单廓	三角
3	2015JCGLⅡT0204③：21	莲花纹瓦当	14	2.7		1.1	2～2.4	6复瓣	单廓	三角
4	2015JCGLⅡT0201③：6	莲花纹瓦当	11.5			0.8	1.7～2	6复瓣	单廓	"T"
5	2018JCGLⅢT0102④：3	莲花纹瓦当	12.4		2	1.2	1.5	6复瓣	单廓	三角
6	2013JCGLⅠT5J2：5	莲花纹瓦当	11.8	1.6		1.1	1	10复瓣	单廓	凸棱
7	2013JCGLⅠT3①：5	莲花纹瓦当	残径4.5	1.6	1.6	1.2	1	复瓣	单廓	
8	2013JCGLⅠT5①：7	莲花纹瓦当	残径7.4	1.7	1.7	1.4	1.9	复瓣	双廓	"八"
9	2013JCGLⅠT8①：1	莲花纹瓦当	残径6.2				1.7	复瓣	单廓	凸棱
10	2014JCGLⅠT22扰：6	莲花纹瓦当	13		1.9	1.3	1.4	6复瓣	单廓	三角
11	2013JCGLH18：1	兽面莲花纹瓦当	16.4	2.8		2	1.2	13复瓣	单廓	乳丁
12	2014JCGLⅠT23扰：4	兽面莲花纹瓦当	16	2.2		2	1.2	复瓣	单廓	三角
13	2018JCGLⅠT7采：39	莲花纹瓦当	13.4	1.8		1	1	8复瓣	单廓	"个"
14	2018JCGLⅠ采：3	莲花纹瓦当	12.3			1.7	0.7	8复瓣	单廓	"个"
15	2014JCGLH36①：2	莲花纹瓦当	残径10.5	1.9		1.5	1.2～1.7	复瓣	单廓	三角
16	2014JCGLH28：1	莲花纹瓦当	复原12.4	2		2	1.5	复瓣	单廓	三角
17	2015JCGLH44：9	莲花纹瓦当	12.4		1.9		1.8～2.1	复瓣	单廓	三角
18	2015JCGLⅡT0103③：4	莲花纹瓦当	12			1.3	1.2～1.5	6复瓣	单廓	"T"

续表

序号	编号	名称	直径	当心厚度	最大厚度	边廓厚度	边廓宽度	花瓣数量	花瓣装饰	间隔符号
19	2017JCGLⅢT0306③：3	莲花纹瓦当	复原11.8~12.2			1.5	1.6	复瓣	单廓	"T"
20	2014JCGLⅡT0104②：3	莲花纹瓦当	12.6	2.2		1.2	1.5	6复瓣	单廓	"T"
21	2015JCGLH44：7	莲花纹瓦当	12.6	2		1.2	1.5	6复瓣	单廓	"T"
22	2016JCGLⅣT0103④：2	莲花纹瓦当	12.5	2.1		1.1	1.5	6复瓣	单廓	"T"
23	2015JCGLH43：14	莲花纹瓦当	12.1	1.8		1.1	1.3~1.8	6复瓣		
24	2015JCGLH43：15	莲花纹瓦当	12.3	1.8		1.1	1.5	5复瓣		
25	2016JCGLⅡT0204③：29	莲花纹瓦当	复原12.2	1.6		1.2	2	5复瓣		
26	2018JCGLⅡT0203④：13	莲花纹瓦当	12.4		1.8	1.3	2	5复瓣		
27	2017JCGLH47：2	莲花纹瓦当	12.4		2.2	1.6	1.5	5复瓣		"八"
28	2015JCGLⅡT0104②：11	莲花纹瓦当	12.4			1	1.8	5复瓣		"八"
29	2015JCGLⅡT0204②：19	莲花纹瓦当	12.9			1.3	1.8~2.3	5复瓣		"八"
30	2018JCGLⅡT0204③：6	莲花纹瓦当	残径11	2.2		1.2	2	5复瓣		"八"
31	2018JCGLH40：13	莲花纹瓦当	残径11	2.2		1.2	2	复瓣		"八"
32	2015JCGLH43：12	莲花纹瓦当	13.2	2.5		1.3	1.7~2	6复瓣	单廓	三角
33	2015JCGLⅢT0301②：12	莲花纹瓦当	12	2.4		1	1.7	6复瓣		三角
34	2015JCGLH43：21	莲花纹瓦当	11.8	2.7		1.2	1.7	6复瓣		三角
35	2015JCGLH44：3	莲花纹瓦当	残径12			1.8	1.2~1.5	6复瓣		三角
36	2015JCGLH44：4	莲花纹瓦当	14.5	2		1.3	1.4	复瓣		三角
37	2015JCGLH44：5	莲花纹瓦当	14.8			1.2	1.6~2.5	复瓣		三角
38	2015JCGLH44：6	莲花纹瓦当	14.5		2.1	1.3	1.7	7复瓣		三角
39	2015JCGLⅡT0302③：10	莲花纹瓦当	13.2		2.4	1.5	1.4	复瓣		三角
40	2015JCGLⅢT0203②：16	莲花纹瓦当	复原14			0.9	1.5	复瓣		三角
41	2014JCGLⅡT0201①：3	莲花纹瓦当	14.2			1.5	1~1.5	7复瓣		三角
42	2015JCGLⅡT0202②：3	莲花纹瓦当	复原13.8			1.2	1.5~1.8	复瓣		三角
43	2013JCGLⅠT5①：5	莲花纹瓦当	残径8.2		1.6	1.9	1.3~1.5	复瓣		
44	2013JCGLⅠT5J2：6	莲花纹瓦当	13.5	1.6	1.6	1.2	1	18单瓣		
45	2013JCGLⅠT5J2：4	莲花纹瓦当	12.8			1.2	1.5	16单瓣		乳丁
46	2013JCGLⅠ采集：11	莲花纹瓦当	残径7.2	1.6	1.6		1.4	单瓣		乳丁
47	2013JCGLⅠT5②：1	莲花纹瓦当	14.5			2	1.4	单瓣		
48	2013JCGLⅠT5①：6	莲花纹瓦当	残径10			1.5	1	单瓣		

序号	编号	名称	直径	当心厚度	最大厚度	边廓厚度	边廓宽度	花瓣数量	花瓣装饰	间隔符号
49	2013JCGLH8：8	莲花纹瓦当	13～13.6	2.3	2.3	1.7	1.6	16单瓣		
50	2013JCGLⅠ采：10	莲花纹瓦当	12.6	1.8	1.8	1.5	1.8	单瓣	单廓	
51	2013JCGLJ1①：23	莲花纹瓦当	13.1	2.1	2.1	1.4	1.5			
52	2013JCGLH18：2	莲花纹瓦当	残径12.3	2	2	2		单瓣		
53	2013JCGLJ1①：33	莲花纹瓦当	12.4	2.2	2.2	1.4	1.5～2	9单瓣		凸棱
54	2013JCGLH8：12	莲花纹瓦当	11.4		1.6	1.5	1～1.3	7复瓣	单廓	
55	2014JCGLH38：1	莲花纹瓦当	11.4	2.5		0.8	1.5～2	10单瓣		"Y"
56	2014JCGLH42：2	莲花纹瓦当	残径7.2			1.3	1.5～2	单瓣	单廓	"T"
57	2014JCGLⅠT21③：1	莲花纹瓦当	复原12.8	1.5		1	1.2	单瓣		
58	2015JCGLⅡT0204③：13	莲花纹瓦当	12.8	2.4		1.1	2.2	6单瓣	单廓	乳丁
59	2016JCGLⅢT0304④：2	莲花纹瓦当	13.1	2.2		1.3	1.5～2.5	6单瓣	单廓	乳丁
60	2015JCGLⅡT0103③：10	莲花纹瓦当	12.6			1.3	1.5～2	6单瓣	单廓	乳丁
61	2015JCGLⅢT0301③：1	莲花纹瓦当	12.5	2.4		1.1	2～2.4	6单瓣	单廓	乳丁
62	2015JCGLⅡT0103③：3	莲花纹瓦当	复原12			1.1	2	6单瓣	单廓	乳丁
63	2014JCGLH40：3	莲花纹瓦当	11.4		2	1	1.5～2	16单瓣	绕饰	
64	2015JCGLⅢT0301③：20	莲花纹瓦当	复原12.8	2		0.8	1.8	单瓣	单廓	
65	2015JCGLⅡT0204③：3	莲花纹瓦当	11.3	2.1		1	1.9	12单瓣	单廓	
66	2015JCGLⅢT0301③：11	莲花纹瓦当	10.8	2.3		1.2	1.5	12单瓣	单廓	
67	2016JCGLⅠT0101③：1	莲花纹瓦当	12.2	2.5		1.8	3	6单瓣		"八"
68	2015JCGLⅢT0205②：1	莲花纹瓦当	复原12.4	2.5		1	2.2	7单瓣	单廓	
69	2015JCGLⅢT0104③：2	莲花纹瓦当	复原11.8～12.2	2.1		1.2	2	6单瓣		"八"
70	2018JCGLⅢT0201④：4	莲花纹瓦当	残径12.4	2.1		1.2	2～2.4	6单瓣		"八"
71	2018JCGLⅡT0103④：5	莲花纹瓦当	残径7.6	1.9				6单瓣		"八"
72	2015JCGLH43：7	莲花纹瓦当	12.2	1.8		0.7	2～2.7	7单瓣		短凸棱
73	2015JCGLH43：13	莲花纹瓦当	13.1	2.2		0.8	2	7单瓣		短凸棱
74	2015JCGLⅢT0304②：1	莲花纹瓦当	12.4	2		1.1	1.5	7单瓣		短凸棱
75	2015JCGLⅢT0101③：5	莲花纹瓦当	复原10.6			0.8	2.2	7单瓣		三角形
76	2015JCGLⅢT0301③：17	莲花纹瓦当	12			1.5	1.3	10单瓣	绕饰	
77	2017JCGLH44：18	莲花纹瓦当	12			1.1	1.2～2	11单瓣		
78	2017JCGLⅢT0305④：3	莲花纹瓦当	残径10.9	2.8		0.7	2	8单瓣	双廓	

续表

序号	编号	名称	直径	当心厚度	最大厚度	边廓厚度	边廓宽度	花瓣数量	花瓣装饰	间隔符号
79	2018JCGLⅢT0204④:2	莲花纹瓦当	残径9	2.8			1.7	8单瓣	双廓	
80	2018JCGLⅢT0204④:3	莲花纹瓦当	残径8	2.8			2	8单瓣	双廓	
81	2018JCGLⅢT0204东南角采集:2	莲花纹瓦当	12.4	2.8		0.7	1.5	8单瓣	双廓	
82	2015JCGLⅡT0201③:13	莲花纹瓦当	12.5	1.8		1.8	1.6	单瓣	单廓	
83	2014JCGLⅠT23扰:3	莲花纹瓦当	残径7.5	2.7				9单瓣		"Y"
84	2014JCGLⅠT21②:3	莲花纹瓦当	残径9.6	2		1.5	1	单瓣		"工"
85	2015JCGLⅢT0204③:5	莲花纹瓦当	复原11.8~12.4	2.2		2.2	1.2	单瓣		"工"
86	2014JCGLⅠT6③:2	莲花纹瓦当	复原13.5			1.5	1	单瓣		"工"
87	2018JCGLⅠ文殊菩萨殿	莲花纹瓦当	13.7	1.7		1.5	1.6	单瓣		"工"
88	2014JCGLⅠT6③:1	莲花纹瓦当	14	2		1.9	1.2	单瓣		"Y"
89	2014JCGLⅠT22扰:9	莲花纹瓦当	复原14~14.4		1.5	1.8	1.1	单瓣		"工"
90	2014JCGLⅠT21③:1	莲花纹瓦当	残径7.1	1.5		1.6	1.5	单瓣		
91	2017JCGL遗址北现代坑采:6	莲花化生瓦当	13.2	1.5		0.9	1.3	8复瓣	单廓	三角形
92	2017JCGL遗址北现代坑采:7	莲花化生瓦当	残径9	1.7		0.7	1.8	复瓣	单廓	三角形
93	2015JCGLⅡT0204③:15	异形莲花纹瓦当	残径12.8	2		1.6	2~2.4			
94	2014JCGLⅠT21③:3	莲花纹瓦当	复原11.6~13			1.1	1.7	复瓣	单廓	"T"
95	2015JCGLⅢT0204③:4	莲花纹瓦当	复原11.8			1.5	1.5			
96	2015JCGLⅡT0101③:8	莲花纹瓦当	残径8.1			1.6	1.5			
97	2014JCGLⅡT0103②:3	莲花纹瓦当	复原14			1.5	1.6			
98	2016JCGLⅣT0104④:1	莲花纹瓦当	复原13			1.2	1.5			
99	2018JCGLⅢT0302④:9	莲花纹瓦当	复原15			1.5	2			
100	2014JCGLⅠT22扰:7	莲花纹瓦当	复原13.6			1	1.3			
101	2014JCGLⅠT21③:4	莲花纹瓦当	复原12.2			1.5	1.5			
102	2014JCGLⅠT22扰:10	莲花纹瓦当	复原17			2	1.5			
103	2018JCGLⅠT6采集:32	莲花纹瓦当	残径12			1.4	1.1			

序号	编号	名称	直径	当心厚度	最大厚度	边廓厚度	边廓宽度	花瓣数量	花瓣装饰	间隔符号
104	2018JCGLⅠT9东侧采集：38	莲花纹瓦当	复原14			1.3	1.5			
105	2014JCGLⅠT6③：3	莲花纹瓦当	复原14			1.8	1.5			
106	2018JCGLⅡT0204③：10	莲花纹瓦当	残径6			2.6	1.6			
107	2015JCGLH44：8	人面纹半瓦当	15.6		3.2					
108	2015JCGLⅢT0301③：9	兽面纹瓦当	11.4		2.9	1	1.7～2			
109	2015JCGLⅡT0204③：14	兽面纹瓦当	残径9.1		2.9	0.8	2.5			
110	2016JCGLⅣT0103④：12	兽面纹瓦当	12.4～12.8		2.4	0.9	2.2			
111	2013JCGLⅠT5①：1	兽面纹瓦当	11.7		3.2	2	1			
112	2016JCGLⅣT0103④：8	兽面纹瓦当	复原12.4		2.2	1	2			
113	2013JCGLH16：2	兽面纹瓦当	残径9.6			1.5	2			
114	2013JCGLⅠT4②：4	兽面纹瓦当	残径6.3		2.7					
115	2013JCGLⅠT5①：4	兽面纹瓦当	12		2.5	0.6	1.5			
116	2013JCGLⅠT5①：3	兽面纹瓦当	残径10		2.1		1.64			
117	2015JCGLⅡT0202③：11	兽面纹瓦当	13.3		2.3	1	2.7～4			
118	2015JCGLⅢT0301③：8	兽面纹瓦当	12～12.7		3.2	1.4	1～3			
119	2015JCGLⅢT0301③：15	兽面纹瓦当	11.8～12.2		3.2	1.5	1～2.8			
120	2016JCGLⅡT0201③：6	兽面纹瓦当	13.2		3.5	1.3	1.2～1.7			
121	2015JCGLH43：3	兽面纹瓦当	复原13～13.4		3.3	1	3.4			
122	2018JCGLⅠT15东侧采集：16	兽面纹瓦当	残径8.7		3.1		2.5			
123	2015JCGLⅢT0301③：7	兽面纹瓦当	12.8		2.6	1	1.5～2			
124	2015JCGLⅢT0301③：18	兽面纹瓦当	12.6		2.5	1	1.5～1.8			
125	2015JCGLⅢT0301③：24	兽面纹瓦当	12.3～12.9		2.6	1.1	1.5～2			
126	2015JCGLH43：17	兽面纹瓦当	12.5		2.8	1.3	1～2.2			
127	2015JCGLⅡT0104③：7	兽面纹瓦当	11.4～11.7		2.9	0.6	1.5			
128	2018JCGLⅡT0204④：8	兽面纹瓦当	12.8		3	1.5	1.5			
129	2018JCGLF19：5	兽面纹瓦当	12		2	1	1～1.5			
130	2015JCGLⅡT0202③：1	兽面纹瓦当	复原13.6～14.2		2.4	1	1			
131	2015JCGLⅡT0302③：13	兽面纹瓦当	13.9～14.3		4	1	1.9～2.5			
132	2016JCGLⅡT0103④：2	兽面纹瓦当	13.4		2.5	0.7	1.5～2			
133	2017JCGLⅢT0307③：2	兽面纹瓦当	残径8		2.5					

序号	编号	名称	直径	当心厚度	最大厚度	边廓厚度	边廓宽度	花瓣数量	花瓣装饰	间隔符号
134	2014JCGLH42：1	兽面纹瓦当	残径9.3		3.6					
135	2018JCGL Ⅳ T0205④：7	兽面纹瓦当	复原14.8		2	1.8	1.5～2			
136	2016JCGL Ⅳ T0103④：6	兽面纹瓦当	复原12.2		2.7	1.3	1.6			
137	2018JCGLF19：9	兽面纹瓦当	14		3	1.2	1.2			
138	2016JCGL Ⅳ T0103④：5	兽面纹瓦当	12.5		2.5	1.1	1.8			
139	2016JCGL Ⅳ T0103④：7	兽面纹瓦当	残径7.2		2.8					
140	2015JCGL Ⅲ T0301③：10	兽面纹瓦当	12.6		2.8	1.2	1.3			
141	2015JCGLH43：4	兽面纹瓦当	12.3		3	1.3	2～2.3			
142	2015JCGL Ⅲ T0301③：16	兽面纹瓦当	复原12.6		2.5	1.2	1.8			
143	2015JCGLH43：16	兽面纹瓦当	复原13.2		3	1.3	2.3			
144	2016JCGL Ⅳ T0103④：1	兽面纹瓦当	12.8		2.8	1	2			
145	2015JCGL Ⅱ T0204③：2	兽面纹瓦当	12.7		2.5	1.2	1～1.5			
146	2014JCGL Ⅱ T0103③：1	兽面纹瓦当	残径10		2.9	1	1.5			
147	2015JCGL Ⅲ T0303③：3	兽面纹瓦当	残径12.3		2.7	0.8	1～1.5			
148	2015JCGL Ⅱ T0204③：12	兽面纹瓦当	12.2～12.6		3.3	1.5	1.1～1.6			
149	2015JCGL Ⅲ T0102③：21	兽面纹瓦当	12.3		2.9	1.4	1.5～2			
150	2016JCGL Ⅱ T0102③：5	兽面纹瓦当	13		2.8	0.8	1～1.5			
151	2015JCGLH43：1	兽面纹瓦当	复原14.6～15.2		3	1.8	1.5～2			
152	2018JCGLF19：3	兽面纹瓦当	残径7.8		2.6					
153	2015JCGL Ⅱ T0204③：16	兽面纹瓦当	11.4		3.6	1.1	1.5			
154	2015JCGL Ⅱ T0204③：23	兽面纹瓦当	12		3.3	1	1.5			
155	2015JCGLH44：1	兽面纹瓦当	复原12.2		3.5	1.2	1.4～1.6			
156	2015JCGL Ⅱ T0202③：2	兽面纹瓦当	11.4～11.6		3.8	0.7～1	1～1.6			
157	2015JCGL Ⅱ T0203③：4	兽面纹瓦当	残径9		3.5					
158	2015JCGL Ⅱ T0201③：7	兽面纹瓦当	11.9		3.8	0.8～1.1	1.5			
159	2015JCGL Ⅱ T0202③：14	兽面纹瓦当	11.6～11.8		4	0.9	1.2～1.9			
160	2016JCGL Ⅱ T0202④：1	兽面纹瓦当	复原12.4～12.6		3.9	1	1.8			
161	2016JCGL Ⅱ T0104④：4	兽面纹瓦当	11.6		3.8	0.7～1.1	1.5～1.7			
162	2018JCGL Ⅰ T21采集：31	兽面纹瓦当	残径9.8		3.5	1	1.5			
163	2014JCGL Ⅱ T0104③：3	兽面纹瓦当	残径8.2		3.5					
164	2016JCGL Ⅱ T0104④：3	兽面纹瓦当	11.5		3.6	1	1.5～1.8			

序号	编号	名称	直径	当心厚度	最大厚度	边廓厚度	边廓宽度	花瓣数量	花瓣装饰	间隔符号
165	2018JCGLF19：2	兽面纹瓦当	11.5		3.6	1	1.5～1.8			
166	2014JCGLH40：4	兽面纹瓦当	12.3～14.5		4.3	0.9	1.3			
167	2016JCGL Ⅳ T0103④：4	兽面纹瓦当	12.4		4.5	1	1.1～1.6			
168	2015JCGL Ⅱ T0104③：11	兽面纹瓦当	复原14.4		4.5	1.1	1.5			
169	2016JCGL Ⅳ T0103④：3	兽面纹瓦当	复原12.8～13.4		4.5	1.1	1.5			
170	2018JCGL Ⅳ T0205③：6	兽面纹瓦当	残径12.2		3.2	0.7	1.6			
171	2018JCGL南侧探沟③：76	兽面纹瓦当	残径9.3		3.9					
172	2014JCGL Ⅱ T0201②：3	兽面纹瓦当	14.2		2.7	1.5	1.5			
173	2013JCGL Ⅰ T5①：2	兽面纹瓦当	11.5		2.2	1.2	1.2～1.6			
174	2015JCGL Ⅲ T0105③：1	兽面纹瓦当	11.2		3.2	0.9～1.2	1.5			
175	2014JCGL Ⅰ T21③：2	兽面纹瓦当	残径5		2.1		1.2			
176	2016JCGL Ⅳ T0103④：13	兽面纹瓦当	残径5		4		1			
177	2016JCGL Ⅳ T0103④：14	兽面纹瓦当	残径5		2.2		1.1			
178	2018JCGL Ⅳ T0205③：8	兽面纹瓦当	残径4		2.5		1.3			
179	2018JCGL Ⅲ T0302④：10	兽面纹瓦当	复原11.2～12		2.2		1.7			
180	2015JCGL Ⅲ T0202③：11	兽面纹瓦当	复原16.6～17		3		0.8			
181	2018JCGLF19：4	兽面纹瓦当	残径5.5		4		1.4			
182	2016JCGL Ⅳ T0103④：15	兽面纹瓦当	残径3.5		2.2		1.2			
183	2018JCGL Ⅰ 采：54	兽面纹瓦当	残径13.5		2.6	1	1.5			

后　记

2013年新年前的一个慵懒的午后，跟每个冬日午后并没什么不同，泾川大云寺博物馆东侧的小路上却热闹非凡，它打破了冬日小城的寂寥——这里发现了大量的佛教造像。造像数量较多，也颇为精美。更令人意外的是，继1964年在此地发现大云寺藏佛教舍利后，再次出土了佛教舍利。此次发现受到了泾川县人民政府、平凉市文物局及甘肃省文物局的高度重视。经报国家文物局批准，甘肃省文物考古研究所从2013～2018年对该遗址进行了考古勘探与发掘。本发掘项目负责人为吴荭，先后参与发掘的有张俊民、王永安、马洪连、周静、蒋超年、赵亚君、孙建国、侯广平、江亮、陈俊锋、马来远，泾川县博物馆全体人员及部分高校学生等。

石质佛教造像修复工作由陕西省文物保护研究院、陕西考古研究院承担。遗迹及器物图由赵亚君绘制完成。佛教造像由陕西十月科技公司进行了三维扫描并绘制了线图。发掘现场照片由王永安、赵亚君、马洪连、吴荭拍摄。器物照片由仇梦晗拍摄，佛教造像由陕西十月科技公司及刘俨拍摄。

报告文字由吴荭、马洪连执笔完成。其中第五章第四节、第五节，第六章第五节，附录等由马洪连撰写，共计20万字；其余由吴荭完成。

甘肃省文物局、平凉市文物局、泾川县人民政府、泾川县文旅局各级领导对发掘工作给予了极大的支持与帮助。甘肃省文物考古研究所领导多次前往工地给予指导，并提出宝贵意见与建议。泾川县博物馆自始至终对发掘、修复、整理工作都给予了大力支持与协助。英文提要由浙大城市学院黄义军教授翻译。在此一并感谢！感谢文物出版社对本报告出版的大力支持。

发掘工作进行中，项目组就着手对资料的整理，已于《文物》2016年第4期发表了《甘肃泾川佛教遗址2013年度发掘简报》，刊布了部分资料。2019年整理出版了《泾水神韵——泾川出土佛教造像精粹》。上述成果所刊布资料若与本报告有出入，均以本报告为准。

由于编者水平有限，报告中错误难免，敬请专家、同仁批评指正。

编者
2022年仲夏

泾州古城龙兴寺遗址发掘报告

（下册）

甘肃省文物考古研究所◎编著

文物出版社

Report on the Excavation of the Longxing Temple Site in Old Jingzhou

（Ⅱ）

Gansu Provincial Institute of Cultural Relics and Archaeology

Cultural Relics Press

彩版目录

1. 2013年1月，甘肃省文物局领导及县上领导视察现场

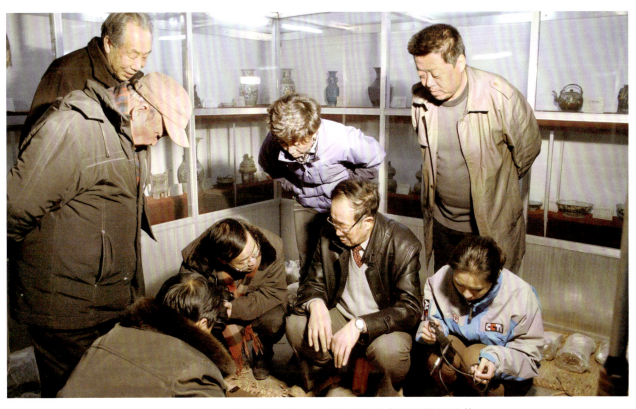

2. 2013年1月，甘肃省文物局领导及专家查看佛教造像

彩版一　领导及专家视察考古工作

1. 2013 年 1 月，甘肃省文物考古研究所领导查看佛教造像出土情况

2. 2013 年年初，造像搬运至泾川县博物馆

彩版二　领导视察及造像搬运

1. 2015 年考古发掘现场

2. 媒体到发掘现场进行采访

彩版三　考古发掘现场

彩版四　龙兴寺佛教遗址全景航拍图（上为东）

1. 文殊菩萨殿东南角剖面

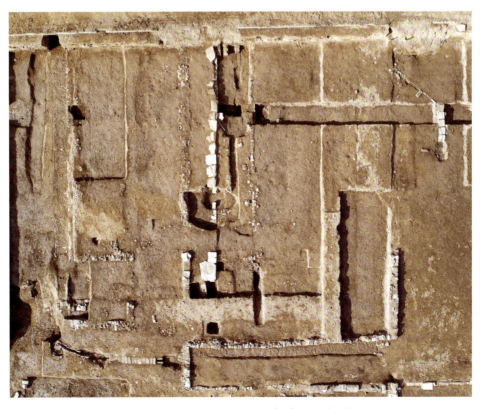

2. 大型基址 2013JCGLF20 全貌（上为西）

彩版五　龙兴寺遗址建筑基址

1.2013JCGLF20 夯土台基解剖

2.2013JCGLF20 南侧包边沟槽解剖

彩版六　龙兴寺遗址建筑基址 F20

1.2013JCGLF20 夯土台基北部踏步（上为东）

2.2013JCGLF20 "三瓣蝉翅"慢道（上为北）

彩版七　龙兴寺遗址建筑基址 F20

1. 东部区域 2013JCGLF4（上为东）

2. 中部区域 2013JCGLF13、F14、F15、F17（上为北）

彩版八　龙兴寺遗址房址

1. 2013JCGLH2 砖函出土情况

2. 陶棺清理

彩版九　舍利砖函及陶棺清理

彩版一〇　佛教造像窖藏坑 2013JCGLH1 第二层造像（上为北）

1. 2013JCGLH1 造像坑二三层间泥土层

2. 2013JCGLH1 造像坑第三层

彩版一一　佛教造像窖藏坑 2013JCGLH1

彩版一二　佛教造像窖藏坑 2013JCGLH1 原址保存的造像

1. 2013JCGLH3 中的泥质造像

2. 2013JCGLH8

彩版一三　佛教造像窖藏坑与灰坑

1. 立佛像 2013JCGLH1 : 3   2. 立佛像 2013JCGLH1 : 3

1.立佛像 2013JCGLH1：3　　　　　　　　　　2.立佛像 2013JCGLH1：3

彩版一五　立佛像

1. 立佛像 2013JCGLH1 ： 13   2. 立佛像 2013JCGLH1 ： 13

彩版一六　立佛像

1. 立佛像 2013JCGLH1：13   2. 立佛像 2013JCGLH1：13

彩版一七　立佛像

1.立佛像 2013JCGLH1 : 44+60

2.立佛像 2013JCGLH1 : 44+60

彩版一八　立佛像

 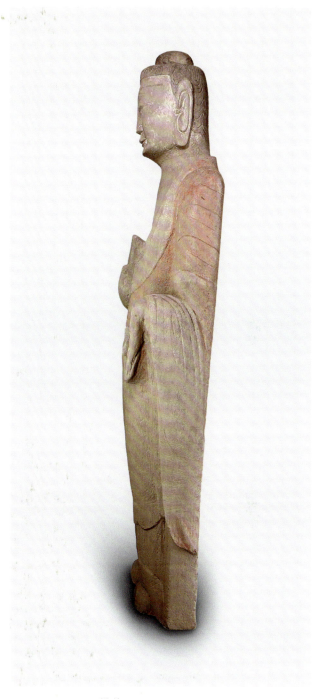

1.立佛像 2013JCGLH1 ： 44+60　　　　　　　　2.立佛像 2013JCGLH1 ： 44+60

彩版一九　立佛像

1. 立佛像 2013JCGLH1 ：47+178

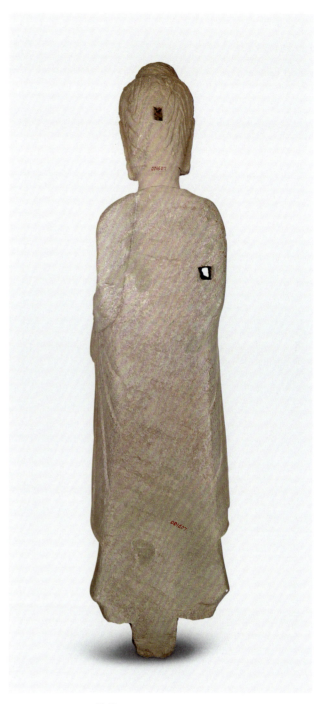

2. 立佛像 2013JCGLH1 ：47+178

彩版二○　立佛像

1.立佛像 2013JCGLH1 ：48+106　　　　　　　2.立佛像 2013JCGLH1 ：48+106

彩版二一　立佛像

1. 立佛像 2013JCGLH1 ∶ 48+106　　　　　　2. 立佛像 2013JCGLH1 ∶ 48+106

彩版二二　立佛像

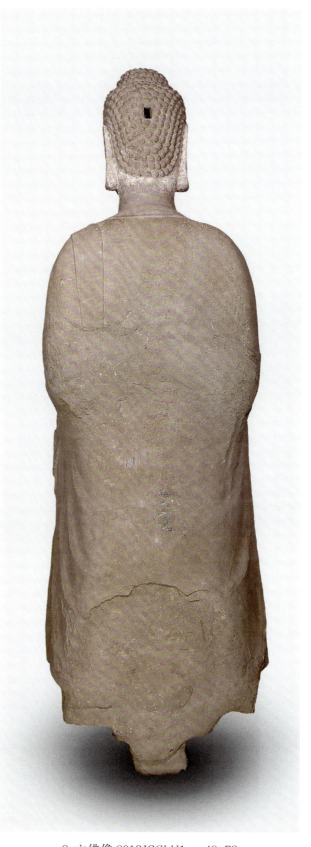

1. 立佛像 2013JCGLH1 ∶49+73   2. 立佛像 2013JCGLH1 ∶49+73

彩版二三　立佛像

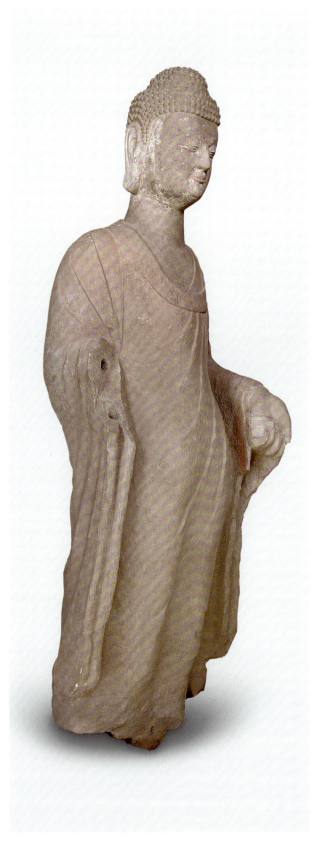

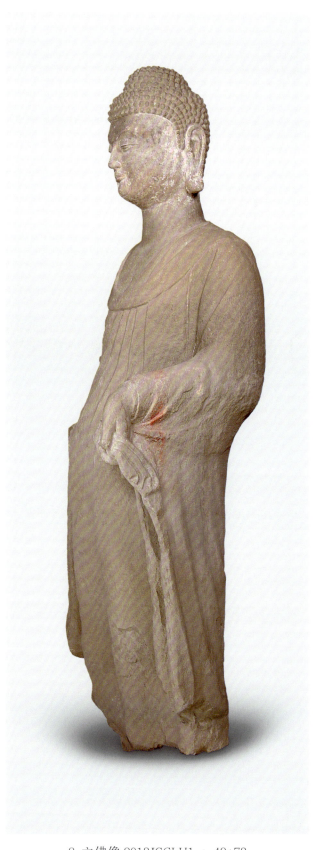

1. 立佛像 2013JCGLH1 ：49+73　　　　　　　2. 立佛像 2013JCGLH1 ：49+73

彩版二四　立佛像

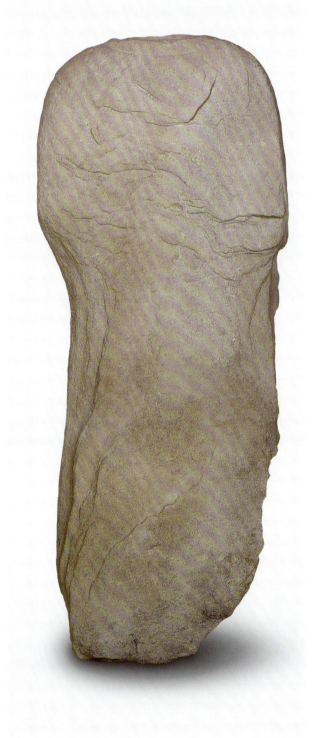

1. 立佛像 2013JCGLH1 : 53   2. 立佛像 2013JCGLH1 : 53

彩版二五　立佛像

1. 立佛像 2013JCGLH1 ∶ 75

2. 立佛像 2013JCGLH1 ∶ 75

3. 立佛像 2013JCGLH1 ∶ 75 佛座背面发愿文

彩版二六　立佛像

1. 立佛像 2013JCGLH1：75

2. 立佛像 2013JCGLH1：75

3. 立佛像 2013JCGLH1：75 佛座右侧发愿文

4. 立佛像 2013JCGLH1：75 佛座左侧发愿文

彩版二七　立佛像

 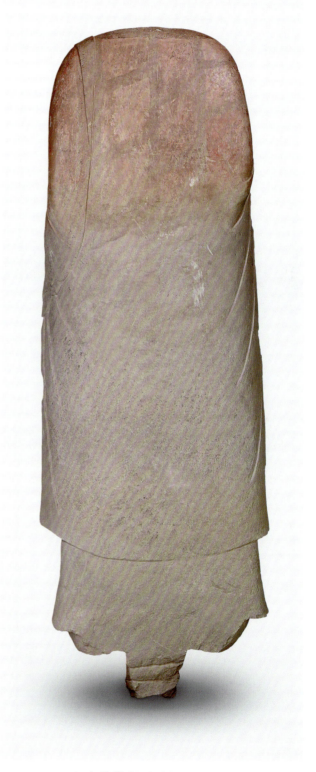

1. 立佛像 2013JCGLH1：80　　　　　　　　　　　2. 立佛像 2013JCGLH1：80

彩版二八　立佛像

1.立佛像 2013JCGLH1 ：84   2.立佛像 2013JCGLH1 ：84

彩版二九　立佛像

1. 立佛像 2013JCGLH1 ： 86+183　　　　　　　2. 立佛像 2013JCGLH1 ： 86+183

彩版三〇　立佛像

1. 立佛像 2013JCGLH1 ： 86+183　　　　　　　2. 立佛像 2013JCGLH1 ： 86+183

彩版三一　立佛像

1. 立佛像 2013JCGLH1 ：148　　　　　　　　　2. 立佛像 2013JCGLH1 ：148

彩版三二　立佛像

1.立佛像 2013JCGLH1：153　　　　2.立佛像 2013JCGLH1：153　　　　3.立佛像 2013JCGLH1：153

彩版三三　立佛像

1. 立佛像 2013JCGLH1：180   2. 立佛像 2013JCGLH1：180

彩版三四　立佛像

1. 立佛像 2013JCGLH1：187

2. 立佛像 2013JCGLH1：187

3. 立佛像 2013JCGLH1：187

4. 立佛像 2013JCGLH1：187 细部

彩版三五　立佛像

1. 立佛像 2013JCGLH3：1

2. 立佛像 2013JCGLH3：1

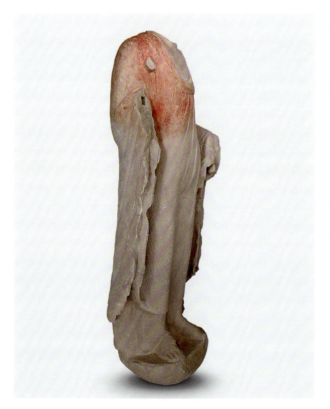

3. 立佛像 2013JCGLH3：1

4. 立佛像 2013JCGLH3：1 左侧正射影像图面

彩版三六　立佛像

1.立佛像 2013JCGLH3：2   2.立佛像 2013JCGLH3：2

1. 立佛像 2013JCGLH3：5

2. 立佛像 2013JCGLH3：5 正射影像图

3. 立佛像 2013JCGLH3：5

4. 立佛像 2013JCGLH3：5 左侧正射影像图

彩版三八　立佛像

1.立佛像 2013JCGLH3 ：7+21+29

2.立佛像 2013JCGLH3 ：7+21+29

彩版三九　立佛像

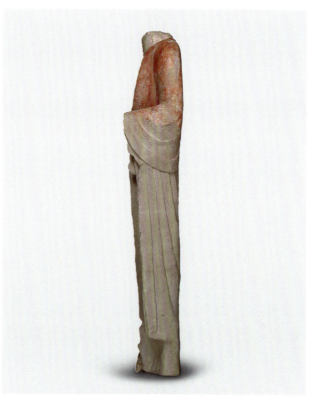

1. 立佛像 2013JCGLH3：7+21+29

2. 立佛像 2013JCGLH3：7+21+29

3. 立佛像 2013JCGLH3：9

4. 立佛像 2013JCGLH3：9

彩版四〇　立佛像

1. 立佛像 2013JCGLH3 ： 20   2. 立佛像 2013JCGLH3 ： 20

彩版四一　立佛像

1. 立佛像 2013JCGLH3：46+H1：122　　　　　　2. 立佛像 2013JCGLH3：46+H1：122

彩版四二　立佛像

 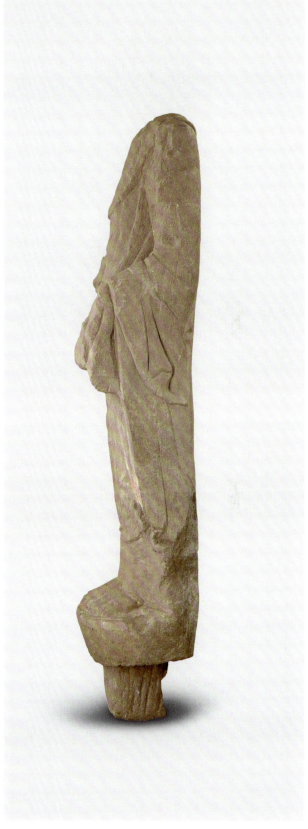

1.立佛像 2013JCGLH3：46+H1：122   2.立佛像 2013JCGLH3：46+H1：122

彩版四三　立佛像

1. 坐佛像 2013JCGLH1：66

3. 坐佛像 2013JCGLH1：66 细部

2. 坐佛像 2013JCGLH1：66

4. 坐佛像 2013JCGLH1：66

彩版四四　坐佛像

1. 坐佛像 2013JCGLH1 ：92

2. 坐佛像 2013JCGLH1 ：92

彩版四五　坐佛像

1. 坐佛像 2013JCGLH1 ：144

2. 坐佛像 2013JCGLH1 ：144

彩版四六　坐佛像

1. 僧像 2013JCGLH1：12

2. 僧像 2013JCGLH1：12

3. 僧像 2013JCGLH1：12

4. 僧像 2013JCGLH1：12

彩版四七　僧像

1.僧像 2013JCGLH1：74   2.僧像 2013JCGLH1：74

彩版四八　僧像

1. 僧像 2013JCGLH1 ：74   2. 僧像 2013JCGLH1 ：74

彩版四九　僧像

1. 僧像 2013JCGLH1 ： 79+89　　　　　　　　2. 僧像 2013JCGLH1 ： 79+89

彩版五〇　僧像

1. 僧像 2013JCGLH1 ∶ 87　　　　　　　　　2. 僧像 2013JCGLH1 ∶ 87

彩版五一　僧像

1. 僧像 2013JCGLH1：87   2. 僧像 2013JCGLH1：87

彩版五二　僧像

僧像 2013JCGLH1：116

彩版五三　僧像

1. 僧像 2013JCGLH1：116

2. 僧像 2013JCGLH1：116

彩版五四　僧像

1. 僧像 2013JCGLH3：33

2. 僧像 2013JCGLH3：33

彩版五五　僧像

1.弟子像 2013JCGLH1 ∶112+127

2.弟子像 2013JCGLH1 ∶112+127

彩版五六　弟子像

1.弟子像 2013JCGLH1 ：135+179+198

2.弟子像 2013JCGLH1 ：135+179+198

3.弟子像 2013JCGLH1 ：135+179+198

4.弟子像 2013JCGLH1 ：135+179+198

彩版五七　弟子像

1. 弟子像 2013JCGLH1 : 139   2. 弟子像 2013JCGLH1 : 139

彩版五八　弟子像

1. 天王像 2013JCGLH1 ：168+189   2. 天王像 2013JCGLH1 ：168+189

彩版五九　天王像

1.立菩萨像 2013JCGLH1 ：2+196　　　　　　　2.立菩萨像 2013JCGLH1 ：2+196

彩版六〇　立菩萨像

彩版六一　立菩萨像

1. 立菩萨像 2013JCGLH1 ：2+196

2. 立菩萨像 2013JCGLH1 ：2+196

彩版六一　立菩萨像

1. 立菩萨像 2013JCGLH1 ：9+30　　　　　　　　　2. 立菩萨像 2013JCGLH1 ：9+30

彩版六二　立菩萨像

1. 立菩萨像 2013JCGLH1 ：9+30   2. 立菩萨像 2013JCGLH1 ：9+30

彩版六三　立菩萨像

1.立菩萨像 2013JCGLH1 ：10+50　　　　　　　2.立菩萨像 2013JCGLH1 ：10+50

彩版六四　立菩萨像

1. 立菩萨像 2013JCGLH1 ： 10+50　　　　　　2. 立菩萨像 2013JCGLH1 ： 10+50

彩版六五　立菩萨像

1. 立菩萨像 2013JCGLH1 ∶ 11+72   2. 立菩萨像 2013JCGLH1 ∶ 11+72

彩版六六　立菩萨像

1. 立菩萨像 2013JCGLH1 ：11+72   2. 立菩萨像 2013JCGLH1 ：11+72

彩版六七　立菩萨像

1. 立菩萨像 2013JCGLH1：14+32+134+209　　　2. 立菩萨像 2013JCGLH1：14+32+134+209 正射影像图

彩版六八　立菩萨像

立菩萨像 2013JCGLH1 ：14+32+134+209

彩版六九　立菩萨像

1. 立菩萨像 2013JCGLH1 ：14+32+134+209　　　　2. 立菩萨像 2013JCGLH1 ：14+32+134+209

彩版七〇　立菩萨像

1. 立菩萨像 2013JCGLH1 ∶15+24+ 采集 1　　　　2. 立菩萨像 2013JCGLH1 ∶15+24+ 采集 1

彩版七一　立菩萨像

1.立菩萨像 2013JCGLH1 ：15+24+ 采集 1

2.立菩萨像 2013JCGLH1 ：15+24+ 采集 1

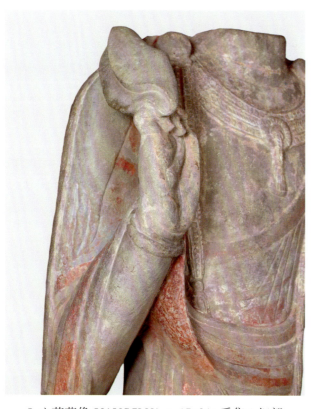

3.立菩萨像 2013JCGLH1 ：15+24+ 采集 1 细部

4.立菩萨像 2013JCGLH1 ：15+24+ 采集 1 修复前

彩版七二　立菩萨像

1. 立菩萨像 2013JCGLH1 ：18+81　　　　　　2. 立菩萨像 2013JCGLH1 ：18+81

彩版七三　立菩萨像

1. 立菩萨像 2013JCGLH1 ：18+81 正射影像图　　　　2. 立菩萨像 2013JCGLH1 ：18+81

彩版七四　立菩萨像

1.立菩萨像 2013JCGLH1 ：25+42+59+125+152+200 2.立菩萨像 2013JCGLH1 ：25+42+59+125+152+200

彩版七五　立菩萨像

1.立菩萨像 2013JCGLH1 ： 25+42+59+125+152+200   2.立菩萨像 2013JCGLH1 ： 25+42+59+125+152+200

彩版七六　立菩萨像

1.立菩萨像 2013JCGLH1 ：41+85　　　　　2.立菩萨像 2013JCGLH1 ：41+85

彩版七七　立菩萨像

1.立菩萨像 2013JCGLH1 ：45

2.立菩萨像 2013JCGLH1 ：45

3.立菩萨像 2013JCGLH1 ：45 细部

4.立菩萨像 2013JCGLH1 ：45俯视正射影像图

彩版七八　立菩萨像

1.立菩萨像 2013JCGLH1 ：63+69

2.立菩萨像 2013JCGLH1 ：63+69

彩版七九　立菩萨像

1.立菩萨像 2013JCGLH1 ： 63+69 　　　　　2.立菩萨像 2013JCGLH1 ： 63+69 正射影像图

彩版八〇　立菩萨像

1.立菩萨像 2013JCGLH1：64   2.立菩萨像 2013JCGLH1：64

彩版八一　立菩萨像

1.立菩萨像 2013JCGLH1 ：64

2.立菩萨像 2013JCGLH1 ：64

3.立菩萨像 2013JCGLH1 ：64 细部

4.立菩萨像 2013JCGLH1 ：64 细部

彩版八二　立菩萨像

1. 立菩萨像 2013JCGLH1 ： 65   2. 立菩萨像 2013JCGLH1 ： 65

彩版八三　立菩萨像

1. 立菩萨像 2013JCGLH1∶65　　　　　　　　　2. 立菩萨像 2013JCGLH1∶65

彩版八四　立菩萨像

1.立菩萨像 2013JCGLH1 ：68

2.立菩萨像 2013JCGLH1 ：68

3.立菩萨像 2013JCGLH1 ：68 正射影像图

4.立菩萨像 2013JCGLH1 ：68 正射影像图

彩版八五　立菩萨像

1. 立菩萨像 2013JCGLH1 ∶ 71   2. 立菩萨像 2013JCGLH1 ∶ 71

彩版八六　立菩萨像

1. 立菩萨像 2013JCGLH1：71　　　　　　　2. 立菩萨像 2013JCGLH1：71

彩版八七　立菩萨像

1. 立菩萨像 2013JCGLH1 ：76+129　　　　2. 立菩萨像 2013JCGLH1 ：76+129

彩版八八　立菩萨像

1. 立菩萨像 2013JCGLH1 ： 76+129　　　　　　2. 立菩萨像 2013JCGLH1 ： 76+129

彩版八九　立菩萨像

1. 立菩薩像 2013JCGLH1 : 82

2. 立菩薩像 2013JCGLH1 : 82

彩版九〇　立菩薩像

1. 立菩萨像 2013JCGLH1：82　　　　　　　　　2. 立菩萨像 2013JCGLH1：82

彩版九一　立菩萨像

彩版九二　立菩萨像

1.立菩萨像 2013JCGLH1：97+140　　　　　　　2.立菩萨像 2013JCGLH1：97+140

彩版九二　立菩萨像

1. 立菩萨像 2013JCGLH1 ：97+140

2. 立菩萨像 2013JCGLH1 ：97+140

彩版九三　立菩萨像

1.立菩萨像 2013JCGLH1：107+162   2.立菩萨像 2013JCGLH1：107+162

彩版九四　立菩萨像

1. 立菩萨像 2013JCGLH1：107+162　　　　2. 立菩萨像 2013JCGLH1：107+162

彩版九五　立菩萨像

1.立菩萨像 2013JCGLH1 ：113+126   2.立菩萨像 2013JCGLH1 ：113+126

彩版九六　立菩萨像

1.立菩萨像 2013JCGLH1 ：113+126

2.立菩萨像 2013JCGLH1 ：113+126

彩版九七　立菩萨像

1. 立菩萨像 2013JCGLH1 ：117　　　　　　　　2. 立菩萨像 2013JCGLH1 ：117

彩版九八　立菩萨像

1.立菩萨像 2013JCGLH1：128

2.立菩萨像 2013JCGLH1：128

3.立菩萨像 2013JCGLH1：128

4.立菩萨像 2013JCGLH1：128

彩版九九　立菩萨像

1.立菩萨像 2013JCGLH1∶137

2.立菩萨像 2013JCGLH1∶137 正射影像图

3.立菩萨像 2013JCGLH1∶137

4.立菩萨像 2013JCGLH1∶137

彩版一〇〇　立菩萨像

1.立菩萨像 2013JCGLH1：154　　　　　2.立菩萨像 2013JCGLH1：154

彩版一○一　立菩萨像

1. 立菩萨像 2013JCGLH1：154　　　　　　　　　　2. 立菩萨像 2013JCGLH1：154

彩版一〇二　立菩萨像

1. 立菩萨像 2013JCGLH1 ： 157+161   2. 立菩萨像 2013JCGLH1 ： 157+161

1.立菩萨像 2013JCGLH1 ：157+161

2.立菩萨像 2013JCGLH1 ：157+161

3.立菩萨像 2013JCGLH1 ：157+161 细部

4.立菩萨像 2013JCGLH1 ：157+161 细部

1.立菩萨像 2013JCGLH1：158+169+197 正射影像图　　　2.立菩萨像 2013JCGLH1：158+169+197

彩版一〇五　立菩萨像

1.立菩萨像 2013JCGLH1 ：158+169+197   2.立菩萨像 2013JCGLH1 ：158+169+197

彩版一○六　立菩萨像

1.立菩萨像细部 2013JCGLH1 ： 158+169+197 细部　　　　2.立菩萨像 2013JCGLH1 ： 158+169+197 细部

3.菩萨像 2013JCGLH1 ： 203　　　　　　　　4.菩萨像 2013JCGLH1 ： 203

1. 立菩萨像 2013JCGLH1 ： 207

2. 立菩萨像 2013JCGLH1 ： 207

3. 立菩萨像 2013JCGLH1 ： 207

4. 立菩萨像 2013JCGLH1 ： 207

彩版一〇八　立菩萨像

1.立菩萨像 2013JCGLH3：8+13+14+18　　　　2.立菩萨像 2013JCGLH3：8+13+14+18

彩版一〇九　立菩萨像

1. 立菩萨像 2013JCGLH3：8+13+14+18

2. 立菩萨像 2013JCGLH3：8+13+14+18

3. 立菩萨像 2013JCGLH3：8+13+14+18 兽面

4. 立菩萨像 2013JCGLH3：8+13+14+18 净瓶等

彩版一一○　立菩萨像

1. 立菩萨像 2013JCGLH3：11

2. 立菩萨像 2013JCGLH3：11

3. 立菩萨像 2013JCGLH3：16-1 ~ 3

4. 立菩萨像 2013JCGLH3：17

彩版一一一　立菩萨像

1.立菩萨像 2013JCGLH3：25

2.立菩萨像 2013JCGLH3：25

3.立菩萨像 2013JCGLH3：27

4.立菩萨像 2013JCGLH3：27

彩版一一二　立菩萨像

1. 立菩萨像 2013JCGLH3 ： 34

2. 立菩萨像 2013JCGLH3 ： 34

3. 立菩萨像 2013JCGLH3 ： 38

4. 立菩萨像 2013JCGLH3 ： 38

彩版一一三　立菩萨像

1. 立菩萨像 2013JCGLH3 ： 36

2. 立菩萨像 2013JCGLH3 ： 36

3. 立菩萨像 2013JCGLH3 ： 36

4. 立菩萨像 2013JCGLH3 ： 36 细部

彩版一一四　立菩萨像

1. 立菩萨像 2013JCGLH3：45   2. 立菩萨像 2013JCGLH3：45

彩版一一五　立菩萨像

1. 倚坐菩萨像 2013JCGLH1 ∶ 39+61+143　　　　2. 倚坐菩萨像 2013JCGLH1 ∶ 39+61+143

彩版一一六　倚坐菩萨像

1. 倚坐菩萨像 2013JCGLH1 ：39+61+143   2. 倚坐菩萨像 2013JCGLH1 ：39+61+143

1. 倚坐菩萨像 2013JCGLH1 ：208

2. 倚坐菩萨像 2013JCGLH1 ：208

3. 倚坐菩萨像 2013JCGLH1 ：208

4. 倚坐菩萨像 2013JCGLH1 ：208

彩版一一八 倚坐菩萨像

1.倚坐菩萨像 2013JCGLH3 ： 26

2.倚坐菩萨像 2013JCGLH3 ： 26

彩版一一九　倚坐菩萨像

1. 造像碑 2013JCGLH1 ：4+21+55+57   2. 造像碑 2013JCGLH1 ：4+21+55+57 左侧铭文

造像碑 2013JCGLH1：5

彩版一二一 造像碑

造像碑 2013JCGLH1：5

彩版一二二　造像碑

1. 造像碑 2013JCGLH1 ： 34

2. 造像碑 2013JCGLH1 ： 34

彩版一二三　造像碑

1.造像碑 2013JCGLH1 ：38

2.造像碑 2013JCGLH1 ：38 细部

3.造像碑 2013JCGLH1 ：38

彩版一二四　造像碑

1. 造像碑 2013JCGLH1 ： 51+ 采集 6

2. 造像碑 2013JCGLH1 ： 51+ 采集 6

彩版一二五　造像碑

1. 造像碑 2013JCGLH1 ： 83

2. 造像碑 2013JCGLH1 ： 83

彩版一二六　造像碑

1.造像碑 2013JCGLH1：95

2.造像碑 2013JCGLH1：95 细部

3.造像碑 2013JCGLH1：95 右侧面

4.造像碑 2013JCGLH1：95 左侧面

彩版一二七　造像碑

1.造像碑 2013JCGLH1：96

2.造像碑 2013JCGLH1：96

3.造像碑 2013JCGLH1：96 细部

4.造像碑 2013JCGLH1：96 细部

彩版一二八　造像碑

1. 造像碑 2013JCGLH1 ： 104

2. 造像碑 2013JCGLH1 ： 104

3. 造像碑 2013JCGLH1 ： 105

彩版一二九　造像碑

1.造像碑 2013JCGLH1：149

2.造像碑 2013JCGLH1：176

彩版一三〇　造像碑

1. 造像碑 2013JCGLH1：175

2. 造像碑 2013JCGLH1：175 细部

彩版一三一　造像碑

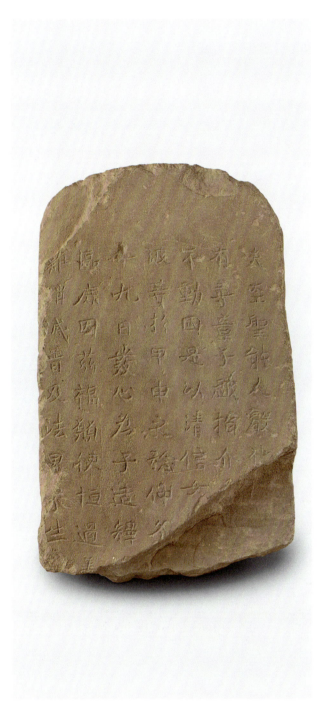

1.造像碑 2013JCGLH1：175 背面铭文　　　　　　2.造像碑 2013JCGLH1：175 左侧铭文

彩版一三二　造像碑

1.造像碑 2013JCGLH1：195   2.造像碑 2013JCGLH1：195

彩版一三三　造像碑

1.造像碑 2013JCGLH1 ∶195 细部　　　　2.造像碑 2013JCGLH1 ∶195 细部

1.2013JCGLH3：4+22   2.2013JCGLH3：4+22

彩版一三五　造像碑

1.造像碑 2013JCGLH3 ：4+22 局部正射影像图　　　　2.造像碑 2013JCGLH3 ：4+22 局部正射影像图

1. 造像碑 2013JCGLH3 ： 23   2. 造像碑 2013JCGLH3 ： 23

彩版一三七　造像碑

1.造像碑 2013JCGLH3 ∶ 24   2.造像碑 2013JCGLH3 ∶ 24

彩版一三八　造像碑

1.造像碑 2013JCGLH3：35-1、-2

2.造像碑 2013JCGLH3：40

彩版一三九　造像碑

背屏式造像 2013JCGLH1∶1

彩版一四○　背屏式造像

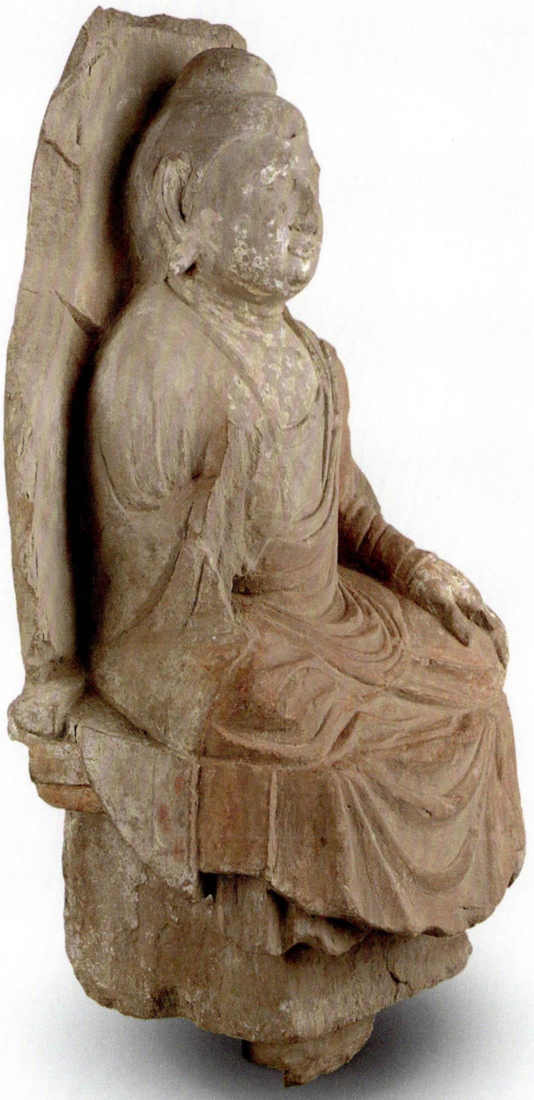

1. 背屏式造像 2013JCGLH1 ： 1

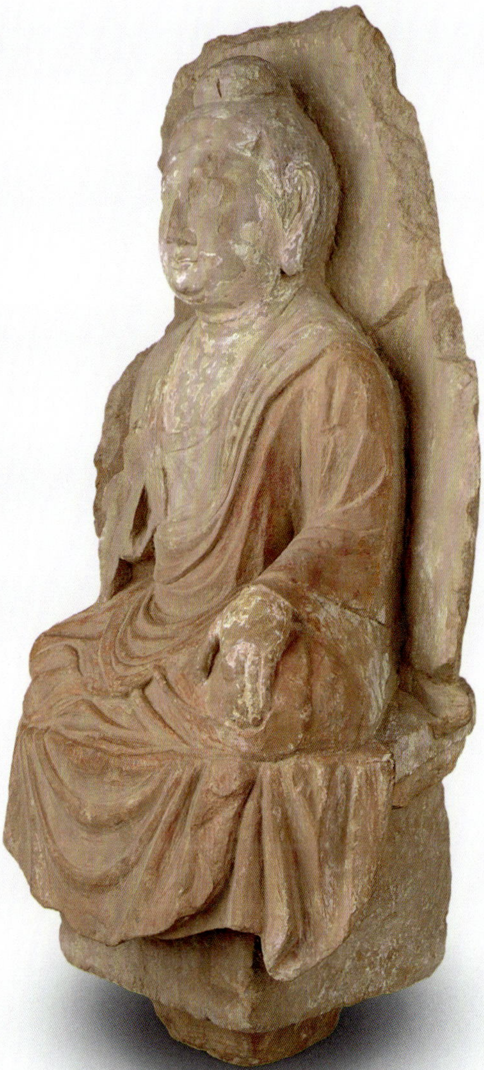

2. 背屏式造像 2013JCGLH1 ： 1

彩版一四一　背屏式造像

2013JCGLH1 ：7

彩版一四二　背屏式造像

1. 背屏式造像 2013JCGLH1 ：8　　　　　　　2. 背屏式造像 2013JCGLH1 ：8

彩版一四三　背屏式造像

1.背屏式造像 2013JCGLH1：19+58+160

2.背屏式造像 2013JCGLH1：56

彩版一四四　背屏式造像

1. 背屏式造像 2013JCGLH1 ：109

2. 背屏式造像 2013JCGLH1 ：133

彩版一四五　背屏式造像

背屏式造像 2013JCGLH1 ：141+142

彩版一四六　背屏式造像

1. 背屏式造像 2013JCGLH1：155

2. 背屏式造像 2013JCGLH1：163

彩版一四七　背屏式造像

1. 背屏式造像 2013JCGLH1：165

2. 背屏式造像 2013JCGLH1：165

彩版一四八　背屏式造像

背屏式造像 2013JCGLH1 ： 202

彩版一四九　背屏式造像

背屏式造像 2013JCGLH3：44

彩版一五〇　背屏式造像

1. 背屏式造像 2013JCGLH3：44

2. 背屏式造像 2013JCGLH3：44

1.塔龛造像 2013JCGLH1：6

2.塔龛造像 2013JCGLH1：52

彩版一五二　塔龛造像

1. 一佛二胁侍 2013JCGLH1 ： 170

2. 一佛二胁侍 2013JCGLH1 ： 170

彩版一五三　塔龛造像

1. 一佛二胁侍 2013JCGLH1 ： 170

2. 二佛并坐 2013JCGLH1 ： 170

彩版一五四　塔龛造像

1.塔龛造像 2013JCGLH1：190

2.塔龛造像 2013JCGLH1：192

彩版一五五　塔龛造像

1.坐佛像 2013JCGLH3 ： 19

2.倚坐佛像 2013JCGLH3 ： 19

彩版一五六　塔龛造像

1.坐菩萨像 2013JCGLH3：19

2.坐菩萨像 2013JCGLH3：19

3.2013JCGLH3：19 三维影像图

彩版一五七　塔龛造像

1.佛头像 2013JCGLH1：27

2.佛头像 2013JCGLH1：27

3.佛头像 2013JCGLH1：27

4.佛头像 2013JCGLH1：27

彩版一五八　佛头像

1.佛头像 2013JCGLH1：31　　　　　　　　2.佛头像 2013JCGLH1：31

3.佛头像 2013JCGLH1：67　　　　　　　　4.佛头像 2013JCGLH1：67

彩版一五九　佛头像

1.佛头像 2013JCGLH1：77

2.佛头像 2013JCGLH1：77

3.佛头像 2013JCGLH1：77 正射影像图

4.佛头像 2013JCGLH1：77

彩版一六〇　佛头像

1.佛头像 2013JCGLH1：88

2.佛头像 2013JCGLH1：88

3.佛头像 2013JCGLH1：88

4.佛头像 2013JCGLH1：88

彩版一六一　佛头像

1. 佛头像 2013JCGLH1：93

2. 佛头像 2013JCGLH1：93

3. 佛头像 2013JCGLH1：93

4. 佛头像 2013JCGLH1：93

彩版一六二　佛头像

1.佛头像 2013JCGLH1：120

2.佛头像 2013JCGLH1：120

3.佛头像 2013JCGLH1：120

4.佛头像 2013JCGLH1：120

彩版一六三　佛头像

1. 佛头像 2013JCGLH1：123

2. 佛头像 2013JCGLH1：123

3. 佛头像 2013JCGLH1：123

4. 佛头像 2013JCGLH1：123

彩版一六四　佛头像

1. 佛头像 2013JCGLH1 ∶ 145

2. 佛头像 2013JCGLH1 ∶ 145

3. 佛头像 2013JCGLH1 ∶ 145

4. 佛头像 2013JCGLH1 ∶ 145

彩版一六五　佛头像

1.佛头像 2013JCGLH1∶147

2.佛头像 2013JCGLH1∶147

3.佛头像 2013JCGLH1∶147

4.佛头像 2013JCGLH1∶147

彩版一六六　佛头像

1. 佛头像 2013JCGLH1：150

2. 佛头像 2013JCGLH1：150

3. 佛头像 2013JCGLH1：150

4. 佛头像 2013JCGLH1：150

彩版一六七　佛头像

1.佛头像 2013JCGLH1：159

2.佛头像 2013JCGLH1：159

3.佛头像 2013JCGLH1：159

4.佛头像 2013JCGLH1：159

彩版一六八　佛头像

1. 佛头像 2013JCGLH1：174

2. 佛头像 2013JCGLH1：174

3. 佛头像 2013JCGLH1：174

4. 佛头像 2013JCGLH1：174

彩版一六九　佛头像

1. 佛头像 2013JCGLH1：182

2. 佛头像 2013JCGLH1：182

3. 佛头像 2013JCGLH1：188

4. 佛头像 2013JCGLH1：188

彩版一七〇　佛头像

1. 菩萨头像 2013JCGLH1 ： 16

2. 菩萨头像 2013JCGLH1 ： 16

3. 菩萨头像 2013JCGLH1 ： 16

4. 菩萨头像 2013JCGLH1 ： 16

彩版一七一　菩萨头像

1.菩萨头像 2013JCGLH1 ：17

2.菩萨头像 2013JCGLH1 ：17

3.菩萨头像 2013JCGLH1 ：17

4.菩萨头像 2013JCGLH1 ：17

彩版一七二　菩萨头像

1.菩萨头像 2013JCGLH1：20

2.菩萨头像 2013JCGLH1：20

3.菩萨头像 2013JCGLH1：26

4.菩萨头像 2013JCGLH1：26

彩版一七三　菩萨头像

1.菩萨头像 2013JCGLH1：28

2.菩萨头像 2013JCGLH1：28

3.菩萨头像 2013JCGLH1：28

4.菩萨头像 2013JCGLH1：28

彩版一七四　菩萨头像

1.菩萨头像 2013JCGLH1：70　　　　　　2.菩萨头像 2013JCGLH1：70

3.菩萨头像 2013JCGLH1：70　　　　　　4.菩萨头像 2013JCGLH1：70

彩版一七五　菩萨头像

1. 菩萨头像 2013JCGLH1 ： 100

2. 菩萨头像 2013JCGLH1 ： 100

3. 菩萨头像 2013JCGLH1 ： 100

4. 菩萨头像 2013JCGLH1 ： 100

彩版一七六　菩萨头像

1.菩萨头像 2013JCGLH1∶101

2.菩萨头像 2013JCGLH1∶101

3.菩萨头像 2013JCGLH1∶102

4.菩萨头像 2013JCGLH1∶102

彩版一七七　菩萨头像

1.菩萨头像 2013JCGLH1 ： 108

2.菩萨头像 2013JCGLH1 ： 108

3.菩萨头像 2013JCGLH1 ： 108

4.菩萨头像 2013JCGLH1 ： 108

彩版一七八　菩萨头像

1.菩萨头像 2013JCGLH1∶111

2.菩萨头像 2013JCGLH1∶111

3.菩萨头像 2013JCGLH1∶111

4.菩萨头像 2013JCGLH1∶111

彩版一七九　菩萨头像

1. 菩萨头像 2013JCGLH1 ： 114

2. 菩萨头像 2013JCGLH1 ： 114

3. 菩萨头像 2013JCGLH1 ： 114

4. 菩萨头像 2013JCGLH1 ： 114

彩版一八〇　菩萨头像

1.菩萨头像 2013JCGLH1：118

2.菩萨头像 2013JCGLH1：118

3.菩萨头像 2013JCGLH1：118

4.菩萨头像 2013JCGLH1：118

彩版一八一　菩萨头像

1.菩萨头像 2013JCGLH1 ：119

2.菩萨头像 2013JCGLH1 ：119

3.菩萨头像 2013JCGLH1 ：119

4.菩萨头像 2013JCGLH1 ：119

彩版一八二　菩萨头像

1.菩萨头像 2013JCGLH1：121

2.菩萨头像 2013JCGLH1：121

3.菩萨头像 2013JCGLH1：130

4.菩萨头像 2013JCGLH1：130

彩版一八三　菩萨头像

1.菩萨头像 2013JCGLH1：124

2.菩萨头像 2013JCGLH1：124

3.菩萨头像 2013JCGLH1：124

4.菩萨头像 2013JCGLH1：124

彩版一八四　菩萨头像

1.菩萨头像 2013JCGLH1 ：131

2.菩萨头像 2013JCGLH1 ：131

3.菩萨头像 2013JCGLH1 ：131

4.菩萨头像 2013JCGLH1 ：131

彩版一八五　菩萨头像

1.菩萨头像 2013JCGLH1：136

2.菩萨头像 2013JCGLH1：136

3.菩萨头像 2013JCGLH1：136

4.菩萨头像 2013JCGLH1：136

彩版一八六　菩萨头像

1. 菩萨头像 2013JCGLH1 ： 138

2. 菩萨头像 2013JCGLH1 ： 138

3. 菩萨头像 2013JCGLH1 ： 151

4. 菩萨头像 2013JCGLH1 ： 151

彩版一八七　菩萨头像

1. 菩萨头像 2013JCGLH1∶146

2. 菩萨头像 2013JCGLH1∶146

3. 菩萨头像 2013JCGLH1∶146

4. 菩萨头像 2013JCGLH1∶146

彩版一八八　菩萨头像

1.菩萨头像 2013JCGLH1 ：156

2.菩萨头像 2013JCGLH1 ：156 细部

3.菩萨头像 2013JCGLH1 ：156

4.菩萨头像 2013JCGLH1 ：156

彩版一八九　菩萨头像

1.菩萨头像 2013JCGLH1∶166

2.菩萨头像 2013JCGLH1∶166

3.菩萨头像 2013JCGLH1∶166

4.菩萨头像 2013JCGLH1∶166

彩版一九〇　菩萨头像

1.菩萨头像 2013JCGLH1：171

2.菩萨头像 2013JCGLH1：171

3.菩萨头像 2013JCGLH1：171

4.菩萨头像 2013JCGLH1：171

彩版一九一　菩萨头像

1.菩萨头像 2013JCGLH1：172

2.菩萨头像 2013JCGLH1：172

3.菩萨头像 2013JCGLH1：172

4.菩萨头像 2013JCGLH1：172

彩版一九二　菩萨头像

1.菩萨头像 2013JCGLH1：173

2.菩萨头像 2013JCGLH1：173

3.菩萨头像 2013JCGLH1：173

4.菩萨头像 2013JCGLH1：173

彩版一九三　菩萨头像

1.菩萨头像 2013JCGLH1：184

2.菩萨头像 2013JCGLH1：184

3.菩萨头像 2013JCGLH1：185

4.菩萨头像 2013JCGLH1：185

彩版一九四　菩萨头像

1. 菩萨头像 2013JCGLH1：186

2. 菩萨头像 2013JCGLH1：186

3. 菩萨头像 2013JCGLH1：186

4. 菩萨头像 2013JCGLH1：186

彩版一九五　菩萨头像

1. 菩萨头像 2013JCGLH1 ： 193

2. 菩萨头像 2013JCGLH1 ： 193

3. 菩萨头像 2013JCGLH3 ： 6

4. 菩萨头像 2013JCGLH3 ： 6

彩版一九六　菩萨头像

1.弟子头像 2013JCGLH1：35

2.弟子头像 2013JCGLH1：35

3.弟子头像 2013JCGLH1：194

4.弟子头像 2013JCGLH1：194

彩版一九七　弟子头像

1.力士头像 2013JCGLH1：78

2.力士头像 2013JCGLH1：78

3.力士头像 2013JCGLH1：78

4.力士头像 2013JCGLH1：78 头顶正射影像图

彩版一九八　力士头像

1. 天王头像 2013JCGLH1 ：99

2. 天王头像 2013JCGLH1 ：99

3. 天王头像 2013JCGLH1 ：99

4. 天王头像 2013JCGLH1 ：99

彩版一九九　天王头像

1. 经幢 2013JCGLH1 ：110

2. 经幢 2013JCGLH1 ：110

3. 经幢 2013JCGLH1 ：110

4. 经幢 2013JCGLH1 ：110

1. 造像板 2013JCGLH1：164

2. 铭文砖 2013JCGLH1：54

彩版二〇一　造像板与铭文砖

1.造像底座 2013JCGLH1：29

2.造像底座 2013JCGLH1：29

3.造像底座 2013JCGLH1：29

4.造像底座 2013JCGLH1：29

彩版二〇二　造像底座

1.造像底座 2013JCGLH1：115

2.造像底座 2013JCGLH1：115

3.造像底座 2013JCGLH1：115 细部

4.造像底座 2013JCGLH1：115 细部

1.造像底座 2013JCGLH1 ：132

2.造像底座 2013JCGLH1 ：177

3.造像底座 2013JCGLH1 ：204

4.造像底座 2013JCGLH1 ：205

彩版二〇四　造像底座

1. 造像底座 2013JCGLH1 ： 167

2. 造像底座 2013JCGLH1 ： 167

3. 造像底座 2013JCGLH1 ： 167

4. 造像底座 2013JCGLH1 ： 167

彩版二〇五　造像底座

1.造像底座 2013JCGLH3：3

2.造像底座 2013JCGLH3：39

3.造像底座 2013JCGLH3：41

4.造像底座 2013JCGLH3：41

彩版二〇六　造像底座

1. 残佛手 2013JCGLH1：91

2. 残佛手 2013JCGLH1：91

3. 残佛手 2013JCGLH1：94

4. 残佛手 2013JCGLH1：94

彩版二〇七　残佛手

1. 残佛手 2013JCGLH1：191

2. 残佛手 2013JCGLH3：28

3. 残菩萨手 2013JCGLH3：37

4. 残菩萨手 2013JCGLH3：37

彩版二〇八　残手

1.菩萨残像及底座 2015JCGL Ⅱ T0204 ③：4

2.菩萨残像及底座 2015JCGL Ⅱ T0204 ③：17

3.菩萨残像及底座 2015JCGL Ⅱ T0204 ③：26

4.右手残件 2015JCGL Ⅱ T0204 ③：11

5.手残件 2015JCGL Ⅱ T0204 ③：22

6.造像残件 2015JCGL Ⅱ T0103 ③：9

彩版二〇九　造像残件

1. 菩萨残件及底座 2015JCGL Ⅱ T0201 ③：15

2. 菩萨残件 2015JCGL Ⅲ T0302 ③：5

3. 造像碑残件 2015JCGL H44：15

4. 菩萨残件 2015JCGL H43：10

5. 佛头残件 2015JCGL Ⅲ T0202 ③：12

6. 造像残件 2015JCGL Ⅱ T0201 ③：11

彩版二一〇　造像残件

1. 造像碑残件 2015JCGL Ⅲ T0304 ③：2

2. 弟子像残件 2016JCGL Ⅱ T0204 ③：28

3. 造像残件 2016JCGL Ⅲ T0204 ③：31

4. 造像碑残件 2016JCGL Ⅲ T0305 ③：2

5. 铜造像 2016JCGL Ⅳ T0105 ③：1

6. 石莲花座 2018JCGL Ⅲ T0302 ③：13

彩版二一一　造像残件

1. 僧像残件 2017JCGL Ⅱ T0204H46：1

2. 僧像残件 2017JCGL Ⅱ T0204H46：1

3. 造像碑残件 2017JCGL Ⅳ T0104 ③：4

4. 造像碑残件 2017JCGL Ⅳ T0104 ③：4

彩版二一二　造像残件

1.坐佛像采集 2 号

2.坐佛像采集 2 号

3.坐佛像采集 2 号

4.坐佛像采集 2 号

彩版二一三　采集坐佛像

1.菩萨立像采集4号 2.菩萨立像采集4号

彩版二一四　采集菩萨立像

1. 陶棺 2013JCGLH2：1

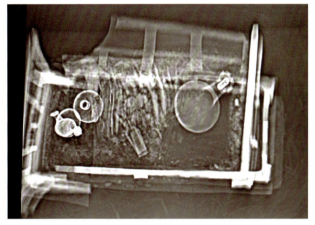

2. 陶棺 2013JCGLH2：1CT 扫描片

3. 陶棺内出土漆盒 2013JCGLH2：5

4. 陶棺内出土漆盒 2013JCGLH2：6

彩版二一五　陶棺

1.舍利瓶 2013JCGLH2：7

2.玻璃瓶 2013JCGLH2：11

3.玻璃瓶 2013JCGLH2：12

4.器座 2013JCGLH2：3、白瓷香碟 2013JCGLH2：4

彩版二一六　舍利瓶和供养品

1. 铭文砖 2013JCGLH2 : 2

2. 铭文砖 2013JCGLH2 : 2

彩版二一七　铭文砖

1. 青釉碗 2015JCGL Ⅲ T0104 ④：5

2. 青釉碗 2015JCGL Ⅲ T0104 ④：5

3. 青釉碗 2015JCGL Ⅱ T0104 ③：2

4. 青釉碗 2015JCGL Ⅱ T0104 ③：2

5. 青釉碗 2018JCGL Ⅱ T0204 ④：9

6. 青釉碗 2018JCGL Ⅱ T0204 ④：9

彩版二一八　青釉碗

1.青釉碗 2015JCGL Ⅲ T0104 ④：2

2.青釉碗 2015JCGL Ⅲ T0104 ④：2

3.青釉碗 2015JCGL Ⅲ T0104 ④：2

4.青釉碗 2014JCGLH40：2

彩版二一九　青釉碗

1. 白釉碗 2018JCGLH44：21

2. 白釉碗 2018JCGLH44：21

3. 白釉碗 2018JCGL Ⅱ T0202④：5

4. 白釉碗 2018JCGL Ⅱ T0202④：5

5. 白釉碗 2018JCGL Ⅱ T0202④：5

6. 白釉碗 2018JCGLH43：31

彩版二二〇　白釉碗

1.白釉碗 2015JCGL Ⅱ T0302 ③：9

2.白釉碗 2015JCGL Ⅱ T0104 ③：5

3.白釉碗 2015JCGL Ⅱ T0104 ③：5

4.白釉碗 2015JCGL Ⅱ T0104 ③：5

彩版二二一　白釉碗

1. 黑釉碗 2018JCGL Ⅲ T0103 ④：2

2. 黑釉碗 2015JCGL Ⅲ T0301 ③：26

3. 黑釉碗 2014JCGL Ⅱ T0104 ②：1

4. 黑釉碗 2015JCGL Ⅱ T0104 ③：1

5. 黑釉碗 2015JCGL Ⅱ T0104 ③：1

6. 黑釉碗 2015JCGL Ⅱ T0104 ③：1

彩版二二二 黑釉碗

1.黑釉碗 2015JCGL Ⅲ T0301 ③：5

2.黑釉碗 2015JCGL Ⅲ T0301 ③：5

3.黑釉碗 2015JCGL Ⅲ T0301 ③：5

4.黑釉碗 2018JCGL Ⅰ东侧采集：11

5.黑釉碗 2018JCGL Ⅰ东侧采集：11

6.黑釉碗 2013JCGLM1：1

彩版二二三　黑釉碗

1.酱釉碗 2015JCGLⅡT0304③：2

2.青花碗 2018JCGLM4：9

3.青花碗 2018JCGLM4：9

4.青花碗 2018JCGLM4：9

5.青花碗 2018JCGLⅡT0203④：12

6.青花碗 2018JCGLⅡT0203④：12

彩版二二四　酱釉碗、青花碗

1. 青釉盘 2015JCGL Ⅲ T0301 ③：22

2. 青釉盘 2015JCGL Ⅲ T0301 ③：22

3. 黑釉盘 2015JCGL Ⅱ T0204 ③：8

4. 黑釉盘 2015JCGL Ⅱ T0204 ③：8

5. 青花盘 2018JCGLM4：8

6. 青花盘 2018JCGLM4：8

彩版二二五　瓷盘

1.青釉碟 2015JCGLH43：33

2.青釉碟 2015JCGLH43：33

3.绿釉蝴蝶纹四方碟 2015JCGLH44：13

4.绿釉蝴蝶纹四方碟 2015JCGLH44：13

5.绿釉蝴蝶纹四方碟 2015JCGLH44：13

6.黑釉钵 2018JCGLⅡT0304④：4

彩版二二六　瓷碟、瓷钵

1.黑釉盏 2015JCGLⅡT0104③：3

2.黑釉盏 2015JCGLⅢT0201③：5

3.黑釉盏 2015JCGLⅢT0303③：1

4.酱釉盏 2015JCGLⅡT0201③：4

5.黑釉盏 2015JCGLH44：2

彩版二二七　瓷盏

1. 青白釉杯 2015JCGL Ⅲ T0301 ③：14

2. 青白釉杯 2015JCGL Ⅲ T0301 ③：14

3. 青白釉杯托 2015JCGL Ⅲ T0301 ③：13

4. 青白釉杯托 2015JCGL Ⅲ T0301 ③：13

5. 青白釉杯托 2015JCGL Ⅲ T0301 ③：13

6. 白釉杯托 2015JCGL Ⅱ T0204 ③：25-1

彩版二二八　瓷杯、杯托

1. 青釉盒 2016JCGL Ⅱ T0103 ④：1

2. 黑釉盒 2015JCGL Ⅲ T0201 ③：4

3. 酱釉双系小壶 2015JCGLM3：5

4. 酱釉三足樽 2014JCGLH36 ②：5

5. 白釉执壶 2015JCGLM3：4

6. 白釉执壶 2015JCGLM3：4

彩版二二九　瓷器

1. 酱釉灯盏 2015JCGLM3：3

2. 青釉器盖 2015JCGLH43：18

3. 青釉器底 2015JCGL Ⅱ T0104 ③：16

4. 青釉器底 2015JCGL Ⅱ T0104 ③：16

5. 酱釉小猴 2015JCGLJ10：2

彩版二三〇　瓷器

1. 陶罐 2013JCGLJ4：8

2. 陶罐 2018JCGL Ⅱ T0304 ④：7

3. 陶罐 2013JCGLJ3：3

4. 陶罐 2013JCGLJ2：13

5. 陶钵 2018JCGL Ⅲ T0204 ④：4

6. 陶钵 2018JCGL Ⅲ T0204 ④：4

彩版二三一　陶器

1. 陶盏 2015JCGL Ⅲ T0204 ③：1

2. 陶盏 2015JCGL Ⅱ T0302 ③：14

3. 陶盆 2014JCGLH36 ①：1

4. 陶盆 2019JCGL Ⅲ T0203 ④：3

5. 陶盆 2013JCGL Ⅰ T5 ①：9

6. 陶瓶 2013JCGLH14：2

彩版二三二　陶器

1. 陶豆 2015JCGLJ10：3

2. 陶盘 2018JCGLH43：23

3. 陶器盖 2018JCGL Ⅱ T0204 ④：7

4. 陶器盖 2015JCGL Ⅲ T0301 ③：4

5. 陶纺轮 2015JCGL Ⅲ T0303 ③：5

6. 陶砚 2015JCGLH43：2

彩版二三三　陶器

1. 陶枕 2018JCGLM4：10

2. 陶灶 2013JCGL Ⅰ T12①：1

3. 镇墓券 2013JCGLM1：5

4. 陶棋子 2018JCGL Ⅱ T0201③：9

5. 陶棋子 2016JCGL Ⅳ T0102④：2

6. 陶棋子 2016JCGL Ⅰ 采：13

彩版二三四　陶器

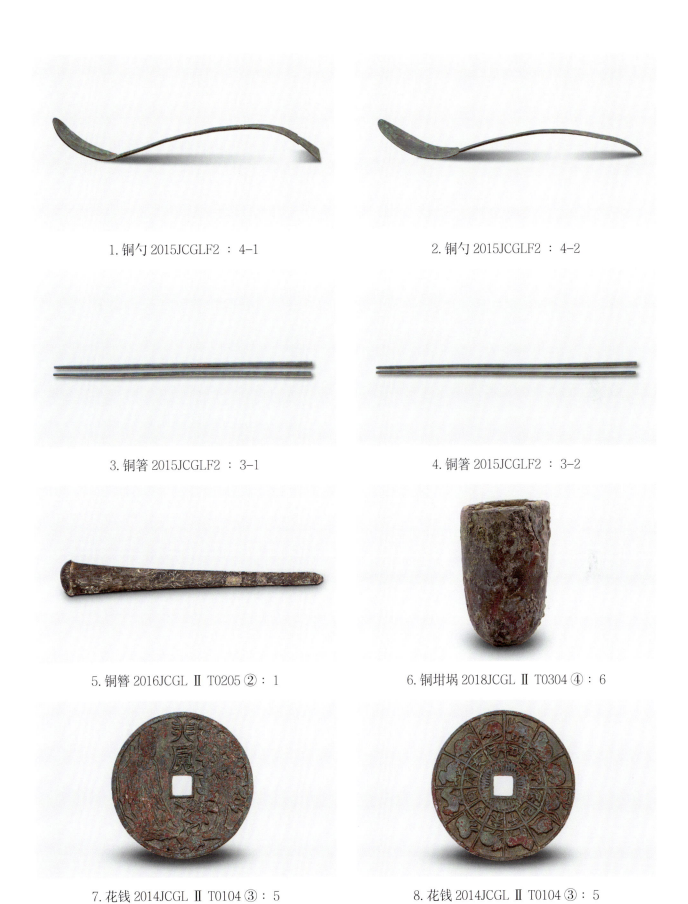

1. 铜勺 2015JCGLF2 ：4-1

2. 铜勺 2015JCGLF2 ：4-2

3. 铜箸 2015JCGLF2 ：3-1

4. 铜箸 2015JCGLF2 ：3-2

5. 铜簪 2016JCGL Ⅱ T0205 ② ：1

6. 铜坩埚 2018JCGL Ⅱ T0304 ④ ：6

7. 花钱 2014JCGL Ⅱ T0104 ③ ：5

8. 花钱 2014JCGL Ⅱ T0104 ③ ：5

彩版二三五　铜器

1.骨簪 2018JCGL Ⅳ T0202 ④：6

2.骨镞 2018JCGL Ⅰ T16 ③：37

3.骨饰 2018JCGL Ⅲ T0102 ④：4

4.骨骰子 2016JCGL Ⅲ T0304 ④：1、2017JCGL Ⅲ T0105 ③：12

5.石围棋子 2017JCGL Ⅲ T0304 ④：3

彩版二三六　骨器、石器

1. 筒瓦 2014JCGLH41：1

2. 筒瓦 2013JCGLJ2：1

3. 筒瓦 2013JCGLJ2：2

4. 板瓦 2014JCGL Ⅱ T0202③：1

5. 板瓦 2018JCGL Ⅰ T12 东侧采：19

6. 板瓦 2018JCGL Ⅲ T0201④：3

彩版二三七　陶瓦

1. 兽面瓦残片 2015JCGL Ⅲ T0202 ③：6

2. "官"字款瓦残片 2014JCGL Ⅱ T0201 ③：1

3. "官"字款瓦残片 2016JCGL Ⅲ T0202 ④：3

4. "政"字款瓦残片 2015JCGL Ⅲ T0301 ③：6

1.Aa 型普通莲花纹瓦当 2015JCGL Ⅱ T0201 ③：6　　2.Aa 型普通莲花纹瓦当 2015JCGL Ⅱ T0201 ③：6

3.Aa 型普通莲花纹瓦当 2016JCGL Ⅳ T0104 ④：2　　4.Aa 型普通莲花纹瓦当 2016JCGL Ⅳ T0104 ④：2

5.Ab 型普通莲花纹瓦当 2014JCGL Ⅰ T22 扰：6　　6.Ac 型普通莲花纹瓦当 2013JCGLJ1 ①：33

彩版二三九　普通莲花纹瓦当

1.Ba 型普通莲花纹瓦当 2014JCGL H36 ①：2

2.Bb 型普通莲花纹瓦当 2018JCGL Ⅰ T7 采：39

3.Bb 型普通莲花纹瓦当 2018JCGL Ⅰ T7 采：39

4.Bc 型普通莲花纹瓦当 2014JCGLH38：1

5.Bd 型普通莲花纹瓦当 2013JCGLJ2：5

6.Bd 型普通莲花纹瓦当 2013JCGLJ2：5

彩版二四〇　普通莲花纹瓦当

1.Ca 型普通莲花纹瓦当 2013JCGLJ2：6

2.Ca 型普通莲花纹瓦当 2013JCGLJ2：6

3.Ca 型普通莲花纹瓦当 2013JCGLJ2：4

4.Ca 型普通莲花纹瓦当 2013JCGLJ2：4

5.Cb 型普通莲花纹瓦当 2014JCGL Ⅰ T21 ②：1

6.Cc 型普通莲花纹瓦当 2015JCGL Ⅱ T0201 ③：13

彩版二四一　普通莲花纹瓦当

1.Da 型普通莲花纹瓦当 2016JCGL Ⅲ T0304 ④：2　　2.Da 型普通莲花纹瓦当 2016JCGL Ⅲ T0304 ④：2

3.Da 型普通莲花纹瓦当 2016JCGL Ⅰ T0101 ③：1　　4.Da 型普通莲花纹瓦当 2018JCGL Ⅱ T0203 ④：13

5.Db 型普通莲花纹瓦当 2015JCGL Ⅱ T0204 ③：3　　6.Db 型普通莲花纹瓦当 2015JCGL Ⅱ T0204 ③：3

彩版二四二　普通莲花纹瓦当

1.Db 型普通莲花纹瓦当 2017JCGL Ⅲ T0305 ④：3

2.Db 型普通莲花纹瓦当 2015JCGLH44 ：7

3.Dc 型 Ⅰ式普通莲花纹瓦当 2015JCGL Ⅱ T0302 ③：10

4.Dc 型 Ⅰ式普通莲花纹瓦当 2015JCGL Ⅱ T0302 ③：10

5.Dc 型 Ⅰ式普通莲花纹瓦当 2014JCGL Ⅱ T0201 ②：3

6.Dc 型 Ⅰ式普通莲花纹瓦当 2014JCGL Ⅱ T0201 ②：3

彩版二四三　普通莲花纹瓦当

1.Dc 型Ⅱ式普通莲花纹瓦当 2015JCGL Ⅲ T0301 ③：12   2.Dc 型Ⅱ式普通莲花纹瓦当 2015JCGL Ⅲ T0301 ③：12

3.Dc 型Ⅲ式普通莲花纹瓦当 2015JCGL Ⅲ T0301 ③：17   4.Dc 型Ⅲ式普通莲花纹瓦当 2015JCGL Ⅲ T0301 ③：17

5.Dd 型普通莲花纹瓦当 2014JCGL Ⅰ T23 扰：3   6.Dd 型普通莲花纹瓦当 2014JCGL Ⅰ T23 扰：3

彩版二四四　普通莲花纹瓦当

1.莲花化生瓦当 2017JCGL 遗址北现代坑采：6

2.异形莲花纹瓦当 2015JCGL Ⅱ T0204 ③：15

3.异形莲花纹瓦当 2015JCGL Ⅱ T0204 ③：15

4.A 型兽面纹瓦当 2015JCGL Ⅲ T0105 ③：1

5.A 型兽面纹瓦当 2015JCGL Ⅲ T0105 ③：1

6.Ba 型兽面纹瓦当 2015JCGL Ⅱ T0204 ③：23

彩版二四五　瓦当

1.Bb 型兽面纹瓦当 2015JCGL Ⅱ T0201 ③：7

2.Bb 型兽面纹瓦当 2015JCGL Ⅱ T0201 ③：7

3.Ca 型兽面纹瓦当 2015JCGL H43：17

4.Ca 型兽面纹瓦当 2015JCGL H43：17

5.Da 型兽面纹瓦当 2016JCGL Ⅱ T0102 ③：5

6.Da 型兽面纹瓦当 2015JCGL Ⅱ T0204 ③：2

彩版二四六　兽面纹瓦当

1.Da 型兽面纹瓦当 2018JCGLF19：9

2.Da 型兽面纹瓦当 2015JCGL Ⅲ T0301 ③：9

3.Da 型兽面纹瓦当 2015JCGL Ⅲ T0301 ③：9

4.Dc 型兽面纹瓦当 2018JCGLF19：5

5.Dc 型兽面纹瓦当 2018JCGLF19：5

彩版二四七　兽面纹瓦当

1.Dd 型兽面纹瓦当 2015JCGL Ⅱ T0302 ③：13

2.Dd 型兽面纹瓦当 2015JCGL Ⅱ T0302 ③：13

3.Dd 型兽面纹瓦当 2015JCGL Ⅲ T0301 ③：8

4.Dd 型兽面纹瓦当 2015JCGL Ⅲ T0301 ③：8

5.兽面莲花纹瓦当 2013JCGLH18：1

6.兽面莲花纹瓦当 2013JCGLH18：1

彩版二四八　兽面纹瓦当

1. 花卉纹砖 2015JCGLH44 ： 12

2. 花卉纹砖 2015JCGL Ⅱ T0202 ③ ： 4

3. 兽面瓦 2015JCGL Ⅱ T0103 ③ ： 12

4. 兽面瓦 2015JCGLH44 ： 11-1

5. 兽面脊饰残件 2018JCGL Ⅰ南侧采： 51

6. 兽面脊饰残件 2013JCGL Ⅰ T5 ② ： 4

彩版二四九　建筑材料

1. 其他陶质建筑材料 2016JCGL Ⅱ T0104 ④：1

2. 琉璃兽体残块 2015JCGL Ⅲ T0201 ③：11

3. 琉璃鸱尾残块 2018JCGLF19：10

4. 绿釉建筑材料 2018JCGLF19：8

彩版二五〇　建筑材料